船舶及海洋工程材料与技术丛书

金属材料的表征与测试技术

Characterization and Testing Technology for Metallic Materials

中国船舶集团有限公司第七二五研究所
高灵清　张欣耀　杜米芳　编著

国防工业出版社
·北京·

内容简介

本书从金属材料研发、生产和应用的实际需要出发，按照金属材料的性能、组织结构和成分等维度展开，以船舶及海洋工程用金属材料为主要对象，介绍各种表征与测试技术的特点、表征与测试参数、适用条件及注意事项等。主要内容包括概述、常规力学性能测试、疲劳性能测试、断裂韧性测试、腐蚀性能测试、物理性能及残余应力测试、组织结构表征技术、化学成分分析和微区成分分析，其中也包含了一些新方法与新成果，集前沿性和实用性于一体，便于材料工作者在科研生产中正确选择合适的表征与测试技术，以获得所需金属材料的指标和信息，指导材料的研制工作及产品的生产过程。

本书主要读者对象为船舶及海洋工程装备设计、材料研制和生产领域的科技人员，也可供高等院校相关专业研究生和高年级本科生阅读、参考。

图书在版编目(CIP)数据

金属材料的表征与测试技术/高灵清，张欣耀，杜米芳编著．—北京：国防工业出版社，2022.8
(船舶及海洋工程材料与技术丛书)
ISBN 978-7-118-12571-9

Ⅰ．①金…　Ⅱ．①高…②张…③杜…　Ⅲ．①船用材料—金属材料—研究②海洋工程—金属材料—研究　Ⅳ．①U668.2②P75

中国版本图书馆 CIP 数据核字(2022)第 139270 号

※

国防工业出版社出版发行
(北京市海淀区紫竹院南路 23 号　邮政编码 100048)
雅迪云印（天津）科技有限公司印刷
新华书店经售

*

开本 710×1000　1/16　**印张** 25½　**字数** 468 千字
2022 年 8 月第 1 版第 1 次印刷　**印数** 1—2000 册　**定价** 236.00 元

国防书店：(010)88540777　　书店传真：(010)88540776
发行业务：(010)88540717　　发行传真：(010)88540762

船舶及海洋工程材料与技术丛书

编　委　会

总序

FOREWORD

海洋在世界政治、经济和军事竞争中具有特殊的战略地位,因此海洋管控和开发受到各国的高度重视。船舶及海洋工程装备是资源开发、海洋研究、生态保护和海防建设必要的条件和保障。在海洋强国战略指引下,我国船舶及海洋工程行业迎来难得的发展机遇,高技术船舶、深海工程、油气开发、海洋牧场、智慧海洋等一系列重大工程得以实施,在基础研究、材料研制和工程应用等方面,大批新材料、新技术实现突破,为推动海洋开发奠定了物质基础。

中国船舶集团有限公司第七二五研究所(以下简称“七二五所”)是我国专业从事船舶材料研制和工程应用研究的科研单位。七二五所建所60年来,承担了一系列国家级重大科研任务,在船舶及海洋工程材料基础和前沿技术研究、新材料研制、工程应用研究方面取得了令人瞩目的成就。这些成就支撑了“蛟龙”号、“深海勇士”号、“奋斗者”号载人潜水器等大国重器的研制,以及港珠澳大桥、东海大桥、“深海”一号、海上风电等重点工程的建设,为我国船舶及海洋工程的材料技术体系建立和技术创新打下了坚实基础。

“船舶及海洋工程材料与技术丛书”是对七二五所几十年科研成果的总结、凝练和升华,同时吸纳了国内外研究新进展,集中展示了我国船舶及海洋工程领域主要材料技术积累和创新成果。丛书各分册基于船舶及海洋工程对材料性能的要求及海洋环境特点,系统阐述了船舶及海洋工程材料的设计思路、材料体系、配套工艺、评价技术、工程应用和发展趋势。丛书共17个分册,分别为《低合金结构钢应用性能》《耐蚀不锈钢及其铸锻造技术》《船体钢冷热加工技术》《船用铝合金》《钛及钛合金铸造技术》《船舶及海洋工程用钛合金焊接技术》《船用钛合金无损检测技术》《结构阻尼复合材料技术》《水声高分子功能材料》《海洋仿生防污材料》《船舶及海洋工程设施功能涂料》《防腐蚀涂料技术及工程应用》《船舶电化学保护技术》《大型工程结构的腐蚀防护技术》《海洋环境腐蚀试验技术》《金属材料的表征与测试技术》《装备金属构件失效模式及案例分析》。

丛书的内容系统、全面，涵盖了船体结构钢、船用铝合金、钛合金、高分子材料、树脂基复合材料、海洋仿生防污材料、船舶特种功能涂料、海洋腐蚀防护技术、海洋环境试验技术、材料测试评价和失效分析技术。丛书内容既包括船舶及海洋工程涉及的主要金属结构材料、非金属结构材料、特种功能材料和结构功能一体化材料，也包括极具船舶及海洋工程领域特色的防腐防污、环境试验、测试评价等技术。丛书既包含本行业广泛应用的传统材料与技术，也纳入了海洋仿生等前沿材料与颠覆性技术。

丛书凝聚了我国船舶及海洋工程材料领域百余位专家学者的智慧和成果，集中呈现了该领域材料研究、工艺方法、检测评价、工程应用的技术体系和发展趋势，具有原创性、权威性、系统性和实用性等特点，具有较高的学术水平和参考价值。本丛书可供船舶及海洋工程装备设计、材料研制和生产领域科技人员参考使用，也可作为高等院校材料专业本科生和研究生参考书。丛书的出版将促进我国材料领域学术技术交流，推动船舶及海洋工程装备技术发展，也将为海洋强国战略的推进实施发挥重要作用。

王其红，中国船舶集团有限公司第七二五研究所所长，研究员。

前言
PREFACE

金属材料因具有良好的力学性能、成形加工性能和可焊接性能，而成为各种工程构件中最重要的结构材料，在各行各业中得到了广泛的应用。工程上使用某种材料，是利用其具有的性能；选用或开发某种材料，是因为这种材料具有使用所需的性能。金属材料的性能由其组织结构决定，而材料的组织结构又由其成分和制造工艺决定。因此，工程上选用某种材料首先就要了解其性能，其次要知道其组织结构及化学成分等。

金属材料的表征与测试技术是关于材料的性能、组织结构和成分等的分析方法与测试技术及其相关理论基础的科学试验技术，是关于现代材料科学研究及材料应用的重要检测手段和方法，是对金属材料的性能、组织结构和成分进行表征的技术。表征与测试技术在材料的理论研究和实际应用之间发挥了桥梁作用，为评价材料是否合格、判断质量优劣、改善材料性能及研发新材料提供了依据和数据支撑，它贯穿着整个材料的研发、生产和应用过程。

目前，市场上与材料的表征与测试技术相关的书籍很多，但都是针对测试人员使用的专业性很强的图书。另外，材料的表征与测试方法众多，相关学者很难理解和掌握，主要依靠测试人员的介绍去理解，这样会影响材料的研发、生产和应用工作。中国船舶重工集团公司第七二五研究所作为装备材料应用研究所，在表征与测试技术方面有长期的技术沉淀和丰富的工程经验。为使材料研制人员、生产技术人员在工作中能正确选择合适的表征与测试方法，本书采用新颖视角，站在研究者的角度，从金属材料研发、产品生产和应用的实际需求出发，介绍了材料性能、组织结构和成分的各种表征与测试技术的特点、表征与测试参数及其物理意义、适用条件及注意事项等内容，便于相关学者学习和了解。

全书共分为9章，涵盖了概述、性能测试技术、组织结构表征技术和成分分析技术等内容。性能测试技术包括常规力学性能测试、疲劳性能测试、断裂韧性测试、腐蚀性能测试和物理性能及残余应力测试；组织结构表征技术包括金相组织表征、微观组织表征和结构表征;成分分析技术包括化学成分分析和微区成分分析。书中力学性能测试、断裂韧性测试和腐蚀性能测试主要是针对船舶及海洋工程材料,具有明显的行业特点。

全书构思及整体框架由高灵清提出,并参与了各章的编写工作,各章主要编写人员如下:第1章概述由高灵清撰写;第2章常规力学性能测试由张先锋、马建坡撰写;第3章疲劳性能测试由张亚军撰写;第4章断裂韧性测试由张欣耀和郑国华撰写;第5章腐蚀性能测试由查小琴和张文利撰写;第6章物理性能及残余应力测试由侯世忠和张海峰撰写;第7章组织结构表征技术中的金相组织表征部分由郭海霞和潘恒沛撰写,微观组织表征部分由杨晓撰写,结构表征部分由杨晓和侯世忠撰写;第8章化学成分分析由杜米芳撰写;第9章微区成分分析由杨晓撰写。张利娟承担了全书的整理、汇总工作。全书审核工作由高灵清、张欣耀、杜米芳和张先锋完成。在成稿过程中,蒋颖、王岳和蒋鹏三位研究员对本书内容进行了认真把关,并提出了许多重要的意见和建议,在此表示衷心的感谢。

由于本书涉及的方法多、范围广,难免存在不当之处,恳请读者指正并提出宝贵意见。

作　者
2022年1月

目录
CONTENTS

第1章 概述

第2章 常规力学性能测试

第 3 章　疲劳性能测试

第 4 章　断裂韧性测试

第 5 章　腐蚀性能测试

第6章 物理性能及残余应力测试

第7章 组织结构表征技术

第8章 化学成分分析

第9章 微区成分分析

第1章 概述

1.1 材料表征与测试技术的概念

金属材料由于其自身具有良好的综合性能、成形和可焊接性能,在各种工程构件中是最重要的结构材料,在各行各业获得广泛应用。金属材料的性能多种多样,不同材料或同一种材料不同的处理状态,其性能都不同。工程上使用材料,是利用其具有的性能。选用或开发某种材料,是因为这种材料具有使用所需的性能。

金属材料的性能是由其组织结构决定的,而材料的组织结构又是由其成分和处理工艺决定的。我们研究材料,就是研究材料性能、组织结构和成分及处理工艺三者之间的关系和规律。掌握了这些关系和规律,就能为金属材料的设计、制造和质量控制提供指导和方法,保证材料满足使用要求。

应用和研究材料的前提是认识和识别材料。金属材料是用其具有的性能、组织结构和成分来表征的。每一种工程金属材料都有标准(材料标准或产品标准)或技术指标规定其性能、组织和成分范围,用以保证材料生产的规范和在工程应用中的安全。

材料表征与测试技术是关于材料的性能、组织结构和成分等的分析方法与测试技术及其相关理论基础的实验科学,是现代材料科学研究及材料应用的重要检测手段和方法,是对金属材料的性能、组织结构和成分进行表征的技术。在材料的理论研究和实际应用之间发挥桥梁作用,为评价材料是否合格、评判材料优劣、改善材料性能及研发新材料提供依据。它贯穿整个金属材料的研制、开发、生产和应用全过程,因此是一种通用的基础技术。

1.2 在材料研制和产品生产中的作用

材料表征与测试技术是金属材料研制、生产中的基础手段和平台，是材料和产品质量评价的基础，是材料工作者的眼睛，因此十分重要。材料表征与测试技术在材料研制和产品生产中的作用主要表现在如下几方面。

1）产品质量控制中的作用

产品开始生产时，首先必须对投入的原材料进行质量控制。需要按照标准或技术条件要求，采用材料表征与测试技术对原材料进行检测，根据测试结果判断材料是否合格，用合格的原材料确保产品质量。

2）生产过程控制中的作用

产品生产过程中，原材料需要经过多道工艺加工和处理。每道工艺完成后，特别是关键工艺，是否达到工艺要求需要通过检测数据进行判断，以达到控制生产过程的目的。

3）产品设计中合理选材的作用

新产品设计中，必须选择合适的材料来满足设计的要求。选择的依据就是材料的工艺性能和产品服役条件下的性能。这些性能数据都是通过材料表征与测试技术获取的。

4）新材料研制中的作用

新材料的研制，主要内容就是要搞清性能与组织结构和成分及处理工艺之间的关系和规律，以开发出满足性能要求的新材料。而性能、组织结构和成分都是用测试数据和结果来表征的，一步也离不开表征与测试技术。在研制过程中的方案筛选、工艺确定和成分优化等也都是以测试数据和结果作为依据的。

5）失效预防和产品质量提高中的作用

产品在生产或服役过程中都可能会发生失效或质量事故，出事故的构件部位往往是产品的薄弱环节。通过采用材料表征与测试技术对失效件进行失效分析，即可找到失效或质量事故的原因。针对原因，可提出解决和改进措施，达到预防失效和提高产品质量的目的。

6）标准形成中的作用

在对材料试验研究的基础上，通过产品使用中的性能分析，可提出材料科学合理的性能指标要求，形成工艺、组织和性能规范标准或技术文件，用于控制材料和产品的质量。

1.3　本书的思路、目的及特点

材料表征与测试技术由于其基础性和重要性,介绍的书籍很多,但表征与测试技术专业性强,各种表征与测试方法众多,大部分书籍主要面向材料测试人员,关注点在测试方法本身,材料工作者难以掌握,会影响材料的研究、生产和制造工作。本书编写人员在表征与测试技术方面有长期的技术沉淀和工程经验,为让材料研制、生产技术人员在工作中能正确选择合适的表征与测试方法;本书从金属材料研制、生产技术人员视角、金属材料研制和产品生产的实际需要出发,按金属材料的性能、组织结构和成分等维度展开,介绍各种表征与测试技术的特点、测试参数和适用条件及注意事项,便于材料工作者学习和了解,并在工作中正确选择合适的表征与测试技术,获得所需金属材料的信息和指标,指导材料研制工作和产品生产过程。

本书以金属材料研制、生产技术人员为读者对象,编写视角新颖、实用,并具有先进性,除介绍了常用的材料表征与测试技术外,还介绍了有关表征与测试技术的新方法。

第2章

常规力学性能测试

金属材料的力学性能是指材料在一定的温度条件和外力作用下抵抗变形与断裂的能力,决定着材料的使用性与成形性等。研究材料的力学行为离不开对构件的受力分析,构件的受力方式可以是静态、冲击、循环等,受力状态可以是拉、压、剪、扭等,其中,单轴拉伸是最简单的受力模式,试样仅受单向拉伸应力。但实际上构件在使用过程中的应力状态极为复杂,会同时受到不同方向上的正应力与切应力的作用,且材料的变形与断裂行为决定于这些应力的作用方向和相对大小。金属材料的力学性能表征技术是通过不同试验测定材料的各种力学性能判据的试验技术,如可通过扭转试验来评价材料在剪切应力下的变形行为、通过冲击试验表征带缺口构件在冲击载荷作用下的力学行为等。常用的力学表征与测试技术有拉伸试验、压缩试验、冲击试验、弯曲试验以及硬度试验等,而随着电子、机械等技术的不断发展,新的力学评价技术也层出不穷,如原位拉伸、纳米压痕等。对于从事材料研发或成形加工工艺的工程技术人员来说,了解或掌握力学性能表征技术以及材料在外力作用下的变形规律,便可采用合适的测试手段来获得特定条件下材料的性能指标,进而全面了解现有材料性能,为研制和发展新材料、优化材料工艺、分析材料制件失效原因以及优化制件设计方案提供依据和技术支撑。

本章就金属材料的力学性能测试的拉伸试验等常用方法和原位拉伸、纳米压痕等新方法分别予以介绍。

2.1 常用方法

本部分重点介绍常用的力学性能测试方法,如拉伸试验、压缩试验、冲击试验、动态撕裂试验、落锤试验等。

2.1.1　拉伸试验

在工程应用上，拉伸试验测定得到的基本参数是工程设计、材料评价、工艺优化以及质量检验的依据，在基础理论研究方面，拉伸试验可以揭示材料的基本力学行为规律。因此，拉伸试验是最基本、应用最广泛的材料力学性能试验之一。在实际应用中，根据试验温度的不同，拉伸试验可以分为常温拉伸试验、高温拉伸试验与低温拉伸试验（对应的试验方法标准分别为《金属材料　拉伸试验　第 1 部分：室温试验方法》（GB/T 228.1—2010）、《金属材料　拉伸试验　第 2 部分：高温试验方法》（GB/T 228.2—2015）、《金属材料　低温拉伸试验方法》（GB/T 13239—2006））。根据试样形状的差异，又可以分为哑铃形板状拉伸、哑铃形圆柱拉伸、线材拉伸、圆环拉伸、管材拉伸以及螺栓的实物拉伸等。

1. 基本原理

拉伸试验是利用试验机提供的静态拉伸力在设定的试验温度条件下以恒定的试验速率对试样进行拉伸，一般拉伸至断裂，在此过程中记录材料的应力－应变曲线，即拉伸曲线（图 2－1）。通过对拉伸试验过程中的弹性变形、塑性变形、断裂等各阶段的测试与分析，可以研究材料抵抗外力破坏的力学行为。

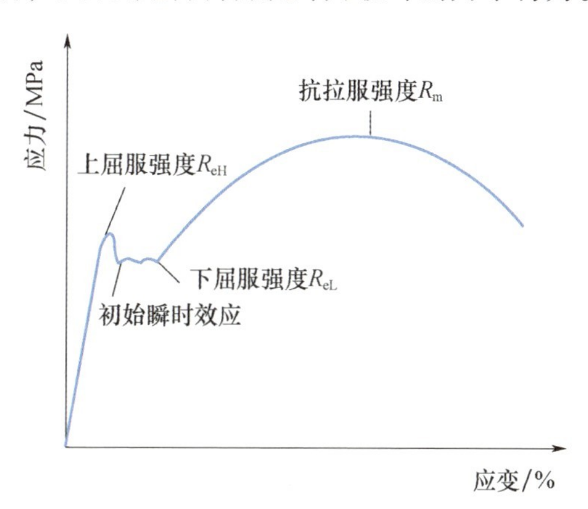

图 2－1　拉伸应力－应变曲线

2. 表征参数和物理意义

通过拉伸试验可以获得较多的表征参数，如屈服强度、抗拉强度、屈强比、断后伸长率、断面收缩率、弹性模量、泊松比、塑性应变比及应变硬化指数等。如下

1）屈服强度

在工程上，屈服强度反映了材料抵抗塑性变形的能力和材料加工变形的难易程度。金属材料拉伸过程中，弹性段结束后，出现的随着变形的增加外力不增加或波动

的现象为屈服现象，也称为不连续屈服现象，对应的塑性变形发生而力不增加的应力点称为屈服强度，它是材料开始产生宏观塑性变形的一种标志。在不连续应力－应变曲线上，试样发生屈服而力首次下降前的最大应力称为上屈服强度 R_{eH}；屈服期间，不计初始瞬时效应时的最小应力称为下屈服强度 R_{eL}(图 2－1)。

通常情况下，不连续屈服现象在铸态、正火、退火碳素结构钢和一般低合金结构钢或某些有色金属中较为常见，还有较多的金属材料在拉伸试验时表现出连续屈服特征，不存在不连续屈服现象，可用规定塑性延伸强度 R_p、规定总延伸强度 R_t、规定残余延伸强度 R_r 等来表征材料的屈服强度值。规定塑性延伸强度 R_p 为塑性延伸率等于规定的引伸计标距百分率时对应的应力，如果没有特殊说明，一般取塑性延伸率为 0.2% 时对应的应力；规定总延伸强度 R_t 为总延伸率等于规定的引伸计标距百分率时对应的应力，部分金属材料会以此指标作为其屈服强度值，如《石油天然气工业　管线输送系统用钢管》(GB/T 9711—2017)规定管线钢的屈服强度取 $R_{t0.5}$ 作为验收指标；规定残余延伸强度 R_r 为卸除应力后残余延伸率等于规定的原始标距或引伸计标距百分率时对应的应力，如文献[1]中提到的某型号发动机用材料 ZTC4 钛合金，性能评价中选用 $R_{r0.2}$ 作为屈服强度值。在实际测试中，R_p 与 R_t 可以直接从获得的应力－应变曲线上读出，较卸力法 R_r 试验效率更高且易于实现自动化，因此 R_p 与 R_t 的使用更为普遍。

屈服强度是一个广泛使用的性能指标，传统的强度设计方法中常将屈服强度判据作为强度设计的准则，这是因为任何机器零件在使用的过程中，都不允许发生过量的塑性变形。

2)抗拉强度(R_m)

在拉伸应力－应变曲线上，抗拉强度对应应力值最大处，它是衡量材料本身承载能力的重要指标。对于脆性金属材料，抗拉强度代表材料的断裂抗力；对于能够形成缩颈的塑性金属材料，抗拉强度代表材料产生最大均匀塑性变形的抗力。

抗拉强度容易测定且重复性好，可广泛作为质量控制指标，也可用于产品的结构设计。另外，抗拉强度 R_m 与材料的硬度等参数有一定的对应关系，可与硬度值等进行简单的换算。例如，对于结构钢，R_m 约为其布氏硬度的 3 倍；对于铜合金，R_m 约为其布氏硬度的 4～5 倍。

3)屈强比

金属材料屈服强度与抗拉强度的比值称为屈强比。金属材料屈强比并没有明确的物理意义，但在工程领域，它却具有重要应用，反映了材料均匀变形的能力，是工程构件选材用材的一个重要性能指标。屈强比小，说明材料均匀塑性变形量大，易于进行冷变形；屈强比高，说明材料抵抗均匀塑性变形的能力强，在同样的安全系数下,可以减轻构件的尺寸与质量[2]。

4)断后伸长率(A)

断后伸长率指的是拉伸试样断后标距的增长量与原始标距之比的百分率。

5)断面收缩率(Z)

断面收缩率为断裂后试样横截面积的最大缩减量与原始横截面积之比的百分率。

断后伸长率与断面收缩率都是材料的塑性指标,是静拉伸下衡量材料塑性变形能力的指标,用于表征材料断裂前发生不可逆永久塑性变形的能力,断后伸长率和断面收缩率越大,表示该材料的塑性越好。通常情况下,材料的这些塑性指标不直接用于构件的设计,但在服役过程中,有时机器零件会出现偶然过载或者局部区域的应力集中水平超过材料屈服强度的情况。此时,材料可通过发生局部的塑性变形来缓冲应力,避免断裂[2]。另外,具备一定的塑性指标是材料进行塑性加工成形的基础,如冲压、冷弯、冷拔等。

虽然断后伸长率 A 与断面收缩率 Z 都可用来评定材料的塑性,但两者还是有一些差异,A 主要反映的是材料在拉伸过程中的均匀变形能力,而 Z 主要反映的是局部变形能力,材料不同,两者之间的对应关系也不相同;例如,2507 双相不锈钢拉伸时几乎不产生颈缩,A 的数值远高于 Z;而热处理过的低合金钢则正好相反,拉伸过程中会产生显著的颈缩现象,Z 的数值远高于 A。有研究表明,Z 是在复杂应力状态下形成的,对组织变化的敏感性要显著地高于 A。

6)弹性模量(E)

弹性模量表征了材料抵抗正应变的能力,是材料的弹性性能指标。在材料的弹性变形过程中,无论是加载还是卸载,轴向拉应力与轴向应变始终保持着线性比例关系,弹性模量就是两者之间的比值。宏观上说,它体现了金属材料对弹性变形的抗力;而在微观上,弹性模量是一个取决于原子间结合力的力学性能指标,主要受金属原子本性与温度等影响,而合金化、热处理、冷塑性变形等对其影响较小[3]。从原子间结合键的本质看,具有强化学键结合的材料的弹性模量高一点,而分子间仅由弱范德瓦耳斯力结合的材料的弹性模量会很低。因此,弹性模量在本质上是原子间结合力的宏观表现,与材料种类相关,对材料组织不敏感。

7)泊松比(μ)

泊松比为低于材料比例极限的轴向应力所产生的横向应变与相应轴向应变的负比值。因此,泊松比是一个没有单位的无量纲参数,是材料的弹性性能指标。

8)塑性应变比(r)

塑性应变比为在单轴拉伸应力作用下,试样宽度方向真实塑性应变和厚度方向真实塑性应变的比值,主要用于测试金属薄板或薄带。在汽车领域,塑性应变比

r 值常用来评价薄板的深冲性能，r 值越高，表征薄板厚度方向较平面方向具有更大的变形抗力，零件成形时面积的扩展主要在平面范围内发生，而不是通过厚度的减薄来完成。

9）应变硬化指数（n）

应变硬化指数反映了金属材料抵抗均匀塑性变形的能力，是表征金属材料应变硬化行为的性能指标。在单轴拉伸力作用下，试样的真实应力与真实应变的双对数坐标平面上直线的斜率即为应变硬化指数 n。当 $n=0$ 时，为理想塑性材料；当 $n=1$ 时，应力与应变成线性关系，为理想弹性材料；大多数金属材料 $n=0.1 \sim 0.5$，从理论计算上，它与材料发生的均匀变形量大致相等。

在工程应用上，应变硬化又称为形变强化，具有十分明显的工程意义。首先，形变强化保障了构件的使用安全，如金属构件在使用过程中偶然会发生过载或局部应力集中超过材料的屈服强度的意外情况，若没有形变强化，超载会引起构件发生塑性变形并因塑性变形持续发展而断裂，但实际上正是由于材料本身具有形变强化而阻止了塑性变形的继续发展；其次，对于不能通过热处理手段实现强化的金属材料（如变形铝合金、奥氏体不锈钢等）[2]，在工程应用上，形变强化成为提高其强度的重要手段；最后，也可利用形变强化为材料的成形工艺提供技术指导，如在进行板材的冲压成形时，要求变形均匀、减少变薄、增大极限变形程度。此时，需要选择应变硬化指数 n 较大的材料，如奥氏体不锈钢、超低碳碳钢等。

3. 适用条件

拉伸试验是最基本、应用最广泛的材料力学性能试验，在工程应用中，通过拉伸试验获得的性能参数是结构静强度设计的主要依据之一。另外，新材料评价、材料热处理工艺验证、工厂原材料复验、产品的质量管控等都要以拉伸试验测试结果为依据。因此，拉伸试验适用于各个领域中几乎所有金属材料的性能测试[4-5]。对于个别金属材料，如硬度极高的硬质合金，因难以制备出拉伸试样，而不适合采用拉伸试验方法来考察其性能。

材料在高温下的力学性能不同于常温，随着试验温度的升高，材料会出现软化或者脆化等现象，因此，高温拉伸试验适用于在高温下服役的构件的力学性能测定，如发动机叶片与轮盘、压力容器、高压蒸汽锅炉、化工用换热管道等。另外，在某些特殊情况下，如航空发动机叶片等，还需开展高温持久或蠕变试验，此时，通过高温拉伸试验测定得到的屈服强度或抗拉强度值可为高温持久或蠕变试验方案的制定提供参考。

一般情况下，在低温环境条件下，材料的屈服强度会升高，而断后伸长率与断面收缩率会降低。因此，低温拉伸试验不但能测定材料在低温下的强度与塑性指标，还可用于评定材料在低温下的脆性倾向。低温拉伸试验在船舶与海洋平台领域的应用较多，材料要有足够的低温塑性与韧性，才能保证在低温海水或海冰下服役的安全。另外，低温拉伸试验测定的性能参数可作为其他试验方法的基础数据。例如，在评价船用钢的断裂韧性时，低温屈服强度是一个变量参数。

4. 特点和注意事项

1）特点

（1）拉伸试验应用广。拉伸试验在工程中应用较早，到目前为止，该试验方法相关技术已比较成熟。所用试样形状简单、便于加工，且试验过程中试样的应力状态简单（单向拉伸）、加载速率均匀、性能指标稳定可靠。另外，拉伸试验中的弹性变形、塑性变形、断裂等各阶段真实地反映了材料抵抗外力的全过程中的力学行为[3]。因此，拉伸试验的应用极为普遍，是材料力学性能测试中最基本的试验方法之一。

（2）可进行原厚度尺寸试样的测试。通常情况下，无论是轧制板材，还是锻造的构件，其表层与心部的性能会有所差异，产品的厚度规格越大，这种差异就越明显。与其他力学性能试验方法相比，只有拉伸试验可以进行原厚度尺寸试样的测试，可避免分区测试出现的结果离散或以局部性能代替整体性能的弊端，这种测试方法对于厚度较大的船体用钢或海洋平台用钢力学性能的评价极具优势。

（3）易进行实物试验。在对构件的整体承载能力进行考察时常会用到实物试验，拉伸试验较其他试验更容易实现，如螺栓、电力金具等。

2）注意事项

（1）应注意弹性模量与刚度的关系。任何承载的机器构件在服役的过程中都是处于弹性变形状态，在弹性范围内，金属构件抵抗变形的能力称为刚度[3]。如果刚度不够，构件容易产生过量的弹性变形而失效，如机床的镗杆。这里就涉及两个容易弄混淆的名词“弹性模量”与“刚度”，前者主要是表征材料的，而后者是用来表征构件的，刚度与材料的弹性模量、构件的截面尺寸都成正比。在使用的过程中，对于材料固定的金属构件，想要提高刚度，可通过增加构件的截面尺寸来实现，如结构质量不受严格限制的地面装置；而对于空间受到严格限制的场合，如水下深潜设备、航空航天装置，通过增加尺寸来提高刚度的手段是无论如何都不可取的，此时，需要选择弹性模量较高的材料来提高构件的刚度[1]。

（2）制备金属材料拉伸试样时需注意试样的取样方向。在冷热加工过程中，金属材料沿主加工变形方向流动，晶粒沿变形方向被拉长，金属中的夹杂物也沿变形方向排列，因此材料的性能表现出显著的各向异性，沿轧制方向（纵向）的强度、塑性和冲击值一般高于垂直于轧制方向（横向）。因此，在制备金属材料拉伸试样时需注意试样的取样方向。

（3）在制备金属材料拉伸试样时也需注意试样的取样位置。金属材料在冷热加工变形过程中,不同部位的变形量不同、冷却速度不同,并且材料内部的缺陷分布和组织也不均匀,导致材料不同部位的力学性能差异较大。例如,轧制状态下的大直径圆钢心部的抗拉强度低于表面。因此,如果没有特殊规定,金属材料拉伸试样的制备可以参照《钢及钢产品　力学性能试验取样位置及试样制备》(GB/T 2975—2018)执行。

(4)注意标准的差异性。目前,拉伸试验的参考标准主要有 ISO 标准与 ASTM 标准两大体系,我国现用的 GB/T 228.1—2010 修改采用《金属材料　拉伸试验　第1部分:室温试验方法》(ISO 6892 - 1:2016)。ISO 与 ASTM 标准的最大差异在于对原始标距的规定不同,以圆棒试样为例,ISO 标准规定的原始标距长度为5倍平行段直径,ASTM 标准则要求为4倍。众所周知,试样在拉伸过程中会出现缩颈现象,此处存在集中变形,原始标距的长度越短,集中变形区占据标距的比例越大,测试的断后伸长率也就越大。因此,按照 ASTM 标准测试获得的断后伸长率较 ISO 标准测试的要高。

(5)焊接工艺评定中焊接接头横向拉伸试样的尺寸对试验结果与焊接评判有着重要的影响,在试样的尺寸参数中,试样的平行段长度对试验结果影响尤为显著。例如,《焊接接头拉伸试验方法》(GB/T 2651—2008)规定试样平行段长度不小于焊缝最大宽度 +60mm,而《承压设备焊接工艺评定》(NB/T 47014—2012)则要求试样平行段长度为焊缝最大宽度 +12mm。众所周知,试样的不同会导致测试结果出现较大的差异。在实际使用中:前者平行段包含的区域范围更大,主要用于考察接头与母材性能的差异;后者通常只包含焊缝区和热影响区,强迫试样断在焊接接头范围内,主要用于考核焊接接头的极限抗拉强度是否达到了母材规定的最低抗拉强度要求[6]。

(6)焊接接头横向拉伸试样是否去除余高,是在试样加工中容易产生歧义的一个问题。针对该问题,主要得从焊接工艺评定的目的出发去考虑,在进行焊接工艺评定前应首先明确是对结构强度进行评价,还是要对材料性能进行评价,如果是前者,可以不去除焊缝余高;否则,必须去除余高,以减小其对测试结果的干扰与误判[7]。

2.1.2　压缩试验

在工程领域,许多构件是在压缩载荷下服役的,对这些构件材料进行压缩性能试验具有重要意义。通过压缩试验可以获得材料在压缩载荷作用下的变形行为与变形规律,可为构件的安全服役评价提供数据支撑。

1. 基本原理

在试验操作上,压缩试验的受力方向与拉伸试验相反,是通过对试样轴向施加递增的单向压缩力，直至试样破碎断裂或失稳，从而测定材料相关压缩力学性能指标的试验方法，其原理示意图与应力-应变曲线见图2-2。压缩试验所用标准为《金属材料 室温压缩试验方法》(GB/T 7314—2017)。

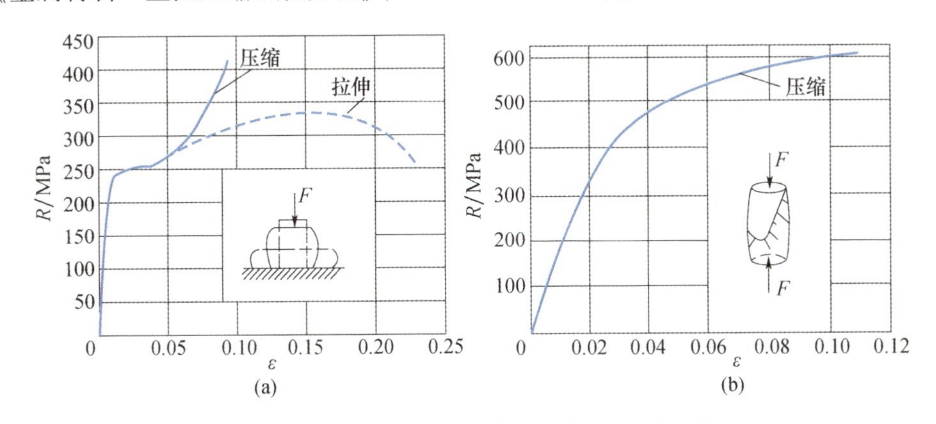

图2-2 压缩试验原理示意图与应力-应变曲线

(a)低碳钢；(b)灰铸铁。

2. 表征参数和物理意义

通过压缩试验可以获得压缩屈服强度、抗压强度和压缩弹性模量等表征参数，详述如下。

1)压缩屈服强度

压缩屈服强度表征了金属材料抵抗明显塑性变形的能力，当金属材料呈现屈服现象时，试样在试验过程中达到力不增加而变形仍可继续进行所对应的压缩应力即为压缩屈服强度，包含上压缩屈服强度和下压缩屈服强度。上压缩屈服强度R_{eHc}为试样发生屈服而力首次下降前的最高压缩应力；下压缩屈服强度R_{eLc}为屈服期间不计初始瞬时效应时的最低压缩应力。对于不连续屈服材料，一般用规定非比例压缩强度R_{pc}定义屈服强度，即试样标距段的非比例压缩变形达到规定的原始标距百分比时的压缩应力，如果没有特殊规定，通常取$R_{pc0.2}$。

2)抗压强度(R_{mc})

脆性或低塑性金属材料与塑性金属材料在压缩载荷下的破坏行为不同，因而抗压强度对应的物理意义也就不同。脆性材料或低塑性金属材料在持续增加的压应力作用下最终会断裂破坏，压至破坏过程中的最大压应力称为抗压强度，表示试样所能承受的最大压缩应力。对于塑性材料而言，压缩变形过程受试样尺寸影响较大，当试样高径比较大时，在持续增加的压应力作用下试样容易发生弯曲失稳。反之，随着压缩过程的进行，试样会被不断压扁而成鼓形，但无论哪种情况，试样都只会发生压缩变形而不断裂。因此，塑性材料是测不出抗压强度的，只能用规定应变条件下的压缩应力来表示。

3）压缩弹性模量（E_c）

压缩弹性模量指的是试验过程中，应力、应变呈线性关系时的压缩应力与应变的比值。

3. 适用条件

压缩试验主要适用于承受压缩载荷作用的构件的力学性能评价，如钢架结构、立柱、海洋深潜装备等。另外，还适用于脆性或低塑性金属材料，以显示在拉伸或其他试验中不能显示的塑性变形行为，如铸铁、铸铝合金、轴承合金等；也可用于塑性材料压缩弹性模量的测定，进而获得构件的刚度。

4. 特点和注意事项

1）特点

（1）材料的受力模式不同，对应的应力状态不同，一般可用应力状态软化系数来表征。应力状态软化系数计算公式为

$$\alpha = \frac{\tau_{max}}{\sigma_{max}} \tag{2-1}$$

式中：α 为应力状态软化系数；τ_{max} 为按照“最大切应力理论”计算得到的最大切应力（MPa）；σ_{max} 为按照“最大正应力理论”计算得到的最大正应力（MPa）。

应力软化系数 α 越大的试验方法，试样中最大切应力分量越大，金属材料越易产生塑性变形与韧性断裂。对于单轴拉伸试验，其应力状态软化系数 $\alpha = 0.5$，而单向压缩试验的应力状态软化系数 $\alpha = 2$。换而言之，单向压缩试验比拉伸试验的应力状态要软，一些在拉伸时塑性变形量几乎为零的脆性材料，在压缩试验中却能表现出一定量的塑性变形[3]。

（2）与拉伸相比，压缩试样形状更简单，容易加工制备，可用于检测的材料范围更广。例如，硬度过高而难以制备出拉伸试样的硬质合金材料、陶瓷类材料，可以采用压缩试验代替拉伸试验得到一些关键参数。

2）注意事项

（1）对于塑性材料，压缩试验测试过程中，试样沿压应力方向长度逐渐缩短，直径逐渐增大，一般只会被压扁而不会破坏。所以，试验只能获得屈服强度、弹性模量等指标，而无法得到其抗压强度 R_{mc}。有时，为了考察材料对加工工艺的适应性，需要让试样产生较大的压缩塑性变形量，此时可以通过顶锻试验来实现。

（2）试验过程中，试样除承受压缩应力外还承受摩擦力，摩擦力的方向平行于试样端面，与压缩应力方向垂直，在压缩应力与摩擦力的作用下，试样将产生鼓状变形[3]。试样长度越短，摩擦力的影响越大。另外，端面摩擦力还影响到试样的破坏形式。图 2－3 所示为脆性材料在有端面摩擦（图 2－3(a)）和无端面摩

擦(图2-3(b))时的破坏情况。因此,在制备压缩试样时,要对试样端部进行精加工,减小端面摩擦(一般表面粗糙度 Ra 要达到0.2~0.8μm),以减少端面摩擦对测试结果的影响。

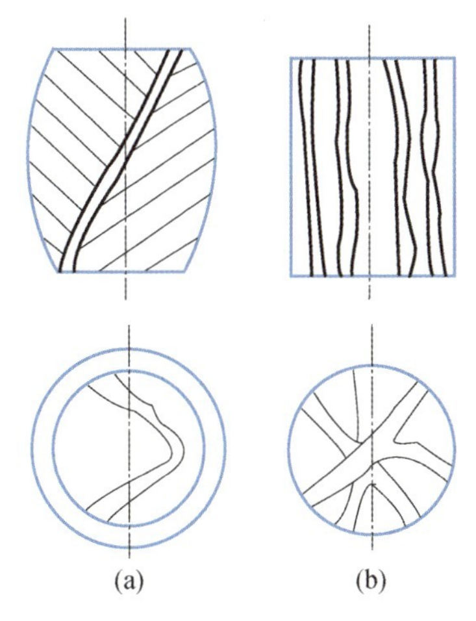

图2-3 端面摩擦力对压缩破坏的影响示意图

(a)有端面摩擦;(b)无端面摩擦。

(3)样坯切取的数量、部位以及取向等应按有关标准或双方协议规定。在机械加工时,应防止冷加工或热影响改变材料性能。无论是选用圆柱状试样还是矩形截面试样,通常都要控制好高径比,以免造成试样纵向失稳。经验表明,如果试样的高径比超过2.5,塑性材料在压缩过程中通常会产生失稳而弯曲。

2.1.3 冲击试验

随着对一些构件失效行为的分析以及对金属材料研究与认知的深入,人们逐渐认识到金属材料在使用过程中除了要有足够的强度和塑性外,还要有足够的韧性,以保证构件在受到突然的冲击力作用时不至于出现断裂而失效,这对于船舶海工尤为重要。目前,工程领域普遍采用夏比冲击试验的方法来对韧性进行考察。夏比冲击试验是由法国工程师夏比(Charpy)建立起来的,虽然试验中测定的冲击吸收功缺乏明确的物理意义,不能作为表征金属材料实际抵抗冲击载荷能力的韧性判据,但其试样加工简单、试验效率高,试验数据对材料组织结构、冶金缺陷等极为敏感,现已成为应用极为广泛的力学性能试验方法。

1. 基本原理

夏比冲击试验的原理:首先将规定几何形状的缺口试样水平放置于冲击试验机两个支座之间,缺口背向打击面;然后将具有一定质量的摆锤从高处释放并一次性将试样打断,从而获得材料的冲击吸收功、剪切断面率等性能指标。冲击试验原理图见图2-4。示波冲击是从夏比冲击试验发展过来的,通过在试验机刀刃上加装力值传感器的方式,得到材料在冲击过程中的载荷-位移或载荷-耗时等曲线。科研人员对相关曲线进行分析,可获知在受到冲击力作用时试样中裂纹的起裂与扩展等信息。根据试样缺口形状的不同,冲击试验可以分为U形缺口冲击试验与V形缺口冲击试验,一般情况下,脆性材料常用U形缺口试样,塑性材料常用V形缺口试样,但具体使用哪种形式的缺口试样应依据相关产品标准或技术协议规定执行。根据摆锤刀刃半径尺寸的不同,又可以分为2mm摆锤刀刃冲击试验与8mm摆锤刀刃冲击试验,前者在ISO标准与GB标准中使用较多,后者在ASTM标准中使用较多。

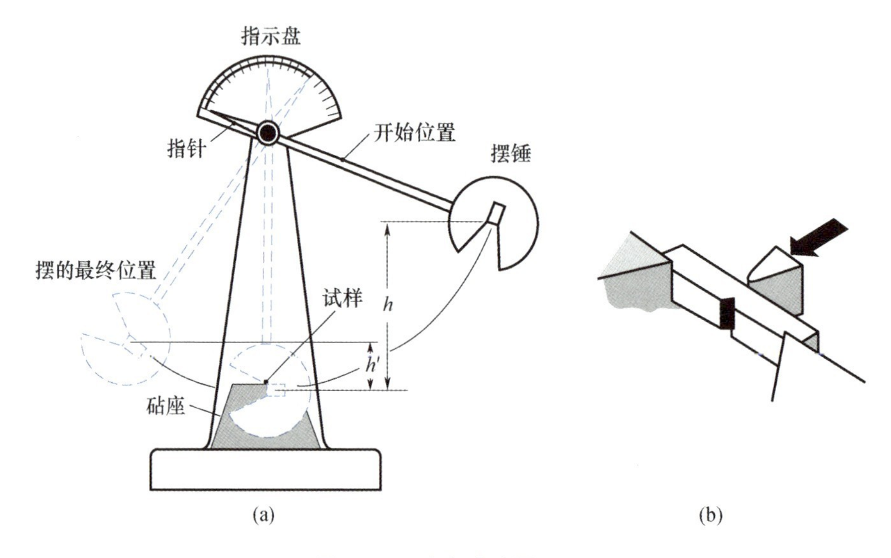

图2-4 冲击试验原理图

(a)试验机结构图;(b)试样受力状态图。

2. 表征参数和物理意义

《金属材料 夏比摆锤冲击试验方法》(GB/T 229—2020)定义了冲击试验的一些表征参数,如吸收能量、剪切断面率、侧膨胀值和韧脆转变温度等,详述如下。

1)吸收能量(K)

吸收能量本质上是试验过程中试样变形与断裂所消耗的能量。在试验过程中:先测定摆锤的初始势能 mgH_1;再测定试验结束后摆锤的剩余能量 mgH_2,两者之间的差值即为冲击吸收能量。在试验操作中,吸收能量为试验机指针或其他指示装置显示的能量值。对于示波冲击而言,吸收能量是按照物理上功的定义测定的:功=力×位移,即冲击力-位移曲线下所围的面积,可通过对冲击载荷-位移曲线进行积分获得。

2）剪切断面率（FA）

剪切断面率是一个表征材料断裂特征的物理量。冲击试样断口由纤维区、放射区与剪切唇三部分组成，其中，纤维区呈现无金属光泽的纤维形貌，有明显的塑性变形特征，纤维区的总面积与缺口处原始横截面积的百分比即为剪切断面率。试验结束后，通过分析冲击试样断口形貌，不仅可以查明试样的断裂过程，还可以判断材料的断裂类型，材料的剪切断面率越高，表明材料的韧性越好。换言之，剪切断面率是材料韧性好坏的直接反应。在实际测试过程中，剪切断面的面积相对比较难以获得，而脆性区域更为容易测量。因此，首先测量计算出脆性断面率；然后通过“100% - 脆性断面率”计算获得剪切断面率。

3）侧膨胀值（LE）

侧膨胀值是一个表征材料韧/脆断裂特征的物理量，断裂试样缺口侧面两侧宽度增量之和即为侧膨胀值，其测试方法为：将冲击试样两个断裂试样（图 2-5 中的 X 与 Y）的原始侧面对齐，分别以原始侧面为基础测量两个断裂试样两侧的突出量，取两侧最大值。例如，$A_1 > A_2$，$A_3 > A_4$时，$\mathrm{LE} = A_1 + A_3$。

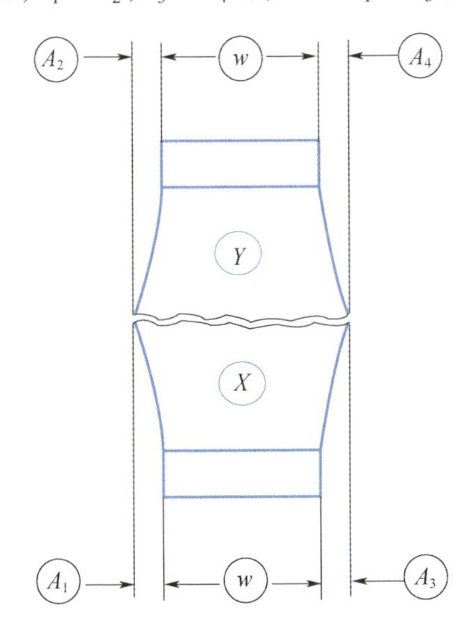

图 2-5　侧膨胀值测量示意图

4）韧脆转变温度 T_t

韧脆转变温度是一个表征材料韧脆转变倾向的物理量，反映了温度对材料脆性的影响。众所周知，随着试验温度的逐渐降低，体心立方晶体金属与部分密排六方晶体金属的冲击吸收能量会明显降低，冲击试样的断口状态也会由韧性状态转变为脆性状态，断裂机理由微孔聚集型转变为穿晶解理型，这种现象称为韧脆转变，对应的试验温度为韧脆转变温度。例如，普通的中低强度钢的基体是体心立方点阵的铁素体，因此这类钢都有明显的低温脆性。

在冲击吸收能量－温度曲线上，陡峭上升区通常覆盖较宽的温度范围，T_t实际上不是一个温度值而是一个温度区间，但为了更好地量化该指标，以便于考察材料以及对材料之间或工艺之间进行横向对比，科研与工程技术人员根据实际需求提出了多种T_t判据。

（1）以缺口试样冲击吸收能量达到某一特定值时对应的温度作为T_t。在实际操作中，通过测试系列温度下试样的冲击吸收功，绘制出冲击吸收功－温度曲线，便可在曲线上直接找出特定值对应的温度。这个方法常作为低强度船用钢板选材的依据。

（2）按照能量法定义T_t。当试验温度低至一定值时，冲击吸收功将不再随着温度的降低而继续变化，对应冲击吸收功－温度曲线上的下平台位置，将该平台冲击吸收功开始上升的温度定义为T_t，见图2－6。由于该温度以下断口由100%结晶区组成，该温度也称为零塑性转变温度或无塑性转变温度（NDT），船用合金钢常将落锤试验获得的NDT作为材料安全评价的判据。

当试验温度高于一定值时，冲击吸收功将不再随着温度的升高而继续变化，对应冲击吸收功－温度曲线上的上平台位置，高于该温度下的断裂试样均是100%的纤维状断口，也有人将此温度定义为T_t，见图2－6中FTP处。目前，该判据主要用于核电领域。

在冲击吸收功－温度曲线上，冲击吸收功达到平台某一百分比。例如，50%时，对应的温度定义为T_t。或者，取上平台与下平台平均值对应的温度作为T_t，见图2－6中A点处。该方法使用较为普遍，在诸多领域中都有应用。

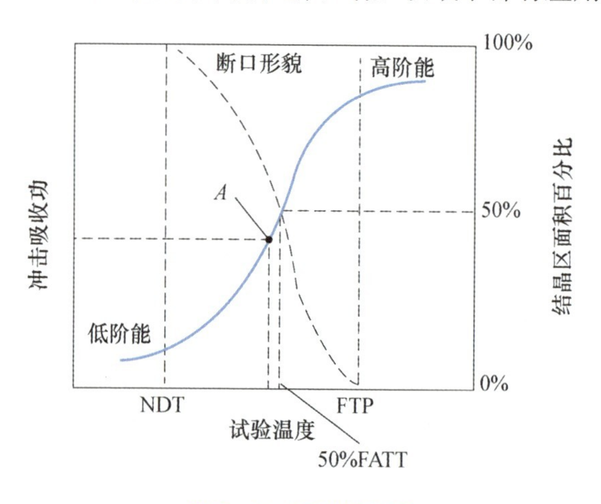

图2－6　韧脆转变图

(3)按照断口纤维状剪切面积定义 T_t。在不同的试验温度下，冲击试样断口上的纤维区、结晶区与剪切唇三者之间的相对面积会有所变化。随着试验温度降低到韧脆转变温度区间，结晶区的面积会突然增多，直到100%，在化工机械领域，通常取结晶区面积占整个断口面积50%时对应的温度为材料的韧脆转变温度($FATT_{50}$)，见图2－6。FATT反映了裂纹扩展变化的特征，可以定性地评定材料在冲击过程中吸收能量抵抗裂纹扩展的能力，有研究发现，$FATT_{50}$与断裂韧度 K_{IC} 开始急速增加的温度有较好的对应关系，因此该判据也得到了广泛的使用。

(4)延性准则。延性准则指冲击试样侧膨胀值达到某一特定值时所对应的试验温度，如侧膨胀值为0.7mm时对应的温度，或者绘制出侧膨胀值－温度曲线，从曲线图上获得材料的韧脆转变温度。实际上，侧膨胀值是通过表征材料抵抗三轴应力断裂的能力来表征材料的抗冲击断裂韧性[8]。文献[9－10]研究表明，通过侧膨胀值－温度曲线得到的韧脆转变温度与冲击吸收功－温度曲线获得的韧脆转变温度比较接近。

3. 适用条件

冲击试验试样加工简便，试验迅速、快捷，而且对材料组织结构、冶金缺陷敏感，在各个领域都有着广泛的应用。

(1)冲击试验适用于检测原材料中的气孔、夹渣、偏析、疏松等冶金缺陷，也适用于检查材料的过热、过烧、回火脆性等锻造或热处理缺陷，这是因为金属材料组织状态与冶金质量等对金属材料冲击吸收功测试结果的影响极为敏感。同理，冲击试验也适用于船舶、石油管道、压力容器等领域焊接结构接头质量的评价，通过测定接头中热影响区、熔合线以及焊缝区域的冲击吸收功，可以判定焊接工艺是否恰当、焊材选择是否合理。

(2)适用于金属构件承受大能量冲击抗力的评定。例如，众所周知的泰坦尼克号，经调查，沉没的原因就是撞击冰山后出现的断裂破坏所致，后人在原因分析时发现用于制造这艘船舶的钢板的冲击值只有13J，如此低的韧性储备导致撞击冰山后顷刻沉没。第二次世界大战中，美国有上千艘船只发生断裂，20世纪40年代初美国船体破坏事故的分析总结指出[11]，船体钢未断裂部位的冲击吸收功平均值为21J，并以此作为判据来确定临界温度。后来，又发展为平均冲击吸收功不小于27J。因此，对于在服役过程中需要承受冲击载荷的构件，冲击试验可以作为其抗冲击性能的评价方法。

(3)冲击试验可用于金属材料韧脆转变倾向的判定。金属材料的韧脆转变温度为构件的选材提供了重要的参考，选材时必须保证所用材料的韧脆转变温度低于构件的服役温度。

(4)在示波冲击中，通常把冲击最大力作为裂纹形成的判据：即在最大力之前材料产生弹性及塑性变形，随着塑性变形的发展逐渐形成裂纹。一旦有裂纹产生，载荷将会下降。以最大载荷为分界点，最大载荷之前，是裂纹形成消耗的能量，称为裂纹形成能量 W_i，即最大力时的能量 $W_m \approx W_i$；最大载荷之后所消耗的能量称为裂纹扩展能量 W_p，即 $W_p \approx W_t - W_m$（其中，W_t 为总冲击能量）。至此，把冲击总能量分成了两个部分：裂纹形成能量和扩展能量，给无物理意义的冲击总能量，赋予了新的内涵[12-13]。在实际使用中，裂纹扩展能量是判断材料韧脆性以及断裂行为的依据。因此，示波冲击试验可用于材料冲击断裂行为研究。例如，两种材料测试获得的冲击吸收功相同，但材料 A 的 W_i 大而 W_p 小，材料 B 正好相反，说明材料 B 抵抗裂纹扩展的能力要高于材料 A。对工程应用的指导建议为：由于材料 A 在受到冲击时，所吸收的能量主要是用于裂纹形成，而表面的加工划痕或表面微损伤会严重降低 W_i，因此在使用过程中一定要降低构件的表面粗糙度，提高表面加工质量。与之相反，材料 B 虽然裂纹很容易形成，但扩展过程需要消耗大量的能量，与材料 A 相比，对表面质量的要求就可以低很多。

4. 特点和注意事项

1）特点

（1）冲击试验过程中，试验力的作用时间短（一般只有零点几秒）、速度快（普通摆锤式冲击试验机的最大速度一般为 5～5.5m/s），试样一般呈现动态断裂特征。金属材料对冲击载荷的抗力与拉伸等静载荷的不同，在快速加载时，只有弹性变形能够响应载荷变化，塑性变形能力受到了限制，从而导致材料增加抗力并促使脆性化。

（2）冲击试验结果在一定程度上反映了材料在大能量冲击载荷下的缺口敏感性。构件截面尺寸的突然变化或带有沟槽等都会造成局部出现应力集中，从应力状态的影响上可视为缺口，绝大多数情况下冲击试样是要求加工出缺口的。因此，冲击试验能够很好地表征出材料的缺口敏感性，而普通拉伸试验或弯曲试验等测定的强度或塑性指标则难以对此进行表征。

2）注意事项

（1）冲击试样的尺寸效应。在工程应用中，有时受限于构件或原材料的尺寸，无法加工出 55mm×10mm×10mm 规格的标准试样，而只能加工成《金属材料　夏比摆锤冲击试验方法》（GB/T 229—2020）推荐的小尺寸试样，此时，如果没有特别说明，可以按照截面尺寸比例将小尺寸试样的测试结果换算成 55mm×10mm×10mm 试样的对应值。需要说明的是，冲击试样在变形的过程中存在尺寸效应，而且受到材料种类、热处理状态、试验温度等多个因素的影响，小尺寸试样测试结果与55mm×10mm×10mm 试样的换算并非完全与试样截面成等比例关系，如中国船级社《材料与焊接规范》[14]中就规定 $KV_2(t=10\text{mm}) = \frac{6}{5}KV_2(t=7.5\text{mm})$，$KV_2(t=$

$10\text{mm}) = \frac{3}{2}KV_2(t = 5\text{mm})$。

（2）不同冲击刀刃曲率半径的大小对于有些材料的试验结果是有一定影响的，而且两种曲率半径刀刃试验结果的相互关系还没有明确的标准对应，具体需要哪一种曲率半径的刀刃，取决于产品标准或试验方法标准上的规定。为此，科研人员应准确选择冲击刀刃曲率。陈庆垒[15]的研究结果指出，当冲击吸收功较低时，两种刀刃测得的结果相近，而当冲击吸收功较高时，半径 8mm 的刀刃测得冲击吸收功值较 2mm 的要高。

（3）冲击韧性（也称冲击韧度）是用冲击试验测定得到的冲击吸收功除以试样缺口底部截面积所得之商值，也是衡量材料冲击性能的一个指标。目前，国内的一些产品标准中仍使用冲击韧性作为材料性能合格与否的判据，但该指标未考虑试样尺寸效应带来的影响，另外，该指标也没有明确的物理意义，因此，新版的冲击试验国家标准 GB/T 229—2020 中已经删除了该项内容。

（4）通过轧制、挤压或锻造等工艺成形的金属材料或产品，沿加工方向会产生纤维组织。沿不同方向进行取样会得到不一样的冲击试验结果，如沿轧制、挤压和锻造纤维方向取样，冲击值偏高，而垂直于纤维方向取样则冲击值偏低。同样，在铸造样坯上，冲击试样相对于结晶方向的不同位置取样，也会对冲击试验结果产生不同的影响。通常情况下，产品规范中对冲击试样的取样方向都有详细的规定，只有按照规定方向取样并进行测试才能按照标准规定的指标进行验收。

除了取样位置外，缺口的开设方向也很重要，如果没有特别说明，轧制板材冲击试样缺口应垂直于试样表面，否则，测试结果将有极大的差异。例如，Ti80 合金板材，缺口垂直表面试样的冲击吸收功约为 60J，而缺口平行于外表面时冲击吸收功约为 100J，两者之间相差近 1/2。

（5）通常情况下，实验室的低温环境是依靠液氮混合酒精来实现的，只能达到 -120℃ 的极限，即使采用氟利昂作为冷却介质，温度极限最低也只能达到 -154℃。但是，一些工程构件需要在更低的温度下服役，如 LNG 船储罐用钢需考察在 -165℃ 低温条件下的抗冲击性。此时，需要采用特殊的方法对试样进行降温与保温。例如，中国船舶集团有限公司第七二五研究所（以下简称“七二五所”）配置了专用的超低温冷却装置可以将温度连续降至 -180℃，足以满足液化天然气（LNG）船的测试需求。

（6）通过系列低温拉伸试验，找出屈服强度值急速升高、断后伸长率与断面收缩率急速下降的温度点，也可以将其作为韧脆转变温度，用于显示材料的低温脆性倾向。与冲击试验相比，该方法测定的 T_t 值偏低，这是受到多方面因素影响的结果。一方面，冲击试验的应变速率要远高于拉伸试验，而应变速率的提高对材料脆性倾向的影响等同于降低试验温度;另一方面,拉伸试样为光滑试样,冲击试样为带缺口试样,缺口的存在增加了材料脆化的敏感性。因此,通过冲击试验测定的 T_t 较拉伸试验更为保守。另外,静态拉伸试验方法相比冲击试验更为不便、试验效率更低。因此,无论是基础研究还是工程应用,都更倾向于采用冲击试验的方法来评定材料的低温脆性。

(7)用标准冲击试样测定的韧脆转变温度与实际构件是有差异的。构件形状、尺寸及加载情况对其韧脆转变温度都有影响。用标准试样测定的韧脆转变温度只能用来比较不同材料在相同试验条件下发生低温脆性倾向的大小,并不能说明该材料制成的构件在此温度下一定会发生脆断。

2.1.4 动态撕裂试验

传统的夏比冲击试验测试过程中,所用试样尺寸最大为 55mm × 10mm × 10mm。由于试样尺寸过小,不能反映实际构件受力时的应力状态,无法满足特殊要求。另外,试样在断裂过程中会消耗很大一部分能量用于裂纹形成,普通试验机无法准确区分裂纹的扩展过程。基于此,动态撕裂试验方法应运而生。

1. 基本原理

动态撕裂试验原理同冲击试验相同:利用摆锤式冲击试验机,将处于简支梁固定模式下的动态撕裂试样一次冲断,进而得到冲击吸收能量和剪切断面率等参数。

2. 表征参数和物理意义

《金属材料动态撕裂试验方法》(GB/T 5482—2007)规定了动态撕裂试验的一些表征参数,如动态撕裂能和剪切断面率等。

1)动态撕裂能(DT 能)

动态撕裂能指动态撕裂试验过程中试样所吸收的能量,用于表征特定厚度的金属材料抵抗动态撕裂能力的物理参量。

2)剪切断面率

剪切断面率是一个表征材料断裂特征的物理量,指纤维状断口面积与缺口处原始横截面积之比的百分数。

3. 适用条件

动态撕裂试验是由美国海军研究所提出的一种测量材料韧性的试验方法,最初应用于船体结构钢的抗撕裂能力测量,以及动态撕裂的韧脆转变温度测试[16-17],主要用于评价冶金变量,如成分、工艺、热处理或加工制造和成形焊接等的优劣,后来广泛应用于核工业、压力容器、桥梁钢、铁路机车配件等领域,以及其他各种结构材料的研究。

4. 特点和注意事项

1）特点

（1）动态撕裂试验测试的结果更接近真实工况，更具实际意义。动态撕裂试验用试样尺寸为 180mm × 40mm × t（t 为试样厚度（mm）），如果设备的冲击载荷能够满足要求，还可使用更大规格的 650mm × 200mm × 40mm 试样，与夏比冲击试验相比，动态撕裂试验因其可以保留试样的原厚度，测试结果更接近真实工况。另外，大尺寸截面构件包含缺陷的概率大于小尺寸构件，且因机械约束，内部易成平面应变状态。因此，夏比冲击试验往往不能正确评价构件的韧脆转变特征，动态撕裂试验则更具实际意义。

（2）在动态撕裂试验过程中，裂纹的起裂功较小，主要表现为裂纹扩展功。因为，动态撕裂试验前需要用尖锐的压刀对试样缺口进行压制，缺口的根部半径要小于夏比冲击试验的 V 形试样。

2）注意事项

由于尺寸效应的存在，采用动态撕裂试验获得的韧脆转变温度要明显高于夏比冲击试验，在实际使用中，以此试验方法来评价材料的韧脆转变性能更接近实际，也更为保守。

2.1.5　落锤试验

第二次世界大战期间，美国制造的近 5000 艘船舶共发生了 1000 余起脆性破坏事故，引起了全世界的广泛重视。至 1950 年，研究发现，在使用温度下，钢材的冲击吸收功不低于 27J 时才有足够的抗脆断能力，才能使钢板中的裂纹终止于基体内部而不发生脆性破坏。后来，通过对大量破损船体开展的爆炸裂纹源试验研究发现，所有破损船体的使用温度均低于试验确定的 NDT，表明材料的 NDT 在断裂分析方面的重要意义。由于爆炸试验操作的局限性，美国海军材料研究所开发了落锤试验，用于测定材料的 NDT。从此，由落锤试验获得的 NDT 参数开始在船舶安全评价上广泛使用。

1. 基本原理

落锤试验，又称无塑性转变温度试验。所用试样为长方体，中间堆焊一个与试样长度方向平行的脆性焊道，并在焊道上加工一个横向缺口作为脆性裂纹源。试验时，采用锤体自由落下的方式，给试样（给定材料的一组试样中的每一个试样）施加单一的冲击载荷。通过在一系列选定的温度下开展试验，测定试样断裂的最高温度，即无塑性转变温度。

2. 表征参数和物理意义

落锤试验可以得到无塑性转变温度，结合爆炸试验和止裂试验可得到材料的失效评定曲线(FAD)。

NDT为落锤试验中试样断裂的最高温度,它表征了含有小裂纹的钢材在动态加载条件下发生断裂的最高温度。

FAD为许用应力、缺陷(裂纹)和温度之间关系的曲线。鉴于断裂力学在分析工程应用方面的局限性,一些实验室参数并不能直接应用,为解决工程中的韧脆转变问题,FAD图逐渐发展成熟,成为防断设计程序,在船舶设计、建造中被广泛使用,见图2-7。

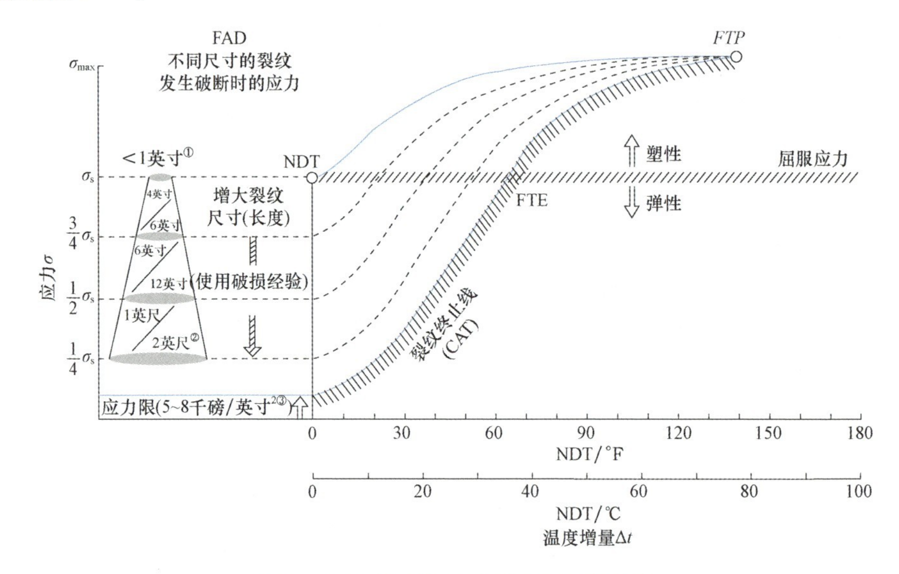

图2-7 Pellini的断裂分析图(FAD图)

目前,常用的落锤试验标准包括《铁素体钢的无塑性转变温度落锤试验方法》(GB/T 6803—2008)和《铁素体钢无塑性转变温度落锤试验标准试验方法》(ASTM E208—19)。

3. 适用条件

传统的结构设计是以材料的屈服强度作为依据,这种设计无法避免结构的脆性断裂,这是因为传统设计不包含脆性强度概念,未考虑温度、加载速度、钢板厚度、三向应力等因素对结构的影响。众所周知,温度是引起结构脆断的重要因素之一,在结构设计时必须保证其最低工作温度应大于钢材的脆性转变温度,否则容易出现脆性断裂。若结构的工作温度太低,甚至低于转变温度,则必须降低设计应

① 1英寸≈2.54cm。

② 1英尺≈30.48cm。

③ 1千磅/英尺^2≈6.9MPa。

力,使应力低于不会发生裂纹扩展的水平;如果必须保证设计应力,则应选择韧性较高、转变温度较低的材料。

对于船舶构件而言,在一般情况下,除棱角、剪断处等应力集中部位可能会发生少量的塑性变形外,其他部分都处于弹性变形状态。此时,由落锤试验得到的NDT是个临界值,在NDT以上,船舶构件并不会发生脆性断裂,可以安全运行;相反,在NDT以下,船舶结构是危险的。因此,落锤试验常用于船舶等领域的选材,也可作为工程设计的参考指标。

FAD图规定了三个标准转变温度参考点,也称为“设计点”,可以用来作为设计准则。

(1)NDT参考点:将工作温度限制到稍高于NDT。因为低于NDT时,极小的裂纹都存在扩展的可能性,容易引起脆性断裂;而高于NDT时,在FAD图上,小缺陷开裂曲线沿着应力轴迅速上升,可以防止一般脆性破坏的发生。

(2)FTE参考点:FTE≈NDT+33℃,适用于弹塑性断裂。若使用温度在FTE以上,只要应力不超过屈服强度,即使有裂纹存在,构件也可以阻止脆性断裂的发生。

(3)FTP参考点:FTP≈NDT+66℃,适用于全塑性断裂。若使用温度在材料的FTP以上,就可以保证材料只发生塑性破坏。

落锤试验一般都具有相对稳定的试验结果,且对工程设计能够提供明确的选材依据。因此,现在已大量应用于铁路、桥梁、船舶、压力容器等工程领域。而且,在船舶和铁路等领域常作为验收技术指标使用。

4. 特点和注意事项

1)特点

(1)落锤试验是最早使用尖锐裂纹的试验,早期主要应用于低合金钢,现在在许多技术协议或标准中,可用来代替冲击试验。

(2)落锤试验测得的NDT是一个与截面尺寸无关的参数。因为落锤试验的裂纹尺寸是固定的,因此,测试结果不受截面尺寸的影响。也就是说,截面尺寸的变化,不会引起NDT的变化,除非钢的冶金质量发生了改变。

2)注意事项

将GB/T 6803—2008和ASTM E208—19对比,GB/T 6803—2008的试验要求比ASTM E208—19的要严格。国标中明确规定了落锤试验的冲击高度不小于1m,而ASTM E208—19相关条款则没有规定。实际上,同样冲击能量条件下,冲击速度对落锤试样的断裂是存在一定影响的,不规定冲击高度,会造成试验结果偏差。

另外,ASTM E208—19中没有针对焊接接头的落锤试验方法,而GB/T 6803—2008的附录规定了焊接接头关于焊缝和热影响区的落锤试验方法。通过大量的焊接接头落锤试验结果表明，焊缝金属及热影响区的落锤试验结果与其他试验（如冲击、动态撕裂）可能会存在较大的差异。本书建议，如果要考核焊接接头的性能，可通过冲击、动态撕裂、落锤撕裂等断裂试验方法来进行。

2.1.6 硬度试验

硬度试验同拉伸试验一样也是一种应用广泛的力学性能试验方法，该试验在较短的时间内对试样仅做有限的轻微损坏就可以确定材料的力学性能。在实践中，当拉伸试验过于耗时或被测件不允许被破坏时，可用硬度测试来估算抗拉强度值。

1. 基本原理

硬度的试验方法有很多种，包含压入法、回跳法、刻划法等，对于金属材料而言，压入法的使用最为广泛，其工作原理为：对特定形状的压头施加一定的试验力将其压入试样表面，经过规定保持时间后卸除试验力，随后通过测试试样表面残留的压痕尺寸获得材料对应的硬度值。根据试验方法与压头形状的不同，可以分为布氏硬度、洛氏硬度、维氏硬度等，所用试验方法分别为《金属材料　布氏硬度试验　第1部分：试验方法》（GB/T 231.1—2009）、《金属材料 洛氏硬度试验　第1部分：试验方法（A、B、C、D、E、F、G、H、K、N、T标尺）》（GB/T 230.1—2009）、《金属材料 维氏硬度试验　第1部分：试验方法》（GB/T 4340.1—2009）。如果硬度测试仪上附加有加热装置与真空系统，还可以获得不同高温温度下的硬度值，即高温硬度值。

（1）布氏硬度试验。将一定直径 D 的钢球或硬质合金球以一定的载荷 F 压入试样表面并保载一定时间，待卸载后测量试样表面残留的压痕平均直径，见图2-8，布氏硬度就是试验力除以压痕球形表面积所得的商，见式（2-2）。但是，由于压痕的深度 h 的测量比较困难，而压痕直径 d（图2-8中直径 d_1 与 d_2 的平均值）相对比较容易，因此，布氏硬度的计算可转换为式（2-3）。在实际操作中，只要测量出压痕直径 d，通过计算或查表即可得到布氏硬度值：

$$\mathrm{HBW} = \frac{0.102F}{S} = \frac{0.102F}{\pi Dh} \tag{2-2}$$

$$\mathrm{HBW} = 0.102 \times \frac{2F}{\pi D(D - \sqrt{D^2 - d^2})} \tag{2-3}$$

式中：F 为试验力（N）；D 为压头直径（mm）；h 为压痕深度（mm）；d 为试样表面压痕直径（mm）。

（2）洛氏硬度试验。将一定形状的金刚石圆锥体或球体压头与试样表面接触，首先施加一个初试验力 F_0，产生一个压痕深度 h_0；然后再施加主试验力 F_1，产生一个压痕深度增量 h_1。在此条件下，保载一定时间后卸载主试验力，并在初始试验力继续作用下得到压痕深度 h_2，测定残余压痕深度增量 h_2-h_0，以无量纲的深度值表示材料的硬度值，见图 2－9。

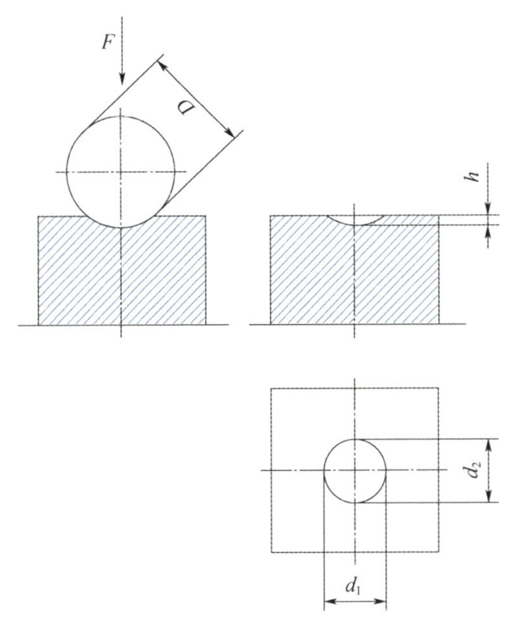

图 2－8　布氏硬度压痕直径 d 与深度 h 的关系

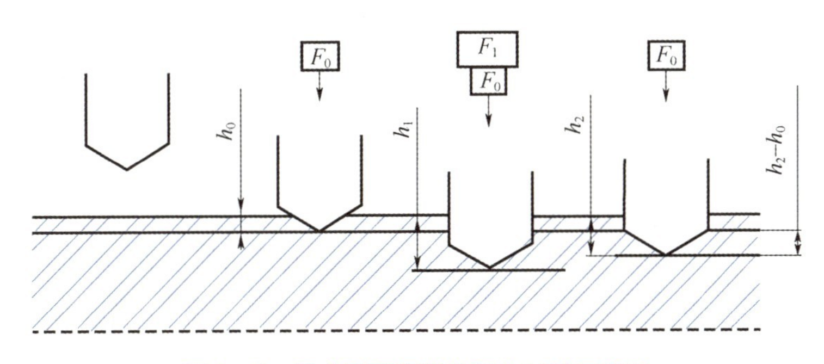

图 2－9　用金刚石圆锥体压头试验示意图

(3)维氏硬度试验。维氏硬度的测试原理同布氏硬度相同，不同的是所用压头的形状与尺寸，维氏硬度所用压头为两相对面间夹角为 136°的金刚石四棱锥体。另外，维氏硬度压痕表面积的计算是以卸载后压痕对角线平均长度 d(d_1 与 d_2 的平均值)长度计算的，见图 2－10。

2. 表征参数和物理意义

硬度是衡量材料软硬程度的一种性能指标，表示固体材料表面一个小区域内抵抗变形或者破裂的能力，硬度试验可以得到布氏硬度、洛氏硬度和维氏硬度等表征参数。

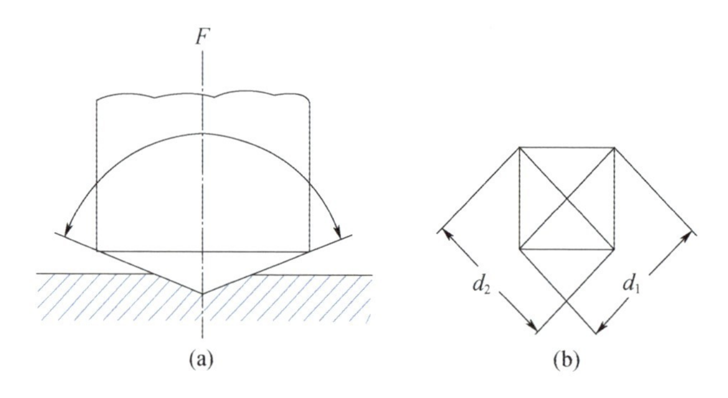

图 2-10 维氏硬度试验原理图

(1)布氏硬度 HB:通过布氏硬度计测试获得的硬度值。

(2)洛氏硬度 HR:通过洛氏硬度计测试获得的硬度值,按照所用标尺的不同,可以分为 HRA、HRBW、HRC、HRD 等。

(3)维氏硬度 HV:通过维氏硬度计测试获得的硬度值。

3. 适用条件

每种硬度试验方法都有自己的优缺点,其适用的测试对象也有区别。

(1)布氏硬度试验。与其他两种硬度测试方法相比,布氏硬度试验最大的特点是所用压头的尺寸较大,得到的压痕面积也大。较大的压痕面积带来了一个显著的优点,即测试的硬度值是试样在较大范围内的一个平均值,这可以避免组织不均匀、晶界碳化物析出、个别晶粒组织粗大等因素造成测试结果离散性大、数据重复性不好等问题。因此,布氏硬度试验适用于退火或正火状态的锻件、铸件,特别是灰铸铁、轴承合金等具有粗大晶粒或粗大组成相的金属材料。另外,它也适用于硬度值较低的金属材料,如铝与铝合金等。但是,由于压痕较大,布氏硬度试验不适宜于某些表面不允许有较大压痕存在的成品检验,也不宜用于厚度较薄的试件。

(2)洛氏硬度试验。洛氏硬度试验的最大优势是操作简便、压痕小,微损伤试样表面。另外,通过改变标尺类型,可用于测试各种硬度范围的金属材料。洛氏硬度试验适用于各种钢铁材料、有色金属、经淬火后高硬度工件、表面热处理工件、高铬铸铁及硬质合金等。它既可以用于成品或半成品的检验,也可以用于较薄零件的测定。但是,洛氏硬度试验也存在一些缺点:一是,不同的硬度标尺测得的硬度值无法统一;二是,压痕尺寸较小,数据的重复性不及布氏硬度稳定。

(3)维氏硬度试验。维氏硬度试验的最大特点是加载试验力较小,可用于测定受力时容易变形甚至穿透的金属薄板、薄带或金属箔等。另外,较小的试验力产生的压痕尺寸也较小。因此,维氏硬度试验还可用于有极薄渗碳、渗氮或硬化层的金属试样表面硬度测试。除此之外,维氏硬度试验的另外一个优势在于可以选区进行测试,如金属组织中的某一相、熔化焊焊接接头的不同区域、爆炸复合板的界面硬化区或熔化区等。在实际使用中,焊接接头的硬度测试是维氏硬度的一个典型应用。例如,中国船级社规定对船用焊接件要进行维氏硬度试验,包含焊缝、熔合线、热影响区、母材中的一个或几个区域。

(4)高温硬度试验。对于高温轴承或一些工具材料,高温硬度是一项重要的力学性能指标,它是在特定的设备中对试样进行加热、保温并完成加载从而测定对应硬度值的一种试验方法[18]。通常情况下,高温硬度试验所用设备为维氏硬度计。随着高温硬度测试技术的逐渐成熟,其应用范围也越来越广。例如,有研究指出[19],高温硬度与高温持久强度之间存在着某种联系,即通过高温硬度值可以得到材料的蠕变激活能,进而可推算出材料的蠕变性能。另外,对于利用涂层来提高表面硬度从而达到提高高温耐磨性的材料而言,高温硬度测试也是其唯一可行的高温测试手段[20]。此外,在高温硬度测试中,可以在升温的同时进行测试或者在保温的同时进行测试,通过一个试样就可以得到多种工艺参数下的力学性能,对于需要做系列高温试验或不同时间时效处理的材料而言,该方法可以显著缩短试验周期。

4. 特点和注意事项

1)特点

前面介绍了各种硬度测试的优缺点与各自的使用范围,与其他力学性能测试手段相比,硬度测试具有一些明显的优势与自身特色。

(1)可以作为预判或替代试验,缩短材料的测试评价周期。硬度试验的测试设备简单、试样制备简易,操作方便、迅速,且与拉伸强度等性能参数之间有一定的转换关系,如低合金钢材质,其布氏硬度(HB)与抗拉强度 R_m 近似转化关系如下:

$$\mathrm{HB} = \frac{R_m}{3} \tag{2-4}$$

式中:HB 为布氏硬度;R_m为抗拉强度。

(2)可以实现构件的无损或微损伤检测。因为硬度测试一般仅在金属表面的局部区域产生很小的压痕。

(3)在很多情况下机械零部件只测试硬度便能对其力学性能进行预测,或对合格与否做出判定,硬度是金属各项力学性能的综合体现。

(4)该方法使用范围极广,几乎所有的金属材料都可进行硬度测试。因为,压入硬度试验方法的应力状态软化系数 $\alpha > 2$,所有的金属材料,甚至是硬质合金,都能在该应力状态下产生塑性变形。

2)注意事项

(1)因为材料上压痕的形成过程与它的弹性变形及塑性变形之间存在复杂的关系,无论试验进行得如何细致,用不同方法得到的硬度值之间都难以建立一种普遍适用的换算关系。因此,《金属材料　硬度值的换算》(GB/T 33362—2016)明确指出,不同硬度值之间的换算会受到材料的种类、热处理状态、加工工艺等因素的影响。

(2)硬度与抗拉强度的换算受到材料的种类、热处理状态、加工工艺等因素的影响,它们之间的转化只有近似关系,而不具有普适关系。

(3)在维氏硬度测试过程中,由于试验力较小,所以压痕的尺寸极小,需要在显微镜下观察才能准确测量压痕对角线长度,通常情况下,试样表面需要进行抛光处理。

(4)布氏硬度与洛氏硬度试样表面及支撑面应平行而且光滑平坦,不应有油脂、氧化皮、裂缝、凹坑及其他污物。同时,试样表面粗糙度 Ra 值一般不大于 1.6μm。另外,试样厚度应不小于压痕深度的 10 倍,否则试样背面容易出现鼓出或其他可见变形痕迹。

2.1.7　高温长时试验

高温下金属及合金中出现的扩散、回复、再结晶等现象,会使其组织发生变化。金属材料长时间暴露在高温下,也会使其性能受到影响。对于长时间在高温并伴有一定应力条件下服役的金属材料,存在着一些不同于短时高温拉伸试验的现象。

(1)在低于材料屈服强度的应力条件下,随着工作时间的延长,材料(如蒸汽锅炉或化工装置中的高温高压管道等用材)会逐渐发生缓慢而连续的塑性变形现象(蠕变现象)。

(2)高温条件下工作的紧固件、密封圈等虽然初始应力较大,但经过一段时间后应力逐渐下降,紧固或密封效果减弱,从而导致失效(应力松弛现象)。

(3)一些在静态高温拉伸试验中表现出良好塑性的材料,在同样温度条件下长时试验时,会出现塑性降低的现象,甚至出现脆性断裂。综上所述,在高温并承受一定载荷条件下长期运行的构件,不能仅运用短时拉伸等试验评价其性能,还需要考虑温度与时间两个因素联合作用下材料性能的改变。换而言之,还需要考察其高温蠕变、高温持久或高温应力松弛等性能。鉴于以上三种试验都是在高温条件下进行的长时试验,文献[2]将它们统称为高温长时试验,本节将对其进行分别介绍。

1. 基本原理

高温蠕变/持久是指金属材料在长时间的恒温、恒载荷作用下缓慢地产生塑性变形的现象,高温蠕变/持久试验的原理:将试样加热至规定温度,沿试样轴线方向施加恒定应力并保持一定时间，进而测定规定蠕变伸长、蠕变断裂时间等参数。

高温应力松弛是指材料在规定温度下长时间保温时呈现的应力随时间的延长逐渐降低的现象，其试验原理：将试样加热至规定的温度，在此温度下保持恒定的拉伸应变，测定试样的剩余应力值。整个试验过程既可以是连续的，也可以是不连续的。

2. 表征参数和物理意义

高温蠕变/持久试验常采用《金属材料　单轴拉伸蠕变试验方法》(GB/T 2039—2012)，高温应力松弛试验常采用《金属材料　拉伸应力松弛试验方法》(GB/T 10120—2013)，这两个标准定义了一些表征参数，如蠕变伸长率、蠕变断裂时间、蠕变速率、持久缺口敏感性、蠕变断裂后的伸长率、松弛率和金属材料的持久强度极限等。

1)蠕变伸长率(A_f)

蠕变伸长率指的是在规定温度下，t 时刻参考长度的增量和原始参考长度之比的百分率。如果试样的初始应力超过了材料的弹性极限，则蠕变伸长量不包含弹性伸长率和起始的塑性伸长率。

2)蠕变断裂时间(t_u)

蠕变断裂时间为在规定温度和初始应力条件下，试样发生断裂前所持续的时间。

3)蠕变速率(v)

蠕变速率为表征金属材料在规定的试验条件下蠕变快慢的物理量。图 2－11 所示为典型的蠕变伸长与时间的关系曲线，也称为蠕变曲线，可分为三个阶段。

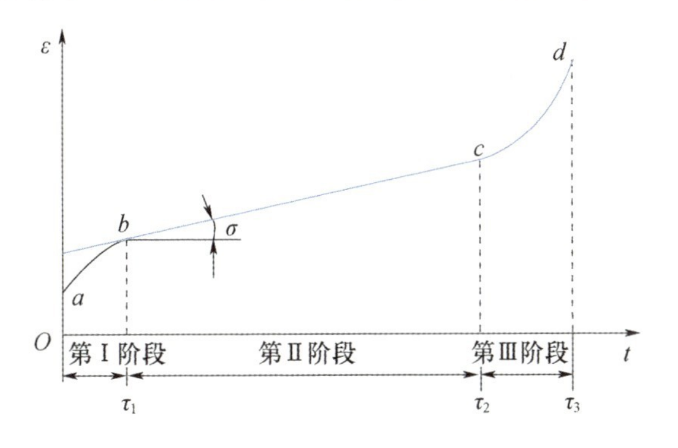

图 2－11　蠕变曲线

第一阶段 ab 是减速(过渡)蠕变阶段。这一阶段开始的蠕变速率很大，随着时间的延长，蠕变速率逐渐减小，到 b 点时蠕变速率达到最小值。这一阶段很短，通常在试验中不一定出现。

第二阶段 bc 是恒速蠕变阶段。这一阶段的特点是蠕变速率几乎保持不变，从微观特征分析，这是因为材料的形变硬化与回复软化达到了一个动态平衡。

第三阶段 cd 是加速蠕变阶段，随着时间的延长，蠕变速度逐渐增大，直至 d 点产生蠕变断裂。

从材料的典型蠕变曲线（图 2－11）中可以看出，第二阶段近似一条直线。当采用标准试样进行蠕变试验时，由第一阶段进入第二阶段时有某一时刻 τ_1，在图中对应纵坐标有一个变形量 ε_1，试样持续试验到另一时刻 τ_2，对应纵坐标又有一个变形量 ε_2，试验时刻由 τ_1 到 τ_2，变形量由 ε_1 到 ε_2，可以获得两个增量，即 $\Delta\tau$ 和 $\Delta\varepsilon$。这一试验过程中的单位时间内的变形量即蠕变速率 v，其计算公式为

$$v = \frac{\varepsilon_2 - \varepsilon_1}{\tau_2 - \tau_1} = \frac{\Delta\varepsilon}{\Delta\tau} \tag{2-5}$$

式中：τ_1 为时刻 1；τ_2 为时刻 2；ε_1 为时刻 1 时的变形量；ε_2 为时刻 2 时的变形量。

4）持久缺口敏感性

持久缺口敏感性表征材料在带有一定缺口的条件下抵抗裂纹扩展的能力。实际工程构件或零部件常常带有台阶、拐角、键槽、油孔、螺纹等，它们类似于缺口的作用，造成该区域应力集中，缺口根部的应力集中会促进裂纹的萌生扩展，从而降低了这些构件或零部件的持久强度（寿命）。评定材料是否具有缺口敏感性，是以带有缺口试样的持久强度与光滑试样的持久强度之比确定的。

5）蠕变断裂后的伸长率（A_u）

蠕变断裂后的伸长率反应材料在高温恒载条件下的持久塑性。有时也称为持久伸长率，是指试样断裂后原始标距的永久增量与原始标距之比的百分率。

6）松弛率（R）

松弛率反映了金属材料抵抗应力松弛的能力。松弛应力（应力松弛试验中任一时间试样上所减少的应力，即初始应力与剩余应力之差）与初始应力（应力松弛试验开始时对试样施加的应力）之比的百分率。

7）金属材料的持久强度极限（σ_τ^T）

金属材料的持久强度极限为在规定温度 T 下，达到规定的持续时间（τ）而不发生断裂的最大应力。短时的持久强度极限可通过同样时间的试验来确定，长时持久强度，如几万甚至几十万小时，进行同样时间的试验是不现实的，可通过采用外推方法来获得。

3. 适用条件

该方法适用于在高温条件下长时间工作零部件的性能评价，如化工设备、锅炉、汽轮机、燃气轮机、发动机轮盘、紧固件、燃气导管等主要因蠕变（产生变形、断

裂)或应力松弛等导致失效的构件。在一些情况下,如火箭上的零部件、钢的热锻过程等,虽然承受高温作用,但工作时间比较短,蠕变变形起不到决定性作用,就无须考虑蠕变等高温长时试验对材料性能的影响。

4. 特点和注意事项

1)特点

(1)与其他力学试验相比,高温蠕变、持久或应力松弛试验的周期较长,短则数十小时,长则数万小时。

(2)对于需要在高温条件下长时工作的构件来说,根据服役条件开展高温蠕变或应力松弛试验可以真实的反映材料在使用过程中的变形规律、组织变化规律,这是其他试验难以替代的。

2)注意事项

(1)金属在低温下也会发生蠕变现象,但通常只有当温度达到 $0.3T_m$(T_m为材料的熔点)以上时,蠕变现象才会比较明显。

(2)在选用高温长时试验来评价材料的使用性能时,需要从构件的服役条件综合考虑。例如,高温用密封件,使用的过程中,长时工作后会因密封不严而泄露,出现的原因既可能是发生了蠕变,产生了塑性变形所致,也可能是发生了应力松弛导致预紧力不够所致。工程技术人员在准备技术方案时需要统筹考虑、全面把控,选择合适的测试方法进行性能评价。

(3)蠕变极限和持久强度极限都可进行数据外推,但需注意外推数据的可靠性。一般采用外推法求蠕变极限,其蠕变速率只能比最低试验点的低一个数量级,否则外推值不可靠;同样,对于持久强度试验,外推时间不能超过最长试验时间一个数量级。

(4)高温蠕变与持久在试验程序上是一致的,主要区别在于考核维度不同,高温蠕变试验主要从蠕变量、蠕变速率等角度进行考察,高温持久主要从断裂时间、持久强度等角度进行考察。本质上讲,持久试验是蠕变试验的延续,随着高温试验时间的推移,金属材料在外力作用下必然会出现断裂。

(5)与常温拉伸相比,需在高温条件下长时工作的构件一般选择晶粒比较粗大的组织,这是因为高温条件下晶界是薄弱区域,应尽量减少晶界带来的影响。

2.1.8　扭转试验

在国防工业,如船舶、航空以及兵器等领域,很多机械零部件承受扭转载荷作用,尤其是轴类零件。当圆柱试样在承受扭矩作用时,横截面上无正应力作用,只有切应力,最大切应 τ_{max} 为最大正应力 σ_{max} 的 1/2。当最大切应力大于材料的抗剪强度时,断面会垂直于试样轴线,呈现切断特征。当材料的最大正应力大于材料的抗拉强度时，断面常与试样轴线呈45°夹角，呈现脆断特征。因此，可以用扭转试验来评价材料在剪切力作用下的断裂行为。

1. 基本原理

扭转试验主要用于测定金属材料在单向或双向扭转中承受塑性变形的能力及显示线材的表面或内部缺陷。其试验原理为：通过适当的方式，将特定形状与尺寸的试样固定在扭转试验机上，对试样施加扭矩 T，并测量扭矩以及其相应的扭角，通常情况下，需将试样加载至断裂，从而测定一项或几项力学性能。

2. 表征参数和物理意义

《金属材料　室温扭转试验方法》(GB/T 10128—2007)定义了扭转试验中的一些表征参数，如屈服强度、抗扭强度、剪切模量和最大非比例切应变等。

1)屈服强度

屈服强度指当金属材料呈现屈服现象时，在试验期间达到塑性发生而扭矩不增加的应力点，包含上屈服强度与下屈服强度等。不同金属材料在拉伸过程中表现出不同的特性，有些材料存在上屈服强度与下屈服强度，而有些金属材料则没有。

(1)上屈服强度(τ_{eH})：在扭转试验中，试样发生屈服而扭矩首次下降前的最高切应力。

(2)下屈服强度(τ_{eL})：在扭转试验中，在屈服期间不计初始瞬时效应时的最低切应力。

(3)规定非比例扭矩强度(τ_p)：扭转试验中，试样标距部分外表面上的非比例切应变达到规定数值时的切应力。例如，$\tau_{p0.2}$表示规定的非比例切应变达到0.2%时的切应力。

2)抗扭强度(τ_m)

抗扭强度表征金属材料抵抗扭转载荷作用断裂的能力。试样在屈服阶段之后所能抵抗的最大扭矩处的切应力，对于无明显屈服的(连续屈服)金属材料，为试验期间最大扭矩处的切应力。

3)剪切模量(G)

剪切模量表征材料抵抗剪切变形的能力。应力与切应变成线性比例关系范围内应力与切应变之比为剪切模量。

4)最大非比例切应变(γ_{max})

最大非比例切应变表征金属材料在扭转试验中的塑性变形能力。试样扭断时其外表面上的最大非比例切应变。

3. 适用条件

扭转试验是金属力学性能试验中应用较为普遍的一种。它能考察金属材料

(圆形横截面或非圆形横截面)在固定或交变方向扭转时的塑性变形性能以及抵抗剪切载荷作用下断裂的能力。

(1)扭转试验适用于测试轴类等主要承受扭矩作用的构件,可用于测定塑性材料或脆性材料的剪切变形及断裂等相关性能指标。

(2)扭转试验对试样表面的缺陷极为敏感,可利用扭转试验来研究或检验构件的表面质量或表面强化工艺的效果。

(3)当金属中存在较多的非金属夹杂物或偏析,并在轧制过程中出现了沿轴线分布的情况时,在扭矩作用下,试样的断裂面会顺着试样轴线形成纵向剥层或断裂,呈现木纹状断口,此时,扭转试验较其他力学试验更具优势。另外,通过爆炸或轧制等成形方式制备的复合板,除了可采用黏结试验、弯曲试验或剪切试验测试其界面结合强度外,还可采用扭转试验来评价其界面抵抗扭矩作用分开的能力。

4. 特点和注意事项

1)特点

(1)扭转试验的应力状态软化系数较大,一些在拉伸时表现为脆性的金属材料,在扭转试验中能够产生一定的塑性变形。

(2)圆柱试样在进行扭转试验时,整个平行段长度上的塑性变形始终是均匀的,不会出现拉伸时试样发生的缩颈现象。

(3)在进行扭转试验时,试样截面上的应力状态为:表面切应力最大,心部为零。因此,扭转试验对金属表面状态极为敏感,但很难显示材料内的体积缺陷。

(4)对于塑性材料,扭转试样的断裂主要由切应力起主导作用,断口形貌表现为平整且有回旋状塑性变形痕迹;而脆性材料的断裂主要由正应力起作用,断口通常与试样轴线成45°,且呈螺旋状,见图 2-12。因此,扭转试样的断裂方式一般都比较明确[3]。

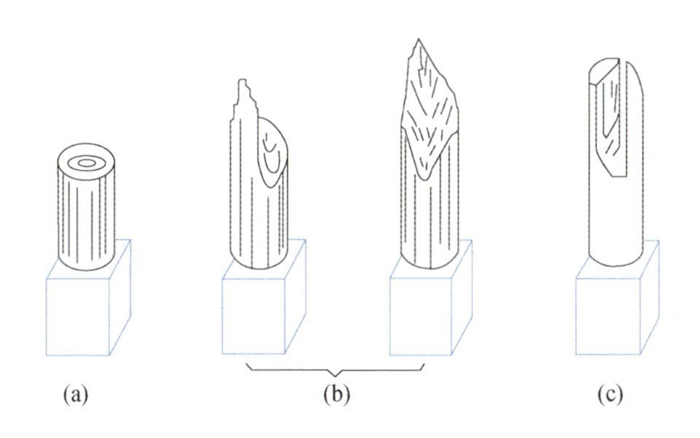

图 2-12 扭转试样断口的宏观特征

(a)剪切断口;(b)正断断口;(c)层状断口。

2)注意事项

(1)由于扭转试件中表面切应力大,越往心部切应力越小,当表层发生塑性变形时,心部仍处于弹性应力状态,见图2-13。因此,很难精确地测定表层开始塑性变形的时刻,故用扭转试验难以精确地测定材料的微量塑性变形抗力。

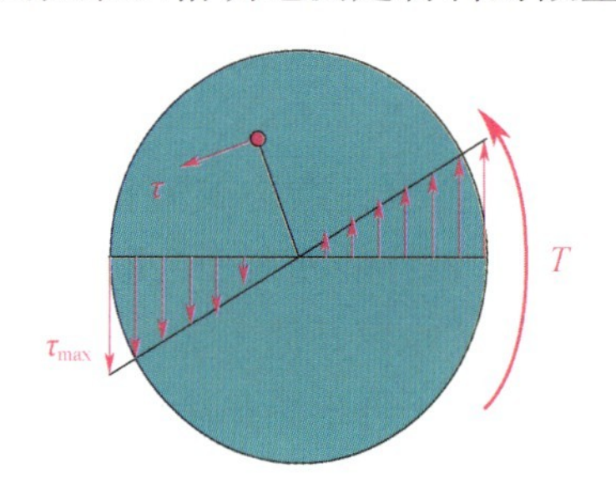

图2-13 圆柱试样截面剪切应力分布图

T—扭矩;τ—切应力;τ_{max}—最大切应力。

(2)试验过程中,扭转试样外表面的切应力最大,表面加工质量对试验结果的影响较拉伸试验更为敏感,因此,试样平行段部分的表面粗糙度要求更高。

2.1.9 剪切试验

在工程应用中,机械零件除承受拉应力、压应力、弯曲应力外,常常还存在承受剪切应力的情况,如被剪切的金属丝与金属板,机械连接中铆钉、销子或螺栓,复合钢板等。在设计、使用这些构件前,需要考虑材料的抗剪切能力。

1. 基本原理

剪切试验的基本原理:将试样固定在特定的试验装置上,采用万能试验机使试样承受剪切力直至断裂,并测定其抗剪强度。

工程结构中需要承受剪切力作用的零部件较多,本节仅对销钉类与金属复合板的抗剪性能测试进行介绍。《金属材料 线材和铆钉剪切试验方法》(GB/T 6400—2007)规定了金属材料或铆钉等构件的剪切试验方法,即在试验机上通过工装将试样剪断,期间,金属材料截面承受大小相等、方向相反、作用线相近的外力作用而沿与外力作用线平行的受剪面产生错动。《复合材料力学及工艺性能试验方法》(GB/T 6396—2008)规定了金属复合材料的剪切试验方法,试验系用静压缩力或静拉伸力,通过相应的试验装置,使平行于试验力方向的基材与复材的结合面承受剪切力直至分离,以测定复合层与基材之间的结合力。

2. 表征参数和物理意义

剪切试验的表征参数主要为抗剪强度。

抗剪强度(τ_b)是指材料能承受的最大剪切应力,在剪切试验中,抗剪强度是用剪切试验中的最大试验力除以试样的剪切面积所得的应力。反映了材料抵抗纯剪切作用而不断裂的能力,对于金属复合材料,其反映抵抗基材与复材发生剥离的能力。

3. 适用条件

销钉剪切试验适用于工程结构中主要承受剪切力作用的零部件,如船舶、桥梁等结构中的铆钉、销子等。

复合板剪切试验可用于测定爆炸、轧制等成形方式制备的金属复合板界面的结合强度。需要注意的是,同样都是剪切试验,但两者之间是有本质区别的。

众所周知,通过轧制或辊轧成形的板材,内部晶粒沿轧制方向定向排列,呈现明显的各向异性特征。近年来,有学者开始采用剪切试验方法研究材料在纯剪切力作用下的各向异性问题[21],采用较小的试样得到了等同拉伸试验的效果。

4. 特点和注意事项

1)特点

(1)销钉剪切试验:相对于单轴拉伸或压缩试验,线材、销钉或金属材料类的剪切试验具有应变范围大、变形过程不出现颈缩等塑性不稳定现象的特点。另外,剪切试验可正反向加载,便于模拟复杂应力环境[21]。

(2)复合板剪切试验:可以准确地让复合界面发生相对剪切运动。

2)注意事项

铆钉、线材(金属丝)剪切试样按有关标准的规定进行切取,试样表面应光滑,无裂纹、夹层、凹痕、擦伤、锈蚀等缺陷。复合钢板剪切试样的长度方向应平行于轧制方向,因为爆炸复合界面波浪纹具有方向性,不同取样方向测得的结果差异极大。另外,试样应加工到刚刚露出结合面;否则,试验过程中容易剪切到基材或复合层而导致试验失败。

2.1.10 霍普金森杆试验

随着工业技术、武器装备水平的不断发展与进步,装备的服役环境越来越复杂,一些机械构件在使用的过程中要承受一定的动态载荷作用,如爆炸冲击、高速碰撞等。现有研究表明,在高速动态载荷作用下材料的力学性能较静态载荷会有较大的变化,主要表现在材料的强度升高、塑性降低。此时,如果采用静态试验得到的材料性能数据用于装备的结构设计,将很难保证构件在极端条件下也能安全服役。霍普金森杆测试技术是近 50 年来新兴的测试材料动态力学性能的技术,该技术已经成功地应用于测试工程材料的动态变形和断裂行为,对于研究材料的动态力学行为具有十分重要的意义。

1. 基本原理

霍普金森杆是一种研究一维应力状态下材料动态力学性能的有效试验装置,可以直接测试试样在动态冲击状态下的应力、应变。自从 1949 年 Kolsky 发明它并用其研究一维应力状态下材料动态力学性能以来,该试验装置已有很多改进,试验技术不断提高。该装置通过应力波的匀速传送对试样进行冲击,测试试样在受到动态冲击波冲击应力时的应变情况,并根据试验参数计算相应的应变率、应力、应变能、入射能、透射能、反射能、质点冲击速度和高 g(指重力加速度)值等参数。其工作原理为:在试验装置上,撞击杆与入射杆发生碰撞,产生压缩应力波,当入射杆中的应力脉冲达到试样的接触面时,一部分被反射,在入射杆中形成反射波,另一部分则通过试样进入透射杆中,形成透射波。通过粘贴在入射杆和透射杆上的应变片连续记录随时间变化的脉冲信号,利用一维波理论和均匀性假定,可得到试件的应力、应变以及应变率等随时间的变化过程,见图 2-14。

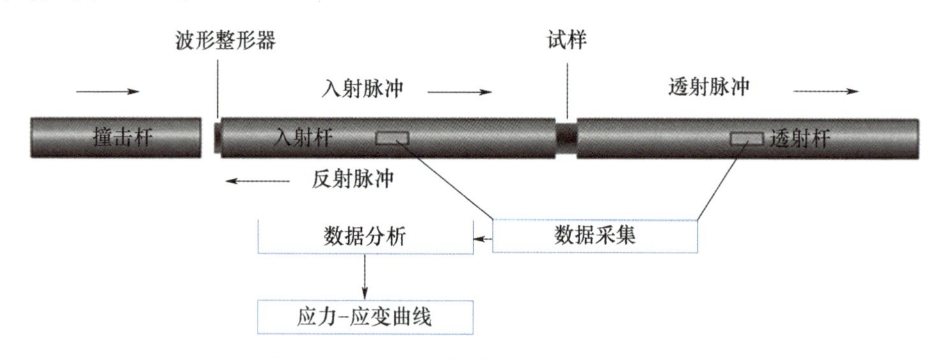

图 2-14　分离式霍普金森杆试验原理图

2. 表征参数和物理意义

霍普金森杆是一种表征材料在高应变率下变形的技术,通过获得的应力-应变曲线等信息来研究材料在快速加载条件下的动态力学行为或变形行为。

3. 适用条件

霍普金森杆试验技术是各领域研究材料动态力学行为或高速变形行为的主要试验手段,它不仅可用于测试金属、塑料等均匀性好、变形量较大材料的冲击压缩(改进型装置还可以实现拉伸、弯曲等受力形式)应力-应变关系,还可以用于测量泡沫材料、多孔材料(泡沫铝等)以及混凝土类材料的冲击压缩应力-应变曲线。在实际应用中,霍普金森杆试验除了测定动态应力-应变外,还可以开展火工品、引线的安全性、可靠性检测,高 g 值加速度传感器的标定以及炸药材料的压剪起爆临界点的测定等。

4. 特点和注意事项

1)特点

(1)试件能够达到的应变速率极快。普通的电液伺服试验机或通过丝杠传动的静态拉伸试验机的应变速率通常为 $10^{-5} \sim 10^{1}s^{-1}$,即使是速度较快的冲击试验机或落锤试验机,试验速度最多也就能达到 5 ~ 15m/s(应变速率通常为 $10^{2} \sim 10^{3}s^{-1}$),而霍普金森杆试验能够达到的应变速率范围为 $10^{2} \sim 10^{4}s^{-1}$,包括了流动应力随应变速率发生转折的应变率[22]。

(2)测量方法巧妙简单。在静态条件下测定材料的应力 - 应变关系,需要在同一个试样上同时测定应力、应变随时间的变化,而霍普金森杆利用杆上粘贴的电阻应变片即可确定试件材料的应力 - 应变关系,是一种间接但又十分简便的方法。

(3)入射波形易于控制。通过改变杆的撞击速度及形状,即可调节入射脉冲波形,用于调节作用于试件上的波形。但与静态试验机相比,霍普金森杆不具备用于实时监控和调整试件加载条件的闭环反馈控制系统。

2)注意事项

相对于刚度较好的丝杠传动或液压伺服试验机,霍普金森杆的刚度与试样的直径比不是特别高。另外,试样尺寸会对一维假设和均匀性假设的符合程度也产生明显影响。因此,使用不同规格尺寸的试样进行试验,得到的结果会有所差别。

2.1.11　力学工艺性能试验

金属材料在生产成形过程中通常需要经过各种加工、制造工艺过程,如铸、锻、轧、弯、拉拔、挤压、切削、焊接等,一个合格的产品要求在制备的过程中不应产生裂纹、断裂或损伤等缺陷,即要求材料具备一定的工艺成形性能。然而,往往这些又很难通过塑性、韧性等指标进行量化以判定其是否满足设计使用要求。弯曲试验、金属管压扁试验、金属管扩口与卷边试验、淬透性试验、界面结合强度试验等工艺性能试验主要通过模拟材料的弯曲、压扁、扩口与卷边、在一定冷却条件下淬火、拉、压等加工条件,以材料受力后表面的变形或所规定的某些特征来定性判断材料性能优劣,对工程实践具有重要的指导意义。

1. 弯曲试验

通过卷弯等工艺成形的构件,所用金属材料的外表面变形最大且承受拉应力作用,是整个成形过程中最薄弱的环节,在加工前可通过弯曲试验对其表面抵抗弯曲变形开裂的能力进行考察。弯曲试验的原理:首先,将一定形状的试样(圆形、方形、矩形或多边形横截面)放在弯曲装置上经受弯曲塑性变形,不改变加力方向,直至达到规定的弯曲角度,见图 2 - 15;然后,卸除试验力,通过观察试样表面状态来判定其是否符合相关产品技术条件或协议要求。

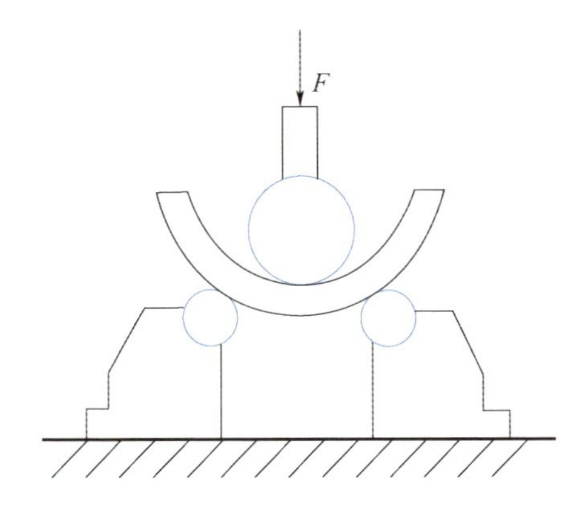

图2-15　支棍式弯曲试验原理图

板材、棒材等原材料弯曲试验,可用于检验其弯曲塑性变形的能力;焊接接头弯曲试验,可用于检验接头受拉伸面上的塑性并显示缺陷,用来检验焊接工艺的优劣。在通常情况下,弯曲试验结果以试样表面是否存在裂纹作为其合格与否的判定依据,但有些标准中允许试样表面存在一定长度的裂纹(也可能是数条裂纹的总长度)。对于脆性或低塑性材料,除了可测试试样断裂前的最大弯曲角度外,还可以测试其承受的最大弯曲力,进而计算出材料的抗弯强度。

1)特点

(1)与扭转试验类似,弯曲试验中,其应力分布是不均匀的,试样外表面承受拉应力,内表面承受压应力。因此,可比较灵敏地反映材料的表面缺陷,适用于测试评价材料的表面状态与质量。

(2)弯曲试样形状简单,操作方便,且其应力软化系数大于拉伸试验,通过弯曲的挠度可以显示材料的塑性或弹性变形。因此,可用于测试评价脆性材料的塑性变形,如铸铁、硬质合金等。

2)适用条件

(1)在弯曲载荷作用下,材料不会产生类似拉伸或压缩试验中出现的屈服现象。因此,对于承受弯曲载荷的构件可以把弯曲性能作为产品设计或选材的依据,如承重横梁、板状弹簧等。

(2)弯曲试验较广泛的应用实例是焊接接头的弯曲试验,通过正弯与背弯试验可以考察焊接接头的质量,通过侧弯试验可以发现焊接过程中的焊渣是否清理干净,层间温度控制是否合理等。

(3)对于金属复合材料而言,通过开展侧弯试验并观察复材与基材界面处的开裂情况,可用于判定界面的结合情况。

3)注意事项

(1)对于高塑性材料,很难通过弯曲试验达到破坏的程度,该类材料测不出弯曲强度,其断裂行为需要通过拉伸试验等来研究。

(2)四点弯曲两力臂之间为纯弯曲,弯矩 M 均匀分布,见图2-16。试验时可显示出该长度上存在的缺陷,三点弯曲为剪切弯曲,试样通常在中点及附近破坏,其他部位的缺陷一般不易显示。

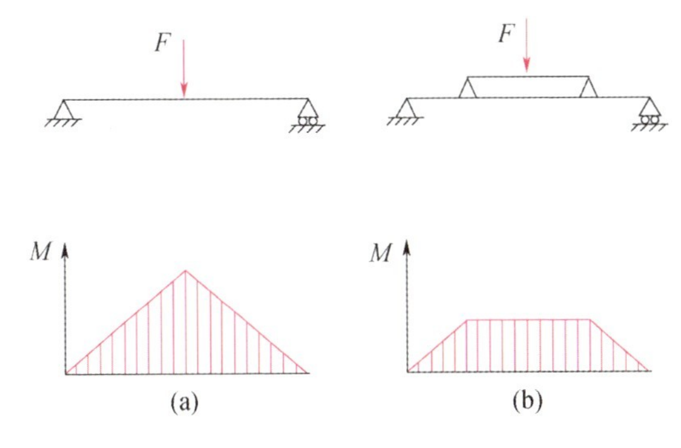

图2-16 三点弯曲与四点弯曲试验弯矩分布

(a)三点弯曲;(b)四点弯曲。

(3)弯曲试验样坯的切取方向与部位按有关标准规定执行,对于板材的冷弯试验,如果没有特别说明,受拉面要保留原始轧制或热处理状态。

(4)焊接接头弯曲试样主要有正弯、背弯、侧弯,个别时候还可以加工成纵向弯曲试样。对弯曲试样术语的描述,几个标准都有所差异,《焊接接头弯曲试验方法》(GB/T 2653—2008)定义为正弯、背弯与侧弯,NB/T 47014—2012 定义为面弯、背弯与侧弯,而中国船级社《材料与焊接规范》则定义为正弯、反弯与侧弯。需要明确的是,根据各标准中对术语的解释可以发现,正弯即面弯、背弯即反弯,试验相同,只是术语名称不同而已。

(5)各标准对侧弯试样的要求无显著差异,但对正反弯则大为不同。对于正反弯试验的要求:GB/T 2653—2008 与中国船级社《材料与焊接规范》允许对厚度超过 25mm 的试件进行减薄,且减薄后的厚度不能低于 25mm,而 NB/T 47014—2012 则规定超过 10mm 厚的试件加工面弯或背弯试样时必须从受压侧减薄至 10mm。实践证明,NB/T 47014—2012 的要求更高。这是因为在同样 D/t(压头直径/试样厚度)的条件下,随着板厚的增加、压头直径成倍增加、弯曲试样变形区也几乎成倍增加,而焊缝宽度只稍稍增大,从而导致焊缝金属在变形区内所占比例减少。试样的变形主要由延性较好的母材承担,因此,厚板试样的弯曲试验更容易通过。

2. 金属管压扁试验

1)试验方法

金属管在实际应用过程中根据使用条件不同需要进行不同的工艺性能试验，确定其机械加工工艺性能，应用广泛的金属管工艺性能试验通常有扩口、压扁等试验。

金属管压扁试验是指对从垂直于金属管纵轴线方向截取的规定长度的金属管试样或金属管端部试样施加力进行压扁，直至在力的作用下两压板之间的距离达到相关产品或标准所规定的值，见图 2 - 17。《金属材料　管　压扁试验方法》(GB/T 246—2017)规定进行金属管压扁试验的金属管外径不超过 600mm、管壁厚度不超过金属管外径的 15%。

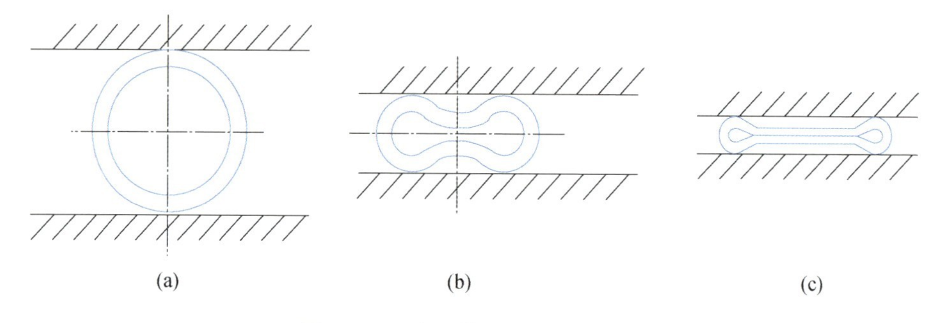

图 2 - 17　金属管压扁试验示意图

(a)压扁前;(b)压扁中;(c)压扁后。

当金属管被压扁到规定尺寸时，其外表面 90°与 270°位置承受最大变形量，主要受力为切向拉应力。因此，压扁试验可用于检验管材外表面的塑性变形能力或显示外表面缺陷。该方法不仅适用于无缝金属管，还适应于带有纵向焊缝的金属管。

2)注意事项

(1)试样长度应不小于 10mm，但应不超过 100mm。试样的棱边允许用锉或其他方法将其倒圆或倒角。如果试验结果满足试验要求，可以不对试样的棱边倒圆或倒角。

(2)虽然压扁试验中 90°与 270°位置外表面的变形量最大，但 0°与 180°的内表面也同样承受拉应力作用，该处也容易出现裂纹。因此，压扁试验不仅可用于评价外表面的塑性变形能力，也适用于内表面。

(3)对于带有纵向焊缝的焊接金属管，如果没有特别说明，则焊缝应位于同施加力方向成 90°角的位置，即 90°或 270°位置。另外，也可将焊缝放置于 0°或 180°位置。但是，焊缝放置在不同位置上，所要考察的目的实际上是有差异的。换而言之,如果将焊缝放置在 90°或 270°位置,主要用于考察后焊面在拉伸作用力下的塑性承载能力;反之,则主要用于考察先焊面或打底焊的塑性承载能力。

3. 金属管扩口与金属管卷边试验

1)试验方法

金属管扩口试验是指用圆锥形顶芯扩大管段试样的一端,直至扩大端的最大外径达到相关产品标准所规定的值,见图 2－18。金属管扩口试验一般用于测定圆形横截面金属管塑性变形能力,也用于焊接成形型材焊接质量好坏的评定。《金属管　扩口试验方法》(GB/T 242—2007)规定了能够开展扩口试验的金属管的尺寸范围,即外径不超过 150mm(有色金属管外径不超过 100mm)、管壁厚度不超过 10mm。

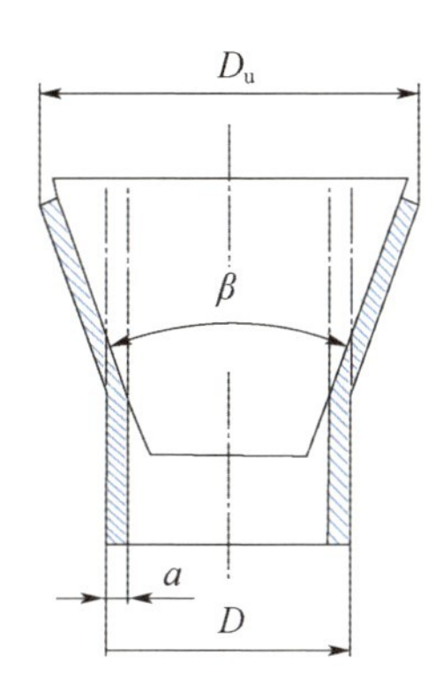

图 2－18　金属管扩口试验示意图

D_u—扩口后管口直径;β—顶芯角度;a—金属管壁厚;D—金属管外径。

金属管卷边试验是以扩口试验为基础的一个试验。扩口试验结束后,卸下圆锥形顶芯,换上卷边顶芯,对试样继续施加轴向力使其形成卷边,直到垂直于试样轴线的扩大部分达到产品标准所规定的值,见图 2－19。

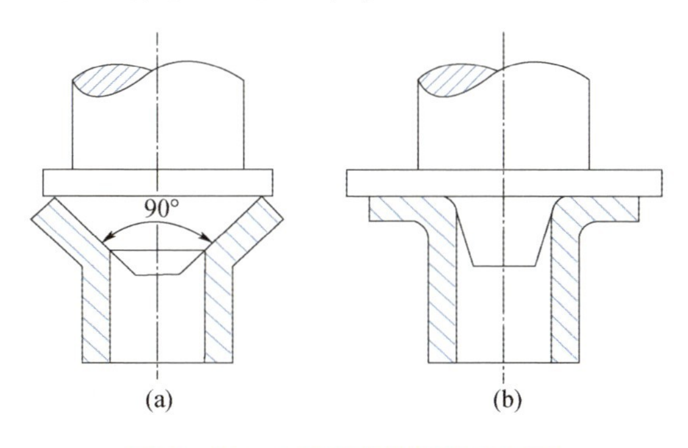

图 2－19　金属管卷边试验示意图

(a)扩口过程;(b)卷边过程。

金属管扩口与金属管卷边试验主要用于检验金属管端扩口工艺性能,适用对象既可以是无缝管,也可以是焊接管。如果没有特殊规定,试验结束后,通过肉眼观察扩口处是否有裂纹等缺陷,以此判定试样合格与否。

2)注意事项

(1)金属管扩口试验试样长度取决于顶芯的角度。当顶芯角度等于或小于30°时,试样长度 L 近似为 $2D$;当顶芯的角度大于 30°时,试样长度 L 应近似为 $1.5D$。如果在金属管扩口试验后剩余的圆柱部分长度不小于 $0.5D$ 时,可以使用更短长度尺寸的试样。

(2)金属管扩口试验试样的两端面应垂直于金属管轴线。试验端的棱边允许用锉或其他方法将其倒圆或倒角。当然,如果试验结果满足试验要求,也可以不对试样的棱边倒圆或倒角。

(3)试验焊接管时,可以去除管内的焊缝余高。

4. 淬透性试验

对于钢铁材料,有一个重要的特性——淬透性,它是指钢铁经奥氏体化后在一定冷却条件下淬火时获得马氏体组织的能力,是钢材本身所固有的属性,它只取决于材料本身的内部因素,比如合金元素与晶粒度等,而与外部因素无关。钢材的可淬透性及稳定性决定着钢材的热处理工艺,了解钢铁材料的淬透性可为合理选材、热加工、热处理工艺优化等提供指导,在生产中有着重要的现实意义。例如,在拉压或剪切载荷作用下工作的零件,希望整个截面都能被淬透,从而保证这些零件在整个截面上得到均匀一致的力学性能,此时需要选择淬透性较高的钢种;反之,在承受弯曲或扭转作用下工作的轴类零件等,因其外表面承受最大应力,因此保证所用材料具有一定的淬透性即可。

评价钢材的淬透性可按照《钢　淬透性的末端淬火试验方法》(GB/T 225—2006)来进行。其工作原理为:首先将圆柱形试样加热至奥氏体区内某一规定的温度,并按规定保温一定时间;然后在规定的条件下对试样的端面喷水淬火;最后在试样纵向磨平面上规定位置处测量硬度,根据钢的硬度值变化确定其淬透性。

在此,需要特别注意两个名词“淬硬性”与“淬透性”。实际上,这是两个完全不同的概念,前者是指钢在理想条件下淬火所能达到最高硬度的能力,它主要取决于马氏体中碳含量的多少;而后者与含碳量无关,主要取决于钢材的成分含量。淬硬性好的钢,淬透性不一定高,例如,高碳工具钢的淬硬性极高,但其淬透性较差。同样,淬透性好的钢,淬硬性不一定高,例如,低碳合金钢的淬透性相当好,但它的淬硬性却不高。

5. 界面结合强度试验

在复合板的生产与研发过程中,不可避免地要对两种材料之间的界面结合强度(也称为界面拉伸强度、抗分离强度)进行检测,用于评价两种材料之间的结合情况。目前,常用的用以测量界面结合强度的试验方法有拉脱与黏结两种:前者依据《铝 - 钢过渡接头规范》(CB 1343—1998)、GB/T 228.1—2010 进行试验;后者依据 GB/T 6396—2008 进行试验。

拉脱试验同圆棒状试样的拉伸试验相似,其试验原理一致,这里不再赘述。黏结试验采用以压代拉的方式将两种材料沿结合面法向破坏,其试验原理为:通过相应的试验装置,采用静压力使垂直于作用力方向的基材和复材在结合面上受一法向拉力,直至断裂,以测定其界面结合强度,见图 2 - 20。

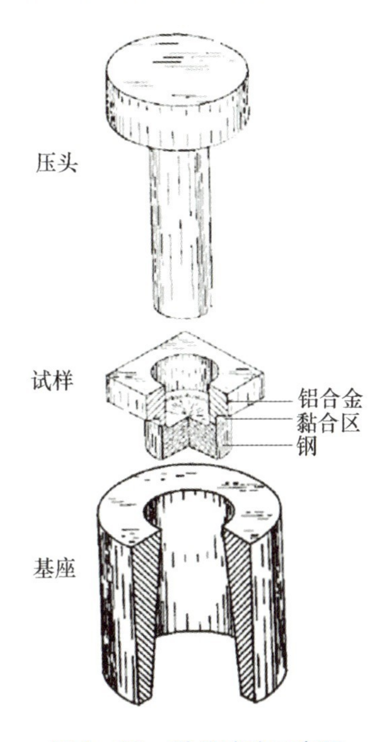

图 2 - 20　黏结试验示意图

拉脱与黏结试验主要用于测试以钢板为基材,以不锈钢或有色金属及合金为复材的轧制、爆炸、堆焊、扩散、铸造、爆炸轧制、堆焊轧制、扩散轧制及铸造轧制等加工方法制造的单面或双面复合钢板的界面结合强度。在制备试样时,因拉脱试样的夹持端需要一定的尺寸才能够保证被稳定夹持,因此,被检测的复合层应具有一定的厚度,而黏结试样的限制较少,可用于较薄复合板界面结合强度的测试。另外,黏结试验还适用于通过黏结方式制备而成的构件的性能评价,如可用于线路板上复层与基体界面粘连性能的测试。

需要注意的是,对于纯铝 - 钢复合板,复合层金属纯铝的抗拉强度通常低于界面的结合强度,如果要实现试验过程中从界面处开裂,在拉脱试样的制备过程中就需要界面尽可能地接近夹持端,见图 2-21,保证 X 应尽可能地小。另外,拉脱试样的承载截面为圆形,黏结试样的承载截面为环状,张先锋[23]的研究结果指出,虽然两种试样界面处所承受的都是拉应力,但受到的拘束状态并不完全一致,测试获得的结果会有所差异。

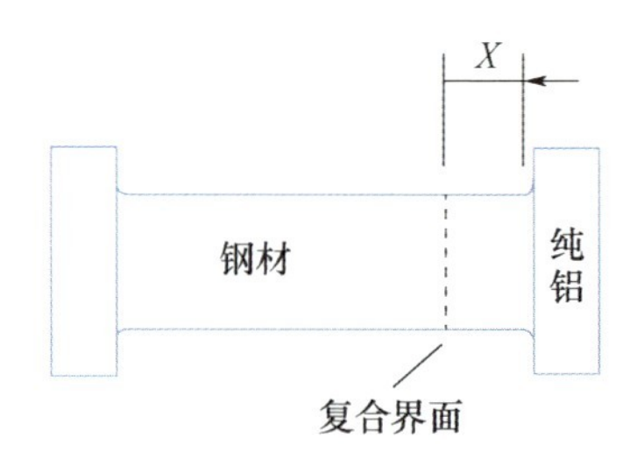

图 2-21 拉脱试样示意图

6. 埃尔克森杯突试验

埃尔克森杯突试验主要用于测定金属薄板或薄带在拉延成形时承受塑性变形的能力。

(1)杯突试验原理:将一个端部为球形的冲头对着一个被夹紧在垫模内的试样进行冲压形成一个凹痕,直到出现一条穿透裂纹,依据冲头位移测得的凹痕深度即为试验结果,见图 2-22。金属杯突试验一般适用于厚度为 0.1~2.0mm、宽度不小于 90mm 的金属薄板和薄带。

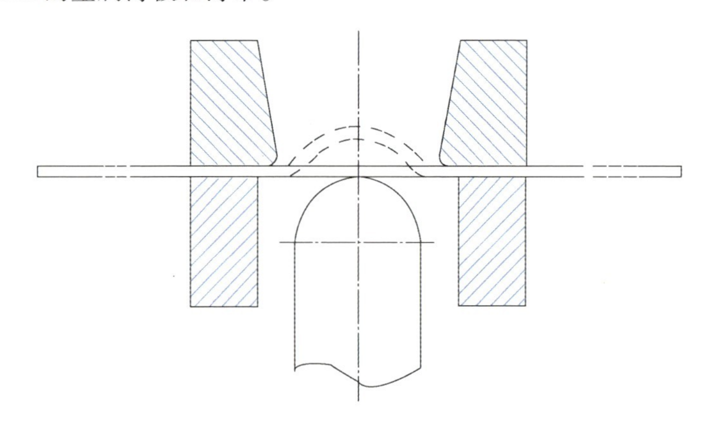

图 2-22 埃尔克森杯突试验示意图

(2)杯突试验的主要特点:试验过程模拟薄板实际加工成形时的工艺过程,真实反映材料的冷冲压性能,是薄板主要的工艺性能试验项目之一。

(3)注意事项:试验前不能对试样进行任何敲击、折弯以及冷、热加工。所制备的试样边缘不应有妨碍试样置入试验设备或影响试验结果的毛刺或变形。

2.2　新方法

随着工业革命的快速发展,在材料研发过程中越来越关注微观结构的力学行为,而电子技术、自动化技术的不断进步,新的检测技术层出不穷,使得新需求得到了实现,在力学测试领域逐渐成熟的综合静态拉伸与微观形貌观察于一体的原位拉伸技术和为微小尺寸材料及其组织结构的力学性能研究提供新途径的纳米压痕技术作为新方法在此予以介绍。

2.2.1　原位拉伸技术

传统的材料力学性能评价方法多为非原位测试,即通过拉伸、弯曲、冲击等试验设备将试样加载至破坏,随后通过扫描电子显微镜(SEM)、透射电子显微镜(TEM)、原子力显微镜(AFM)等手段对被测试试件的断口形貌进行观测,结合加载过程中的力学信息,对材料的性能进行综合评价以及对断裂机理进行分析研究。原位测试可通过显微成像仪器在测试过程中对测试试件进行实时连续观测、记录和分析。与传统的非原位测试相比,原位测试可深入地开展微观结构对材料性能影响的研究。在实际使用中,应用最为广泛的原位测试方法是原位拉伸技术。

1. 基本原理

原位拉伸技术综合了静态拉伸与微观形貌观察技术,在 SEM、TEM、AFM 等微观形貌观察设备的拉伸试验平台上,在拉伸试样的同时,通过电镜对试样的微观组织变形、裂纹的萌生与扩展等力学行为进行动态观察和记录。

2. 表征参数和物理意义

通过该方法可以得到试样在拉伸过程中的应力 - 应变曲线、试样变形 - 断裂图像、裂纹起裂与扩展过程(图 2 - 23)等信息,可以实现材料载荷作用下的微观结构观测和力学性能测试,可将材料测试过程中的微观结构变化与获得的力学性能曲线结合起来[24-25]。

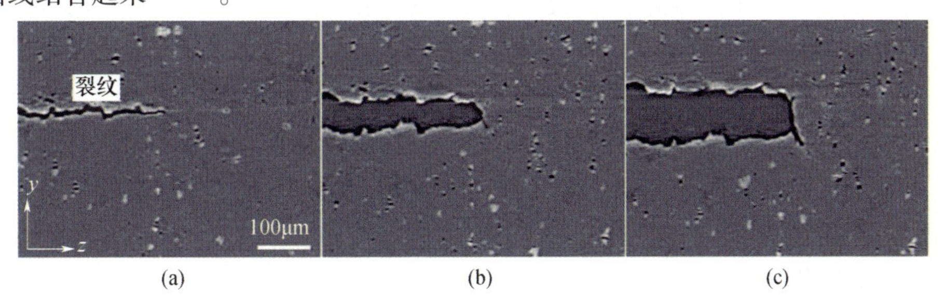

图 2 - 23　拉伸过程中裂纹起裂与扩展过程

3. 适用条件

原位拉伸技术可在微米、纳米甚至亚纳米级的分辨力下对试样的拉伸过程进行观察,适用于研究试样中的夹渣、气孔、微裂纹、硬质相等对金属材料力学行为的影响,也适用于钢铁等材料拉伸过程中位错滑移、裂纹萌生、微观组织变形等现象的直观观测[26]。

4. 特点和注意事项

1)特点

采用SEM、TEM、AFM电镜下的原位拉伸技术可以从位错滑移、微结构影响等方面研究金属材料断裂的微观机理,能够发现许多重要规律[27]。相对于传统的只能分析试样变形后的纵剖面的静态观察、分析手段,原位拉伸可以对材料的变形行为与断裂行为进行实时跟踪,观察效果更加直观,使复杂的断裂过程变得更加清晰明了。

2)注意事项

受显微成像设备可操作空间的尺寸与拉伸仪器载荷大小的限制,原位拉伸试样尺寸较小,表面质量要求较高。

2.2.2 纳米压痕技术

随着细微观力学结构生产技术的快速提高,材料研发人员对亚微观尺度力学性能表征技术的需求越来越旺盛,纳米压痕技术为研究微小尺寸材料以及组织结构的力学性能提供了一条新路径。也有人将其称为架起材料的宏观力学性能与内在微观特征参数之间关系的桥梁。纳米压痕技术作为一种材料表征技术,始于20世纪70年代,经过技术的不断更新与升级。数十年间,受到了越来越多的关注,现已成为一种流行的分析方法。

1. 基本原理

纳米压痕技术也称为深度敏感压痕技术,是一种基于传统硬度试验基础上发展起来的新型力学性能测试方法。基本原理为:通过计算机控制载荷连续变化,在线监测压痕深度,并能够记录材料在变形过程中的载荷-位移曲线等,进而可以分析得到材料的弹性模量、硬度、断裂韧性等参数。

2. 表征参数和物理意义

通过该试验,不仅可以得到材料的硬度信息,还可以将曲线转化为材料的真应力-真塑性应变曲线,进一步获得材料的力学性能如抗拉强度、屈服强度、应变硬化指数等参数。

3. 适用条件

纳米压痕技术可在纳米尺度上实现对材料力学性能的高精度测量,给出硬度、弹性模量等材料力学性能，并能够实现静态压痕测量和动态压痕测量，适用于金属、合金、半导体、玻璃、有机物等多类材料。从压痕尺寸上考虑，纳米压痕的尺寸通常在微米级以下，属于无损或微损检测，非常适用于薄膜、微小尺寸材料和微构件性能的测量，也适用于界面金属间化合物、晶内析出物和电弧喷镀层等微观组织力学行为的研究。

4. 特点和注意事项

1）特点

（1）与硬度试验相比，纳米压痕技术能够得到更多的力学性能参量，如弹性模量、载荷－位移曲线等。

（2）试样尺寸小、制备简单。由于压痕深度一般在微米甚至纳米尺度，仅需要很小体积的材料就可完成试验；另外，纳米压痕技术属于硬度试验范畴，对样品的几何尺寸与形状无特殊的要求。

（3）纳米压痕技术具有操作方便、快捷、直观、精确和微损等特点。通过连续记录的压入载荷和深度直接获得接触面积，减少了测量和计算误差，非常适合微/纳米尺度压入深度的测试。

（4）测试精度高、测试样品广泛。目前，纳米压痕测试技术的位移分辨力已经达到 0.1nm 水平，能够满足金属、陶瓷等多种材料的测试需求。

2）注意事项

（1）由于样品表面粗糙度影响着接触深度的测定，纳米压痕试样的表面应精心磨制，尽量将表面粗糙度的波长减到最小。

（2）样品的厚度至少要大于 10 倍压入深度或 10 倍压入接触半径。

参考文献

[1] 孙奇，公旭国，于湃．ZTC4 钛合金规定残余延伸强度的测定[J]．理化检验：物理分册，2010，46(12)：761－764.

[2] 束德林．工程材料力学性能[M]．北京：机械工业出版社，2017.

[3] 刘瑞堂，刘锦云．金属材料力学性能[M]．哈尔滨：哈尔滨工业大学出版社，2015.

[4] 那顺桑，李杰，艾立群．金属材料力学性能[M]．北京：冶金工业出版社，2011.

[5] 莫淑华，于久灏，王佳杰．工程材料力学性能[M]．北京：北京大学出版社，2013.

[6] 张先锋，叶宏德，高灵清．有关焊接接头力学性能测试方面若干问题的探讨[J]．理化检验：物理分册，2017，53(12)：889－893.

[7] 左富纯．有关焊接接头拉伸试验问题的讨论[C]//丁建林．西气东输管道与钢管应用基础及技术研究论文集．北京：石油工业出版社，2005：319－323.

[8] 机械工业理化检验人员技术培训和资格鉴定委员会．力学性能试验[M]．北京：科学普及

出版社,2014.

[9] 刘丽梅,李金梅,杨莉,等. 侧向膨胀值表征材料韧性的基础性研究[J]. 热处理技术与装备,2019,40(4):52－54.

[10] 史伟,赵江涛,王顺花,等. 12Cr2Mo1R 钢的韧脆转变机理[J]. 金属热处理,2015,40(2):110－113.

[11] 陈伯蠡. 金属焊接性基础[M]. 北京:机械工业出版社,1982.

[12] 唐振廷,陈一龙. 冲击试验的现状与发展[J]. 汽车工艺与材料,2004,18(10):1－5.

[13] 唐振廷,刘培英,张钰彦. 冲击试验的新发展[J]. 物理测试,2003,21(6):1－3.

[14] 中国船级社. 材料与焊接规范[M]. 北京:机械工业出版社,2021.

[15] 陈庆垒. 夏比摆锤冲击国标与美标两种试验方法对冲击试验结果的影响[J]. 材料开发与应用,2014,29(3):66－69.

[16] 尹士科,郭怀力,王移山. 焊接热循环对 10Ni5CrMoV 钢组织的影响[J]. 焊接学报,1996,17(1):25－30.

[17] 杨才福,刘天军. 10Ni5CrMoV 钢低温冲击断裂行为研究[J]. 材料开发与应用,1997,12(6):2－5.

[18] 史大勇. 金属的高温硬度与高温拉伸特性之间的关系[J]. 试验机与材料试验,1982,21(5):58－61.

[19] 杨忠涛,吴继源. 高温硬度与高温持久强度之间关系的探讨[J]. 机械工程材料,1982,05(5):25－31.

[20] 刘素芹,刘忠选,陈卫,等. 激光熔敷 Ni－WC－RE 合金层的高温性能研究[J]. 热加工工艺,2003,32(4):6－8.

[21] 邬洪飞,吴建军,王明智,等. 金属材料剪切试验方法[J]. 金属成形,2018,61(18):53－59.

[22] 胡时胜. 霍普金森压杆技术[J]. 兵器材料科学与工程,1991,122(11):6－8.

[23] 张先锋. 测试方法对 Al/Q235A 爆炸复合板界面结合强度试验结果的影响[J]. 材料开发与应用,2018,39(6):42－45.

[24] 王习术,梁峰,曾艳萍,等. 夹杂物对超高强度低周疲劳裂纹萌生即扩展影响的原位拉伸观测[J]. 金属学报,2005,41(12):1272－1276.

[25] 梁春雷,李晓延,巩水利,等. SEM 原位观察 BT20 钛合金激光焊接头的断裂行为[J]. 稀有金属材料与工程,2006,35(12):1924－1927.

[26] 温永红,唐荻,武会宾,等. B 级钢板形变断裂过程的原位研究[J]. 钢铁研究学报,2009,21(5):31－35.

[27] 张军利,鲁法云,王昭,等. SEM 原位观察 3104 铝合金板材的断裂行为[J]. 金属热处理,2016,41(10):34－37.

第3章

疲劳性能测试

日常生活中，反复开关的水龙头突然断裂，自行车脚蹬突然从根部断开，包括在没有钳子的情况下要把铁丝截断，上下反复弯曲若干次就会断为两截，所有这种现象，都是由疲劳引起的。在人类历史上，由于疲劳发生的事故也不胜枚举，如1842年法国凡尔赛铁路事故造成60余人伤亡，原因是车轴发生了疲劳断裂。1954年1月10日和同年4月8日两架彗星号喷气客机坠毁事故，是由于飞机压力舱长方形观察窗角部出现的疲劳裂纹扩展至临界值而最终导致了这两起空难事故。1967年12月15日，美国西弗吉尼亚的Point Pleasant桥突然坍塌，造成46人死亡，事故原因是由一根带环拉杆中的缺陷在疲劳与腐蚀作用下扩展到临界尺寸引起的。1980年3月27日，英国北海Ekofisk油田的Alexander L. Kielland号钻井平台倾覆，造成38人死亡，事故原因是直径为325mm的撑管与支腿的连接焊缝处，在波浪力反复作用下，出现疲劳裂纹并扩展至100mm以后发生了疲劳断裂，最终导致了平台的倾覆。总之，工程实际中由于疲劳引发的事故，占全部力学破坏事故的50%～90%，是工程结构失效最常见的形式。因此，工程技术人员必须足够重视可能存在的疲劳问题，以免造成不必要的损失和伤亡。

人们认识和开始研究疲劳问题，距今已有170余年的历史。在不懈研究材料与结构的疲劳问题实践中，对疲劳现象的认识不断得到深化。《疲劳测试和疲劳数据统计分析的相关术语定义》(ASTM E206—72(R1979))对"疲劳"的概念进行了定义，即"在某点或某些点承受扰动应力，且在足够多的循环扰动作用之后形成裂纹或完全断裂的材料中所发生的局部的、永久结构变化的发展过程，称为疲劳"。

疲劳破坏的过程，一般包括裂纹萌生、稳定扩展和失稳断裂三个阶段，疲劳总寿命也由相应的部分组成。一般裂纹失稳断裂的过程很短，在总寿命中的占比很小，在估算疲劳寿命时通常不予考虑。因此，疲劳寿命分析，通常只需研究疲劳裂纹的萌生和稳定扩展两个阶段。对于高强脆性材料，疲劳裂纹一旦出现便会很快引起破坏,疲劳裂纹扩展寿命很短,因此对于高强材料制造的零构件,通常只考虑其疲劳裂纹萌生寿命。对于一些焊接、铸造的零构件,由于在制造过程中已经不可避免地引入了裂纹或类裂纹缺陷,一般可忽略其裂纹萌生寿命,只需考虑裂纹扩展寿命。而对于延性材料,一般需要同时考虑裂纹萌生寿命和稳定扩展寿命两部分。

疲劳断裂发生前,不管是高强材料还是延性材料,通常都没有明显的塑性变形。在疲劳断裂的宏观断口上,一般可以明显看到裂纹源区、裂纹稳定扩展区和失稳断裂区三个部分。疲劳裂纹通常萌生于高应力或高应变的局部位置,或材料的缺陷处。在裂纹稳定扩展区,断面较光滑、平整,通常可见"贝壳状或海滩条带",在微观上可见典型的疲劳辉纹特征。在失稳断裂区,一般可以看到不同形状和大小的韧窝。

疲劳有多种分类方法,通常按研究对象可分为材料疲劳和结构疲劳,按失效次数可分为高周疲劳和低周疲劳,按应力状态可分为单轴疲劳和多轴疲劳,按载荷变化情况,可分为恒幅疲劳、变幅疲劳和随机疲劳,按载荷工况和工作环境,可分为常规疲劳、高低温疲劳、热疲劳、热-机械疲劳、腐蚀疲劳、接触疲劳、微动磨损疲劳和冲击疲劳等多种。

疲劳破坏的特征和静力破坏有着本质的不同,主要体现在以下五个方面。

(1)在交变载荷作用下,构件中的交变应力在远小于材料屈服极限的情况下,破坏就可能发生。

(2)不管是脆性材料还是塑性材料,疲劳断裂在宏观上均表现为无明显塑性变形的突然断裂,因此疲劳断裂常表现为低应力脆性断裂。

(3)疲劳破坏常具有局部(高应力、应变部位或缺陷处)性,并不牵涉整个结构的所有材料,改变局部细节设计或工艺措施,即可较明显地增加疲劳寿命。

(4)疲劳破坏是一个损伤逐步累积的过程,需经历一定的时间历程。

(5)疲劳破坏断口在宏观和微观上均有其特征,特别是宏观特征,在外场目视检查即可初步判断,可以帮助分析判断是否属于疲劳破坏等。

本章将疲劳性能表征的常用方法和新方法分别予以介绍。

3.1 常用方法

疲劳性能表征常用试验方法有:疲劳强度试验、应力-寿命曲线($S-N$ 曲线)试验、应变-寿命曲线($\varepsilon-N$ 曲线)试验、疲劳裂纹扩展速率 $\mathrm{d}a/\mathrm{d}N$ 试验、表面裂纹扩展速率 $\mathrm{d}(2c)/\mathrm{d}N$ 试验、多轴疲劳试验、构件疲劳试验、超高周疲劳试验、变幅疲劳试验等多种,下面分别从其基本原理、表征参数和物理意义、适用条件、特点和注意事项等几个方面逐一进行介绍。

3.1.1 疲劳强度试验

疲劳强度是指材料在无限多次交变载荷作用下而不发生疲劳破坏的最大应力。疲劳强度有时又称“疲劳极限”。疲劳强度是名义应力设计法中进行无限寿命设计的基础,通常认为,作用在材料上的最大循环应力低于其疲劳强度时,材料便会无限期服役而不发生疲劳破坏。

获得材料疲劳强度的方法通常有三种,分别为试验法、查表法和估算法。查表法是根据以往积累的数据,通过查询不同的文献或专用书籍获得。估算法认为材料的疲劳强度与其抗拉强度或屈服强度有关,一些文献给出了它们的近似关系[1-5]。试验法公认为是获得疲劳强度最准确的方法,疲劳强度的试验法主要指的是升降法。

国际上对于材料疲劳强度的测试通常采用 Dixon 升降法,该方法一般需要 30 件左右的试样。行业内以高镇同[6]等为代表的专家对疲劳强度赋予了新的统计定义,提出采用配对升降法,配对升降法仅需要 12 件有效试样即可精确地测试出材料的疲劳强度,可以节省大量的试验经费,在行业内应用较广。为此,制定疲劳试验方案时,首先要考虑使用试样的数量。但是,由于材料缺陷或加工原因,导致试样的断裂位置不在工作区,可能会出现试样试验结果无效,或者试验初期需要通过一定的摸索寻求疲劳强度的大概范围等,都会消耗一定数量的试样,因此推荐加工 20 件试样。

疲劳强度也可根据材料的 $S-N$ 曲线方程求解。即在某一指定寿命下,根据方程表达式,求解对应的应力,即为相应疲劳寿命下的疲劳强度。需要指出的是,这种方法获得疲劳强度的精度,通常比升降法获得的低。

下面介绍升降法测试疲劳强度的相关事项。

1. 基本原理

疲劳强度的升降法基本原理为:对试样施加不同级别的应力水平,在某一指定寿命下,试样会发生破坏或通过,不同应力级别下试验的次数与该应力水平的乘积求和后,对有效试验总次数取平均值,即为材料的疲劳强度。

采用升降法进行疲劳强度试验,获得一定数量的试验数据后,计算试验材料的疲劳强度 S_f:

$$S_f = \frac{1}{m}\sum_{i=1}^{n} v_i \sigma_i \tag{3-1}$$

式中:m 为有效试验总次数(破坏或通过数据均计算在内);n 为试验应力水平级数;σ_i为第 i 级应力水平(MPa);v_i为第 i 级应力水平下的试验次数($i=1,2,3,\cdots,n$)。

不同加载方式下,如旋转弯曲、轴向拉伸、扭转等,材料的疲劳强度一般并不相

等,通常存在如下变化规律[7]:

$$S_f(\text{弯}) > S_f(\text{拉}) > S_f(\text{扭})$$

式中:S_f(弯)、S_f(拉)和 S_f(扭)分别为旋转弯曲、轴向拉伸、扭转加载方式下材料的疲劳强度。

疲劳强度的升降法试验过程如下:试验一般在3~5级应力水平下进行。第一件试样的应力水平可略高于预计疲劳强度,根据上一件试样的试验结果(破坏或通过),决定下一件试样的应力(降低或升高),直至完成全部试验。应力增量一般为预计疲劳强度的3%~5%。第一对相反结果以前的数据,如在以后数据的应力波动范围之内,则作为有效数据加以利用,即在试验过程中应陆续将它们平移到第一对相反结果之后,作为该试样所在应力水平下的第一个有效数据。一般最少需要6对有效数据。假设试验在4级应力水平(最大应力 S_{max} 分别为95MPa、101MPa、107MPa和113MPa)下进行,应力增量为6MPa,则6对有效数据用升降法测试材料疲劳强度的过程图参见图3-1。

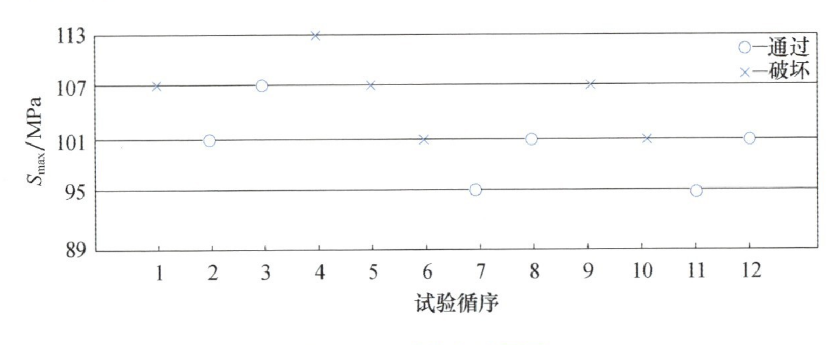

图3-1 升降法过程图

张亚军等[8-9]曾较好地应用升降法原理。根据旋转弯曲疲劳试验机及试样形式的特点,发明制作了盐雾腐蚀系统和海水循环系统;通过四点受力的光滑圆柱形试样,研究了几种舰船用金属材料的疲劳强度,并对不同环境下的试验结果进行了对比和分析;通过盐雾腐蚀旋转弯曲疲劳试验,研究了高阻尼GZ50铜合金在空气和盐雾腐蚀环境下的疲劳强度,结果表明试验材料在盐雾腐蚀环境中,疲劳强度下降12.5%。

2. 表征参数和物理意义

疲劳强度试验一般有材料的疲劳强度、疲劳寿命和应力台阶等表征参数。

1)材料的疲劳强度(S_f)

材料的疲劳强度指的是材料名义上不发生疲劳破坏的极限值,单位为MPa。

一般认为,当最大应力小于该值时,不会发生疲劳破坏,当最大应力大于该值时,会发生疲劳破坏;所说的不发生疲劳破坏的循环次数,并非“无穷大”的概念,通常需要一个“指定寿命”，即材料在某一疲劳应力作用下，能够达到的最大寿命；对于钢材，指定寿命一般为10^7周；对于$S-N$曲线没有水平段的有色金属，指定寿命一般为10^8周；对于金属焊接件，指定寿命一般为2×10^6周。

常用的疲劳强度参数有以下几类。

σ_{-1}：应力比为-1时材料的疲劳强度。

S_f(拉)：在拉伸应力作用下材料的疲劳强度。

S_f(弯)：在弯曲应力作用下材料的疲劳强度。

S_f(扭)：在扭转应力作用下材料的疲劳强度。

2)疲劳寿命(N)

疲劳寿命为在指定的应力水平下，试样达到定义的失效标准之前所经历的应力循环次数(周)，失效标准通常指试样发生疲劳断裂或裂纹扩展到某一指定尺寸。

3)应力台阶(d)

应力台阶指的是用升降法进行试验时，相邻应力水平之间的差值(MPa)。

3. 适用条件

主要适用于金属材料及其焊缝，加工成光滑试样，在空气或腐蚀环境中采用升降法进行的疲劳强度试验。

(1)适用于各种金属材料，如钢、铝及铝合金、铜及铜合金、钛及钛合金等及其焊缝，一般不适用于非金属材料，如橡胶、塑料、聚氨酯、玻璃等。

(2)适用于光滑试样，包括圆棒形试样、板状试样等，一般不适用于未经加工的金属板或原始焊缝。

(3)考虑到金属材料的服役环境，除了适用于空气环境中，在盐雾、海水等腐蚀环境中，只要设计好合适的腐蚀装置，配合试验机，也可以进行试验，文献[8-9]便进行了有益的尝试，并取得了较好效果。

4. 特点和注意事项

1)特点

采用升降法获得材料疲劳强度的数据较查表法和估算法准确。在工程应用中，采用升降法获得的疲劳强度进行疲劳设计，会降低工程结构的安全使用风险，提升服役的可靠性。该方法是行业内普遍使用的疲劳强度试验方法。但是，这种试验方法也有其缺点，即需要花费较长的时间和经费，尤其是当指定寿命较长时，如循环次数指定在10^7周及以上时，或当试验机频率受限时，往往需要花费数周、甚至数月的时间才能完成。

2)注意事项

(1)要求所有试样化学成分、组织、取样位置和方向、加工工艺等一致，即必须确保所有试样没有差异或差异可忽略，通过升降法试验获得的材料疲劳强度才有意义。

(2)不同种类材料的疲劳强度,一般指定寿命并不相同,试验前需先进行确定。

(3)考虑到试验机之间的差异,所有试样需在同一类型试验机上完成。一般不允许在不同类型的试验机上一起进行,如液压伺服疲劳试验机和高频疲劳试验机等,由于其设计原理的差异,会对试验结果造成一定影响。

(4)所有试样的试验条件应保持一致,因为不同的试验条件会对试验结果造成一定的影响。

3.1.2 S -N 曲线试验

材料发生疲劳破坏前所经历的应力循环次数称为疲劳寿命,一般用 N 表示,相应的应力,一般用 S 表示,可以是最大应力 S_{max}、应力范围 S_r,也可以是应力幅 S_a。疲劳寿命由材料自身特性及施加的应力水平决定。反映材料外加应力 S 和疲劳寿命 N 关系的曲线,称为材料的 $S-N$ 曲线,简称 $S-N$ 曲线。由于 $S-N$ 曲线通常表示的是中值疲劳寿命与外加应力的关系,因此也称"中值 $S-N$ 曲线"。$S-N$ 曲线中的疲劳寿命 N 通常用对数坐标,而应力 S 可以用线性坐标,也可以用对数坐标,二者均称为 $S-N$ 曲线。根据 $S-N$ 曲线,可以获得某一疲劳寿命下的疲劳应力,也可以获得某一外加应力下的疲劳寿命。完整的 $S-N$ 曲线通常包括两部分,即左半部分和右半部分,见图 3-2。左半部分一般采用成组法完成,主要用于名义应力法的有限寿命设计;右半部分一般采用升降法完成,得到材料的疲劳强度,用于名义应力法的无限寿命设计。右半部分上文已交代,下文所述的 $S-N$ 曲线,仅指左半部分。

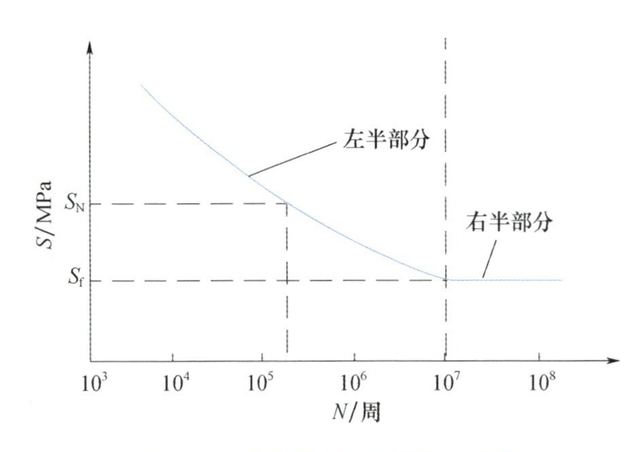

图 3-2 完整的 $S-N$ 曲线示意图

1. 基本原理

用成组法测试 $S-N$ 曲线的原理为:在不同级别应力水平下,试验完成一系列试样，获得相应试样的疲劳寿命，分别以 N 和 S 为横、纵坐标，按照相应的数据处理方法，便可获得 $S-N$ 曲线。$S-N$ 曲线是应力水平与疲劳寿命之间关系的曲线。

应力水平的级数一般不少于 4 级。试验时一般先根据估算法求出材料的 S_f，然后再据此确定各级应力水平的大小。通常相邻应力水平的差值是相等的。每个应力水平可先选择一件试样，确保不同应力水平下试样的疲劳寿命分布在不同的区域。确定了各个应力水平后，再在每个应力水平下补充所需的试样数量。试验顺序原则上可以任意选择，但由于高应力水平的疲劳寿命往往远比低应力水平的低，所需时间较短，因而常常由高到低进行试验。在每个应力水平下，所选试样的数量一般为 3 ~5 件，具体可根据疲劳寿命的分散情况确定，一般分散性越大，所需要的试样数量越多。

零构件的 $S-N$ 曲线，可以通过材料的 $S-N$ 曲线得到，也可以通过试验直接得到。利用材料的 $S-N$ 曲线转化为零构件的 $S-N$ 曲线，通常需要考虑疲劳缺口系数、尺寸系数、表面质量系数、加载方式等多种因素，尤其是当构件表面进行特殊处理时，还需要考虑表面处理工艺系数。

$S-N$ 曲线在双对数坐标中一般满足直线关系，在单对数坐标中尽管不是直线，也往往由于用直线表示比较简便而简化为直线。

最常用的 $S-N$ 曲线方程一般用幂函数表示，即

$$S^m N = C \tag{3-2}$$

式中：S 为最大应力、应力范围或应力幅（MPa）；N 为疲劳寿命（周）；m、C 为材料常数。

图 3 -3 所示为左侧部分采用成组法，右侧部分采用升降法，通过试验获得的室温空气中轴向加载的 SHT900 钢的完整 $S-N$ 曲线图[10]。

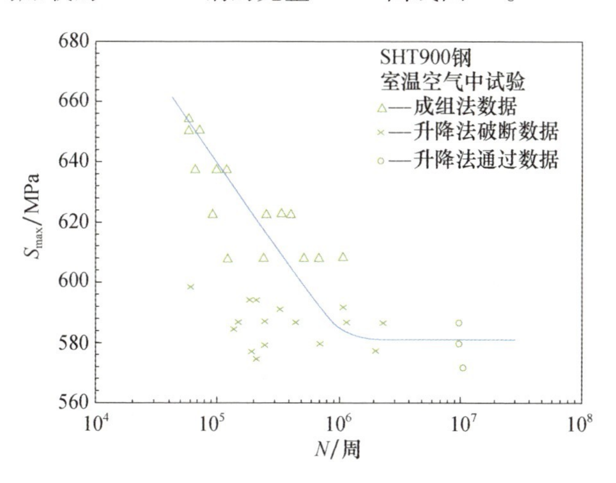

图 3 -3　SHT900 钢的完整 $S-N$ 曲线图

2. 表征参数和物理意义

$S-N$ 曲线试验可以得到应力水平、疲劳寿命和存活率等表征参数。

1)应力水平(S)

应力水平指的是应力的大小,在试验控制条件下的应力强度,指作用在材料或构件上的有效应力。

S_{max}:最大应力,应力的峰值,指稳定循环中的最大应力值。

S_{min}:最小应力,应力的谷值,指稳定循环中的最小应力值。

S_r:应力范围,最小应力到最大应力的区间,定义为最大应力与最小应力的差值。

S_a:应力幅,指应力的幅值,定义为最大应力与最小应力差值的1/2;S_a恒定时,S_{max}越大,疲劳寿命越低,反之越高。

2)疲劳寿命(N)

疲劳寿命指在指定的应力水平下,试样达到定义的失效标准之前所经历的应力循环次数(周),失效标准通常指试样发生疲劳断裂或裂纹扩展到某一指定尺寸。

3)存活率(P)

存活率即试样存活的概率,指材料或构件承受疲劳载荷时达到或超过某一指定寿命的概率,常规 $S-N$ 曲线疲劳试验的 P 为50%,较高的 P 可取为97.73%、99.99%等。

3. 适用条件

$S-N$ 曲线试验一般适用于不单独考虑疲劳裂纹萌生寿命,而综合考虑疲劳总寿命,即包括疲劳裂纹萌生寿命和扩展寿命之和的试验。它是材料名义应力法有限疲劳寿命设计的基础,是基于传统力学基础上的,即假设材料是均匀的、连续的、各向同性的、无缺陷的。它不仅适用于金属材料及其焊缝,也适用于非金属材料;不仅可以加工成光滑试样,也可以对工程构件直接进行 $S-N$ 曲线试验;不仅可以在空气中进行,也可以在盐雾或海水等腐蚀环境中进行。

(1)适用于各种金属材料如钢、铝及铝合金、铜及铜合金、钛及钛合金等及其焊缝,也适用于非金属材料,如橡胶、塑料、聚氨酯、玻璃等。

(2)既适用于光滑试样,包括圆棒形试样、板状试样等,也适用于工程构件,如对螺栓、连杆等直接进行 $S-N$ 曲线试验。

(3)考虑到金属材料的服役环境,除了适用于空气环境中,也适用于在盐雾、海水等腐蚀环境或高低温环境中开展试验。这样做的好处是,无须再通过空气中的试验结果,考虑腐蚀因素或温度因素后进行换算。

4. 特点和注意事项

1)特点

$S-N$ 曲线的优点是根据建立起来的 $S-N$ 曲线方程,可以获得任何一个有效疲劳寿命下,材料或构件能够承受的最大应力或应力幅,或者在任何一个有效最大应力或应力幅下,可以达到的疲劳寿命。其缺点是无法将疲劳裂纹萌生寿命和扩展寿命有效区分。

2)注意事项

(1)获得准确可靠的 $S-N$ 曲线,一般要求材料不能有明显的内部缺陷和不均匀的微观组织。同时,机加工时,应尽量避免导致产生较高残余应力的加工工艺,同时要确保试样表面光滑、无明显刀痕;另外,需要特别注意试样的夹持部分和工作部分的过渡位置,必须要圆滑过渡,不能有明显的不连续过渡特征;否则,裂纹会从该位置萌生,最终导致试验失败[11]。对于缺口敏感度较高的材料,为确保试验数据有效,需要有较大尺寸的试样夹持部分[12]。

(2)不同的加载方式会产生不同的应力状态,如轴向加载、弯曲加载、扭转加载等。即使是同一种材料,不同的加载方式,也往往会获得不同的 $S-N$ 曲线方程。为此,试验前,需要根据材料的实际受力状态,选用合适的加载方式。

(3)试验环境对材料的 $S-N$ 曲线也有重要影响,如腐蚀环境、高温环境等。试验温度对复合材料的 $S-N$ 曲线影响尤为显著。张亚军[13]曾研究了冷却方式对纤维增强复合材料疲劳寿命的影响,结果表明,自然冷却和风扇冷却条件(能够较快降低试样表面的温度)下获得试验材料的 $S-N$ 曲线偏移近一个数量级,疲劳寿命相差 10~20 倍。这点也要格外引起注意。

(4)试样的数量对材料的 $S-N$ 曲线通常也有较大影响。《金属材料 疲劳试验 数据统计方案与分析方法》(GB/T 24176—2009)对最少试样数量进行了要求:试样数量依赖于试验目的和被测材料的可靠性,解释性试验推荐至少 8 件试样,建议在 4 个等间距的应力水平下,每个应力水平测试两件试样;可靠性设计试验推荐至少 30 件试样,建议选取 5 个等间距的应力水平,每个应力水平测试 6 件试样。

(5)疲劳寿命分散性较大,因此必须进行统计分析,需要考虑存活率 P 的问题。对应于不同 P 的 $S-N$ 曲线称为 $P-S-N$ 曲线,完成 $P-S-N$ 曲线需要更多的试样数量。

3.1.3 $\varepsilon-N$ 曲线试验

材料在应变 ε 控制下,经过循环次数 N 发生破坏,N 又称疲劳寿命。系列不同的 ε 和 N 之间关系的曲线,称为应变-寿命曲线,即 $\varepsilon-N$ 曲线。它是基于低周疲劳基础上发展起来的局部应力应变分析法的设计依据。

1. 基本原理

Manson - Coffin 给出了 $\varepsilon - N$ 曲线的基本原理关系式，即

$$\frac{\Delta\varepsilon_t}{2}=\frac{\Delta\varepsilon_e}{2}+\frac{\Delta\varepsilon_p}{2}=\frac{\sigma_f'}{E}(2N_f)^b+\varepsilon_f'(2N_f)^c \tag{3-3}$$

式中：$\Delta\varepsilon_t/2$ 为总应变幅（mm/mm）；$\Delta\varepsilon_e/2$ 为弹性应变幅（mm/mm）；$\Delta\varepsilon_p/2$ 为塑性应变幅（mm/mm）；σ_f'为疲劳强度系数（MPa）；E 为材料的弹性模量（MPa）；N_f为失效循环数（周）；$2N_f$为失效反向数（反向数）；b 为疲劳强度指数；ε_f'为疲劳延性系数；c 为疲劳延性指数。

《金属材料轴向等幅低循环疲劳试验方法》（GB/T 15248—2018）中，给出了循环应力 - 应变关系式，即

$$\frac{\Delta\sigma}{2}=K'\left(\frac{\Delta\varepsilon_p}{2}\right)^{n'} \tag{3-4}$$

式中：$\Delta\sigma/2$ 为应力幅（MPa）；$\Delta\varepsilon_p/2$ 为塑性应变幅（mm/mm）；K' 为循环强度系数（MPa）；n'为循环应变硬化指数。

和测定材料的 $S-N$ 曲线试验原理类似，测定 $\varepsilon - N$ 曲线也是加工一系列尺寸一致的光滑试样，选用 3 ~5 级应变水平，采用成组法进行。有所不同的是，$\varepsilon - N$ 曲线是通过低周疲劳试验获得的，控制方式一般选择应变而不是测定 $S-N$ 曲线时的载荷，这样做是因为低周疲劳的载荷一般较大，可以达到甚至超过材料的屈服强度，材料具有较大的变形量，为了保证控制的精度，采用应变控制比较合理。

张亚军[14]曾基于以上原理，加工一系列光滑的等截面圆形试样，以应变作为控制模式，应变幅控制范围为 0.3% ~1.0%，研究了工程中常用的 10CrNiMo 结构钢的低周疲劳性能，获得了其 $\varepsilon - N$ 曲线图，见图 3 -4。

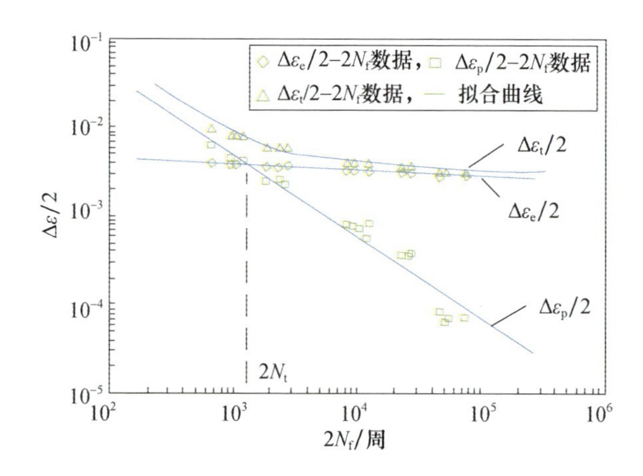

图 3 -4　10CrNiMo 结构钢的 $\varepsilon - N$ 曲线图

2. 表征参数和物理意义

$\varepsilon-N$ 曲线试验可以得到应变范围、应变幅、疲劳强度参数、疲劳延性参数、失效指标等表征参数。

1）应变范围

$\Delta\varepsilon_t$：总应变范围，最大应变减去最小应变之差。

$\Delta\varepsilon_e$：弹性应变范围，最大弹性应变减去最小弹性应变之差。

$\Delta\varepsilon_p$：塑性应变范围，最大塑性应变减去最小塑性应变之差。

2）应变幅

$\Delta\varepsilon_t/2$：总应变幅，最大应变减去最小应变之差的1/2。

$\Delta\varepsilon_e/2$：弹性应变幅，最大弹性应变减去最小弹性应变之差的1/2。

$\Delta\varepsilon_p/2$：塑性应变幅，最大塑性应变减去最小塑性应变之差的1/2。

3）疲劳强度参数

σ_f'：疲劳强度系数，$\lg(\Delta\sigma/2)-\lg 2N_f$曲线上 $2N_f=1$ 处的纵坐标截距。

b：疲劳强度指数，$\lg(\Delta\sigma/2)-\lg 2N_f$或 $\lg(\Delta\varepsilon_e/2)-\lg 2N_f$曲线的斜率。

4）疲劳延性参数

ε_f'：疲劳延性系数，$\lg(\Delta\varepsilon_p/2)-\lg 2N_f$曲线上 $2N_f=1$ 处的纵坐标截距。

c：疲劳延性指数，$\lg(\Delta\varepsilon_p/2)-\lg 2N_f$曲线的斜率。

5）失效指标

N_f：失效循环数，达到失效的循环次数。

$2N_f$：失效反向数，达到失效的反向次数。

$2N_t$：疲劳过渡寿命，划分材料弹性与塑性对其低周疲劳寿命贡献分界点的寿命（周），指的是 $\Delta\varepsilon_e/2-2N_f$曲线和 $\Delta\varepsilon_p/2-2N_f$曲线交点对应的失效反向数。

K'：循环强度系数，$\lg(\Delta\sigma/2)-\lg(\Delta\varepsilon_p/2)$曲线上 $\Delta\varepsilon_p/2=1$ 处的纵坐标截距。

n'：循环应变硬化指数，$\lg(\Delta\sigma/2)-\lg(\Delta\varepsilon_p/2)$曲线的斜率。

为便于理解，从 $\Delta\varepsilon/2-2N_f$曲线示意图上，可以看出 σ_f'、b、ε_f'和 c 等参数的数学意义，即 σ_f'/E 和 b 分别为式（3-5）在双对数坐标下的截距和斜率，ε_f'和 c 分别为式（3-6）在双对数坐标下的截距和斜率（图3-5）：

$$\frac{\Delta\varepsilon_e}{2}=\frac{\sigma_f'}{E}(2N_f)^b \tag{3-5}$$

$$\frac{\Delta\varepsilon_p}{2}=\varepsilon_f'(2N_f)^c \tag{3-6}$$

图3-5给出了应变-寿命曲线示意图，根据只要最大局部应力应变相同，疲劳寿命就相等的理论，结合上式，只要通过光滑试样的低周疲劳试验获得材料常数

σ_f'、b、ε_f'和 c 后，就可以已知总应变幅 $\Delta\varepsilon_t/2$ 而求得疲劳寿命 N_f，或者已知疲劳寿命 N_f而计算出作用在材料或构件上的总应变幅 $\Delta\varepsilon_t/2$。

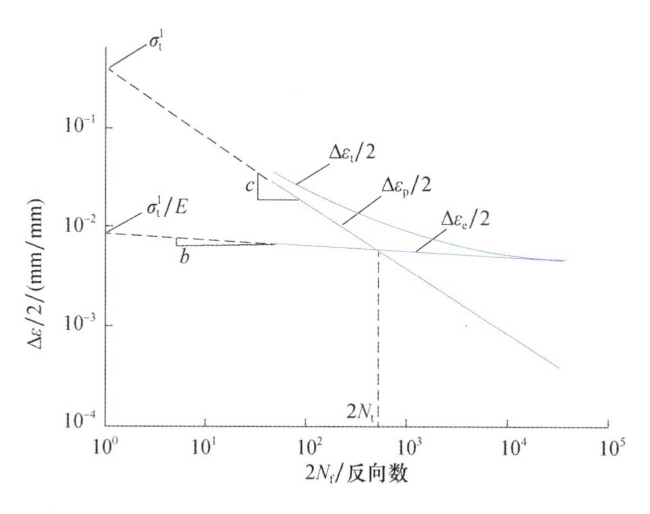

图 3－5　$\Delta\varepsilon/2-2N_f$曲线示意图

图 3－5 所示的疲劳过渡寿命 $2N_t$满足[15]：

$$2N_t=\left(\frac{\varepsilon_f'E}{\sigma_f'}\right)^{1/(b-c)} \tag{3-7}$$

式中，$2N_t$是低周疲劳性能的关键指标之一，它主要取决于材料的强度和延性（抵抗变形的能力，由弹性特性和塑性特性综合构成），对疲劳设计有重要意义。当 $2N_f>2N_t$时，弹性应变幅对疲劳寿命的贡献远大于塑性应变幅的贡献，材料的强度对寿命起决定作用；当 $2N_f<2N_t$时，塑性应变幅对疲劳寿命的贡献大于弹性应变幅的贡献，此时，材料的疲劳寿命不但取决于强度，更取决于塑性。

3. 适用条件

根据应变等效原理，$\varepsilon-N$ 曲线适用于工程中受相同应变幅作用时材料或构件低周疲劳寿命的评估；同时，也适用于利用疲劳过渡寿命判断弹性应变和塑性应变对疲劳寿命的贡献。$\varepsilon-N$ 曲线是进行局部应力应变分析法设计的基础。在 $\varepsilon-N$ 曲线试验过程中，可以开展材料低周疲劳行为过程的研究。张亚军等[16－19]在研究 10CrNiMo 结构钢的低周疲劳过程中，发现弹性模量的损伤特性和变化规律、应变滞后特性、弹性应变和塑性应变的变化规律等，并获得如下结论：10CrNiMo 结构钢的拉伸卸载模量、压缩卸载模量和循环弹性模量的损伤特性，依赖于应变幅的大小，应变幅越大，模量的损伤越快；在不同级别应变幅控制下，随着应变幅值的增加，稳定循环下的弹性模量并不是恒量，而是以负的幂指数函数规律减小；随着总应变范围 $\Delta\varepsilon_t$的增加，弹性应变范围 $\Delta\varepsilon_e$近似以自然对数规律缓慢增加，而塑性应

变范围 $\Delta\varepsilon_p$ 以直线规律快速增加，且 $\Delta\varepsilon_e$ 先起主导作用，而后 $\Delta\varepsilon_e$ 和 $\Delta\varepsilon_p$ 共同起主导作用，最后 $\Delta\varepsilon_p$ 快速增长并起主导作用，并控制着低周疲劳的整个过程。

4. 特点和注意事项

1）特点

与名义应力控制的 $S-N$ 曲线试验相比，$\varepsilon-N$ 曲线试验整个过程是由应变控制的，材料大部分已进入塑性状态，其疲劳寿命，主要是裂纹萌生寿命，试验周期相对较短；而前者在名义应力控制下，材料大部分处于弹性状态，其疲劳寿命包括裂纹萌生寿命和扩展寿命，试验周期相对较长。$\varepsilon-N$ 曲线试验一般仅适用于光滑试样，而前者可用于光滑试样、原始焊缝试样和实际构件。

2）注意事项

（1）试验所用的试样，需要设计成短粗形的，以保证受载时正常工作，不致失稳，并使试样失效于有效工作段内。

（2）过高的试验频率也容易使试样失稳，同时因变形较大，还可能产生热效应，影响试验结果的准确性。因此，试验加载频率通常不能过高，对于大多数金属材料，试验频率建议控制在0.1～1.0Hz之间。

（3）失效结果有多种判定方法，应依据试验目的和材料特性具体确定，如试样彻底断为两部分、试样表面出现可检测裂纹长度或当裂纹增长到某一预定尺寸等。

（4）在整个低周疲劳试验过程中，在载荷峰值停留的时间长短，会显著影响材料的疲劳寿命，且不同的材料，影响程度不同。为降低这种影响，试验波形通常选用三角波。

3.1.4 疲劳裂纹扩展速率试验

疲劳裂纹扩展速率是指单位循环内疲劳裂纹扩展的长度，一般用 da/dN 表示。根据初始疲劳裂纹长度及临界裂纹长度，利用 da/dN，可以通过计算获得材料或构件的剩余疲劳寿命。da/dN 是对材料及构件安全寿命评估的重要力学性能指标之一。

1. 基本原理

Paris 和 Erdogan 经过大量的试验，认为金属材料的疲劳裂纹扩展速率 da/dN 与裂纹尖端应力强度因子范围 ΔK 满足如下幂律关系[20]：

$$\frac{da}{dN}=C(\Delta K)^m \tag{3-8}$$

式中：da/dN 为疲劳裂纹扩展速率（mm/周）；ΔK 为裂纹尖端应力强度因子范围（$MPa\cdot m^{1/2}$）；C 和 m 为可通过试验确定的材料常数。

大量试验结果表明，用该式表示的金属材料疲劳裂纹扩展速率范围一般为

$10^{-5} \sim 10^{-3}$mm/周。

完整的 $da/dN - \Delta K$ 曲线图在双对数坐标中呈现"S"形，见图 3－6。曲线可以分为 A、B 和 C 三个阶段，Paris 公式所表示的是 B 阶段。在疲劳裂纹扩展的 A 阶段，当 ΔK 小于某一临界值 ΔK_{th} 时，一般认为疲劳裂纹不会扩展，ΔK_{th} 称为疲劳裂纹扩展应力强度因子范围的阈值。该值和材料的平面应变断裂韧性 K_{IC} 的关系为 $\Delta K_{th} \approx (5\% \sim 10\%) K_{IC}$。钢铁材料的 ΔK_{th} 一般小于 9MPa·$m^{1/2}$，而铝合金的 ΔK_{th} 一般小于 4MPa·$m^{1/2}$[4]。

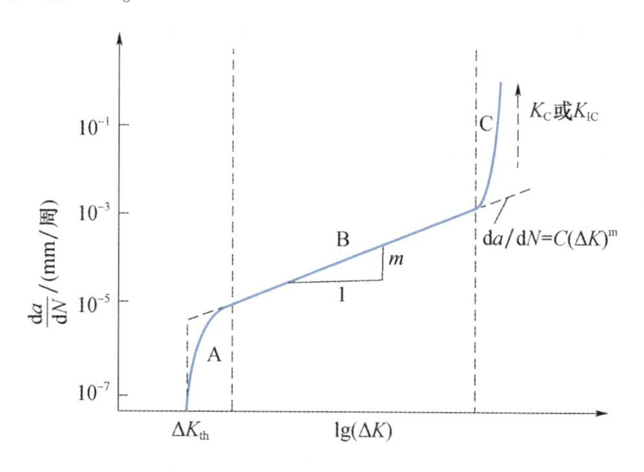

图 3－6　疲劳裂纹扩展速率曲线

在极低的裂纹扩展速率下，即当 $da/dN < 10^{-6}$mm/周时，疲劳裂纹扩展为非连续型机制，呈现一种结晶学形态断口（A 段），疲劳裂纹扩展速率受显微组织、平均应力和环境介质的强烈影响。当 $da/dN > 10^{-5}$mm/周时，疲劳裂纹扩展为连续型扩展机制，进入近似直线段（B 段），该阶段可用 Paris 幂律关系描述，只要通过试验测试出材料常数 C 和 m 值，便可以掌握疲劳裂纹扩展规律。在该区，断口形态以疲劳辉纹为主，裂纹扩展速率受显微组织、平均应力及试样厚度等因素的影响相对较小，但对某些腐蚀介质十分敏感。当 $da/dN > 10^{-3}$mm/周时，疲劳裂纹扩展为静断型机制，进入失稳扩展区（C 段），当 K_{max} 等于平面应力断裂韧性 K_C 或 K_{IC} 时，便发生断裂，其断口形态以韧窝为主，该区受显微组织、平均应力和试样厚度影响较大，但对环境不敏感。

2. 表征参数和物理意义

疲劳裂纹扩展速率试验可以得到疲劳裂纹长度、循环次数、裂纹尖端应力强度因子范围、疲劳裂纹扩展阈值和应力比等参数。

1）疲劳裂纹长度（a）

疲劳裂纹长度，指从参考平面到裂纹尖端主平面尺寸的线性量度，这里主要指穿透型裂纹，该参数的准确测量，是获得可靠疲劳裂纹扩展速率的关键。

2）循环次数（N）

循环次数，作用在试样上疲劳载荷的往返次数；da/dN 为疲劳裂纹扩展速率，指单位循环内的疲劳裂纹扩展量，是材料力学行为的主要指标之一。

3）裂纹尖端应力强度因子范围

裂纹尖端应力强度因子范围，表征裂纹尖端的应力场强弱，在某个循环中最大和最小应力强度因子的代数差。

4）疲劳裂纹扩展阈值

疲劳裂纹扩展阈值，疲劳裂纹开始扩展的临界值，即裂纹扩展速率 $da/dN \to 0$ 时，ΔK 的渐近线的值。一般认为，$\Delta K < \Delta K_{th}$时，疲劳裂纹不会扩展。

5）应力比（R）

应力比是指在某个循环中最小与最大力之比，使用最多的是0.1，有时研究 R 对 da/dN 的影响时，还可取0.3、0.5、0.7等。

3. 适用条件

疲劳裂纹扩展速率试验的适用条件如下。

（1）适用于以线弹性应力为主、并仅有垂直于裂纹面的作用力（I型应力条件）和固定应力比 R 的条件下；也可应用于研究不同 R 下的疲劳裂纹扩展速率特性。

（2）适用于不同类型的标准试样（如紧凑拉伸CT试样、三点弯曲SEN B3试样等），试样的厚度在试验过程中不发生屈曲即可，且裂纹属于穿透性的；有效试样的数量一般3~5件即可；非标试样可以参考使用，当裂纹扩展量用柔度法测量时，需要事先标定相应的柔度系数；不适用于表面裂纹的扩展速率试验。

（3）适用于满足Paris幂律方程的疲劳裂纹扩展B阶段（图3-6），该阶段的疲劳裂纹扩展速率 da/dN 范围一般为 $10^{-5} \sim 10^{-3}$mm/周，相应的应力强度因子范围 $\Delta K \approx 10 \sim 100\text{MPa} \cdot \text{m}^{1/2}$；测量 $da/dN < 10^{-5}$mm/周的低速疲劳裂纹扩展速率和疲劳裂纹扩展阈值 ΔK_{th}也可参考使用。

（4）适用于室温大气环境中，也可在腐蚀液环境中应用，此时，需要设计专门的腐蚀系统，确保在试验过程中，腐蚀液不发生泄漏。张亚军等[21]曾发明了腐蚀液循环系统，在空气、自来水及3.5% NaCl水溶液中，研究了螺旋桨用铜合金ZCuAl8Mn14Fe3Ni2的疲劳裂纹扩展速率规律，可供参考。

4. 特点和注意事项

1）特点

根据疲劳裂纹扩展速率试验，可以获得疲劳裂纹扩展的Paris幂律方程，工程上通常用于基于断裂力学基础上的剩余寿命评估，应用比较广泛。但该试验仅应用于疲劳裂纹萌生后的扩展规律测试，并不适用于疲劳裂纹萌生的测量，也不适用于小裂纹扩展规律的测试。试验通常使用标准试样完成，标准试样的应力强度因子范围 ΔK 表达式可以很容易在手册中查到。而由于工程结构复杂多样，其 ΔK 表达式往往需要借助分析工具才能得到。

2）注意事项

（1）试样类型的选取依赖于待测材料的几何形状、试验环境，以及试验过程中的加载条件等多种因素，不同类型的试样形式及尺寸要求，《金属材料　疲劳试验　疲劳裂纹扩展方法》（GB/T 6398—2017）中给出了详细说明。

（2）试样加工好后，需要在疲劳试验机上预制一段疲劳裂纹，以消除缺口效应对疲劳裂纹扩展速率的影响。

（3）裂纹长度通常采用柔度法测量。

（4）$\mathrm{d}a/\mathrm{d}N$ 的计算，应用较多的是七点递增多项式法和割线法，但两种数据的处理方法有所差异。

（5）在腐蚀环境中进行 $\mathrm{d}a/\mathrm{d}N$ 试验时，需要结合试验机情况，设计腐蚀液循环系统，在整个试验过程中，腐蚀液不能渗漏。

3.1.5　低循环疲劳表面裂纹扩展速率试验

低循环疲劳表面裂纹扩展速率，指表面裂纹前缘在应变或等效应变控制模式下，单位循环内表面裂纹扩展的长度，一般用 $\mathrm{d}(2c)/\mathrm{d}N$ 表示。根据初始表面裂纹长度及临界表面裂纹长度，利用 $\mathrm{d}(2c)/\mathrm{d}N$，可以通过计算获得在应变模式控制下具有表面裂纹的材料或构件在低循环疲劳作用下的剩余疲劳寿命。$\mathrm{d}(2c)/\mathrm{d}N$ 是对材料及构件安全寿命评估的另一个重要力学性能指标。

1. 基本原理

李春林等[22]认为，金属材料低循环疲劳表面裂纹扩展速率 $\mathrm{d}(2c)/\mathrm{d}N$ 与裂纹前缘总应变范围 $\Delta\varepsilon_t$ 满足如下幂律关系：

$$\frac{\mathrm{d}(2c)}{\mathrm{d}N} = C\,(\Delta\varepsilon_{\mathrm{t}})^{m} \tag{3-9}$$

式中：$\mathrm{d}(2c)/\mathrm{d}N$ 为低循环疲劳表面裂纹扩展速率（mm/周）；$\Delta\varepsilon_{\mathrm{t}}$ 为裂纹前缘总应变范围（mm/mm）；C、m 为材料常数。

大量试验结果表明，用该式表示的金属材料低循环疲劳表面裂纹扩展速率范围一般为 $10^{-5}\sim10^{-2}$ mm/周。

$\mathrm{d}(2c)/\mathrm{d}N-\Delta\varepsilon_{\mathrm{t}}$ 曲线图在双对数坐标下呈现良好的线性关系。通过试验获得不同级别 $\Delta\varepsilon_{\mathrm{t}}$ 控制下不同大小的 $\mathrm{d}(2c)/\mathrm{d}N$，是获得 $\mathrm{d}(2c)/\mathrm{d}N-\Delta\varepsilon_{\mathrm{t}}$ 曲线方程的前

提。在不同级别 $\Delta\varepsilon_t$ 控制下，$2c-N$ 曲线通常均满足线性规律，每个级别 $\Delta\varepsilon_t$ 控制下直线的斜率就是该级别对应的 $d(2c)/dN$。相关细节在《金属材料低循环疲劳表面裂纹扩展速率试验方法》(CB/Z 264—2018)中进行了说明。对于常用的船体钢而言，完成 $2c-N$ 曲线一般需要 6 个应变水平逐级递增的 $\Delta\varepsilon_t$。

为便于理解，图 3-7 给出了某船体钢的 $2c-N$ 曲线图(6 个级别 $\Delta\varepsilon_t$ 从小到大分别为 0.0048mm/mm、0.00576mm/mm、0.0064mm/mm、0.00768mm/mm、0.00896mm/mm、0.01024mm/mm，每个应变级别下获得 6 个试验数据点)，图 3-8 给出了某船体钢的 $d(2c)/dN-\Delta\varepsilon_t$ 曲线图，其上下两条直线为其曲线的置信带，可供参考。

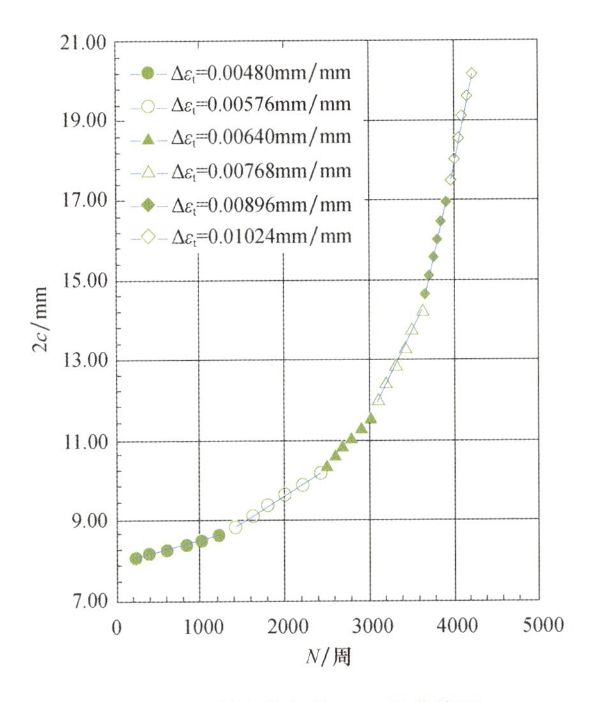

图 3-7　某船体钢的 $2c-N$ 曲线图

2. 表征参数和物理意义

低循环疲劳表面裂纹扩展速率试验可以得到表面裂纹长度、表面裂纹深度、低循环疲劳表面裂纹扩展速率、裂纹前缘总应变范围和循环周次等表征参数。

1) 表面裂纹长度($2c$)

表面裂纹长度，指试样表面预制切口长度与其两端的表面裂纹长度之和。

2) 表面裂纹的扩展长度($\Delta 2c$)

表面裂纹的扩展长度，某一循环次数下表面裂纹的扩展量。

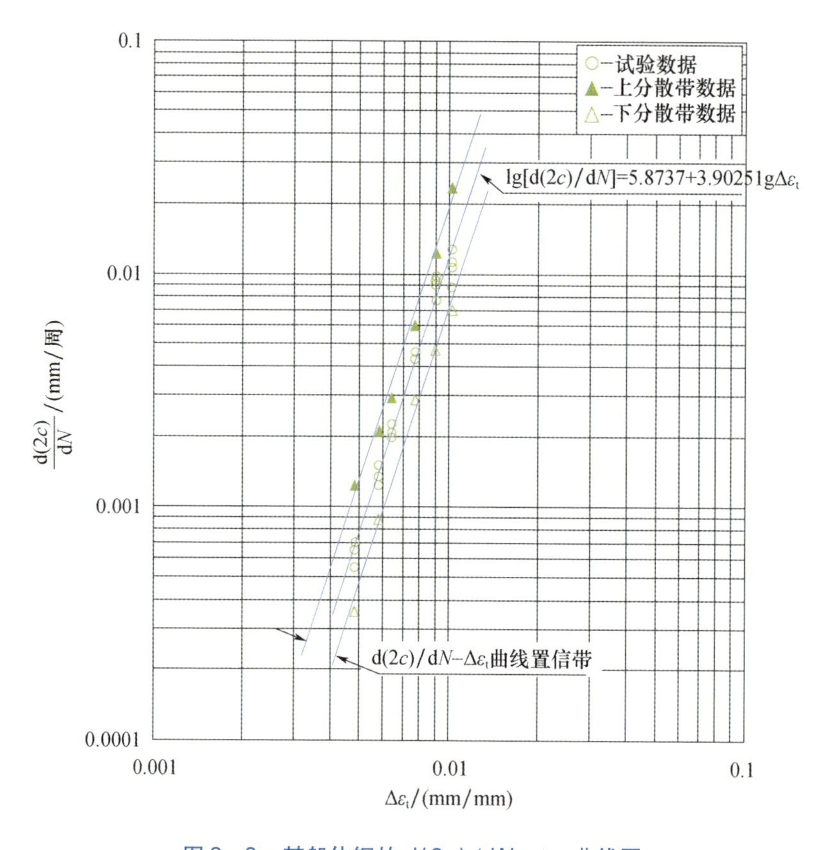

图 3-8　某船体钢的 $d(2c)/dN—\Delta\varepsilon_T$ 曲线图

3）表面裂纹半长度（c）

表面裂纹半长度，试样表面预制切口半长度与其相应一侧的表面裂纹长度之和。

4）表面裂纹深度（a）

表面裂纹深度，试样表面预制切口深度与沿试样厚度方向扩展至裂纹前缘长度之和，可用于得到表面裂纹沿深度方向的扩展速率。

5）低循环疲劳表面裂纹扩展速率（$d(2c)/dN$）

低循环疲劳表面裂纹扩展速率，单位循环内表面裂纹扩展的长度。

6）裂纹前缘总应变范围（$\Delta\varepsilon_t$）

裂纹前缘总应变范围，裂纹前缘最大应变与最小应变之差，是表面裂纹扩展的驱动参量和控制参量。

7）循环次数（N）

循环次数，作用在试样上应变循环的次数。

3. 适用条件

低循环疲劳表面裂纹扩展速率的适用条件如下。

(1)适用于金属材料及其焊缝,加工成矩形横截面试样,在室温(15~35℃)及大气环境下或腐蚀液环境中,在等幅应变或名义应变控制条件下,悬臂弯曲加载的低循环疲劳表面裂纹扩展速率大于 10^{-5}mm/周的试验,有效的试样数量通常不能低于3件。

(2)适用于在以上条件下,金属材料及其焊缝低循环疲劳表面裂纹扩展行为的研究。张利娟等[23]进行了在不同控制模式下表面裂纹的扩展特性的研究。

(3)不适用于金属材料穿透型疲劳裂纹扩展规律的试验研究,这方面的内容可参考以上所述的可用 Paris 幂律关系表征的 $\mathrm{d}a/\mathrm{d}N$。

4. 特点和注意事项

1)特点

和疲劳裂纹扩展速率 $\mathrm{d}a/\mathrm{d}N$ 相比,低循环疲劳表面裂纹扩展速率 $\mathrm{d}(2c)/\mathrm{d}N$ 具有如下特点。

(1) $\mathrm{d}(2c)/\mathrm{d}N$ 仅用于表面疲劳裂纹扩展速率的试验,而 $\mathrm{d}a/\mathrm{d}N$ 用于穿透型疲劳裂纹扩展速率的试验。

(2) $\mathrm{d}(2c)/\mathrm{d}N$ 属于弹塑性力学范畴,而 $\mathrm{d}a/\mathrm{d}N$ 属于线弹性力学范畴,这是因为前者的表面裂纹尖端附近已进入塑性状态,而后者的穿透型裂纹尖端附近处于线弹性力学状态。

(3) $\mathrm{d}(2c)/\mathrm{d}N$ 试验由表面裂纹前缘的 $\Delta\varepsilon_t$ 驱动和控制,而 $\mathrm{d}a/\mathrm{d}N$ 试验由穿透型裂纹尖端的 ΔK 驱动,由作用在试样上的载荷范围 ΔF 控制。

(4) $\mathrm{d}(2c)/\mathrm{d}N$ 试验由于是应变控制,其试验频率较低,通常不超过1Hz;而 $\mathrm{d}a/\mathrm{d}N$ 试验的频率,在空气中一般为10~20Hz,在腐蚀液中,铝合金的一般不超过10Hz,而钢的不超过5Hz。

(5) $\mathrm{d}(2c)/\mathrm{d}N$ 试验的试样形式只能是矩形横截面试样,张亚军等[24]曾介绍过这种试样的设计细节及其应用。而 $\mathrm{d}a/\mathrm{d}N$ 的试样形式有多种,可根据需要进行选择,GB/T 6398—2017 中给出了详细说明。

2)注意事项

(1)取样部位、方向和取样方法应按委托方要求或双方协议执行;采用焊接试样时,其焊接工艺条件应与构件的焊接工艺条件保持一致;试样进行机加工时,应避免表面产生残余应力和加工硬化;磨削加工较硬材料时,试样表面不应过热;精加工前的热处理应防止试样变形或表面层变质;试样切口通常用铣切或其他加工方法完成。

(2)试样加工好后,为了消除缺口对表面裂纹扩展的影响,需要先预制一段疲劳裂纹。

(3)裂纹前缘用应变片监控时,为了保证控制的稳定性,需要采用专业的胶黏剂,并由专业人员粘贴。

(4)表面裂纹长度的测量,通常用目测法,也可采用断裂片法测量[25],但事先需要做好相关的标定工作。

(5)在腐蚀液环境中进行试验时,需要结合试验机情况,推荐采用有机玻璃设计制作腐蚀液循环系统,以便观察表面裂纹的扩展情况;在整个试验过程中,需要确保表面裂纹始终处于流动的腐蚀液中,而且腐蚀液不能渗漏。

3.2 新方法

以上介绍的是常用的疲劳表征试验方法,本章节将近年来发展起来的多轴疲劳试验、构件疲劳试验、超高周疲劳试验、变幅疲劳试验等作为疲劳表征的新方法分别予以介绍。疲劳裂纹长度的测量是疲劳试验中不可或缺的步骤,其新方法也在此一并介绍。

3.2.1 多轴疲劳试验

多轴疲劳,是相对常用的单轴加载疲劳而言的。多轴加载的疲劳,一般是指拉-扭复合加载、平面双轴加载、多自由度加载等非单一轴向力加载下的疲劳。工程中构件所受到的疲劳作用,绝大多数是非单一轴向力作用下的疲劳。因此,多轴疲劳的试验结果,更有工程设计参考意义。

1. 基本原理

多轴疲劳试验是指将材料制作成特殊形状的试样,如空心圆柱形、十字形、模拟工程构件外形的缩比件等,在试样或实际构件的不同部位,施加不同类型或不同大小的力。在试验过程中,不同的力协调往复加载,最终导致试样或构件发生疲劳失效。在这种多轴加载模式下,可以研究材料或构件的疲劳强度、疲劳寿命、疲劳 $S-N$ 曲线、疲劳裂纹萌生寿命和扩展寿命等。与单轴疲劳相比,多轴疲劳实际上是向工程化迈进了一步。一定意义上讲,在多轴疲劳加载模式下获得的材料或构件的疲劳特性,更能够代表材料或构件的真实疲劳性能,能为工程构件的疲劳设计与寿命校核提供更真实可靠的试验数据。然而,由于多轴疲劳加载模式的复杂性,目前尚未见到有关这方面的试验标准。由于设计技术、加工制造技术及试验技术的发展,国内外已经生产出多种类型的多轴加载疲劳试验机,包括拉-扭复合加载、平面双轴加载、多自由度加载等,相应试验机外形见图3-9。

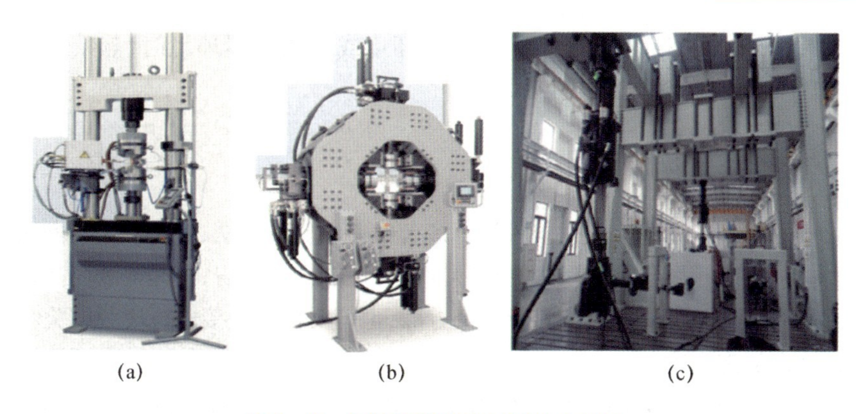

(a) (b) (c)

图3-9 多轴加载疲劳试验机的外形

(a)拉-扭复合加载;(b)平面双轴加载;(c)多自由度加载。

2. 表征参数和物理意义

如前所述,多轴疲劳只是加载方式从单一方向加载过渡到了多维度加载,其表征参数及其物理意义和单轴加载的并无差异,如疲劳强度 S_f、$S-N$ 曲线、$\varepsilon-N$ 曲线、疲劳裂纹扩展速率 da/dN 等。需要说明的是,由于是在多轴加载下获得的,即使是同一种材料或构件,这些参数和单轴加载下的试验结果也并不一致。

3. 适用条件

多轴疲劳主要适用于研究材料或构件在多轴加载条件下的疲劳性能。即结合材料服役中的受力情况,根据试验机的特点,设计出特殊形状的试样,开展多轴加载下材料或实际构件疲劳性能的试验研究;也适用于在多轴加载条件下,材料或构件在腐蚀环境或高低温环境中的疲劳性能考核,只是需要设计和试验机配套的复杂环境装置。

4. 特点和注意事项

1)特点

和单轴加载疲劳试验相比,多轴疲劳试验的优点是获得的试验结果更能够代表材料或构件的实际疲劳性能,数据更可靠。缺点是多轴疲劳尚无统一的试验标准,而且试样加工工艺要求高,试验过程复杂,多轴加载的疲劳试验机也比单轴加载的更昂贵。

2)注意事项

(1)试样加工问题。多轴疲劳试样形式比单轴的复杂,需要注意的细节多,加工难度大,如行业内常用的"十"字形平面双轴试样,需要确保裂纹在试样几何中心处萌生和扩展,该部分区域受力应该是最大的,加工时需要考虑这个关键点。

(2)试验参数的选择问题。除了需要考虑材料或构件的实际服役工况,在不同的部位,确定不同方式的加载载荷及大小,以及加载频率外,还要考虑试验机不同作动器的运动协调问题。

(3)鉴于多轴加载的复杂性,外加腐蚀环境或者高低温环境时,需精心设计腐蚀或高低温装置,确保与试验机良好匹配。

3.2.2 构件疲劳试验

构件疲劳试验,是指直接对构件进行疲劳性能试验的方法,是相对于材料疲劳而言的。构件的疲劳性能,一般可根据材料的疲劳性能计算获得,只是需要考虑缺口效应、尺寸效应、表面状态、加载方式等多个方面,也可对构件直接进行疲劳试验获得。

1. 基本原理

构件疲劳试验的基本原理,是结合构件服役时的受力条件,设计相应的试验工装和卡具,在试验机上对构件进行疲劳试验,从而直接获得构件的疲劳性能数据,包括构件的疲劳寿命、疲劳强度、疲劳 $S-N$ 曲线等。由于工程构件形状与尺寸千差万别,很少有通用的试验标准。因此,构件疲劳试验,多数情况下,还是参考材料的疲劳试验标准进行。尽管从材料的疲劳性能转换到构件的疲劳性能,需要考虑多种因素,这些因素也多数需要通过材料试验获得,材料试验也相对比较简单。然而,这种转换一方面可能不够准确,另一方面如果构件表面经过特殊的工艺处理,如表面局部淬火、喷丸、渗碳渗氮等,几乎很难用材料试验来准确转换。为此,应尽可能对构件直接进行疲劳性能的试验考核,如对杠杆螺栓的疲劳性能考核,除了考虑材料因素及加载方式外,还需考虑螺栓的表面淬火效应,这通过材料试验几乎无法实现。因此,可以结合螺栓服役时的受力状态,考虑设计相应的工装夹具,直接对杠杆螺栓进行疲劳试验。又如,对于铁轨用减振扣件,由于包含金属、非金属等多种材质,其疲劳性能的考核,也无法通过材料的疲劳性能转换,只能对其直接进行疲劳性能试验。图 3-10 所示为杠杆螺栓的疲劳试验状态,图 3-11 所示为铁轨减振扣件的疲劳试验状态。

图 3-10　杠杆螺栓的疲劳试验状态

图 3-11　铁轨减振扣件的疲劳试验状态

2. 表征参数和物理意义

如前所述,构件疲劳只是试验对象发生了变化,从材料级别的试样过渡到了工程实际构件。其疲劳性能的表征参数及其物理意义和材料的并无本质上的差异。需要说明的是,由于构件疲劳试验模拟了工程实际,避免了较多的修正因素,因此获得的疲劳试验结果也更有意义。如果条件允许,相对于材料的疲劳试验而言,鼓励进行构件疲劳试验。

3. 适用条件

构件疲劳试验适用于工程构件。通过对工程构件的疲劳试验,直接考核其疲劳性能。由于构件形状及其结构千差万别,构件的疲劳试验标准也相对比较缺乏。构件疲劳试验需要模拟构件的实际受力条件,通过设计不同的试验装置和卡具,确保构件在实验室的受力状态接近其工程服役时的受力状态。配合试验机,再外加腐蚀环境装置或高低温装置,可模拟构件在腐蚀环境或高低温环境中服役时的疲劳性能。

4. 特点和注意事项

1)特点

构件疲劳试验的优点是可以通过试验,直接获得构件的疲劳性能,便于在工程中设计应用,避免了采用标准试样时需要考虑的多种因素。缺点是需要设计相关的试验装置,在腐蚀环境或高低温环境中进行疲劳试验时,还需配合试验机设计腐蚀装置或高低温装置,试验装置、腐蚀装置及高低温装置,往往都比较复杂,设计与制作难度大,且多数情况下没有试验标准可参考。

2)注意事项

(1)需要分析清楚构件在服役时的实际受力特征,包括受力类型、大小、波形、作用频率等。

(2)建议先用有限元进行模拟计算,便于设计出科学合理的试验装置;试验装置的大小、形状、可调节性、选材等需要全面考虑,尽量保证施加到构件上的试验力和其工程受载情况一致。

(3)外加腐蚀循环装置时,应考虑其长期使用的密封性和稳定性,确保不能因腐蚀液渗漏而腐蚀试验机;外加高低温装置时,应考虑其保温性和温度均匀性。

3.2.3 超高周疲劳试验

传统观点认为,如果试样在10^7循环周次还未发生疲劳破坏,则认为该材料具有“无限寿命”。虽然该观点在工程上很实用,但在理论上并不严谨。大量的疲劳试验数据表明[26]，金属材料的疲劳破坏大多数发生在 $10^6 \sim 10^{10}$ 循环周次之间，或者说在 $S-N$ 曲线上，材料在 $10^6 \sim 10^{10}$ 循环周次内发生疲劳破坏的风险较高。因此，研究人员提出了超高周疲劳的概念。这里所述的超高周疲劳试验，指的是疲劳循环周次达到 $10^6 \sim 10^{10}$ 的疲劳试验。

1. 基本原理

超高周疲劳试验采用压电疲劳试验机完成，该试验机的工作原理是使试样产生稳定的简谐振动。一方面，需要选用一个换能器，将信号发生器的正弦电信号转换为机械振动信号，其频率一般为 20kHz；另一方面，由于多数情况下压电换能器的振幅较小，并不足以使试样发生破坏。因此，还需增加一个超声波放大器，用来增强振幅。当换能器、超声波发生器及试样组成的整个振动系统，获得相同的固有频率（如 20kHz）时，就可以通过较低的能量损耗，在保持系统稳定振动的情况下得到较强的振幅，从而使试样发生疲劳破坏。在整个过程中，由数字控制系统控制和调节激振器及压电转换器，以保证在不同的振动疲劳试验中可得到恒定的应变幅。当振动频率和振幅保持恒定时，数字控制系统就能够自动记录振动次数，即疲劳寿命。这就是超高周疲劳的试验原理。压电式振动疲劳试验设备组成示意图见图 3-12[26]。

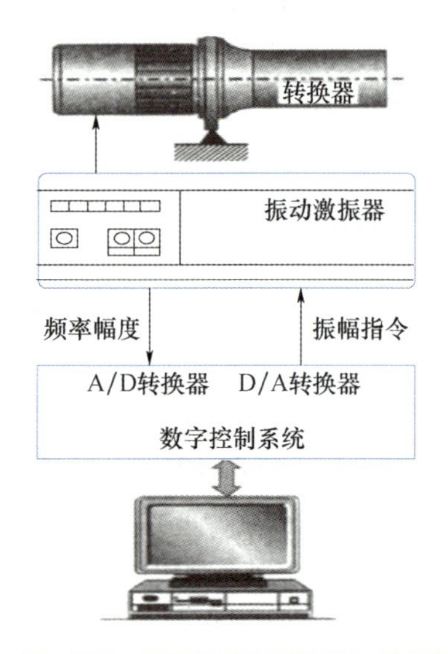

图 3-12　压电式振动疲劳试验设备组成示意图

2. 表征参数和物理意义

超高周疲劳试验是指通过技术手段，使试验频率显著增加（从几赫、几十赫增加到两万赫），从而实现了超长寿命的疲劳试验。因此，疲劳寿命更长了，疲劳强度指定的循环次数可以更多了，如常规疲劳指定寿命通常为 10^6 或 10^7，但超高周疲劳循环寿命可以指定为10^8、10^9或10^{10}等，疲劳$S-N$曲线的横坐标疲劳寿命也从10^7延长到10^{10}，增加了三个数量级。然而，其疲劳表征参数，如疲劳寿命N_f、疲劳强度S_f、$S-N$曲线、疲劳裂纹扩展速率da/dN等，并未发生实质性的变化，物理意义也没有变化。

3. 适用条件

超高周疲劳试验适用于采用圆柱形沙漏试样或板状试样，通过压电疲劳系统，获得材料疲劳寿命位于10^6～10^{10}周之间的超长疲劳寿命情形。包括超长寿命下的疲劳强度S_f、$S-N$曲线、疲劳裂纹扩展速率da/dN等。外加高温装置，还可研究金属材料的超高周高温疲劳性能。因对于超高周疲劳，初始裂纹很少在材料表面萌生（当裂纹萌生于材料表面时，应力及应变状态仍遵从平面应变效应和Mises塑性准则），而常常萌生于内部缺陷处（外加载荷较小时，材料表面不易发生塑性变形，但内部缺陷处会产生局部应力集中，从而导致微观裂纹的形成；由于微观尺度下材料内部存在缺陷的概率远大于材料表面，超高周疲劳加载时内部萌生裂纹的概率自然会大于表面）。因此，超高周疲劳试验也适用于研究金属材料的疲劳裂纹萌生机制，从而间接研究材料的内部冶金缺陷分布，可为材料冶金工艺改进提供依据。

4. 特点和注意事项

1）特点

由于超高周疲劳的试验频率较高，即可以达到2kHz，是一般电液伺服疲劳试验机频率上限的1000倍，是电磁谐振高频疲劳试验机频率上限的100倍。因此，这种试验的突出优点是频率较高，在短时间内可实现超长疲劳寿命的试验需求。缺点是试样尺寸较小，且假设试样材料为均质且各向同性、材料的力学行为为纯弹性，这种假设不能代表尤其是结构材料的整体组织特征，因此，试验结果仅用于参考。

2）注意事项

（1）由于超高频疲劳试验要求实现压电超声共振疲劳加载，试样几何形状要确保其纵向振动与换能器具有相同的共振频率；试样要易于加工，其截面形状要保证试样能够产生足够的应变幅值；试样和压电发生器的总质量与试验装置的激振功率相匹配。振动疲劳试样的几何形状一般为轴对称的沙漏形，板状缺口试样一般用于疲劳裂纹扩展速率试验。

（2）由于压电换能器的位移振幅有限，一般采用圆锥形截面提高试样的振动幅值，疲劳试样可以通过螺纹安装在发生器的末端。

（3）超声波发生器一般是棒状结构，一端为固定截面，一端为可变截面，其尺寸与振幅参数直接相关，超声波发生器最适当的几何尺寸依赖于不同的试验类型和应变水平,需要经过解析法或有限元法分析计算来确定[26]。

3.2.4 变幅疲劳试验

变幅疲劳指的是施加在试样或工程构件上的载荷或应变多数情况下不是周期性变化的,而是呈现出明显的随机性,没有恒定的幅值和平均值。实际上,工程中的各种受力结构,所受的应力谱多数都是随机性的,如图 3 - 13 所示是不同工程结构所受的应力谱[26],具有明显的变幅特征。目前,出于研究的方便,实验室所进行的疲劳试验多数都采用恒定的幅值,如 $S-N$ 曲线和疲劳裂纹扩展速率 $\mathrm{d}a/\mathrm{d}N$ 采用的都是恒载荷幅控制,而 $\varepsilon-N$ 曲线试验采用的是恒应变幅控制。

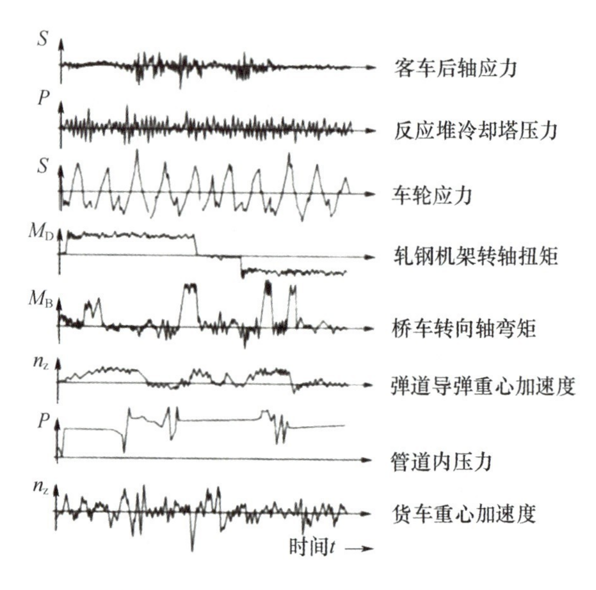

图 3 - 13　不同工程结构所受的应力谱

1. 基本原理

变幅疲劳试验的基本原理是,材料或构件在变幅载荷谱试验作用下的疲劳性能考核。现代疲劳试验系统使用标准的载荷谱预测材料或构件的疲劳性能,很难获得其真实环境下的疲劳特性。图 3 - 14 给出了对应疲劳试验加载载荷的“金字塔”法则[26],即从塔底到塔尖,为固定平均载荷作用下的等幅疲劳试验和实际载荷的疲劳试验。这说明,工程实际构件所受的随机性载荷谱,更能够真实描述构件在该载荷谱下的疲劳特性。因此,变幅疲劳试验是真实模拟工程构件实际载荷谱的试验,只不过因其试验的复杂性,如程序编制、循环计数等都有较大难度,或者真实载荷谱并不易获得等原因,在实验室应用并不是很多。

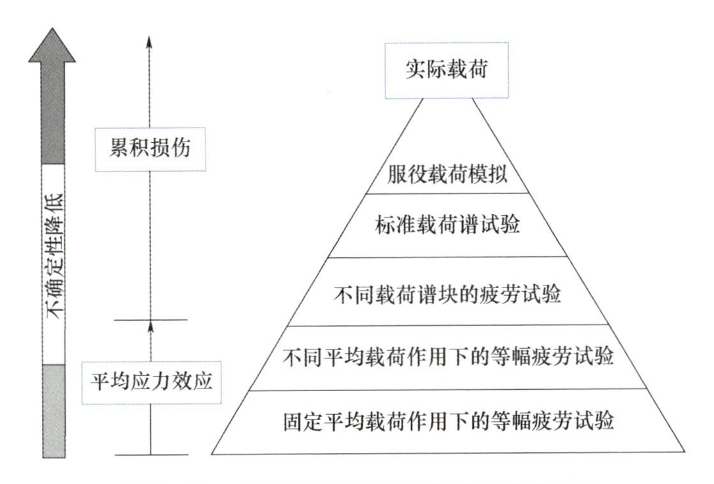

图3-14 疲劳试验加载载荷的"金字塔"法则

2. 表征参数和物理意义

变幅疲劳试验,只是施加在试样或构件上的载荷谱或应变谱是非周期性的,并未改变疲劳性能的表征参数,如疲劳寿命 N_f、基于 Miner 准则的疲劳累计损伤参数、$S-N$ 曲线等,表征参数的物理意义也没有发生变化。由于是变幅载荷,其载荷谱需要详细列出加载序列、循环载荷比或应力比、不规则系数、峰值系数、雨流矩阵及载荷谱形状等数据信息,以便确定循环个数。图 3-15 给出了 6 种循环个数计数方法[26]。

3. 适用条件

变幅疲劳试验适用于对已知材料或工程构件施加变幅载荷谱的试验。这种试验可分为两种类型,即累积或顺序加载和随机加载。对于累积或顺序加载,其疲劳寿命的评估,可以参考 Miner 法则进行;对于随机加载,最需要关注的是循环计数,计数方法主要包括如图 3-15 所示的 6 种。

4. 特点和注意事项

1)特点

由于变幅疲劳试验施加在试样或构件上的载荷谱比较接近工程实际,因此其优点是获得的疲劳试验结果相比恒幅疲劳试验获得的试验结果更可靠,更接近材料或工程构件的实际疲劳性能。缺点是真实的载荷谱难以获得,或者获得后在试验机上较难准确编制而无法施加到试样或构件上。

2)注意事项

(1)对于变幅试验中的顺序加载,如果发生了明显的过载行为,则 Miner 法则不再适用。在这种情况下,就必须考虑加载顺序的影响。事实上,加载顺序对疲劳损伤参数的试验结果有重要影响。文献[27-29]分别研究了在旋转弯曲加载、轴向加载和悬臂弯曲加载方式下,加载顺序对疲劳临界损伤参数的影响规律,结果表明,加载顺序从高载荷到低载荷与从低载荷到高载荷,所获得疲劳临界损伤参数有较大差异。

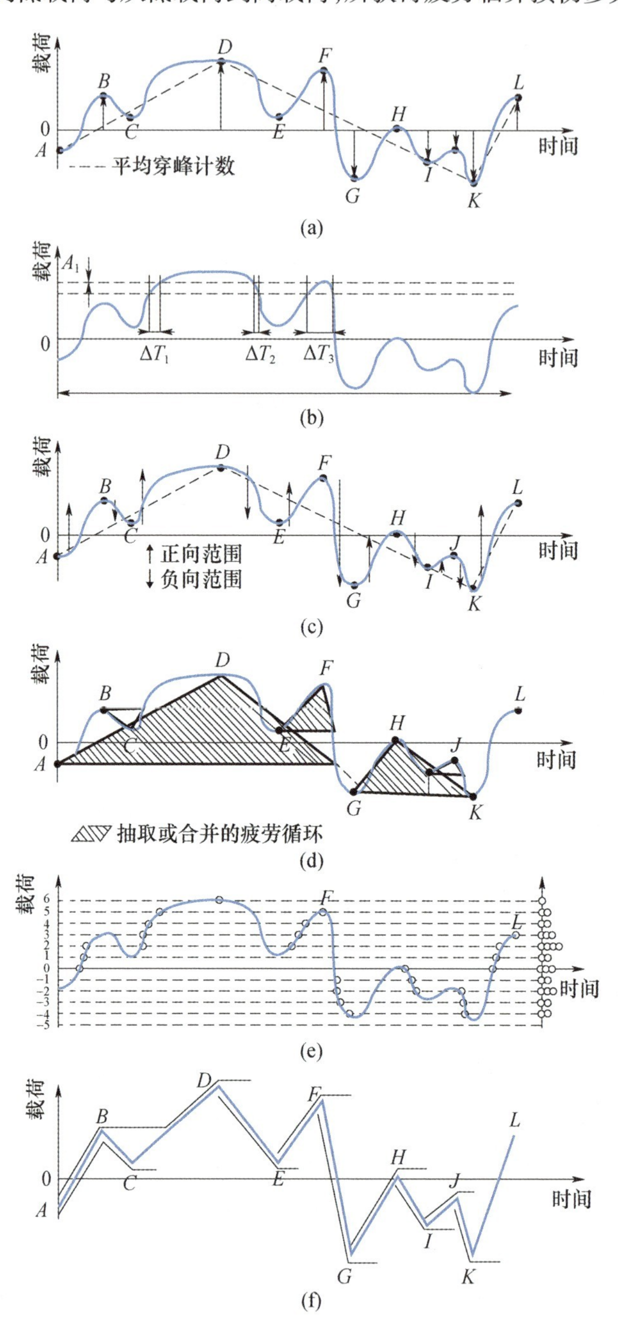

图 3-15　6 种循环个数计数方法

(a)峰值计数法;(b)次数计数法;(c)区间计数法;(d)程对计数法;(e)穿级计数法;(f)雨流计数法。

(2)在随机载荷信号中,准确地识别出每一个循环是循环计数法的前提和基础,可以根据具体情况,选择合适的循环计数方法。

(3)评价构件在真实服役条件下的疲劳寿命必须要借助模拟试验;为了增加模拟结果的可靠性,需要预先分析疲劳全寿命周期内加载于构件的各种载荷,并尽量采用服役载荷、具有代表性的真实载荷或标准载荷谱,同时需要考虑过载和欠载效应。

3.2.5 疲劳裂纹长度测量新方法

疲劳裂纹长度 a 测量准确与否,直接关系着依赖于 a 的 $\mathrm{d}a/\mathrm{d}N$ 是否准确可靠。关于 a 的测量方法,最早通过光学显微镜用肉眼直接观测,虽然效率低,但为大多数学者和试验工作者所接受。后来,随着计算机及数据采集处理技术的发展,逐渐产生了新的测量方法,如柔度法、电位法(包括直流电位法、脉冲直流电位法、交流电位法、交直流翻转电位法、断裂片法等多种)、超声波法、复型法、光学法(长焦距显微镜观察拍照法、数字图像相关法)等多种,本节主要介绍柔度法、断裂片法和数字图像相关法三种方法。

1. 柔度法

测量裂纹长度的柔度法是一种基于线弹性断裂力学理论建立起来的一种通过测量其他试验参量(如试验载荷、测量点张开位移等)而间接测量出裂纹长度的一种自动化测量方法。该方法主要用于标准试样的裂纹长度测量;非标准试样的裂纹长度测量,需要事先标定出非标试样的柔度系数,编入试验程序,再结合其他物理参量,测量出裂纹长度。

1)基本原理

柔度法测量裂纹长度的原理,是通过高速数据采集和处理系统,或者低速自动绘图仪记录的力和位移的信号,以及试验材料的弹性模量、试样厚度与宽度等相关参数,根据无量纲柔度和归一化后裂纹长度的关系,通过计算获得裂纹长度。以紧凑拉伸 CT 试样为例,试样无量纲柔度 U_x 和归一化裂纹长度 a/W 的表达式分别为

$$U_x = \frac{1}{\sqrt{\frac{BEV_x}{F}} + 1} \tag{3-10}$$

$$\frac{a}{W} = C_0 + C_1U_x + C_2U_x^2 + C_3U_x^3 + C_4U_x^4 + C_5U_x^5 \tag{3-11}$$

式中:U_x 为无量纲柔度;a 为裂纹长度(mm);B 为试样厚度(mm);W 为试样宽度(mm);E 为试验材料的弹性模量(MPa);V_x 为位移(mm);F 为试验载荷(kN);a/W 为归一化裂纹长度;C_0、C_1、C_2、C_3、C_4、C_5 为柔度系数。

根据相关的数据,结合式(3－10),可以获得 CT 试样的无量纲柔度 U_x,将该值代入到式(3－11)中,便可通过计算得到试样的归一化裂纹长度 a/W,从而得到裂纹长度。这就是柔度法测量裂纹长度的基本原理。

2)表征参数和物理意义

在用柔度法测量裂纹长度的基本原理中(以 CT 试样为例),涉及的表征参数及物理意义如下。

U_x:CT 试样的无量纲柔度,与试验材料的弹性模量、试样厚度、外加载荷和测量点张开位移有关,可以根据式(3－10)计算求得。

a:裂纹长度,用柔度法测量得到的从参考平面到裂纹尖端的主平面尺寸的线性量度。

B:试样厚度,沿厚度方向,从一侧到另一侧测量的长度。

W:试样宽度,从加载线到试样末端的距离。

E:试验材料的弹性模量,可以用物理法试验获得,也可以用力学法试验获得。

V_x:测量点的张开位移,一般用位移规测量得到。

F:试验载荷,作用在试样上的载荷。

a/W:归一化裂纹长度,为便于计算而对裂纹长度的处理方式。

C_0、C_1、C_2、C_3、C_4、C_5:柔度系数,可根据解析法计算得到,也可以根据试验标定得到,不同的试样,以及同一试样的不同位置,6 个柔度系数均不相同。

图 3－16 和表 3－1 所列为 CT 试样的不同测量位置及相应的柔度系数。

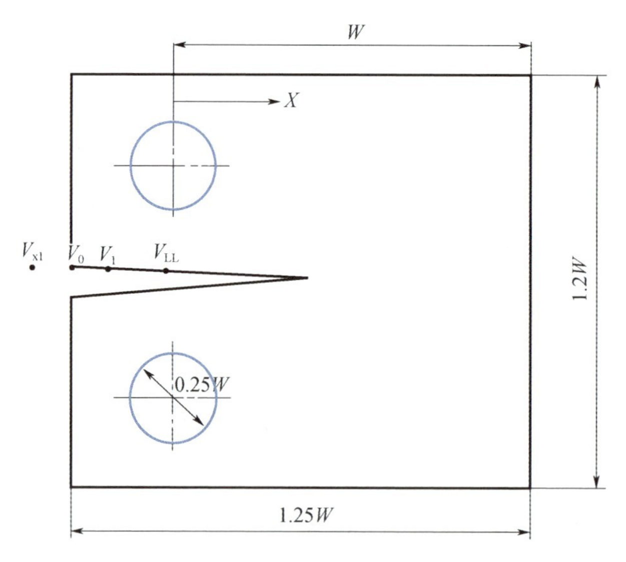

图 3－16　CT 试样柔度测量位置示意图

表 3－1　CT 试样不同测量位置对应的不同柔度系数

试样测量位置	X/W	C_0	C_1	C_2	C_3	C_4	C_5
V_{x1}	－0.345	1.0012	－4.9165	23.057	－323.91	1798.3	－3513.2
V_0	－0.250	1.0010	－4.6695	18.460	－236.82	1214.9	－2143.6
V_1	－0.1576	1.0008	－4.4473	15.400	－180.55	870.92	－1411.3
V_{LL}	0	1.0002	－4.0632	11.242	－106.04	464.33	－650.68

3）适用条件

用柔度法测量裂纹长度，适用于采用已知柔度系数的标准试样，如紧凑拉伸 CT 试样、三点弯曲 SENB3 试样等的裂纹长度测量，或者通过事先标定出柔度系数的非标试样的裂纹长度测量。同时，需要有一套自动的数据采集和处理系统，获得相关数据后，再按照柔度法测量裂纹长度的基本原理，通过计算，自动获得试样的裂纹长度。

4）特点和注意事项

（1）特点。与光学显微镜目测法相比，用柔度法测量试样的裂纹长度最大的优点是实现了裂纹长度测量的自动化，试验效率较高。缺点是无论标准试样还是非标试样，事先都必须获知柔度系数，而非标试样柔度系数的标定过程较为复杂。由于柔度法测量裂纹长度的影响因素比目测法多，有时在采用柔度法测量裂纹长度的同时，也需要辅助于目测法观察测量。

（2）注意事项。

①柔度法的公式，适用于平面应力状态，因为这种应力状态最适用于远离裂纹尖端的测量，不考虑裂纹尖端的局部应力状态。

②归一化裂纹长度的有效范围为 $0.2 \leqslant a/W \leqslant 0.975$，在该范围之外的裂纹长度将不能保证测量的精度。

③柔度法一般用裂纹张开位移（COD）规测量试样测量点的位移，由于其频率响应问题，一般不适用于在高频疲劳试验机上测量裂纹长度。

④基于柔度法测量裂纹长度的原理，还可以通过柔度法测量试验材料的弹性模量。张亚军[30－31]曾研究了柔度法测量三点弯曲试样弹性模量的影响因素及弹性模量在用柔度法测量疲劳裂纹长度中影响，验证了柔度法和试样断口法测量裂纹长度的一致性，认为弹性模量的偏大或偏小，都将影响到疲劳裂纹扩展速率的准确性。

2. 断裂片法

断裂片法测量裂纹长度，是一种通过测量断裂片两侧的电压变化，再根据事先标定建立的断裂片两侧电压和裂纹长度的关系，达到间接测量裂纹长度的目的。该方法也可实现裂纹长度测量的自动化。

1）基本原理

断裂片法测量裂纹长度的原理图见图 3－17。即采用专用的胶黏剂，将断裂片粘贴到裂纹的尖端，断裂片固化后，再给断裂片通恒定的电流，然后将断裂片连接上电压表。当裂纹扩展时，断裂片同步开裂，其阻值开始发生变化，从而导致电压也会相应变化。于是，就可以建立裂纹扩展长度与断裂片两端电压的关系。根据测量的电压，就可以通过计算获得裂纹长度。

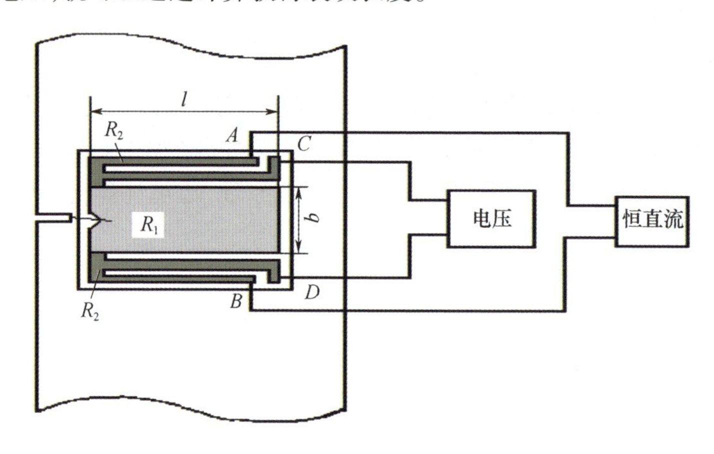

图 3－17　断裂片法测量裂纹长度的原理图

R_1—断裂片中间部分的电阻（Ω）；R_2—断裂片不同引线部分的电阻（Ω）；b—断裂片中间部分的宽度（mm）；l—断裂片有效工作部分的宽度（mm）；A、B—断裂片上连接恒流源的触点；C、D—断裂片上连接电压表的触点。

2）表征参数和物理意义

在断裂片法测量裂纹长度的原理中，涉及的表征参数及物理意义如下。

U：断裂片两个特定位置的电压，会随着断裂片的开裂而发生变化。

I：通过断裂片的电流，无论断裂片是否开裂，该电流恒定不变。

R_1：断裂片中间部分的电阻，会随着断裂片的开裂而发生变化。

R_2：断裂片不同引线部分的电阻，在测量过程中不发生变化。

a：疲劳裂纹长度，断裂片开裂的长度与试样预制疲劳裂纹的长度之和。

3）适用条件

作为一种专用的裂纹长度测量方法，如同柔度法一样，断裂片法也适用于裂纹长度的自动化测量。这种方法不仅适用于空气中的裂纹长度测量，如果断裂片及相关引线进行密封保护，也适用于腐蚀液环境中的裂纹长度测量；不仅适用于穿透型裂纹长度的测量，也适用于表面裂纹长度的测量。只要能够确保裂纹扩展与断裂片开裂同步，且断裂片开裂长度与两侧的电压变化量标定方程足够准确,断裂片法测量裂纹长度适用于任何金属材料,甚至也适用于非金属材料。

4)特点和注意事项

(1)特点。断裂片法测量裂纹长度的最大优点是不受材料的影响,只要裂纹扩展与断裂片开裂同步性较好,可以适用于几乎任何材料的裂纹长度测量,也可在腐蚀液环境下进行裂纹长度的测量。该方法易于实现裂纹长度测量的自动化,且抗干扰能力强,易于实现数据的自动采集和处理。另外,该方法标定过程简单,不同材料选用同一型号的断裂片时,只需标定一次,可以显著提高试验效率,且精度和灵敏度均较高。该方法的缺点是断裂片在被测材料上粘贴需要较高的专业技术,粘贴时需要对操作人员进行专门的技术培训。

(2)注意事项。

①要选择高质量和高品质的胶黏剂,确保断裂片在试验过程中不能脱落。

②胶黏剂层涂抹不能过厚,否则可能导致断裂片开裂滞后于裂纹扩展的情况出现,影响测量结果的准确性。

③要选用底基脆性强、易于开裂的断裂片。否则,同样可能导致断裂片开裂滞后于裂纹的扩展。

④需要事先准确标定出断裂片开裂长度及其两端电压的变化关系,该标定关系的准确与否,也直接决定了测量结果的准确性和可靠性。张利娟[25]在研究表面裂纹长度自动测量方法的基础上,标定出断裂片开裂长度与电压的变化关系呈现良好的线性,实现了断裂片法测量表面裂纹长度的自动化,可供参考。

3. 数字图像相关法

数字图像相关(digital image correlation,DIC)法,又称数字散斑相关法,是最近几年发展起来的一种通过光学手段测量试件表面应变场的方法。它是一种将试件变形前后的两幅数字图像,通过相关计算获取感兴趣区域变形信息的技术,可以通过识别表面裂纹附近的应变变化,从而识别出裂纹长度,因此,也可用来测量裂纹长度。

1)基本原理

DIC法是一种基于数字散斑图像和相关数值分析的光学测量方法,它通过摄像机将变形前后物体表面形貌图转化为数字图像,再通过计算软件对变形前后的图像进行相关匹配运算,从而得到物体表面变形场(如位移场、应变场等)信息的一种基于试验力学基础的试验方法。DIC技术可分为二维数字图像相关(DIC-2D)技术和三维数字图像相关(DIC-3D)技术。DIC测量系统主要由图像采集硬件和数字相关处理软件组成,其技术原理见图3-18。

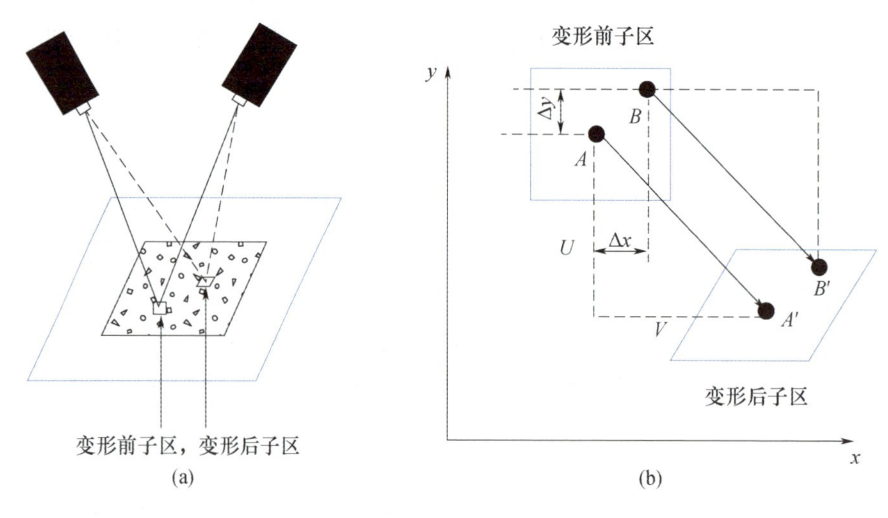

图 3-18　DIC 技术原理图

(a)变形前后子区拍摄过程;(b)变形前后子区分析过程。

DIC 计算过程中,通常将变形前图像中选定的计算区域划分成若干个虚拟网格,通过计算每个网格节点的位移来近似得到物理表面的全场位移信息。例如,在变形前图像中选取一个以 $A(x_0,y_0)$ 点为中心的 $n\times n$ 像素大小的子区,在变形后的图像子区中通过一定的搜索方法,按预先定义的互相关函数来进行图像相关计算,寻找与变形前图像子区互相关系数为最大值或最小值的以 $A'(x_0',y_0')$ 为中心的目标图像子区,以确定 $A(x_0,y_0)$ 在 x 和 y 方向的位移分量 V 和 U。这种方法也可用于裂纹长度的测量。裂纹扩展图像拍摄过程是将电感耦合器件(CCD)摄像头垂直于试验件平面安装,调整摄像头焦距,使试验件上裂纹图像清晰,通过计算机操作即可进行图像拍摄和数据采集。经二值化处理后的图像裂纹宽度较大,影响图像处理精度,因此,需要将二值化的裂纹图像细化,最终得到裂纹区域的骨架。细化后的裂纹图像宽度为一个像素,若将像素视为一个个点并进行编码,就可以计算得到裂纹长度。

2)表征参数和物理意义

在数字图像相关法测量裂纹长度的原理中,涉及的表征参数及物理意义如下。

e_{xx}:被测对象在 x 轴方向的正应变。

e_{xy}:被测对象在 $x-y$ 平面内的剪应变。

e_{yy}:被测对象在 y 轴方向的正应变。

e_1:被测对象在 x 轴方向的等效应变。

e_2:被测对象在 y 轴方向的等效应变。

U:被测对象在 y 轴方向消除刚体位移后的位移量。

V:被测对象在 x 轴方向消除刚体位移后的位移量。

W:被测对象在 z 轴方向消除刚体位移后的位移量。

x:被测对象在 x 轴方向的位移量。

y:被测对象在 y 轴方向的位移量。

z:被测对象在 z 轴方向的位移量。

3)适用条件

由于这种拍照方法的原理是对比变形前后选定区域的位移或应变变化,需要拍照对象有足够的对比度。因此,只要拍照对象能够实现明显的对比度,且在肉眼可见的视野里,理论上均可以用这种方法测量裂纹长度。测量的清晰度与准确度取决于事先标定的准确性。DIC 法不适用于被拍摄对象模糊不清、在溶液中、不在拍摄视野里,以及电感耦合器(CCD)摄像头不垂直于试验件平面的情况。

4)特点和注意事项

(1)特点。与显微镜观察测量裂纹长度的方法比较,DIC 法具有精度高、非接触、可保存裂纹扩展状态、降噪处理效果好等优点。缺点是程序多,操作过程复杂,受影响因素多,需要考虑较多因素才能测量到准确的裂纹长度。其测量精度受制于拍摄设备的分辨率和图像处理算法。分辨率越高,识别裂纹尖端的位置就越准确。

(2)注意事项。

① CCD 摄像头必须垂直于试验件平面,且保持一定距离。通过调节相机光圈,使得拍摄裂纹清晰可见,摄像头与被测试件的不垂直会影响到测量结果的准确性,距离过远也会降低测量的精度。

② 根据被测试验件的大小,选择尺寸合适的标定板。试验件表面事先需要处理好黑白相间均匀的对比点,便于标定的准确性。

③ 该方法对测量环境的要求较高,测量过程中的任何振动、移动,甚至包括风吹、阳光照射等外界因素,都可能会影响测试结果。文献[32-33]在这方面进行了研究。

参考文献

[1] 石德珂,金志浩. 材料力学性能[M]. 西安:西安交通大学出版社,1997.

[2] 赵少汴,王忠保. 疲劳设计[M]. 北京:机械工业出版社,1992.

[3] 马安禧. 材料力学[M]. 北京:高等教育出版社,1987.

[4] 束德林. 工程材料力学性能[M]. 北京:机械工业出版社,2008.

[5] 姚卫星. 结构疲劳寿命分析[M]. 北京:国防工业出版社,2003.

[6] 高镇同,熊俊江. 疲劳可靠性[M]北京:北京航空航天大学出版社,2000.
[7] 陈传尧. 疲劳与断裂[M]. 武汉:华中科技大学出版社,2001.
[8] 张亚军,梁健,张欣耀. 几种舰船用金属材料的旋转弯曲疲劳极限[J]. 材料研究学报,2007,21(增刊):350-353.
[9] 张亚军,雷竹芳,梁健,等. 高阻尼 GZ50 铜合金盐雾腐蚀旋转弯曲疲劳试验研究[J]. 理化检验:物理分册,2006,42(1):5-7.
[10] 许立坤,等. 海洋工程的材料失效与防护[M]. 北京:化学工业出版社,2014.
[11] 张亚军. 盐雾腐蚀旋转弯曲疲劳试验用试样无效断裂原因分析[J]. 材料开发与应用,2005,27(增刊):19-22.
[12] 张亚军,梁健. 钛合金试样无效断裂分析[J]. 材料开发与应用,2000,15(4):31-34.
[13] 张亚军. 冷却方式对纤维增强复合材料疲劳寿命的影响[J]. 理化检验:物理分册,2004,40(4):176-178.
[14] 张亚军. 10CrNiMo 高强钢的低周疲劳特性[J]. 北京科技大学学报,2011,33(1):22-27.
[15] SURESH S. 材料的疲劳[M]. 王中光,等译. 北京:国防工业出版社,1999.
[16] 张亚军,李永军,张利娟. 低周疲劳过程中弹性模量的损伤特性[J]. 材料开发与应用,2010,25(1):19-22.
[17] 张亚军. 10CrNiMo 结构钢弹性模量在低周疲劳过程中的变化规律[J]. 材料开发与应用,2019,34(4):21-28.
[18] 张亚军. 10CrNiMo 结构钢低周疲劳过程中的应变滞后特性[J]. 材料开发与应用,2013,32(6):8-12.
[19] 张亚军. 10CrNiMo 结构钢低周疲劳过程中弹塑性应变的变化规律[J]. 材料开发与应用,2019,34(1):7-10.
[20] 束德林. 工程材料力学性能[M]. 北京:机械工业出版社,2008.
[21] 张亚军,李永军,梁健,等. 螺旋桨用铜合金 ZCuAl8Mn14Fe3Ni2 的疲劳裂纹扩展特性[J]. 材料开发与应用,2010,25(5):1-3.
[22] 李春林. 船体结构钢低周疲劳表面裂纹扩展规律[J]. 钢铁,1999,34(1):53-56.
[23] 张利娟,高灵清,张亚军. 表面裂纹在不同控制模式下的扩展特性[J]. 中国测试,2010,36(2):26-29.
[24] 张亚军,梁健,张欣耀,等. 一种悬臂弯曲加载表面裂纹扩展试样及其应用[J]. 中国测试,2009,35(1):94-96.
[25] 张利娟. 悬臂弯曲加载低周疲劳表面裂纹扩展及剩余寿命评估[D]. 北京:中国舰船研究院,2010.
[26] PINEAU C B A. 材料与结构的疲劳[M]. 吴圣川,李源,王清远,译. 北京:国防工业出版社,2016.
[27] 尚德广,姚卫星. 单轴非线性连续疲劳损伤累积模型的研究[J]. 航空学报,1998,19(6):654-655.
[28] 李荣,邱洪兴,淳庆. 疲劳累积损伤规律研究综述[J]. 金陵科技学院学报,2005,21

(3):17-20.
[29] 张亚军. 悬臂弯曲加载顺序对10CrNiMo钢临界疲劳损伤参数的影响[J]. 材料开发与应用,2013,28(6):1-4.
[30] 张亚军. 柔度法测量三点弯曲试样弹性模量的影响因素[J]. 材料开发与应用,2005,20(5):33-36.
[31] 张亚军. 弹性模量在用柔度法测量疲劳裂纹长度中的影响[J]. 材料开发与应用,2003,18(3):35-40.
[32] 张军峰,张博平,王海,等. 图像处理技术在疲劳裂纹长度测量中的应用[J]. 航空工程进展,2012,3(4):442-446.
[33] 高红俐,郑欢斌,姜武,等. 基于图像处理的疲劳裂纹扩展长度在线测量方法[J]. 中国机械工程,2016,27(7):917-924.

第4章

断裂韧性测试

长期以来,工程上对结构或构件的安全评价,是以结构力学和材料力学为基础的。使用材料力学进行构件的受力分析,需要首先假设材料是一个均匀的连续体,在构件上没有裂纹和缺陷存在。在此基础上,只要工作应力不超过许用应力,就认为该材料或结构是安全的,反之就是不安全的。对于不规则形状的结构,一般以缺口和应力集中为基础,进行许用应力的计算,对于实际结构中可能存在的缺陷和其他因素,都放在安全系数里考虑。

虽然基于结构强度的安全评价理论在大部分条件下是适用的,但是随着工业生产的发展,高强度结构、大型锻件和焊接结构使用日益广泛。实践表明,这些结构常常发生意外的低应力脆性断裂。例如,在第二次世界大战期间建造的2500余艘“自由”号舰艇中,有145艘裂成了两半。此外,还有很多国家多次发生高压锅炉和石油、化工压力容器爆炸、桥梁断裂等事故。起初,这些事故被认为是因为偶然因素造成的,但随着高强、大型焊接结构的广泛使用,此类事故频繁发生,才逐渐引起了人们的重视。

经过对事故的分析可以发现,这些构件发生断裂时工作应力远远低于材料的屈服强度,即使在设计时增加材料的安全系数或者提高材料的屈服强度,此类事故也无法完全避免。因此,这些断裂事故是不能用传统的材料力学理论解释的。通过对断裂事故的分析和大量的试验研究表明,低应力脆性断裂是由裂纹的快速扩展造成的。在实际构件中,理想的均匀连续材料是不存在的,实际使用中的材料往往带有划痕、微裂纹和焊接缺陷等。这些缺陷在使用过程中,逐渐发展成宏观裂纹,并导致了构件的最终断裂。

断裂力学就是在此理论基础上产生的,它以材料内存在缺陷为前提,建立了符合客观情况的理论和试验方法。它将含裂纹构件的断裂应力和裂纹大小及材料抵抗裂纹扩展的能力有机地联系在一起,较好地解释了经典理论不能解释的“低应力脆断"现象,而且也为避免这类事故的发生找到了解决方法。使用断裂力学理论,不但可以研究裂纹扩展的规律性,还可以通过分析裂纹周围的应力—应变场分布情况,确定构件的最大允许裂纹尺寸,估计构件的剩余寿命,从而保障构件的安全使用。

断裂韧性是断裂力学理论发展的主要成果,用于表征材料阻止裂纹扩展的能力。当裂纹尺寸一定时,材料的断裂韧性值越大,其裂纹失稳扩展所需的临界应力就越大;当外加应力一定时,如果材料的断裂韧性值越高,其裂纹达到失稳扩展时的临界尺寸就越大。

20 世纪 50 年代,Irwin 提出在表征外力作用下,弹性物体裂纹尖端附近应力强度的一个参量——应力强度因子,建立以应力强度因子为参量的裂纹扩展准则——应力强度因子准则(也称为 K 准则),裂纹扩展的临界条件为 $K_{\mathrm{I}} = K_{\mathrm{IC}}$,其中 K_{I}为应力强度因子,可由弹性力学方法求得,K_{IC}为材料的临界应力强度因子或平面应变断裂韧度,可由试验测得。

K_{IC}是线弹性断裂力学的重要表征参数,试验和分析表明,在一定条件下,K_{IC}是材料固有的性能指标,随着断裂力学的发展和推广应用,K_{IC}已逐渐和常规机械性能指标一起作为材料检验的重要指标之一,在工程中得到越来越广泛的应用。

线弹性断裂力学着重研究断裂时在裂纹尖端附近具有小范围塑性变形的情况,也就是说,外加应力要低于净截面屈服应力。但是随着生产技术的发展,许多工程结构(如用高强高韧材料制成的大型船舶焊接结构、海洋平台承力结构等)由于材料的韧性足够大,在载荷增大时,伴随着裂纹扩展的塑性区尺寸已经达到裂纹尺寸、试件尺寸的同一数量级,显然,小范围塑性变形条件已不能满足,线弹性的假设已不成立,所以必须发展弹塑性断裂力学。

弹塑性断裂力学是应用弹塑性力学、塑性力学的研究成果,研究物体裂纹扩展规律和断裂准则的学科,适用于裂纹尖端附近具有较大范围塑性区的情况。由于直接求解裂纹尖端附近塑性区断裂问题的解析解十分困难,目前多采用 J 积分法、CTOD 法等近似或试验方法进行分析。通常对于薄板平面应力断裂问题的研究,也要采用弹塑性断裂力学理论。弹塑性断裂力学在焊接结构缺陷评定、船舶等大型焊接体断裂分析、压力容器断裂控制以及结构的低周疲劳和蠕变断裂的研究方面起到了重要作用。弹塑性断裂力学理论迄今仍不成熟,弹塑性裂纹体的扩展规律还有待进一步研究。

本章首先介绍了基于线弹性断裂力学的平面应变断裂韧性 K_{IC}试验;然后介绍了基于弹塑性断裂力学的 J 积分试验和 CTOD 试验。在此基础上,介绍了具有海洋特色的腐蚀环境下的断裂韧性 K_{IEAC}试验。

4.1 常用方法

断裂韧性测试的常用方法有：基于线弹性断裂力学的平面应变断裂韧性 K_{IC} 试验，基于弹塑性断裂力学的 J 积分试验和 CTOD 试验，下面就其基本原理、表征参数及物理意义、适用条件、特点和注意事项几个方面分别进行介绍。

4.1.1 平面应变断裂韧性试验

平面应变断裂韧性（K_{IC}）：K_{IC} 是指在裂纹尖端处于平面应变状态，且裂纹尖端塑性变形受到约束时，材料对裂纹扩展的抗力，是采用线弹性断裂力学理论研究材料裂纹扩展规律和断裂准则的主要指标之一。现行试验标准为 GB/T 4161—2007。

1. 基本原理

对于含中心裂纹的无限大平板，如图 4－1 所示，当存在长度为 $2a$ 的穿透型裂纹，在远场受均匀分布的拉应力 σ 作用时，裂纹尖端应力－应变场与远场应力、裂纹长度的 1/2 次幂呈线性相关性，因此引入下式：

$$K = \sigma\sqrt{\pi a} \tag{4-1}$$

式中：K 为裂纹尖端应力强度因子（$MPa \cdot m^{1/2}$）；σ 为远场分布的拉应力（MPa）；a 为 1/2 裂纹长度（mm）。

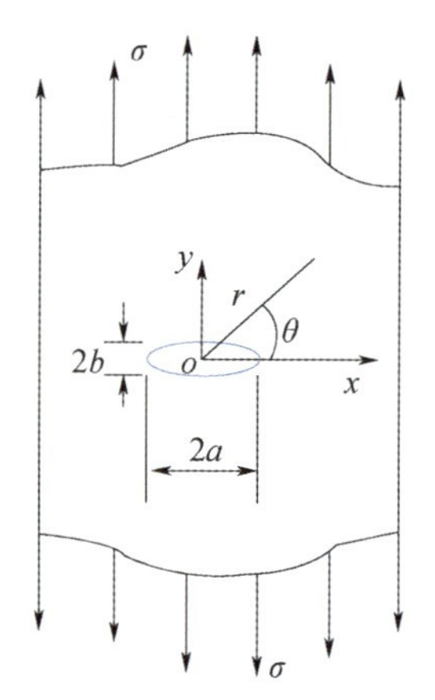

图 4－1 含中心裂纹的无限大平板

a—裂纹长半轴长；b—裂纹短半轴长；θ—应力方向与横坐标夹角。

此时裂尖最大应力－应变数值与 K 呈线性相关性，因此将引入的 K 定义为裂纹尖端应力强度因子，以此表征材料的裂尖应力场分布。

对于不同的裂纹形式，裂尖应力强度因子可以表示为

$$K = Y\sigma\sqrt{a} \tag{4-2}$$

式中:Y 为裂纹形状因子,是一个与构件形状相关的量,对于大部分结构,一般 $Y = 1 \sim 2$(无量纲);σ 为远场分布的拉应力(MPa);a 为1/2裂纹长度(mm)。

由式(4-2),可以推得以下结论。

(1)在裂纹相同的条件下(Y 和 a 一定),外加应力 σ 与参量 K 成正比关系;如果材料的断裂韧性 K_{IC} 值越大,则使材料脆性失效所需的外应力 σ 越高,即构件越不容易发生低应力脆断。

(2)对于给定的构件(Y 一定),K 的值是由外加应力 σ 和裂纹长度 a 共同决定的,当 σ 不变时,随着 a 的增大,K 值也逐渐增大。当 a 不变时,σ 的增大也可导致 K 的增加。

(3)对于相同的材料,当存在缺陷和裂纹体时,裂纹越长,则允许的极限载荷越小;反之,在所受外力较小时,则可允许存在更长的裂纹。

2. 表征参数和物理意义

平面应变断裂韧性 K_{IC} 试验可以得到裂纹尖端应力强度因子、I 型加载条件下的裂纹尖端应力强度因子、平面应变断裂韧性和平面应变断裂韧性的条件值等表征参数,详述如下。

1)裂纹尖端应力强度因子(K)

裂纹尖端应力强度因子,反映裂纹尖端应力场强弱的物理量,用以表征外力作用下弹性物体裂纹尖端附近应力场强度的大小。根据经典力学理论进行裂尖应力场计算时,可以发现应力在裂纹尖端有奇异性,因此引入应力强度因子 K,用来准确反映裂尖的应力状态。

2)I 型加载条件下的裂纹尖端应力强度因子(K_I)

I 型加载条件下的裂纹尖端应力强度因子,下角标 I 代表 I 型裂纹扩展方式,是裂尖三种应力状态中最为危险的一种。

3)平面应变断裂韧性(K_{IC})

平面应变断裂韧性为裂尖满足平面应变状态下的应力强度因子极限值。根据线弹性力学理论,材料断裂的判据是裂纹尖端的应力强度因子 K 达到临界值——平面应变断裂韧性 K_{IC}。只要超过该值,材料就会发生失稳断裂,低于此值,材料在使用中就是安全的。

4)平面应变断裂韧性的条件值(K_Q)

平面应变断裂韧性的条件值是指裂尖应力状态不满足平面应变条件,材料已发生小范围屈服下的 K_{IC} 条件值。由于材料裂尖应力状态与材料的韧性和厚度相关,对于韧性较好,或厚度较薄的材料,无法通过试验测得材料的 K_{IC} 值,因此

引入 K_{IC}条件值 K_Q的概念。在此状态下，虽然材料未产生快速的失稳断裂，但裂尖已有一定程度的伸张，并产生小范围塑性屈服，导致裂尖应力释放从而获得新的裂纹抗力。此时，裂尖仍可依靠塑性储备，使得材料在断裂前，能够承受更高的 K_I值。因此 K_Q并未作为平面应力状态下材料裂纹抗力的指标而在工程中有广泛应用，但对于估算材料在一定厚度下的裂纹启裂应力强度因子值，仍具有一定意义。

应力强度因子 K 的国际单位为 $N \cdot m^{-3/2}$，在工程领域，一般常用 $MPa \cdot m^{1/2}$作为单位，其换算关系为 $1MPa \cdot m^{1/2} = 10^6 N \cdot m^{-3/2}$；$K_I$、$K_{IC}$、$K_Q$的单位与 K 的单位相同。

在平面应变条件下，根据应力强度因子 K_I和断裂韧性 K_{IC}的关系，可以建立裂纹失稳扩展脆性断裂的断裂 K 判据，即 $K_I \geqslant K_{IC}$。构件在受力时，只要满足上述条件，就会发生脆性断裂。

3. 适用条件

K_{IC}在金属材料测试方面，主要用于高强低韧大厚度构件（如列车车轮、弹簧钢、超大型铸件）和脆性材料的断裂分析，在船舶、铁路、大型工程等领域得到广泛应用。其研究对象，必须满足三个条件：一是测试材料为带缺陷或假想带缺陷的裂纹体；二是材料强度高、韧性差，有低应力脆断的倾向，在进行大型构件设计时，用传统意义上的静强度设计无法满足结构安全性；三是材料在厚度方向上是受完全约束的，因此要求被测构件要有足够的厚度，以使裂纹尖端满足平面应变状态。

K_{IC}测试结果主要有以下几个方面的应用。

（1）用于材料在稳定受力状态下的临界裂纹长度的判定。对于给定的结构，只要通过查阅相关资料[1]或有限元模拟，得到该裂纹体的形状因子 Y，就可以根据式（4－2），求得给定应力下的临界裂纹长度 a_c。

（2）用于求解临界应力的大小。对于给定的结构，如果已知该裂纹体的形状因子 Y 和初始裂纹长度 a_0，如果已知材料 K_{IC}值，就可以根据式（4－2），求得该裂纹体能承受的最大安全应力。

（3）用于结构的安全评定。对于给定的裂纹体，如果已知初始裂纹长度 a_0和外加应力 σ，可以根据材料的 K_{IC}值确定该结构在此应力下的结构安全性。

GB/T 4161—2007 规定了测量缺口预制疲劳裂纹试样 K_{IC}值的方法。该方法主要针对满足平面应变状态的试样。按本方法进行试验，试样的形式必须满足式（4－3），试验结果才认为是有效的。否则，只能出具 K_{IC}的条件值 K_Q：

$$(B, a, W - a) \geqslant 2.5\,(K_{估计}/R_{p0.2})^2 \tag{4-3}$$

式中：$R_{p0.2}$为材料在被测条件下的屈服强度（MPa）；$K_{估计}$为 K_{IC}的估计值（$MPa \cdot m^{1/2}$）；

B 为试样厚度(mm);a 为试样裂纹长度(mm);W 为试样宽度(mm);$W-a$ 为试样的韧性带尺寸(mm)。

4. 特点和注意事项

1)特点

相对于传统韧性指标,K_{IC}作为线弹性断裂力学的研究成果,具有较大的优越性,主要表现如下。

(1)传统力学主要采用摆锤冲击试验结果考核韧性指标,采用拉伸试验结果考核强度指标,这两个指标是分开的。而 K_{IC} 参量既是强度指标,又是韧性指标。有了这个参量,就可以按照式(4-2),建立起裂纹尺寸 a 和临界应力 σ_0的关系,从而提出相应的安全评价准则。

(2)拉伸、冲击试验进行材料力学和断裂性能评价,均将材料假想为无缺陷的均匀体。但实际上,材料中存在由于冶金夹渣、气孔、加工刀痕、焊接等导致的材料本体缺陷,以及使用中由于疲劳、腐蚀等产生的后天缺陷。K_{IC}将这些缺陷都简化为裂纹,通过断裂力学理论,对传统的设计思想进行了改善与补充。不仅可以对有缺陷构件进行剩余强度和寿命分析,以保证产品的安全可靠,或确定正确合理的验收标准,同时也在选材、工艺改善、新材料研发等方面发挥作用。

(3)由于 K_{IC}是由 Griffith 的能量平衡理论严格推导而来的,因此理论相对成熟,试验结果比较可靠,不同实验室参照标准获得的 K_{IC}结果,差别很小。在工程中也有比较明确的物理意义,通过 K_{IC}结果推算临界裂纹长度或者最大承载力,结果精度较高,因此在工程安全评价领域获得广泛应用。

但是,随着材料冶金工艺的发展,高强高韧材料使用日益广泛,K_{IC}的理论局限性也愈加突出。由于 K_{IC}是基于线弹性断裂力学理论发展而来的,对于裂尖应力场不满足平面应变的试样,只能出具 K_{IC}的条件值 K_Q,或者转而采用 J_{IC}或 CTOD 等弹塑性断裂韧性测试方法,测试材料裂尖在弹塑性条件下的断裂韧性值。K_{IC}测试局限性主要体现在以下几个方面。

(1)对于很多高韧材料来说,测得有效的 K_{IC}值,往往需要很厚的试样,甚至一件样品质量能达到数百千克,无法在普通实验室开展试验。七二五所开展的一项球墨铸铁材料的 K_{IC} 测试,试验温度为 -40℃,该温度下材料的屈服强度为 265MPa,K_{IC}估计值为 60~70MPa·m$^{1/2}$。试样采用三点弯曲加载形式,最终测试样品厚度 200 mm、宽度 400 mm、长度 1900 mm,弯曲跨距 1600 mm。样品重量接近 1t,对试验设备能力提出较高要求。

(2)对于很多特殊应用场合,虽然原材料尺寸满足 K_{IC}测试要求,但由于其他条件的限制,无法开展全尺寸 K_{IC}试验。例如,核电领域,需要测试辐照后材料的 K_{IC}值,用于辐照后结构的安全评估。由于辐射条件限制,无法进行全尺寸材料,因此也就无法开展全尺寸 K_{IC} 试验。

(3)部分材料由于成品厚度限制,无法取到满足平面应变状态的测试试样,因此也就不能得到平面应变状态下的 K_{IC} 值。对于此种材料,建议不采用线弹性断裂力学参量 K_{IC},而采用弹塑性断裂力学参量(如 J_{IC}、CTOD)进行断裂设计。

2)注意事项

(1)在实际工程中,K_I、K_{IC}、K_Q 的概念易混淆。K_I 是受外界条件影响的反映裂纹尖端应力场强弱程度的力学量,它不仅随外加应力和裂纹长度的变化而变化,也和裂纹的类型、加载方式等有关,但和材料本身的固有性能无关。而断裂韧性 K_{IC} 或 K_Q 则是反映一定厚度的材料抵抗裂纹扩展的能力,是材料的固有属性。K_{IC} 和 K_Q 的不同点在于 K_{IC} 是厚度无关量,K_Q 是厚度相关量。

(2)板材由于轧制工艺等原因,在宏观性能上表现为各向异性。因此在开展 K_{IC} 试验之前,要充分考虑裂纹扩展方向对测试结果的影响。一般来讲,除非在使用过程中受力方向特别明确,或者验收规范另有规定,推荐裂纹扩展方向沿轧制方向或者材料性能的薄弱方向,以便得到相对保守的数据,避免在使用中产生危险。

(3)进行 K_{IC} 试验,最常用的试样形式为三点弯曲试样、紧凑拉伸试样及 C 型拉伸试样等。一般对于板材和管线材料,推荐采用三点弯曲试样,圆棒试样推荐采用紧凑拉伸试样,也可根据构件实际形状尺寸选择试样形式。

(4)一般 K_{IC} 试验需要得到至少三个试样的结果,最终推荐以其中最小者或者三者的平均值作为材料的 K_{IC} 值。K_{IC} 测试结果相对稳定,对于大部分均质材料,三个样品的 K_{IC} 之间的差值不超过 10%。

(5)当材料裂尖不满足平面应变状态时,会得到 K_{IC} 的条件值 K_Q。该 K 值可以表征在该厚度条件下,材料裂尖发生极微小塑性应变时启裂 K 值。该值相对保守,不能证明当 K 值高于 K_Q 时材料会产生失稳断裂。此时,为获得材料的真实 K_{IC} 值,需要根据 K_Q 的值作为估计值,按照式(4-3),增加样品厚度,重新进行 K_{IC} 测试。

(6)K_{IC} 试验后试样的典型断口形貌主要有以下三种:部分斜断口、大部分斜断口、全部斜断口,见图 4-2。部分斜断口试样基本可以满足 GB/T 4161—2007 对于试样裂纹平直度的要求(两个表面裂纹长度与平均裂纹长度之差均不大于 15%,且这两个表面裂纹长度之差不超过平均裂纹长度的 10%),从而可以得到有效的 K_{IC} 试验结果。而大部分斜断口和全部斜断口试样需着重进行裂纹平直度的判定,若不满足 GB/T 4161—2007 的要求,则不能得到有效的 K_{IC} 试验结果。

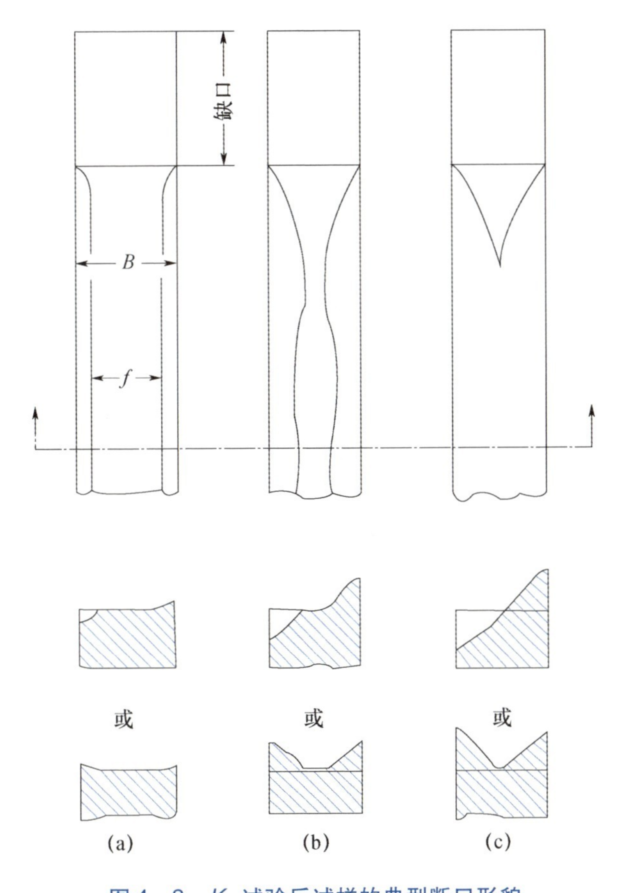

图 4-2　K_{IC} 试验后试样的典型断口形貌

(a)部分斜断口;(b)大部分斜断口;(c)全部斜断口。

4.1.2　J 积分试验

J 积分试验是基于弹塑性断裂力学发展起来的金属材料断裂韧性测试方法，通过裂纹尖端的线能量积分来评定材料的宏观抗断性能,可用于海洋工程材料的损伤容限设计及安全评定,包含特征值法和阻力曲线法。现行试验标准为《金属材料　准静态断裂韧度的统一试验方法》(GB/T 21143—2014)。

1. 基本原理

J 积分的概念是 1968 年由 Rice 提出的,它是一个定义明确、理论严密的应力、应变场参数,与线弹性断裂力学中的应力强度因子 *K* 一样,*J* 积分既能描述裂纹尖端区域应力、应变场的强度,又可以通过试验进行测定,因此它是弹塑性断裂力学中的重要参量。

J积分的定义如下：假设有一个单位厚度，含贯穿裂纹的平板试样，从能量学上来说，一个系统的位能U等于其应变能G减掉外力所做的功E，即

$$U = G - E \tag{4-4}$$

式中：U为系统位能（J）；G为应变能（J）；E为外力所做的功（J）。

若假设试样中应变能密度为w，同时假设试样边界Γ上（图4－3中的围线ABC）存在张力T，在试样边界上取弧长$\mathrm{d}s$，若边界Γ上各点的位移为u，对于裂纹下表面走向上表面的任意一条路径，定义一个参量表示，即为J积分：

$$J = \int_{\Gamma}\left(w\mathrm{d}y - \frac{\partial u}{\partial x}T\mathrm{d}s\right) \tag{4-5}$$

式中：J为J积分值（$\mathrm{kJ/m^2}$）；Γ为积分围线（无量纲）；w为应变能密度（$\mathrm{J/m^3}$）；u为位移（m）；T为张力（N）。

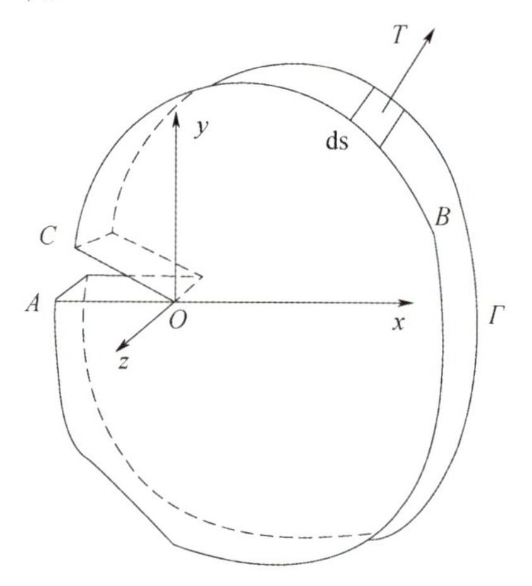

图4－3　含裂纹体平板试样示意图

J积分虽然定义明确，又是比较严密的裂尖场参量，但在非线性情况下利用围线积分求J值十分麻烦。而工程上应用方便的断裂判据参量，必须易于理论估算和试验测定。因此，工程上往往采用J积分的形变功率定义。在线弹性范围内，通过理论公式推导，可以得到

$$J = -\frac{1}{B}\left(\frac{\partial G}{\partial a}\right)_{\Delta} \tag{4-6}$$

式中：J为试验获得的J积分值（$\mathrm{kJ/m^2}$）；G为应变能或形变功（J）；B为试样厚度（mm）；a为试样裂纹长度（mm）；Δ为施力点位移（mm）。

根据J积分的形变功率定义，U为$P-\Delta$曲线下的面积。因此，J积分值可通过试验由外加载荷在施力点位移上所做的功来计算。通过推导可得到J积分的表达式为

$$J=\frac{K_{\mathrm{I}}^{2}}{E'}+\frac{2U_{\mathrm{p}}}{B(W-a)} \tag{4-7}$$

式中：K_{I}为Ⅰ型加载条件下的裂纹尖端应力强度因子（$\mathrm{MPa\cdot m^{1/2}}$）；$E'$为弹性模量（MPa）；$U_{\mathrm{p}}$为塑性变形功（J）；$W$ 为试样宽度（mm）；B 为试样厚度（mm）；a 为试样裂纹长度（mm）。

因此，式（4－7）即为金属材料 J 积分的计算公式，现行 GB、ISO、ASTM、BS 各种试验标准及规范中的 J 积分计算公式皆由此公式演变更新而来。

在 J 积分测试中，对于给定的深裂纹试样（C(T)、S(E)B、M(T)等），在预制完疲劳裂纹后，通过在试验机上加载试样获得其 P（载荷）$-\Delta$（施力点位移）曲线，得到塑性分量 U_{p}和加载结束点载荷 P_{s}，再结合试样尺寸（厚度 B、宽度 W、裂纹长度 a）及相关力学性能（屈服强度 $R_{\mathrm{p0.2}}$、抗拉强度 R_{m}、弹性模量 E、泊松比 ν），即可得到材料的 J 积分值。

在 J 积分测试中，关键是施力点位移 Δ 的获取。由于不同的试样形式加载方式不同，施力点位移 Δ 的测试方法也不同。GB/T 21143—2014 推荐了三点弯曲（S(E)B）和紧凑拉伸（C(T)）两种试样形式，从加载方式来讲，三点弯曲试样的缺口张开位移方向和施力点位移方向垂直，既可通过测量缺口张开位移 V 和 GB/T 21143—2014 中含旋转因子 η_{p}的 J 计算公式来测定试样的 J 值，也可采用郑国华等[2-5]发明的双刀口装置，通过测量两个不同位置的缺口张开位移 V_1、V_2，由下式获得施力点位移 q 来测定试样的 J 值，即

$$q=\frac{S}{2}\tan\left\{\arcsin\left[\frac{V_2-V_1}{2(Z_2-Z_1)}\right]\right\} \tag{4-8}$$

式中：q 为施力点位移（mm）；S 为三点弯曲试样跨距（mm）；V_1、V_2分别为不同位置的缺口张开位移（mm）；Z_1、Z_2分别为不同刀口距离试样表面距离（mm）。

而紧凑拉伸试样由于缺口张开位移方向和施力点位移方向一致，即可通过测量缺口张开位移直接测定试样的 J 值。不同试样形式的选取可参考材料在工况下的受力模式，见图 4－4。

J 积分试验包含特征值法和阻力曲线法，其中的特征值法是指对于给定的试样获得其 J 积分值；阻力曲线法是指由一组试样（一般取 10～12 件）获得一系列不同裂纹扩展量 Δa 下的 J 积分值，通过曲线拟合得到材料的 $\Delta a-J$ 阻力曲线，由阻力曲线和0.2mm 偏置钝化线的交点循环迭代即可得到材料的弹塑性断裂韧性 J_{IC}。而阻力曲线法又包含单试样法和多试样法，单试样法是指由一个试样经过反复加载得到一系列 Δa 和 J 积分值；多试样法是指一个试样加载一次，得到一组 Δa 和 J 积分值，通过多个试样试验得到一系列的 Δa 和 J 积分值。

2. 表征参数和物理意义

J 积分试验可以得到弹塑性断裂韧性相关的参数。

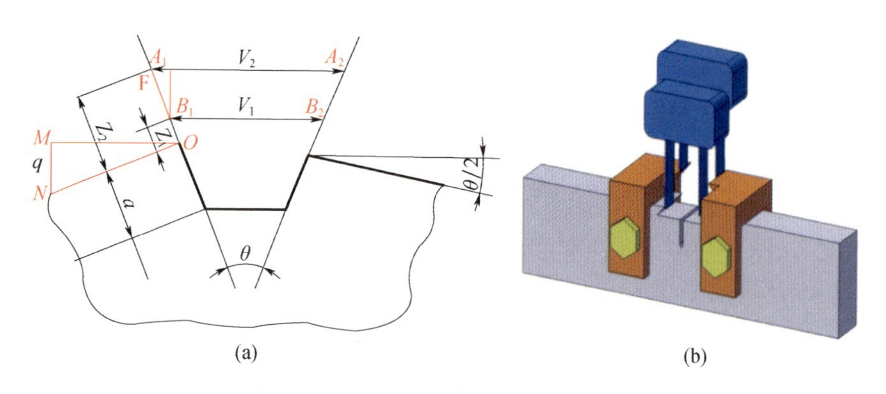

图4-4　双刀口计算原理及装置示意图

(a)计算原理图;(b)装置图。

J_{IC}:弹塑性断裂韧性(kJ/m^2),即弹塑性材料Ⅰ型(张开型)裂纹启裂的J积分特征值。在弹塑性条件下,裂纹尖端的应力、应变场是由J积分主导区所控制,当裂纹尖端的应力、应变达到裂纹开始扩展的临界状态时,J积分也达到临界值J_{IC},裂纹体发生启裂。因此在弹塑性条件下,可以用$J \geq J_{IC}$作为断裂判据。J_{IC}作为一个材料的特征参量,主要是通过$\Delta a - J$阻力曲线获取,见图4-5。按照GB/T 21143—2014的规定,$\Delta a - J$阻力曲线一般可表示为Δa和J的幂乘关系:

$$J = \alpha + \beta(\Delta a)^{\gamma} \tag{4-9}$$

式中:J为J积分值(kJ/m^2);Δa为裂纹扩展量(mm);α、β、γ均为拟合量(无量纲)。

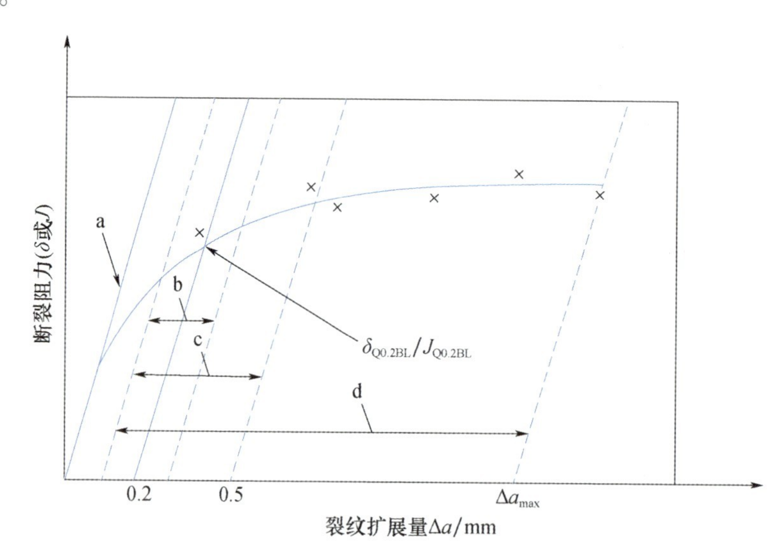

图4-5　$\Delta a - J$阻力曲线示意图

$J_{c(B)}$：当 $\Delta a<0.2$mm 钝化偏置线时，试样发生非稳定扩展或裂纹突进时的断裂抗力 J 值（kJ/m^2），此值是与尺寸相关的，下角标 B 为试样厚度。

$J_{u(B)}$：当 $\Delta a \geqslant 0.2$mm 钝化偏置线时，试样发生非稳定扩展或裂纹突进时的断裂抗力 J 值（kJ/m^2），此值是与尺寸相关的，下角标 B 为试样厚度。

$J_{m(B)}$：当材料产生全塑性断裂（载荷达到最大值，也未发生脆性断裂）时，首次出现的最大力对应的断裂抗力 J 值（kJ/m^2），此值是与尺寸相关的，下角标 B 为试样厚度。

$J_{0.2BL}$：稳定裂纹扩展为 0.2mm 钝化偏置线时，对应的断裂抗力 J 值，即为材料的特征参量 J_{IC}（kJ/m^2）。此值是与尺寸无关的。

$J_{0.2BL(B)}$：稳定裂纹扩展为 0.2mm 钝化偏置线时，对应的断裂抗力 J 值（kJ/m^2），此值是与尺寸相关的，下角标 B 为试样厚度。

3. 适用条件

J 积分试验在一定程度上弥补了 K_{IC} 试验带来的不能表征弹塑性加载条件下材料断裂韧性的不足，但因理论基础是建立在小范围屈服条件下的，因此其适用性也受到一定的限制。具体使用范围如下：

（1）J 积分 $\Delta a-J$ 阻力曲线的测试适用于在试验温度下裂纹能够缓慢稳定扩展、塑韧性好的材料，不适用于尚未测得 $\Delta a-J$ 阻力曲线数据，就已产生快速断裂的材料或延性、韧性极高、抗撕裂能力极好的材料。

（2）J 积分试验适用于紧凑拉伸（C（T））或三点弯曲（S（E）B）等深裂纹试样形式。试样裂尖需满足小范围屈服和单项加载状态，以通过反复加载获得裂纹启裂和扩展的特征参量。

（3）J 积分试验适用于平面应变断裂韧性 K_{IC} 的间接获取。对于受材料厚度限制无法直接测定平面应变断裂韧性 K_{IC} 的试件，可通过测定 J_{IC} 和转化公式间接得到材料的 K_{IC} 值：

$$K_{IC}=\sqrt{\frac{J_{IC}\cdot E}{1-\nu^2}} \tag{4-10}$$

式中：K_{IC} 为平面应变断裂韧性（MPa·m$^{1/2}$）；J_{IC} 为弹塑性断裂韧性（kJ/m^2）；E 为弹性模量（MPa）；ν 为泊松比。

例如，对于大部分海洋工程材料，由于材料塑韧性很好，无法直接获得其损伤容限设计的关键指标 K_{IC}，而 J_{IC} 转 K_{IC} 为其提供了一种有效的方法。

（4）J 积分试验适用于海洋工程材料及构件的安全评定。与 K 值类似，裂尖 J 值同样依赖于材料形状、裂纹尖端应力状态（裂纹长度、外加载荷）。因此根据海洋工程材料的弹塑性断裂韧性 J_{IC}，可进行材料或结构的临界裂纹长度计算，也可用于材料或结构在某一特定环境下的安全性和临界状态值考核。

(5) J 积分试验适用于材料启裂判据，不能用于裂纹扩展全过程。在 J 积分路径无关性证明中，要求材料满足单向加载条件，从而不允许裂纹发生亚临界扩展，因为裂纹的亚临界扩展会导致材料局部的应力松弛。因此，J 积分仅表示裂纹的断裂韧性判据，虽然在裂纹扩展中有部分应用，但裂纹扩展量受到严格限制，GB/T 21143—2014 中对最大裂纹扩展量做出了规定。

4. 特点和注意事项

1) 特点

(1) 对于中低强度钢材和韧性较好的金属材料，线弹性断裂力学的应用受到限制。对于这些材料，必须应用弹塑性断裂力学理论来分析裂纹启裂和扩展规律。J 积分因其具有非常明确的物理意义，理论推导过程严谨，表征结果能够真实反应材料的断裂特性，因此在船舶、核电、航空航天等领域得到广泛应用。

(2) 由于 J 积分定义的是一个二维线积分，因此只能进行平面断裂问题分析，而不能进行三维断裂问题分析。

2) 注意事项

(1) J 积分测试时要充分考虑材料的各向异性特征，谨慎选择裂纹扩展方向。一般情况下，推荐裂纹扩展方向沿轧制方向或者材料性能的薄弱方向，以便得到相对保守的试验数据，避免在使用中产生危险。

(2) 对于大部分无法得到 $J-\Delta a$ 曲线的材料，一般可归因于以下两个方面。

①材料裂尖处于平面应变或接近平面应变状态，裂纹未发生足够的扩展就产生了失稳断裂，无法得到有效的 J 数据点，此时只能根据裂纹长度扩展量的不同，得到 $J_{c(B)}$ 或 $J_{u(B)}$。

②材料裂尖已进入大范围屈服阶段，此时 J 理论已不适用，测试得到的 $J-\Delta a$ 数据点超出上边界线的范围，导致测试结果无效。

对于以上问题可采取以下解决措施：对于问题①，可适当降低材料样品的厚度，通过降低裂尖的平面应变程度，获得较为稳定的材料 $J-\Delta a$ 曲线。对于问题②，可增加材料样品的厚度，降低裂尖的平面应力倾向，或者在试样侧边加工侧槽，释放部分约束，以此来获取材料有效的 $J-\Delta a$ 曲线。此外，还可以转而采用 CTOD 试验方法评价材料在大范围屈服情况下的断裂韧性性能。

(3) J 积分阻力曲线试验结果需要进行厚度无关性（尺寸敏感性）验证，如果通过验证，则该结果是尺寸无关的，可以以 $J_{0.2BL}$ 的形式表示；如果无法通过验证，则证明该结果是尺寸相关的，结果以 $J_{0.2BL(B)}$ 的形式表示。在设计时要充分考虑试验结果的尺寸效应，以免带来设计风险。

(4) 由于多试样法考虑了材料组织的不均匀性，更能反映材料的整体水平。

因此,在 J 积分阻力曲线测试中,优先推荐选择多试样法,在测试材料有限的情况下,可以考虑选用单试样法。

(5)为得到材料的弹塑性断裂韧性 J_{IC} 值,试样需要满足厚度和韧性的匹配。在线弹性或小范围屈服条件下,J 积分即是能量释放率 G_I,此时 $J-K$ 满足一定的关系,可实现 J 和 K 的转换。通过 K_{IC} 推导得到 J_{IC},如果不满足平面应变状态或小范围屈服状态,则需要通过引入其他变量,对得到的 $J_{(B)}$ 值进行修正。基本思路为:塑性区松弛弹性应力的作用与裂纹长度增加松弛弹性应力的作用是等同的,因此引入"有效裂纹尺寸"的概念,它包括实际裂纹长度和塑性区松弛应力等效的裂纹长度[6]。

4.1.3　裂纹尖端张开位移试验

20 世纪 60 年代,威尔斯(Wells)提出以裂纹尖端张开位移(crack tip opening displacement,CTOD)作为断裂参量判定裂纹失稳的方法,其内容是:不管含裂纹体的形状、尺寸、受力大小和方式如何,当 CTOD 达到临界值 δ_c 时,裂纹开始扩展。后经过理论发展,CTOD 应用对象越加广泛,该理论既可以解决小范围屈服的问题,又可以解决韧性材料、短裂纹平面应力断裂问题,特别是当裂纹体内出现大范围屈服和全面屈服时,也可以用此方法进行断裂韧性表征。

1. 基本原理

CTOD 的定义很简单,但究竟应把哪一点的位移量作为 CTOD 值,至今仍有不同的看法。目前,关于 CTOD 的定义,主要有以下几种[7]。

(1)在讨论线弹性断裂力学的塑性区修正中,当裂纹扩展时,裂纹尖端发生钝化和张开,裂纹尖端形成一个伸张区,此时原始裂纹尖端的张开位移称为 CTOD,见图 4-6。此定义直观易懂,所以应用较多。但从理论上讲,原始裂纹尖端的位置难以确定。

(2)以变形后裂纹的尖端为顶点,对于原始裂纹作一直角三角形,将直角边与上下裂纹表面的交点之间的距离定义为 CTOD,见图 4-7。这一定义被广泛地应用于中心穿透裂纹问题。

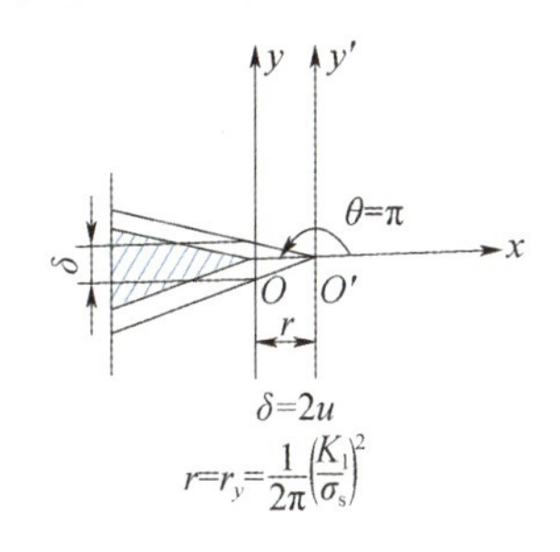

图 4-6　CTOD 的定义 1

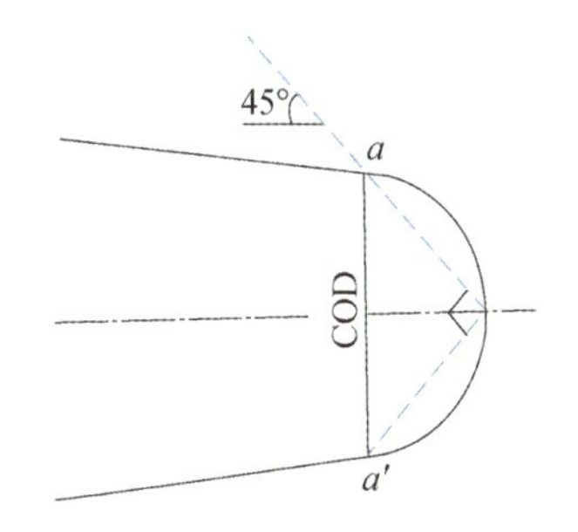

图 4-7　CTOD 的定义 2

(3)将变形后的裂纹表面上弹性和塑性区交接点处的位移量定义为CTOD,见图4-8。此定义有明确的力学意义,但试验中却不容易测得。

(4)用三点弯曲试样测试K_{IC}时,裂纹自由表面轮廓线的直线部分外推到裂纹尖端,所得到的张开位移,如图4-9所示。这个定义便于测量,并且在大多数情况下均有较满意的精度。CTOD测试标准即是基于此定义衍生出来的。

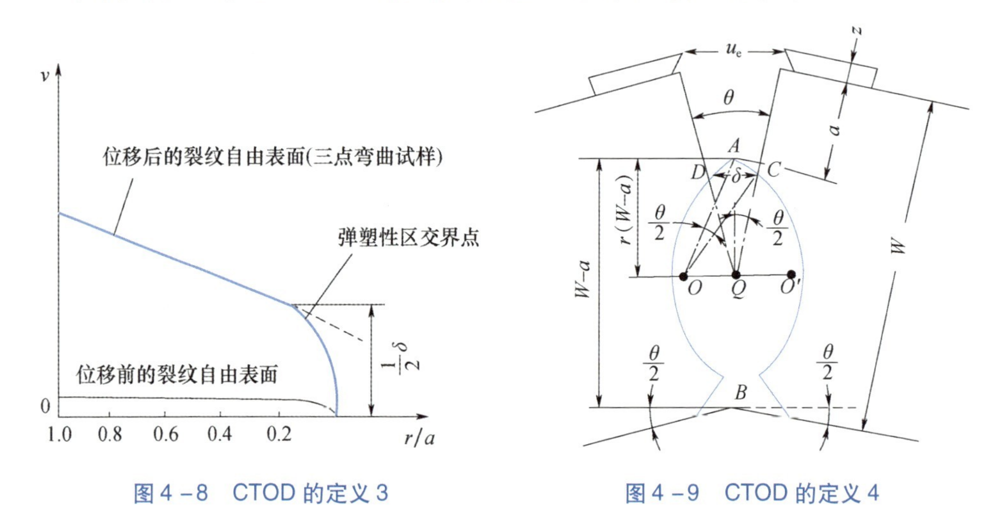

图4-8 CTOD的定义3　　图4-9 CTOD的定义4

除此以外,还有一些其他定义,在此不再一一介绍。总之,裂纹尖端张开位移的物理概念似乎很简单,但确切的定义与如何标定却仍没有很好地解决。

以上定义中的张开位移均是指裂纹表面的塑性位移,而不包括弹性位移。对于中、低强度钢等具有较好韧性的材料,由于CTOD值较大,相比之下弹性位移量很小。CTOD试验标准中考虑了线弹性位移部分的贡献,并将其纳入CTOD的计算中。

针对裂尖的线弹性状态、弹塑性状态和全面屈服状态,研究人员分别提出了对应的CTOD解析解,以下分别予以介绍。

(1)对于线弹性断裂情况,如果按照经典的线弹性断裂力学理论,CTOD应为零,这与实际情况是不一致的。为此,Irwin利用裂尖的应力强度因子K及塑性区尺寸r修正方法,推导出CTOD的解析解,见图4-10。假设存在长为$2a$的物理裂纹(真实裂纹),在受到远端应力,产生线弹性条件下的裂纹扩展时,可得

$$\delta_c = \frac{4}{\pi} \times \frac{K_I^2}{E\sigma_{ys}} \tag{4-11}$$

式中:δ_c为小范围屈服条件下CTOD临界特征值(mm);σ_{ys}为平均有效屈服应力(MPa);K_I为裂纹尖端应力强度因子(MPa·$m^{1/2}$);E为弹性模量(MPa)。

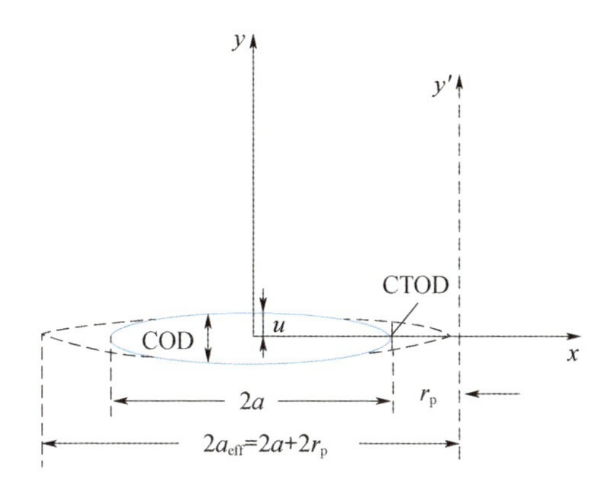

图 4 – 10　CTOD 示意图

a_{eff}—有效裂纹长度；r_p—塑性区半径；COD—裂纹张开量；

CTOD—裂纹尖端张开位移；a—有效裂纹长度的 1/2；u—COD 的 1/2。

根据式(4 – 11)可知，在线弹性条件下，裂纹尖端的塑性区修正公式有效，当裂尖应力强度因子 $K = K_I$时，$\delta = \delta_c$，裂纹出现失稳扩展。此时，CTOD 与 K 具有共同的理论基础，因此可以互相换算。

(2)在小范围塑性屈服条件下，Dugdale 于 1960 年用 Mushelishvili 方法对低碳钢薄片进行拉伸试验时发现，裂纹两端的塑性区域呈现瘦长的尖劈形状，因此将这种模型称为窄带屈服区模型，也称 D – M 模型，见图 4 – 11。D – M 模型作为 CTOD 方法的理论基础，模拟结果与试验结果吻合较好，具有很高的实用价值。

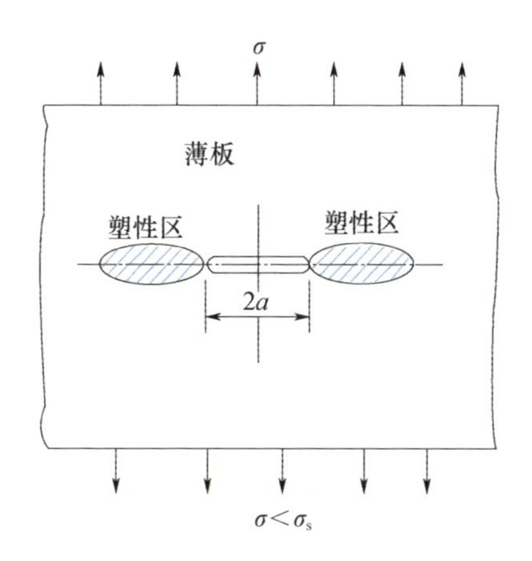

图 4 – 11　小范围塑性屈服条件下的 D – M 模型

在 D – M 模型中，因为消除了应力奇异点，屈服区较大，所以图 4 – 10 描绘的线弹性应力场已不存在，此时使用 CTOD 值 δ 来描述裂纹的失稳扩展。这样可以避免一些材料因塑性区较大而引起的无法解决断裂判据的问题。

Goodier 利用 Mushelishvili 的计算结果计算出 D－M 模型中 $x=\pm a$ 处的 CTOD，考虑塑性区的形变硬化因素时，CTOD 值 δ 可表示为

$$\delta=\frac{8\sigma_{ys}a}{\pi E}\ln\sec\left(\frac{\pi\sigma}{2\sigma_{ys}}\right) \tag{4-12}$$

式中：δ 为裂纹尖端张开位移（mm）；σ_{ys} 为平均有效屈服应力（MPa）；a 为裂纹半长（mm）；E 为弹性模量（MPa）；σ 为外加应力（MPa）。

当 $\sigma\to\sigma_s$，即 $\sigma/\sigma_s=1$ 时，代表材料进入全面屈服状态，此时 $\sec\frac{\pi\sigma}{2\sigma_s}\to 0$，塑性区尺寸 R 为无穷大，$\delta\to\infty$，这显然是不符合实际的。因此该理论不适用于材料处于全面屈服状态下的 CTOD 计算。有限元分析表明，只有当 $\sigma/\sigma_s\leqslant 0.6$，裂尖处于小范围屈服状态时，D－M 模型才适用。

（3）1963 年，Bilby 等[8]应用位错连续分布模型（BCS 模型），也研究此问题，验证了在小范围屈服条件下式（4－12）的正确性，同时得到线弹性条件下的 CTOD 值为

$$\delta_c=\frac{K_I^2}{E\sigma_{ys}} \tag{4-13}$$

式中：δ_c 为小范围屈服条件下 CTOD 临界特征值（mm）；σ_{ys} 为平均有效屈服应力（MPa）；K_I 为裂纹尖端应力强度因子（MPa·m$^{1/2}$）；E 为弹性模量（MPa）。

这与按 Irwin 塑性区求得的 δ_c 值（式（4－11））仅差一个系数 $4/\pi$。

（4）在全面屈服条件下，以上表达式均不成立，此时，以应变作为参量，Wells 得到 CTOD 的表达式为

$$\delta=2\pi ea \tag{4-14}$$

式中：δ 为全面屈服状态下的裂纹尖端张开位移（mm）；e 为全屈服条件下的名义应变（无量纲）；a 为 1/2 裂纹长度（mm）。

Wells 认为可用式（4－14）近似地计算全面屈服条件下的 CTOD。需要注意的是，该式虽然在工程中得到广泛应用，并以此作为安全设计的依据，用于临界裂纹长度的计算，但实际上，该公式利用了一个没有理论依据的应变假设，因此该式仅为一个经验公式，其理论基础并不严密。

大量实践证明，将 CTOD 断裂准则应用的焊接结构和压力容器的断裂安全分析，非常有效，且简易可行。1979 年英国公布第一个 CTOD 试验方法标准，即《裂纹尖端张开位移（CTOD）试验方法》（BSI 5762—1979）。我国于 1980 年颁布首个 CTOD 标准：《裂纹张开位移 COD 试验方法》（GB 2358—1980），在现行标准 GB/T 21143—2014 中，将 K_{IC}、J_{IC}、CTOD 三种试验方法进行了统一介绍。

CTOD 既可以作为表示启裂的弹塑性准则，又可以进行材料的裂纹扩展评定。

与 J 积分方法类似，CTOD 试验方法也包含特征值法和阻力曲线法，其中特征值法是指对于给定的试样获得其 δ 值；阻力曲线法是指由一组试样（一般取 10 ~ 12 件）获得一系列的不同裂纹扩展量 Δa 下的 δ 值，通过曲线拟合得到材料的 $\Delta a-\delta$ 阻力曲线，再由阻力曲线与特定偏置钝化线的交点循环迭代，得到阻力曲线特征值 δ。而阻力曲线法又包含单试样法和多试样法，单试样法是指由一个试样经过反复加载和卸载得到一系列 Δa 和 δ 值，参与 $\Delta a-\delta$ 的计算；多试样法是指通过多个试样试验得到一系列的 Δa 和 δ 值，再通过多个数据对拟合，最终得到 $\Delta a-\delta$ 曲线。

2. 表征参数和物理意义

通过对裂尖的应力应变场分析可知，裂尖在承受 I 型应力时，会产生两个方向的扩展，一是裂纹尖端横向张开，一般以 CTOD 值 δ 表示，单位为 mm；二是裂尖会产生纵向扩展，以裂纹扩展量 Δa 表示，单位为 mm。

以下针对特征值法（用于材料启裂判定）和阻力曲线法（用于材料裂纹扩展判定）所能得到的关键参量，分别予以介绍。

（1）用 CTOD 进行材料启裂判定时，可以得到以下几个表征材料断裂特性的关键参量中的一个。

$\delta_{c(B)}$：当 $\Delta a<0.2$mm 钝化偏置线时，出现非稳定扩展或裂纹突进时的断裂抗力 δ 值，一般认为该值是材料在脆性条件下，发生失稳扩展对应的断裂韧性特征值。此值是与尺寸相关的，下角标 B 为试样厚度。

$\delta_{u(B)}$：当 $\Delta a>0.2$mm 钝化偏置线时，出现非稳定裂纹扩展或裂纹突进时的敏感断裂抗力 δ 值，一般认为该值是材料在弹塑性条件下，发生失稳扩展对应的断裂韧性特征值。此值是与尺寸相关的，下角标 B 为试样厚度。

$\delta_{m(B)}$：当材料产生全塑性断裂（载荷达到最大值，也未发生脆性断裂）时，首次出现的最大力对应的敏感断裂抗力 δ 值，该值是材料发生稳定裂纹扩展，在失稳前对应的 δ 最大值。此值是与尺寸相关的，下角标 B 为试样厚度。

（2）当采用 CTOD 方法进行裂纹扩展评定时，可按照 GB/T 21143－2014 的规定执行。该方法为 CTOD 和 J 积分的统一方法，因此在表征上有类似之处。δ 曲线如图 4－5 所示，$\delta-\Delta a$ 的关系一般用下式表示，可表示为 $\delta-\Delta a$ 曲线的形式（Δa 的定义是 δ 控制的裂纹扩展量），即

$$\delta = a + \beta(\Delta a)^{\gamma} \tag{4-15}$$

式中：δ 为 CTOD 值（mm）；Δa 为裂纹扩展量（mm）；α、β、γ 均为拟合量。

根据该曲线，可以得到材料裂尖产生一定的裂纹扩展时裂尖的 $\delta-\Delta a$ 扩展相关性。根据 $\delta-\Delta a$ 曲线，一般可以得到以下几个参量：

δ_{i}：稳定裂纹扩展开始时，即裂纹刚刚发生扩展时的断裂抗力 δ 值；

$\delta_{0.2BL}$：稳定裂纹扩展为 0.2mm 钝化偏置线时，对应的断裂抗力 δ 值，该值一般

代表材料产生弹塑性扩展时对应的 δ 值,此值是一个尺寸无关量。

$\delta_{0.2BL(B)}$:稳定裂纹扩展为 0.2mm 钝化偏置线时,对应的断裂抗力 δ 值,该值一般代表材料产生弹塑性扩展时对应的 δ 值,此值是与尺寸相关的,下角标 B 为试样厚度。

δ_{max}:$\delta-R$ 材料特征的极限值,指该材料在图 4-5 所规定的范围内,裂纹稳定扩展条件下,能够产生的最大裂纹尖端张开量。

3. 适用条件

CTOD 作为弹塑性断裂准则,在中低强度钢焊接结构和压力容器断裂安全分析中,得到广泛应用。一方面,应用这个断裂判据测定的断裂韧度参数 δ 可用于小型试件在全屈服下测出;另一方面,一些国家已根据这个判据,对工程结构中发生脆断最为严重的焊接结构和压力容器,提出了从线弹性到全面屈服情况下裂纹容限的简单计算方法。

(1)CTOD 特征值适用于 δ 作为启裂值判断材料断裂韧性。对于某些仅关注断裂极限值,用于判断材料的裂纹最大抗力的领域,其结果在船舶海工领域应用最为广泛。利用特征值法得到的试验结果,一般是 δ_c、δ_u 或 δ_m 中的一种,在工程应用中,当裂尖张开位移超过该值时,材料就会发生断裂。这三个参数的区别是:δ_c 一般为材料产生脆性断裂时对应的 δ 值,δ_u 一般为材料产生弹塑性断裂时对应的 δ 值,δ_m 为材料产生塑性开裂,在失稳前对应的最大 δ 值。但是,一般材料验证或材料设计规范,仅将 CTOD 特征值的大小作为验收指标,而较少关注特征值类型。

(2)CTOD 阻力曲线适用于裂纹扩展评定,可以通过该曲线评定材料稳态状态下,裂尖张开位移与裂纹扩展的关系。但是,在实际工程中应用较少。一般设计者均关注特征值,在进行设计时,偶尔会关注 δ_i 或 $\delta_{0.2BL}$,将其作为关键参量,用于抗断性设计。

(3)CTOD 既可以用于母材的抗断性评价,也可用于焊接部位的抗断性评价。一般来讲,由于焊接会导致材料韧性下降,因此对于焊接部位会单独进行 CTOD 考核。如按照《离岸结构制造和试验标准》(DNV-OS-C401)、《海底管线系统》(DNV-OS-F101)和《管道及相关设施的焊接》(API 1104)规定,要求海洋工程用材料在焊缝(WM)、粗晶区(CGHAZ)、回火区和部分相变区分界线(SCHAZ/ICHAZ)三个区域的断裂韧性 CTOD 值均不低于 0.25mm,见图 4-12。

4. 特点和注意事项

1)特点

与其他断裂韧性评价方法相比,CTOD 有其不可替代的优势。如上面所述,CTOD 测试主要用于全面屈服状态,也可用于线弹性状态和小范围屈服状态,甚至适用于其采用应变作为断裂参量,避免了 K_{IC} 的裂尖线弹性应力状态,同时也避免

了 J 积分的裂尖小范围屈服状态的限制,因此适用范围大大增加。对于全面屈服状态的材料抗断性评价,有着不可替代的作用。

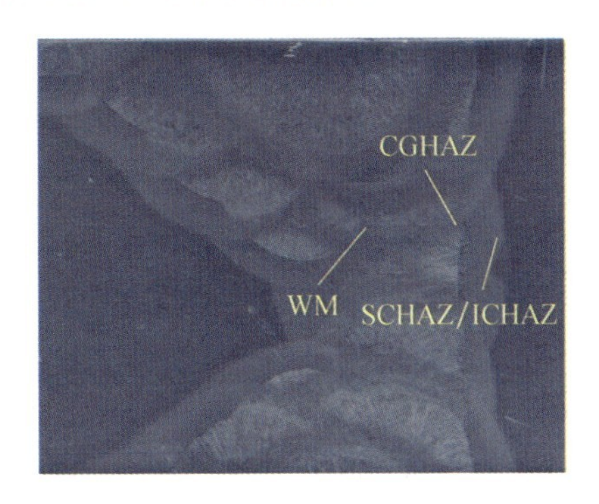

图 4-12 焊接区域标识

CTOD 的理论不足也使其在工程应用中受到一定限制,主要表现如下。

(1)物理意义不够明确,在给出全屈服条件下材料 δ 定义时,应用了经验公式,缺乏严密的理论基础和分析手段。

(2)由于直接对 CTOD 进行精确定义、理论计算和测定都很困难,不得不采用间接方法和经验关系式进行 δ 测试。基于以上原因,截至目前,国内外对 CTOD 方法的研究和应用仍持不同态度。但由于其能有效解决实际问题,仍然在工程界得到广泛应用。

2)注意事项

(1)CTOD 测试时要充分考虑材料的各向异性特征,一般推荐裂纹扩展方向沿轧制方向或者材料性能的薄弱方向,以便得到相对保守的试验数据,避免在使用中产生危险。CTOD 特征值试验推荐选用 3 件试样,阻力曲线试验推荐选用 10 ~ 12 件试样。

(2)CTOD 特征值与裂尖的应力应变状态相关,因此在开展基于该理论的断裂韧性评价时,要注意厚度对结果的影响。δ 是一个厚度相关量,随着材料厚度的增加,裂尖更趋近于平面应变状态,δ 会逐渐趋低。也有研究者指出[9],对于某些材料,δ 值会表现为先增加,后减小的趋势,见图 4-13。不管怎样,样品厚度都严重影响了材料的抗断性判断,因此一般进行 CTOD 试验时,设计的试验样品要与原材料厚度尽量保持一致,以使材料的裂尖受力状态尽量接近于实际状态。

(3)由于部分材料在低温下存在韧脆转变倾向,因此工况温度可能会对 CTOD 值产生较大的影响。在进行 CTOD 试验策划时,要考虑材料在工况中使用的最低温度,以便得出最危险状态下的材料抗断性,指导工艺设计。各材料验收规范也对 CTOD 试验温度提出明确要求,如对于 API 规范,推荐 CTOD 测试温度为 -10℃,而对于 LNG(液化天然气)储罐,因材料需要在 -165℃ 环境下长期服役,因此要求进行 -165℃ 或 -196℃ 下的 CTOD 试验。

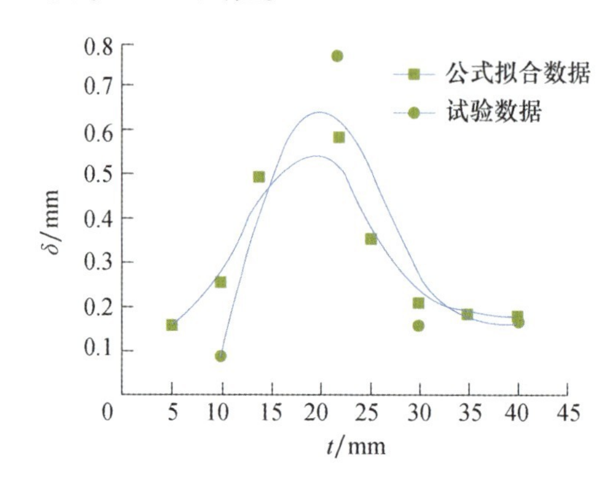

图 4-13 δ 值随试样厚度的变化趋势

(4)有文献提出,可采用冲击试验结果推导 CTOD 特征值,七二五所通过大量的数据相关性汇总发现,该方法推导出的 CTOD 结果可靠性不高,其主要原因如下。

①冲击试验是一个动态过程,而 CTOD 试验是一个准静态过程,从受力过程上来讲,不具有可比性。

②由于应力状态的不同,冲击韧性表征材料的启裂功和扩展功的总和,而断裂韧性 CTOD 仅表征材料的扩展功,因此对应性不强。

③CTOD 是一个厚度相关量,不同厚度的样品会得到不同的测试结果,仅用标准化冲击样品进行 CTOD 性能预测,忽略了样品的尺寸效应影响,必然导致结果的不可靠。实验室在试验过程中也遇到过冲击韧性很好,但断裂韧性 δ 值很低的材料。

4.2 新方法

下面介绍一种断裂韧性测试的新方法,即腐蚀环境下的断裂韧性 K_{IEAC} 试验。

腐蚀环境下的断裂韧性试验是对海洋服役环境中金属材料断裂韧性进行评价的测试方法,通过材料在海洋服役环境(腐蚀溶液、阴极保护和阴极析氢)下的失稳断裂参量 K_{IEAC} 来表征其在服役工况条件下的抗断能力,可用于海洋工程材料的损伤容限设计及安全评定。

1. 基本原理

海洋工程材料服役环境复杂,除了受到海水的腐蚀,海洋装备在服役过程中,为防止其由于失去电子而发生腐蚀,一般会对其进行外加电流阴极保护处理[10-11],即通过外部电源来改变装备周围环境的电位,使得需要被保护装备的电位一直处在低于周围环境的状态下,从而使其成为整个环境中的阴极,得以保护。阴极保护虽然避免了装备的腐蚀,同样也为装备提供了源源不断的电子,在 CO_2 浓度较高的酸性环境中或在阴极保护过保护[12-15]时极易发生阴极析氢反应产生 H_2。海洋工程材料在腐蚀溶液、阴极保护及阴极析氢的长期共同作用下,裂尖会聚集大量 H 原子,在外力共同作用下极易使装备发生环境致开裂(EAC),引发灾难性的破坏。这种开裂形式通常也表现为线弹性断裂。

通过前面的介绍可以看出,对于线弹性断裂的材料通常采用平面应变断裂韧性 K_{IC} 来评价其抗断性能。海洋工程材料由于受海洋腐蚀环境的影响,其抗断性能会被大大弱化,采用平面应变断裂韧性 K_{IC} 对其抗断性能评价存在极大的服役风险。因此,急需建立针对腐蚀环境下海洋工程材料环境致开裂性能评价的试验方法。

环境致开裂目前是国际上的一个研究热点,包括 DNV - GL、ABS、LR、BV 等在内的各大船级社,已经开展相关方面的研究,并将其列入海洋工程材料未来测试评价的重点方向。对于腐蚀环境下的断裂韧性 K_{IEAC},目前国内尚未见相关研究报道;国际上,《金属材料环境诱导开裂门槛应力强度因子测定的标准试验方法》(ASTM E1681—03(2008))中提到了 K_{IEAC} 测试,但对具体的技术细节未作交代,部分外文文献中也出现了 K_{IEAC} 的测试数据[15],但其参照的试验标准《金属与合金腐蚀 应力腐蚀试验 第1部分:试验程序总则》(ISO 7539 - 1:2012)和《金属结构缺陷验收评定方法指南》(BS 7910:2019)均为试验总则,对于测试细节涉及较少,参考意义不大;而 DNV 船级社规范建议参照 ASTM G129—00《评价金属材料环境诱导开裂敏感性的慢应变速率试验标准程序》、《金属材料断裂韧性标准试验方法》(ASTM E1820—17)进行 K_{IEAC} 测试,但 ASTM G129—00 和 ASTM E1820—17 对一些测试参数的选取、测试溶液的配置、复杂测试环境的实现等信息未做说明,复杂环境下的紧凑拉伸(compact tension)加载更是行业难题未作提及。

在此背景下,七二五所通过突破腐蚀环境下紧凑拉伸试样缺口张开位移的测量难题,建立了腐蚀环境下的断裂韧性 K_{IEAC} 试验方法。该方法的关键是腐蚀溶液中紧凑拉伸试样的缺口张开位移测量。缺口张开位移的测量包含直流电压降(direct current potential drop, DCPD)方法和裂纹嘴张开位移(crack mouth opening displacement, CMOD)方法。其中 DCPD 方法的原理见图 4 - 14。CMOD 方法是指通过 COD 规直接采集并记录试样的缺口张开位移 V,该方法的关键是同时实现紧凑拉伸加载试样的腐蚀溶液环境和阴极保护环境。

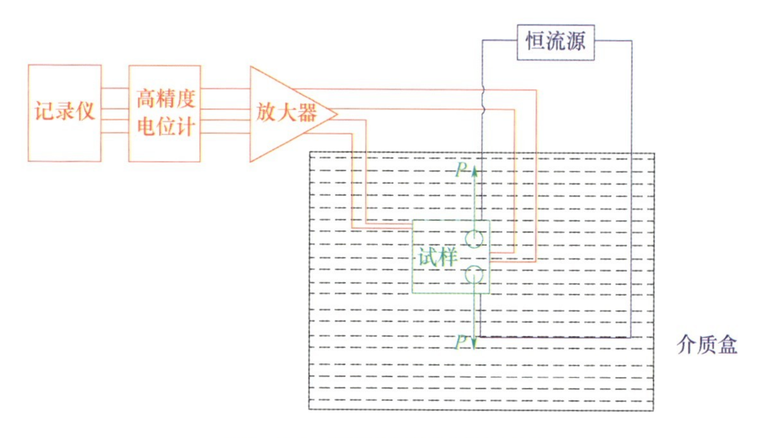

图 4 – 14　DCPD 方法的原理图

2. 表征参数和物理意义

腐蚀环境下的断裂韧性试验可以得到失稳扩展时应力强度因子等表征参数。

K_{IEAC}:金属材料在慢速率加载和海洋服役环境(腐蚀溶液、阴极保护和充氢)作用下发生失稳扩展时对应的应力强度因子 K 值($MPa \cdot m^{1/2}$),用于评估服役条件下含裂纹材料抵抗失稳断裂的能力。

U:阴极保护电位(mV),加载于试样两端的电压。

v:加载速率(m/s),对试样施加载荷的速率。

t:充氢时间(s),对试样充氢至氢浓度饱和时的时间。

3. 适用条件

K_{IEAC}试验适用于海洋工程材料的抗断性能评价、损伤容限设计及安全评定。其研究对象必须满足三个条件:①裂尖要满足平面应变或小范围屈服状态;②断裂模式应是服役环境相关的,这里指的服役环境,一般是指海水或阴极保护、析氢环境;③其模拟的断裂是在长时间工况服役后,一次性裂尖张开的断裂行为模拟。

K_{IEAC}测试结果主要有以下两个方面的应用。

(1)用于海洋工程材料在稳定受力状态下的临界裂纹长度的判定。对于给定的海洋工程结构,只要通过查阅相关资料[1]或有限元模拟,得到该裂纹体的形状因子 Y,就可以根据式(4 – 2),求得给定应力 σ 下的临界裂纹长度 a_c。

(2)用于求解临界应力的大小。对于给定的海洋工程结构,如果已知该裂纹体的形状因子 Y 和初始裂纹长度 a_0,如果已知材料 K_{IEAC}值,就可以根据式(4 – 2),求得该裂纹体能承受的最大安全应力 σ_c。

在 K_{IEAC}试验中,试样的尺寸满足式(4 – 16),试验可以得到有效的 K_{IEAC}值;试样的尺寸满足式(4 – 17),试验可以得到有效的 K_{EAC}值:

$$(B, a_0, W - a_0) \geqslant 2.5\,(K_{IEAC}/R_{p0.2})^2 \tag{4-16}$$

$$W - a_0 \geqslant \frac{4}{\pi}(K_{EAC}/R_{p0.2})^2 \tag{4-17}$$

式中：$R_{p0.2}$为材料在被测条件下的屈服强度（MPa）；K_{EAC}为腐蚀环境下的断裂韧性（$MPa \cdot m^{1/2}$）；K_{IEAC}为腐蚀环境下满足平面应变或小范围屈服条件的断裂韧性（$MPa \cdot m^{1/2}$）；$W - a_0$为试样的韧性带尺寸（mm）；W为试样密度（mm）；B为试样厚度（mm）；a_0为试样初始裂纹长度（mm）。

4. 特点和注意事项

1）特点

（1）充分考虑了服役环境对材料断裂弱化的影响。研究结果表明，高强钢的K_{IEAC}较K_{IC}会发生20%以上的性能劣化，因此，K_{IEAC}的测试结果对于指导工程材料及部件的安全设计具有重要意义。如某海洋工程高强钢，其K_{IEAC}和K_{IC}加载曲线如图4－15所示，可以看出，K_{IEAC}较K_{IC}会发生较大的强度和塑韧性的衰减，从而使其抗断性能明显弱化。

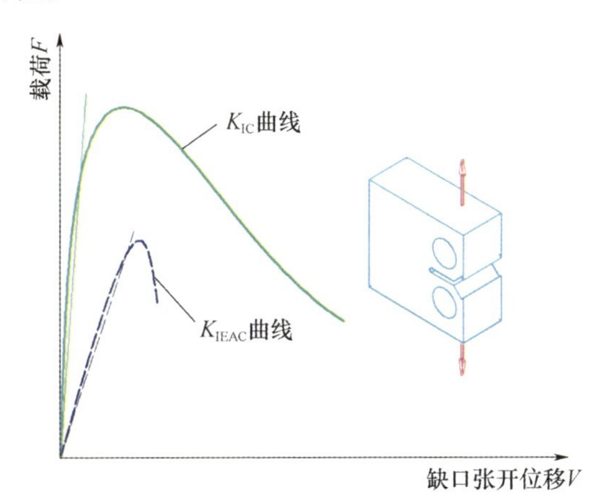

图4－15　K_{IEAC}和K_{IC}加载曲线对比

（2）DCPD方法需要进行试样裂纹长度和外加电压的柔度系数关系标定，因此仅能进行部分厚度试样的试验。而CMOD方法不受试样厚度的限制。

2）注意事项

（1）K_{IEAC}测试时要充分考虑材料的各向异性特征，谨慎选择裂纹扩展方向。一般情况下，推荐裂纹扩展方向沿轧制方向或者材料性能的薄弱方向，以便得到相对保守的试验数据，避免在使用中产生危险。

（2）在试验之前的预充氢中，充氢时间的选取因材料而异，为了充分体现氢对材料性能弱化的影响，一般的原则是充氢至材料氢浓度饱和。

（3）在试验过程中，阴极保护电位的选取也因材料而异，原则是选取的外加保护电位不能使试样发生阴极析氢，产生过保护现象，从而达到真实模拟海洋工程材料服役环境的目的。

(4)加载速率对 K_{IEAC} 试验结果影响很大，为了充分考虑腐蚀溶液和阴极保护对材料性能的影响，一般选取慢速率 $10^{-9} \sim 10^{-6}$m/s 对试样进行加载，具体的加载速率还应根据材料在工况下的受力情况进行选择。

参考文献

[1] 孙茂才. 金属力学性能[M]. 哈尔滨:哈尔滨工业大学出版社,2005.

[2] 郑国华,查小琴,马江南. 一种三点弯曲试样延性断裂韧性 JIC 测试装置以及测试方法:ZL 201610448307.7[P]. 2018-12-25.

[3] 郑国华,张利娟,赵阳. 三点弯曲试样延性断裂韧性 JIC 辅助测试装置以及测试方法:CN106404553A[P]. 2017-02-15.

[4] 郑国华,查小琴,马江南. 一种三点弯曲试样延性断裂韧性 JIC 测试装置:ZL 201620609945.8[P]. 2016-11-23.

[5] 郑国华,张利娟,赵阳. 二点弯曲试样延性断裂韧性 JIC 辅助测试装置:ZL 201620611907.6[P]. 2016-11-23.

[6] 党恒耀,陈沛,张利娟. Ti80 钛合金 J_{IC} 转 K_{IC} 误差分析研究[J]. 材料开发与应用,2016,31(5):5-9.

[7] 郦正能,关志东,张纪奎,等. 应用断裂力学[M]. 北京:北京航空航天大学出版社,2012.

[8] BILBY B A,COTTRELL A H,SWINDEN K H. The Spread of plastic yield from a notch[J]. Mathematical and Physical Sciences,1963,272(19):304-314.

[9] 闫鹏帅,苗张木,夏子钰,等. 试样厚度与 CTOD 临界值的拟合关系式[J]. 机械工程材料,2013(8):95-97.

[10] 徐振华. 阴极保护系统在船体防蚀上的应用[J]. 天津航海,2013,1(1):32-34.

[11] 徐振华. 船体防蚀及阴极保护系统在船舶上的应用[J]. 中国水运,2011,4(11):58-59.

[12] MA H,LIU Z,DU C,et al. Effect of cathodic potentials on the SCC behavior of E690 steel in simulated seawater[J]. Materials Science & Engineering A,2015,642:22-31.

[13] COUDREUSE L,RENAUDIN C,BOCQUET P,et al. Evaluation of hydrogen assisted cracking resistance of high strength Jack-up steels[J]. Marine Structures,1997,10(2-4):85-106.

[14] KANNAN M B,DIETZEL W,RAMAN R K S,et al. Hydron-induced-cracking in magnesium alloy under cathodic polarization[J]. Scripta Materialia,2007,57(7):579-581.

[15] 许立坤,马力,刑少华,等. 海洋工程阴极保护技术发展评述[J]. 中国材料进展,2014,33(2):106-113.

第5章 腐蚀性能测试

材料的腐蚀性能是指材料抵抗环境介质中化学或电化学作用下所发生的变质和破坏能力，其中也包括抵抗化学/力学或化学/生物学因素共同作用下所造成的破坏能力。与材料的力学性能一样，材料的抗腐蚀性能也是决定系统和部件工作寿命的质量保证参数之一，在设计设备装置或构件时，必须考虑材料抗腐蚀性能的要求；然而与材料力学性能不同的是，材料的抗腐蚀性能不只取决于材料本身，还取决于环境成分、温度、辐照、流体流速等化学、物理、机械等因素。因此，材料腐蚀性能表征必须注意试验体系与实际工作条件尽可能有良好的一致性；为比较材料的抗腐蚀性能，常需要选定标准试验方法来统一可能的工作条件。然而，由于实际腐蚀体系的复杂性，这种方法只能近似和相对地比较所得结果。

鉴于材料的多样性及环境条件的复杂性，目前材料腐蚀性能表征方法呈现多样性和不可完全标准化特性，据不完全统计，我国已标准化的腐蚀试验方法就有近100种，国外更多，但应用中还是会遇到试验无可参照标准的情况[1]。

腐蚀试验方法按照腐蚀试验与实际工作条件接近的程度或试验场合的不同，常分为三类：实验室试验、自然环境腐蚀试验和实物运转试验[2]。本书定位为金属材料性能表征技术，故实物运转腐蚀试验不在本章的介绍范畴，本章仅介绍实验室试验和自然环境腐蚀试验方法。实验室试验方法按实验室模拟浸泡试验、盐雾腐蚀试验、局部腐蚀加速试验（包括点（孔）蚀、缝隙腐蚀、晶间腐蚀、剥落腐蚀、电偶腐蚀、应力腐蚀与氢致开裂）及腐蚀电化学测试分别进行介绍，并在新方法介绍中，介绍了在实验室模拟浸泡试验和盐雾腐蚀试验基础上发展起来的多环境循环腐蚀试验方法以及在传统腐蚀电化学测试方法上发展起来的微区电化学测试；自然环境腐蚀试验方法则分大气腐蚀、海洋腐蚀及土壤腐蚀试验。下面从基本原理、表征参数（或评定方法）和物理意义、适用条件、特点和注意事项等几个方面对每个试验方法分别介绍。

5.1 常用方法

5.1.1 实验室模拟浸泡试验

实验室模拟浸泡试验是一种应用广泛的水溶液挂片试验，方法简单，其目的是通过控制实验室浸泡条件来在较短的时间内模拟实际工况的腐蚀情况，是目前实验室最常采用的一种试验手段。各国对于实验室模拟浸泡试验均建立了相应的标准，如美国材料试验协会建立的《金属实验室全浸腐蚀试验标准程序》(ASTM G31—21)、美国腐蚀工程师协会建立的《金属实验室全浸腐蚀试验》(NACE TM0169—2021)以及我国建立的全浸试验标准《金属材料实验室均匀腐蚀全浸试验方法》(JB/T 7901—2001)。

1. 基本原理

实验室模拟浸泡试验是把金属材料制成特定形状和尺寸的试片，在选定的介质中浸泡一定时间。取出后，通过称重、表观检查、局部腐蚀性能测量等方法，评定金属材料在选定介质中的腐蚀行为。根据试片与溶液的相对位置，分为全浸、半浸和间浸试验三种，见图 5-1。

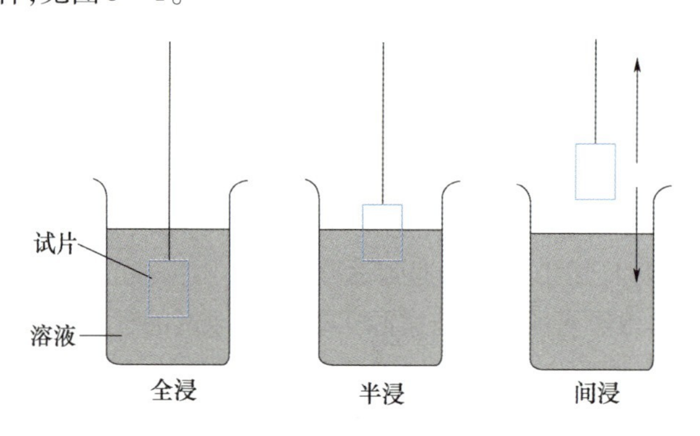

图 5-1 化学浸泡试验示意图

1)全浸试验

全浸试验过程中，试片完全浸入溶液中。根据试样与溶液是否发生相对运动，可分为静态浸泡和动态浸泡，静态浸泡一般指试片相对于溶液不运动，试片在介质中有水平、倾斜和垂直三种放置方式[3]；动态浸泡一般指试片与溶液做相对运动，但为了保证不发生冲刷腐蚀，相对运动速率一般不超过 1.5m/s，常采用的有两种运动方式：一种是试片运动，而介质不动，使用的是旋转圆盘式全浸腐蚀试验装置，见图 5-2；另一种是介质运动，而试片不动，使用的是利用水位差原理致溶液流动的全浸腐蚀试验装置和利用流量泵及控制阀控制溶液流动的全浸腐蚀试验装置，见图5－3。全浸腐蚀试验的关键是保证试验条件的恒定，主要包括溶液浓度、温度、充气状态及流速等。

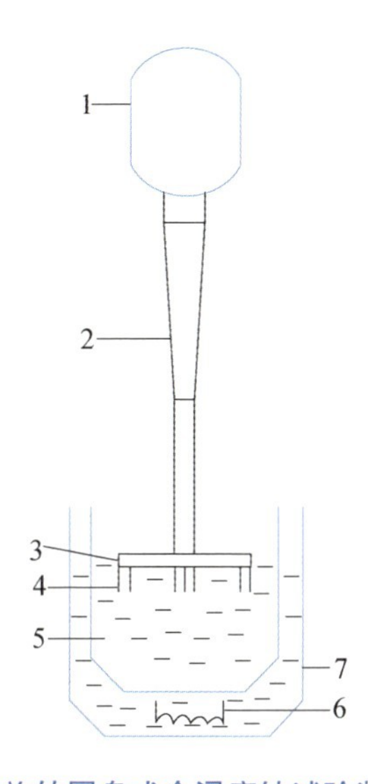

图5－2　旋转圆盘式全浸腐蚀试验装置示意图

1—电机；2—转轴；3—试样安装盘；4—试样；5—溶液槽；6—加热管；7—水溶槽。

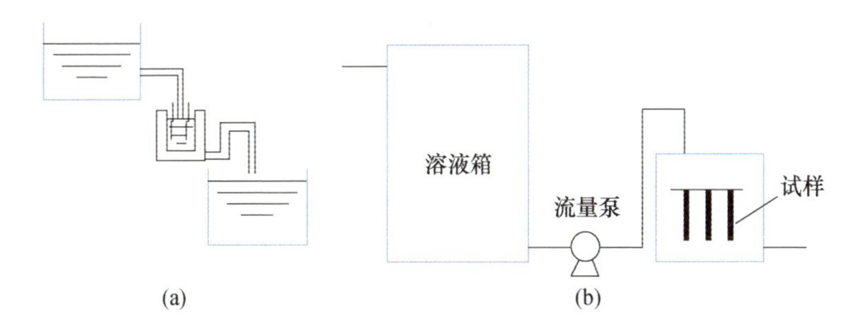

图5－3　介质流动式全浸腐蚀试验装置示意图

(a)利用水位差原理致溶液流动；(b)利用流量泵及控制阀控制溶液流动。

2)半浸试验

半浸试验又称水线腐蚀试验。试片的一部分浸入溶液，一部分暴露在介质的上部空气。除保证全浸试验所需的试验条件，半浸试验关键是提供好试样的支撑方式使试片的尺寸(尤其是液面上下的面积比)保持恒定，气相和液相交界的“水线”长期保持在试片表面的固定位置上，使在“水线”附近可以观察到严重局部腐蚀，常采用的保持液面恒定的半浸腐蚀试验装置示意图，见图5－4。

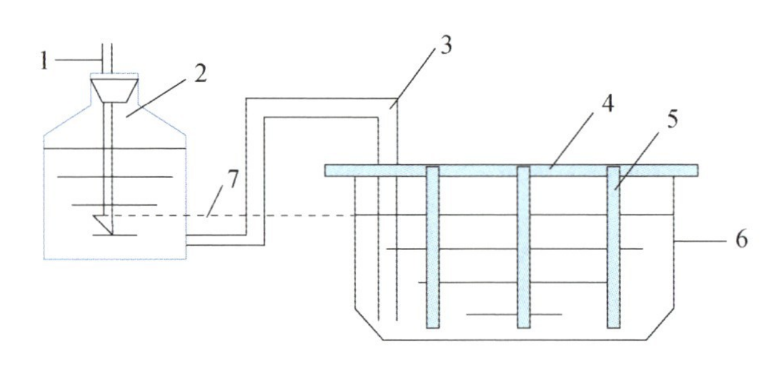

图 5-4　恒定液面半浸腐蚀试验装置示意图

1—玻璃管;2—下口瓶;3—虹吸管;4—试样架;5—试样;6—溶液箱;7—溶液水平面。

3)间浸试验

间浸试验又称交替浸泡试验或周浸试验。使试片按照设定的循环程序,重复交替地暴露在溶液和空气中。试验时需严格控制环境的温度和湿度,以保证试片表面的干湿变化频率。间浸试验是一种模拟试验,也是一种加速试验,交替暴露为水溶液提供加速腐蚀条件,因为在暴露时间中,试样可以频繁更新近乎为氧所饱和的溶液薄膜;而且在干湿交替过程中,水分蒸发,腐蚀介质组分浓缩,以及试样表面的干燥可导致腐蚀产物膜破裂等,均可以提高腐蚀速率。实验室常采用提拉式或转盘式方式实现间浸试验,图 5-5 所示为常用的间浸试验装置示意图。间浸周期(即试片浸入溶液与暴露在空气中的时间比例)随具体试验的要求而定,一般为 1:1~1:10,一次循环的总时间为 1~60 min 不等,有时可达 24h。

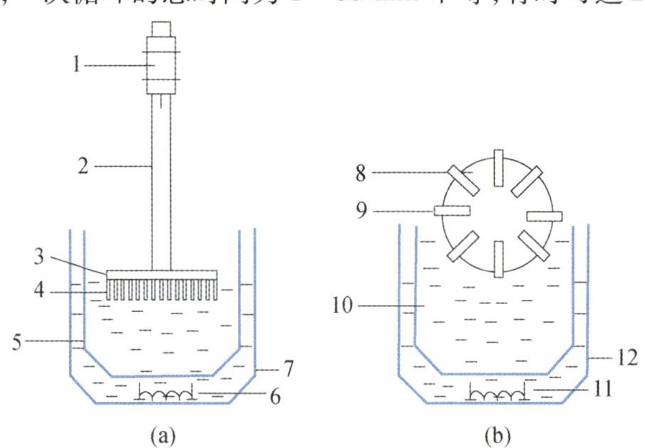

图 5-5　恒定液面间浸腐蚀试验装置示意图

(a)提拉式间浸试验装置;(b)转盘式间浸试验装置。

1—提升驱动装置;2—提拉杆;3—试样安装架;4—试样;5—溶液槽;6—加热管;7—水浴槽;8—转盘;9—试样;10—溶液槽;11—加热管;12—水浴槽。

2. 表征参数和物理意义

实验室模拟浸泡试验结果一般用腐蚀速率表征,同时需描述腐蚀形貌,以便判断腐蚀的原因及影响腐蚀因素。如产生局部腐蚀,则按 5.1.2 节的局部腐蚀结果表征方法进行。

1)腐蚀速率

腐蚀速率是描述金属均匀腐蚀程度的一种定量指标,常包括质量指标和深度指标,并以平均腐蚀速率的形式表示。

(1)腐蚀速率的质量指标。用单位时间单位面积上质量的变化来表示腐蚀速率,即

$$v = \frac{W_0 - W_1}{St} \tag{5-1}$$

式中:v 为腐蚀速率的质量指标(g/(m^2·a));W_0 为试验前的试样质量(g);W_1 为试验后的试样质量(g);S 为试验的总面积(m^2);t 为试验时间(a)。

常用的单位是 g/(m^2·a),有时也用 g/(m^2·h)或 g/(m^2·d)来表示。

(2)深度指标。用单位时间内的腐蚀深度来表示腐蚀速率,即

$$v_t = \frac{v \times 10}{100^2 \times \rho} = \frac{V}{\rho} \times 10^{-3} \tag{5-2}$$

式中:v_t 为腐蚀速率的深度指标(mm/a);v 为腐蚀速率的质量指标(g/(m^2·a));ρ 为材料的密度(g/cm^3)。

常用的单位是 mm/a,在欧美常用的单位是 mil/a,其中 1mil(密耳)=0.001 英寸,1mil/a=0.0254mm/a。

对于均匀腐蚀的金属,判断其耐蚀程度及选择耐蚀材料,一般根据金属材料的耐蚀性 10 级标准进行分类,见表 5-1。

表 5-1 金属材料的耐蚀性 10 级标准[3]

耐蚀性类别	腐蚀速率的深度指标/(mm/a)	腐蚀速率的质量指标/(g/(m^2·h))						
		铁基合金	铜基合金	镍基合金	铅及其合金	铝及其合金	镁及其合金	耐蚀等级
Ⅰ 完全耐蚀	<0.001	<0.0009	<0.001	<0.001	<0.0012	<0.0003	<0.0002	1
Ⅱ 很耐蚀	0.001 ~ 0.005	0.0009 ~ 0.0045	0.001 ~ 0.0051	0.001 ~ 0.005	0.0012 ~ 0.0065	0.0003 ~ 0.0015	0.0002 ~ 0.002	2
	0.005 ~ 0.01	0.0045 ~ 0.009	0.0051 ~ 0.01	0.005 ~ 0.01	0.0065 ~ 0.012	0.0015 ~ 0.003	0.001 ~ 0.002	3
Ⅲ 耐蚀	0.01 ~ 0.05	0.009 ~ 0.045	0.01 ~ 0.051	0.01 ~ 0.05	0.012 ~ 0.065	0.003 ~ 0.015	0.002 ~ 0.01	4
	0.05 ~0.1	0.045 ~ 0.09	0.051 ~ 0.1	0.05 ~0.1	0.065 ~ 0.12	0.015 ~ 0.031	0.012 ~ 0.02	5

续表

耐蚀性类别	腐蚀速率的深度指标/(mm/a)	腐蚀速率的质量指标/(g/(m²·h))						
		铁基合金	铜基合金	镍基合金	铅及其合金	铝及其合金	镁及其合金	耐蚀等级
Ⅳ 尚耐蚀	0.1~0.5	0.09~0.45	0.1~0.51	0.1~0.5	0.12~0.65	0.031~0.154	0.02~0.1	6
	0.5~1.0	0.45~0.9	0.51~1.02	0.5~1.0	0.65~1.2	0.154~0.31	0.1~0.2	7
Ⅴ 欠耐蚀	1.0~5.0	0.9~4.5	1.02~5.1	1.0~5.0	1.2~6.5	0.31~1.54	0.2~1.0	8
	5.0~10.0	4.5~9.1	5.1~10.2	5.0~10.0	6.5~12.0	1.54~3.1	1.0~2.0	9
Ⅵ 不耐蚀	>10	>9.1	>10.2	>10.0	>12.0	>3.1	>2.0	10

2)腐蚀形貌

腐蚀形貌是指腐蚀试验后试样的表面形貌。模拟浸泡试验的代表性腐蚀形貌一般按腐蚀类型划分,见表5-2。

表5-2 模拟浸泡试验的代表性腐蚀形貌列表[4]

腐蚀类型	代表腐蚀形貌
一般腐蚀	全面均匀腐蚀、全面非均匀腐蚀
局部腐蚀	孔蚀、点蚀、斑状腐蚀、溃疡腐蚀、麻点腐蚀、腐蚀穿孔
选择腐蚀	成分选择性腐蚀(脱成分腐蚀)、组织选择性腐蚀

(1)全面均匀腐蚀。全面均匀腐蚀在工程上比较少见。是指腐蚀发生在整个金属材料的表面,导致金属表面均匀减薄。

(2)全面非均匀腐蚀。全面非均匀腐蚀是工程上最常见的一种腐蚀形貌,它是一般腐蚀的代表性形貌。是指腐蚀发生在整个金属材料的表面,导致金属表面不均匀减薄,其破坏性比全面均匀腐蚀更严重。

(3)孔蚀。孔蚀多发生于因具有钝化膜才具有优良耐蚀性的金属结构材料上,如不锈钢,是指小而深的局部腐蚀。

(4)点蚀。点蚀多发生于能生成钝化膜或腐蚀产物膜,但膜又容易遭受破坏的金属结构材料上,如铝合金、铜镍合金等,是指小而不明深度的局部腐蚀。

(5)斑状腐蚀。斑状腐蚀可能是全面非均匀腐蚀的初期阶段,只要时间足够长,就可能扩展为全面非均匀腐蚀。是指大而浅的局部腐蚀。

(6)溃疡腐蚀。溃疡腐蚀又名坑状腐蚀或腐蚀坑,是指大小和深度都明显可见的局部腐蚀,大小与深度相当,常常可能是全面非均匀腐蚀的局部深坑。

(7)麻点腐蚀。麻点腐蚀多发生于能生成钝化膜或腐蚀产物膜,但膜又容易遭受破坏的金属结构材料上,如铝合金、铜镍合金等,是指“成群结队”难于数清个数的点蚀。

(8)腐蚀穿孔。腐蚀穿孔是指孔蚀或溃疡腐蚀发展至极致的一种腐蚀形貌。

(9)成分选择性腐蚀(脱成分腐蚀)。成分选择性腐蚀又称为脱成分腐蚀。合金成分之间电位相差较大的金属容易出现脱成分腐蚀,如黄铜的脱锌、铝青铜的脱铝等。未除掉腐蚀产物之前,呈被溶解元素的腐蚀产物颜色;去除腐蚀产物之后,呈被留下来的金属元素本色。

(10)组织选择性腐蚀。组织选择性腐蚀通常发生在两相或多相合金中,双相铜合金中最常见,如 Cu - Zn 合金。

3)最大局部腐蚀深度

最大局部腐蚀深度是指在选定面积内测量多个腐蚀深度的最大值。

3. 适用条件

实验室模拟浸泡试验适用于任何金属、合金、金属涂覆层及阳极氧化膜、金属基体上有机涂层试样在模拟工况抗腐蚀性能测试及腐蚀机理研究,在一定程度上来讲,可以称为实验室腐蚀的万能试验方法,特别在没有可参照标准的情况下,一般均采用实验室模拟浸泡试验方法,但需根据试验目的和材料的服役环境选择适宜的实验室模拟浸泡方法,如全浸试验主要用来模拟金属完全浸泡在腐蚀介质中的腐蚀情况;半浸试验主要用来模拟储存容器和部分浸入介质中物件的局部腐蚀破坏;间浸试验主要用来模拟潮水涨落引起的潮差带腐蚀及波浪冲击,大气经常遇到的间断降雨、结露和干湿交替出现的状态以及化工设备中液面升降引起的腐蚀等。查小琴[5]曾利用全浸和周浸试验分别模拟 10NiCrMo 钢在海水全浸区和潮差区的腐蚀行为,取得了较满意的效果。

4. 特点和注意事项

1)特点

实验室模拟浸泡方法具有以下优点。

(1)试验简单、方便、可较真实地模拟工况条件。

(2)便于对单个试验参数进行控制,可以消除其他条件的影响,以便研究试验参数对试验结果的影响。

实验室模拟浸泡方法有以下缺点。

(1)模拟试验介质浸蚀性低,试验时间较长,对于一些耐蚀性材料,易导致试验结果分散性大。

(2)模拟试验不能完全模拟工况的复杂性,试验结果不能完全代表工况的实际情况。

2)注意事项

(1)对于模拟浸泡试验试样的形状一般不做特别的规定,但应尽量采用单位质量表面积大的,侧面与总面积比值小的试样(一般推荐沿轧制或锻造方向取样,且轧制或锻造方向垂直的面积不得大于试样总面积的1/2),对于需用腐蚀速率来评定的试验试样必须规整,以便试样表面积的计算准确。

(2)试验时间的确定要根据腐蚀速率的大小以及试验材料在试验溶液中能否形成钝化膜确定。一般情况下,长时间试验的结果较准确,但发生严重腐蚀的材料则不需要很长的试验时间。对能形成钝化膜的材料,需要延长试验时间(一般推荐不少于30天),从而得到较为实际的结果。

(3)对于会产生坚固致密的氧化物,且氧化物难以用化学的或一般的机械方法去除的金属(如钛、锆等),试验结果通常会用腐蚀增重来表示,试验腐蚀速率为负值。

(4)同一种材料在同一种腐蚀体系中进行浸泡试验,动态腐蚀试验速率会大于静态腐蚀试验速率,这是因为动态腐蚀试验过程中,腐蚀产物脱落会加快腐蚀的发展。

(5)试验所获得的腐蚀速率只能用来评价被测材料在某种试验介质中的耐蚀性,不能用来泛指这种材料在其他介质中的耐蚀性。

5.1.2 盐雾腐蚀试验

盐雾腐蚀试验是评定金属材料的耐蚀性以及涂镀层对基体金属的保护程度的加速试验方法,该方法已广泛用于确定各种保护涂镀层的厚度均匀性和孔隙率,作为评定批量产品或筛选涂镀层的试验方法。盐雾腐蚀试验方法亦被认为是模拟海洋大气对不同金属(有保护涂镀层或无保护涂镀层)作用的、最有用的实验室加速腐蚀试验方法[6]。盐雾腐蚀试验应用较早,有一套成熟的标准体系,如《人造环境腐蚀试验 - 盐雾试验》(ISO 9227:2017)、《盐雾试验方法》(JIS Z 2371:2000)、《盐雾试验标准方法》(ASTM B117—19)以及《人造气氛腐蚀试验盐雾试验》(GB/T 10125—2012)。

1. 基本原理

盐雾腐蚀试验是一种利用盐雾试验设备所创造的人工模拟盐雾环境条件来考核产品或金属材料耐腐蚀性能的环境试验,图5-6所示为盐雾试验设备结构示意图。在盐雾试验设备中将饱和空气的盐水溶液连续或间断地以雾状喷出,盐雾沉降在试样上，形成极薄的液膜对产品或材料造成破坏，其主要作用机理如下。

(1)由于氯离子有很强的穿透本领，易穿透金属表面的氧化层和防护层与内部金属发生电化学反应引起腐蚀。

(2)由于氯离子含有一定的水合能，易被吸附在金属表面的孔隙、裂缝排挤并取代氧化层中的氧，把不溶性的氧化物变成可溶性的氯化物，使钝化态表面变成活泼表面，引起腐蚀[7]。

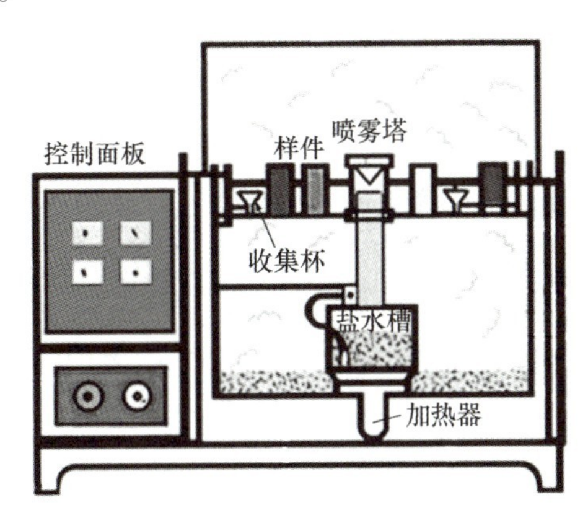

图5-6 盐雾试验设备结构示意图

盐雾过程中由于不断有新的盐雾落到试样上而加速了腐蚀过程。根据盐水溶液的成分不同，盐雾腐蚀试验方法主要分为中性盐雾、醋酸盐雾及铜盐加速醋酸盐雾等试验方法。

1)中性盐雾试验(NSS试验)

中性盐雾试验是出现最早、目前应用领域最广的一种加速腐蚀试验方法。它采用5%的氯化钠盐水溶液，溶液pH值调在中性范围(6.5~7.2)作为喷雾用的溶液。试验温度均取35℃，要求盐雾的沉降率在1~3mL/(80cm^2·h)之间。

2)醋酸盐雾试验(ASS试验)

醋酸盐雾试验是在中性盐雾试验的基础上发展起来的。它是在5%氯化钠溶液中加入一些冰醋酸，使溶液的pH值降为3左右，以保证盐雾箱内收集液的pH值为3.1~3.3。溶液变成酸性，最后形成的盐雾也由中性盐雾变成酸性。其他试验条件与中性盐雾相同，它的腐蚀速率要比NSS试验快3倍左右。

3)铜加速醋酸盐雾试验(CASS试验)

铜加速醋酸盐雾试验是国外新近发展起来的一种快速盐雾腐蚀试验，是在通过对地区雨水成分的分析以及对试验加添加剂进行大量研究，发现往醋酸盐雾试验中添加氧化铜可大大增加介质腐蚀性，且腐蚀特征与实际情况下发生严重腐蚀的特征十分相似，因而进一步制定了加速的CASS试验方法。试验温度为

50℃,盐溶液中加入少量的氯化铜($CuCl_2 \cdot 2H_2O$),其浓度为(0.26 ±0.02)g/L((0.205 ±0.015)g/L 无水氯化铜),强烈诱发腐蚀。它的腐蚀速率大约是 NSS 试验的 8 倍。

影响盐雾试验结果的主要因素包括试验温湿度、盐溶液的浓度、样品放置角度、盐溶液的 pH 值、盐雾沉降量和喷雾方式等。

(1)试验温度。温度越高,盐雾腐蚀速率越快。国际电工委员会标准《大气腐蚀加速试验问题的评价》(IEC 60355—1971)指出:"温度每升高 10℃,腐蚀速率提高 2 ~3 倍,电解质的导电率增加 10% ~20%"。这是因为温度升高,分子运动加剧,化学反应速度加快。对于中性盐雾试验,大多数学者认为试验温度选在 35℃较为恰当。如果试验温度过高,盐雾腐蚀机理与实际情况差别较大。

(2)试验湿度。金属腐蚀的临界相对湿度大约为 70%。当相对湿度达到或超过这个临界湿度时,盐将潮解而形成导电性能良好的电解液,腐蚀性较强。当相对湿度降低,盐溶液浓度将增加直至析出结晶盐,腐蚀速率相应降低。

(3)盐溶液的浓度。盐溶液的浓度对腐蚀速率的影响与材料和覆盖层的种类有关。浓度在 5% 以下时钢、镍、黄铜的腐蚀速率随浓度的增加而增加;当浓度大于 5% 时,这些金属的腐蚀速率却随着浓度的增加而下降。上述这种现象可以用盐溶液里的氧含量来解释,盐溶液里的氧含量与盐的浓度有关,在低浓度范围内,氧含量随盐浓度的增加而增加,但是,当盐浓度增加到 5% 时,氧含量达到相对饱和,如果盐浓度继续增加,氧含量则相应下降。氧含量下降,氧的去极化能力也下降即腐蚀作用减弱。但对于锌、镉、铜等金属,腐蚀速率却始终随着盐溶液浓度的增加而增加。

(4)样品的放置角度。样品的放置角度对盐雾试验的结果有明显影响。盐雾的沉降方向是接近垂直方向的,样品水平放置时,它的投影面积最大,样品表面承受的盐雾量也最多,因此腐蚀最严重。研究结果表明:钢板与水平线成 45°角时,每平方米的腐蚀失重量为 250g,钢板平面与垂直线平行时,腐蚀失重量为每平方米 140g。《电工电子产品环境试验　第 2 部分:试验方法　试验 Ka:盐雾》(GB/T 2423.17—2008)规定"平板状样品的放置方法,应该使受试面与垂直方向成 30°"。

(5)盐溶液的 pH 值。盐溶液的 pH 值是影响盐雾试验结果的主要因素之一。pH 值越低,溶液中氢离子浓度越高,酸性越强腐蚀性也越强。以 Fe/Zn、Fe/Cd、Fe/Cu/Ni/Cr 等电镀件的盐雾试验表明,盐溶液的 pH 值为 3.0 的醋酸盐雾试验的腐蚀性比 pH 值为 6.5 ~7.2 的中性盐雾试验严酷 1.5 ~2.0 倍。

由于受到环境因素的影响,盐溶液的 pH 值会发生变化。为此国内外的盐雾试验标准对盐溶液的 pH 值范围都作了规定,并提出稳定试验过程中盐溶液 pH 值的办法,以提高盐雾试验结果的重现性。

影响盐溶液pH值变化的原因和结果。

①引起盐雾试验过程中盐溶液pH值变化的根源主要来自空气中的可溶性物质,这些物质的性质可能不同,有些溶于水里后呈酸性,有些溶于水里后呈碱性。

②盐雾试验过程中,空气中的可溶性物质溶入盐溶液或从盐溶液里逸出的过程是一个可逆过程。溶入物质会使盐溶液的pH值降低,而逸出物质会使盐溶液pH值升高,降低率和升高率相等的同时,溶入速度大于逸出速度,将使盐溶液的pH值降低。反之,盐溶液的pH值升高。溶入和逸出速度相等,则pH值不变。

③影响盐溶液pH值变化的因素很多。例如,空气中可溶性物质的性质和含量、大气压力、空气与盐溶液的接触面积和接触时间等。

a. 空气中可溶性物质的性质和含量。空气中含有CO_2、SO_2、NO_2、H_2S等,这些气体溶于水则生成酸性物质,使水的pH值降低。空气中也可能存在碱性的尘埃颗粒,这些物质溶于水会使水的pH值升高。

b. 大气压力。气体在水中的溶解度与大气压力成正比。0℃时,1标准大气压(atm)下100mL的水中能溶解0.355g CO_2,而在2atm下100mL水能溶解0.670g CO_2。当利用压缩空气喷雾时,由于大气压力增加,空气中CO_2等酸性物质的溶解量增加,盐溶液的pH值降低。这个过程与喷雾后受温度下降而使CO_2从盐溶液里逸出的过程恰恰相反。

c. 空气与盐溶液的接触面积和接触时间。喷雾使盐溶液变成直径为1~5μm微细颗粒的盐雾。接触面积增加使得气体溶入液体或气体从液体中逸出的量都大大增加。当影响气体溶入液体和气体从液体中逸出的条件(如压力、温度等)不变时,溶入和逸出速度最终将达到平衡状态。在达到平衡状态以前,随着时间的增加,溶入(或逸出)的量也将增加。

(6)喷雾方式:盐雾颗粒越细,所形成的表面积越大,被吸附的氧量越多,腐蚀性也越强。自然界中90%以上盐雾颗粒的直径在1μm以下,研究成果表明:直径1μm的盐雾颗粒表面所吸附的氧量与颗粒内部溶解的氧量是相对平衡的。盐雾颗粒再小,所吸附的氧量也不再增加。

2. 评定方法和物理意义

盐雾试验的结果评定方法主要有:腐蚀评级法、腐蚀物出现评定法、称重法、腐蚀率法和经验划分腐蚀程度法。

1)腐蚀评级法

把腐蚀面积与总面积之比的百分数按一定的方法划分成几个级别,以某个级别作为合格判定依据,它适合平板样品进行评价。由于《金属基体上金属和其它无机覆盖层经腐蚀试验后的试样和试件的评级》(GB/T 6461—2002)在应用范围中规定只适用于评定金属基体上金属和其他无机覆盖层经腐蚀试验后的试样和试件的评级，所以其不适用于金属材料的盐雾腐蚀评级；而由于《盐雾试验方法》(JIS Z 2371:2000)没有明确规定只适用于金属和其他无机覆盖层，故金属材料、金属基体上金属和其他无机覆盖层盐雾腐蚀评级均可参照 JIS Z 2371:2000 来进行，评级值 R_N 与腐蚀面积的关系为

$$R_N = 3 \times (2 - \log A) \tag{5-3}$$

式中：R_N 为评级值，化整到最近的整数；A 为基体金属腐蚀部分占总面积的百分比(%)。

但是，当评级值 $R_N = 9.3 \sim 9.8$ 时，评级值 R_N 与腐蚀面积 A 的关系为

$$R_N = 10 - A/0.1 \tag{5-4}$$

根据式(5-3)和式(5-4)计算所得的腐蚀面积占总面积百分比与评级值对应关系见表 5-3。

表 5-3 腐蚀面积占总面积百分数与评级值对应关系

腐蚀面积占总面积的百分比 A/%	评级值 R_N
0.00	10
$0 < A \leqslant 0.02$	9.8
$0.02 < A \leqslant 0.05$	9.5
$0.05 < A \leqslant 0.07$	9.3
$0.07 < A \leqslant 0.10$	9
$0.10 < A \leqslant 0.25$	8
$0.25 < A \leqslant 0.50$	7
$0.50 < A \leqslant 1.00$	6
$1.0 < A \leqslant 2.5$	5
$2.5 < A \leqslant 5$	4
$5 < A \leqslant 10$	3
$10 < A \leqslant 25$	2
$25 < A \leqslant 50$	1
$A > 50$	0

2)腐蚀物出现评定方法

以盐雾腐蚀试验一定时间后，产品是否产生腐蚀现象来对样品进行判定；或以盐雾试验出现腐蚀现象的时间对耐盐雾腐蚀性能进行评估。

3)称重法

通过称量腐蚀试验前后样品的重量变化来计算出腐蚀速率来对样品耐盐雾腐蚀性能进行评判。通常分为失重法和增重法，失重法就是使用能够溶解腐蚀

物,同时对样品自身又不起化学反应的化学溶剂,把试验后样品上腐蚀物溶解掉,让试验后样品的重量比试验前轻的一种表述方法,表示为单位试样面积失去重量的数值;增重法直接测量试验后单位试样面积增加重量的数值。其计算公式为

$$v_{失} = \frac{m_0 - m_1}{S} \tag{5-5}$$

式中:$v_{失}$为腐蚀速率($g/m^2 \cdot h$);m_0为试件腐蚀前的质量(g);m_1为试件腐蚀后的质量(g);S为试件的面积(m^2)。

4)腐蚀率法

以5mm×5mm作为一个小方格,把试样的主要表面划分为多个小方格,计算试样的腐蚀率,腐蚀率的分级见表5-4,其主要适用于电镀板的腐蚀评级。

表5-4　腐蚀率的分级

腐蚀率/%	等级
0.00	10
≤0.25	9
≤0.5	8
≤1	7
≤2	6
≤4	5
≤8	4
≤16	3
≤32	2
≤64	1
>64	0

5)经验划分腐蚀程度法

这种方法是根据实际的工作经验对盐雾试验后的样品划分腐蚀程度,是一种很粗糙的表述方法,通常使用下列表述语句:腐蚀非常严重、腐蚀严重、中等腐蚀、轻微腐蚀、很轻微的腐蚀、外观良好等。

3. 适用条件

根据ISO 9227:2017和GB/T 10125—2012两个标准的应用范围可以看出:

(1)中性盐雾试验方法可适用于任何金属、合金、金属涂覆层及阳极氧化膜及金属基体上有机涂层。

(2)醋酸盐雾试验方法也被用于检验无机和有机涂层,但特别适用于检验

铜+镍+铬或铜+铬装饰性镀层、钢铁或锌压铸件表面的镉镀层及铝的阳极氧化膜。

(3)铜加速醋酸盐雾试验方法主要用来快速检验钢铁和锌压铸件表面的铜+镍+铬或镍+铬装饰性镀层,还可用于检验经阳极化、磷化或铬酸盐等表面处理的铝及铝合金。

4. 特点和注意事项

1)特点

盐雾腐蚀试验方法的主要优点:盐雾环境的氯化物的盐浓度是一般天然环境盐雾含量的几倍或几十倍,介质腐蚀性强,使腐蚀速率大幅提高,对产品进行盐雾试验,得出试验结果的时间会大幅缩短。在天然环境下对某产品样品进行试验,腐蚀时间可能需要一年甚至数年,而在人工模拟盐雾环境条件下试验,只要数天甚至是数小时,即可得到相似的结果。表5-5所列为盐雾试验时间与自然环境服役时间对照表。

表5-5 盐雾试验时间与自然环境服役时间对照表

盐雾试验类别	盐雾试验时间/h	自然环境服役时间/年
中性盐雾试验	24	1
醋酸盐雾试验	24	3
铜盐加速醋酸盐雾试验	24	8

盐雾腐蚀试验也有一些应用局限性,虽被认为是模拟海洋大气最有效的方法,但对于表面未进行处理或不具钝化性的金属(如碳钢或合金钢),无论是进行连续喷雾还是间隔喷雾条件下的盐雾腐蚀试验,其腐蚀形貌往往呈全面均匀腐蚀,与海洋大气中常发生的麻点或溃烂性腐蚀不同。因此,盐雾腐蚀试验虽适合所有金属,但对于碳钢或合金钢等未进行处理或不具钝化性的金属,建议用前面介绍的间浸腐蚀试验来模拟海洋大气环境试验更适宜。

2)注意事项

(1)对于盐雾腐蚀试验试样的形状一般不做特别的规定,但对于带涂镀层的试样应尽量保证涂镀层的完整性,否则要对加工的部分进行涂封处理。

(2)盐雾腐蚀试验时间的确定一般要根据金属及涂镀层的耐蚀性确定,阳极性镀层以及会发生严重腐蚀的材料则不需要很长的试验时间。对能形成钝化膜的材料或性能比较好的涂镀层,需要延长试验时间(一般推荐不少于30天),从而得到较为实际的结果。

(3)表5-5中的盐雾试验时间与自然环境服役时间的对应关系,只作为安全设计或使用安全性的参考,不能完全对应。

5.1.3 点(孔)蚀试验

点(孔)蚀是指在金属表面的局部区域,出现向深处发展的腐蚀小孔(直径数十微米,孔深度大于或等于孔径),其余部分不出现腐蚀或腐蚀很轻微,点(孔)蚀一般只有表面有钝化膜的金属会出现这种腐蚀形态,如不锈钢、铝和铝合金、钛和钛合金等[8]。

从形貌上细分,点蚀与孔蚀也有细微差异,点蚀是指小而不明深度的局部腐蚀,多发生于能生成钝化膜或腐蚀产物膜,但膜又容易遭受破坏的金属结构材料上,如铝合金、铜镍合金等;孔蚀则是指小而深的局部腐蚀,多发生于因具有钝化膜才具有优良耐蚀性的金属结构材料上,如不锈钢。但是,基于二者的腐蚀机理基本相同,均包含孕育期和发展期,测试方法上对这两种形貌的局部腐蚀没有明确区分,因此,本节将点蚀与孔蚀一起介绍。最常用的点(孔)蚀试验方法有化学浸泡方法和电化学方法。

1. 化学浸泡方法

化学浸泡方法是将试样浸泡在某些加速的或天然的腐蚀环境中一定时间后,再对其腐蚀情况进行评定的方法。由于天然环境下腐蚀测试方法在后面章节中会专门说明,因此本节主要介绍的是加速的腐蚀环境下试验方法。加速的腐蚀环境下点(孔)蚀试验化学浸泡方法是材料抗点(孔)蚀性能测试评估应用最广泛的实验室试验方法,其发展较早,技术也比较成熟,针对不锈钢及含铬的镍基合金,许多国家已有这方面的标准,表 5-6 列出了三个标准的主要技术条件。

表 5-6 三氯化铁点蚀试验法的主要技术条件

技术条件	GB/T 17897—2016	ASTM G48—11(2020)e1	JIS G 0578:2000
试验溶液	6% $FeCl_3$ +0.05mol/L HCl	6% $FeCl_3$	6% $FeCl_3$ +0.05mol/L HCl
试验温度	(35±1)℃,(50±1)℃	(22±2)℃,(50±2)℃	(35±1)℃,(50±1)℃
试验时间	24h	72h	24h
试样尺寸	$10cm^2$ 以上	50mm×25mm	$10cm^2$ 以上
研磨	240 号砂纸	120 号砂纸	320 号砂纸
$1cm^3$ 试样对应的溶液量	≥20ml	≥20ml	≥20ml
试样位置	水平	倾斜	水平
耐点蚀评定方法	质量损失法	质量损失法, 标准试样图法	质量损失法

1)基本原理

点(孔)蚀试验化学浸泡方法是将钝化金属样品浸入含有浸蚀性阴离子(如

Cl^-)和促进点蚀稳定发展的氧化剂(常用的氧化剂有 Fe^{3+}、Cu^{2+}、Hg^{2+}、MnO_4^-、H_2O_2)的介质中,通过测量蚀孔的质量损失、数目、深度和大小,测定金属或合金的耐点(孔)蚀性能,或者通过测量临界点(孔)蚀温度、蚀孔成核所需的最低氯离子浓度,确定金属和合金的点(孔)蚀敏感性。

浸蚀性阴离子(如氯离子)使钝化膜局部活化,其原因是浸蚀性阴离子(如氯离子)优先选择性地吸附在钝化膜上,把氧原子挤掉;然后和钝化膜中的阳离子结合形成可溶性氯化物,形成小蚀坑,这些小蚀坑被称为点(孔)蚀核,也可理解为蚀坑生成的活性中心,点(孔)蚀的活性中心一般在金属表面的伤痕、晶界、位错露头、金属内部的硫化物夹杂、晶界上的碳化物沉积等处。氧化剂使活性中心进一步发展成孔蚀,这是因为浸泡溶液中的氧化剂通常具有较高的氧化还原电位,活性中心发生溶解时,其能在表面发生氧化剂的还原反应,保证大部分表面仍处于钝态,成为局部腐蚀电池的阴极。小阳极—大阴极促进蚀孔先纵深发展[9]。图 5-7 所示为不锈钢点(孔)蚀形成示意图。

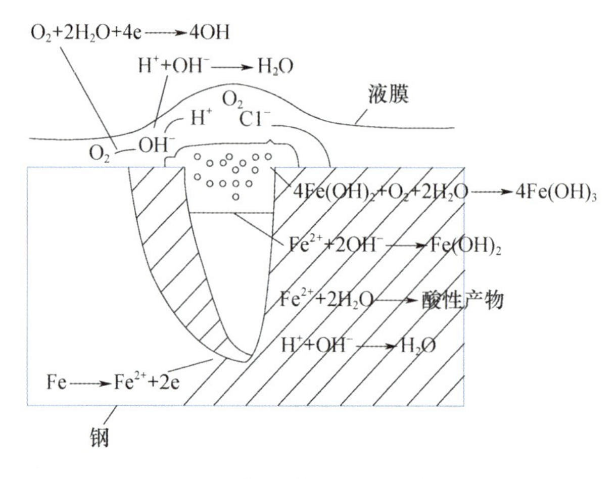

图 5-7　不锈钢点(孔)蚀形成示意图

2)评定方法和物理意义

评定材料抗点(孔)蚀性能和孔蚀敏感性现有多种定量方法,常用的有对样品进行评定的标准样图法、最大点(孔)蚀深度法、质量损失法和力学性能损失法等;及对使用介质进行评定的点(孔)蚀敏感性常用临界孔蚀温度和产生孔蚀最低氯离子浓度。事实上,常发现仅仅采用一种方法是不够充分的,所以在实际评定时,往往采用两种以上的方法。

(1)标准样图法:根据标准中的标准样图,见图 5-8,按照孔蚀的分布密度、尺寸和深度对孔蚀进行分类评级。

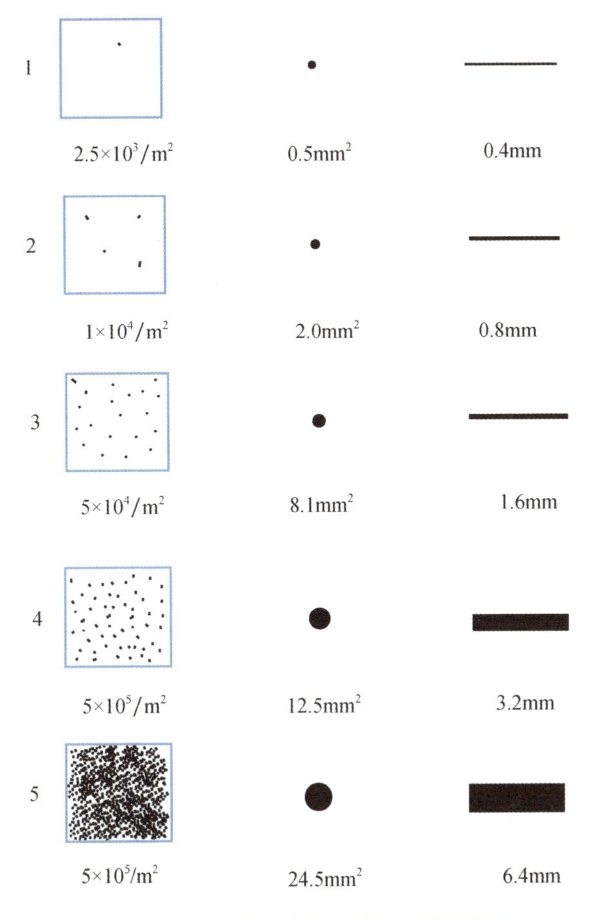

图 5－8　评定点（孔）蚀特征的标准样图

（2）最大孔蚀深度法：最大孔蚀深度往往比全部蚀孔的平均深度更为重要。实际测量时，往往选取一特定面积，测量足够多的蚀孔，以确定最大孔蚀深度以及 10 个最深孔的平均孔蚀深度。孔蚀程度也可用孔蚀系数来表示，其计算公式为

$$孔蚀系数 = 最大腐蚀深度/平均腐蚀深度 \tag{5-6}$$

平均腐蚀深度根据腐蚀质量损失计算得到；当孔蚀或均匀腐蚀很轻微时，不宜使用孔蚀系数，因为孔蚀系数可能为零或无穷大。

（3）质量损失法：只有当金属腐蚀很均匀且点蚀很轻微，才可用质量损失测量结果来确定点（孔）蚀程度；否则，在总的金属损失中点（孔）蚀所占的份额很小，因而无法根据质量损失确定点（孔）蚀程度。质量损失腐蚀速率计算在 5.1.1 节中腐蚀速率的质量指标中已说明。

(4)临界点(孔)蚀温度:临界点(孔)蚀温度也即点(孔)蚀发生的最低温度,一般材料的临界点(孔)蚀温度越高,材料的耐点(孔)蚀性能越好。在化学浸泡法中常用多个试样逐个温度试验来逼近临界点(孔)蚀温度,即当在该温度下发生点蚀,降低点蚀测试温度;相反,如在该温度下未发生点蚀,升高点蚀测试温度。为节约试验时间,推荐首个试样的试验温度,采用经验临界点(孔)蚀温度,即

$$\mathrm{CPT}(^\circ\mathrm{C}) = 2.5 \times w(\mathrm{Cr}) + 7.6 \times w(\mathrm{Mo}) + 31.9 \times w(\mathrm{N}) - 41.0 \quad (5-7)$$

式中:CPT 为经验临界点(孔)蚀温度。

为保证试验结果的精度,要求发生和未发生点(孔)蚀应满足:

$$T_{\mathrm{p}} - T_{\mathrm{np}} \leqslant 10\%(T_{\mathrm{p}} + T_{\mathrm{np}})/2 \quad (5-8)$$

式中:T_{p}为发生点蚀的最低温度;T_{np}为未发生点蚀的最高温度。

(5)最低氯离子浓度。只有当溶液中破坏钝化膜的浸蚀性阴离子浓度达到某一临界浓度时,点(孔)才会产生,因此,可以采用产生点(孔)蚀的最低 $\mathrm{Cl^-}$ 浓度来评价金属和合金耐点(孔)蚀敏感性,产生点(孔)蚀的最低 $\mathrm{Cl^-}$ 浓度越小,材料对点(孔)蚀越敏感。化学浸泡法中最低 $\mathrm{Cl^-}$ 浓度的试验方法也是采用多个试样逐个 $\mathrm{Cl^-}$ 浓度下试验逼近的方法求得,即当在该浓度下发生点蚀,降低点蚀测试介质 $\mathrm{Cl^-}$ 浓度;相反,如在该浓度下未发生点蚀,升高点蚀测试介质 $\mathrm{Cl^-}$ 浓度。为保证试验结果的精度,临界氯离子浓度应满足:

$$C_{\mathrm{p}} - C_{\mathrm{np}} \leqslant 10\%(C_{\mathrm{p}} + C_{\mathrm{np}})/2 \quad (5-9)$$

式中:C_{p}为发生点蚀的最低 $\mathrm{Cl^-}$ 浓度;C_{np}为未发生点蚀的最高 $\mathrm{Cl^-}$ 浓度。

3)适用条件

点(孔)蚀试验化学浸泡试验方法常包括三氯化铁试验方法或其他溶液的点蚀浸泡试验方法。三氯化铁试验方法主要适用于不锈钢及含铬的镍基合金在氧化性的氯化物介质中的耐点蚀性能,其目的是研究元素、热处理和表面状态等对不锈钢及含铬的镍基合金耐蚀性的影响[10];其他溶液的点(孔)蚀浸泡试验方法适用于不限于不锈钢的钝化金属,如铝合金、铜合金和钛合金等,由于没有相应的点(孔)蚀试验标准,一般按照 5.1 节中的实验室模拟浸泡试验方法进行,但对溶液提出的具体要求如下。

(1)此类试验溶液首先要求其中含有浸蚀性阴离子,以使钝化膜局部活化;此外还应含有促进点蚀稳定发展的氧化剂,以其提高氧化还原电位促进材料点(孔)蚀的发展。

(2)$\mathrm{Cl^-}$是最常用的浸蚀性阴离子,在试验溶液中的 $\mathrm{Cl^-}$ 浓度应高于诱发点蚀所需的最低临界浓度,对于某些铁基合金,诱发点(孔)蚀所需 $\mathrm{Cl^-}$ 的最低浓度见表 5-7[11]。

表 5-7　诱发点(孔)蚀所需 Cl^- 的最低浓度

合金	诱发点(孔)蚀所需 Cl^- 的最低浓度/(mol/L)	合金	诱发点(孔)蚀所需 Cl^- 的最低浓度/(mol/L)
Fe	0.00033	Fe-24.5Cr	1.0
Fe-5.6Cr	0.017	Fe-29.4Cr	1.0
Fe-11.6Cr	0.069	Fe-18.6Cr-9.9Ni	0.1
Fe-20Cr	0.1	—	—

(3)氧化剂通常要求具有较高的氧化还原电位,常用的氧化剂有 Fe^{3+}、Cu^{2+}、Hg^{2+}、MnO_4^-、H_2O_2等。

(4)应谨慎选择氧化剂的种类和数量,不同的氧化剂将呈现不同的氧化还原电位。

4)特点和注意事项

(1)特点。

点(孔)腐蚀化学浸泡法的优点如下。

①由于一般所选择的氧化剂电位比不锈钢在海水及许多其他化学介质中的腐蚀电位高,如 Fe^{3+} 实测时约为 1.02~1.06V(对标准氢电极),其氧化性是相当强的;再加上溶液中含有大量破坏钝化膜的浸蚀性阴离子(如 Cl^-),而且由于 pH 值低,酸性强,具有强烈的孔蚀倾向。因此,化学浸泡法多为加速试验方法,试验时间较短,对于大多数钢种,24h 试验周期即可以满足要求,只有对于合金元素含量高的一些不锈钢,才选用 72h,如 00Cr18Ni8Mo5、00Cr18Ni8MoSCu。

②由于阴阳极过程均在发生点(孔)蚀的试样上进行,具有较大的阴极面积,蚀孔不在表面上发展,而是向试样内部发展,因此试验结果与实际情况有较好的相符性。其缺点是:当材料在该溶液中产生析出物或出现金属间化合物的溶解(特别是合金元素钛),往往会加速腐蚀,这导致试验结果与实际环境中的耐点(孔)蚀性能会有一定的差异。

(2)注意事项。

具体注意事项如下。

①点蚀取样应尽量减少断面面积,把断面对点(孔)蚀所产生的影响减少到最小程度,建议断面面积为总面积的 12%~30%。

②应尽量使用大试样进行点(孔)蚀试验。从蚀孔深度的统计规律看,较深蚀孔的平均深度与试样表面积的对数成正比,试样的表面积越大,越能反映出设备孔蚀的真实情况,一般推荐为 50mm×25mm×(3~4)mm。

③试样的表面粗糙度对试验结果影响较大，因此点蚀试样一般要求采用粒度符合《固结磨具用磨料 粒度组成的检测和标记 第1部分：粗磨粒 F4～F220》（GB/T 2481.1—1998）的砂纸或砂布由粗到细顺序进行研磨，最后达到相应标准的要求；如标准中没有特别说明，建议最后用粒度为 W20 的水砂纸湿磨，当试样有表面粗糙度要求时，可用磨床进行研磨。

2. 电化学试验方法

相对于化学浸泡法，点（孔）蚀的电化学试验方法发展较晚，一般不应用于材料抗点（孔）蚀性能评判，主要用于材料抗点蚀性能研究，常包括测定点蚀电位（E_b）和保护电位（E_p）的方法、划伤电极法和小孔发展速率（PPR）－电位曲线法，其中测定点蚀电位（E_b）和保护电位（E_p）的方法应用最广泛。

1）测定点蚀电位（E_b）和保护电位（E_p）的方法

（1）基本原理。通过电化学工作站控制试样的电位，使之按照规定的程序从自然腐蚀电位向正向极化并相应记录阳极极化曲线 $E-\lg i$。在样品只发生阳极反应条件下测定点蚀电位（E_b）和保护电位（E_p），目前已标准化的测量 E_b 和 E_p 的电化学方法为连续扫描动电位法，其以某个规定的速度连续改变电位（常以三角波电位扫描），相应测定阳极极化曲线，在析氧电位以下由于点蚀使电流密度急剧上升的电位称为点蚀电位（E_b）。若该点不明显，取电流密度为 $10\mu A/cm^2$ 或 $100\mu A/cm^2$ 所对应点的电位，分别记为 E_{b10} 或 E_{b100}；当电流密度达 $1mA/cm^2$ 时反向改变电位扫描方向，逆向极化曲线与正向极化曲线相交点（或电流降至零）所对应的电位即为保护电位（E_p），见图 5－9。各国均已经制定了测定不锈钢点蚀电位的标准，如我国的《不锈钢点蚀电位测量方法》（GB/T 17899—1999），美国的《采用循环动电位极化测量方法检测铁、镍或钴基合金局部腐蚀敏感性的标准试验方法》（ASTM G61—86（2014））和日本的《不锈钢的点腐蚀电位测试方法》（JIS G 0577：2014），中国、日本和美国标准的一些主要技术指标见表 5－8。

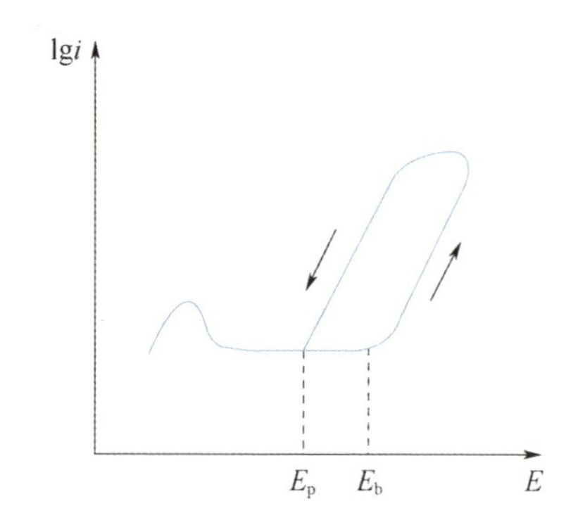

图 5－9 具有活化－钝化转变行为的金属典型阳极极化曲线

表 5-8 不锈钢点蚀电位试验方法主要技术指标

技术条件	GB/T 17899—1999	ASTM G61—86(2014)	JIS G 0577:2014
试验溶液	3.5% NaCl	3.5% NaCl	3.5% NaCl
试验温度	(30±1)℃(若不发生点蚀,选择50℃±1℃或更高)	(25±1)℃	(30±1)℃
制样要求	涂覆型和嵌埋型,硝酸预钝化	圆片,聚四氟乙烯压合装配支架	涂覆型和嵌埋型,硝酸预钝化
试样磨抛	用符合 GB/T 2481.1—1998 规定的粒度砂纸按从低号砂纸到高号砂纸的顺序进行研磨,直到 500 号	从低号砂纸到高号砂纸的顺序进行研磨,直到 600 号	用符合 JISR 6252:2006 或 JISR 6253:2006 规定的粒度砂纸按从低号砂纸到高号砂纸的顺序进行研磨,直到 800 号
扫描速度	20mV/min	10mV/min	20mV/min
耐点蚀性能参数	E_b、E_{b10}或 E_{b100}	电流快速增加的电位	E_{b10}或 E_{b100}

(2)表征参数和物理意义。该方法一般得到点蚀电位和保护电位两个表征参数。

①点蚀电位(E_b):点蚀电位即材料产生蚀孔,且蚀孔能持续发展的最低电位。若该点不明显,取电流密度为 10μA/cm^{2}或 100μA/cm^{2}所对应点的电位,分别记为 E_{b10}或 E_{b100}。

②保护电位(E_p):保护电位指已发展的蚀孔重新钝化的最高电位。

点蚀电位(E_b)和保护电位(E_p)是表征金属材料点蚀敏感性的两个基本电化学参数,它们把具有活化-钝化转变行为的阳极极化曲线划分为三个区段。

a. $E > E_b$,将形成新的点蚀,已有点蚀继续长大。

b. $E_b > E > E_p$,不会形成新的点蚀,但原有点蚀将继续发展长大。

c. $E \leqslant E_p$,原有蚀孔再钝化而不再发展,也不会形成新蚀孔。

(3)适用条件。

测定点蚀电位(E_b)和保护电位(E_p)的方法适合几乎所有具有钝化性的金属及合金的点蚀性能测试,但对于钝化膜易遭受破坏的金属材料上,如铝合金、铜镍合金等,能测出点蚀电位(E_b),但不一定能测出保护电位(E_p)。

(4)特点和注意事项。

①特点。连续扫描动电位法测定点蚀电位(E_b)保护电位(E_p)的方法具有简单、快速的优点;其缺点是:由于研究的试验电极上仅发生阳极反应,金属阳极溶解所释放出来的电子,通过回路在发生还原反应的辅助电极上被吸收,因此蚀孔成长呈半球状,与实际生产情况有所不同。

②注意事项。

a. 制样要避免缝隙腐蚀，重要的是边缘要涂封好，使试样与涂封的绝缘体之间不产生缝隙。目前，也用硝酸钝化试样来防止缝隙腐蚀，它的要点是打磨后，立即对试样进行钝化处理，然后封样，借助同绝缘物接触的表面上所形成的致密的钝化膜防止缝隙腐蚀的产生。

b. 电化学腐蚀测试结果受制样、测试时试样表面的瞬时状态影响较大，因此采用连续扫描动电位法测定点蚀电位（E_b）和保护电位（E_p）时，往往结果波动较大，为保证结果的可靠性，建议取5～10件平行试样。

c. 结果评定时，对于很容易从拐点求相应的点蚀电位，求得的结果较准确，但对于电流上升缓慢，拐点不太明显或者电流上升又下降而出现电流振荡时，从拐点求相应的点蚀电位就不那么容易，需统一规定以 $10\mu A/cm^2$（或 $100\mu A/cm^2$）电流所相应的电位 E_{b10}（或 E_{b100}）作为点蚀电位时，便可以避免工作中的这一困难。

2）划伤电极法

（1）基本原理。划伤电极法是一种利用测定金属再度生成钝化膜的能力来测量孔蚀特征电位的方法[12]。它消除了诱导期和表面状态对点蚀电位的影响，其基本原理是，当试样的电位 E 控制在大于 Flade 电位而又小于点蚀电位的范围内时，如果再用划伤的方法使钝化膜遭受破坏，让试样露出新鲜表面，这就相当于产生了一个活化蚀孔，人为地把诱导期 T 缩短到几乎等于零。见图5－10，在表面划伤后电流首先急剧增大，这是暴露出活性表面的缘故，大电流持续一段时间后，电流又突然下降，这是表面迅速再钝化的结果；随后伴随着钝化膜增厚和生长完全，电流几乎呈指数衰减而最后趋于某一稳定值。如果控制的试样电位离点蚀电位较远时，划伤试样后，阳极电流会随着时间很快下降，划伤处发生再钝化时间较短；当试样的控制电位接近点蚀电位时，划伤后阳极电流下降得缓慢，再钝化时间增长；当控制电位达到点蚀电位时，划伤后阳极电流不再随时间降低，划伤处不再钝化。因此，控制电位由小至大（一般间隔5～50mV），按上述方法逐点进行测量，直到测得试样在某一电位下表面划伤后，电流不再随时间下降为止。划伤后能够再钝化的最高电位便是临界点蚀电位（E_c）。

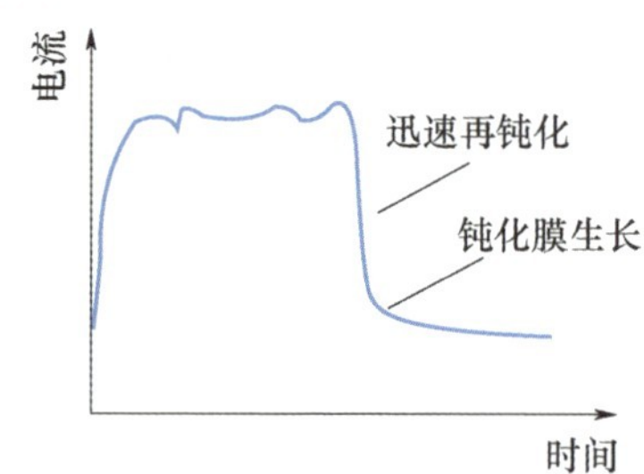

图5－10 试样表面划伤后再钝化的典型电流－时间曲线

（2）表征参数和物理意义。划伤电极法一般可得到的表征参数是临界点蚀电位。临界点蚀电位（E_c）是将再钝化倾向和孔蚀倾向严格地区分开来的电位，其从物理意义上不同于点蚀电位（E_b）。

（3）适用条件。划伤法测量材料耐孔蚀性方法目前应用还存在一些争议，主要表现在两个方面。

①认为用此方法测得的电位是临界点蚀电位还是孔蚀保护电位目前尚有争议。

②有人认为用划伤测定的临界电位比动电位法测得的临界点蚀电位更接近于真正的孔蚀临界电位，但是 B. C. Syrett 认为划伤法并不一定代表发生孔蚀位置的真实情况，因为孔蚀部位有大的电化学性质差异，来自孔蚀的保护电位（E_p）将比来自划伤电极法的 E_p 值更低。建议用这一方法测量铁素体不锈钢的孔蚀保护电位。

（4）特点和注意事项。

①特点。因为采用这一方法测得的点蚀电位只与介质及合金成分、结构有关，而与试样的表面状态无关，所以可以避免试样加工表面质量对结果的影响；此法应用也有一定的局限性，主要是行业应用存在争议，没有标准化，所以不适合用来作为材料验收的测试，但可以作为材料抗点蚀性能研究应用，其测试时间短，且结果直观。

②注意事项。与动电位测试方法要求相同，制样要避免缝隙腐蚀或其他的表面处理对结果的影响。

3）小孔发展速率－电位曲线法

（1）基本原理。小孔发展速率（PPR）－电位曲线法是 B. C. Syrett 认为测定点蚀电位（E_b）和保护电位（E_p）的方法和划伤法测量点蚀电位都有一些不足之处，而提出了一种新的测量方法[12]。提出这一方法的出发点是，实际生产中制作设备的金属表面上免不了存在一些类似于蚀孔的缺陷，使用时小孔就会从这些地方发展起来。因此，只有在生成蚀孔（数目最少）的情况下测量保护电位（E_p）才有实际意义。

小孔发展速率－电位曲线法见图5－11中电位－时间曲线示意图。

先把试样浸入试验溶液里一定时间达到稳态腐蚀电位（E_k），然后从稳态腐蚀电位（E_k）开始以36V/h的扫描速度对试样进行阳极极化，使试样表面的电位位于点蚀电位（E_b）和保护电位（E_p）之间某一预选值上保持10min，并记录电流值，因为这时候试样处于钝化状态，所记录的电流即为钝态下的均匀腐蚀速率，10min后继续扫描，使电位超过点蚀电位（E_b）直至电流密度达到10mA/cm^2。最后把电位跳跃式地下降到 E_p 和 E_b 之间的某一预选值，保持10min，记录电流值。因为在这一电

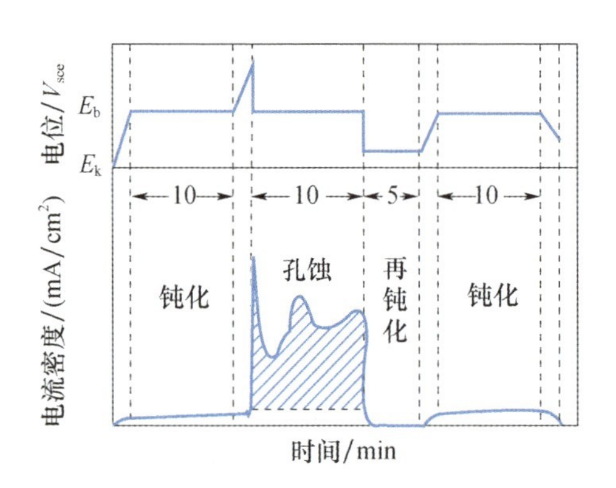

图5-11　小孔发展速率方法的电位-时间与电流密度-时间曲线示意图

位下,新的蚀孔不引发,而已经引发的蚀孔可以继续发展,因此测得的电流值应该是蚀孔的发展速率和非蚀孔钝化区的均匀腐蚀速率的总和。在第二个10min之后,电位再次跳跃式下降,达到最初的腐蚀电位,蚀孔再钝化,保持5min。然后再以36V/h的扫描速度使电位位于保护电位(E_p)和点蚀电位(E_b)之间的某一选定电位,以确定钝化条件下电流没有很大变化,使电位扫描到腐蚀电位。最后,把孔蚀发展的10min内所得的总电流减去钝化区内的均匀腐蚀电流,便可以获得蚀孔发展的10min内的平均蚀孔电流。同时,在显微镜下计算蚀孔的投影面积,便可以求得蚀孔的发展速率。重复上面的操作和计算,便可以获得不同预选电位下的蚀孔发展速率,再做出PPR电位的曲线(见图5-11)。

(2)表征参数和物理意义。该方法一般得到的表征参数为点(孔)蚀发展速率。

点(孔)蚀发展速率是指小孔发展的平均电流除以小孔面积所得的电流密度。

从10min小孔成长期所记录下来的总电流值减去均匀腐蚀的电流值,得到只有小孔发展的电流值(图5-11)。首先将图形积分便可求得10min内的平均小孔蚀电流;然后利用显微检测方法测定实际的总面积,则真实的小孔发展速率可由小孔发展的平均电流除以小孔面积获得(对应图5-11中阴影区)。

(3)适用条件。小孔发展速率-电位法适合几乎所有具有钝化性的金属及合金的点蚀性能测试,但对于钝化膜易遭受破坏的金属材料,有可能数据分散性较大,需要开展多个平行试样的测试,才能保证结果更精确。

(4)特点和注意事项。

①特点。因为采用这一方法测得的保护电位(E_p)避免了金属表面存在一些类似于蚀孔缺陷而对结果产生影响,因此相比前面两种电化学试验方法(点蚀电位和保护电位的方法、划伤法)测试结果会更精准。但是,此方法尚未形成标准,因此在应用时也存在一定的局限性,不能用于材料性能的评定,但可用于材料的研究。

②注意事项：与前面两种电化学试验方法要求相同，制样要避免缝隙腐蚀或其他的表面处理对结果的影响。

5.1.4 缝隙腐蚀试验

金属表面上由于存在异物或在结构上形成很小的缝隙0.01～0.1mm，使缝隙内物质的移动受到阻滞，形成浓差电池，引起缝内金属的加速腐蚀，这种腐蚀称为缝隙腐蚀。宽度大于0.1mm的缝隙，由于缝隙内介质不形成滞留而不会形成缝隙腐蚀；宽度小于0.01mm的缝隙，由于介质进不去，也不会形成缝隙腐蚀。

几乎所有的金属都可能产生缝隙腐蚀，但依赖钝化而耐蚀的金属最容易产生这种腐蚀，如不锈钢、钛、铝以及铜合金等。与点蚀相比，缝隙腐蚀的发生不要求溶液中必须含 Cl^- 等离子，几乎所有的腐蚀介质（包括淡水）都能引起金属缝隙腐蚀，甚至在大气环境中也都能发生缝隙腐蚀，如，钢、铝、镁、锌等涂装金属产品在大气环境中产生的丝状腐蚀，就是一类特殊的缝隙腐蚀[13-14]。缝隙腐蚀多数情况是宏观电池腐蚀，腐蚀形态从缝隙内金属的孔蚀到全面腐蚀都有。缝隙腐蚀的成长电位区较点蚀的成长电位区更宽，因而其比点蚀更易发生，更不易控制，在海洋环境中尤要警惕缝隙腐蚀的出现，为此研究设备的耐缝隙腐蚀性能对保障装备的安全运行具有非常重要的意义。研究缝隙腐蚀最重要的试验方法包括化学浸泡方法和电化学方法。

1. 化学浸泡方法

1）基本原理

将设计好人造缝隙的金属样品浸入一定温度的介质中，通过测量腐蚀的质量损失或腐蚀深度，评定金属或合金的耐缝隙腐蚀性能。人造缝隙的设计形式有多种，可参照《海水及其它含氯化物的水环境中铁基和镍基不锈合金的缝隙腐蚀试验标准导则》（ASTM G78—15）。但是应用比较广泛的是以下两种：一种是试样两个表面用聚四氟乙烯圆柱夹紧，并用低硫（硫质量分数小于0.02%）橡胶带以十字形捆好人造缝隙，聚四氟乙烯圆柱尺寸为 ϕ12.7mm×12.7mm，一端加工有宽、深均为1.6mm的十字形沟槽，防止橡胶带滑动，见图5-12(a)；另一种是在第一种基础上发展起来的多缝隙夹具，其可以在统计学的基础上评定材料对缝隙腐蚀的相对敏感性，可减轻由于试验时不能重现缝隙的几何形状而导致试验结果分散度较大的问题。聚四氟乙烯垫圈有一端加工成锯齿形，每个垫圈有12个齿，即可能发生腐蚀的接触位置，试样两侧的垫圈以0.28N·m的转矩将其上紧，见图5-12(b)。采用的腐蚀介质常有两种：一种是6%的 $FeCl_3$ 溶液，在《使用三氯化铁溶液测试不锈钢及合金耐点蚀和缝隙腐蚀性的标准试验方法》（ASTM G48—11(2020)e1）中有配制方法；另一种是《不锈钢三氯化铁缝隙试验方法》（GB 10127—2002）推荐的溶液，为6%

$FeCl_3$溶液 +0.05mol/L 盐酸。

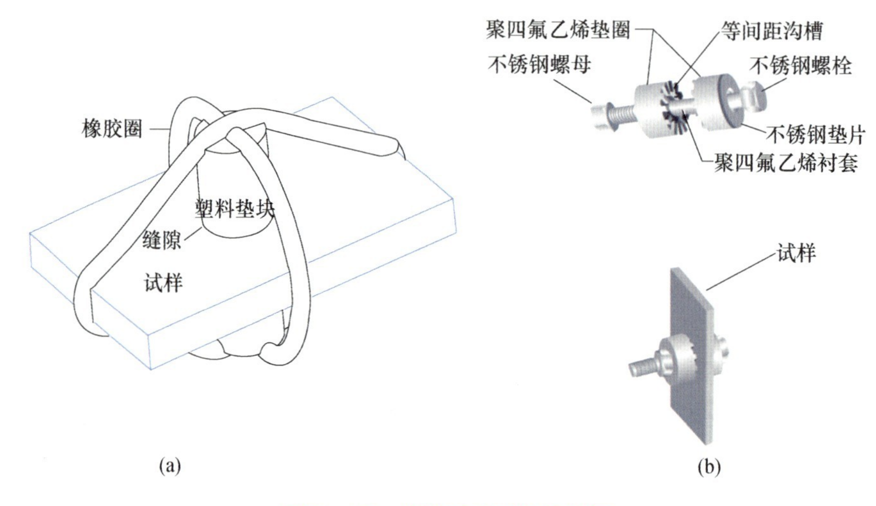

图 5-12 缝隙腐蚀试样组装图

(a)聚四氟乙烯圆柱 + 橡胶带;(b)带齿聚四氟乙烯垫圈 + 螺栓、螺母。

目前,被人们普遍接受的缝隙腐蚀机理包括以下几个方面。

(1)浓差电池机理。由于缝隙的存在,和自由暴露的表面相比较,新鲜电解质很难到达,因而在同一金属表面上的缝隙内外产生离子和溶解气体的浓度差异,这样的环境条件引起的电位差,影响电极过程动力学,致使电化学电池建立,在阳极位置发生氧化过程,即腐蚀;在阴极位置发生某些还原过程(如氧的还原等)。

(2)缝隙腐蚀的一元化机理(也称 Fontana - Greene 的缝隙腐蚀机理)。在缝隙腐蚀开始阶段,金属 M 的阳极溶解反应(式(5-10))和阴极还原反应(式(5-11))均匀地发生在包括缝隙内部的整个金属表面上,在金属和溶液中,电荷是守恒的,生成一个金属离子,产生一个电子,随即被氧化-还原用掉。同样,对溶液中每一个金属离子,相应地产生一个氢氧根离子。过一段时间后,缝内的氧由于对流不畅而贫化,因此在这部分区域内,氧的还原就停止了。然而,金属 M 继续溶解,这样就在溶液中产生过多的 M^+ 离子,为了保持电荷平衡的要求,迁移性大的阴离子(Cl^-)开始借电泳作用大量迁移进缝隙内部,结果就使缝内的金属氯化物浓度大大增加。缝隙内的初生腐蚀产物(金属离子或金属氯化物)发生水解。反应过程如下:

$$M \longrightarrow M^+ + e \tag{5-10}$$

$$O_2 + 2H_2O + 4e \longrightarrow 4OH^- \tag{5-11}$$

$$M^{2+} + 2H_2O \longrightarrow M(OH)_2 \downarrow + 2H^+ \tag{5-12}$$

$$MCl_2 + 2H_2O \longrightarrow M(OH)_2 \downarrow + 2HCl \tag{5-13}$$

结果使缝隙内部 pH 值下降、氯离子浓度增高，其会促使缝内金属溶解速度增加，相应缝外邻近表面的阴极过程，即氧的还原速度也增加，使外部表面得到阴极保护，而加速了缝内金属的腐蚀，如此循环往复，形成了一个自催化过程，使缝隙腐蚀过程随着时间的推移而加速进行下去，图 5 - 13 所示为 Fontana - Greene 的缝隙腐蚀机理图。

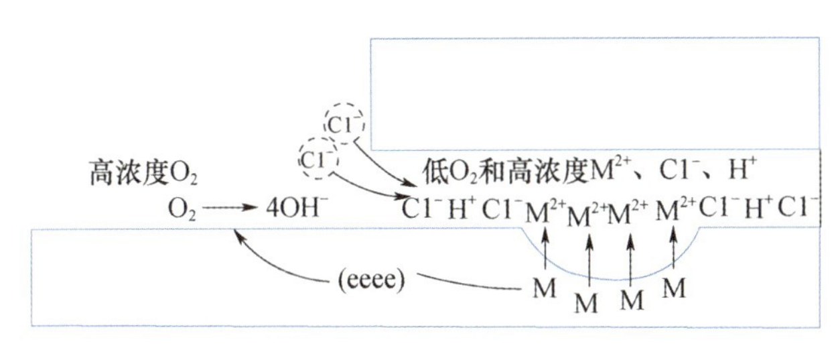

图 5 - 13　Fontana - Greene 的缝隙腐蚀机理图

(3) 丝状腐蚀机理。丝状腐蚀是大气条件下一种特殊的缝隙腐蚀。丝状腐蚀开始发展往往是由一些漆膜的破坏处、边缘棱角及较大的针孔等缺陷或薄弱处，形成引发中心(活化源)。这些引发中心随同大气中少量的腐蚀介质，如氯化钠、硫酸盐的离子和氧、水分一起产生了活化作用，激发丝状腐蚀点的形成。在这个引发中心为核心的一个很小的活化区域内，由于空气渗透不均形成氧浓差电池，有可能生成酸，推动着丝状腐蚀向前发展。

2) 表征参数和物理意义

缝隙腐蚀试验一般可得到腐蚀速率、腐蚀深度和临界缝隙腐蚀温度等表征参数。

(1) 腐蚀速率。通过对腐蚀试验前后样品的重量进行称重的方法，计算出腐蚀速率对样品耐腐蚀性能进行评判。腐蚀速率计算公式为

$$v_{失} = \frac{|m_0 - m_1|}{St} \tag{5-14}$$

式中：$v_{失}$ 为金属腐蚀速率(g/(m^2 · h))；m_0 为试件腐蚀前的质量(g)；m_1 为试件腐蚀后的质量(g)；S 为试件的面积(m^2)；t 为试件的腐蚀时间(h)。

(2) 腐蚀深度。最大深度往往比平均深度更重要。实际测量时，最大缝隙腐蚀深度往往选取聚四氟乙烯下的缝隙部位一特定面积，测量足够多点的深度(一般取 10 个)，以确定最大缝隙腐蚀深度；平均腐蚀深度则是在试样上、下两面各 10 个点，共测量 20 个点的平均深度。

(3) 临界缝隙腐蚀温度。临界缝隙腐蚀温度也即试验周期中在深度方向发生腐蚀(小于 0.025mm)的温度，一般材料的临界缝隙腐蚀温度越高，材料的耐缝隙

蚀性能越好。在化学浸泡法中常用多个试样逐个温度试验来逼近临界缝隙腐蚀温度,即当在该温度下发生大于等于0.025mm的缝隙腐蚀,降低缝隙腐蚀测试温度;相反,如在该温度下未发生大于等于0.025mm的缝隙腐蚀,升高缝隙腐蚀测试温度。为节约试验时间,推荐首个试样的试验温度,按下式求得

$$\mathrm{CCT}(℃) = 1.5 \times w(\mathrm{Cr}) + 1.9 \times w(\mathrm{Mo}) + 4.9 \times w(\mathrm{Nb}) + 8.6 \times w(\mathrm{W}) - 36.2 \quad (5-15)$$

式中:CCT为经验临界缝隙腐蚀温度。

3)适用条件

缝隙腐蚀化学浸泡试验方法可适用于任何金属及合金,目前应用成熟且已经标准化的方法为三氯化铁溶液缝隙腐蚀试验方法,如我国《不锈钢三氯化铁缝隙试验方法》(GB/T 10127—2002)、美国材料与试验协会ASTM G48—11(2020)e1和韩国《使用三氯化铁溶液做不锈钢及合金耐点蚀和缝隙腐蚀试验方法》(KS D 0278—2005),主要适用于不锈钢、铬镍合金在氧化性的氯化物介质中的耐缝隙腐蚀性能测试,其目的是研究元素、热处理和表面状态等对不锈钢及含铬的镍基合金耐蚀性的影响。其他金属进行化学浸泡缝隙腐蚀试验,则需根据服役环境选用合适的加速介质条件,如钛合金推荐使用沸腾氯化物溶液,常包括42% $MgCl_2$、42% $MgCl_2$ +0.03mol/L HCl、30% $MgCl_2$ + 10% $CuCl_2$ + 0.01mol/L HCl溶液;为了加速缝隙腐蚀试验,则推荐采用在试验溶液中加入活性炭,因为活性炭吸收氧的能力很高,缝隙外的金属表面与活性炭接触为富氧区,从而增大了缝隙内外的氧浓差,加速了缝隙内金属的腐蚀,海洋环境服役的金属材料推荐的试验溶液为3% NaCl +0.05mol/L Na_2SO_4 + 活性炭(人造海水与活性炭的体积比是5∶4,活性炭粒度为100目),试验温度为30℃或60℃。

4)特点和注意事项

(1)特点。

化学浸泡介质中不一定要含有Cl^-等特异离子,缝隙腐蚀就能发生,因而缝隙腐蚀比点蚀更易发生,在一定的环境中,不会发生点蚀的材料有可能会发生缝隙腐蚀;缝隙腐蚀化学浸泡试验结果除与试验介质条件有关外,受人造缝隙影响也比较大,由于人造缝隙几何重现性差,因此缝隙腐蚀试验结果分散性较大。

(2)注意事项。

①缝隙腐蚀试验腐蚀速率与构造缝隙面积占整个试样表面的比例有关,因此采用腐蚀速率来比较材料的抗缝隙腐蚀性能,应用相同面积的腐蚀试样,制造缝隙的条件也必须一致。

②在出现试验结果分散性比较大的情况时,建议补充试样进行试验。

2. 电化学浸泡方法

1)基本原理

用规定的人工缝隙夹具在电极上形成缝隙,在恒温的氯化钠溶液中经1h的自然腐蚀后,对电极以0.6V/h的扫描速度进行阳极化扫描并绘制电位-电流曲线。当电流达到5mA时,逆转扫描方向并连续回扫到它的初始电位,可根据逆扫时出现的滞后环判别其缝隙腐蚀的敏感性;也可用恒电位法使其极化到0.800V_{sce},诱发缝隙腐蚀。试样诱发缝隙腐蚀后,立即将电位降至某一预选钝化电位,如果在电位下材料对缝隙腐蚀敏感,腐蚀将继续发展;反之,试样将发生再钝化,以缝隙腐蚀表面能够再钝化的最正电位为判据,评价材料的抗缝隙腐蚀性能。

2)表征参数及物理意义

电化学浸泡方法一般可得到腐蚀电位、能够再钝化的最正电位、滞后环面积、再钝化电位时的极化电流与时间的关系曲线和正于再钝化电位时的极化电流与时间的关系曲线等表征参数。

(1)腐蚀电位(V_1)。腐蚀电位为在没有外加电流时金属达到一个稳定状态时测得的电位,它是被自腐蚀电流所极化的阳极反应和阴极反应的混合电位。

(2)能够再钝化的最正电位(E_{rp})。能够再钝化的最正电位即诱发缝隙腐蚀后,将电位降至第n个预钝化电位,如果试样不发生再钝化,终止试验,即$E_{rp}=E_n$,第1个预钝化电位取为E_1,第n个预钝化电位为$n-1$个预钝化电位增加0.050V。

(3)滞后环面积。滞后环面积为电位-电流曲线上,正向扫描曲线和逆转扫描曲线所围成的区域面积,区域面积越大,抗缝隙腐蚀性能越好。

(4)再钝化电位时的极化电流与时间的关系曲线。在预钝化电位下保持15min,所记录的电流-时间曲线为再钝化电位时的极化电流与时间的关系曲线,如电流随时间减少或电流很小(不大于2μA),则表示试样已经钝化;反之,如果电流随时间增加(大于2μA)或在大范围内波动(大于4μA)表示没有钝化,腐蚀在继续发展。

(5)正于再钝化电位时的极化电流与时间的关系曲线。在正于预钝化电位下保持(标准选择0.800V_{sce}),所记录的电流-时间曲线为正于再钝化电位时的极化电流与时间的关系曲线。分两种情况:第一种情况电流迅速达到500μA,立即将电位降低到预选电位,则表示试样已经钝化;反之,如果电流随时间增加(大于2μA)或在大范围内波动(大于4μA)表示没有钝化,腐蚀在继续发展。

3)适用范围

ASTM G61—86(2014)和《不锈钢缝隙腐蚀电化学试验方法》(GB/T 13671—1992)标准的缝隙腐蚀电化学试验方法,适合评价铁基、镍基和钴基合金缝隙腐蚀性能。其他非标的电化学测试法,如远距离缝隙装置试验及其他恒电位和动电位极化方法目前适用范围还需进一步研究。

4)特点和注意事项

(1)特点。

电化学测试方法是加速试验方法,可缩短缝隙腐蚀的诱导期,试验周期比较短。缺点是电化学测试法所得结果虽与现场挂片和浸泡法的结果有一定对应性,但其重现性以及方法的适用范围还需进一步核实。

(2)注意事项。

①缝隙腐蚀电化学测试方法可能影响试验结果的因素很多,其中影响最明显的是试样制备和暴露之间的实际间隔时间以及组装电极支架的松紧程度。如果采用非标准方法进行试验,由于电极组装方法或扫描速度不同,均会对试验结果产生明显的影响,因此不能简单地通过对比试验结果来比较材料耐缝隙腐蚀性能的好坏。

②由于电化学方法对过程中的影响因素更敏感,其重现性及适应范围还需进一步核实,因此不建议将电化学方法试验结果作为产品或材料合格验收的依据,可作为材料抗缝隙腐蚀性能研究的重要手段,特别是在不同材料的抗缝隙腐蚀性能的对比及不同工艺对其抗缝隙腐蚀性能的影响规律研究方面。

5.1.5 晶间腐蚀试验

晶间腐蚀是金属材料在特定的腐蚀介质中,由于晶界受到腐蚀使晶粒之间丧失结合力的一种局部腐蚀破坏现象。当金属材料发生晶间腐蚀时,其特点是宏观上金属的外形尺寸几乎不变,有时,表面仍然保持金属光泽,但其强度和延性下降,因此,晶间腐蚀是一种非常危险的局部腐蚀形式。

不锈钢、铝合金、镁合金、镍基合金等都是晶间腐蚀敏感性强的材料,在受热情况下使用或焊接过程都会造成晶间腐蚀的问题。晶间腐蚀的机理,一般认为有两种:一种是晶界合金元素的贫化理论,如对于不锈钢来说,是贫铬理论,对于镍铬钼合金,是贫钼理论,对于铝铜合金,是贫铜理论[15];另一种是晶间区偏析杂质或第二相选择性溶解理论,如在强氧化性介质中,晶间腐蚀在固溶状态的奥氏体不锈钢上发生,而敏化状态的(含有晶界贫铬区的)奥氏体不锈钢反而不发生晶间腐蚀,这显然不能用贫铬理论来解释。对于这种类型的晶间腐蚀,有人认为是晶界上偏析的杂质(磷在 10^{-6}以上,硅在 $10^{-3}\sim2\times10^{-3}$之间)发生选择性溶解造成的,也有人认为是晶界上析出的相选择溶解所致。例如,不锈钢晶界上 σ 相或碳化物在强氧化性介质中发生选择溶解;铝合金在晶界析出的富 Mg 相在腐蚀性介质中的优先溶解等[16]。

晶间腐蚀试验方法很多且均比较成熟,许多方法均已标准化,但主要是针对不锈钢及镍基耐蚀合金、铝合金。这是因为其他合金虽然也在某种程度上出现晶间腐蚀,但由于很少发生与此相关的破坏,因此在工程实践中通常并非那么重要。为此，本书主要介绍不锈钢及镍基耐蚀合金、铝合金晶间腐蚀试验方法，其他合金的晶间腐蚀试验方法就不再详细介绍，仅列表给出其相应的腐蚀试验条件。

1. 不锈钢及镍基耐蚀合金晶间腐蚀试验方法

目前，针对不锈钢及镍基合金耐晶间腐蚀性能评价的方法很多，大致可以分为化学浸泡法和电化学测试方法[17]。表 5－9 所列是不锈钢及镍基合金晶间腐蚀常用的化学浸泡试验方法。其中草酸电解浸蚀试验有时也作为电化学测试方法，在本书中将按标准中的顺序阐述，在化学浸泡法中进行介绍。

表 5－9　不锈钢及镍基合金晶间腐蚀常用的化学浸泡试验方法

试验方法	试验介质	试验条件	电位（氢标）/V	选择腐蚀的物质及备注
草酸电解浸蚀试验	$H_2C_2O_4 \cdot 2H_2O$ 100g＋蒸馏水 900mL	20～50℃，1A/cm^2，1.5min	1.70～2.00 或更大	各种碳化物
沸腾硝酸试验	65%（质量分数）HNO_3	沸腾 3～5 个周期，每周期 48h，防止溶液蒸发损失，每一周期更换溶液	0.99～1.20	贫铬区；σ 相；碳化物；金属夹杂物
硫酸－硫酸铁试验	50%（质量分数）H_2SO_4＋25g/L $Fe_2(SO_4)_3$	暴露于沸腾溶液中 120h	0.7～0.9	贫铬区；某些合金中的 σ 相
酸性硫酸铜试验	$CuSO_4 \cdot 5H_2O$ 100g＋H_2SO_4（相对密度 1.84）100mL＋蒸馏水 1000mL	沸腾 16h 或 24h 防止溶液蒸发损失	0.3～0.58	贫铬区；不能检验合金中的 σ 相引起的晶间腐蚀
硝酸－氢氟酸试验	10%（质量分数）HNO_3＋3%（质量分数）HF 溶液	暴露于（70±0.5）℃的试验溶液中 2h，共计 2 个周期	0.14～0.54（304 不锈钢的腐蚀电位）	贫铬区；不能检验合金中的 σ 相引起的晶间腐蚀

1）草酸电解浸蚀试验

（1）基本原理。由 Sreicher 研究发展起来的草酸电解浸蚀试验，是一种快速、灵敏的筛选试验方法，是将 100g 符合《化学试剂　二水合草酸（草酸）》（GB/T 9854—2008）的优级草酸溶解于 900mL 蒸馏水或去离子水中，配制成 10% 的草酸溶液。把浸蚀试样作为阳极，倒入 10% 草酸溶液，以不锈钢或不锈钢片作为阴极，接通电流。电流密度为 1A/cm^2，浸蚀时间为 90s，浸蚀溶液温度为 20～50℃，电解浸蚀试样。试样浸蚀后，用流水洗净，干燥，在 150～500 倍的金相显微镜下进行组织结构的检验，并根据晶界破坏程度确定材料是否需用另一种标准化学浸泡方法进行再试验。

草酸电解浸蚀试验的腐蚀电位大于1.70V(相对标准氢电极),在这样高的电位下,晶界上的碳化铬至少比晶粒本体的溶解速度快一个数量级,这就可以在显微镜下观察到“沟状”的组织结构;当碳化铬以不连续的方式存在时,则可以观察到“混合型”的结构;当无碳化铬存在时,由于各晶粒取向不同,溶解速率不同,从而引起阶梯状结构。

(2)表征参数及物理意义。草酸电解浸蚀试验方法可得到草酸电解浸蚀金相组织。

浸蚀金相组织类别:草酸电解浸蚀金相组织类别共分7类,其浸蚀组织形态具体描述及是否存在晶间腐蚀敏感性见表5-10。更详细地判断或再检验要求可参照《金属和合金的腐蚀　奥氏体及铁素体(双相)不锈钢晶间腐蚀试验方法》(GB/T 4334—2020)和《检测奥氏体不锈钢晶间腐蚀敏感性的标准规程》(ASTM A262—15)。

表5-10　草酸浸蚀金相组织与晶间敏感性之间关系

类别	名称	浸蚀组织形态	晶间腐蚀敏感性
一类	阶梯组织	晶界无腐蚀沟,晶界间呈台阶状	无
二类	混合组织	晶界有腐蚀沟,但没有一个晶粒被腐蚀沟包围	无(含Mo不锈钢除外)
三类	沟状组织	晶界有腐蚀沟,个别或全部晶粒被腐蚀沟包围	有
四类	游离铁素体组织	铸钢件及焊接接头晶界无腐蚀沟,铁素体被显现	无
五类	连续沟状组织	铸钢件及焊接接头沟状组织很深,并形成连续沟状组织	有
六类	凹坑组织Ⅰ	浅凹坑多,深凹坑少的组织	无
七类	凹坑组织Ⅱ	浅凹坑多,深凹坑少的组织	有

(3)适用条件。草酸电解浸蚀试验方法能选择性地溶解碳化铬,因此可检验因碳化铬沉淀引起敏化的任何合金,也可检验用钛和铌稳定的合金。但在试验电位下,碳化钛和碳化铌没有明显的溶解作用。这一方法不能检验σ相引起的晶间腐蚀敏感性,也不能采用这一方法检验铁素体不锈钢,因为在这类钢的晶粒边界上,碳化铬的存在并不意味着晶界贫铬。例如,退火的430不锈钢,在草酸浸蚀试验后可能有深沟状的结构,但也许对晶间腐蚀是免疫的。

(4)特点和注意事项。

①特点。

草酸电解浸蚀试验方法的优点是:能快速筛选通过的优质材料,从而减少一部分繁杂耗时的检验工作,但该方法的缺点是不能判废任何材料。

②注意事项。

a. 取样最好用锯割,不要剪切,在低碳级不锈钢上切取试样时更是如此,因为剪切会使邻近金属遭受冷加工,影响以后的敏化作用。

b. 在大型工件上切取试样时,不但要保证它有代表性,还应具有合理的尺寸。试样的尺寸通常是 25.4mm×25.4mm。

c. 对于焊接接头试样,应包含母材、热影响区和焊缝。

d. 试样的敏化处理在磨光前进行,而且只对超低碳钢种(碳含量小于 0.03%)、稳定化的钢种(用钛和铌进行稳定)以及碳含量为 0.03% ~0.08% 的焊接钢材进行处理。敏化处理条件是 650℃下保温 2h,空冷,也可以在其他条件下进行处理。碳含量大于 0.03% 和不含稳定化元素的钢种则不进行敏化处理,直接以固溶状态试样进行浸蚀试验。

e. 敏化处理以后,要研磨除去试样上的氧化物等外来物质,首先在研磨带上或研磨轮上研磨至相当于 8 ~120 粒度的粗糙度,研磨压力不要过大,以防止过热,不需要磨去所有大的划痕;然后在抛光机上进行抛光,但抛光面应为 $1cm^2$ 或更大一些。如果检验小于 1cm 宽的横截面,最少应抛光 1cm 长,如果长度也小于 1cm 时,则应该把整个横截面进行抛光。

2)沸腾硝酸试验

(1)基本原理。硝酸试验是 1930 年首先由 Huey 提出并经过后人不断改进而发展起来的,因此,有时又称为 Huey 试验。它是在 65% 的沸腾 HNO_3 中进行三个周期或五个周期(每 48h 为一个周期)的试验,每经一个周期试验后均要更新试验溶液,最终以试样的质量损失来评定试验结果,在某些情况下辅以肉眼或显微观察晶粒脱落的情况。硝酸腐蚀试验的机理目前还未完全弄清楚,以下几种不同的作用机制常用来解释硝酸试验。

①硝酸试验是在沸腾的氧化还原介质(式(5 -16))中进行的浸蚀试验。退火奥氏体不锈钢在这一介质中的腐蚀电位在 1.00 ~1.20V(相对标准氢电极)的范围内,并且随着时间的增加而增大。研究表明,在这一电位范围内,退火奥氏体不锈钢的腐蚀速率约为 11.7mm/a(相应于电流密度为 $1mA/cm^2$),而代表贫铬区成分的合金、σ 相、碳化物及金属夹杂物在 1.00 ~1.20V 整个电位范围内则有更高的腐蚀速率,这样就产生了严重的择优腐蚀区,如果它们在晶界呈连续网状分布,就发生晶间腐蚀:

$$3H^+ + NO_3^- + 2e = HNO_3 + H_2O \tag{5-16}$$

②在硝酸试验中,除发生晶间腐蚀外,也会发生严重的均匀腐蚀,对于这种现象,目前常用的是六价铬离子的作用机理。因为敏化材料的晶粒边界中,被溶解的铬是以 Cr^{6+} 的形式存在于溶液中,即

$$Cr^{6+} + 3e \Longrightarrow Cr^{3+} \tag{5-17}$$

由于式(5－17)的还原反应比上述 HNO_3 的还原反应及 H^+ 的还原反应容易进行,因此这种强氧化性离子的存在,使钢的电位变得更正,可达到 1.20V(相对标准氢电极)以上,腐蚀速率可达到 11.7mm/a(相应于电流密度为 $1mA/cm^2$)或更大。

③含钼不锈钢和镍基合金,如 316L 不锈钢和哈氏合金 C,在其他晶间腐蚀试验介质中是免疫的,但在硝酸试验中,这些钢种也具有很高的腐蚀速率,这可能是合金中生成了 σ 相引起的。高铬含量的 σ 相溶解,可以增加这些钢种的腐蚀溶解速率;亚显微的 σ 相也可能在稳定级不锈钢(如 321 不锈钢和 374 不锈钢)中形成,在硝酸中引起严重的晶间腐蚀。

④退火的奥氏体不锈钢在含有 Cr^{3+}、Ce^{3+}、Mn^{7+}、Fe^{3+} 等强氧化性阳离子的硝酸中,也会出现晶间腐蚀现象。这可能是由于晶粒之间存在的偏析元素,如磷、硅、硫等,形成了腐蚀的推动力,而引起晶间腐蚀。高纯不锈钢很难引起晶间腐蚀,就有力地支持了这一偏析理论。

(2)表征参数及物理意义。沸腾硝酸试验一般可得到腐蚀速率、弯曲裂纹和横截面抛光态组织等表征参数。

①腐蚀速率:腐蚀速率是指每个周期腐蚀速率和整个试验期的平均腐蚀速率,以确定硝酸溶液对材料晶间腐蚀的影响。

ASTM A262—15 和《金属和合金的腐蚀　奥氏体及铁素体－奥氏体(双相)不锈钢晶间腐蚀试验方法》(GB 4334—2020)均没有说明如何使用这些定量的数据来确定钢材对晶间腐蚀是不是敏感。Streicher 规定当后一周期的腐蚀速率均超过前一周期的腐蚀速率时,该材料对晶间腐蚀是敏感的。Fontana 和 Green 则提出,如果 304 不锈钢的腐蚀速率小于 0.46mm/a(677℃下敏化 1h 的 304L 不锈钢的腐蚀速率小于 0.81mm/a),则该材料在 65% 沸腾硝酸中的晶间腐蚀不敏感。如果发现焊接试样有刀状腐蚀,即认为具有晶间腐蚀倾向。不锈耐酸钢晶间腐蚀倾向试验方法中规定:计算每一周期的腐蚀速率以最大者为准,分为四级,见表 5－11。

表 5－11　65%沸腾硝酸试验的评定等级

级别	腐蚀速率/(mm/a)	级别	腐蚀速率/(mm/a)
一	≤0.60	三	1.00～2.00
二	0.60～1.00	四	>2.00

②弯曲裂纹:如果按照腐蚀速率,还不能判断是否产生晶间腐蚀时,可进行弯曲试验,以进一步确定是否存在晶间腐蚀倾向,如果材料存在晶间腐蚀倾向,由于晶间结合力的下降,弯曲后会产生晶间腐蚀裂纹。

③横截面抛光态组织:如果按照腐蚀速率和弯曲裂纹均不能判断是否产生晶

间腐蚀时,对横截面抛光态进行金相观察,如果未见晶界粗化特征,说明材料无晶间腐蚀敏感性;如果可见网状晶界,说明产生了晶间腐蚀。

(3)适用条件。65%沸腾硝酸试验可以选择性地腐蚀贫铬区、碳化物、σ相,同时 Cr^{6+} 的存在与杂质元素的偏析均会加速和引起晶间腐蚀,使腐蚀速率变得很大,所以这个方法可以检验所有不锈钢中的晶间腐蚀,包括锻造、铸造的各类不锈钢及焊接件;也可用来评定不锈钢和镍基合金交货状态的热处理,检验添加稳定元素和降低碳含量在防止晶间腐蚀发生的效果。这一方法特别适合检测在硝酸或其他强氧化性酸溶液中使用的合金的晶间腐蚀倾向,因为试验条件与工况服役条件有较好的适应性。

(4)特点和注意事项。

①特点。

沸腾硝酸试验最大优点是可以利用最常见的重量损失控制产品的质量,是最好的定量评定方法。

缺点主要体现在以下几方面。

a. 试验周期长(可达240h),效率低。硝酸浓度对腐蚀速率影响明显,与65%的硝酸相比,浓度增减1%,腐蚀速率的增大与减少最高达10%。

b. 每个周期均需更换溶液,溶液的用量多且对环境污染严重。

c. 在试验过程中,Cr^{6+} 的积累、试验溶液体积与试样面积比值的改变,均能引起腐蚀速率的明显变化。例如,当 Cr^{6+} 量增加到0.04%时,不锈钢的腐蚀速率就会显著增加,$1cm^2$ 试样的溶液为2mL和20mL,其腐蚀速率就相差数倍等。

②注意事项。

a. 采用剪切方法时,剪切的断面要通过切削或研磨的方法再进行精加工,去除剪切的部分。

b. 因为在硝酸试验中,横截面上可能会遭受端晶腐蚀,因此,在研究试验中,每个试样暴露的横截面与总面积之比应保持一样;对于检验试验,则应保持一定的比例。一般应使轧制或锻造方向垂直的断面面积占全部表面积的1/2以下,试样的尺寸受天平的量程及试验装置容积的限制,通常,试样的最大质量是100g,暴露面积一般为 $20 \sim 30cm^2$。

c. 为了获得一致的试验结果,硝酸试验最好进行五个周期,经双方协商,也可缩短到三个周期。但是,当第三个周期的腐蚀速率超过第一、第二个周期腐蚀速率时,则应继续进行到第五个周期。

3)硫酸-硫酸铁试验

(1)基本原理。硫酸-硫酸铁试验是1985年首先由Streicher提出来的。它是一种以 $Fe_2(SO_4)_3$ 为钝化剂,以 H_2SO_4 为去钝化剂的双试剂试验方法,溶液的氧化还原电位由式(5-18)决定,一旦发生腐蚀,Fe^{2+}便进入溶液里,与溶液中原有的Fe^{3+}建立起氧化还原电位。试样的最初腐蚀电位与溶液的氧化还原电位(0.8~0.85V,相对标准氢电极)相同,在这一电位范围内,$Fe_2(SO_4)_3$可以抑制不锈钢晶粒表面的一般腐蚀,而只对晶粒边界的贫铬区和某些合金中的σ相腐蚀,因而在这一溶液中,可以测出材料的晶间腐蚀敏感性,也可测出敏化与非敏化材料之间的质量损失差。只要溶液中具有足够的Fe^{3+},试样的电位就保持在0.8~0.85V(相对标准氢电极),试样就发生晶间腐蚀;但如果因为腐蚀作用,Fe^{3+}被消耗变得很低,对晶粒失去腐蚀抑制作用时,腐蚀电位下降到极化曲线的活化区内,整个试样产生活化腐蚀,并析出氢气。图5-14所示为Fe^{3+}浓度降低的相应的阴极极化曲线,当浓度降到某一值后,有一条阴极还原曲线通过阳极极化曲线的活化峰,此时将根据*C*点上氢离子的还原动力学来确定腐蚀电位和金属的溶解速度。这一行为与硝酸中腐蚀产生的Cr^{6+}积累把试样的电位上移到钝化区的情况正好相反。通常,试样的质量损失超过2g时,这种活化腐蚀就已发生,就必须向溶液中加入更多的硫酸铁(在试验中,每溶解1g不锈钢,大约消耗10g硫酸铁)。

$$Fe^{2+} \Longleftrightarrow Fe^{3+} + e^- \tag{5-18}$$

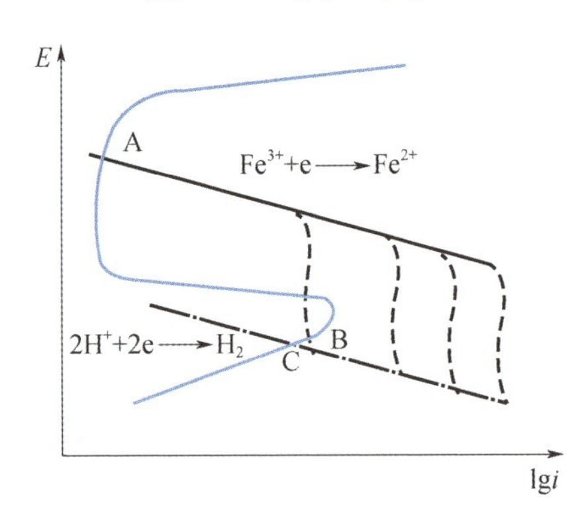

图5-14　Fe^{3+}的消耗使腐蚀电位降低,导致腐蚀速率变化示意图

(2)表征参数及物理意义。硫酸-硫酸铁试验可得到腐蚀速率、腐蚀速率比值和横截面抛光态组织等表征参数。

①腐蚀速率:腐蚀速率即单位面积和单位时间上的失重。腐蚀速率(g/(m²·h))的计算公式为

$$腐蚀速率 = \frac{W_{前} - W_{后}}{St} \tag{5-19}$$

式中:$W_{前}$为试验前试样的质量(g);$W_{后}$为试验后试样的质量(g);S为试样总面积(m^2);t为试验时间(h)。

②腐蚀速率比值:腐蚀速率比值即待检试样(供货态试样)和相同材料退火试

样的腐蚀速率比值，如果这一比值介于1.2～2.0，则该材料对晶间腐蚀敏感。

③横截面抛光态组织：如果按照腐蚀速率和腐蚀速率比值不能判断是否产生晶间腐蚀时，对横截面抛光态进行金相观察，如果未见晶界粗化特征，说明材料无晶间腐蚀敏感性；如果可见网状晶界，说明产生了晶间腐蚀。但是，当晶粒很细或晶粒内存在大量有害相时，对横截面抛光态进行金相观察来判断晶间腐蚀敏感性存在一定的局限性。

(3)适用条件。硫酸－硫酸铁试验可以选择性地腐蚀贫铬区和某些合金中的σ相。因此，可以用它检验非稳定化奥氏体不锈钢（如304、304L、316、316L、317、317L、CF－3、CF－8钢）中由碳化铬析出而引起的晶间腐蚀和稳定化不锈钢（如321、CF－3M、CF－8M）由碳化铬和σ相所引起的晶间腐蚀，但不能检验含钼奥氏体不锈钢316、316L、317、317L中的σ相所引起的晶间腐蚀。本方法也可用于检测铁素体和双相不锈钢的贫铬敏化作用，特别适合于高铬钢（如Cr26铁素体钢），并且在发现这些合金的贫铬区方面比硝酸试验更敏感，但对铁素体和奥氏体中生成的σ相不敏感。此外，高镍合金，哈氏合金、Inconel、Carpenter20Cb－3钢中的贫铬边界及σ相对晶间腐蚀引起的敏感性，也可以用这一方法检验，并已作为《检测高镍铬合金锻件晶间腐蚀敏感性的标准试验方法》（ASTM G28—02(2015)）标准。但是必须注意，用此方法时，必须保证Fe^{3+}有足够的含量，否则会导致严重的全面腐蚀。

(4)特点和注意事项。

①特点。

硫酸－硫酸铁试验方法的优点是：与沸腾硝酸试验方法一样，硫酸－硫酸铁试验方法也是晶间腐蚀的定量评定方法；其对晶界贫铬、贫钼检验的灵敏度与硝酸试验方法不相上下，且试验时间缩短了1/2；硫酸－硫酸铁试验方法试验结果不受腐蚀产物积累（主要是Cr^{6+}）的影响，这一点与沸腾硝酸试验方法相比，较有优势。该试验方法的缺点是：溶液浓度对腐蚀速率的影响比较大，因此，蒸发损失或Fe^{3+}的消耗均会增加试样的全面腐蚀速率，这可能会导致所测试的结果不能真实反映材料的抗晶间腐蚀敏感性；硫酸铁的含量与晶粒表面腐蚀缓蚀效率有关，因此，配制溶液时，应保证硫酸铁全部溶解，且试验过程中应及时补充硫酸铁，但对于经验不多的操作者来说，很难把握，即什么时候该补充硫酸铁是试验过程中很难确定的问题。

②注意事项。

a. 试样的总面积推荐5～20cm^2，制备方法基本上与硝酸试验中的试样制备相同。

b. 热处理生成的氧化皮痕迹必须彻底清除，因为其在试验过程中会产生原电池效应，从而引起活化。对于在压印标号里的氧化皮，可以把试样放在94℃的浓硝酸中溶解除去。

c. 对于镍基合金材料,待检试样(供货态试样)和相同材料退火试样的腐蚀速率比值会出现小于1的情况,这不能判断其无晶间腐蚀敏感性,需结合金相观察。

4)酸性硫酸-硫酸铜试验

(1)基本原理。酸性硫酸-硫酸铜试验方法是应用最早的晶间腐蚀试验方法,1926年Hatfeild首先采用,1930年Strauss等做了改进,以后又经过多次改进才发展成为一种常用的检验奥氏体不锈钢晶间腐蚀的标准试验方法。

该方法是一种以$CuSO_4$为钝化剂,H_2SO_4为腐蚀剂的双试剂法。不锈钢在酸性硫酸铜试验中的初始腐蚀电位在0.7~0.8V范围内(相对标准氢电极),不锈钢处于钝化状态。但是,随着不锈钢的缓慢腐蚀,发生式(5-20)或式(5-21)所示的化学反应,不锈钢的腐蚀电位降至$Cu^{2+}/Cu^{+}/Cu$的平衡电位(约为0.35V,SHE):

$$2Cu^{2+} + Fe \longrightarrow Fe^{2+} + 2Cu^{+} \tag{5-20}$$

$$Cu^{2+} + Fe^{2+} \longrightarrow Fe^{3+} + Cu^{+} \tag{5-21}$$

在这一电位下,正常成分的晶粒表面处于钝化,而贫铬的晶界处于活化状态,晶界发生强烈的腐蚀。由于不锈钢的腐蚀是缓慢的,所以晶间腐蚀敏感性要较长的时间才能检验出来。1955年,Rocha为了加速试验,在酸性硫酸-硫酸铜溶液中添加铜屑,发生了如下化学反应:

$$Cu^{2+} + Cu \longrightarrow 2Cu^{+} \tag{5-22}$$

为此,体系很快达到$Cu^{2+}/Cu^{+}/Cu$的平衡电位,不锈钢与铜屑直接接触,其电位迅速从0.7~0.8V降到0.35V,进入发生晶间腐蚀的电位区间,因此现用标准上的酸性硫酸-硫酸铜溶液试验方法均需在试验中增加铜屑,其不但能提高试验的灵敏度,且大大缩短了试验时间,可以把试验时间缩短到24h,甚至有些钢种还经不起这样长的浸蚀,试验时间还可以缩短到16h。与沸腾硝酸法和硫酸-硫酸铁法不同,由于在此电位下,晶粒处于钝化状态,其腐蚀速率很小,比如18Cr-10Ni合金晶粒表面的腐蚀速率约为$0.1\mu A/cm^2$;贫铬的晶界处于活化状态,其腐蚀速率相对较大,如贫铬的10Cr-10Ni的腐蚀速率为$10\mu A/cm^2$或更大一些;当铬含量为7.5%(质量分数)时,腐蚀速率大于$10^5\mu A/cm^2$。这样大的腐蚀速率差,会引起严重的晶间腐蚀。但是,在这种腐蚀介质中,除了表面上少数几个晶粒脱落外,一般不会产生晶粒的脱落,腐蚀只局限在1μm级厚度的贫铬区进行。不像沸腾硝酸法和硫酸-硫酸铁法那样引起明显的质量损失。因此,不能用重量法来判断晶间腐蚀的敏感性。但是,因大部分的晶粒晶间腐蚀严重,晶粒间变得像没有胶泥的砖砌结构一样。因此,力学性能衰减比较厉害,故弯曲裂纹是这一试验方法的较好评判依据。但是,对于适合铁素体不锈钢的酸性硫酸-硫酸铜溶液试验方法,其采用了50% H_2SO_4,试验时间为120h。由于高浓度硫酸增加了敏化试样的浸蚀速率,可能造成部分晶粒脱落,所以除了通过弯曲检查裂纹和进行显微检查外,也可以用腐蚀速率来定量评价材料的晶间腐蚀敏感性。

(2)表征参数及物理意义。酸性硫酸-硫酸铜溶液试验方法可得到的表征参数为弯曲裂纹。

弯曲裂纹:经过硫酸-硫酸铜-铜屑试验以后的试样,需要在设计适当的夹具内用液压机或相应的工具进行弯曲,具体弯辊直径及弯曲角度可参考相应的标准,对于管状试样,常采用压扁的方法。弯曲或压扁试验后,在低倍放大镜(5~10倍)下观察试样弯曲外侧顶部,如果出现龟裂,表示存在晶间腐蚀。如果只在一个试样上发现有晶间腐蚀裂纹,则应取双倍数量复验,此时只要有一个试样发现晶间腐蚀裂纹,即判为具有晶间腐蚀倾向。

(3)适用条件。硫酸-硫酸铜试验方法可用于评定交货状态的热处理,也可以用来检验添加稳定元素(如钛和铌)以及降低碳含量在防止晶间腐蚀方面的作用,适用于奥氏体和铁素体不锈钢的铸件、锻材和焊接件。具体来说,可以用这一方法检验304、304L、316、316L、317、317L、321、347钢中碳化铬引起的晶间腐蚀敏感,不能检验与σ相有关的晶间腐蚀敏感性;双相不锈钢也可参照采用此方法进行评定,但由于双相不锈钢易析出脆性σ相,其造成的弯曲裂纹往往易与晶间腐蚀弯曲裂纹混淆,一定程度上限制了其应用。

(4)特点和注意事项。

①特点。

硫酸-硫酸铜试验方法的优点是:在酸性硫酸铜溶液中添加铜屑,电位降低较快,较稳定,溶液量和铜屑量对试验结果影响不大,腐蚀条件比较稳定,操作容易控制。因此,H_2SO_4-$CuSO_4$铜屑法被各国采用,如今已成为一种国际标准方法。其缺点是:为了将耐蚀材料同敏化材料区分开来,实际工作中往往需要某些定量验收标准。但酸性硫酸-硫酸铜法往往不能给出定量判定数据,只能定性地判定。

②注意事项。

a. 试样的制备与沸腾硝酸法、硫酸-硫酸铁法相同。

b. 对于低碳和含有稳定化元素的奥氏体不锈钢进行敏化处理,应注重避免碳化和氢化作用,热处理最好在空气中或中性盐中进行。

c. 在评定过程中对裂纹的性质可疑时,比如试样出现了断裂或裂纹不呈龟裂状,则应在150~500倍的金相显微镜下,检验试样的横切面,确定是否存在晶间腐蚀。

d. 在评定过程中对裂纹的性质可疑时,如怀疑断裂或不呈龟裂状裂纹产生与材料本身的塑性差有关,可通过增加空白对比样来确定,即空白对比样不进行介质腐蚀试验直接弯曲,如产生与晶间腐蚀样相似的断裂或裂纹,则判断材料无晶间腐蚀敏感性;如空白对比样未产生裂纹或断裂,则可判断材料存在晶间腐蚀敏感性。

5)硝酸－氢氟酸试验

(1)基本原理。硝酸－氢氟酸试验是 Warren 于 1958 年首先建议的一种快速晶间腐蚀试验方法,主要适用于检验含钼奥氏体不锈钢由于晶界贫铬所引起的晶间腐蚀倾向。试验介质为 10% HNO_3 +3% HF 溶液,试验温度要求是(70 ±0.5)℃,以 2h 为一个周期,共两个周期,试验结果以同一材料不同状态的腐蚀速率比值评定。在这一试验溶液中,奥氏体不锈钢处在 0.14～0.54V(相对标准氢电极)的活化－钝化电位范围内,晶粒表面(10% ～18% Cr)可能保持一些钝性(也可能处在活化状态下)腐蚀,晶粒贫铬区 10% Cr－10% Ni 有很高的电流密度,所以不锈钢在这种试验溶液中腐蚀速率很高。再由于试验溶液中没有确定的氧化还原体系限定试样的电位,试样的腐蚀电位和腐蚀速率都因为合金成分和试验批次不同而显著变化,所以,这一试验方法必须同时对不同状态的试样进行试验,作为质量损失基准试样,对于一般含碳量的钢种,一般为交货状态试样与固溶处理后试样腐蚀速率对比,即

$$\text{腐蚀速率的比值} = \frac{\text{交货状态试样的腐蚀速率}}{\text{固溶处理后试样的腐蚀速率}} \tag{5-23}$$

而对于超低碳钢种(也用于焊接的非超低碳钢种),一般为敏化处理后试样与交货状态试样的腐蚀速率进行对比,即

$$\text{腐蚀速率的比值} = \frac{\text{敏化处理后试样的腐蚀速率}}{\text{交货状态试样的腐蚀速率}} \tag{5-24}$$

(2)表征参数及物理意义。硝酸－氢氟酸试验可得到的表征参数为腐蚀速率比值。

腐蚀速率比值:比值越大,晶间腐蚀敏感性越大,一般以 1.5 为界,当比值等于或小于 1.5 时,表示试样的晶间腐蚀程度不显著;如果比值大于 1.5,表示试样有明显的晶间腐蚀。

(3)适用条件。硝酸－氢氟酸试验主要用于检验含钼不锈钢晶间腐蚀的敏感性,例如,检验 316、316L、317、317L 钢碳化物沉淀引起的贫铬作用,但是它不能检验亚显微 σ 相所引起的晶间腐蚀敏感性。

(4)特点和注意事项。

①特点。

硝酸－氢氟酸试验法的优点:

a. 特别适合于含钼不锈钢的晶间腐蚀性能测试。

b. 试验时间很短,在要求很快获得试验结果的情况下可采用此法。

硝酸－氢氟酸试验法的缺点:

a. 这一溶液的氧化还原体系处在电位的活化－钝化区,全面腐蚀速率高,并且随着合金成分的变化而有较大的变化,必须要有一块退火态的参照试样进行对

比,增加了试验工作量。

b. 试验操作时温度保持在 70℃,实际操作中比较难控制,还不及保存沸腾状态容易实现。

c. 这一溶液里含有氢氟酸,不能使用常用的玻璃仪器,而要采用耐 HNO_3 并耐 HF 的特制塑料容器。

②注意事项。

a. 试样的制备与沸腾硝酸法、硫酸-硫酸铁法、酸性硫酸-硫酸铜法基本相同。

b. 对于超低碳钢种的敏化处理参照相关标准要求,但对于一般含碳量的钢种的固溶处理条件为 1100℃下加热 30min,水冷。

6)电化学测试方法

(1)基本原理。目前,用于检测不锈钢及镍基合金晶间腐蚀倾向的电化学测试方法主要有恒电位法、阳极极化曲线二次活化峰法以及电化学动电位再活化法(EPR)。

①恒电位法:依据对晶间腐蚀敏感材料和耐晶间腐蚀材料的阳极极化不同来判断。例如,从表示奥氏体不锈钢和铁素体不锈钢的阳极极化行为的图 5-15 和图 5-16 中,可以明显看出,敏化试样的溶解电流值大于非敏化试样的溶解电流值,这是由于敏化试样的晶粒边界腐蚀引起的。当试样连接在恒电位仪上,并暴露于某一特定介质中,测量具有最大敏感性能的特定电位下的电流密度,当它大于某一临界数值,则认为试样对晶间腐蚀是敏感的。

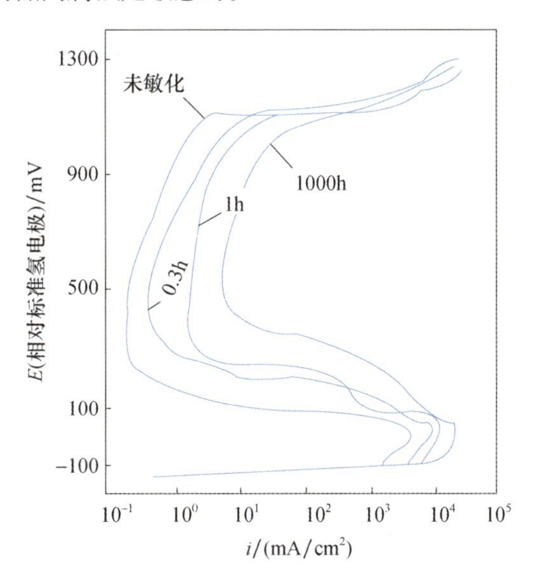

图 5-15　18Cr-8Ni 钢在 650℃从 0~1000h 敏化后在 90℃、1mol/L H_2SO_4 中的阳极极化曲线[18]

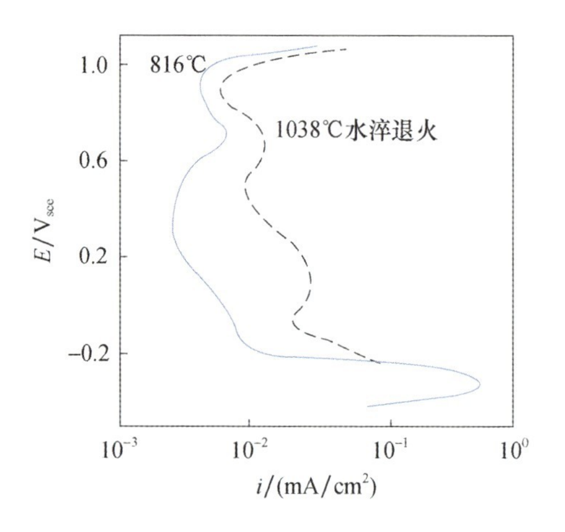

图5-16 18Cr-2Mo不锈钢在24℃、5% H_2SO_4中的阳极极化曲线[18]

②阳极极化曲线二次活化峰法：研究发现[19]，经敏化处理（650℃，24h）的18Cr8Ni不锈钢在2mol/L的H_2SO_4溶液中测定阳极极化曲线时，在0.140～0.240V（V_{sce}）范围内出现了二次活化峰，见图5 17；而在退火状态下或Nb稳定化的18Cr8Ni不锈钢阳极极化曲线上并未出现这个活化峰。1980年，Smialowska提出以阳极极化曲线上二次活化峰所对应的电流密度作为敏化程度的判据。但是在实际试验中，由于晶粒边界只占总面积中非常小的一部分，因此反映在极化曲线上就不容易区别开，故此方法用来检验奥氏体不锈钢的敏化作用存在一定的应用局限性。

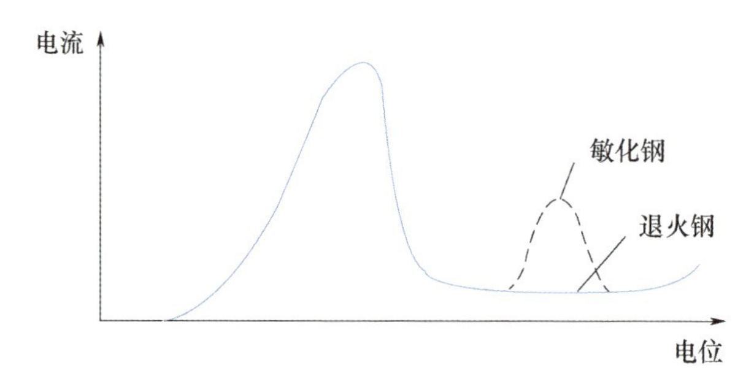

图5-17 阳极极化曲线和二次活化峰

③电化学动电位再活化（electrochemical potentiokinetic reactivation，EPR）法[20-22]：EPR法是利用不锈钢的钝化再活化特性与钝化膜中主体合金元素的含量及膜的特性有关这一特点，测量并分析试样在特定电解液中（如0.5mol/L H_2SO_4 + 0.01mol/L KSCN）的再活化极化曲线来研究不锈钢的晶间腐蚀敏感性的。所谓再活化是指控制研究电极的电位从钝化区以某一恒定速度（比较合适的扫描速度为

100mV/min）回扫至活化区的过程。经过敏化处理的不锈钢，晶界附近因碳化铬的析出而形成贫铬区，贫铬区的铬含量常低于13%（质量分数），它形成的钝化膜并不完整，而且再钝化能力很差。在再活化过程和去极化剂（如KSCN）的联合作用下，贫铬区钝化膜遭到破坏，失去保护作用，从而导致贫铬区的溶解。在极化曲线上表现为一个大的二次活化峰，见图5－18，而富铬区或经固溶处理的试样则几乎不溶解，在极化曲线上不出现二次活化峰或仅有一个很小的峰。二次活化峰的大小与贫铬区的溶解量有关，因此，有两种方法来表征材料的晶间腐蚀特性，第一种是以再活化曲线峰下面的积分面积－活化电荷Q作为晶间腐蚀敏感性的判断依据，此法称为单环EPR法，简称SL－EPR法；另一种是分别测出阳极化环和再活化环的最大电流I_a和I_r，并以比值表征I_r/I_a作为敏化的量度，此法称为双环EPR法，简称DL－EPR法。

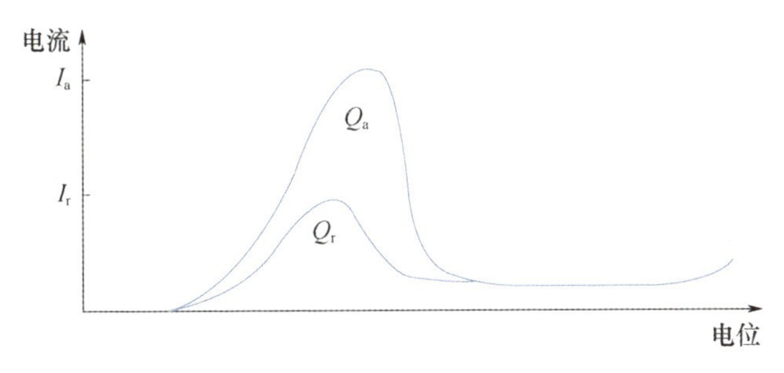

图5－18 EPR法扫描曲线

目前，虽用恒电位法、阳极极化曲线二次活化峰法来评定不锈钢晶间腐蚀敏感性在研究晶间腐蚀取得一定的成果，但由于其应用局限性，尚未在学术界取得共识，在此书中仅提供基本原理，为下一步继续研究提供技术思路和手段借鉴。目前在学术界应用比较成熟的电化学测试方法为电化学动电位再活化法（EPR法），在美国、日本及我国均已经标准化，分别为《检测304与304L不锈钢电化学动电位再活化标准试验方法》（ASTM G108—94（2015））、《不锈钢电化学电动位再活化率测试方法》（JIS G 0580：2003）和《金属和合金的腐蚀 双环电化学动电位再活化测量方法》（GB/T 29088—2012），为此，后面的表征参数及物理意义及适用条件，重点介绍EPR法所涉及的。

（2）表征参数及物理意义。电化学测试方法一般可得到的表征参数为再活化电量、阳极化环最大电流、二次活化峰峰值电流和二次活化峰峰值电流与阳极化环最大电流比等。

①再活化电量Q：再活化电量指从钝化电位逆向再活化扫描至腐蚀电位，扫描过程中测定通过的总电荷（曲线下面积，单位为C）。敏化钢容易活化，有大的Q值；对晶间腐蚀不敏感的钢，则有较低的Q值。

②阳极化环最大电流 I_a：阳极化环最大电流指从腐蚀电位扫描至阳极极化，阳极极化曲线上的最大电流 I_a，最大电流 I_a越大，说明材料越容易腐蚀。

③二次活化峰峰值电流 I_r：二次活化峰峰值电流指从钝化电位逆向再活化扫描至腐蚀电位，再活化曲线上的峰值电流 I_r，峰值电流 I_r越大，说明材料越容易腐蚀。

④二次活化峰峰值电流与阳极化环最大电流比 I_r/I_a：敏化钢容易活化，二次活化峰峰值电流大，二次活化峰峰值电流与阳极化环最大电流比 I_r/I_a大，晶间腐蚀更敏感；对晶间腐蚀不敏感的钢，二次活化峰峰值电流下，二次活化峰峰值电流与阳极化环最大电流比 I_r/I_a小或为零，晶间腐蚀不敏感。

(3)适用条件。晶间腐蚀电化学动电位再活化法(EPR 法)测试方法主要是用于检测晶界贫铬引起的晶间腐蚀，试验表明其特别适合检验 304 和 321 不锈钢贫铬引起的晶间腐蚀敏感性，对于 316 不锈钢灵敏度不高。图 5－19(a)、(b)分别为 304 不锈钢和 304L 不锈钢的 SL－EPR 法、DL－EPR 法与草酸电解浸蚀和酸性硫酸铁试验结果之间关系，可以看出，SL－EPR 法和 DL－EPR 法对检测未敏化的材料和区分轻度敏化材料的程度较草酸电解浸蚀法和酸性硫酸铁法更敏感，而且 DL－EPR 法比 SL－EPR 法敏感程度更高，更适用于未敏化材料和轻度敏化材料的晶间腐蚀性能区分。

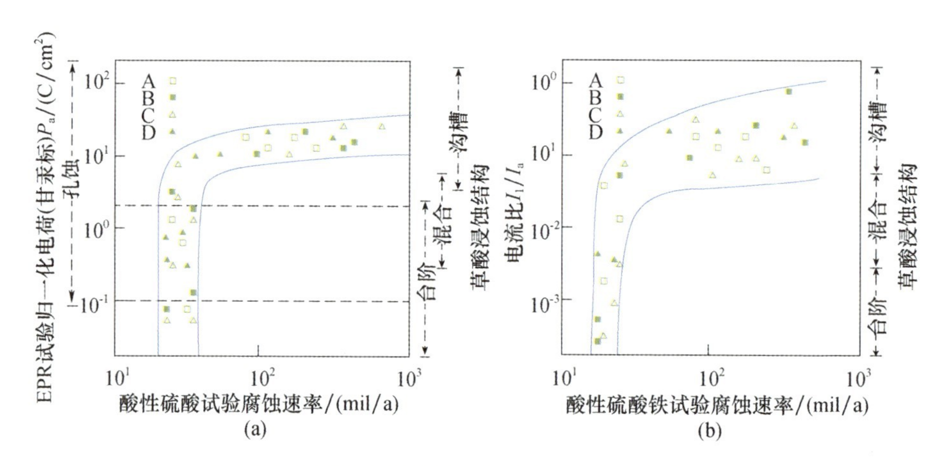

图 5－19 304 不锈钢 304L 不锈钢的 EPR、草酸电解浸蚀和酸性硫酸铁试验之间的关系

(a)SL－EPR 法；(b)DL－EPR 法。

A、B、C、D 为不同批次的不锈钢。

(4)特点和注意事项。

①特点。

晶间腐蚀电化学测试方法的优点：

a. 简单、快速、无损、适用于现场,因此在现代的材料腐蚀监测、检测中起到了举足轻重的作用。

b. 也适用于复合焊接中不锈钢复层及焊接接头指定部位的晶间腐蚀性能检测,这些材料由于结构的问题,其他方法均不能使用,此方法表现出明显的优势。查小琴等用此方法分别开展了对爆炸复合板、焊接接头及铁素体不锈钢的晶间腐蚀性能研究[23-25]。

晶间腐蚀电化学测试方法的缺点:

a. 现开展的工作较多,但一些方法研究还不够深入,在学术界尚未取得共识,如恒电位法、阳极极化曲线二次活化峰法等,下一步还需加强相关研究。

b. 电化学动电位再活化法(EPR 法)在学术界已获得一定共识,目前美国和日本均有相应的标准,但我国目前还没有相关标准,因此在作为产品或材料合格验收的依据时,存在一定的局限。

②注意事项。

a. 由于电化学方法对过程中的影响因素更敏感,因此要求制样严格按照标准的要求。

b. 采用电化学方法对材料晶间腐蚀测试存在争议时,建议选择上一节介绍的对应化学浸泡法方法进行验证。

c. 采用电化学方法所得结果,如出现灵敏度不高时,可进一步采取改变钝化电位、电位扫描速率以及采用更强的浸蚀溶液等措施,提高动电位再活化法灵敏度。

2. 铝合金晶间腐蚀试验方法

铝合金晶间腐蚀是指在铝合金的晶界上发生的择优腐蚀,是铝合金中最常见的一种腐蚀形式,主要是因为铝合金典型的晶界沉淀相/溶质贫化区(SDZ)与铝合金的晶格本体(matrix)形成很大的电化学行为差,从而导致晶界比晶粒内部更易腐蚀。目前,提出的铝合金晶间腐蚀理论主要有以下三种[26]。

(1)阳极性的晶界构成物(SDZ 和/或沉淀相)与晶格本体的腐蚀电位差形成电偶腐蚀,进而导致晶间腐蚀。

(2)SDZ 和晶格的击穿电位差异导致晶间腐蚀。

(3)晶界沉淀相的溶解形成浸蚀性更强的闭塞区环境,导致连续的晶间腐蚀。

容易产生晶间腐蚀的铝合金主要有 2000 系合金(Al-Cu)、5000 系(Al-Mg)合金、7000 系(Al-Zn-Mg)合金,而 6000 系(Al-Si-Mg)合金因其析出相的电化学性质与基体相近,所以一般没有晶间腐蚀倾向。但是,如果 Si 与 Mg 形成强化相 Mg_2Si 后仍有剩余的 Si,则会发生晶间腐蚀,往往以局部晶间腐蚀特征为主,因此目前的铝合金晶间腐蚀试验方法标准主要是针对这几种合金。例如,《铝合金晶间腐蚀测定方法》(GB/T7998—2005)主要适用2000系合金、5000系合金和7000系合金,《评估可热处理铝合金在氯化钠+双氧水溶液浸润中抗耐晶间腐蚀的标准规范》(ASTM G110—92(2015))主要适用2000系合金和7000系合金,6000系合金通过延长试验时间可参照使用,《5×××铝合金晶间腐蚀试验方法 质量损失法》(GB/T 26491—2011)和《采用硝酸腐蚀后质量损失法测定5×××系列铝合金晶间腐蚀敏感性的标准试验方法》(ASTM G67—18)则只适用于5000系合金。目前,标准中的铝合金晶间腐蚀试验方法均为化学浸泡试验方法,根据结果评定方法来分,则分为深度法和质量损失法,下面分别予以介绍。

1)深度法

(1)基本原理。铝合金晶间腐蚀试验深度法是借助金相显微镜对腐蚀试验(在氯化钠溶液中,加入过氧化氢或盐酸,浸入试样,进行增强阴极去极化作用的晶间腐蚀加速试验)后的试样或产品表面进行晶间腐蚀检查,并测量其晶间腐蚀深度,以晶间最大深度或其对应的级别作为晶间腐蚀性能的判据。此处的过氧化氢和盐酸作为阴极去极化剂,在溶液中分别分解为氧气和电离为氢离子,促进阴极反应,进一步促进阳极反应,加快钝化膜的破裂,促进试样晶间腐蚀的发生。

(2)表征参数及物理意义。深度法进行铝合金晶间腐蚀试验可得到的表征参数主要为晶间腐蚀最大深度。

晶间腐蚀最大深度:考察试样垂直变形方向截面上,试样原始表面离晶间腐蚀最深处的距离,对于最大深度也提出了5个晶间腐蚀等级,见表5-12。工程上通常要求铝合金的晶间腐蚀等级在3级及3级以上,也就是试样的最大晶间腐蚀深度应小于100μm。

表5-12 晶间腐蚀最大深度

级别	晶间腐蚀最大深度/μm
1	≤0.01
2	>0.01~0.03
3	>0.03~0.10
4	>0.10~0.30
5	>0.30

(3)适用条件。深度法主要适用2×××和7×××系铝合金,而6000系铝合金因耐腐蚀性能较好,通过延长试验时间,也可使用该方法,在ASTM G110—92(2015)中推荐试验时间延长到25h;Al-Cu-Mg合金和Al-Li合金因为Cu含量较高,也可参照2×××系合金使用的晶间腐蚀试验方法,即采用深度法对其晶间腐蚀性能进行评价。

(4)特点和注意事项。

①特点。

深度法的优点:能评定出材料的腐蚀最深深度,其表征结果直观且工程意义直接,因为最深深度才最能表征材料应用的危险性,根据其能直接判断其服役安全性。

深度法的缺点:

a. 如果晶间腐蚀严重,表面存在大量的晶粒脱落,所测的晶间腐蚀深度不够精准。

b. 由于需要测试的是最大深度,故对每个试样的每个表面均要求观察,其工作量比较大,试验周期长。

②注意事项。

a. 因为加工表面对试验结果的影响比较大,为了真实反映材料的服役情况,通常检查原始表面的腐蚀情况,因此试样必须保留原始表面。对于厚度小于10mm板材,建议试样尺寸为40mm×25mm×原厚;对于厚度大于10mm板材,单面减薄至10mm,保留一个原始表面,40mm方向为变形方向;对于直径不大于20mm的管材,直接取40mm管长;对于直径大于20mm的管材,取弦宽为20mm,长为40mm的舟形试样;对于直径不大于15mm的棒材,直接取40mm长棒段;对于直径为15~40mm的棒材,取截面为棒截面1/4、长为40mm的扇形棒试样。

b. 当试样发生局部的晶间腐蚀特征时,不一定能看出晶界呈网状分布,甚至可见的粗化晶界有时不一定会与试样表面连通,此时也应该判断为晶间腐蚀,见图5-20(a)。注意其与局部点蚀的区别,点蚀一般是敞口的,且腐蚀沿纵深发展与向两边发展尺寸相当,见图5-20(b)。这种晶间腐蚀形貌在6000系铝合金中较常发现。

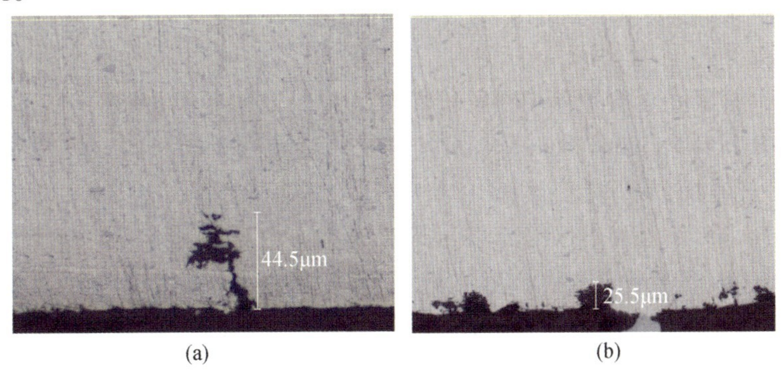

图5-20 6000系铝合金晶间腐蚀后的横截面抛光形貌

(a)晶间腐蚀;(b)点蚀。

2)质量损失法

(1)基本原理。将5×××系铝合金板材产品试样浸入30℃的、浓度为67%~70%的浓硝酸中24h,测定其单位面积上的质量损失,从而评定晶间腐蚀的敏感性。

(2)表征参数及物理意义。质量损失法进行铝合金晶间腐蚀试验可得到的表征参数主要为单位面积上的质量损失。

单位面积上的质量损失:按下式计算平行试样的平均值,且修约到整数:

$$X = \frac{m_1 - m_{n-1}}{S} \tag{5-25}$$

式中:X为试样单位面积上的质量损失(mg/cm^2);m_1为试样浸蚀前的质量(mg);n为试样的称量次数($n \geq 3$),且第$n-1$次和第n次之差值不超过0.5mg;m_{n-1}为浸蚀后的试样,第$n-1$次清洗、晾干后称得的质量(mg);S为试样的总表面积(cm^2)。

(3)适用条件。铝合金晶间腐蚀试验方法质量损失法主要适用于5000系合金。

(4)特点和注意事项。

①特点。

铝合金晶间腐蚀试验方法质量损失法的优点:相对于深度法,其操作更加方便且试验步骤少,浸泡后只要称重计算就可以,而深度法需对试样进行截面加工、截面金相制样和金相观察,因此试验所需程序少,试验时间少,试验费用也相对较低。

铝合金晶间腐蚀试验方法质量损失法的缺点:

a. 铝合金晶间腐蚀试验方法质量损失法只适用于5000系铝合金,对于其他系铝合金,目前还没有对应可参照的标准。

b. 此试验方法采用质量分数为67%~70%的硝酸,分析纯和试剂纯级别的硝酸均很难达到这么高浓度(质量分数为65%),因此只能采用色谱级别的硝酸,这提高了试验成本且为试验药品的购置带来难度。

②注意事项。

a. 每个样品上至少取两个平行试样。

b. 试样尺寸为50mm×6mm×原厚(产品厚度大于25mm时,试样减薄至25mm厚,且保留一面为轧制原始表面,并在加工表面做标记),50mm方向为变形方向。

c. 根据ASTM G67—18,对于$X < 15mg/cm^2$的铝合金可定义为耐晶间腐蚀铝合金,对于$X > 25mg/cm^2$的铝合金可定义为晶间腐蚀严重的铝合金,可判定为不合格,而对于中等腐蚀速率的铝合金,需按照上述深度法要求进行金相检查。

3. 其他合金晶间腐蚀试验方法

评定除不锈钢、镍基耐蚀合金及铝合金外的其他合金(如镁、铜、铅及锌合金)的晶间腐蚀性能,尽管没有相应的标准方法,但可以按表5-13中的介质条件,在实验室开展浸泡试验,之后结合质量损失计算结果和金相观察结果综合评定。需注意的是,在这些试验中是否发生晶间腐蚀不一定能反映材料在其他腐蚀环境中的腐蚀行为。

表 5－13　检验其他合金晶间腐蚀的化学试验方法[27]

合金	试验介质	浓度	温度/℃
镁合金	NaCl + HCl	—	室温
铜合金	NaCl + H_2SO_4 或 NaCl + HNO_3	NaCl：酸 = 1：0.3	40 ~ 50
铅合金	乙酸或盐酸	—	室温
锌合金	潮湿空气	—	95

5.1.6　剥落腐蚀试验

剥落腐蚀,又称层状腐蚀简称剥蚀,是指金属从沿着与表面平行的位面开始腐蚀,一般在晶界处,腐蚀产物强制金属从本体脱落,从而产生一种层状外观。它具有不同的表现形式,如粉化、剥皮或产生直径几毫米的鼓泡,严重的剥落腐蚀会是大块的、完全连续的金属片脱离金属本体。目前,剥蚀机理有两种说法:第一种,认为剥落腐蚀遵从应力腐蚀机理,即腐蚀产物锲入力在裂纹尖端产生拉应力集中,使腐蚀以 SCC 机理扩展;第二种,认为剥落腐蚀与铝合金晶间腐蚀敏感性有关,热处理使铝合金产生沿晶的、有选择性的阳极通道,当晶间腐蚀在扁平的、平行于表面晶粒的、有高度方向性的组织中进行时,不溶性腐蚀产物的体积大于所消耗的金属的体积,从而产生"锲入效应"撑起上面没有腐蚀的金属,引起分层剥落[28]。所以剥蚀发生需要两个条件:拉长的晶粒和晶界电偶腐蚀(沉淀相/溶质贫化区)造成的腐蚀通道。

剥蚀常发生在2×××、5×××、6×××及7×××系中高强铝合金板材和挤压材料中。因此,目前铝合金晶间腐蚀试验方法标准主要是针对这几种合金,如《铝合金加工产品的剥落腐蚀试验方法》(GB/T 22639—2008)主要适用2×××、5×××、6×××及7×××系合金,《2×××与7×××系列铝合金剥落腐蚀敏感性的标准试验方法》(ASTM G34—01(2018),EXCO 试验)主要适用2×××系合金和7×××系合金,《采用外观评定法测试5×××铝合金剥落腐蚀敏感性的标准试验方法》(ASTM G66—99(2018),ASSET 试验)则只适用于5×××系合金。目前,标准中的铝合金剥落腐蚀试验方法均为化学浸泡试验方法。

(1)基本原理。通过对试样在一定条件下的腐蚀溶液中浸泡一定的时间,用直观检测方法对试样进行评级来评价材料的剥落腐蚀敏感性。2×××、6×××和7××× 使用的介质条件为25℃的 NaCl + KNO_3 + HNO_3溶液(EXCO 溶液);5×××

使用的介质条件为65℃的 $NH_4Cl + NH_4NO_3 + (NH_4)_2C_4H_4O_6 + 30\%$ 的 H_2O_2 溶液(ASSET溶液)。

(2)表征参数和物理意义。剥落腐蚀试验可得到的表征参数为腐蚀等级。

腐蚀等级:根据试样的腐蚀程度将剥落腐蚀等级分为三级。分别为N级、P级和E级,其中P级又分为PA、PB、PC,E级分为EA~ED。P级与E级细分级别的腐蚀程度描述见表5-14。

表5-14 P级与E级细分级别的腐蚀程度描述

等级	细分级别	腐蚀程度描述
P	PA	表面呈轻微的点腐蚀
	PB	表面点腐蚀较严重
	PC	表面呈严重点腐蚀,出现疱疤、爆皮,并轻微地深入试样表面
E	EA	表面明显起层,并穿入金属
	EB	表面严重分层,穿入到金属深处
	EC	表面分层很严重,并严重穿入到金属深处
	ED	表面分层更严重,并严重穿入到金属相当深处

(3)适用条件。目前,标准的剥落腐蚀试验方法主要适用于2×××、5×××、6×××及7×××系高强铝合金板材和挤压材料,Al-Li合金参照采用2×××系剥落试验方法。但是,Al-Li合金在试验过程中会存在因为EXCO溶液浸蚀性过强,而导致测试结果与工况结果不一致情况,为此,对于此类合金可尝试使用改进的EXCO法或后面要介绍的循化酸性盐雾试验。

改进的EXCO法试验条件如下[29]:

介质成分:$AlCl_3$(2.96g/L)+NaCl(230g/L)+KNO_3(60.7g/L);

pH值:3.2;

温度:7×××合金25℃、2×××合金和Al-Li合金52℃;

时间:最长96h。

(4)特点和注意事项。

①特点。

剥落腐蚀试验方法的优点:试验操作简单且试验步骤少,因此试验结果较稳定。

剥落腐蚀试验方法的缺点:

a. 此方法的最终结果评价采用的是目视法,其试验结果在一定程度上会受人为影响。为此,需探究其他更方便准确的快速定量评价指标来表征其试验结果,如电化学阻抗谱特征和浸蚀深度。

b. EXCO溶液浸蚀性过强,试验结果不完全能和工况的服役情况相符。

②注意事项。

a. 任何形状的试样均可进行试验,取样部位和形状能代表材料性能即可。对于板材,国标推荐的试样尺寸为 100mm ×(30 ~ 50)mm × 原厚,其中 100mm 方向为变形方向。ASTM G34—01 (2018) 推荐的试样尺寸为 100mm × 50mm × 原厚,其中 100mm 方向也为变形方向,而 ASTM G66—99(2018) 推荐的试样尺寸为 100mm × 40mm × 原厚,其中 40mm 方向为变形方向,这是与前面两个标准的区别。

b. 试验结果的评价,国标均要求在清洗状态下进行评级,而 ASTM 标准根据铝合金系列的不同有所区别。2 × × × 系和 7 × × × 系合金要求在不清洗状态下评级,而 5 × × × 系合金要求在清洗后评级。

5.1.7 电偶腐蚀试验

电偶腐蚀是两种电极电位不同的金属或合金互相接触,并在一定的介质中发生电化学反应,使电位较负的金属发生加速破坏的现象,电偶腐蚀亦称接触腐蚀或双金属腐蚀,它实质上是由两种不同的电极构成宏观原电池的腐蚀,图 5 – 21 所示为 Fe – Zn 接触构成的电偶腐蚀示意图。电偶腐蚀的发生需要三个条件:电解质溶液、两种拥有不同自腐蚀电位的金属和两种金属必须通过电解质溶液有电接触。

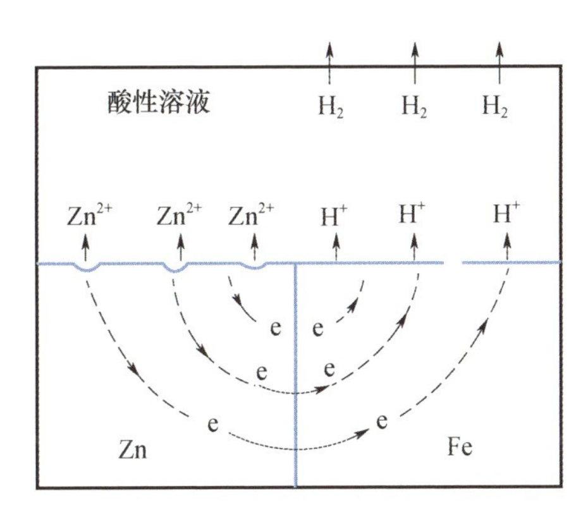

图 5 – 21 Fe – Zn 接触构成的电偶腐蚀示意图

电偶腐蚀首先取决于异种金属之间电极电位差。这一电位指的是两种金属分别在电解质溶液(腐蚀介质)中的实际电位。通常在手册、资料中能找到的是各种金属、合金在特定的介质中按腐蚀电位高低排列的电位顺序表,称为电偶序。在其他条件不变的情况下,它们之间的电位差越大,腐蚀初始驱动力越大。

影响电偶腐蚀的因素还有介质导电性、极性及面积比。面积比是指阴极、阳极面积比,比值越大(大阴极小阳极组成的电偶),其阳极腐蚀电流密度越大,腐蚀越严重。

电偶腐蚀试验是评定不同金属偶接后在电解质溶液中发生电偶腐蚀的可能性、腐蚀速率、极性、影响因素和控制因素,以及防护措施的有效性等,常用的方法有化学浸泡方法和电化学试验方法。

1)化学浸泡方法

(1)基本原理。将两种不同金属按实际的面积比例制成一定形状的试样,紧固在一起或用导线连接在一起,构成一组电偶对试样,用螺栓连接在一起的典型试样形式见图5-22。图5-22(a)主要用于评价高电导率介质中的电偶腐蚀行为,在低电导率介质中,则需缩短中间绝缘衬套;图5-22(b)则是将两种金属分别制成圆柱形试样,对接螺旋紧固,中间可根据需要衬垫直径大小不同,厚薄不同的绝缘垫片,以改变耦合金属之间的电解质通路长短。用导线连接的典型试样是将异种金属用电线焊接而成的电偶对。需要注意的是,两金属连接应可靠,避免虚焊而影响试验结果,焊接线需用绝缘皮包裹,焊接部位也需进行绝缘处理,避免在试验时与介质接触。试样将上述电偶对试样暴露于腐蚀介质中进行腐蚀试验,并将试验结果与在相同介质条件下未经偶接的两种金属的腐蚀试验结果相比较,以判断电偶效应,得到平均电偶腐蚀速率、电偶腐蚀系数等,为了更准确地描述电偶腐蚀,也常常描述腐蚀试验后试样的宏观形貌。

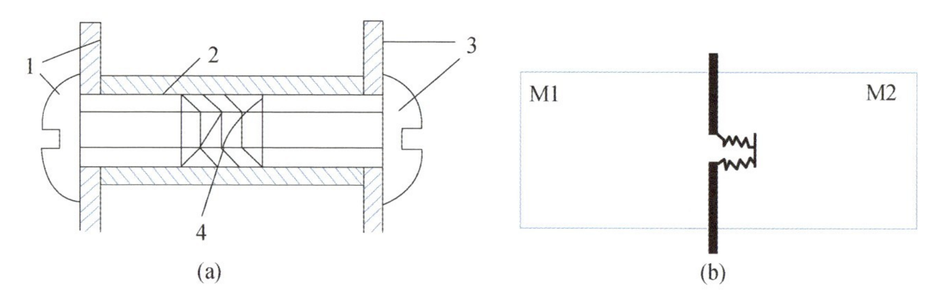

图5-22 螺栓连接电偶对设计方案

(a)弹簧连接;(b)螺纹连接。

1—甲金属;2—聚四氟乙烯管;3—乙金属;4—弹簧。

(2)表征参数和物理意义。化学浸泡方法进行电偶腐蚀试验可得到平均电偶腐蚀速率、电偶腐蚀系数和试验后试样表面形貌等表征参数。

①平均电偶腐蚀速率:平均电偶腐蚀速率即单位面积、单位时间的阳极组元偶接试样试验前后失重与对比试样试验前后失重之差,即

$$K_c = \frac{(W_{c0} - W_{c1}) - (W_0 - W_1)}{St} \tag{5-26}$$

式中:K_c为平均电偶腐蚀速率(mm/a);W_{c0}为阳极组元偶接试样试验前质量(g);

W_{c1}为阳极组元偶接试样试验后质量(g);W_0为阳极组元对比试样试验前质量(g);W_1为阳极组元对比试样试验后质量(g);S为阳极组元试样试验表面积(m^2);t为试验时间(h)。

②电偶腐蚀系数:电偶腐蚀系数指的是两种金属偶接后,阳极金属溶解速率增加的倍数,即

$$P_c = \frac{K_c}{K} \times 100 \tag{5-27}$$

式中:P_c为电偶腐蚀系数;K为阳极组元对比试样平均腐蚀速率(mm/a),按下式计算:

$$K = \frac{W_0 - W_1}{St} \tag{5-28}$$

③试验后试样表面形貌:试验后的试样表面形貌按5.1节进行相关描述。

(3)适用条件。电偶腐蚀试验化学浸泡法适用于评价任何两种不同的金属、合金、金属涂覆层、阳极氧化膜、甚至可导电的碳纤维复合材料在腐蚀介质中电连接状态下的电偶腐蚀行为;现场条件下电偶腐蚀试验也可参照进行。

(4)特点和注意事项。

①特点。

电偶腐蚀试验化学浸泡法优点:

a. 试验操作简单、方便,对硬件要求低,可方便在现场条件使用。

b. 试验原理简单,试验表征参数可较直观地评价两种材料偶接后在腐蚀介质中的极性及电偶行为。

化学浸泡法的缺点:

a. 连接结构及连接的牢靠程度均会影响试验结果,因此对试验的具体操作要求高。

b. 试验时间长,为了试验结果能较准确地评价异种金属连接的电偶腐蚀行为,其试验时间应不少于金属腐蚀达到稳定的时间,碳钢和合金钢一般不少于15天,易钝化的金属,时间一般不少于30天。

②注意事项。

a. 对于电偶腐蚀试验的试样尺寸一般不做特别的规定,但应尽量保证同一批次试样尺寸相同。

b. 试验时间的长短会影响试验结果。一般情况下,长时间试验的结果较准确,因此推荐试验时间不少于15天,但发生严重腐蚀的材料则不需要很长的试验时间;对能形成钝化膜的材料,需要延长试验时间(一般推荐不少于30天),从而得到较为实际的结果。

c. 阴阳极面积比对试验结果影响较大，故为了达到所需的试验目的，需要确定试样的阴阳极面积比。

2）电化学试验方法

（1）基本原理。电化学试验方法是将金属或合金制成电极，应用电化学仪器进行电位测量、极化测量及电偶电流测量，并根据这三个测量结果来对偶接金属电偶腐蚀行为进行判断的方法。

①电位测量：电位测量包括自然腐蚀电位、偶对金属的电位差和金属偶接后的电极耦合电位，其具体操作可参考 5.1.9 节中电极电位测试方法。

②极化测量：极化测量根据的是混合电位理论，即极化曲线可以用来预测两种金属偶接后各自的腐蚀速率。首先分别测出各偶对金属在实际介质中单独存在时的阳极极化曲线和开路电位；然后测出这两种金属按实际几何形状和面积比例偶接后的混合电位（E_g）。这一电位与上述两种金属阳极极化曲线相交所对应的电流密度，即为金属偶接后新的腐蚀速率，再与通过极化曲线所得的腐蚀电流密度相比较，就可预测这两种金属在偶接后腐蚀速率的变化。图 5－23 所示为碳钢和铜偶合体系的极化曲线，由这两种金属单独存在时的极化曲线可以确定的腐蚀电位和腐蚀电流密度分别为 E_{corr}（Cu）、E_{corr}（Fe）和 i_{corr}（Cu）、i_{corr}（Fe）。由极化曲线可以确定偶接后的电偶电位 E_g，两种金属阳极极化曲线与混合电位（E_g）所对应的电流密度 i_c（Cu）、i_c（Fe），即为两种金属偶接后的腐蚀速率。由图 5－23 可以看出，由于电偶作用，铜的腐蚀速率已由 i_{corr}（Cu）降到 i_c（Cu），而碳钢的腐蚀速率则从 i_{corr}（Fe）增加 i_c（Fe）。据此可以判断两金属偶接后的腐蚀速率的变化。

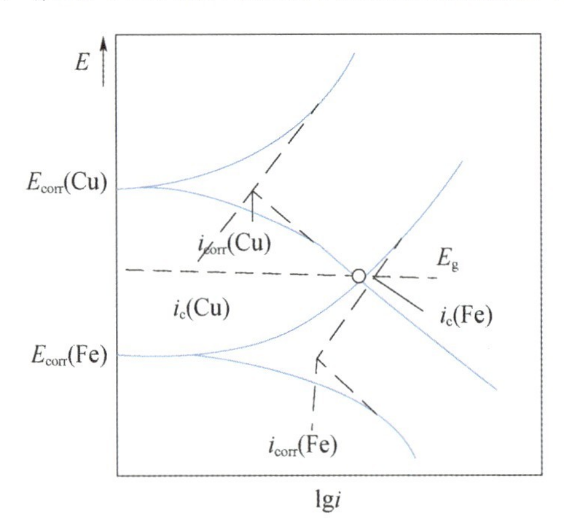

图 5－23　碳钢和铜偶合体系的极化曲线

③电偶电流测量：电偶电流测量依据的是零电阻电流表技术基础，常采用的方法有手动零阻电流计方法，原理图如图 5－24（a）所示，异种金属 M_1 和 M_2 所构成的

电偶电池与外电路电池 B 反接。在测定电偶电流 I_g 时，合上开关 S，调节可变电阻 R_z，使检流计 G 指示为零，则流过电流计 A 的电流即为电偶电流 I_g。恒电位仪测量方法原理图如图 5－24(b)所示，电偶电池的一个电极接恒电位仪的工作电极端 W，另一个电极接参比电极端 R 和辅助电极端 A，将恒电位仪的给定电位调在零，开机后即可以从恒电位仪电流计上读出电偶电流值。利用运算放大器监测方法原理图如图 5－24(c)所示。目前，大部分商品化的电偶腐蚀计都是以此电路为基础制成的，具体操作可参考相关电偶腐蚀计操作说明书。

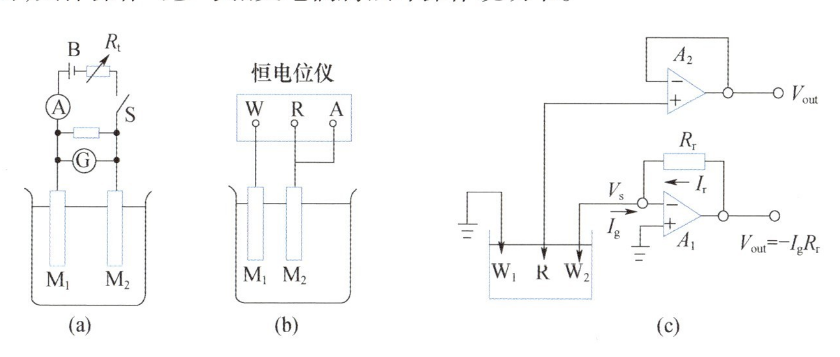

图 5－24　测定电偶电流的装置原理图

(a)手动零阻电流计法；(b)恒电位仪测量方法；(c)利用运算放大器监测方法。

(2)表征参数及物理意义。电化学试验方法进行电偶腐蚀试验可得到自然腐蚀电位、偶对金属的电位差、电极耦合电位、电偶电流、金属腐蚀电位、金属腐蚀电流密度、金属偶接后的腐蚀电流密度和两金属偶接后的腐蚀速率的变化等表征参数，详述如下。

①自然腐蚀电位(E_{k1}、E_{K2})：自然腐蚀电位指的是在没有外加电流的情况下测得的电位达到相对稳定电极电位值，也称开路电位。其表征金属在特定环境下相对的热力学稳定性，因此可以根据自然腐蚀电位(开路电位)测量结果来预测不同金属偶接后的电偶效应，这对于工程中选用异种金属结构时如何避免电偶腐蚀有一定的参考价值。

②偶对金属的电位差(ΔK)：偶对金属的电位差指的是两偶对金属的自然腐蚀电位差值，其可以大致表征电偶效应的相对大小。

③电极耦合电位(偶接后的混合电位(E_g))：电极耦合电位即电偶对偶接后的综合电位。电极耦合电位与自然腐蚀电位的关系图见图 5－25，电极耦合电位的电位值在两电极自然腐蚀电位(E_{k1}、E_{k2})之间。电极耦合电位与上述两条阳极极化曲线相交所对应的电流密度，即为金属偶接后新的腐蚀速率，据此可预测这两种金属在偶接后腐蚀速率的变化。

④电偶电流(I_g)：电偶电流实际上就是偶合电极阴、阳极之间的短路电流，是

两种金属在电解质溶液中偶接后,从一种金属流向另一种金属的电流。电偶电流越大,表示两金属间电偶腐蚀行为越严重;而且通过分析计算来处理电偶电流与偶对中阳极的腐蚀速率之间的关系,连续地测量电偶电流随时间的变化可以提供电偶腐蚀程度及其变化的信息,也可指示可能发生的极性变化等。

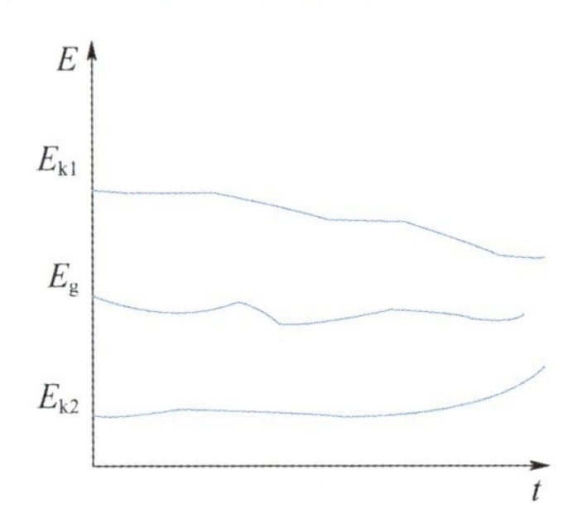

图 5-25 电极耦合电位与自然腐蚀电位的关系图

⑤金属腐蚀电位(E_{corr}):金属腐蚀电位是被自腐蚀电流所极化的阳极反应和阴极反应的混合电位,此时金属上发生的共轭反应是金属的溶解及去极化剂的还原。在极化曲线中,为阴极极化曲线和阳极极化曲线相交处的电位。

⑥金属腐蚀电流密度(i_{corr}):金属腐蚀电流密度具体定义可见本章极化曲线测量中的表征参量与物理意义,在本节主要是利用腐蚀电流密度得到金属偶接前的腐蚀速率 v,即

$$v = \frac{3.27 i_{corr} A}{nD} \tag{5-29}$$

式中:v 为腐蚀速率(μm/a);i_{corr} 为腐蚀电流密度(A/cm^2);A 为金属原子量;n 为得失电子数;D 为金属材料密度(g/cm^3)。

⑦金属偶接后的腐蚀电流密度(i_c):金属偶接后的腐蚀电流密度即电极耦合电位与金属阳极极化曲线相交所对应的电流密度,即为 i_c,根据式(5-29),将 i_{corr} 换成 i_c,可得到金属偶接后的腐蚀速率 v_c。

⑧两金属偶接后的腐蚀速率的变化:两金属偶接后的腐蚀速率的变化指的是金属偶接后的腐蚀电流密度 i_c 与金属腐蚀电流密度 i_{corr} 的差值,差值大于零,说明此种金属偶接后腐蚀速率增加,在电偶对中作为阳极;相反,差值小于零,说明此种金属偶接后腐蚀速率减少,在电偶对中作为阴极。差值的大小代表电偶效应的强弱,差值越大,电偶腐蚀作用越强,相反越弱。

(3)适用条件。电偶腐蚀试验电化学法同样适用于评价任何两种不同的金属、合金、金属涂覆层、阳极氧化膜、甚至是可导电的碳纤维复合材料,但其试验目的不同于化学浸泡法,其主要用来预测异种金属连接的电偶腐蚀行为。

(4)特点和注意事项。

①特点。

电偶腐蚀试验电化学法的优点:试验时间相对化学浸泡法短。一般只需几小时的测试,就可对偶接金属的电偶腐蚀行为进行预测。

电偶腐蚀试验电化学法的缺点:试验要求高,需要有一定的腐蚀电化学基础,否则对测试结果的应用会存在困难。

②注意事项。

a. 采用电化学方法开展电偶腐蚀试验,对试样尺寸一般不做特别的规定,但需注意的是阴阳极面积比应满足测试要求;

b. 电位测量结果以及电偶序并不能反映金属极化特征,所以并不能直接由此得到电偶腐蚀的腐蚀效应,仅能作为工程中选用金属结构时如何避免电偶腐蚀的参考。

c. 电化学方法多用来预测异种金属连接的电偶腐蚀行为,化学方法可用来评价异种金属连接的电偶腐蚀行为,两个方法互为补充,能给工程提供较全面的数据。为此,建议对于电偶腐蚀测试最好的方法是参照《船用金属电偶腐蚀试验方法》(GB/T 15748—2013),化学方法和电化学方法同时使用,得到的试验结果更全面。

5.1.8　应力腐蚀与氢致开裂试验

广义的应力腐蚀开裂包括氢致开裂,但行业内通常又总是把氢致开裂与应力腐蚀分开来处理。应力腐蚀是指金属设备和部件在应力和特定的腐蚀性环境联合作用下,出现低于材料强度极限的开裂现象(SCC);氢致开裂则是指处于应力状态下的合金,由于吸收氢(包括吸收由腐蚀反应生成的氢)而产生的脆性破坏现象(HE)。虽应力腐蚀与氢致开裂产生机理不同,但由于二者均是研究材料在受力情况下,在环境中产生的腐蚀开裂现象,即环境诱导开裂(EAC)。因此,目前的应力腐蚀与氢致开裂试验所采用的方法相同,即氢致开裂试验采用的试验方法也是参照应力腐蚀试验方法(或环境诱导开裂试验方法)。不同的是,如要研究氢含量或氢分布对氢致开裂的影响,会在试验前对材料进行充氢处理或在试验过程中对试样进行阴极极化。因此,本章将应力腐蚀和氢致开裂试验方法一同介绍,且把应力腐蚀试验方法、氢致开裂试验方法以及环境诱导开裂试验方法全部归一成应力腐蚀试验方法来介绍。

从试样形式上来分,应力腐蚀试验方法主要包括光滑试样和预纹试样应力腐蚀试验方法,其中光滑试样是为了测试应力裂纹萌生到扩展断裂的总寿命,包括裂纹孕育期时间(约占总寿命的 90%),因此,其常用来测试材料在对应环境中是否具有应力腐蚀敏感性[30]；而预制裂纹是为了模拟在冶炼、机械加工、热加工等操作及使用过程中材料内部产生的裂纹源或类似裂纹的缺陷。由于其显著地缩短了裂纹产生的孕育期，因此预裂纹试样应力腐蚀试验法主要用于研究扩展动力学过程，即裂纹扩展的阈值 K_{ISCC} 和裂纹扩展 da/dt。以前也把预裂纹应力腐蚀试验归为腐蚀环境中断裂韧性测试范畴[31-32]，随着对应力腐蚀的深入研究，目前常把其归为材料腐蚀性能测试范畴，此方法分别被合入《金属和合金的腐蚀　应力腐蚀试验》（ISO 7539：2012）和《金属和合金的腐蚀　应力腐蚀试验》（GB/T 15970—2018）中。按照加载方法分类，主要包括恒应变法、恒载荷法、慢应变速率应力腐蚀试验方法。由于恒应变方法、恒载荷方法、慢应变速率方法均可开展光滑试样和预裂纹试样为避免按试样分类，如按试样形式来分，重复内容较多，为此，以下按加载方法分类，分别对恒应变法、恒载荷法、慢应变速率应力腐蚀试验方法进行介绍。

1. 恒应变法

1）基本原理

恒应变法又称为恒位移法：首先通过拉伸或弯曲使试样产生变形，然后借助具有足够刚性的框架或螺栓以维持这种变形，最后把这种加载后的试样暴露在腐蚀环境中的应力腐蚀试验方法。

恒应变法在整个试验过程中试样变形的总位移量是恒定的，通常有光滑试样和预裂纹试样两种试样形式，其中的光滑试样主要包括弯梁试样（2 点弯曲、3 点弯曲、4 点弯曲和螺栓加载双弯梁）、U 形弯曲试样和 C 形环试样，弯梁试样和 C 形环试样仅为弹性变形，U 形弯曲试样既有弹性变形又有塑性变形。典型的预裂纹试样形式有改进后的楔形张开加载（WOL）试样和双悬臂梁（DCB）试样，见图 5-26。

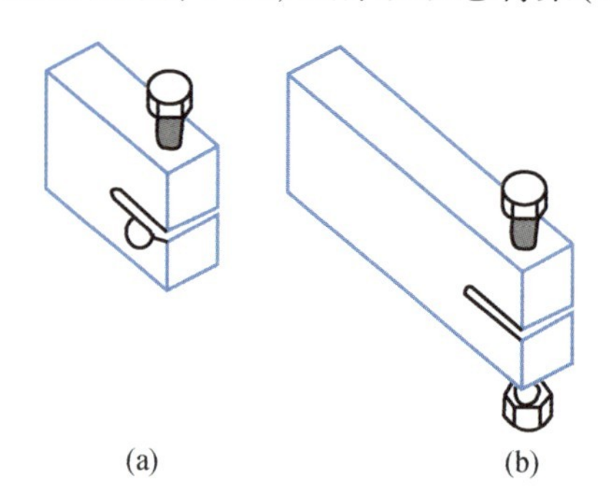

图 5-26　预裂纹恒应变试样形式及加载示意

（a）改进后的楔形张开加载试样；（b）双悬臂梁试样。

光滑试样应力腐蚀试验方法是将弯梁试样在固定框架上加载到预定应变后，U 形弯曲试样和 C 形环试样采用螺栓加载到预定应变后，放入腐蚀环境中，观察其在规定的时间内是否产生开裂并记录首次产生开裂的时间。

预裂纹试样应力腐蚀试验方法是将带机加缺口（往往通过线切割）的试样先预制出与工况相似细裂纹，然后通过螺栓加载进行腐蚀试验的方法。对于单样法，推荐预加载到90% K_{IC}，如所加的应力强度因子超过材料临界应力腐蚀强度因子 K_{ISCC}，则裂纹扩展，随着裂纹的扩展，裂纹的尖端应力强度因子减少。当应力强度因子达到临界应力腐蚀强度因子 K_{ISCC} 时，裂纹停止扩展。我们把裂纹停止扩展时的应力强度因子称为临界应力腐蚀强度因子 K_{ISCC}，这种方法由于所得的是裂纹停止扩展时的应力强度因子，故也称为终止法。对于多样法，则是每个试样加载到不同的初始 K 值（一般为30% K_{IC} ~90% K_{IC}），加载大于临界应力腐蚀强度因子 K_{ISCC} 的试样经过一定孕育期后，裂纹扩展；反之，裂纹不扩展，我们把扩展试样加载的 K_{ice} 值和非扩展试样加载的 K_{ince} 值之和除以2，所求得的值就是临界应力腐蚀强度因子 K_{ISCC}，这种方法由于所得是裂纹开始扩展时的应力强度因子，故也称为起始法。为保证试验进度，建议起始法中扩展试样和不扩展试样所加载的初始 K 值满足式（5-30）的要求。

$$K_{ice} - K_{ince} \leqslant 10\% (K_{ice} + K_{ince})/2 \tag{5-30}$$

式中：K_{ice} 为裂纹扩展试样的加载应力强度因子（$MPa \cdot m^{1/2}$）；K_{ince} 为未裂纹扩展试样的加载应力强度因子（$MPa \cdot m^{1/2}$）。

从应力腐蚀试验过程来看，由于终止法受影响因素较多，故起始法结果往往较终止法准确，故对于预裂纹试样的应力腐蚀试验方法首推采用起始法。

2）表征参量及物理意义

（1）恒应变光滑试样的应力腐蚀试验结果表征参量通常用暴露时间内的通过/失败来判断或用暴露破坏时间来表征，其中的暴露破坏时间是指暴露过程中首次观察到裂纹的时间。

（2）恒应变预裂纹试样的应力腐蚀试验结果表征参量通常用临界应力腐蚀强度因子 K_{ISCC} 以及裂纹在腐蚀介质中的扩展速率 da/dt 等参量表征。

（3）临界应力腐蚀强度因子 K_{ISCC} 能产生应力腐蚀的最小 K_I，理想情况下，低于这个值，试样不会发生应力腐蚀开裂。

（4）裂纹扩展速率 da/dt。首先测出裂纹长度随时间的变化曲线，即 $a-t$ 曲线。由其斜率可求出某一点的裂纹扩展速率 da/dt，把该点的 a 值代入 K_I 公式，可求出和该 da/dt 相对应的 K_I，由此可做出 $da/dt-K_I$ 曲线。在很多情况下，$da/dt-K_I$ 曲线分为Ⅰ、Ⅱ、Ⅲ三个阶段，第Ⅱ阶段的 da/dt 与 K_I 无关，称为应力腐蚀裂纹稳态扩展速率，图5-27中的虚线为恒位移应力腐蚀试验所测的结果，实线为恒载荷应力腐蚀试验方法所测的结果。

3）适用条件

恒应变法往往用于模拟工程构件中的加工制造应力状态，属于应力腐蚀最常用的一种评价手段，此方法除适合实验室使用，也特别适合评价工况条件下的材料或结构的应力腐蚀性能。再由于恒应变试样自加载，如把试样表面抛光后可带着载荷在显微镜下直接观察裂纹的形核及扩展过程。为此，其也特别适合对裂纹的形核及扩展过程研究使用。

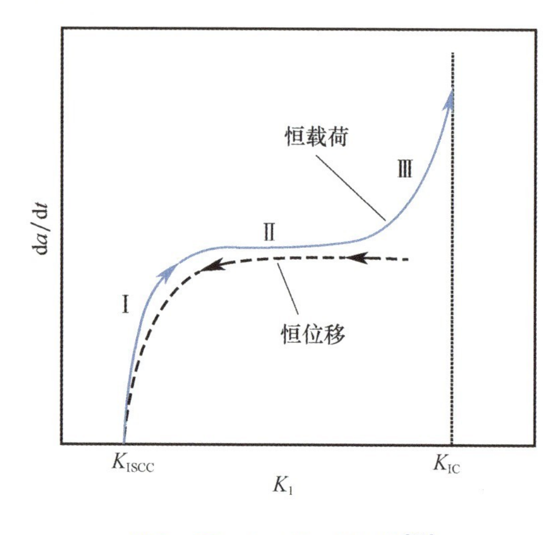

图5－27　$da/dt-K_I$曲线[31]

——恒载荷试样，- - - -—恒位移试样。

（1）U形试样。由于其苛刻的力学条件，常用于应力腐蚀敏感性排序和筛选。此外，也可用于评价材料在服役环境下的适用性，是恒位移法光滑试样中使用较多的一种评价方法。

（2）弯梁试样。通常用于石油化工行业的管线钢产品，尤其适合评价焊接产品。

（3）C形环试样。适用于管材或棒材的横向试验和厚板的短－横向应力腐蚀试验。

（4）预裂纹试样。主要用于断裂力学中临界应力腐蚀阈值K_{ISCC}和裂纹扩展速率da/dt等动力学参数研究，在工程设计、安全评估和寿命预测等方面都有极为重要的应用。

4）特点和注意事项

（1）特点。

恒应变应力腐蚀试验法的优点：

①用试验框架及螺纹自行加载，不需用试验机，且装置简单、易于实现，为此一次可同时开展多个批次试验，试验效率高。

②可在不同环境下进行试验，环境适应性较强，如只要加载后可根据需要放入不同的环境箱内开展试验，也可在高压环境下开展试验。

③试验过程控制简单、操作方便、试验成本也较低。

恒应变应力腐蚀试验法的缺点：

①应力状态不明确，仅能定性反映材料的应力腐蚀敏感性，而不能反映裂纹扩展速率。

②试验数据分散性较大，数据分析比较困难。

③应力松弛，试验过程中一旦裂纹萌生，试样加载时所储存的弹性应变能会部分或全部转变为塑性变形得以释放，导致已有裂纹扩展缓慢或者停止，对试验结果有显著影响。

④对于预裂纹试样，在试验过程中易出现裂纹分叉情况，裂纹一旦分叉就不能测出有效的 K_{ISCC} 值。试样表层开侧槽是一个预防分叉的有效方法，但开侧槽后裂纹前端 K_I 值就无法精确计算。另外，开侧槽后，裂纹在槽内扩展，也不利于裂纹长度的准确测量。

(2)注意事项。

①弯梁应力腐蚀试样通常为厚度和矩形截面均匀的平点平直金属带，但也可以是圆形截面均匀的金属丝和棒，及中间具有均匀矩形或圆形截面标距的两端具有较大截面并带有螺纹的试样，但同一批试样，形状及尺寸必须一致。

②U 形试样也可采用多种形状和尺寸的试样，但对于同一批次试样，必须保证形状和尺寸的一致性。

③C 形环的尺寸可在很宽的范围内变化，但不推荐外径小于 15mm 的 C 形环，因为其增加了机加工的难度并降低加载的准确性。

④为了得到有效的 K_{ISCC} 值，预裂纹试样最小厚度必须满足平面应变条件，即厚度 $B \geqslant 2.5(K_I/R_{p0.2})^2$。在能对材料的临界应力腐蚀强度因子 K_{ISCC} 估计的情况下，允许厚度 $B \geqslant 2.5(K_{ISCC}/R_{p0.2})^2$。如果材料厚度满足不了平面应变条件，也应选择尽可能厚的试样，最好采用原厚度试样，其仅能得到 K_{QSCC}，作为工程安全评定的参考值。

⑤弯梁试样和 U 形试样弯曲表面通常要求保留原始表面，但在比较不同合金的抗应力腐蚀性能时，需排除原始表面条件的变化的影响，则需对试样磨削或机加工抛光到深度至少 0.25mm。

⑥对于具有定向晶粒结构的厚截面材料，C 形环主应力的方向应垂直于应力腐蚀破裂抗力最小的平面，在必要的情况下，需要提供材料的加工工艺。

⑦以上几种形式的应力腐蚀试样均不允许采用化学或电化学的方法对表面进行处理。

2. 恒载荷法

1)基本原理

恒载荷法是在试验过程中对试样加载载荷保持不变的一种应力腐蚀试验评价

方法，通常分为光滑试样和预裂纹试样两种。

光滑试样主要为轴向拉伸试样，包括圆拉或板拉，其是将试样的一端固定，另一端加上恒定的拉伸静载荷，然后将试样浸泡在腐蚀介质中，记录应力腐蚀（SCC）发生的时间。轴向拉伸试样在试验过程虽然所加载荷是恒定的，但试样在暴露过程中由于腐蚀和产生裂纹使其截面积不断减小，从而使断裂面上的有效应力不断增加。预裂纹试样主要有单悬臂弯曲应力腐蚀试样、$\frac{1}{2}$C（T）试样和三点弯曲试样，通常采用阶梯的方法对试样加载，用逼近的方法得到材料的 K_{ISCC} 值。对于恒载荷预裂纹试样，由于裂纹一旦萌生，裂纹尖端的 K 随着裂纹的扩展增加直至试样断裂，为此应用恒载荷法可以测定一条完整的 $K-\mathrm{d}a/\mathrm{d}t$ 曲线，见图 5－27 实线部分。

2）表征参量及物理意义

（1）与恒应变光滑试样应力腐蚀试验相比，恒载荷光滑试样应力腐蚀试验结果表征参量除通常采用暴露时间内的通过/失败来判断或用暴露破坏时间来表征外，还常用临界应力 σ_{SCC} 来表征。这是因为恒应变法中的 C 形环试样和 U 形弯无法计算塑性区的应力，因此不能测出 σ_{SCC}。弯梁试样虽能通过式（5－31）得到临界应力 σ_{SCC}，但由于其加载载荷较恒载荷法准确度低，恒载荷法测临界应力 σ_{SCC} 更通用。

$$\sigma = \frac{12EtD}{3L^2 - 4l^2} \tag{5-31}$$

式中：σ 为加载最大张应力（Pa）；E 为弹性模量（Pa）；t 为试样厚度（m）；D 为外支点间的最大挠度（m）；L 为外支点间的距离（m）；l 为内支点间的距离（m）。

临界应力 σ_{ISCC} 是试样在规定的时间内不发生应力腐蚀断裂的应力值，也是能产生滞后断裂的最小应力或不产生滞后断裂的上限应力。σ_{ISCC} 是衡量应力腐蚀开裂敏感性的定量参数之一，σ_{ISCC} 越小，应力腐蚀越敏感。

（2）在目前国际和国家标准中，恒载荷预裂纹试样的应力腐蚀试验结果表征参量也通常用临界应力腐蚀强度因子 K_{ISCC} 以及裂纹在腐蚀介质中的扩展速率 $\mathrm{d}a/\mathrm{d}t$ 等参量表征，由于其物理意义在上面已经阐述，在此就不再说明了。

（3）为了满足恒载荷预裂纹应力腐蚀试验方法适用于船用高压气瓶瓶筒厚度方向的应力腐蚀性能测试，七二五所编制了《舰船用高压气瓶应力腐蚀开裂试验方法》（CB 20723—2020），其试验原理与目前国际和国家标准中的悬臂弯应力腐蚀性能测试方法相同，但采用了一些新的表征参量。

①腐蚀介质中和空气中所有试样的断裂韧性 K_{QSCC} 和 K_{QC} 的算术平均值的比值 β_k，其计算公式为

$$\beta_k = \frac{K_{QSCC}}{K_{QC}} \tag{5-32}$$

式中:K_{QSCC}为腐蚀介质中试样的断裂韧性;K_{QC}为空气中试样的断裂韧性。

式(5 - 32)表征的是在腐蚀环境中应力强度因子衰减,如果 $\beta_k > 0.85$,那么就认为材料在该腐蚀介质环境中没有应力腐蚀开裂倾向性。

②如果试样加载载荷不满足 $\sigma \leqslant 0.9\sigma_{0.2}$时,计算腐蚀介质中和空气中所有试样的断裂应力 σ_{QSCC}和 σ_Q的算术平均值的比值β_σ,其计算公式为

$$\beta_\sigma = \frac{\sigma_{QSCC}}{\sigma_{QC}} \tag{5-33}$$

式中:σ_{QSCC}为腐蚀介质中试样的断裂应力;σ_{QC}为空气中试样的断裂应力。

式(5 - 33)表征的是在腐蚀环境中断裂应力衰减,如果 $\beta_\sigma > 0.85$,那么就认为材料在该腐蚀介质环境中没有应力腐蚀开裂倾向性,相比 β_k,β_σ不要求试样厚度必须满足平面应变条件,因此,其通用性更广。

③腐蚀介质中和空气中所有试样的裂纹张开量 δ_{QSCC}和 δ_{QC}的算术平均值的比值为 β_δ,其计算公式为

$$\beta_\delta = \frac{\delta_{QSCC}}{\delta_{QC}} \tag{5-34}$$

式中:δ_{QSCC}为腐蚀介质中试样的裂纹张开量;δ_{QC}为空气中试样的裂纹张开量。

式(5 - 34)表征的是在腐蚀环境中裂纹张开量的衰减,如果 $\beta_\delta > 0.85$,那么就认为材料在该腐蚀介质环境中没有应力腐蚀开裂倾向性。由于裂纹张开量与试样的形状和尺寸无关,特别是宽度,从这一点来说,裂纹尖端临界张开位移与断裂韧性 K_{IC}和 K_{ISCC}或名义应力 σ_C和 σ_{SCC}相比,是个更加通用的参数。

3)适用条件

恒载荷应力腐蚀试验法特别适用于初始应力明确,试验过程中应力保持恒定的情况。例如,在实际工程中,大型构件在加工、制造或随后的使用过程中不可避免地会产生各种缺陷,即所谓的"带缺陷服役"。在这种情况下,构件承受的外部载荷不会随各种缺陷程度的加深而改变。

(1)光滑试样适用于想获得裂纹萌生、裂纹扩展、裂纹失稳撕裂过程的总寿命情况。

(2)预裂纹试样适用于想获得裂纹扩展信息,包括裂纹扩展速率 da/dt 和裂纹开始扩展的临界应力腐蚀阈值 K_{ISCC}值情况。

4)特点和注意事项

(1)特点。

恒载荷应力腐蚀试验法的优点:

①应力状态明确、数据稳定性好,便于结果比较和分析。

②可获得临界应力 σ_{ISCC},工程价值明显。

③恒载荷应力腐蚀试验法与恒载荷应变腐蚀试验法相比,获得应力腐蚀阈值 K_{ISCC} 以及裂纹扩展速率 da/dt 时间更短,结果更准确(试验过程中,裂纹不容易分叉)和保守,且 da/dt 结果可以得到从开始扩展到断裂的全 K 过程的裂纹扩展速率。

恒载荷应力腐蚀试验的缺点:

①恒载荷应力腐蚀试验法进行加载必须采用试验机,其在大批量试验及在不同环境,特别是在盐雾环境、高温高压环境及循环环境下试验受限,此方法也不适用在工况环境。

②由于要与试验机夹具配合,恒载荷光滑应力腐蚀试样长度一般不能低于80mm,这样在材料尺寸不够,特别是要测厚度方向的应力腐蚀性能时,其是应用受限的。

③恒载荷预裂纹应力腐蚀 C(T) 试样目前行业内常用 $\frac{1}{2}$C(T) 和 C(T) 两个尺寸试样,其试样厚度分别为 12.7mm 和 25.4mm。在试样厚度选择上是受限的,而恒应变预裂纹应力腐蚀 WOL 试样,通过对标准中的公式进行标定处理,把 $K_I - P$(加载载荷)的关系公式换成 $K_I - V$(刀口张开位移),可适合任何厚度的试样,这方面七二五所做了大量的工作。

(2)注意事项。

①轴向拉伸应力腐蚀试样的尺寸比例在应力腐蚀试验中是不大重要的,但为比较方便起见,要求使用 GB/T 228.1—2010 中的拉伸试验所规定的试样比例。

②为了减少可能促使裂纹萌生的应力集中,如果试样被夹端和平行部位尺寸不同,机加工试样应当在二者之间有一个过渡区,过渡区应当遵循相关的国际标准要求。

③由于应力腐蚀试验结果会受试样横截面积的影响,所以同一批次试验应当结合研究目的确定横截面的尺寸,但由于小截面的试样对应力腐蚀裂纹具有更高的灵敏度,为此推荐轴向拉伸应力腐蚀试样的截面尺寸不大于 $50mm^2$。

④恒载荷预裂纹试样与恒应变预裂纹试样一样,为了得到有效的 K_{ISCC} 值,预裂纹试样最小厚度必须满足平面应变条件,即厚度 $B \geqslant 2.5(K_I/R_{p0.2})^2$,在能对材料的临界应力腐蚀强度因子 K_{ISCC} 估计的情况下,允许厚度 $B \geqslant 2.5(K_{ISCC}/R_{p0.2})^2$。如果材料厚度满足不了平面应变条件,也尽量选择尽可能厚的试样,最好采用原厚度试样,其仅能得到 K_{QSCC},作为工程安全评定的参考值。

⑤应力腐蚀试样均不允许采用化学或电化学的方法对表面进行处理。

3. 慢应变速率法

1)基本原理

慢应变速率(SSRT)法是以相当缓慢的应变速率给处于腐蚀介质(和惰性介

质)中的试样施加载荷,以考察材料应力腐蚀敏感性大小。缓慢的动态加载变形会产生活性区,在应力和环境的共同作用下,萌生裂纹源并扩展。因此,应变速率是试验过程中的一个关键参数,应变速率过高,断后伸长率及断面收缩率均接近在空气介质中所测得的结果,合金韧性损失较少,试样对 SCC 不敏感,即在高应变速率下,环境介质还未对试样产生影响,塑性形变就使试样很快断裂;应变速率过低,所产生的活性区有足够的时间形成钝化膜阻止腐蚀的发生,腐蚀环境也不能充分发挥其在 SCC 过程中的作用。对于大多数材料环境体系最为敏感的应变速率为 $10^{-7} \sim 10^{-6} s^{-1}$。需要注意的是,如果一次试验没有应力腐蚀敏感性,并不能说明该材料没有应力腐蚀敏感性,试验还应该在更宽泛的应变速率下进行试验,包括更低的应变速率,如 $10^{-8} s^{-1}$。

慢应变速率法通常也分为光滑试样和预裂纹试样两种试样形式。其中光滑试样慢应变速率法应用比较早,其主要采用的是轴向拉伸试样形式,包括圆拉或板拉,其是将试样的一端固定,另一端加上恒定的应变速率进行拉伸,得到试样在腐蚀介质中和惰性介质中的拉伸应变 - 应力曲线,再根据试验所得相关参量(断裂强度、断裂时间、延伸率、断面收缩率及应力 - 应变曲线下面积)对材料应力腐蚀性能进行评价。但是,由于腐蚀环境中不易安装引伸计,此应变速率为伪应变速率,用的是位移速率除以试样的标距;预裂纹试样慢应变速率法应用较晚,其主要采用的是 $\frac{1}{2}$C(T)试样和 C(T)试样,将试样的一侧固定,另一侧加上恒定的应变速率进行拉伸,得到试样在腐蚀介质中的应变 - 应力曲线。当应力出现下降,表明裂纹已经萌生,停止试验,以应力开始出现的载荷及试样的裂纹长度作为参量,计算得到材料的临界应力强度因子 K_{ISCC}。

2)表征参量及物理意义

对于光滑试样慢应变速率拉伸,表征参量主要是用腐蚀介质相对惰性介质的塑性损失、应力腐蚀敏感性指数 I_{SSRT},并结合断口形貌和二次裂纹等信息综合评估材料应力腐蚀敏感性大小。

(1)塑性损失。塑性损失用将暴露到试验环境中和暴露到惰性环境中的相同试样进行比较的方法来评定应力腐蚀破裂的敏感性,即

$$\text{比值} = \frac{\text{试样在试验环境中得到的结果}}{\text{试样在惰性介质环境中得到的结果}} \tag{5-35}$$

比值偏离越远,则开裂敏感性越高。结果可用同一个初始应变速率下的一个或多个参数来表示:

①断裂时间 t;

②延性,用断面收缩率 Z 或断后伸长率 A;

③断裂强度 R_m；

④吸收能量 S，也即标准应力－延伸曲线所包围的面积。

（2）应力腐蚀敏感性指数 I_{SSRT}。应力腐蚀敏感性指数综合了断裂强度损失和延伸率损失的一个表征材料应力腐蚀性能的指标，其计算公式为

$$I_{SSRT} = 1 - \frac{R_{m(试验环境)}(1 + A_{(试验环境)})}{R_{m(惰性环境)}(1 + A_{(惰性环境)})} \tag{5-36}$$

式中：$R_{m(试验环境)}$为在环境介质中的断后强度（MPa）；$R_{m(惰性环境)}$为在惰性介质中的断裂强度（MPa）；$A_{(试验环境)}$为在环境介质中的断后伸长率（%）；$A_{(惰性环境)}$为在惰性介质中的断后伸长率（%）；I_{SSRT}从 0 到 1，表示材料应力腐蚀敏感性渐增。

（3）断口形貌和二次裂纹。对于大多数材料，在惰性介质中拉断后将获得韧窝断口，但在腐蚀介质中拉断后往往获得脆性断口，脆性断口比例越高，则应力腐蚀越敏感，如腐蚀介质中拉断的试样主断面侧边存在二次裂纹，则表明此材料对应力腐蚀是敏感的，往往用二次裂纹的长度以及数量作为衡量应力腐蚀敏感性的参量。

对于预裂纹试样慢应变速率拉伸，表征参量主要也是用临界应力腐蚀强度因子 K_{ISCC}，其物理意义在上部分已阐述。

3）适用条件

对于光滑试样慢应变速率拉伸，如果仅用于材料筛选的目的，慢应变速率试验无疑是第一选择。然而，由于没有可接受的验收准则，慢应变速率试验不能用于材料验收评价，仅用于选材，这与前面介绍的恒应变和恒载荷应力腐蚀试验方法有本质区别。试验结果若要作为验收评价用，最好积累了大量的数据并给出相应介质环境和相应应变速率下的判据。

对于预裂纹试样慢应变速率拉伸，由于试验结果受应变速率影响较大，其所得的试验结果往往也不用于材料验收评价，如要作为验收用，需给出给定条件下的 K_{ISCC}判据。

4）特点和注意事项

（1）特点。

慢应变速率法的优点：

①测试周期短，可快速识别材料的应力腐蚀敏感性。

②具有较高的灵敏性，可灵敏地反映出不同材料间应力腐蚀的细微差异。

③可得到更多参量，定量地评价应力腐蚀敏感性。

慢应变速率法的缺点：

①试验结果受应变速率影响较大，在没有对应速率下的应力腐蚀判据时，其结果一般不作为材料验收评价用。

②设备相对复杂，且费用较高。

③不能从试验曲线中区分裂纹萌生期和扩展期相关信息。

(2)注意事项。

①慢应变速率拉伸试样形状和尺寸可以多种多样,具体选择哪一种试样形式需根据材料及可能的应力腐蚀机制确定,对于主要发生阳极溶解型的应力腐蚀材料,一般选择板状试样,保留材料的原始表面;对于主要发生氢致开裂型的应力腐蚀材料,一般选择棒状试样。

②慢应变速率预裂纹试样与前面介绍的恒应变和恒载荷预裂纹试样中$\frac{1}{2}$C(T)和C(T)要求一样,在此不再介绍。

③如果一次试验没有应力腐蚀敏感性,并不能说明该材料没有应力腐蚀敏感性,试验还应该在更宽泛的应变速率下进行试验,包括更低的应变速率。

④应变速率应力腐蚀的表征参量较多,如出现从单个参量不易区分材料的应力腐蚀敏感性时,采用多个表征参量的综合评定是较好的方法。

5.1.9 腐蚀电化学测试

腐蚀电化学测试方法是以腐蚀金属电极为研究对象,以电位、电流或者电量作为体系中发生化学反应的量度进行测定的方法[33-35]。可以用来论述金属腐蚀过程的电化学原理,系统研究发生电化学腐蚀过程的能量条件及能量耗散、腐蚀速率和腐蚀电位与各种热力学和动力学参数的关系等。

1. 电极电位测试

当金属与电解质溶液接触时,在金属/溶液界面处将产生电化学双电层,此双电层两侧的金属相与溶液相之间的电位差称为电极电位。电极电位的大小主要取决于电对的本性,并受离子的浓度和温度等外界条件的影响。

1)基本原理

至今,无论用理论计算还是试验测定,都无法得到单个电极上双电层电位差的绝对值,即无法测定单个金属的绝对电极电位值。但是,电池电动势是可以精确测定的,只要将研究电极与一选定的电极电位可知参比电极构成原电池,测量其电动势,也就是测量两个绝对电极电位之差,通过比较可以确定所研究金属的相对电极电位。标准电极电位是以标准氢原子作为参比电极,即规定氢电极在任何温度下的电极电位均为零,如此所得的电位之差值就可认为该电极的电极电位,但在实验室常用甘汞电极、Ag/AgCl 电极。电极电位的测试有两类:第一,测量在腐蚀体系在没有外加电流的情况下的电位,即自然腐蚀电位,也称开路电位,其测量示意图见图5-28(a)和(b);第二,测量有外电流通过时电极的极化电位,其测量示意图见图5-28(c)和(d)。

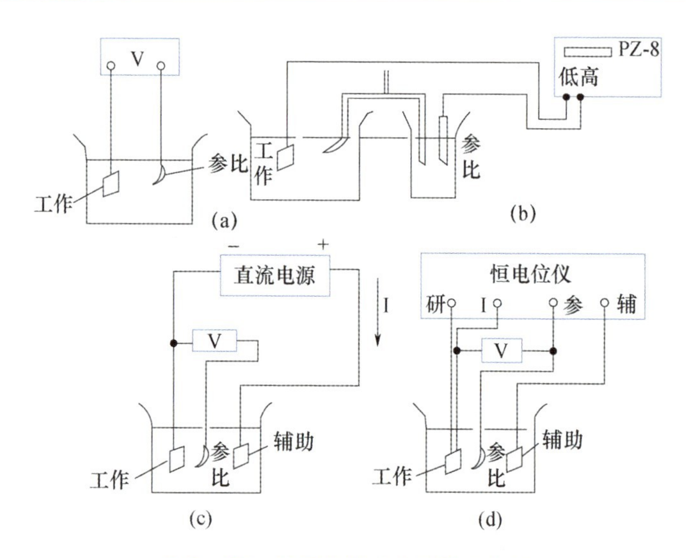

图 5 -28　金属腐蚀电位测量示意图

(a)无盐桥开路电位测试;(b)有盐桥开路电位测试;

(c)极化源为直流电源的极化电位测试;(d)极化源为恒电位仪的极化电位测试。

2)表征参数和物理意义

电极电位测试可以得到电位 - 时间变化曲线、自然腐蚀(开路)电位和极化电位等表征参数。

(1)电位 - 时间变化曲线。试验过程中连续测量电位值,并将对应的电位和时间标记在笛卡儿坐标系上,各个点连成的曲线即为电位 - 时间曲线,表征的是测量电位值随时间的变化规律。

(2)自然腐蚀(开路)电位。在没有外加电流的情况下测得的电位达到相对稳定电极电位值即为自然腐蚀(开路)电位。一般情况下,自然腐蚀(开路)电位若低,说明电极表面阳极反应发生较快或者阴极反应发生较慢;其值若高,说明电极表面阳极反应发生较慢或者阴极反应发生较快。

(3)极化电位。极化电位即电极在通过电流后的电极电位,分阳极极化电位和阴极极化电位。

3)适用范围

适用于反映金属及合金,导电性非金属(如石墨、碳纳米管)及金属镀层、导电性涂覆层等电极表面钝化、点腐蚀等特征,也可以用来判断不同金属材料之间电偶腐蚀倾向性。

4)特点和注意事项

(1)特点。

电极电位测试方法的主要优点:简单易行且实时性好。只要将研究电极、参比电极、电位测量仪连成回路，并将研究电极和参比电极置于电解池中就可以实时测量，且对研究电极的形状和尺寸均没有要求，各种形状和尺寸对测试结果几乎无影响。

但电极电位测试对技巧要求比较高，没有测试经验，往往易导致测试结果偏差较大，因此在应用中也受到一定的限制。

①在测量回路中，当有电流流过时，工作电极和参比电极会发生极化，另外，还会产生溶液欧姆降，均会使电极电位发生偏离，使测得的值不是原电池的电动势，而是端电压。为了使电位测量回路中流过的电流很小（一般为 10^{-7}A），测量仪表的内阻应很高（一般输入电阻大于 $10^7\Omega$），才能精确地测出电动势。另外，当有外电流和溶液的电阻率大时，应通过调整电极的位置、结构及从仪器上安装溶液电阻补偿装置才能精确测量电极电位。

②试样的表面状态（如洁净度、膜状态）对测试结果会有较大的影响，故对试样的表面需进行认真处理。

（2）注意事项。

①电极电位的测量值和金属电极表面状态、溶液成分、温度和 pH 值等相关，因此测量过程中必须明确电极体系各参数。

②同一电极体系，选用的参比电极不同，其测试结果不同，因此在测试结果中必须注明参比电极。

③电极电位代表的是材料得失电子的能力，即氧化性和还原性的强弱，数值越高，氧化性越强，越低还原性越强，其数值的高低并不能代表金属是否易腐蚀的表征。

2. 极化曲线测试

测定相应的电流密度或者电位的变化而得到的电极电位与电流密度的关系曲线称为极化曲线。如电极分别是阳极或阴极，所得曲线分别称为阳极极化曲线或阴极极化曲线。

1）基本原理

极化曲线的测定分稳态法和暂态法，稳态是在指定时间内，电极电位、电流密度、电极表面等参数基本上不随时间改变，体系达到稳态时，双电层的充电电流为零，流过电极的电流全部由电化学反应所产生，体系没达到稳态以前叫暂态。本书仅进行稳态过程的极化曲线测量介绍，暂态过程的测量请参考有关专著。

稳态极化曲线主要采用两种控制方式进行。

（1）控制电位法。控制被测量的电极电位于不同的数值，测量外测电路中相应于所控制电位下流过被测电极的电流密度。控制电位的测量通常又分两种：一种是逐个控制工作电极的电位于不同的数值，测量相应流过工作电极的外测电流密度的稳定值,这种方法称为恒电位测量方法,也称为静态法;另一种是控制工作电极电位按一定的速度连续不断地改变(扫描),记录相应的流过工作电极的外测电流密度的变化曲线,这种方法称为电位扫描法。电位扫描法实际上是一种近似稳定或介稳定的测量方法,为了测得“稳态”的 $E-i$ 曲线,电位扫描的速度不宜过快,但若电位扫描速度过低,则为测得整条 $E-i$ 曲线所需时间太长,从测量开始到测量结束工作电极的表面状态变化可能很大。一般情况下的腐蚀金属电极,通常采用20~60mV/min 的电位扫描速度进行测量。对于测量钝性状态下“小孔蚀电位”,则电位扫描的速度要低至0.1mV/s,这不属于本节的讨论范围,详细见前面点蚀电化学测试方法中的描述。

(2)控制电流法。控制外测电路中流过被测电极的电流密度于不同的数值,测量相应于所控制的电流密度下被测电极的电位。在稳态测量中,控制电流测量的方法一般是逐个控制工作电极的外测电流为不同的电流密度值,分别测定工作电极于各个外测电流密度下的电位稳定值,这种方法也称为恒电流测量。

相对于控制电流法,控制电位法使用较多,这主要是由于以下两个原因。

①不少情况下电极电位 E 对于所控制的电流密度 i 不是一一对应的单值函数。另外,若工作电极是腐蚀金属电极,而扩散过程对腐蚀过程的阴极反应速度影响很大时,由于不知道扩散电流密度的具体数值,控制电流的测量也比较困难。

②除了后面要讨论的线性极化区外,相应于电极电位的变化,外测电流密度的变化要大得多,而且不同的电极体系外测电流密度的数值范围可以有很大差别,因此用控制电位的测量方式比较容易进行试验安排,但极化曲线中存在电势极大值(或电势平台)以及在强极化区进行稳态测量时,则应选用控制电流法。

2)表征参数及物理意义

极化曲线测试可得到腐蚀电流密度、(线性)极化电阻、Tafel 斜率和表观系数等表征参数。

(1)腐蚀电流密度(i_{corr})。当电极体系处于开路状态时,电极表面宏观上没有电流流入或流出,此时在该电极表面发生的所有阳极反应产生的阳极电流和($\sum I_a$)等于所有阴极反应产生的阴极电流和的绝对值($|\sum i_c|$),这种状态下单位面积上的阳极电流或阴极电流即称为腐蚀电流密度(i_{corr}),可以用来描述一个电极反应得失电子的能力及可以反映腐蚀金属电极的腐蚀速率。

测量 i_{corr}的方法有三种:第一种方法为线性极化(极化范围不大于10mV,见图5-29中的 AB 段)测量,其求解是利用在线性极化区的简化 Stern-Geary 公式(式(5-29))通过(线性)极化电阻 R_p间接求得;第二种方法为弱极化(弱极化范围20~70mV,见图5-29中的 BC 段)测量,此时腐蚀金属电极的极大值大到极化曲线已经明显偏离直线,但腐蚀金属电极上去极化剂的阴极还原反应过程和金属

的阳极溶解过程都不能忽略，利用弱极化区数据计算动力学参数的经典方法是三点法和四点法，这在曹楚南编著的腐蚀电化学原理中已有详细介绍，由于计算机的快速发展，现主要利用Origin软件对试验曲线采集金属腐蚀电极过程的过电势与电流密度之间的关系式进行非线性拟合直接得到 i_{corr}；第三种方法采用的是强极化（也称Tafel极化，极化范围不小于100mV，见图5－29中的 *CD* 段）测量处理技术，此时腐蚀金属电极中一个电极反应的信息量占到99%以上，而在腐蚀过程中与之耦合的另一个电极反应的信息量小到1%以下，即某一个极化方向的极大值大到使极化数据只反映腐蚀过程一个电极反应的信息，强极化的数据处理方法是根据测量的稳态伏安（$E \sim i$）数据，作 $\lg|i| - E$ 图，得到Tafel区线性部分的斜率。此时，既可以利用Tafel外推法得到腐蚀电流密度，也可以利用Stern－Geary公式结合极化电阻计算腐蚀电流密度。

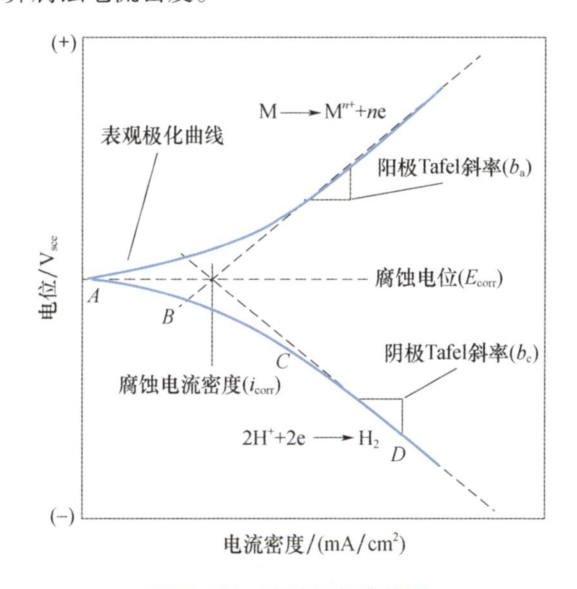

图5－29 理论极化曲线图

AB—线性极化区；*BC*—弱极化区；*CD*—强极化区（塔菲尔极化区）。

（2）线性极化电阻。在 $\Delta E = 0$ 处切线的斜率为线性极化电阻 R_p。其通过线性极化测量得到，当极化电位 ΔE 很小（不大于10mV）时，$E - i$ 曲线为近似直线，见图5－30，线性极化电阻 R_p 和 ΔE 的计算公式分别为

$$R_p = \left(\frac{d\Delta E}{di}\right)_{\Delta E \to 0} \tag{5-37}$$

$$\Delta E = \frac{RT}{nF} \times \frac{1}{i_{corr}} i \tag{5-38}$$

式中：R_p 为线性极化电阻（$\Omega \cdot cm^2$）；ΔE 为极化电位（V）；i 为电流密度（A/cm^2）；n 为

得失电子数;F 为法拉第常数,一般取 96485C/mol;i_{corr} 为腐蚀电流密度(A/cm^2)。

对于一个具体的腐蚀过程来说,线性极化电阻数值越大,腐蚀电流密度 i_{corr} 的数值越小,为此,可以根据极化电阻 R_p 的测量值来判断其中哪一个腐蚀体系的腐蚀速率较大,哪一个较小。

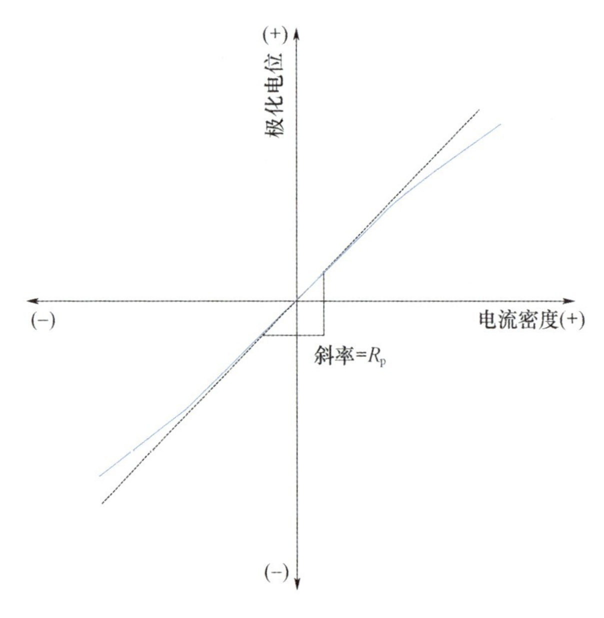

图 5 – 30　理论线性极化曲线图

(3)Tafel 斜率。极化电位 ΔE 较大(不小于 100mV)时,$E - \lg i$ 曲线在强极化区(又称为 Tafel 极化区)为近似直线,拟合得到的直线斜率即为 Tafel 斜率,见图 5 – 29。根据极化方向又分为阳极 Tafel 斜率(b_a)和阴极 Tafel 斜率(b_c)。Tafel 斜率最重要的作用,是利用 Tafel 外推法得到腐蚀电流密度 i_{corr}。

(4)表观系数 α/β。表观系数是 Tafel 斜率的间接表征参量,有

$$b_c = \frac{2.303RT}{\alpha nF} \tag{5-39}$$

$$b_a = \frac{2.303RT}{\beta nF} \tag{5-40}$$

式中:R 为理想气体常数,一般取 8.314J/(K·mol);T 为热力学温度(K);n 为得失电子数;F 为法拉第常数,一般取 96485C/mol。

当阴极 Tafel 斜率(b_c)和阳极 Tafel 斜率(b_a)已知,由于 R、T、F、n 均为常数,故可求算出表观传递系数 α 和 β;表观系数也可利用弱极化测量处理技术得到,可利用 Origin 软件对弱极化测量的过电势与电流密度之间的关系式进行非线性拟合直接得到。

3)应用条件

对于腐蚀金属电极来说,稳态极化曲线测量是为了获得有关腐蚀金属电极上进行的腐蚀过程动力学信息。最主要是获得腐蚀速率的信息,最好是能测定腐蚀电流密度的数值,即使不能精确测定,也希望能通过电化学测量知道腐蚀电流密度数值的大致范围;或者将其作为监测方法,跟踪金属设施的腐蚀状况;其次,还往往希望通过极化曲线的测量来测定与腐蚀过程有关的电极反应的其他动力学参数,如阳极反应和阴极反应的 Tafel 斜率、去极化剂的极限扩散电流密度等。

对于能够钝化金属的腐蚀电极,稳态极化曲线测量是为了测定从活性区转变到钝化区的致钝电位,维持金属表面处于钝化状态(维钝区)的电位范围,维钝电流密度的数值范围,以及如果金属表面能够发生小孔蚀的话,测定小孔蚀的发生电位和再钝化电位等,这在点蚀电化学方法中已进行了相关介绍。

4)特点和注意事项

从以上分析可以看出,稳态极化曲线测量主要包括三个区域(线性极化、弱极化和强极化)的测量技术,下面介绍其特点。由于三者注意事项基本相同,因此一并进行阐述。

(1)特点。

①线性极化测量。

优点:对腐蚀情况变化响应快,能获得瞬间腐蚀速率;对腐蚀体系的影响和干扰很小,重现性好;比较灵敏,可以及时地反映设备操作条件的变化,是一种非常适用于监测的方法。

缺点:另行测定或者从文献中选取的 Tafel 常数不能够反映腐蚀速率随时间的变化情况;线性极化区附近极化值绝对值 ΔE 太小,准确度不是很高;不适用电导率较低的体系,应用范围受到限制;如果金属电极表面除了一次电化学反应外,还伴有其他电化学反应时,可导致错误的腐蚀监测结果。

②弱极化测量。

优点:相比强极化测量,弱极化对电极体系的扰动要小得多,与线性极化相比,弱极化准确度要高得多,且可同时求得多个参数,因此被广泛关注。

缺点:数据处理较强极化和弱极化难度大。

③强极化测量。

优点:由于可以认为腐蚀金属电极上只有一个电极反应在进行,所以测得的极化曲线也只反映这一电极反应在进行测量的电位区间内的动力学特征,而如果可以认为该电极反应的动力学机构从腐蚀金属电极的腐蚀电位到进行测量的强极化区的电位区间没有改变,那就可以借助强极化区极化曲线的测量来研究这个电极反应的动力学机构。

缺点:由于极化电流密度很大,其绝对值比腐蚀电流密度一般要大 2 ~ 3 个数量级,这样一般会引起以下三个方面的问题。

a. 会引起靠近电极表面溶液层的成分可能不同于腐蚀电位下的情况,得不到一条很好的 Tafel 直线。

b. 在参比电极至被测的腐蚀金属电极之间的溶液中欧姆电位降比较大,如果处理不好,得到的实验结果中就可能包含相当大的系统误差。

c. 进行阳极极化测量时,金属电极的表面以很大的电流密度阳极溶解,因此电极表面的情况变化很大,导致从强极化区测量得出的腐蚀电流密度数值严重失真。

(2)注意事项。

①对于稳态极化曲线测量的样品的形状和尺寸没有明确的规定,但结合一般电化学工作的输出电压和电流范围,不建议尺寸较大,且为了计算表面积方便,推荐试样尺寸为 10mm × 10mm × (3 ~ 5) mm 厚的块状样。

②所有稳态极化曲线测量的样品均需进行连接导线且需对非考察面进行涂封处理,为避免对试验结果的影响,连接导线必须接触良好,涂封应避免缝隙腐蚀。

③稳态极化曲线测量结果受影响因素较多,为保证结果的可靠性,所需测试的样品一般不少于 5 件。

3. 电化学阻抗谱技术

电化学阻抗谱(electrochemical impedance spectroscopy,EIS)技术也称为交流阻抗,原本是电学中研究线性电路网络频率响应特性的一种方法,后被用来研究电极过程,目前已发展成电化学中一种不可或缺的试验方法。

1)基本原理

EIS 技术是以不同频率的小幅值扰动信号(一般为正弦波信号)作用于电极系统,测量反馈电流信号,并依据其与扰动信号的关系,来测得这个电极过程的阻抗谱,进而来分析电极系统中电化学反应特征的技术。以恒电位下正弦扰动电压 EIS 为例,正弦电压信号的计算公式为

$$E_t = E_0\sin(\omega t) \tag{5-41}$$

则体系测得的反馈电流信号为

$$i_t = i_0\sin(\omega t + \varphi) \tag{5-42}$$

根据欧姆定律,可得体系阻抗为

$$Z = \frac{E_t}{i_t} = \frac{E_0\sin(\omega t)}{i_0\sin(\omega t + \varphi)} = Z_0\frac{\sin(\omega t)}{\sin(\omega t + \varphi)} \tag{5-43}$$

式中：E_t为扰动电压（V）；E_0为扰动电压模值（V）；ω 为扰动电压角频率；i_t为反馈面积电流密度（A/cm^2）；i_0为反馈面积电流密度模值（A/cm^2）；φ 为反馈电流的相偏移；Z 为体系阻抗（$\Omega \cdot cm^2$）；Z_0为体系阻抗的模值（$\Omega \cdot cm^2$）。

由于外加信号是小振幅的（一般小于 10mV），因此可以避免对体系造成太大的影响，同时外加的扰动信号与体系的响应信号也能够呈现近似线性的关系。图 5－31所示为 EIS 技术测量示意图，波形发生器产生一个小幅的正弦电信号，随后经恒电位仪施加到电极系统，而输出的电信号经过锁相放大器或频谱分析仪的放大处理后输出阻抗及其模量或是相位角。

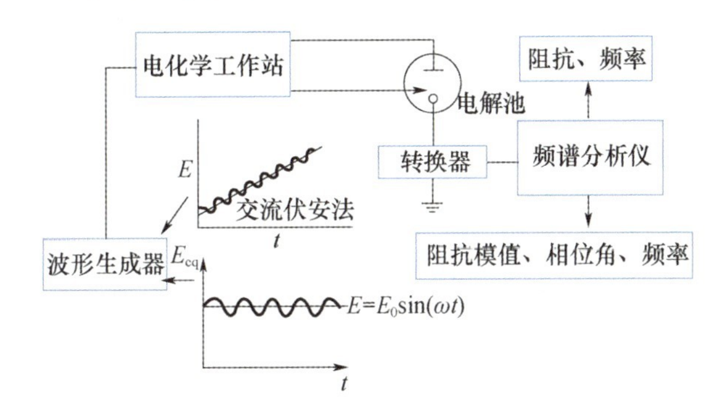

图 5－31　EIS 技术测量示意图

利用 EIS 来研究一个电化学系统时，可以将这个电化学系统看作一个等效电路。图 5－32 所示为某种金属浸入溶液中形成的电化学体系的电极界面模型及等效电路，通过 EIS 来测定等效电路的构成以及各元件的大小，利用这些元件的电化学含义来分析电化学系统的结构和电极过程的性质求取各复合元件中等效元件的

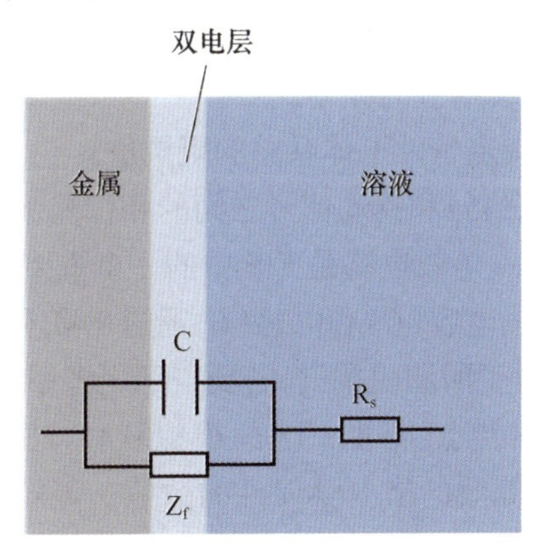

图 5－32　电极界面模型及等效电路

C—双电层电容；Z_f—法拉第阻抗；R_s—溶液电阻。

参数值,如电阻(R)、电容(C)、电感(L)和常相位角元件(Q)等基本元件信息,分析电化学系统的结构和电极过程的特征等。需要注意的是,一个电化学系统必须满足因果性、线性以及稳定性三个条件才能保证所测的阻抗谱有意义。

(1)因果性。输出的响应信号只是由输入的扰动信号引起的。

(2)线性。输出的响应信号与输入的扰动信号之间存在线性关系。电化学系统的电流与电势之间是动力学规律决定的非线性关系,当采用小幅度正弦波电势信号对系统扰动,电势与电流之间可以近似看作呈线性关系。

(3)稳定性。扰动不会引起系统内部结构发生变化,当扰动停止后,系统能够恢复到原先的状态,可逆反应容易满足稳定性条件,不可逆电极过程,只要电极表面的变化不是很快。当扰动幅度小,作用时间短,扰动停止后,系统也能够恢复到离原先状态不远的状态,可以近似认为满足稳定性条件。

2)表征参数及物理意义

电化学阻抗谱技术可得到曲线图和等效电路及元件等表征参数。

(1)曲线图。将阻抗谱的测量结果在一定的坐标体系下用曲线图表示有两种常用的方法:一种为奈奎斯特(Nyquist)图,横轴为阻抗的实部 Z_{Re},纵轴为阻抗的虚部 Z_{Im};另一种为波特(Bode)图,横轴为频率的对数 $\lg f$ 或 $\lg\omega$,纵轴为电化学阻抗的模对数 $\lg|Z_0|$ 和相位角 φ。Nyquist 图应用更为广泛,图中各轴参数及物理意义如下。

①阻抗的实部 Z_{Re} 和虚部 Z_{Im}——线性电路阻抗向量特性的体现,即

$$Z_0 = \sqrt{Z_{Re}^2 + Z_{Im}^2} \tag{5-44}$$

式中:Z_0 为等效电路阻抗($\Omega \cdot cm^2$);Z_{Re} 为阻抗实部($\Omega \cdot cm^2$);Z_{Im} 为阻抗虚部($\Omega \cdot cm^2$)。

②频率 f 或 ω——扰动信号的频率。

③阻抗模值 Z_0——特定条件下体系总的阻抗值。

④相位角 φ——响应信号和扰动信号之间的相位差。

(2)等效电路及元件。等效电路是 EIS 中的一个重要概念和有用的工具,它是指以电工学元件电阻(R)、电容(C)和电感(L)通过串联和并联组成电路来模拟电化学体系发生的过程。对于所测阻抗谱,若要得到更多系统中电极反应信息,则需要根据所测的 EIS 曲线图特点,借助 EIS 的模拟软件,建立电化学体系的等效电路,并确定与电化学体系等效的诸电学元件的数值。等效电路中主要元件有以下四种,其名称及物理意义如下。

①等效电阻 R:阻抗采用式(5-45)计算,只有实部,没有虚部,其大小和 f 无关,在 Nyquist 图上只能用实轴上的一个点来表示:

$$Z_R = \frac{\Delta E}{i_R} = R \tag{5-45}$$

式中：Z_R为等效电阻阻抗（$\Omega \cdot cm^2$）；ΔE 为极化电位（V）；i_R为通过电阻的电流密度（A/cm^2）；R 为电阻值（$\Omega \cdot cm^2$）。

②等效电容 C：阻抗采用式（5－46）计算，它的阻抗只有虚部，其绝对值和 f 成反比，在 Nyquist 图上是以第一象限中一条与纵轴重合的直线表示：

$$Z_C = \frac{\Delta E}{i_C} = \frac{1}{j\omega C} = -j\frac{1}{\omega C} \tag{5-46}$$

式中：Z_C为等效电容阻抗（$\Omega \cdot cm^2$）；ΔE 为极化电位（V）；i_C为通过电容的电流密度（A/cm^2）；C 为电容值（F/cm^2）；ω 为扰动电压角频率（Hz）。

③等效电感 L：阻抗采用式（5－47）计算，它的阻抗也只有虚部，其绝对值和 f 成正比，在 Nyquist 图上是以第四象限中一条与纵轴重合的垂直线表示：

$$Z_L = \frac{\Delta E}{i_L} = j\omega L \tag{5-47}$$

式中：Z_L为等效电感阻抗（$\Omega \cdot cm^2$）；ΔE 为极化电位（V）；i_L为通过电感的电流密度（A/cm^2）；L 为电感值（$H \cdot cm^2$）；ω 为扰动电压角频率（Hz）。

④常相位角原件 CPE（Q）：阻抗采用式（5－48）计算，这是一种没有相应线性电学元件的等效元件，常用来替代由于电极表面粗糙或能量耗散等偏离理想行为的双电层电容：

$$Z_{CPE} = \frac{1}{(j\omega)^n Y} \tag{5-48}$$

式中：Z_{CPE}为常相位角原件阻抗（$\Omega \cdot cm^2$）；Y 为常相位角原件参量值（$1/(\Omega \cdot cm^2 \cdot s)$）；$n$ 为弥散系数，n 通常为 0.5～1，n 值越接近 1，CPE 的行为越接近电容；ω 为扰动电压角频率（Hz）。

对于实际的电化学体系往往较复杂，所呈现的电化学阻抗谱曲线图与等效电路往往种类较多，甚至五花八门。为了便于对照和理解，下面将最典型、最常见的四种等效电路图及电化学阻抗谱曲线列出。

（1）单个电容性时间常数电极系统。在单个电容性时间常数电极系统中，图 5－32所示的 Z_f只是电极电位的函数，即在一定的电极电位 E 的情况下，它是一个常数。简单地相当于单位电极面积上的电阻，因此其等效电路可用图 5－33表示，代替 Z_f的是带电荷粒子穿越双电层的电阻，一般称为极化电阻，用 R_t表示。

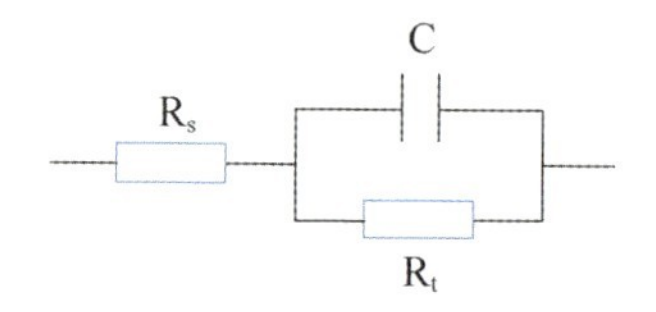

图 5-33　单个电容性时间常数电极系统的等效电路

R_s—溶液电阻；C—双电层电容；R_t—电荷转移电阻。

这种情况的等效电路，根据电工学原理，R_t 与 C 并联后再与溶液电阻 R_s 串联的电路的总阻抗，即

$$Z = R_s + \frac{1}{\frac{1}{R_t} + j\omega C}R_s + \frac{R_t}{1 + j\omega R_t C} = \left[R_s + \frac{R_t}{1 + (\omega R_t C)^2}\right] - j\frac{\omega R_t{}^2 C}{1 + (\omega R_t C)^2} \tag{5-49}$$

其中，实部见式(5-50)，虚部见式(5-51)：

$$Z_{Re} = \left[R_0 + \frac{R_t}{1 + (\omega R_t C)^2}\right] \tag{5-50}$$

$$|Z_{Im}| = \frac{\omega R_t^2 C}{1 + (\omega R_t C)^2} \tag{5-51}$$

联立式(5-50)和式(5-51)，可得

$$\left(Z_{Re} - R_s - \frac{R_t}{2}\right)^2 + Z_{Im}{}^2 = \left(\frac{R_t}{2}\right)^2 \tag{5-52}$$

式中：Z 为等效电路阻抗($\Omega \cdot cm^2$)；R_s 为溶液电阻值($\Omega \cdot cm^2$)；R_t 为电荷转移电阻值($\Omega \cdot cm^2$)；C 为双电层电容值(F/cm^2)；ω 为扰动电压角频率；Z_{Re} 为阻抗实部($\Omega \cdot cm^2$)；Z_{Im} 为阻抗虚部($\Omega \cdot cm^2$)。

根据式(5-52)可知，此电极系统的 Nyquist 图是一个位于第一象限的半圆，圆心为($R_s + R_t/2$,0)，半径为 $R_t/2$(R_t 为极化电阻)，见图 5-34。

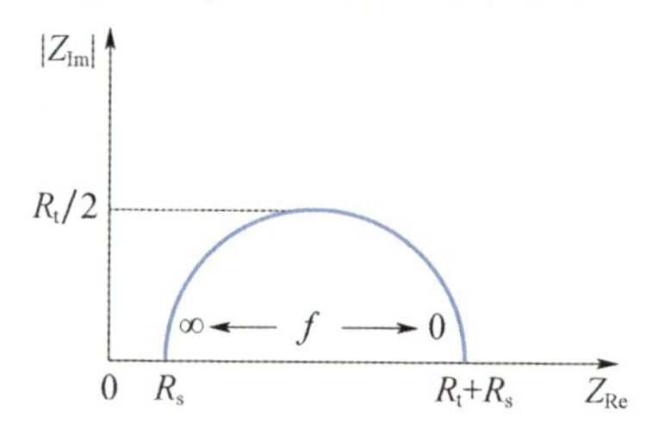

图 5-34　单个电容性时间常数电极系统的 Nyquist 图

R_s—溶液电阻；R_t—电荷转移电阻。

根据式(5－49)可得式(5－53)，其中参数表达式见式(5－54)和式(5－55)：

$$\lg|Z| = \lg(R_s + R_t) + \lg|1 + j\omega\tau_2| - \lg|1 + j\omega\tau_1| \tag{5-53}$$

$$\tau_1 = R_t C \tag{5-54}$$

$$\tau_2 = \frac{CR_t R_s}{R_s + R_t} \tag{5-55}$$

式中：Z 为等效电路阻抗($\Omega \cdot cm^2$)；R_s为溶液电阻值($\Omega \cdot cm^2$)；R_t为电荷转移电阻值($\Omega \cdot cm^2$)；C 为双电层电容值(F/cm^2)；ω 为扰动电压角频率；τ_1、τ_2为等效复合元件对控制电流的扰动响应的时间常数(s)。

对式(5－53)进行分析可以看出，Bode 图 $|Z| - \lg\omega$ 曲线在高频区的是一条平行于横坐标的水平线，其纵坐标为 $\lg R_s$，低频区也是一条平行于横坐标的水平线，其纵坐标为 $R_s + R_t$，见图 5－35(a)。

根据式(5－50)和式(5－51)，可得

$$\tan\varphi = \frac{|Z_{Im}|}{Z_{Re}} = \frac{\dfrac{\omega R_t{}^2 C}{1 + (\omega R_t C)^2}}{R_s + \dfrac{R_t}{1 + (\omega R_t C)^2}} \tag{5-56}$$

式中：φ 为相位角；Z_{Re}为阻抗实部($\Omega \cdot cm^2$)；Z_{Im}为阻抗虚部($\Omega \cdot cm^2$)；R_t为电荷转移电阻值($\Omega \cdot cm^2$)；C 为双电层电容值(F/cm^2)；ω 为扰动电压角频率。

对式(5－56)进行分析可以看出，Bode 图 $\varphi - \lg\omega$ 曲线上高频区相位角等于零，低频区相位角等于零，其中间频率区，φ 在 $0 \sim \pi/2$ 之间变化，见图 5－35(b)。

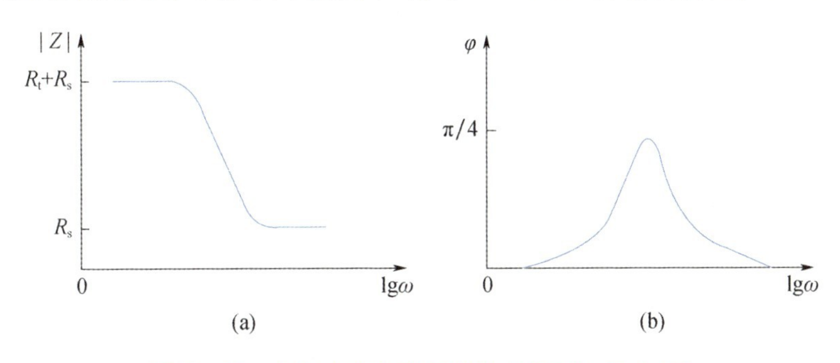

图 5－35　单个电容性时间常数电极系统 Bode 图

(a) $|Z| - \lg\omega$ 曲线；(b) $\varphi - \lg\omega$ 曲线。

R_s—溶液电阻；R_t—电荷转移电阻。

(2)具有两个电容性时间常数的电极系统。具有两个电容性时间常数的电极系统的等效电路及 Nyquist 图见图 5－36，Nyquist 图由两个容抗弧组成。其 Bode 图见图 5－37，在 $|Z| - \lg\omega$ 曲线上出现 3 个平台，分别对应等效电路中不同

的电阻或电阻之和，见图 5－37(a)。$\varphi-\lg\omega$ 曲线上出现两个对应于等效电容的相位角峰值，见图 5－37(b)，频率高的由双电层电容 C_{dl} 引起，频率低的由等效电容 C_a 引起。该等效电路常用于模拟金属基体上存在膜(如钝化膜等)时的电极体系。

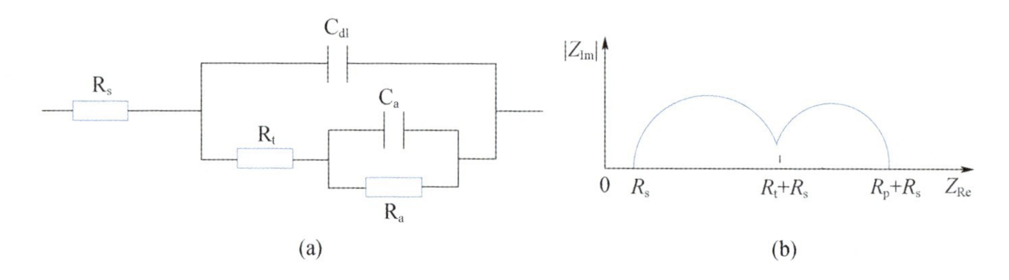

图 5－36　两个电容性时间常数的等效电路及其 Nyquist 图

(a)等效电路；(b)Nyquist 图。

R_s—溶液电阻；C_{dl}—双电层电容；R_t—电荷转移电阻；C_a—等效电容；R_a—等效电阻。

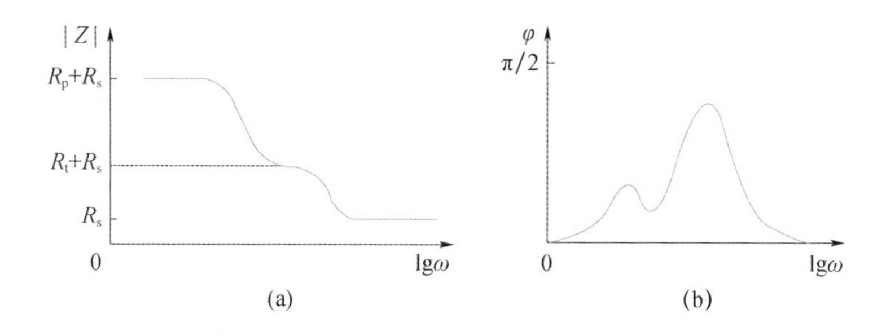

图 5－37　两个电容性时间常数的电极系统 Bode 图

(a)$|Z|-\lg\omega$ 曲线；(b)$\varphi-\lg\omega$ 曲线。

R_s—溶液电阻；R_t—电荷转移电阻；R_p—极化电阻。

由于这种情况下及后面要介绍的另外两种情况(有电感存在的电极系统和具有 Warburg 阻抗的电极系统)阻抗表达式和相应的阻抗谱形式，比单个电容性时间常数电极系统的更加复杂，本书不再予以推导。

(3)有电感存在的电极系统。有电感存在的电极系统的等效电路及 Nyquist 图见图 5－38，Nyquist 图由一个第一象限的容抗弧和一个第四象限的感抗弧组成，其中极化电阻 R_p 由下式计算：

$$R_p=\frac{R_tR_0}{R_t+R_0} \tag{5-57}$$

式中：R_p 为极化电阻($\Omega\cdot cm^2$)；R_t 为电荷转移电阻($\Omega\cdot cm^2$)；R_0 为等效电阻($\Omega\cdot cm^2$)。

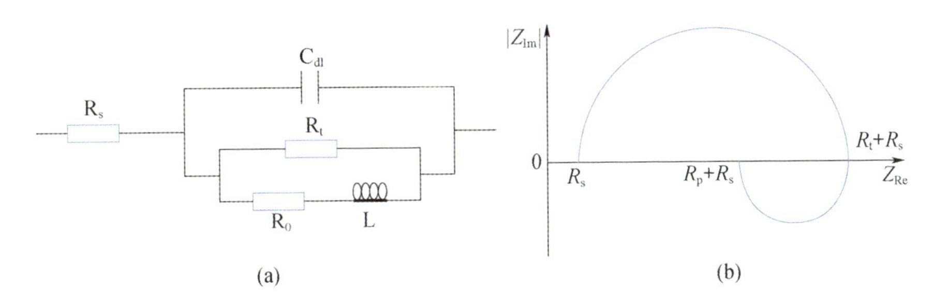

图 5－38 有电感存在的等效电路及其 Nyquist 图

（a）等效电路；（b）Nyquist 图。

R_s—溶液电阻；C_{dl}—双电层电容；R_t—电荷转移电阻；R_0—等效电阻；L—等效电感。

Bode 图见图 5－39，在 $|Z|-\lg\omega$ 曲线上出现两个平台，分别对应于高频区的溶液电阻 R_s 和低频区的 R_p+R_s，另外，在某一特定频率下会出现一个阻抗极大值，对应于 R_t+R_s，见图 5－39（a）。$\varphi-\lg\omega$ 曲线上出现一个负的极小值和一个正的极大值，见图 5－39（b），其中频率高的正的极大值由双电层电容 C_{dl} 引起，频率低的负的极小值由感抗引起。感抗弧的出现多与电极表面反应物或反应中间物的吸脱附有关，所以这类等效电路多用于模拟电镀类等电极系统。

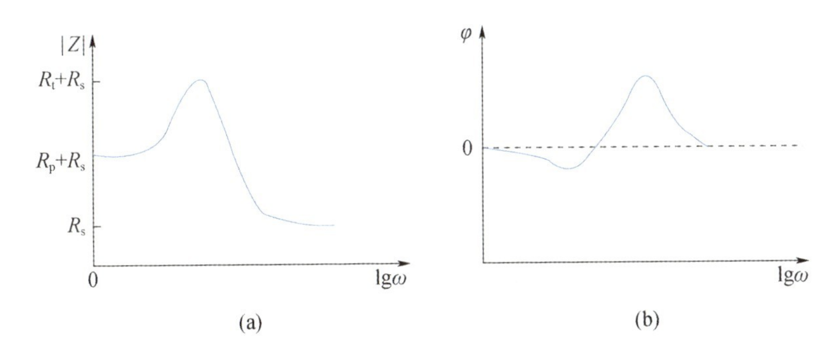

图 5－39 有电感存在的电极系统 Bode 图

（a）$|Z|-\lg\omega$ 曲线；（b）$\varphi-\lg\omega$ 曲线。

R_s—溶液电阻；R_t—电荷转移电阻；R_p—极化电阻。

（4）具有 Warburg 阻抗的电极系统。具有 Warburg 阻抗的电极系统的等效电路及 Nyquist 图见图 5－40，Nyquist 图由高频区的容抗弧和低频区的倾角为 45°的 Warburg 阻抗直线组成。其 Bode 图见图 5－41，在 $|Z|-\lg\omega$ 曲线上高频区出现一个对应于溶液电阻 R_s 的平台，低频区为一条斜线，见图 5－41（a），即这种情况下无法测得极化电阻 R_p，但是在某些情况下可以通过将容抗弧外延的方式估计 R_t 的值。$\varphi-\lg\omega$ 曲线上出现一个由双电层电容引起的容抗弧，见图 5－41（b）。阻抗谱出现这种特征说明扩散过程是电极过程的重要控制步骤。

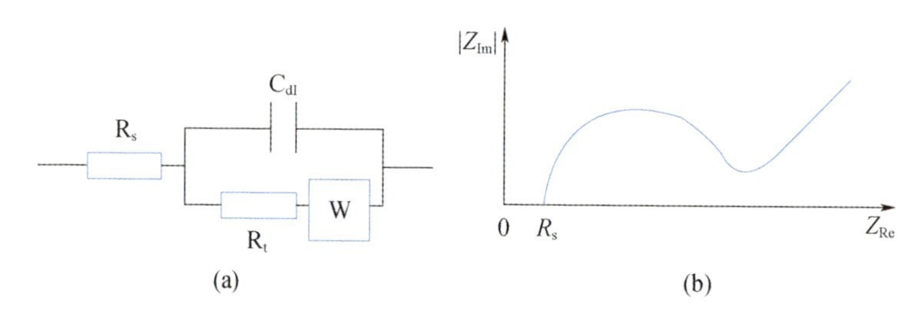

图5-40　具有Warburg阻抗的电极系统等效电路及其Nyquist图

(a)等效电路;(b)Nyquist图。

R_s—溶液电阻;C_{dl}—双电层电容;R_t—电荷转移电阻;W—Warburg阻抗。

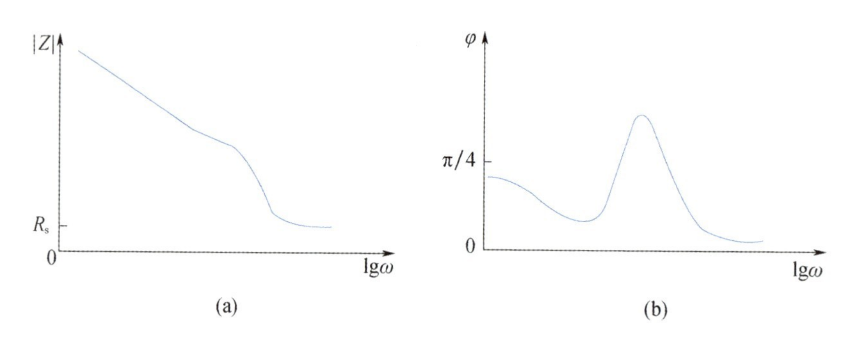

图5-41　具有Warburg阻抗的电极系统Bode图

(a)$|Z|-\lg\omega$曲线;(b)$\varphi-\lg\omega$曲线。

3)应用条件

电化学阻抗谱技术主要适用于金属表面涂层或镀层的防护性能研究,可钝化金属(如不锈钢等)表面钝化及点蚀行为研究,特别适用于测量快速的电极过程。

4)特点和注意事项

(1)特点。

电化学阻抗谱的优点:

①采用小幅度的正弦电势信号对系统进行微扰,电极上交替出现阳极和阴极过程,二者作用相反,即使扰动信号长时间作用于电极,也不会导致极化现象的积累性发展和电极表面状态的积累性变化。因此,EIS法是一种"准稳态方法",其对电极的表面影响较小,浓差极化不会积累性发展,但可通过交流阻抗将极化测量出来。

②电势和电流间存在着线性关系,测量过程中电极处于准稳态,使得测量结果的数学处理简化。

③EIS是一种频率域测量方法,可测定的频率范围很宽,因而可以比常规电化学方法得到更多的动力学信息和电极界面结构信息。

电化学阻抗谱的缺点:

①扰动信号幅值较小,测试过程中易受到干扰。

②低频区测试时间相对较长,如测试过程中试样表面发生变化,则会引起阻抗谱的复杂化,为数据分析带来困难。

③等效电路和阻抗谱之间并非一一对应的关系,即同一个阻抗谱模拟可能得到几个不同的等效电路,所以即使等效电路能与阻抗谱较好地拟合,也不一定能真正反映该电极系统的电化学行为。

(2)注意事项。

①EIS 测量的样品均需进行连接导线且需对非考察面进行涂封处理,为避免对试验结果的影响,连接导线必须接触良好且不宜过长(避免额外电阻及电感的产生),涂封应避免缝隙腐蚀。

②EIS 测量结果受影响因素较多,为保证结果的可靠性,测试的样品一般不少于 5 件。

③EIS 图必须指定电极电位下的,这是因为电极电位直接影响电极反应的活化能。电极所处的电位不同,测得的阻抗谱必然不同,因此,阻抗谱与电位(平衡电位、腐蚀电位)必须一一对应。

④EIS 测量频率范围要足够宽,特别是低频段的扫描,因为反应的中间产物和成膜过程只有低频才能表现出来,但低频测量时间会较长。对于电极表面状态可能发生变化的,则需相应缩短低频段范围,故送试样时需对电极表面状态有一定的了解。

⑤对于同一阻抗谱,可以找到不止一个等效电路进行拟合分析,因此依靠等效电路来推测电化学反应过程是一个主观性较高的方法,同一种材料,不同人所测得的结果可能不一致。

4. 电化学噪声

电化学噪声(electrochemical noise,EN)是指电化学动力系统演化过程中,其电极电位或外加电流的随机非平衡波动现象。与前面介绍的极化曲线和 EIS 电化学测试技术不同,电化学噪声是一种无损且无干扰的电化学测量方法,测试过程中不需对工作电极表面进行处理和施加扰动信号,而仅仅对所研究的电化学系统进行观测和研究,可避免对化学系统造成影响而导致数据失真,因此从 1968 年被Iverson注意以来,得到该领域研究者的广泛关注。目前,EN 技术是电化学测量的前沿技术(一种 20 世纪 90 年代的技术),已经与极化曲线测试技术和 EIS 技术相结合,广泛应用于电化学的基础研究和各应用领域的研究工作之中。

1)基本原理

EN 一般是测量体系的电流噪声和电势噪声,其中电流噪声是测量系统的电极界面发生电化学反应而引起的两个工作电极之间的外测电流的波动数值；而电势噪声则是测量系统的工作电极（研究电极）表面的电极电势的波动数值（一般相对于参比电极）。

EN 的测定可以在恒电位极化或在开路电位的情况下进行。当在开路电位下测定 EN 时，检测系统一般采用双电极体系，见图 5－42(a)。它又可以分为两种方式：同种电极系统和异种电极系统。传统测试方法一般采用异种电极系统，即一个研究电极和一个参比电极。参比电极一般为饱和甘汞电极或 Pt 电极，也有采用其他形式的参比电极的。EN 用参比电极的选择原则为：除了符合作为参比电极的一般要求外，还要满足电阻小、电位稳定和噪声低等要求；同种电极测试系统的研究电极与参比电极均为被研究的材料，两个相同工作电极采用零电阻电流计（zero resistance amperometer，ZRA）进行连接，是目前最普遍测量模式之一。当在恒电位极化的情况下测定 EN 时，一般采用三电极体系，见图 5－42(b)。在双电极测试系统的基础上外加一个辅助电极，给研究电极提供恒压极化。当同时测定一个电化学体系的电流和电位噪声时，需要采用四电极体系，见图 5－42(c)。测试系统应置于屏蔽相中，以减少外界的干扰。电化学发射光谱法是在传统的电化学噪声测试技术基础上发展起来的一种新方法。该方法采用三电极体系（参比电极、工作电极和微阴极），其中微阴极应该足够小，以至于工作电极的腐蚀情况不会因为该工作电极与微电极组成回路的原因而产生变化。

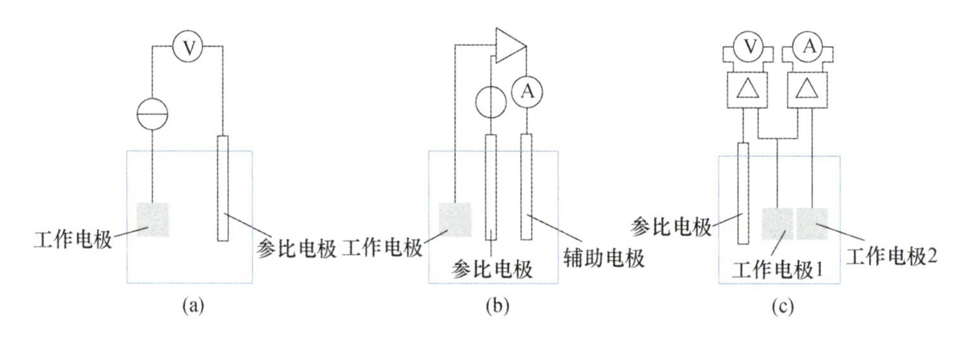

图 5－42　电化学测定示意图

(a)双电极体系；(b)三电极体系；(c)四电极体系。

EN 测定的数据非常大，这就需要通过计算机来设置参数、控制仪器、收集和分析数据，再通过频谱分析仪完成分析，电化学噪声的分析包括：频域分析、时域分析、分形分析、小波分析等分析。频域分析是指将电流或单位随时间变化规律通过某种技术转变为功率谱密度（power spectral density，PSD）曲线，然后根据 PSD 曲线的水平部分的高度、曲线倾斜部分的斜率等来表征噪声的特性，探寻电极过程的规律。常见的时域分析转换技术有快速傅里叶变换和最大熵值法。

2)表征参数和物理意义

EN试验可得到PSD曲线、噪声电阻、标准偏差和点腐蚀指标等表征参量。

(1)PSD曲线是一条功率谱密度值-频率值的关系曲线。其中PSD值是单位频带内的“电流功率”或“电位功率”。其具体操作是:将电流或电位随时间的信号波动转化为单个的波峰,每一个被记录的电势梯度的直接变化作为一个启动信号和所需时间间隔(峰期),得到横坐标为频率、纵坐标为PSD的曲线图,典型的PSD曲线图见图5-43。

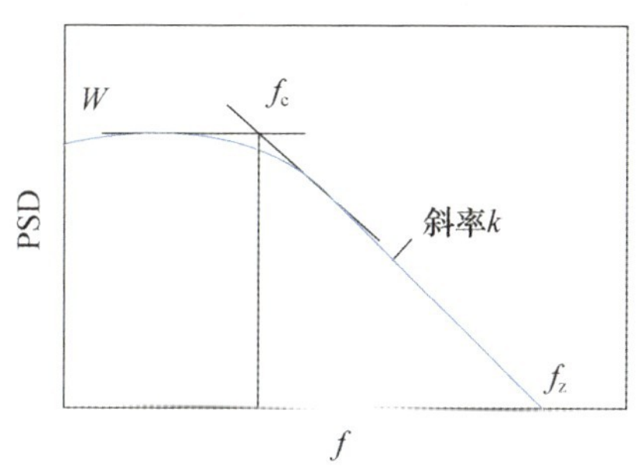

图5-43 电化学噪声的PSD曲线图

PSD曲线主要有如下四个特征参数。

①白噪声水平W,即PSD曲线中水平部分的高度(数值)。

②高频段斜率k,即PSD曲线中高频段线性部分斜率值。

③转折频率f_c,即低频的白噪声水平段与高频段的线性部分交点(转折点)对应的频率。

④截止频率f_z,即高频段曲线没入基底水平对应的频率值。

根据这四个特征参数可以来表征噪声的特性,探寻电极过程的规律。高频区往往对应着快步骤的动力学特征,而低频区往往对应着慢步骤的动力学特征;高频段变化的快慢可以区分不同类型的腐蚀,变化快(倾斜段坡度大),则电极表面可能处于钝化或者均匀腐蚀状态。

(2)噪声电阻R_n。噪声电阻即电位噪声与电流噪声的标准偏差比值为

$$R_n = \frac{\sigma_V}{\sigma_I} \tag{5-58}$$

式中:σ_V为电位噪声标准偏差;σ_I为电流噪声标准偏差。

式(5-58)的物理意义类似于线性极化法所得的极化电阻R_p,而且两者相关性很好,均反比于腐蚀电流密度i_{corr},所以可以作为度量均匀腐蚀的腐蚀速率的指标之一。

(3)标准偏差。标准偏差分为电流和电位的标准偏差两种,它们分别与电极

过程中电流或电位的瞬时(离散)值和平均所构成的偏差成正比,即

$$\sigma = \sqrt{\frac{\sum_{i=1}^{n}\left(\sum_{i=1}^{n} x_i/n\right)}{n-1}} \tag{5-59}$$

式中:x_i为实测电流或电位的瞬态值;n 为采样点数。

对于腐蚀研究来说,一般认为腐蚀速率的增加,电流噪声的标准偏差 σ_I随之增加,而电位噪声的标准偏差 σ_V随之减少。

(4)点腐蚀指标 PI。

点腐蚀指标为电流噪声的标准偏差 σ_I与电流的均方根 I_{RMS}的比值,即

$$\mathrm{PI} = \frac{\sigma_I}{I_{\mathrm{RMS}}} \tag{5-60}$$

式中:σ_I为电流噪声标准偏差;I_{RMS}为电流的均方根。

一般认为,PI 取值接近 1.0 时,表明点腐蚀的产生;当 PI 值处于 0~1.0 之间时,预示着局部腐蚀的发生;PI 值接近于 0,则意味着电极表面出现均匀腐蚀或保持钝化状态。

3)应用条件

EN 技术目前已经在腐蚀领域中广泛应用,它可以监测各种类型的腐蚀,如均匀腐蚀、孔蚀、应力腐蚀等,并且能够判断金属腐蚀的类型、孔蚀特征。EN 技术也适用于涂层性能评价。EN 技术特别适合在微生物腐蚀领域应用,由于电化学噪声在测量过程中不需要对被测体系施加扰动信号,不会对微生物的生长繁殖产生干扰,可以实现长时间连续在线监测,因此,电化学噪声是一种非常有利于研究微生物腐蚀的测量方法。

4)特点和注意事项

(1)特点。

EN 的优点:

①它是一种原位无损的监测技术,在测量过程中无须对被测电极施加可能改变腐蚀过程的外界扰动,从而导致在测量过程中数据失真,甚至失去部分有用的信息。

②它无须预先建立技术测试体系的电极过程模型。

③它无须满足电化学阻抗谱(EIS)测量所需满足阻纳的三个基本条件(因果性、线性和稳定性)。

④检测设备简单且可以实现远距离监测,电化学噪声测量原则上只需要一个安培表、一个伏特表和一套简单的数据采集系统就可以。

尽管电化学噪声具有种种优点,但是它的缺点也比较明显,主要如下:

①EN 仅仅可以用于监控腐蚀机理的变化,不能给出所涉及的动力学的信息,也不能给出扩散步骤的信息。

②EN 的来源十分广泛,其产生机理至今仍然没有完全清楚。

③由于电极反应的过程中,研究电极表面的电学状态参量本身会发生随机波动。其电化学信号和电极反应的过程之间的关系迄今为止尚未建立完整可靠的一一对应关系。

④噪声数据的处理尽管采用不少先进的方法,如统计学、傅里叶变换、小波理论和分形等数学方法,但各种方法都存在一定的欠缺,不同的方法得到的结果相差很大,无法令人满意,因此,寻求更先进的数据解析方法已成为当前 EN 技术的一个关键问题。

(2)注意事项。

①噪声电阻受控于电极面积,电极面积的增加导致腐蚀速率和电流噪声的增大及电位噪声的减小,而面积不等的同种电极体系将更有利于 EN 的时域谱分析,为此,送样时,可送面积不等的电极。

②取样频率对测试结果影响较大,选择合适的取样频率十分关键,它直接关系到测量结果的真实可靠性。取样频率一般根据被测体系可能产生的噪声来源确定,也取决于产生噪声的过程及其采用的分析方法。目前,常用的采样频率为 0.5Hz、1Hz 或 2Hz,但不一定完全适用。有研究表明,1Hz 的采样频率将可能导致数据的丢失,因此采样频率最好通过试验确定。

③所得的 PSD 曲线的特征参数不能单独正确地描述点腐蚀的强度与趋势,因此有时需要综合评定所测的特征参数或结合其他表征参数综合评定。

5.1.10 自然环境腐蚀试验

自然环境腐蚀试验是将产品或材料放在具有代表性的自然环境(或现场运行状态下)暴露并对其腐蚀性能进行测试,确定自然环境各种因素综合作用对产品的影响,通过分析环境影响数据及规律,从而对装备的环境适应性做出全面评价,并为模拟和/或加速环境试验技术的发展奠定基础[36]。自然环境腐蚀试验是环境工程的重要组成部分,常包括大气暴露试验、海水环境试验和土壤埋置试验。

1. 基本原理

1)大气暴露试验

大气暴露试验主要有静态、动态试验两类,静态试验是最常用的方法,它是将暴晒架和试样支撑装置安装在固定位置(包括户外、有遮盖的敞开式或百叶窗式暴露棚下,不直接接受太阳辐射和雨淋作用的静态半封闭暴露和在仓库式或其他建筑物内），试样在固定地点暴露预定的周期，试验期间监测和记录大气环境因数数据，作为环境影响分析的基础，并定时检测试样性能和检查外观，记录检测数据以及与初始检测数据比较，分析性能变化情况。检测周期应根据试验方法和目的确定。视试样性能变化快慢，可酌情缩短或延长检测周期。自然环境试验时间一般为1～5年，不超过20年。我国自然环境试验以往主要对象为材料、工艺和构件的试样，近年来试验对象已发展到元器件、零部件和产品。动态试验是将试样安放在船舶、汽车或飞机等交通工具上，暴露于实际的运行环境中用以模拟其服役条件。

2）海水环境试验

按海洋环境区带的不同特点，可将海水环境试验划分为：海洋大气区、飞溅区、潮差区、全浸区及海泥区；根据海水深度的不同，全浸区又可分为表层海水和深海区。海洋大气区腐蚀试验参照上大气暴露试验的相关标准进行；表层海水环境试验参照《金属及合金的表面海水暴露评价标准规程》（ASTM G52—00）进行，试验地点应选在能够代表试验材料可能使用的天然海水环境的地方，该地方应有清洁的、未被污染的海水，并具有进行飞溅区、潮差区和全浸区试验的设施，表层海水腐蚀试验通常可在专门的试验站进行，这种试验站往往建在受到良好保护的海湾中。例如，我国从北到南在渤海、黄海、东海、南海四大海区分别建立了青岛、舟山、厦门和三亚实海暴露试验站；深海环境试验试样结构和制备可以参照表层海水环境试验相关要求。但是，放置和回收较表层海水环境试验复杂得多，需要许多海洋工程学科（如导航、船舶驾驶、吊装、海洋学、地质工学等）的协调配合，而且需要制定周密的计划。近年来，七二五所在深海环境的试验技术开发方面做了大量的工作，并编制了国际标准。

3）土壤埋置试验

土壤埋置试验是指在室外土壤中埋设各种不同尺寸、不同材料的试件，根据试验目的和规定，按照试验周期进行土壤环境因素测量、材料试件的性能测试和研究。土壤环境试验场地的选择应能代表土壤类型的环境和地区，埋设试样通常是在待考察的土壤挖一条足够长的沟，其深度相当于实用状态，将按要求制备的试样放置在各规定的水平深度处，然后按技术要求回填。试样间的距离取决于试样的大小和土壤的电阻率，要求一个试样的腐蚀产物和腐蚀电流不会影响另一个试样的腐蚀过程，一般认为试样间隔距离至少应是其直径（或宽度）的2倍。土壤埋置试验总持续时间为15～20年，甚至更长，但要求每1～2年取样一次。随着测试技术的进步，土壤埋置试验原位实时测量技术得到广泛应用，在不中断试验的情况下获得试件的腐蚀信息和土壤参数的变化情况，可参照全国土壤腐蚀试验网站编写的《材料土壤腐蚀试验方法》。

2. 表征参数和物理意义

自然环境腐蚀试验表征参量一般包括两个方面:一方面是环境参量,主要包括环境的物理性质、(电)化学性质等,其中海洋环境还包括生物性质;另一方面主要是试件的腐蚀情况,主要包括腐蚀后试件的宏观形貌、实际失重率及腐蚀产物。腐蚀后试件的宏观形貌、实际失重率及腐蚀产物物理意义在前面模拟浸泡试验中已有具体描述,在本节内容中就不再赘述,以下列出各环境试验的主要环境参量并简述一些难以理解的环境参量的物理意义。

1)大气环境参量

(1)大气物理性质:主要包括气温、降雨、凝露、风、日照及相对湿度等。

(2)大气化学性质:主要包括大气污染中的污染物,如 SO_2、H_2S、NO_2、煤屑、盐粒、灰尘等。

2)海水环境参量

(1)海水物理性质:主要包括海水温度、压力、流速、溶解的氧气等。

(2)海水化学性质:主要包括海水盐度和二氧化碳量、碳酸盐溶解度、pH 值(近中性)等。

(3)海水生物性质:主要包括生物及微生物类(如硬壳类、游动或半游动类)、植物类。

3)土壤环境参量

(1)土壤物理性质:主要包括土壤含水量、容重、总孔隙率、空气容量及颗粒质地等。

(2)土壤化学性质:主要包括土壤酸碱度、可溶性盐总量以及碳酸根、氯离子、硫酸根、硝酸根等离子。

(3)土壤电化学性质:主要包括土壤电阻率、金属腐蚀电位、土壤电位梯度以及土壤氧化还原电位。

3. 适用条件

自然环境腐蚀试验是考察材料环境适应性的重要手段,与实验室模拟试验和加速试验结合起来,可较全面掌握各种环境的性质、特征和变化规律,分析各种环境对材料造成的各种影响和危害。

随着人们对自然环境试验重要性认识的提高和型号工程管理的科学化,自然环境试验正在贯穿于重点工程,特别是军用装备、设计、研制、生产和采购的全过程。在设计与研制阶段已从“事后加固”发展到“事前预防”,试验与研究紧密和装备研制同步。在装备研制的初期,根据自然环境试验与研究的成果,把已积累的数据和掌握的规律及信息提供给研制方和使用方,并参与前期论证与设计的环境分析与评价。装备预研采用的新工艺、新材料、新元器件投入自然环境试验与研究,通过短期结果,预测其环境适应性和提供相关信息,作为装备防护设计时采用的依据。装备定型后再经过自然环境试验,验证其可靠性,且积累数据和掌握规律,作为装备改进和下一代装备设计和研制的依据,其他阶段视其需要进行相关的自然环境试验与研究。这一研发路线是自然环境腐蚀试验应用的主要方向,逐渐被各国研究学者所接受,因此目前自然环境试验主要用于国家军用装备、重要工程材料及其结构。

4. 特点和注意事项

1)特点

自然环境试验的优点是较能反映现场实际情况,与实验室模拟试验和加速试验结合起来,可较全面掌握材料环境适应性,为保障装备的安全运行提供了重要技术基础。其缺点是试验周期长、试验成本高,试验区域性强,而且试验结果是多种环境因素共同作用的反映,不利于试验结果的推广和应用。

2)注意事项

①自然环境腐蚀试验一般试验时间较长,且试验成本比较高,因此试验样品的准备应严格按照试验方案的要求并开展相关性能预检验(主要包括电性能、力学性能和外观性能),保证试验结果尽量少的受试验样品的影响。

②自然环境腐蚀试验后的样品解剖分析应由专业人士制定相关解剖方案并经评审后才能解剖分析。

③自然环境试验结果会出现与实验室模拟试验结果不一致情况,甚至会出现相驳情况,这时候应分析自然环境与试验模拟条件的不一致性。

5.2 新方法

5.2.1 多环境循环腐蚀试验

多环境循环腐蚀试验是一种比传统恒环境暴露更能真实再现户外腐蚀环境的腐蚀测试技术(multi environment cyclic corrosion test,MECCT),其腐蚀加速程度高于传统恒环境暴露,试验更趋严格和快速。简单的暴露循环,如 Prohesion 测试,是把样品暴露在由盐雾和干燥条件组成的循环中,但多环境循环腐蚀试验除了要求盐雾及干燥循环外,还要求浸泡、潮湿和冷凝等循环。

1. 基本原理

多环境循环腐蚀试验由于暴露条件不断变化,有时有水的介入,发生电化学腐蚀,有时没有水的介入,发生化学腐蚀,这种交替作用与实际户外包含干湿两种环境更相符,因此能有效模拟真实环境,评价许多腐蚀机制且能加速腐蚀的发生和发展。例如,在盐雾阶段,盐雾喷射在被检测件上,盐雾溶液充当腐蚀电解质,使被测件发生电化学腐蚀,通过盐雾的连续喷射,可以保持腐蚀电解质的更新,试样表面的腐蚀得以持续发展和进行;在湿热阶段(浸泡、潮湿和冷凝等),通过盐雾阶段累积在试样表面的腐蚀介质,由试样表面逐渐向试样内部扩散,从而引起试样深度方向的腐蚀;在干燥阶段,随着湿度减少,导致试样表面上盐溶液浓度升高,引起表面腐蚀速率加快,当试样表面完全干燥时,试样表面的电化学腐蚀转变为化学腐蚀。通过这种多环境的交替循环,改变了单环境暴露简单状态,使得腐蚀不但发生在被测件表面,也会向被测件内部渗透,加速被测件的腐蚀程度,缩短测试时间,试验更趋严格和快速。

2. 表征参数和物理意义

金属多环境循环腐蚀试验的表征参量与模拟浸泡试验结果表征参量一致,一般用腐蚀速率表征,同时需描述腐蚀形貌,以便判断腐蚀的原因及影响腐蚀因素。如产生局部腐蚀,则按照相应的局部腐蚀试验(包括点蚀、缝隙腐蚀、晶间腐蚀、剥落腐蚀、电偶腐蚀和应力腐蚀等)结果表征方法进行,由于前面已做详细介绍,本节不再叙述。

3. 适用条件

该法可模拟任何用于室外环境金属的腐蚀,但根据需要可选用测试中常应用到下述条件中的一种或全部。

1)室温条件

室温条件是指实验室室温条件。室温条件通常可非常缓慢地改变测试样品的性能。如盐雾喷淋后的样品在室温条件中放置两小时。样品实际上在特定温度和湿度条件下经历一个缓慢的干燥过程。“室温条件”中一般没有腐蚀性气体,几乎没有气体流动,温度通常是(25 ± 5)℃,相对湿度为 50% 或更低,每次测试时应监控并记录实验室条件。

2)箱内条件

箱内条件通常指测试箱内暴露条件。在不同的箱内条件转换,可通过人工把测试样品从一个试验箱移动到另外一个试验箱,或在全自动的试验箱内,实现由一个条件到另一条件的循环。

每次试验需监控温度和相对湿度。如果可能,应该采用自动控制系统。温度偏差应精确到 ±3℃或更小。

3)盐雾(喷淋)条件

盐雾条件可在 B117 类型的测试箱内实现,或在实验室条件下人工操作。喷嘴可喷出雾状盐溶液。一般来说,除氯化钠(NaCl)外,也可使用含其他化学品的电解液来模拟酸雨或其他工业腐蚀。图 5－44 表示的是盐雾(喷淋)条件。

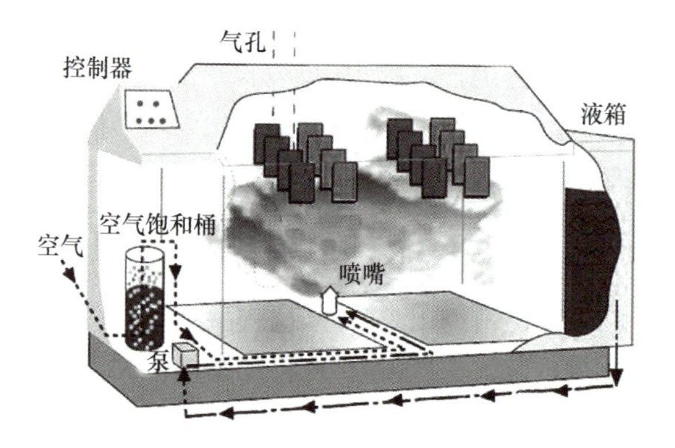

图 5－44　盐雾(喷淋)条件

4)潮湿条件

潮湿条件通常要求高湿度条件。相对湿度要求为 95% ～100%。《在 100% 相对湿度下测试涂层耐水性的标准实施规程》(ASTM D2247—2015)测试标准中有这一要求。有时候也可通过选用 B117 试验箱来喷淋纯水雾来实现。图 5－45 表示的是潮湿条件。

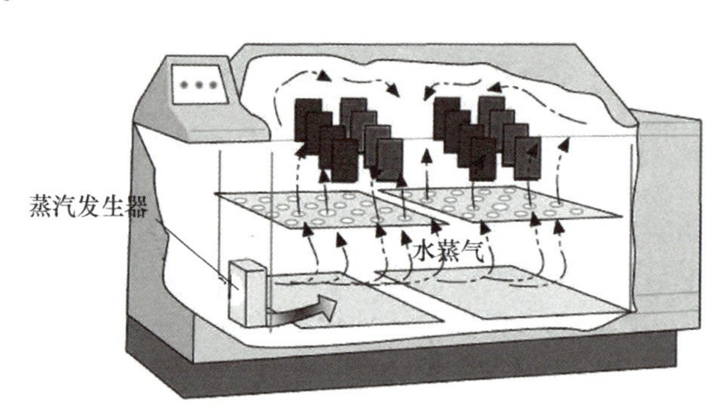

图 5－45　潮湿条件

5)干燥条件

干燥条件可在一间开放式实验室中或在一个试验箱内实现。空间内空气充分流通,这样可避免分层且可干燥样品。“干燥”的定义比较复杂,是表面干燥还是彻底干燥。目前,还存有争议。随着产品腐蚀的渗透,样品彻底干燥所需的时间可能会增加。图 5－46 表示的是干燥条件。

6)泡腐蚀条件

这种条件通常包含特定浓度的电解液,一般情况下浓度为 5%,pH 值为 4 ~8,温度通常也是特定的。使用过程中,溶液可能被污染,应定期更换溶液。

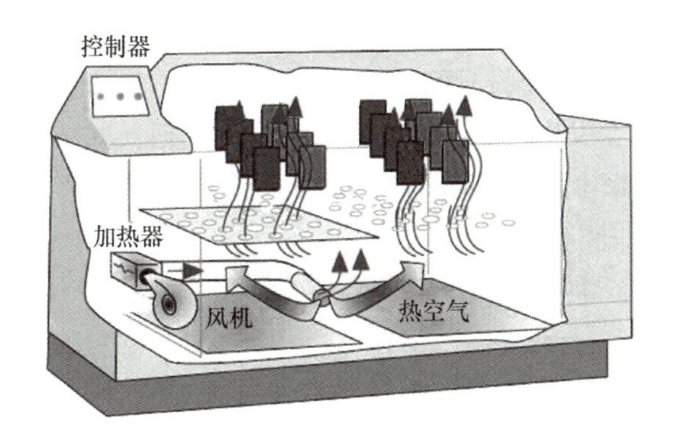

图5-46 干燥条件

7)浸水条件

必须使用蒸馏水或去离子水。关于水质的要求可参考《试剂水标准规范》(ASTM D1193—06(2018))。浸泡用的容器应由塑料或其他惰性材料制成。浸泡液的 pH 值为6~8,温度为(24±3)℃,电导率在25℃时应小于50μs/cm。

汽车工业的多环境循环腐蚀性测试方法技术领先,大部分 CCT 测试都应用在汽车测试方面,常用标准包括国家标准《金属和合金的腐蚀 酸性盐雾、“干燥”和“湿润”条件下的循环加速腐蚀试验》(GB/T 24195—2009,等同采用《金属和合金的腐蚀 酸性盐雾、“干燥”和“湿润”条件下的循环加速腐蚀试验》(ISO 16151:2018)),大众汽车标准《车身及其附件腐蚀检验》(PV 1210—2010),通用汽车标准《循环腐蚀实验室方法》(GMW 14872:2013),克莱斯勒汽车标准《涂料腐蚀实验室试验》(SAEJ 2334—2016,由国际汽车工程师学会汽车腐蚀与防护委员会制定)。其他行业的多环境循环腐蚀试验,除军工产品在《军用装备实验室环境试验方法》(GJB 150—2009)中少有涉及,多数还未标准化。

4. 特点和注意事项

1)特点

多环境循环腐蚀试验的优点:由于循环组合的不同,可呈现多种测试环境,与被测件真实使用环境更接近,比传统盐雾喷淋法及简单的暴露循环更能检验被测件在真实环境中腐蚀状态。

多环境循环腐蚀试验缺点:

(1)试验的状态更复杂,试验结果的分析难度更大。

(2)除汽车行业外,目前其他行业的多环境循环腐蚀试验还不够成熟,无可参考的标准,因此也没有是否可用的判据,其试验结果不能作为产品验收依据。

2)注意事项

(1)对于多环境循环腐蚀试验试样的形状一般不做特别规定,但对于带涂镀层的试样应尽量保证涂镀层的完整性,否则要对加工的部分进行涂封处理。

(2)多环境循环腐蚀试验时间的确定一般要根据金属及涂镀层的耐蚀性确定,阳极性镀层以及会发生严重腐蚀的材料则不需要很长的试验时间。对能形成钝化膜的材料或性能比较好的涂镀层,需要延长试验时间(一般推荐不少于30天),从而得到较为实际的结果。

(3)多环境循环腐蚀试验条件、周期的确定没有明确的要求,可根据服役工况环境来确定。

(4)试验结果与样品所代表的材料服役寿命有一定的对应关系,但有时也不完全对应,只能作为工程选择材料的参考。

5.2.2 微区电化学测量

微区电化学测试技术将电化学方法与扫描探针技术相结合,使得在微米乃至亚微米尺度上原位、现场监测腐蚀过程成为可能,有利于揭示金属腐蚀的微观机理。传统的电化学测量方法一般只能采集宏观样品表面总的电信号,测试结果也只能反映出宏观的总腐蚀速率,不能反映出金属的局部腐蚀以及材料与环境作用的机理与过程。微区电化学技术能够充分地了解局部腐蚀过程以及影响因素,为进行局部表面科学研究提供了新的途径。

微区电化学测试系统的构成要素主要包括三维位移及控制系统、信号采集及放大转换系统和计算机等,见图5-47。经过多年的研究和发展,随着多种微探针电极和信号采集系统的开发和成熟,近年来微区电化学测试的多项技术在金属腐蚀领域运用得越来越多,如扫描振动参比电极技术(scanning vibrating electrode technique,SVET)[37-39]、扫描开尔文探针(scanning kelvin probe,SKP)测量技术[40-42]、微区电化学阻抗(local electrochemical impedance spectroscopy,LEIS)技术[43-44]和扫描电化学显微镜(scanning electrochemical microscopy,SECM)[45-46]技术等。

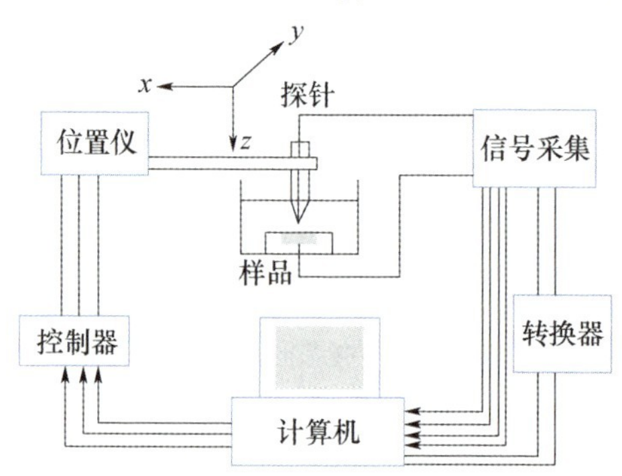

图5-47 微区电化学测试系统示意图

1. 扫描振动参比电极技术

1) 基本原理

扫描振动参比电极技术是使用扫描振动探针(SVP)在不接触样品表面的情况下,测量局部电流、电位随远离被测电极表面位置的变化,检定样品在液下局部腐蚀电位的一种先进技术。电解质溶液中的金属材料表面不同区域存在氧化还原反应,在反应的活性区域会形成离子电流,从而在溶液中形成电位梯度,通过测量表面电位梯度和离子电流探测金属的局部腐蚀性能。

2) 表征参数和物理意义

扫描振动参比电极技术可得到探针与试样表面距离、探针振幅和电流密度分布图等表征参数。

(1) 探针与试样表面距离。探针与试样表面距离影响测得的局部电流密度信号强度,距离过大则信号较弱,距离过小可能造成探针损伤,需要根据试样特性和测试经验选取适当的值。

(2) 探针振幅。探针振幅影响振动起始点之间的电位差,进而影响到离子电流密度的计算。

(3) 电流密度分布图。电流密度分布图即测试结果的直观展示,阳极电流密度越高,说明该区域处于活性状态的可能性越高。

3) 适用条件

(1) 连续监测裸露金属表面的腐蚀过程,如点腐蚀、缝隙腐蚀等局部腐蚀,以及金属表面不同区域的钝化或活化。

(2) 表面涂层及缓蚀剂的评价等方面的研究。

4) 特点和注意事项

(1) 特点。

扫描振动参比电极技术的优点:

①不接触样品表面,对测试体系无干扰。

②可原位、长时间连续监测。

③有较高的空间分辨率和电流、电位测试精度。

扫描振动参比电极技术的缺点:

①所测信号强度较低,容易受到环境因素干扰。

②测试结果对探针和样品表面距离比较敏感,若测试过程中探针沿 z 轴方向位置有变动会引起结果的较大波动。

③探针易损坏,对操作者要求相对较高。

(2) 注意事项。

①所得到的样品表面微区电流密度分布图仅代表样品表面即时的电流状态,

并非实际的表面形貌。

②单次测试结果只能说明测试时的样品表面电化学状态，若需判断试样表面是否有局部腐蚀产生需要较长时间的多次测试，必要时在测试结束后辅以金相观察来判断。

2. 扫描开尔文探针测量技术

1）基本原理

利用金属微探针靠近样品表面，由于样品和探针材料不同，它们的电子会有能量差异（不同的费米能级差），将二者通过外部导线进行电连接之后，探针和样品表面之间形成电容，在施加电势使得电容趋于零时系统回到原始状态，这个施加的电势值 V_b 即两种材料的功函差。将针尖在不同 (x,y) 位置的高度信息和功函差同时记录下来，即可得到样品表面形貌和微区功函差的二维分布图。进而可换算成微区腐蚀电位分布或某些成分分布。

2）表征参数和物理意义

扫描开尔文探针测量技术得到的表征参数主要是样品表面电位分布图。

样品表面电位分布图：反映样品表面电化学性质的不均一性以及表面活性位点的分布，样品表面不同微区的电位差值越大，即微阳极和微阴极之间的电位差越大，样品发生腐蚀的倾向越大。

3）适用条件

可以用于测量导电的、半导电的或涂覆的材料与试样探针之间的功函差。

4）特点和注意事项

（1）特点。

扫描开尔文探针测量技术的优点：

①无损测试，对样品表面不会造成明显干扰和破坏。

②能在潮湿甚至气态的环境中测量。

扫描开尔文探针测量技术的缺点：

①探针扫描速率会影响测试结果，速率过高会影响准确性，扫描速率过低则测试时间较长，且试样表面可能发生变化。

②在空气中测试容易受到温湿度的影响。

③易受噪声干扰。

（2）注意事项。

①对于潮湿的或有薄液膜的样品表面进行测试时，应注意保持环境湿度并尽量缩短测试时间，避免由于水分挥发引起的误差。

②单一 SKP 的测试结果可以表征样品表面的不均一性，未必能说明腐蚀的产生与否，必要时可以同其他电化学方法连用以获得更准确全面的信息。

3. 微区电化学阻抗技术

1)基本原理

微区电化学阻抗技术是向被测电极施加一微扰电压,从而感生出交变电流,通过使用两个铂微电极确定金属表面上局部溶液交流电流密度来测量局部阻抗。或者随着探针电极在样品表面扫描从而得到整个扫描区域的局部阻抗分布图,进而反映出样品表面不同区域的腐蚀状态。

2)表征参数和物理意义

微区电化学阻抗技术得到的表征参数为局部电化学阻抗谱和局部电化学阻抗分布图。

(1)局部电化学阻抗谱。局部电化学阻抗谱即样品表面某微区在不同频率的扰动电压下的阻抗谱,反映该微区的电化学阻抗特征。

(2)局部电化学阻抗分布图。局部电化学阻抗分布图在某一固定频率下在样品表面进行微区阻抗扫描测试得到,反映样品表面整体的阻抗分布特点,有助于研究局部腐蚀的萌生过程。

3)适用条件

适用于精确确定局部区域固/液界面的阻抗行为及相应参数,如局部腐蚀速率、涂层(有机、无机)完整性和均匀性、涂层下或与金属界面间的局部腐蚀、缓蚀剂性能及不锈钢钝化/再钝化等多种电化学界面特性。

4)特点和注意事项

(1)特点。

微区电化学阻抗技术的优点:

①可以获得局部电化学行为的定位和分布,有助于深入了解样品表面局部过程的作用机制。

②适用于高阻抗体系,有助于研究高阻抗体系的局部失效过程。

③对测试体系扰动较小。

微区电化学阻抗技术的缺点:

①易被环境噪声干扰。

②测试结果受到探针与样品表面距离的影响,过远导致灵敏度下降,过近容易损伤探针。

(2)注意事项。

①试样表面状态会显著影响测试分辨率及结果,越平整均一的表面越容易获得较稳定的测试结果。

②扫描分辨率设定得越高,能采集的信息越多,但是会导致测试时间延长,试样表面状态可能发生变化,从而影响测试结果的分析。

4. 扫描电化学显微镜技术

1)基本原理

扫描电化学显微镜技术是基于扫描隧道显微镜(STM)和超微电极(UME)发展而来的一种新型电化学扫描探针技术。与STM不同,SECM通过采集样品表面的电化学信息从而获得样品表面的电化学形貌(如微区电流分布等)。在电解质溶液中,利用控制仪将探针逼近至距离基底很近的距离,然后通过测量探针尖端的电流或电位来获取基底表面电化学或化学信息,检测反应中间体,了解腐蚀过程等。

2)表征参数和物理意义

扫描电化学显微镜技术得到的表征参数为样品表面微区电流分布图和样品表面微区离子浓度分布图。

(1)样品表面微区电流分布图。样品表面微区电流分布图可用于检测样品表面活性区域(如点腐蚀等)的萌生及扩展过程。

(2)样品表面微区离子浓度分布图。样品表面微区离子浓度分布图用于测试微区pH值以及特定的离子(如Cl^-等)浓度,用于研究样品表面微区反应及吸附特性等。

3)适用条件

(1)适用于对样品表面扫描并记录探针电流得到SECM图像,研究导体和绝缘体基底表面的几何形貌。

(2)用于研究两相界面的氧化还原反应活性以及样品表面微区的电化学活性。

(3)用于研究微区电化学动力学、生物过程及对材料进行微加工等。

4)特点和注意事项

(1)特点。

扫描电化学显微镜技术优点:

①可实现微区电化学信息测量,如微区电流、pH值及特定的离子浓度等。

②对电极体系干扰较小。

③可原位、无损、连续监测,有利于研究样品腐蚀过程及机理。

扫描电化学显微镜技术缺点:

①测试结果与探针状态有关,对探针电极要求较高,且探针容易损坏。

②测试结果对探针和样品表面的距离较敏感,测试前需提前测得较好的逼近曲线,否则会引起较大的误差甚至造成结果无效。

③易受到环境条件干扰。

(2)注意事项。

①探针检测结果的时效性和准确性与扫描速率有关,过慢的扫描速率会引起

扫描初段和后段腐蚀情况不同,造成数据精确性下降,过快则容易引起误差。

②试样表面状态对测试结果有显著影响,表面起伏过大的试样甚至会碰撞探针引起探针损坏。

参考文献

[1] ROBERGE PIERRE R. 腐蚀工程手册[M]. 吴荫顺,李久青,曹备,等译. 北京:中国石化出版社,2003.

[2] 李久青,杜翠薇. 腐蚀试验方法及监测技术[M]. 北京:中国石化出版社,2007.

[3] 天华化工机械及自动化研究设计院. 腐蚀与防护手册:第1卷 腐蚀理论、试验及监测[M]. 2版. 北京:化学工业出版社,2006.

[4] 王曰义. 金属的典型腐蚀形貌[J]. 装备环境工程,2006,3(4):31-37.

[5] 查小琴. 10NiCrMo钢在室内模拟海洋环境试验中的腐蚀行为[J]. 钢铁,2014,34(11):51-55.

[6] 陈鹏. 盐雾试验技术综述[J]. 电子产品可靠性与环境试验,2014,32(6):62-69.

[7] 郑关林. 镀金层盐雾试验机理及方法[J]. 电镀与精饰,1999,15(6):11-14.

[8] 王保成. 材料腐蚀与防护[M]. 北京:北京大学出版社,2012.

[9] 张德康. 不锈钢局部腐蚀[M]. 北京:科学出版社,1982.

[10] 郑国华,查小琴,张利娟,等. 铸造双相不锈钢点腐蚀行为研究[J]. 材料开发与应用,2017,32(4):101-106.

[11] 李久青,杜翠薇. 腐蚀试验方法与监测技术[M]. 北京:中国石油出版社,2007.

[12] SYRETT B C. A new method of assessing pitting corrosion resistance[J]. Corrosion. 1977,33(6):221-224.

[13] 刘晓方,江良洲,陈桂明,等. 铝合金AA6061-T4的丝状腐蚀图像分析[J]. 腐蚀科学与防护技术,2007,19(1):54-57.

[14] 杨欢. 铝合金/有机涂层界面丝状腐蚀的电化学监测与防护方法研究[D]. 广州:华南理工大学,2012.

[15] 王凤平,康万利,敬和民,等. 腐蚀电化学原理、方法及应用[M]. 北京:化学工业出版社,2008.

[16] 王建军,查小琴,郑国华,等. 7XXX系铝合金应力腐蚀开裂研究现状[J]. 轻合金加工技术,2020,48(4):9-15.

[17] 查小琴,邵军,张利娟,等. 不锈钢晶间腐蚀测试方法[J]. 材料开发与应用,2009,24(3):63-65.

[18] CLERBOIS L,CLERBOIS V,MASSART J. Intergranular corrosion of austenitic stainless[J]. Electrochim Acta,1959,1(1):70-82.

[19] SZKLARSKA-SMIALOWSKA S,CRAGNOLINO G. Stress corrosion cracking of sensitized type 304 stainless steel in oxygenated pure water at elevated temperatures(REVIEW)[J]. Corrosion,

1980,36(12):653－655.

[20] 方智,张玉林,吴荫顺. 电化学动电位再活化法评价308L不锈钢的晶间腐蚀敏感性[J]. 腐蚀科学与防护技术,1996,8(2):87－93.

[21] FANG Z,WU Y S,ZHANG L,et al. Application of the modified electrochemical potentiodynamic reactivation method to evaluate intergranular corrosion susceptibility of stainless steel[J]. Corrosion,1998,54(5):339－346.

[22] MATULA M,HYSPECKA,SVOBODA M,et al. Intergranular corrosion of AISI 316L steel[J]. Mater. Charact. 2001,46(2):203－210.

[23] 查小琴,梁健,张欣耀. 电化学动电位再活化法EPR法的应用研究[J]. 电化学,2011,17(3):347－349.

[24] 查小琴,李永军,李雪峰. 不锈钢硫酸－硫酸铜晶间腐蚀结果评定方法探讨[J]. 材料开发与应用,2010,25(3):35－39.

[25] 查小琴,王小华. 低铬铁素体不锈钢晶间腐蚀敏感性的测试方法及性能[J]. 理化检验:物理分册,2011,47(12):741－743.

[26] 苏景新,张昭,曹发和. 铝合金的晶间腐蚀与剥蚀[J]. 中国腐蚀与防护学报,2005,25(3):187－192.

[27] 李久青,杜翠薇. 腐蚀试验方法及监测技术[M]. 北京:中国石化出版社,2007.

[28] 李芳芳. 高强铝合金剥落腐蚀的研究综述[J]. 湖南冶金职业技术学院学报,2009,9(2):9－12.

[29] BRAUN R. Exfoliation corrosion testing of aluminium alloys[J]. British Corrosion Journal,1995,30(3):203－208.

[30] HONG Y S,LEI Z Q,SUN C Q,et al. Propensities of crack interior initiation and early growth for very－high－cycle fatigue of high strength steels[J]. Internal of Journal Fatigue,2014,58(1):144－151.

[31] 褚武扬,林实,王枨,等. 断裂韧性测试[M]. 北京:科学出版社,1979.

[32] 褚武扬,乔利杰,陈奇志,等. 断裂与环境断裂[M]. 北京:科学出版社,2000.

[33] 曹楚南. 腐蚀电化学原理[M]. 北京:化学工业出版社,2008.

[34] 张鉴清,冷文华,曹发,等. 电化学测试技术[M]. 北京:化学工业出版社,2010.

[35] 胡会利,李宁,袁国伟,等. 电化学测量[M]. 北京:国防工业出版社,2011.

[36] 汪学华,唐伦科,张东军,等. 自然环境试验技术[M]. 北京:航空工业出版社,2003.

[37] STACHLE R W. Stress corrosion cracking of the Fe－Cr－Ni alloy system[J]. European Journal of Inorganic Chemistry,1969,23:223.

[38] SOUTO R M,GONZÁLEZ－GARCÍA Y,BASTOS A C,et al. Investigating corrosion processes in the micrometric range: A SVET study of the galvanic corrosion of zinc coupled with iron[J]. Corrosion Science,2007,49(12):4568－4580.

[39] ZHENG X,LIU Q,MA H,et al. Probing local corrosion performance of sol－gel/MAO composite coating on Mg alloy[J]. Surface and Coatings Technology,2018,347(3):286－296.

[40] ROSSO M, PETER I, SUANI D. About the heat treatment and properties of duplex stainless steels[J]. Mater. Manut. Eng. ,2013,59(1):26 – 36.

[41] XU P,ZHANG C,WANG W,et al. Pitting mechanism in a stainless steel – reinforced Fe – based amorphous coating[J]. Electrochimica Acta,2016,206(7):61 – 69.

[42] LIU Y H,XU J B,ZHANG J T,et al. Electrodeposited silica film interlayer for active corrosion protection[J]. Corrosion Science,2017,120(5):61 – 74.

[43] CUBIDES Y,CASTANEDA H. Corrosion protection mechanisms of carbon nanotube and zinc – rich epoxy primers on carbon steel in simulated concrete pore solutions in the presence of chloride ions[J]. Corrosion Science,2016,109(5):145 – 161.

[44] MA H,GU Y,GAO H,et al. Microstructure,chemical composition and local corrosion behavior of a friction stud welding joint[J]. Journal of Materials Engineering and Performance,2018,27(2): 666 – 676.

[45] LEE J,BERMAN D. Inhibitor or promoter: Insights on the corrosion evolution in a graphene protected surface[J]. Carbon,2018,120(11):225 – 231.

[46] QIU S,LI W,ZHENG W,et al. Synergistic effect of polypyrrole – intercalated graphene for enhanced corrosion protection of aqueous coating in 3.5% NaCl solution[J]. ACS Applied Materials & Interfaces,2017,39(9):34294 – 34304.

第6章

物理性能及残余应力测试

金属材料的物理性能参数是材料的基本参数,可以为金属材料的热处理工艺制定和工程应用提供依据。物理性能是指物质没有发生化学反应就表现出来的性能。金属及合金的物理性能与材料物理本质有直接的关系,与材料的成分、组织、结构之间有密切的联系。

金属材料的残余应力分布,对材料的使用性能产生许多重要影响。构件的残余应力状态,是设计者、制造者和使用者共同关注的问题。准确地测定残余应力是改进强度设计、提高工艺效果、检验产品质量和进行设备安全分析的必要手段,在很多行业,残余应力测试已成必需的检测项目。材料科学家和工程师十分关心如何准确有效地测量残余应力的大小与分布。

本章内容包括物理性能参数测试及残余应力测试:前面部分介绍了一些物理性能测试方法,主要包括金属材料的熔点、相变点等测试;后面部分介绍了残余应力的常用测试方法(包括X射线衍射法、钻孔法),以及一些较新的残余应力测试方法(包括超声法、中子衍射法)。

6.1 物理性能测试

金属材料的物理性能参数主要包括密度、熔点、热传导性能(比热容、热导率、线膨胀系数)、弹性模量、电传导性能(电阻率、电导率、电阻温度系数)、磁性能(磁感应强度、磁化强度、磁导率、矫顽力)等。物理性能属于统计物理学范畴,它是大量分子所表现出来的性质,不是单个原子或分子所具有的。物理性能参数通常可以利用仪器测试得到,人们掌握了物质的物理性能就便于对它们进行识别和应用。

物理性能分析方法在金属学和热处理的研究中应用较早,是一种研究金属内部组织结构变化的有效手段。它的优点是测试速度快,方法简单,测试结果准确,通常测试结果能够显示金属及合金内部组织结构转变的全部过程。物理性能分析方法也有不足之处，该方法是根据其性能变化间接地推断内部组织结构的变化，有时候单独使用某种物理性能分析方法不容易确切地判断内部变化的性质，需要同时借助几种物理性能测试方法，或者采用金相、SEM、TEM、XRD 等方法相互配合，发挥各种方法的特长，才能充分说明金属及合金的内部组织、结构发生的变化规律和本质。一个问题往往可以选择几种物理性能测试方法，在选用这些方法的时候，首先考虑测量的参数应该能够反映金属及合金的内部组织结构的变化，同时应该注意所选用测量方法的精确程度[1]。

鉴于应用领域的关系，下面仅介绍一部分物理性能测试方法，包括材料熔点、相变点的测试，主要介绍这些方法的实验原理、适用条件、方法特点和注意事项。

6.1.1 物质的熔点

物质的熔点定义：在一定压力下，纯物质的固态和液态呈平衡时的温度（也是晶体物质在一定大气压下固－液平衡时的温度，此时，固液共存，蒸气压相等）。即在该压力和熔点温度下，纯物质呈固态的化学势和呈液态的化学势相等，对于分散度极大的纯物质固态体系（如纳米体系）来说，表面部分不能忽视，其化学势不仅是温度和压力的函数，而且还与固体颗粒的粒径有关。

物质分为晶体和非晶体，晶体有熔点，而非晶体没有熔点。熔点是每种物质的一个重要的物理性质，它属于热力学一级相变过程。物质的熔点不是固定不变的，有两个因素对熔点有影响。一是压强，平时所说的物质的熔点，通常是指一个大气压时的情况；如果压强变化，熔点也会发生变化。与沸点不同，熔点受压力的影响较小，且大多数情况下晶体的熔点就等于凝固点。二是物质中的杂质，平时所说的物质的熔点，通常是指纯净的物质。但是在现实生活中，大部分的物质都是含有其他的物质，或称为杂质，即使数量很少，物质的熔点也会有很大的变化。例如，水中溶有盐，熔点就会明显下降，海水就是含有盐的水，海水冬天结冰的温度比河水低，就是这个原因。饱和食盐水的熔点可下降到约－22℃，北方的城市在冬天下大雪时，常常往公路的积雪上撒盐，只要这时的温度高于－22℃，足够的盐总可以使冰雪融化。

纯金属的熔点为一个定值，合金的熔化过程是在一个温度范围内，分为开始熔化温度（固相线温度）和终了熔化温度（液相线温度）。金属和合金的熔化温度测试可以参照《贵金属及其合金熔化温度范围的测定　热分析试验方法》（GB/T 1425—2021）执行。测量熔点的方法主要有差示扫描量热（DSC）法、毛细管法、显微熔点测量法、自动熔点测量法等，以下主要对常用的 DSC 法、毛细管法进行介绍。

1. 差示扫描量热法

金属及合金的组织结构、状态发生变化时，常常伴随产生一定的热效应。从热效应产生的温度范围及热效应的大小能够准确说明转变的产生及进行情况。热效应性能分析（简称热分析）是利用这些转变常常产生明显的吸热或放热反应分析金属材料组织、状态转变的一种方法，它已经成为研究金属材料熔化、凝固、固态相变常用的物理方法之一。

DSC 法是热分析方法中最常用的一种，是在程序控制温度和一定气氛下，测量输入到试样和参比物的加热功率（差）或热流与温度（或时间）的关系。扫描是指测量试样经历程序设定的温度过程。示差是将试样的热流（或功率）与参比物（在测定温度或时间范围内无任何热效应的惰性物质）或空白坩埚相比较，从而测出试样的热行为。测量试样与参比物的热流（或功率）差变化较仅测定试样绝对热流（或功率）更精确、更实用[2]。

采用该方法原理生产的仪器称为 DSC 仪，分为热流型和功率补偿型。可以测量多种热力学和动力学参数，如比热容、反应热、转变热、相图、反应速率、结晶速率、高聚物结晶度、样品纯度等。

1）基本原理

（1）热流型 DSC。热流型 DSC 是采用外加热的方式使均温块受热，通过空气和康铜热垫片两个途径把热量传递给试样坩埚和参比坩埚，试样坩埚的温度、参比坩埚的温度由热电偶分别检测。检测的温差 ΔT 是试样热量变化的反映。图 6－1 为热流（通量）型 DSC 测量单元示意图。

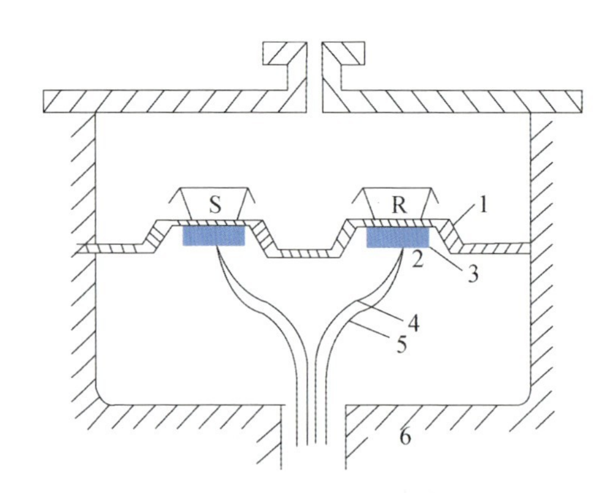

图 6－1　热流（通量）型 DSC 测量单元示意图

1—康铜盘；2—热电偶结点；3—镍铬板；4—镍铝板；
5—镍铬丝；6—加热块；S—试样坩埚；R—参比坩埚。

（2）功率补偿型 DSC。功率补偿型 DSC 是内加热式，装样品和参比物的台架是各自独立的元件,在样品和参比物的底部各有一个加热用的铂热电阻和一个测温用的铂传感器。它是采用动态零位平衡原理,即要求样品与参比物温度,无论样品吸热还是放热时都要维持动态零位平衡状态,即保持样品和参比物温度差趋向于零。DSC 测定的是维持样品和参比物处于相同温度所需要的补偿的功率($\mathrm{d}H/\mathrm{d}t$),反映了样品焓的变化。图 6 -2 所示为功率补偿型 DSC 测量单元示意图。

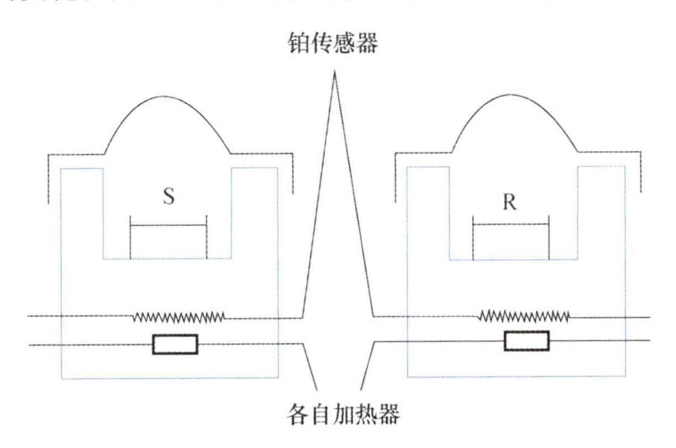

图 6 -2　功率补偿型 DSC 测量单元示意图

DSC 仪记录的曲线称为 DSC 曲线,它以样品吸热或放热的速率,即热流的功率为纵坐标,以温度 T 或时间 t 为横坐标。在测试过程中,伴随着样品发生的物理化学变化,样品会发生吸热或放热反应,表现在 DSC 曲线上为吸热峰或放热峰。

依据 DSC 的原理,测得样品的 DSC 曲线,熔融在 DSC 曲线上表现为吸热峰,由于小分子和聚合物的熔程相差较大,国际热分析协会(international conference on thermal analysis, ICTA) 推荐:对于小分子样品,以 DSC 峰基线与峰切线的交点(onset point)的温度 T_{eo} 作为熔点,图 6 -3 所示为标准金属铟样品的 DSC 测试结果,通过外推开始温度点得到熔点为 156.58℃,与理论值 156.61℃接近。对于峰形较宽的样品通常选择熔融峰的峰温作为熔点,图 6 -4 所示为 5083 铝合金样品的 DSC 测试结果,其熔化过程是一个温度范围,开始熔化温度(固相线)约为 573℃,终了熔化温度(液相线)约为峰温 640℃。

2)表征参数和物理意义

DSC 方法得到的表征参数主要为熔点。

(1)熔点。熔点是指物质从固态变成液态时的温度。晶体材料熔点测定的意义是为了更好地了解晶体物质在什么样的温度下会变成液体,可以用来确定物质的纯度以及区分其他熔点相近的物质,在工业上主要用于铸造等行业,是制定工业生产、设计等工艺参数的依据。

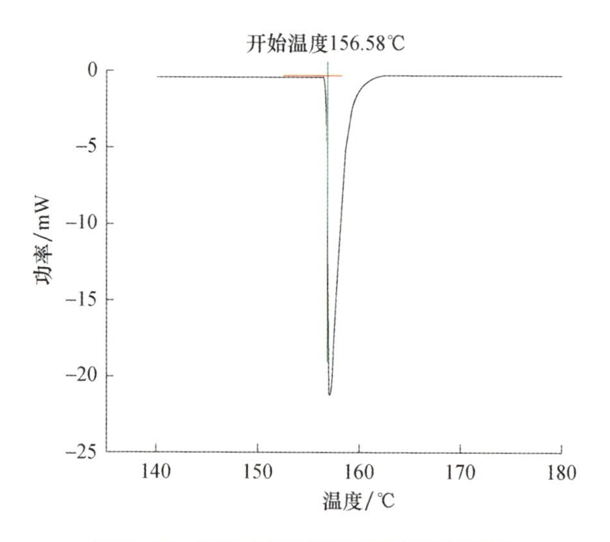

图 6－3　标准金属铟样品 DSC 测试结果

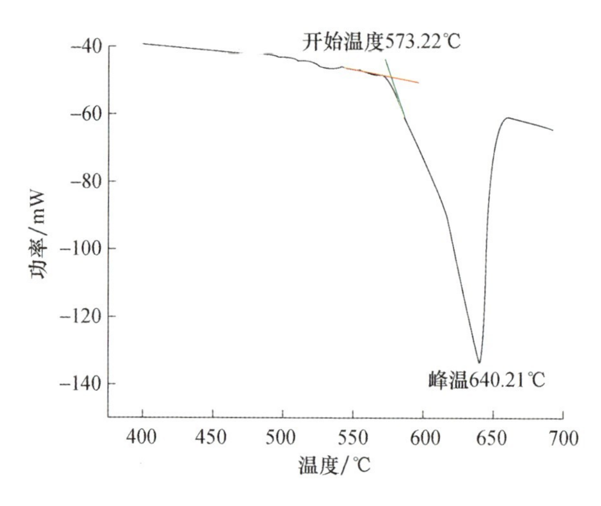

图 6－4　5083 铝合金样品 DSC 测试结果

（2）物理意义。物质的熔点根据定义即熔化温度，熔化实际上是一种相变，物质在该温度下由固态变为液态。熔点物理本质与晶格振动有关，所有晶体材料中点阵的质点（原子、离子）并不是固定不动，而是围绕其平衡位置做振动，振动的剧烈程度与温度相关，温度升高振动加剧，温度升高到熔点时，振动周期破坏，材料熔化，因此，晶体材料有固定的熔点。金属是晶体材料，其熔点的高低，取决于金属键的强弱。金属离子半径越小，自由电子数目越多，其金属键越强，金属熔点就越高。一般来说，不同类型晶体的熔、沸点的高低顺序为：原子晶体 > 离子晶体 > 分子晶体，而金属晶体的熔点有高有低。这是由于不同类型晶体的微粒间作用不同，其熔点也不相同。原子晶体间靠共价键结合，一般熔点最高；离子晶体阴、阳离子间靠离子键结合，一般熔、沸点较高；分子晶体分子间靠范德瓦耳斯力结合，一般熔点较低；金属晶体中金属键的键能有大有小，因而金属晶体熔点有高有低。

3）适用条件

要求被分析的样品自身在加热过程中稳定，适用于金属及合金、无机物、有机化合物及药物分析。当用于金属材料及合金的熔点测试时，可以测试常见的碳铁、不锈钢、铝及铝合金、铜及铜合金、钛及钛合金等材料，也可以测试其他金属材料。

（1）普通 DSC 温度从 -175℃到 725℃，适合做低熔点的金属及合金，如铟、铅、锡等，一般用铝或氧化铝坩埚。

（2）当测试金属及合金熔点较高时，通常使用同步热分析中的 DSC 功能，温度可以到 1600℃，一般用氧化铝坩埚。

（3）对于熔点更高的材料进行熔点测试时，如陶瓷、某些高熔点金属等，可以采用高温 DSC，最高温度达到 2000℃以上，需采用特殊的陶瓷坩埚，如氧化锆坩埚。

DSC 法对传统熔点检测方法难以判断其熔点的特别物质比较适用。

4）特点和注意事项

（1）特点。

DSC 方法的优点：

①适用性广：测试温度范围宽，即 -175℃ ~2000℃。

②测量速度快、重复性好。

③分辨率高，误差在±1℃。

④试样用量少（通常为 10mg 左右），制样简单。

⑤测试结果更接近真实熔点。与传统的毛细管法相比，金属载体的导热明显优于玻璃材质的毛细管，且平铺样品受热面积更大更均匀，降低了样品内部的温度梯度，使热量传导更直接更迅速，DSC 熔点分析法中通过参比温度的矫正，分析获得的即时样品温度也更接近熔融行为的温度，更接近物质的真实熔点。

DSC 方法的缺点：

①对于热稳定性较差、多晶型材料样品，因为无法推测样品受热过程中本身可能发生的化学变化，或者难以精细区分物相转变叠加过程，所以其相关结果的分析难度较大。

②仪器价格相对昂贵，普及率不高。

③样品容易氧化，对仪器操作者要求较高，可以通过抽真空或加高纯保护气体减少样品氧化。

（2）注意事项。

①需提供样品材质大致成分，以便选择合理的测试参数，提高测试效率，同时

避免加热温度过高对仪器造成损害。

②测定金属材料熔化温度样品为块状样品，尺寸通常为 ϕ3mm×(1~2)mm 的圆片(金属粉末可能由于氧化的原因，导致数据不可靠)；测定无机物、有机物样品为粉末样品，样品粒度要小且均匀。

③样品材质均匀，表面光滑平整，不能有氧化皮，无油污。

④开始温度与结束温度：开始温度比第一个热效应的升温速率数值低3倍，结束温度高于最后一个热效应升温速率数值的2倍，从而保证基线稳定，获得清晰明显的基线。

2. 毛细管法

熔点测试的毛细管法是一种传统方法，常用于教学试验。毛细管法测得物质的熔点是一个熔化温度范围，而不是一个温度点。当温度高于熔点时，所有的固相将全部转化为液相；若低于熔点，则由液相转变为固相。晶体固态物质通常都有固定的熔点，在一定压力下，固液两相之间的变化对温度是非常敏锐的，从开始熔化(始熔)至完全熔化(全熔)的温度范围(熔程)较小，一般不超过1℃。图6-5所示为毛细管法测熔点装置。

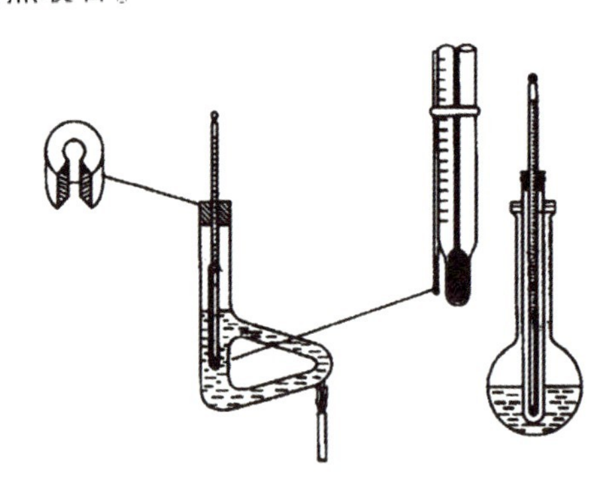

图6-5　毛细管法测熔点装置

1)基本原理

毛细管法测熔点是利用热传导的原理。按照熔点定义，通过直接目视确定熔点(熔程)。

测量过程：将提勒管垂直夹于铁架上，将黏附有熔点管的温度计小心地插入浴液(传温介质)中，以小火缓缓加热。开始时升温速度可以较快，到距离熔点10~15℃时，调整火焰使每分钟上升约1~2℃。越接近熔点，升温速度应越慢(升温速度是测定熔点的关键)。一方面是为了保证有充分的时间让热量由管外传至管内，使固体熔化；另一方面是要有时间去分别观察样品熔融和观察温度计当时的显示温度，因此缓慢加热使测量误差减小。分别记录样品开始塌落并有液相产生时和固体完全消失时的温度计读数,即为该晶体的熔程。

2)表征参数和物理意义

毛细管法可得到熔点、熔程、始熔和全熔等表征参数。

(1)熔点。物质熔点是其由固态变成液态时的温度,单位是摄氏度(℃)。熔点是辨认物质特性的一个参数,也是衡量物质纯度的一个指标。

(2)熔程。熔程即始熔与全熔两个温度之差。

(3)始熔。始熔即观察到有少量液体出现时的温度(晶体的尖角和棱边变圆时的温度)。

(4)全熔。全熔即固体刚好全部变为液体时的温度(晶体刚好全部熔化时的温度)。

3)适用条件

无机、有机样品和部分结晶聚合物样品,测量熔点在室温至300℃间的固体物质,以及某些低熔点金属。

4)特点和注意事项

(1)特点。

毛细管法的优点:

①操作简便、直观。

②测量设备简单、便宜,易于普及。

毛细管法的缺点:

①样品用量较大(通常为1g左右)、测量时间长(至少要重复两次,每次必须更换毛细管重新装填样品)。

②毛细管法测定熔点给出熔化“温度范围”,不是一个温度点。

③测量熔点温度范围小,误差较大,重复性差。

④测量未知熔点物质时,浴液选择困难。

(2)注意事项。

①通常为粉末样品,样品应经过研磨和干燥,装填样品应该均匀、密实,样品装填高度为2~3mm。

②样品如果含有杂质,对测试结果将会有较大影响。

6.1.2 物质的相变点

不同相之间的相互转变,称为“相变”或“物态变化”,是物质从一种相转变为另一种相的过程。物质有固相、液相、气相。任何气体或气体混合物只有一个相,即气相。液体通常只有一个相即液相。对于固体,不同点阵结构的物理性质不同,分属不同的相,故同一固体可以有多种不同的相。

发生相变的临界温度点为相变点。不同相之间相互转变一般包括两类，即一级相变和二级相变。相变总是在一定的压强和一定的温度下发生的。

在发生相变时，有体积的变化同时有热量的吸收或释放，这类相变称为“一级相变”（热力学势连续，而一阶导数不连续）。在发生相变，体积不变化的情况下，也不伴随热量的吸收和释放，只是热容量、热膨胀系数和等温压缩系数等物理量发生变化时，这类相变称为“二级相变”（热力学势、一阶导数连续，而二阶导数不连续）。

相变驱动力包括系统外和系统内的，系统外的各种场（声、光、热、电、磁）都有可能诱发相变，系统内的，如晶格内应力、热应力、畸变恢复释放的能量也可以成为相变驱动力。其中，温度是最直观也最容易控制的因素，通过对材料在不同温度下、不同类型的相变的控制，可以获得预期的组织和结构，充分发挥材料体系的潜能。相变温度是材料研制和生产的重要工艺参数，是制定热加工工艺、热处理工艺温度参数的重要依据，准确测定相变点有重要意义。准确测定钢的临界点，对于绘制钢的连续冷却转变曲线图（CCT 图）、制定形变和常规热处理工艺都非常关键。

随温度的变化，材料在相变前后的差别可以作为检测材料相变温度的依据，依据测得变量的不同有多种测量相变点的方法，如膨胀法、PSC 法、X 射线衍射法、金相法、声发射法、电阻法等，以下对常用的 DSC 法和热机械分析（thermo mechanical analyzer，TMA）法进行介绍。

1. DSC 法

1）基本原理

DSC 法测相变的原理为相变热力学。物质在升降温过程中，如果发生物理或者化学变化，将会有热量释放或者吸收，则会改变原来的升降温过程。连续冷却过程中，需要有过冷度或者过热度才能发生相变，因此在其平衡温度上下的相变点内，两相之间将有自由能差，这些自由能在发生相变时表现为 DSC 冷却曲线将在此温度发生转变，热效应峰面积给出了相变潜热，从而适宜做相变点和相变潜热的测量。

传统上用差热分析（differential thermal analyzer，DTA）仪进行相变点测量，参考《钛合金 β 转变温度测定方法　差热分析法》（HB 6623.1—1992），将 DTA 曲线对温度的一阶倒数的峰值定义为钛合金的相变温度。由于 DTA 进行定量分析误差较大，现在通常用 DSC 取代 DTA 进行相变点测定。利用 DSC 法测得钛合金的热分析曲线，对 DSC 曲线求一阶导数，峰值位置即为 β 相转变温度。

图 6－6 所示为 TC4 钛合金的 DSC 曲线，对其求一阶导数就得到峰值温度约为 988℃，该温度即为 TC4 合金的 T_{β}转变温度。

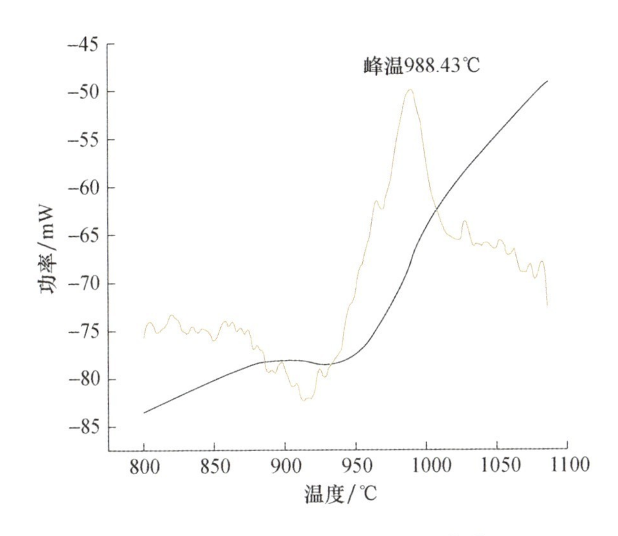

图6-6 TC4 钛合金的 DSC 曲线

2)表征参数和物理意义

DSC 法测试物质的相变点可得到相和相变等表征参数。

(1)相。在物理学中相是指一个宏观物理系统所具有的一组状态,也称为物态。处于一个相中的物质拥有单纯的化学组成和物理特性(如密度、晶体结构、折射率等)。最常见的物质状态有固态、液态和气态,俗称"物质三态"。

(2)相变。相变指的是不同相之间的相互转变,称为"相变"或称为"物态变化"。相变简单来说就是物态的变化,其特征是突变,是物质内部无序和有序的一个相互转变过程,相变是大量粒子相互作用的结果,这个过程伴随着宏观表现,生活中到处充满着相变现象。相变过程中,热运动是无序的来源,其相互作用是有序起因。当温度升高至相变点时,热运动破坏了原来的相互作用,就出现一种新的相,反之亦然。

相对于其他相变类型,固态相变最复杂,本章介绍的主要指固态相变。研究金属及合金的相变可以指导冶金、热处理工艺,合理使用材料性能。

3)适用条件

适合测试金属及其合金的固态相变,适用于相变时有较明显的吸热/放热效应样品。适用于潜热大和转变速率快的相变过程的材料,文献[3-4]利用 DSC 法测定了几种钛合金的 β 相变温度。

4)特点和注意事项

(1)特点。

DSC 法的优点:

①对样品要求简单、效率高、自动化程度高。

②适应范围广,对各种类型材料均可以进行测试。

③重复性好。

④测量钛合金有优势,通常选取 DSC 法测量合金的相变温度。该方法具有快速、成本低、比较准确等优点,但是有时候转变峰不明显,判断有些困难。根据不同成分牌号的钛合金,α 和近 α 钛合金转变峰吸热比较明显,相变温度容易确定,(α + β)钛合金转变是一个台阶,需要求一阶倒数的峰值来得到钛合金的 β 相转变温度。钛合金的相变温度也可以用金相法进行测定,按照《钛合金 β 转变温度测定方法》(GB/T 23605—2020)。金相法具有直观、准确等优点,但是该方法费时、麻烦、费用成本较高。当对测试结果有异议的时候,以金相法测试结果为准。另外根据钛合金成分也可以利用经验公式得到大致的转变温度[3-4]。

DSC 法的缺点:

①对相变时吸热/放热效应不明显的样品测量相变点较困难,测试温度有滞后性,升温速率对结果影响较大。

②加工成形条件不同,往往有不同的 DSC 曲线,这就对 DSC 曲线的解析带来了较大的困难。有时需要结合其他热分析技术进行分析,对操作人员的技术和经验要求较高。

③仪器较贵、普及率还不高,相关标准数量不多。

(2)注意事项。

①DSC 法测定钛合金相变温度的样品尺寸通常为 ϕ3mm × (1 ~ 2) mm 的圆片。

②样品材质均匀,表面平整光滑,不能有氧化皮,无油污。

③需提供样品类型说明,以便选取合理试验参数。升温速率、样品尺寸对结果精度影响较大。通常升温速度为 10 ~ 20℃/min,高纯氩气保护。

2. TMA 法

膨胀分析是研究金属及合金组织结构变化的重要手段。通常情况下,物体受热膨胀,冷却收缩。但是,金属材料在加热和冷却时,往往由于组织的变化还导致产生异常的膨胀效应,当金属内部出现相变时,膨胀系数会发生急剧变化。例如,钢铁在加热时,由铁素体转变为奥氏体,长度产生明显的缩小,而冷却时由奥氏体转变为铁素体,长度产生明显的增加。膨胀通常使用膨胀仪或热机械分析仪进行测量。

TMA 仪是指在程序温度下和非振动载荷作用下,测量物质的形变与温度(或时间)等函数关系的一种分析仪,可测量热效应、物质的膨胀系数、相转变温度等参数。

1)基本原理

TMA 法用于测量固体(包括圆片、薄膜、粒状、纤维)、液体和凝胶在力作用下的形变性能。测量材料的线膨胀与收缩性能、相转变、软化温度、玻璃化温度、穿刺性能、薄膜、纤维的拉伸收缩、塑性材料的热性能分析、分子重结晶效应、应力与应变的函数关系、热固性材料的固化性能等。常用的负荷方式有压缩、针入、拉伸、弯曲等。

TMA 探头由固定在其上面的悬臂梁和螺旋弹簧支撑,通过砝码或加力马达对试样施加载荷。当试样长度(试样和探头的相对位置)发生变化时,位移传感器检测到此变化,连同温度、应力和应变数据,交由 TMA 数据处理系统进行数据分析。测量样品随温度变化产生的膨胀,测量样品尺寸变化随温度、时间变化的函数关系。TMA 法的原理示意图见图 6-7。

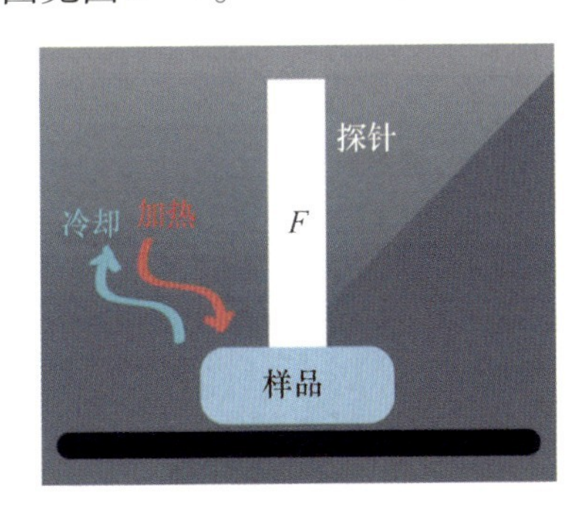

图 6-7 TMA 法的原理示意图

物体由于温度改变而有胀缩现象。同种金属的不同组织,如奥氏体、铁素体、珠光体、贝氏体和马氏体等,有不同的比体积,故当高温奥氏体在连续冷却过程中发生相变时试件的长度将发生变化,并满足:

$$dL = dLV + dLT \tag{6-1}$$

式中:dL 为试样加热或冷却时的全膨胀量;dLV 为相变引起的长度变化量;dLT 为温度引起的长度变化量,线膨胀系数与其关系为

$$dLT = \alpha\Delta T \tag{6-2}$$

其中:ΔT 为温度变化量;α 为线膨胀系数(温度变化范围不大时,可以认为是常数)。

当冷却过程中不发生相变时 $dLV=0$,$dL=\alpha\Delta T$,当冷却过程中发生相变时,$dLV\neq0$,可得到式(6-3),反映在膨胀曲线上是发生转折,转折点的切点为相变开始温度,当相变结束,膨胀曲线回归线性关系。对 TMA 记录的膨胀-温度曲线进行微分,可以快速找出相变温度:

$$dL = dLV + \alpha\Delta T \tag{6-3}$$

式中:dL 为试样加热或冷却时的全膨胀量;dLV 为相变引起的长度变化量;ΔT 为温

度变化量；α 为线膨胀系数（温度变化范围不大时，可以认为是常数）。

对不同的材料，依据标准或行业规范确定相变点。

（1）钢铁材料。在加热或冷却过程中发生相变，产生明显的体积效应。图 6-8 给出了一般碳钢在临界点附近的热膨胀曲线，由此曲线可确定钢种转变的临界温度，可以按《钢的临界点测定　膨胀法》（YB/T 5127—2018）执行。通常采用两种方法。

①切线法：取膨胀曲线上开始偏离纯热膨胀的温度点作为 Ac_1（Ar_3），对应图 6-8中的 a、c 两点；取膨胀曲线上开始恢复纯热膨胀的温度点作为 Ac_3（Ar_1），对应图 6-8 中的 b、d 两点。

②极值法：取加热和冷却膨胀曲线上的四个极值点温度作为 Ac_1、Ac_3、Ar_1、Ar_3，对应图 6-8中的 a'、b'、c'、d'。

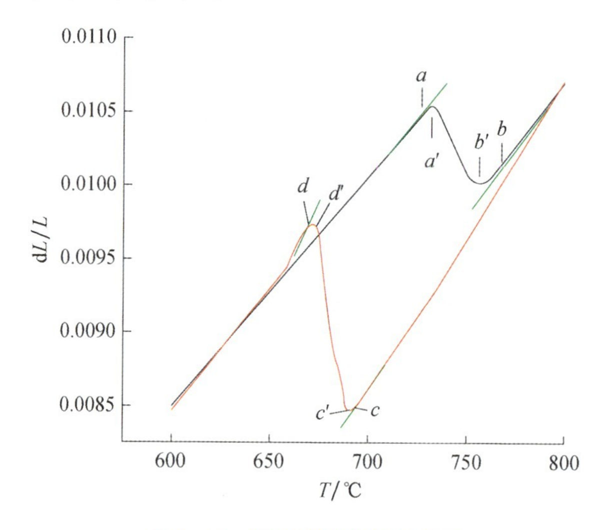

图 6-8　钢铁膨胀曲线示意图

严格来讲，只有切线法比较符合金属学原理，因为对纯热膨胀的偏离正是由相变导致的体积效应引起的，但此方法易产生主观上的目测误差，因此需采用高精度的热膨胀仪才能减少实验误差。极值法确定的临界点与真实值有偏差，但容易判断极值点，因此该方法常用于对比分析材料相变温度的影响因素。

（2）钛合金。利用 TMA 测得钛合金热膨胀曲线，参考 HB 6623.1—1992 将热分析曲线对温度的一阶倒数的峰值定义为钛合金的相变温度，对 TMA 热膨胀曲线求一阶导数，峰值位置（斜率变化最大位置）即为相变温度。

2）表征参数和物理意义

TMA 法可得到的表征参数为热膨胀，即物体因温度改变而发生的膨胀现象。其物理意义是，当温度达到发生相变点时晶体发生相结构变化，引起材料外观尺寸突变,比体积明显改变,其特征是升降温过程中伴随着热膨胀的不连续变化。

3)适用条件

适用于相变时有较明显比体积变化的材料,比较适合钢铁材料相变测量,如钢加热时从铁素体向奥氏体的转变温度的测定。对于亚共析钢,可以测试升温过程中的 Ac_1(珠光体转变为奥氏体的温度);Ac_3(所有铁素体均转变为奥氏体的温度),降温过程中的 Ar_1(奥氏体转变为珠光体的结束温度);Ar_3(奥氏体转变为铁素体的开始温度)。也可以测试其他金属材料的相变过程。

4)特点和注意事项

(1)特点。

TMA 法的优点:

①对样品要求简单、效率高、自动化程度高。

②热滞后程度较小,能够及时反映出物体的相变。

③测试结果准确性高、重复性好。

④工作温度范围宽,测量范围广,温度范围为 $-150 \sim 1600$℃。

TMA 法的缺点:

①温度改变时,膨胀系数变化不明显的样品测量相变温度比较困难。

②仪器较贵,普及率不太高。

(2)注意事项。

①样品尺寸通常为 $\phi 6\text{mm} \times 25\text{mm}$ 的圆柱(用 TMA 时),要求样品端面磨光,平行度好。

②样品材质均匀,表面平整光滑,不能有氧化皮,无油污。

③要求提供样品材质类型,以便选取合理试验参数。升温速率、样品尺寸对测试精度影响较大,可以根据用户要求选取升、降温速度,测试相应升温速率下的相变温度。通常升温速度为 $3 \sim 10$℃/min,高纯氩气保护。

6.2 残余应力测试

残余应力(也称内应力)是物体未受外力或外力矩作用时,其内部存在的保持自身相互平衡的应力。残余应力是由于材料中发生了不均匀的弹塑性变形,包含材料加工时的变形不均匀、材料加热或冷却时的温度不均匀、材料相变过程不均匀三个方面[5]。在很多情况下,残余应力的产生是以上三种因素综合作用的结果。机械零件或大型构件在机械加工制造过程中,各种工艺过程往往都会产生残余应力,如挤压、拉拔、轧制、校正、切削、磨削、表面滚压、喷丸或锤击等,以及热加工的焊接、切割等。构件残余应力的产生通常是难以避免的,严格来讲,完全没有残余应力的材料是不存在的。

目前,有关残余应力的分类方法由德国学者马赫劳赫(Macherauch)于1973年提出,他将材料中残余应力分为三大类。因为在国际上用X射线衍射方法进行应力测试使用较多,所以他按照残余应力三大类的分类情况,给出了相应的X射线衍射谱线的变化情况。第Ⅰ类为宏观应力,应力的平衡范围为宏观尺寸,作用范围是毫米级,它会引起X射线衍射谱线位移。第Ⅰ类残余应力的作用与平衡范围较大,属于远程内应力,应力释放后必然要造成材料宏观尺寸的改变。第Ⅱ类为微观应力,应力的平衡范围为晶粒尺寸,各晶粒之间因弹性和塑性各向异性而不同,它会造成衍射谱线展宽。第Ⅲ类也属于微观应力,应力的平衡范围为晶胞范围,其本质上是由晶粒内存在的位错和其他缺陷造成,它会导致衍射强度下降。第Ⅱ类及第Ⅲ类残余应力的作用与平衡范围较小,属于短程内应力,统称为微观应力,应力释放后不会造成材料宏观尺寸的改变。通常情况下,大家测得的残余应力是指第Ⅰ类即宏观残余应力,工程上也最关心第Ⅰ类残余应力。除了这样的分类方法以外,工程界也习惯于按产生残余应力的工艺过程来命名,如铸造应力、焊接应力、热处理应力、磨削应力、喷丸应力等,而且一般指的都是第Ⅰ类残余应力。

残余应力关乎机械部件及工程的质量、寿命和安全,其对材料及工件性能的影响是多方面的,下面介绍残余应力对构件性能的影响。

残余应力有许多不利的性能。

(1)使材料的静强度、疲劳性能、尺寸稳定性、耐应力腐蚀性能等受到明显的影响。

(2)如零件在不适当的热处理、焊接或切削加工后,会引起零件发生扭曲变形,也会引起表面出现裂纹,甚至工件开裂,造成早期失效。

(3)残余应力的存在有时不会立即造成裂纹或断裂,但当零件在使用中因工作应力与残余应力的叠加,使总应力超过强度极限时,便出现裂纹或断裂。

(4)残余应力也有有利的方面,可以利用人为产生适当的、分布合理的表面压应力(如通过喷丸、滚压等),以提高工件的疲劳强度和耐磨性能、抗应力腐蚀能力,从而延长零构件的使用寿命。残余应力对构件有害的影响大部分可通过适当的热处理或其他方法来消除或减轻。

一个构件的残余应力状态,是设计者、制造者和使用者共同关注的问题。准确地测定残余应力是改进强度设计、提高工艺效果、检验产品质量和进行设备安全分析的必要手段。残余应力的检测技术始于20世纪30年代,发展至今共形成了数十种检测方法。根据对被测样品是否会造成损坏分类,传统的残余应力测试方法主要包括有损测试方法和无损测试方法,即机械法和物理法[6]。有损测试主要以机械法为主,包括钻孔法、剖分法、环芯法等。机械法测试残余应力需要释放应力,这就需要对工件局部进行分割或钻孔,从而会对工件造成一定的损伤或破坏。但是机械法理论完善,技术成熟,目前,在实验室及现场测试中广泛使用,其中以钻孔法的破坏最小,应用最普遍。无损测试法大多属于物理法,包括 X 射线衍射法(简称 X 射线法)、同步辐射法、中子衍射法、磁性法、超声法等,这些方法基本上对工件不会造成破坏。物理法中的 X 射线衍射法理论成熟,在满足试验条件要求的情况下测试精度较高,目前在实验室及现场残余应力测试中广泛使用。

尽管残余应力的测试方法较多,但由于残余应力的复杂性,各种测试方法在有效性、准确性和操作简便性等方面还不能完全满足实际需求,现在各种已经使用的残余应力测试方法均还存在一定的局限性。进一步研究开发残余应力的有效测试方法仍是各国研究者需解决的重要问题。

采用适当的对策及措施,消除或减轻残余应力的影响并预防事故的发生,具有显著的经济和社会效益。了解残余应力的大小及分布情况可以对构件的状态进行合理的评估,是消除、降低甚至利用残余应力的基础。本节介绍了常用的残余应力测试方法及其应用情况,介绍了几种残余应力测试方法的原理、适用条件、特点和注意事项。测试方法中包括目前比较成熟、应用广泛的 X 射线法、钻孔法,也介绍了残余应力测试中比较有发展前途的两种较新方法,即超声法和中子衍射法。

6.2.1　X 射线衍射法

目前,残余应力的检测方法中使用较多的是 X 射线衍射法(XRD 法)。对于多晶材料而言,宏观应力所对应的应变被认为是相应区域里晶格应变的统计结果,当材料中有应力存在时,其晶面间距会发生改变。XRD 法是利用 X 射线衍射的原理,测量出材料的晶格应变,再借助于材料的弹性特征参数求出应力。目前,我国已颁布的相关国家标准为《无损检测 X 射线应力测定方法》(GB/T 7704—2017)。

1. 基本原理

XRD 法应力测试首先假设被测试材料是完全弹性、均匀、各向同性的,其测试原理是基于著名的布拉格定律,见式(6-4)。

$$2d\sin\theta = n\lambda \tag{6-4}$$

式中:d 为晶面间距;θ 为衍射半角;n 为衍射级数;λ 为所用辐射靶材的波长。

当多晶材料中有应力 σ 存在时,导致其内部结构(原子间相对位置晶面间距 d)发生变化。当一定波长的 X 射线照射到晶体材料上,相邻两个原子面衍射时的 X 射线光程差正好是波长的整数倍,把宏观上可以准确测定的衍射角同材料中的晶面间距建立确定的关系,材料中的应力所对应的弹性应变与晶面间距的变化相对应。残余应力会使衍射角 2θ 产生相应的改变,在 X 射线衍射谱上的表现是峰位漂移,通过测量样品衍射峰的位移情况,再根据胡克定律和弹性力学原理,就可以通过测量衍射角 2θ 随晶面取向不同而发生的变化来计算出材料的残余应力。

当材料中存在拉应力时，平行于应力方向的(hkl)晶面间距 d 收缩减小(衍射角增大)，因此衍射峰向高角度偏移；同时垂直于应力方向的同族晶面间距拉伸增大(衍射角减小)，其他方向的同族晶面间距及衍射角则处于中间。当材料中存在压应力时，其晶面间距及衍射角的变化与拉应力相反，晶面间的距离被拉大，导致衍射峰位向低角度偏移。材料中宏观应力越大，不同方位同族晶面间距或衍射角之差异就越明显，这是测量宏观应力的理论基础，见图6-9、图6-10。

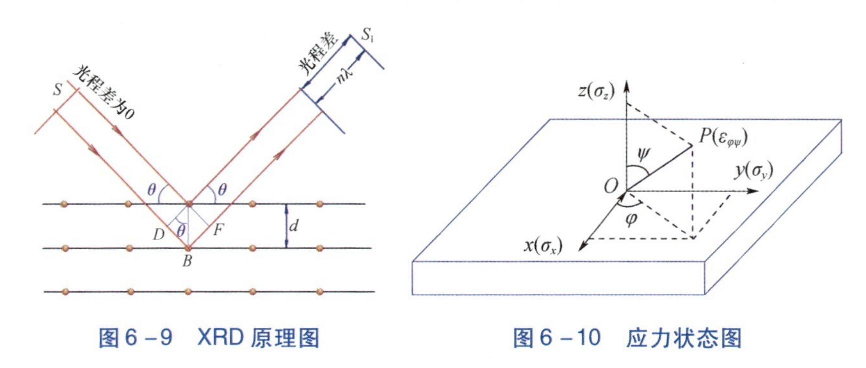

图6-9 XRD原理图　　　　图6-10 应力状态图

由于X射线穿透深度很浅，对于传统材料一般为几微米到几十微米，因此可以认为材料表面薄层处于平面应力状态，法线方向的应力 $\sigma_z=0$。根据弹性力学理论，在宏观各向同性晶体材料上 x 和 y 方向的应力为

$$\sigma_x = K\frac{\partial 2\theta_{\varphi=0}}{\partial \sin^2\psi} \tag{6-5}$$

式中：σ_x为 X 方向上的正应力分量(MPa)；K 为X射线应力常数(MPa/(°))；θ 为材料对应的衍射半角(°)；$\varphi=0°$为衍射晶面法线在样品表面的投影与 X 轴的夹角为0°；ψ 为衍射晶面法线与样品表面法线的夹角(°)。

y 方向的应力为

$$\sigma_y = K\frac{\partial 2\theta_{\varphi=90}}{\partial \sin^2\psi} \tag{6-6}$$

式中：σ_y为 Y 方向上的正应力分量(MPa)；K 为X射线应力常数(MPa/(°))；θ 为材料对应的衍射半角(°)；$\varphi=90$ 为衍射晶面法线在样品表面的投影与 X 轴的夹角为90°；ψ 为衍射晶面法线与样品表面法线的夹角(°)。

X射线应力常数为

$$K = -\frac{E}{2(1+\nu)}\frac{\pi}{180°}\cot\theta_0 \tag{6-7}$$

式中：K 为X射线应力常数(MPa/(°))；E 为材料的弹性模量(GPa)；ν 为材料的泊松比；θ_0为材料在无应力状态时对应的衍射半角(°)。

式(6-5)和式(6-6)描述了材料表面的应力状态，式中 K 称为X射线应力常数，与弹性模量 E、泊松比 ν、衍射角 2θ 有关。式中偏导数项，实际是 2θ 与 $\sin^2\psi$ 关系直线的斜率（ψ 为衍射晶面法线与样品表面法线的夹角），采用最小二乘法进行线形回归，精确求解出该直线斜率，代入应力公式中即可获得被测的应力分量。测试前，需要知道样品的晶体结构及弹性模量、泊松比，选取相应的衍射晶面、衍射峰角度，得到应力常数后才能进行测试和计算。常见材料的应力常数及测试条件在 GB/T 7704—2017 中已经给出。

2. 表征参数和物理意义

XRD 法测试残余应力得到的表征参数主要为应力。

由于外因（受力、温度场变化等）而变形时，在物体内各部分之间相互作用的内力，以抵抗这种外因的作用，并试图使物体从变形后的位置恢复到变形前的位置，在所考察的截面某一点单位面积上的内力称为应力。残余应力是物体在未受外力或外力矩作用时，构件或材料内部存在的保持自身相互平衡的宏观应力。应力单位为兆帕（MPa），用“+”“-”分别表示拉应力、压应力。平面应力是张量，通过各种不同应力测试方法可以测定某个位置主应力 σ_1、σ_2 的大小和方向，进一步可以测定样品或构件各个部位残余应力的大小和分布。

在本节残余应力测试方法中，XRD 法与后面介绍的钻孔法、超声法、中子衍射法所表征的残余应力的参数和物理意义基本相同，都是宏观应力，只是由于原理及方法不同，所测试应力区域的面积及深度不同，实际得到的测试结果代表了各种方法相对应测试区域的应力平均值。在介绍其他残余应力的测试方法中，表征参数和物理意义部分就不再重复叙述。

3. 适用条件

XRD 法已经在国内外广泛应用多年，该方法适合对金属及合金等多晶体材料及构件在实验室及现场进行残余应力测试，如钢、不锈钢、铝合金、铜合金、钛合金等材料。XRD 法要求被测试样品为晶粒比较细小的晶体材料，照射光斑大小可调，通过光阑限制为直径 1～5mm 的圆孔。由于 XRD 法测试应力具有入射深度浅、测试表面时无损的特点，该方法适合测试样品表面应力，也可以沿样品表面的不同位置进行应力分布测试，如焊缝附近残余应力分布曲线的测试，可以进行热处理、振动等消除应力处理效果的测试等。七二五所对某些牌号钛合金搅拌摩擦焊焊接接头超声冲击处理前、后焊缝的残余应力进行了测试，结果表明，超声冲击处理前焊缝部位为明显的拉应力，处理后焊缝部位变为明显的压应力。

XRD 法也可以通过电解抛光进行沿层深的应力分布测试，如喷丸、滚压等表面强化样品的应力深度测试。汽车用钢板弹簧喷丸后，其表面适当的压应力沿深度的分布，对钢板弹簧的疲劳强度和寿命有较明显提高。钢板弹簧表面的喷丸后压应力沿深度的分布情况是重要的产品供货检测项目，七二五所对国内某客车公司用钢板弹簧喷丸后压应力沿深度分布的情况进行了测试。结果显示，最大压应力在样品表面下约0.15mm处，压应力值超过了1000MPa，而且压应力深度达到约0.8mm。XRD法用于有粗晶、织构材料样品测试时，会带来较大的测量误差。

XRD法适合到现场进行大型结构残余应力测试，具有较大的实际工程应用价值。文献[7]利用XRD法对大型焊接结构组装态、焊态、热处理去应力态的残余应力分布进行了测试，说明该方法可以有效地测定复杂焊接结构的残余应力，经过消除应力热处理后，该大型复杂焊接结构的整体残余应力有明显下降。

4. 特点和注意事项

1)特点

XRD法的优点：

(1)该方法属于物理方法，其理论推导严格，方法成熟，测量速度快，在满足测试条件要求的情况下结果比较可靠。对于能给出清晰衍射峰的材料，如退火后细晶粒钢铁材料，精度可优于10MPa。

(2)其在测量表面残余应力时是无损的，不破坏被测构件。

(3)用于残余应力测定的Cr、Fe、Co的特征X射线，波长相对较长，射线入射深度较浅，测试深度受不同靶材和样品材料的影响，在铜或钢铁材料中的穿透深度仅为十微米左右，对其他材料，根据质量吸收系数不同，通常深度为约几微米到几十微米。因此，借助电解抛光等手段进行剥层后，XRD法可以测量残余应力沿层深的分布，对于喷丸、滚压等工艺处理后的应力测试很适用。

(4)X射线法测试的样品照射面积可选择，光斑照射面积可以比较小，能够通过调整光阑直径测试较小区域的残余应力，有利于测试焊缝附近的残余应力分布。

(5)现在的X射线应力仪便携性比以前更好，该方法适合到现场进行大型构件的无损检测，如进行管道、压力容器等焊接构件的应力测试。

XRD法的缺点：

(1)因为XRD法测定的是表面应力，对材料的表层状态比较敏感，对被测量工件的表面有比较严格的要求，为避免对测试结果产生影响，要求样品表面干净，有时需要对测试点作适当的清洗、电解抛光等处理，否则可能带来较大测量误差。测试焊接应力时，表面应该通过电解抛光去除机械打磨等附加应力层。

(2)X射线穿透能力较弱，在金属材料中的穿透深度较浅，它所测量的是工件表面的应力。若要测残余应力沿层深的分布，还需要电解抛光，要对工件进行破坏性的多次剥层测定。剥层会引起残余应力释放，如果剥层较深，还需要对应力测试结果进行校正，形状简单的样品可以按一定的公式进行剥层后残余应力校正，但形状复杂的工件则无法进行这种校正。另外，剥层测定工作量大，是破坏性的测量方法。

(3)所用的X射线应力仪价格比较昂贵，设备比较复杂、笨重，到现场进行测试相对比较麻烦,不过现在新一代X射线应力仪的便携性能正在不断提高。

(4)X射线法仅适用于晶体材料。只有能够给出比较敏锐衍射峰的样品,才能得到较高的测量精度。对于淬火和冷加工状态样品,由于衍射峰散漫,测试误差会比较大。

(5)该方法只能测试晶粒比较细小的晶体材料,在射线光斑照射范围内,至少要有50个以上的晶粒才能够得到好的衍射峰。目前,XRD法有一些困难需要解决,如织构材料($2\theta-\sin^2\psi$ 关系将会偏离直线)、粗晶材料、形状复杂工件等的残余应力测试还存在许多问题。

2)注意事项

(1)测试的样品要具有代表性,由于残余应力分布的整体性特点,取样时不要破坏原有样品的应力分布状态。

(2)尽量利用构件实物直接到现场测量,反映构件真实的残余应力分布状况。

(3)送样品时需要提供样品的成分、组织结构、处理工艺等,以方便选择测试靶材、试验条件,制定测试方案。

(4)样品测试表面要干净,没有油漆、涂层、氧化层等。

(5)委托应力测试试验时,应说明测试目的,如测试构件表面应力、焊接应力、应力沿层深分布、热处理消除应力处理效果等。

(6)在构件受外加载荷的情况下,测得的应力值是其本身残余应力和外加载荷应力的代数和。

(7)在现场对大型结构件进行残余应力测试时,需要提供安全的工作场所,做好X射线防护工作,无关人员不得接近测试现场。

6.2.2　钻孔法

钻孔法在我国又称为小孔法或盲孔法。钻孔法最早由德国人J. Mathar于1934年首先提出,应用已经多年,以后经长期不断地改进和完善,目前已成为国内外应用最广泛的残余应力测量方法之一。美国材料试验协会(ASTM)已于1981年制定了测量标准ASTM E837—1981,现在版本为《通过钻孔-应变计测量残余应力的标准试验方法》(ASTM E837—2008)。国内外许多高校、研究所、厂矿等多个行业都有多年的、广泛的应用,在国内各船厂的焊接残余应力测试中大多数也采用钻孔法。对于钻孔法,近年来国外有可以逐级钻孔的先进产品投入使用,这类产品符合ASTM E837—2008的要求。国内也有比较成熟的产品出售,但目前一般还没有采用逐级钻孔法。

1. 基本原理

假设一个各向同性材料上某一区域内存在一般状态的残余应力场,在该区域表面粘贴上应变花，在工件表面应变花中心钻孔（在原有平衡状态下的应力场上钻孔），去除一部分具有应力的金属，引起孔边应力释放，使圆孔周围部分金属内的应力得到松弛。钻孔破坏了原来的应力平衡状态而使应力重新分布，并呈现新的应力平衡，从而使圆孔附近的金属发生位移或应变。在应变花内产生释放应变，采用箔式应变花和电阻应变仪来测量释放的应变，根据测量出的释放应变，再根据弹性力学原理计算出原应力场的残余应力。钻孔法残余应力测量原理见图6－11，其计算公式为

$$\begin{cases} \sigma_1 = \dfrac{E}{4A}(\varepsilon_1 + \varepsilon_3) - \dfrac{E}{4B} \\ \sqrt{(\varepsilon_1 - \varepsilon_3)^2 + (2\varepsilon_2 - \varepsilon_1 - \varepsilon_3)^2} \\ \sigma_2 = \dfrac{E}{4A}(\varepsilon_1 + \varepsilon_3) + \dfrac{E}{4B} \\ \sqrt{(\varepsilon_1 - \varepsilon_3)^2 + (2\varepsilon_2 - \varepsilon_1 - \varepsilon_3)^2} \\ \tan(2\theta) = \dfrac{2\varepsilon_2 - \varepsilon_1 - \varepsilon_3}{\varepsilon_3 - \varepsilon_1} \end{cases} \tag{6-8}$$

式中：σ_1、σ_2分别为最大、最小主应力；ε_1、ε_2、ε_3为在三个应变片方向得到的释放应变；θ为1号应变片与σ_1的夹角；A、B为释放系数，是联系残余应力与释放应变的比例系数。

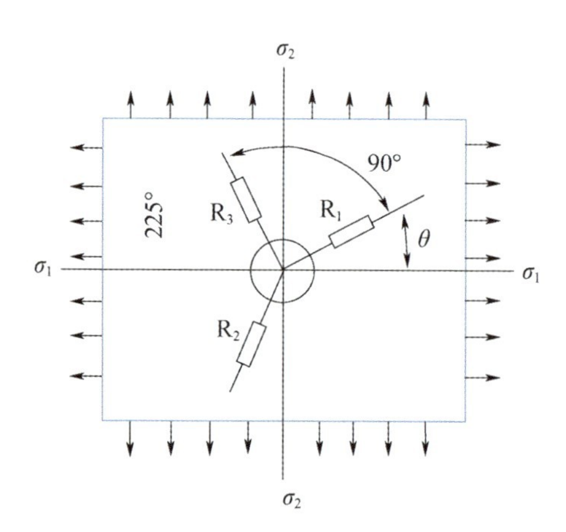

图6－11 钻孔法残余应力测量原理图

测试前需要标定释放系数，它们的大小与测试材料、钻孔孔径、应变花尺寸、孔的形状和大小有关。标定释放系数所用样品的材料应该与待测材料相同，经过消除应力退火；标定所用的应变花应该与实际测试时所用的应变花相同。

2. 适用条件

钻孔法具有测试理论成熟、测试精度较高、样品破坏程度不大等特点。该方法适用于金属材料焊接件、铸锻件近表面残余应力的测试,可以用来测试焊接件热处理消除应力前、后的消除应力效果的测试,在实验室和现场都可以方便应用。但是该方法对工件带有一定的破坏性,在有些重要工程构件上不适合使用,比如压力容器、管道等。钻孔法测试的应力通常是深度为 1.5 ~2.0mm、直径为 1.5 ~2.0mm 圆孔范围的应力平均值。文献[8]用 XRD 法、钻孔法测定了同一试样的残余应力,对测试结果进行了分析比较。结果表明:当残余应力分布沿深度的变化不大时,两者结果一致;但对于有些情况,如残余应力分布随深度改变较大时,两种方法得到的结果不一致。有人利用钻孔法对焊缝附近的残余应力进行了测试,并且将测试结果与 XRD 法进行了对比,由于测试深度不同,结果有些差异,但应力分布趋势基本上一致。

3. 特点和注意事项

1)特点

钻孔法的优点:

(1)由于其打孔直径及深度较小,属于半破坏方法,相对于其他机械应力测试方法(如剖分法),钻孔法对材料破坏性较小,可以测量相对较小范围内的应力,被广泛地应用于各种零部件和构件的实际测量中。

(2)钻孔法也适于测量应力变化比较大的残余应力分布,如焊接应力场的测试。

(3)钻孔法具有方法和设备简单、仪器便宜、现场操作方便、对身体无害、方法适用性强、应力测试深度比 XRD 法相对较深等特点。

(4)钻孔法作为目前应用比较广泛的应力测试方法,在残余应力分布沿深度变化不大的情况下,钻孔法和 X 射线法测试的应力结果基本上是一致的。

钻孔法的缺点:

(1)钻孔法测量中的应力释放属于部分释放,因此钻孔法测量精度有时不是太高,尤其不适合低水平残余应力的测量。

(2)钻孔法虽然相比 XRD 法测试的深度较深,但测量的也仅仅是表面残余应力,是深度约为 1.5 ~2.0mm 范围的应力平均值,无法像中子衍射法测量材料内部的残余应力。

(3)对比 XRD 法,钻孔法有一定的破坏性,属于半破坏性方法,对于重要的、不能破坏构件的应力测试,不允许使用。

(4)钻孔法不适合测试残余应力沿层深的分布,如喷丸、滚压等工艺处理后的应力测试。

(5)由于钻孔之间应力释放的相互影响,测试点之间不能离得太近。多点测试时,孔和孔之间的距离应该大于$15D_0$(D_0为钻孔的直径)。

(6)钻孔法测试应力需要一定的经验,测试精度容易受操作人员的水平影响。用钻孔法测试残余应力,要尽量避免或降低钻孔偏心引起的测试误差,以及钻孔时产生的附加应变引起的测试误差。

2)注意事项

(1)样品或构件要具有代表性,由于残余应力分布的整体性特点,取样时不要破坏原有样品或构件的应力分布状态。

(2)要求样品表面干净,没有污渍和氧化层。

(3)钻孔法对样品或构件有一定的破坏性,委托者应该对此有充分了解,能够接受钻孔法测试后对样品的破坏程度。

(4)尽量直接在现场对大型构件实物进行测试,反映构件真实原有的残余应力分布状况。

(5)测试前委托者应该与测试人员就测试目的、要求等进行充分沟通。

6.2.3 超声法

超声法虽然出现比较早,但该方法以前存在一些问题,阻碍了该技术的广泛应用。近几年,超声法得到了较快速的发展。2012 年,意大利 Rossini 教授对比分析各种应力检测方法后认为,超声法具有高分辨率、高渗透力和对人体无伤害的特点,超声法是残余应力无损检测发展方向上最有前途的技术之一[9]。超声波应力测量是建立在声弹性理论基础上,在材料弹性极限范围内,超声波的波速与材料内应力之间呈现线性关系。超声法测量构件的残余应力过程中,测量的应力为沿超声波传播路径中应力的平均值。

1. 基本原理

利用超声波进行应力测量是依据声弹性效应,即应变引起的超声波传播速度的变化。当在没有应力作用时,超声波在各向同性的弹性体内传播速度与有应力作用时的传播速度不同,传播速度的差异与所作用的应力大小有关,如果能够获取无应力和有应力作用时弹性体内横波或纵波传播速度的变化,就可以利用超声波波速与应力之间的关系来测量残余应力。目前,超声法的具体测试方法有两种[10]:一是采用超声横波作为探测手段,由于受应力的影响,样品中正交偏振横波的传播速度不同,产生双折射,分别测量两束超声横波的回波到达时间来评价材料中的应力状态,该方法只适用于材料内部应力的测试;二是采用表面波或者纵波,直接测量声波在材料表面或内部的传播时间,再依据声弹性理论中应力和声速的关系来测量应力。该方法可测量材料表面或内部的应力,因此采用表面波或者纵波逐渐成为研究的主流。按照声弹性理论,只要变形处在材料的弹性极限范围之内,声速随应力的变化就呈较理想的线性关系。

研究表明,临界折射纵波 L_{CR} 对沿其传播方向的应力变化很敏感,现在普遍采用临界折射纵波法测试应力。超声临界折射纵波法测试原理见图 6-12,下面介绍残余应力超声临界折射纵波法 L_{CR} 的基本原理[11]:当发射换能器(探头)激发超声纵波以第一临界角斜入射到测试表面时,依据 Snell 定律,可以在测试样品内部产生超声临界折射纵波 L_{CR},并可以被接收换能器接收。根据声弹性理论,当测试的残余应力与超声纵波传播方向一致时,拉伸应力使超声纵波传播速度变慢或传播时间延长,压缩应力使超声纵波传播速度变快或传播时间缩短,在发射换能器和接收换能器之间的距离保持不变的情况下,若测得零应力样品对应的传播时间和被检测构件对应的超声纵波传播时间,根据时间差就可以求出被检测构件中的残余应力值。超声法测得的残余应力是样品表层下材料内部三维空间区域内沿声波传播方向的残余应力的平均值。通过拉伸试验可以得到标定的应力常数,应力常数与被检测样品的材料和探头间距有关;超声法测试前还需要对仪器进行零应力样品校准,通过对样品进行去应力退火得到零应力样品,零应力样品应该采用与被检测材料金相组织状态和表面粗糙度相同的材料。检测样品所用的探头应该是应力常数标定和零应力样品校准时所用的探头。

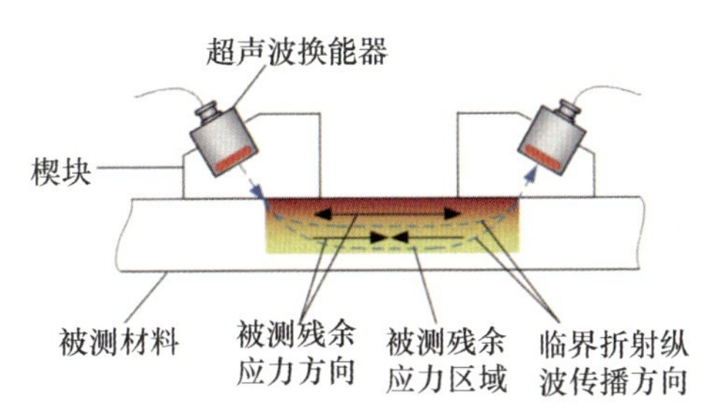

图 6-12　超声临界折射纵波法测试原理图

2. 适用条件

超声法应力测试属于无损检测方法,它适合测试透声性能良好的金属、非金属材料或构件内的残余应力,可以测试金属及合金等晶体材料,也可以进行如玻璃等的非晶材料应力测试。测试过程中需要使用耦合剂,为确保探头接触面和被测试构件表面耦合良好,要求检测样品表面尽量为平面。超声法对于测试温度比较敏感,适合在 0~30℃的工作环境下进行测试。在检测过程中,环境温度造成的检测误差不可忽视,尤其是在户外长期作业时,应该考虑环境温度对检测精度的影响,在系统中引入温度补偿。

根据传感器本身的大小,以及两个传感器之间距离的影响,测试的区域不能太小,不像 XRD 法可以测试较小区域的应力;超声法测试区域的大小也和测试频率有关，通常测试应力的区域范围为：长度约5～100mm；宽度为传感器的宽度，约5～30mm；相对于XRD法，该方法测试的应力深度较深，约0.5～150mm。超声法测试区域是较大体积范围的应力平均值，因此该方法不太适合对残余应力变化梯度较大、变化较快的材料和构件进行应力测试，如表面经过喷丸、磨削等工艺处理后样品的残余应力测试。文献[11]中，徐春广等分别用超声法和XRD法对Q235钢、685钢、45钢、铝合金等试样进行残余应力检测。从测试结果知道，超声法残余应力检测值和XRD法应力检测值并不相同，这是因为超声法检测的面积和深度与XRD法不同，但是应力趋势基本相同。

超声法与XRD法都可以反映构件残余应力的状态和趋势，其理论上应该有一定的对应关系，但是目前还缺乏确切的理论依据。XRD法的理论与应用都较为完善，国内外都有相应的检测标准。超声波法是近几年才得到较快发展的技术，还需要进一步完善。目前，我国已经制定了相关国家标准《无损检测　残余应力超声临界折射纵波检测方法》(GB/T 32073—2015)。

3. 特点和注意事项

超声法可以无损地测量工件表面及一定深度内部的残余应力，该方法已经存在了多年，前些年有些内容尚处于实验室阶段，在超声法实用化的过程中遇到了许多困难。但是，近年来超声法取得了许多进展，是被公认的残余应力无损测量方法中很有发展潜力的一种方法，只是目前还存在测试误差较大等问题。

1)特点

通过将超声法与XRD法进行对比可以看出，超声法具有许多优点，具有广阔的应用发展空间。

(1)能够被测试的材料种类非常广泛，包括晶体、非晶体，但X射线法却只能测试晶体材料。

(2)测试速度快、成本低。

(3)较佳的渗透力，可以测试表面及一定深度内部的残余应力。

(4)仪器便携性能好，方便到室外或现场使用，无X射线辐射污染。

(5)无损测试，不会破坏样品及构件。

目前，超声法还没有XRD法、钻孔法应用得广泛，存在一些不足之处。

(1)超声法在测量应力时，一般都需要做标定试验，比较麻烦。

(2)超声波法测定的结果要受到材料性能、工件形状和组织结构的影响，测量的灵敏度较低，误差较大，一般至少大于20MPa。

(3)超声法一般要求测试表面为平面，不适合小曲率半径样品及构件的测量。

(4)受超声法本身及传感器大小的影响，对于应力检测位置区域大小有明显的限制，测试结果是比较大区域范围的平均值，不适合测试较小区域的残余应力。

2)注意事项

(1)与测试人员沟通,充分了解仪器特点,制定合适的测试方案。

(2)超声法测量的应力区域比X射线法测试的范围大许多,区域大小跟传感器的尺寸有关,要引起使用者注意。

(3)表面粗糙度对测试结果影响较大,样品表面应该光滑,表面粗糙度 *Ra* 小于10μm。

(4)对于焊接样品,热影响区、熔合线、母材部分的声弹性系数不同,如果按常数处理,会引起较大误差。

6.2.4　中子衍射法

中子衍射(neutron diffraction)通常指德布罗意波长约为0.1nm的热中子通过晶体物质时发生的布拉格衍射。中子具有不带电、有磁矩、穿透性强、非破坏性等性质。中子衍射作为一种测定多晶材料残余应力的无损检测方法,可用于测定材料内部和近表面的应力。中子衍射测试残余应力的基本原理与XRD法类似,不同的是X射线是与电子相互作用,它在原子上的散射强度与原子序数成正比,而中子是与原子核相互作用。测量时将样品或工件首先运送到中子源处,测量得到弹性应变;然后再计算得出残余应力。中子衍射残余应力分析始于20世纪80年代,它是允许工程师或材料科学家进行三维、无损地获取材料内部残余应力分布状态的少数技术之一。由于普通X射线及同步辐射X射线入射较浅,X射线和同步辐射测定的只是样品表面或次表面的残余应力。虽然同步辐射产生的X射线功率较大,与普通的XRD相比,同步辐射的光强强很多,但它对铜或钢铁材料的穿透深度也仅在250μm左右。相比而言,中子的质量吸收系数比X射线小3~4个数量级,具有更强的穿透能力,更有利于测量材料或工程部件内部的应力状态。中子衍射作为一门试验技术,在描述材料内部残余应力方面具有巨大的潜力[12]。

近年来,国外众多中子衍射实验室建立了中子衍射应力谱仪,开展测量残余应力工作,如澳大利亚核科学技术组织的KOWARI和法国劳厄－朗之万研究所(ILL)的SALSA等[13]。中国原子能科学研究院2010年建成中国先进研究堆(China advanced research reactor,CARR),其CARR中配有一台中子衍射应力谱仪,用于材料科学和工业制造中残余应力的测定和分析研究,该衍射应力谱仪是国内第一台中子衍射应力谱仪[14]。我国2018年8月在广东东莞建成中国散裂中子源(China spallation neutron source,CSNS),通过国家验收,正式投入运行,已经对国内外各领域的用户开放。与稳态核反应堆相比,CSNS可以提供通量及强度更高的中子,为众多学科领域的研究提供了一种先进的研究工具,可以为广大科技工作者提供材料或构件三维、无损和深度残余应力的测试服务。

随着利用中子衍射进行工程应力测量的需求的显著增长，国内外科研人员已经开展了许多有关材料科学和工程领域的应用研究工作。中子衍射应力测试已发展成为一种可供选择的技术，并与常规 XRD 法、同步辐射应力测试形成了互补关系。

1. 基本原理

第Ⅰ类残余应力的作用会导致晶面间距的变化，对于中子衍射，会引起相应衍射峰的峰位偏移，可以根据衍射峰角度的变化来确定弹性应变值。中子衍射应力测试的原理也是根据布拉格定律，把宏观上可以准确测定的衍射角同材料中的晶面间距建立确定的关系。当材料中有应力 σ 存在时，材料中的应力所对应的弹性应变会表现为晶面间距 d 的相对变化，衍射角 2θ 也将相应改变。中子衍射通过测量晶体的晶格间距改变大小，得出弹性应变，可以通过测量衍射角 2θ 随晶面取向不同而发生的变化来求得残余应力。

中子衍射利用的中子由裂变或散裂的方式产生，前者产生于稳态核反应堆，后者是产生于脉冲散裂源，两种情况产生的中子能量都要慢化至热中子范围。对稳态反应堆产生的中子：首先由核反应堆孔道中引出的热中子束通过准直器后；然后利用晶体单色器从多色中子束中选出单一波长的中子，入射到样品上产生衍射，测量样品某一晶面的衍射峰位。常波长模式下，第Ⅰ类残余应力（宏观应力）作用导致晶面间距 d 的变化，从而引起相应衍射峰的峰位偏移。

反应堆源中子衍射谱仪工作原理见图 6－13。用合适的单色器反射多色中子束得到特定的单色波长，然后利用限束光学系统对单色中子束进行空间限定，得到所需尺寸的束流，束流经样品衍射后被中子探测器捕获。

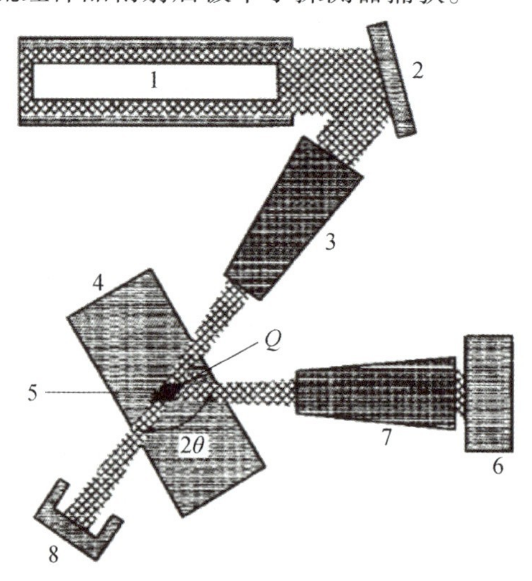

图 6－13　反应堆源中子衍射谱仪工作原理示意图

1—中子束；2—单色器；3—入射光阑；4—样品；5—规范体积；6—探测器；7—接收光阑；8—束流阻挡器。

与传统试验技术不同的方法是飞行时间(time of flight,TOF)衍射法,它是根据不同波长的中子具有不同能量的原理,主要用在加速器等强脉冲中子源上。目前,世界上最高分辨率的中子衍射谱仪就是飞行时间衍射谱仪。在散裂源的飞行时间谱仪上,中子束通常由一系列含有不同波长中子的短脉冲组成,测量是在固定的散射角 2θ 处(通常为 $90°$)进行,每个中子的能量(波长)可根据中子飞行至探测器的距离和飞行所用的时间来确定,记录下慢化剂和探测器之间中子飞行时间的变化,并得到一个衍射全谱。因此,飞行时间是测量波长(也称为能量散射)与在任意特定散射角记录的衍射谱之间的关系,应变可通过单个衍射峰或 Rietveld 全谱拟合方法得到。

飞行时间衍射谱仪主要用在脉冲源上,每个脉冲都给出一个跨越大范围晶格间距的衍射谱。脉冲源上可同时在两个方向进行应变测量。由于散射角固定,散裂源上的许多装置使用了径向聚焦准直器,这比利用狭缝系统能够获得更大的立体角,然而这需要保证大多数被探测中子来自确定的规范体积。根据不同角度位置将探测器各个单元获得的信号合并,带径向准直器的两个或更多的探测器可以同时测量多个应变方向。在实际测量之前,采用无应力样品校正装置,为计算应变的绝对值,需要知道无应力状态下的晶面间距值。选择合适的衍射测量条件,需要确定规范体积的尺寸和形状,估计待测应变所对应的晶面间距数值。

通过平移被测样品或部件穿过中子束,可以测得不同位置的应变,得到不同位置的应力。在飞行时间模式下,布拉格角保持不变,此时根据波长变化确定应变。根据测得的应变,基于一定的假设用广义胡克定律计算相应的应力。中子衍射方面,国内有《无损检测　残余应力　中子衍射》(GB/T 26140—2010)可供参考使用。

2. 适用条件

中子衍射方法是可测量材料与工程构件内部三维应力分布的无损检测技术,该方法对测定样品内部残余应力具有很大的优越性。中子衍射方法测试应力和 XRD 法一样,要求被测试材料为晶体材料。中子衍射测试应力照射的区域范围,根据测试条件和材料的不同有所区别,一般是 $10 \sim 30mm^3$ 以上区域的应力平均值,可以通过狭缝系统调整测试衍射体积的空间分辨率。以测量高强度铝合金为例,有研究者利用中子应力分析技术测试了其内部残余应力分布,测量区域达到约 200mm(长)×70mm(宽)×50mm(深)。许多国家很重视中子衍射应力测试研究工作,Mochizuki[15] 以中子衍射法对碳钢管焊接接头沿层深的残余应力进行了分析和验证。英国剑桥大学的 S. Tin 等[16] 对 IN718 合金盘从锻造到淬火过程中所产生的残余应力做了系列研究,并将结果与有限元模拟结果进行了对比,中子衍射测量结果显示合金盘端部的中心处残余应力高达 400MPa。

对大多数材料来说，中子的穿透能力比常规 X 射线要强数个量级，它可延伸至结构部件内几厘米的深处去测试残余应力，而且中子的穿透本领能够允许自由地选择材料内部应力的测量方向，中子衍射应力测试是产品设计和开发、加工过程优化、失效评估的强有力工具。由于中子衍射应力测试技术的独特性，该技术的应用近年来得到了很大的推广，在工程应用上比较适合大型构件的测量，其应用包括焊接、塑性结构变形、汽车部件（如曲轴）、薄板等测试。但这种应力测试方法设备成本高，不具有便携性，这些因素在一定程度上限制了中子衍射残余应力测试在工程上的广泛应用。目前，我国中子衍射应力谱仪很少，还不适用于残余应力普遍的常规检测。为了更好地了解构件的残余应力分布情况，可以利用中子衍射法对工件内部进行残余应力分布的精确测量。同时，结合 XRD 法进行表面残余应力的测量，对热加工、热处理及机加工过程中的残余应力产生及消减的机理做出分析，最终修正并完善有限元模拟结果是比较可行的解决方案[17]。

3. 特点和注意事项

相对于普通 X 射线、同步辐射 X 射线衍射应力测试方法，中子衍射由原子核产生散射，在金属中的穿透深度比 X 射线大得多。中子具有更强的穿透能力，更有利于测量材料或工程部件内部的应力分布状态，它能得到其他手段不能获取的结构体应变状态信息，将工程师的多年的梦想变成现实。

1）特点

中子衍射法的优点：

（1）对于大多数工程材料而言，穿透能力可达 3 ~ 4cm 以上。

（2）非破坏性，可以多次重复测量试验样品，在焊接构件消除应力热处理工艺优化方面非常有用，也能监视在加载条件下应力的变化。

（3）被测试构件的空间照射分辨能力大小容易调整，适合解决工程部件的应力梯度问题。有限元计算应力已在工程制造中得到广泛应用，中子衍射的空间分辨率通常可以与有限元模式的空间网格相对应，方便用来检验有限元计算的结果。

（4）可测定大块材料内的宏观应力、特殊相的应力以及晶粒间的应力。所以中子衍射应力测试是可测量材料与大型工程部件内部三维应力分布的无损检测技术[18]。

中子衍射法的主要缺点：

（1）需要特殊的高强度中子源，且有些装置由于中子源强度不足，常需较长的测量数据收集时间，测试周期较长。

（2）设备复杂、投入非常昂贵，国内外设备数量很少，试验排队等待周期较长。中子源的运行成本也很高，这些因素在一定程度上限制了中子衍射残余应力测量分析的应用。

(3)中子衍射需要的样品标准体积比较大(一次测量的照射样品体积),空间分辨率较差,中子衍射对材料表面残余应力的测量几乎无能为力,只有在距表面深度1mm及以上区域测量时才有优势。

(4)中子衍射残余应力法对设备和样品有严格要求,测量也受中子源的限制,需要一个高强度的反应堆或脉冲中子源,不像常规XRD仪那样具有便携性和普及性,无法去工作现场进行试验测量,只能固定在实验室测试。

2)注意事项

(1)被测样品的物相、晶体结构应该是已知的。

(2)与测试人员沟通,了解仪器特点,选择合适的样品衍射标准体积。试验测量的应变、应力值是指样品标准体积内所测量应变、应力的平均值。最小标准体积约为$1mm^3$。

(3)样品标准体积内的晶粒数量会影响衍射峰的质量,选择标准体积的最小值应该考虑样品晶粒尺寸的限制。

(4)可以通过平移和旋转样品台,以便测试样品内部不同部位的应力,需要将应力测试目的与测试人员充分交流,选用合理的测试方案。

参考文献

[1] 宋学梦. 金属物理性能分析[M]. 北京:机械工业出版社,1981.

[2] 刘振海,陆立明,唐远旺. 热分析简明教程[M]. 北京:科学出版社,2012.

[3] 张红菊,张东晖,李璞. 钛合金转变点检测方法[J]. 热加工工艺,2013,42(10):89-92.

[4] 陈绍楷,田弋纬,常璐. 钛合金α+β/β转变温度测定的金相法与差热分析法对比研究[J]. 稀有金属材料与工程,2009,38(11):1916-1919.

[5] 张定铨,何家文. 材料中残余应力的X射线衍射分析和作用[M]. 西安:西安交通大学出版社,1999.

[6] 杨晓,侯世忠,陈沛. 常用的残余应力测试方法及其在船舶系统零部件中的应用[J]. 理化检验:物理分册,2020,56(4):18-22.

[7] 李晓延,张亦良,张立英. 焊接结构残余应力的X射线衍射测试及分析[J]. 焊接,2009,36(11):19-23.

[8] 王超逸,吕丹,苏洪英. 两种残余应力测定方法的研究和比较[J]. 理化检验:物理分册,2011,47(11):690-693.

[9] ROSSINI N S, DASSISTI M, BENYOUNIS K Y, et al. Methods of measuring residual stresses in components[J]. Materials. and Design. ,2012,35:572-588.

[10] 沈军,林波,迟永刚. 残余应力物理法测量技术研究状况[J]. 材料导报,2012,26(5):120-125.

[11] 徐春广,宋文涛,潘勤学. 残余应力的超声检测方法[J]. 无损检测,2014,36(7):25-31.

[12] HUTCHINGS M T. Neutron diffraction measurements of residual stress fields—The engineer's dream come true[J]. Neutron News,1992,3(3):14.

[13] 陈彦舟,孙光爱,陈波. 中子衍射应力分析谱仪模拟实验[J]. 核电子学与探测技术,2011,31(8):840-843.

[14] 李峻宏,高建波,李际周. 中子衍射残余应力无损测量技术及应用[J]. 中国材料进展,2009,28(12):10-14.

[15] MOCHIZUKI M,HAYASHI M,HATTORI T. Numerical analysis of welding residual stress and its verification using neutron diffraction measurement[J]. J. Eng. Mater. Techn. ,2000,122(1):98.

[16] TIN S,LEE P D,KERMANPUR A,et al. Integrated modeling for the manufacture of Ni-based superalloy discs from solidification to final heat treatment [J]. Metall. Mater. Trans. A,2005,36(9):2493.

[17] 徐小严,吕玉廷,张荻. 中子衍射测量残余应力研究进展[J]. 材料导报,2015,29(5):117-122.

[18] 孙光爱,陈波. 中子衍射残余应力分析技术及其应用[J]. 核技术,2007,30(4):286-289.

第7章

组织结构表征技术

金属材料的组织结构是材料的本质特征，其决定了金属材料的性能，金属材料有什么样的组织结构，就有什么样的性能。符合要求的组织结构是金属材料性能满足要求的基础，也是新材料开发的设计依据。金属材料的热处理就是为了获得要求的组织结构，以及达到要求的性能。因此，组织结构是产品质量控制和工艺控制的主要指标，也是表征金属材料的主要参数之一。本章内容包括金相组织表征、微观组织表征和结构表征。

7.1　金相组织表征

金属和合金的成分、组织和结构共同决定其性能，组织与性能存在一定的对应关系，金相表征技术在材料开发、生产和研究过程中具有非常重要的作用，为构件选材、产品工艺评定、生产过程控制、装备在役评价、失效分析等提供了有效的分析手段和依据。本节主要介绍金相组织的表征，这里介绍的金相组织表征是广义上的，包括宏观试验、夹杂物分析、金相组织分析、晶粒度分析以及彩色金相技术等内容。

金相表征中的宏观试验是用肉眼或者放大镜，对金属表面、纵截面、横截面、断口等部位进行观察，分析材料的低倍组织特征以及缺陷分布情况。

金相表征中的夹杂物分析、金相组织分析以及晶粒度分析均需要截取具有代表性的小试样，并制备成金相试样后放置于金相显微镜下观察，实现从放大的角度观察局部区域的各种金相特征，金相显微镜的放大倍率为12.5～1000。夹杂物分析是将试样抛光后放置于金相显微镜下观察，表征材料内部夹杂物的级别，反映材料的纯净度。金相组织分析是将试样采用合适的腐蚀剂浸蚀出组织后放置于金相显微镜下观察，表征材料中所含有的组织的种类、分布、大小和数量等特征。晶粒度分析是将试样采用合适的腐蚀剂浸蚀出晶界后放置于金相显微镜下观察，表征材料的晶粒度级别,反映材料的晶粒粗细程度。

在金相表征技术中彩色金相技术是一种新方法,彩色金相可以将试样上的不同相或组织染成不同的颜色,除了形态外还可从颜色上更好地鉴别和表征各种相或组织。

以下将分别介绍宏观试验、夹杂物分析、金相组织分析、晶粒度分析以及彩色金相技术的基本原理、表征参数和物理意义、适用条件、特点和注意事项。

7.1.1 宏观试验

宏观试验也称为低倍试验,它是通过肉眼或放大镜来检验金属材料及其制品的低倍组织和缺陷情况的方法。宏观试验可以全面反映金属材料表面或内部的各种低倍组织特征和各类缺陷特征。宏观试验是一类试验的总称,它包括塔形试验、硫印试验、断口检验和酸蚀试验等。

塔形试验是将钢材车成不同直径的阶梯形试样,用酸蚀或磁力探伤方法检验钢中发纹情况的方法。发纹是钢内夹杂物、气孔、疏松和孔隙等在热加工过程中沿加工方向伸展排列而成的线状缺陷。发纹不是裂纹,它反映的是夹杂物、疏松等的偏析程度[1]。塔形试验只用于钢材的检验,不用于其他材料,且是钢中发纹分布情况的专用检测方法。

硫印试验是定性地检验整个钢材横截面(或纵截面)上硫含量及其分布情况的方法。用浸泡过稀硫酸水溶液的相纸覆盖到磨光的检测面上数分钟后取下,相纸上留下的棕色斑点对应于硫的分布情况。硫印试验只用于钢材的检验,不用于其他材料,且是钢中硫的分布情况的专用检测方法。

断口检验是指用肉眼、放大镜等来研究断口特征的一种方法。它主要用来发现金属中存在的缺陷(如冶炼、热加工、热处理等工序中引起的缺陷),确定金属的断裂性质(如脆性断裂、韧性断裂、疲劳断裂等),分析金属的断裂源的位置和裂纹扩展方向。断口检验在有技术条件规定时,需要按照标准制备特定的断口试样进行检验;无规定时则可以在拉伸、冲击、生产和使用中破断的断口上直接检验[2]。断口检验可用于各类金属材料。

酸蚀试验是通过酸腐蚀的方法显示金属材料低倍组织及缺陷的试验方法。根据低倍组织特征和缺陷存在情况,可以知道材料的冶金质量。进一步地,通过推断缺陷的产生原因,在工艺上采取切实可行的措施,可以达到提高产品质量的目的。在宏观试验的四种方法中,酸蚀试验使用最广泛,下面将重点介绍酸蚀试验方法。

1. 基本原理

酸蚀试验的原理属于电化学腐蚀。由于试样化学成分的不均匀、物理状态上的差别、各种缺陷的存在等因素,使试样中许多微区域产生电位差,形成了微电池。

微电池中电位较低的部位为阳极,电位较高的部位为阴极,在酸蚀过程中,阳极部分发生腐蚀,阴极部分不发生腐蚀。例如,在一些夹杂物、疏松、气泡、成分偏析、低熔点夹杂、异金属夹杂等部位,会受到比其他地方更严重的浸蚀而变黑甚至形成凹坑。通过分析腐蚀后形成的各种低倍特征就可以达到检测低倍组织和缺陷的目的。

2. 表征参数和物理意义

酸蚀试验的表征参数按照金属制品是否焊接可以分为基材类的表征参数和焊接类的表征参数这两大类。焊接类的表征参数相对简单,只用区分是金属熔化焊还是压力焊即可。基材类的表征参数相对复杂,按照检测材质的不同表征参数也不同,各种材质具有自身所特有的低倍表征参数。下面主要以结构钢为例,介绍结构钢常用低倍表征参数的特征和产生原因。由于篇幅所限,其他材质的基材类表征参数和焊接类表征参数只介绍名称,不作详细介绍。

结构钢酸蚀试验得到的表征参数可以分为两部分:一是结构钢的低倍组织;二是结构钢的低倍缺陷。

1)结构钢的低倍组织

(1)铸件的结晶组织。

①特征:在酸浸试片的横截面上铸件的结晶组织一般存在三个典型区域,包括激冷区、柱状晶区和等轴晶区。激冷区处于铸件表面,呈细小的等轴晶特征。柱状晶区紧邻激冷区,呈柱状晶特征。等轴晶区位于铸件心部,呈等轴晶特征。

②产生原因:激冷区是紧邻铸型的一个外壳区,过冷度较大,生成的晶核多,迅速结晶后形成一层细小的等轴晶区。激冷区形成后,钢液的结晶紧靠激冷区处生成晶核,并沿散热的反方向缓慢长大结晶,形成柱状晶区。柱状晶区形成后,结晶晶核在钢液中心同时生成并向四周的钢液自由长大,形成中心部位的等轴晶区[3]。

(2)铸件的树枝状偏析组织。

①特征:在酸浸试片的横截面上呈现树枝状的微区成分偏析特征。枝干部位受腐蚀较轻,颜色也较浅;枝间受腐蚀较重,颜色也较深。

②产生原因:各种固溶体合金铸态均呈树枝晶组织,这是因为钢液在冷凝过程中,即使在同一晶粒内,后凝固部分与先凝固部分的成分也不同。先结晶的树干中心部分含高熔点组元的浓度最高,后结晶的树枝部分含高熔点组元的浓度稍低,枝间部分含高熔点组元浓度更低,而相邻树枝晶之间的交界处是最后凝固的地方,含高熔点组元最低。因此,在合金凝固后便在晶内出现树枝状的成分不均匀现象。

(3)加工制品的纤维组织(流线)。

①特征:在酸浸试片的纵截面上呈沿加工方向分布的细长条纹。

②产生原因:冷加工的纤维组织是由晶界和滑移线所构成。热加工的纤维组

织是由树枝晶偏析和非金属夹杂物在热加工过程中沿加工方向延伸形成的[4]。

2)结构钢的低倍缺陷

结构钢横截面低倍缺陷在《结构钢低倍组织缺陷评级图》(GB/T 1979—2001)中有详细的规定,这些低倍缺陷包括:一般疏松、中心疏松、锭型偏析、斑点状偏析、白亮带、中心偏析、帽口偏析、皮下气泡、残余缩孔、翻皮、白点、轴心晶间裂纹、内部气泡、非金属夹杂物(目视可见的)及夹渣、异金属夹杂物等。下面着重介绍日常检测中经常遇到的疏松、偏析、白点、气泡等类型的缺陷。

(1)一般疏松。

①特征:在酸浸试片上表现为组织不致密,呈分散在整个截面上的暗点和空隙。暗点多呈圆形或椭圆形。空隙在放大镜下观察多为不规则的空洞或圆形针孔。这些暗点和空隙一般出现在粗大的树枝状晶主轴和各次轴之间,疏松区发暗而轴部发亮,当亮区和暗区的腐蚀程度差别不大时则不产生凹坑。

②产生原因:钢液在凝固时,各结晶核心以树枝状晶形式长大。在树枝状晶主轴和次轴之间存在着钢液凝固时产生的微空隙和析集一些低熔点组元、气体和非金属夹杂物。这些微空隙和析集的物质经酸腐蚀后呈现组织疏松。

40CrNiMoA 钢低倍形貌见图 7-1,图中多个分散分布的黑色小点为一般疏松缺陷。

(2)中心疏松。

①特征:在酸浸试片的中心部位呈集中分布的空隙和暗点。它和一般疏松的主要区别是空隙和暗点仅存在于试样的中心部位,而不是分散在整个截面上。

②产生原因:钢液凝固时体积收缩引起的组织疏松及钢锭中心部位因最后凝固使气体析集和夹杂物聚集较为严重所致。

35CrMo 钢低倍形貌见图 7-2,试样心部多个黑色小点为中心疏松缺陷。

图 7-1　40CrNiMoA 钢低倍形貌

图 7-2　35CrMo 钢低倍形貌

(3)锭型偏析。

①特征:在酸浸试片上呈腐蚀较深的,并由暗点和空隙组成的,与原锭型横截面形状相似的框带,一般为方形。

②产生原因:在钢锭结晶过程中由于结晶规律的影响,柱状晶区与中心等轴晶区交界处的成分偏析和杂质聚集所致。45 钢低倍形貌见图 7 - 3,试样心部近似方形暗色偏析区域为锭型偏析缺陷。

图 7 - 3　45 钢低倍形貌

(4)斑点状偏析。

①特征:在酸浸试片上呈不同形状和大小的暗色斑点。不论暗色斑点与气泡是否同时存在,这种暗色斑点统称斑点状偏析。当斑点分散分布在整个截面上时称为一般斑点状偏析;当斑点存在于试片边缘时称为边缘斑点状偏析。

②产生原因:一般认为结晶条件不良,钢液在结晶过程中冷却较慢产生的成分偏析。当气体和夹杂物大量存在时,使斑点状偏析加重。

42CrMo 钢低倍形貌见图 7 - 4,图中多个黑色斑点为一般斑点状偏析。

(5)中心偏析。

①特征:在酸浸试片上的中心部位呈现腐蚀较深的暗斑,有时暗斑周围有灰白色带及疏松。

②产生原因:钢液在凝固过程中,由于选分结晶的影响及连铸坯中心部位冷却较慢而造成的成分偏析。这一缺陷成材后仍保留。

(6)白点。

①特征:一般是在酸浸试片除边缘区域外的部分表现为锯齿形的细小发纹,呈放射状、同心圆形或不规则形态分布。在纵向断口上依其位向不同呈圆形或椭圆

形亮点或细小裂缝。

图 7-4　42CrMo 钢低倍形貌

②产生原因：钢中氢含量高，经热加工变形后在冷却过程中由于应力而产生的裂缝。

(7) 内部气泡。

①特征：在酸浸试片上呈直线或弯曲状的长度不等的裂缝，其内壁较为光滑，有的伴有微小可见夹杂物。

②产生原因：由于钢中含有较多气体所致。

3) 除结构钢外的其他低倍组织以及焊接类的低倍组织表征参数

(1) α-β 钛合金的常见缺陷组织在《钛及钛合金高低倍组织检验方法》(GB/T 5168—2020) 中有规定，包括冶金缺陷、加工缺陷、不均匀组织和严重未去除缺陷等。需要注意的是，在钛合金的低倍检验中更为关注两点：一是晶粒显现程度，按照低倍晶粒显现程度的不同，可将低倍组织分为模糊晶、半清晰晶和清晰晶三种情况；二是偏析缺陷，这里的低倍偏析可分为 α 偏析和 β 斑。GB/T 5168—2020 属于通用性的检测标准，未对晶粒显现程度和偏析缺陷的合格范围作规定。在其他产品类的钛合金标准中则规定低倍组织呈清晰晶是不允许的。偏析缺陷属于脆性偏析（偏析处硬度明显高于基体）时也是不允许的。

Ti80 钛合金低倍形貌见图 7-5，图中晶粒呈清晰晶，是一种 β 相区加工形成的组织，一般是不允许的组织。

(2) 铜及铜合金铸造和加工制品的低倍表征参数在《铜及铜合金铸造和加工制品宏观组织检验方法》(YS/T 448—2002) 中有规定，低倍组织包括铸造制品的柱状晶、等轴晶、枝晶，加工制品的金属流线；低倍缺陷包括偏析、夹杂、气孔、缩孔与缩松、裂纹、冷隔、缩尾等。

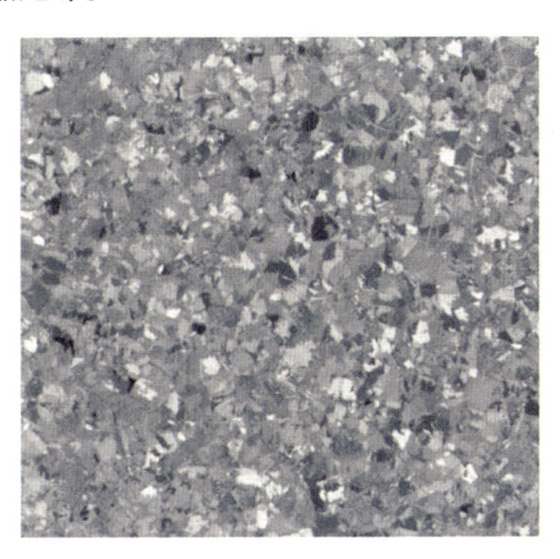

图7-5 Ti80钛合金低倍形貌(3×)

(3)变形铝及铝合金制品的低倍表征参数在《变形铝及铝合金制品组织检验方法 第2部分:低倍组织检验方法》(GB/T 3246.2—2012)中有规定,包括疏松、非金属夹杂、外来金属夹杂及白斑、氧化膜、初晶、羽毛状晶、光亮晶粒、气孔、冷隔、铸造裂纹、板材分层、缩尾、成层、挤压裂纹、淬火裂纹、粗晶环、焊合不良、锻造裂纹、压折、流纹不顺、裂口、纵向裂纹等。

(4)变形镁合金铸锭和加工制品的低倍表征参数在《变形镁合金低倍组织检验方法》(GB/T 4297—2004)中有规定,包括非金属夹杂物(包括熔剂夹渣)、气孔、初晶偏析、锰夹杂、大晶粒、缩尾、成层、粗晶环、光亮环、挤压裂纹、压折、流纹不顺等。

(5)高温合金纵向低倍表征参数在《高温合金试验方法 第1部分:纵向低倍组织及缺陷酸浸检验》(GB/T 14999.1—2012)中有规定,包括外来夹渣、异金属夹杂、残余缩孔、疏松、内部气泡、裂纹、过烧、分层、碳化物聚积、点状偏析、暗斑、白斑、树枝状组织、双重晶粒组织等。高温合金横向低倍表征参数在《高温合金试验方法 第2部分:横向低倍组织及缺陷酸浸检验》(GB/T 14999.2—2012)中有规定,在纵向低倍表征参数的基础上增加锭型偏析这一类型。

(6)金属熔化焊接头缺欠表征参数在《金属熔化焊接头缺欠分类及说明》(GB/T 6417.1—2005)中有规定,包括裂纹、孔穴、固体夹杂、未熔合及未焊透、形状和尺寸不良以及其他缺欠等。金属压力焊接头缺欠表征参数在《金属压力焊接头缺欠分类及说明》(GB/T 6417.2—2005)中有规定,包括裂纹、孔穴、固体夹杂、未熔合、形状和尺寸不良以及其他缺欠等。

35CrMo钢熔化焊焊接接头低倍形貌见图7-6,焊缝柱状晶形貌、热影响区形貌清晰可见，低倍无焊接缺欠。TC4 钛合金熔化焊焊接接头低倍形貌见图 7－7，焊缝柱状晶形貌、多道次焊接特征清晰可见，低倍无焊接缺欠。

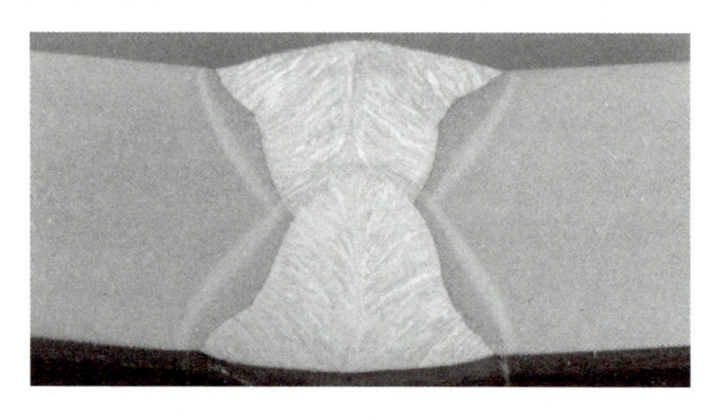

图 7－6　35CrMo 钢熔化焊焊接接头低倍形貌（3×）

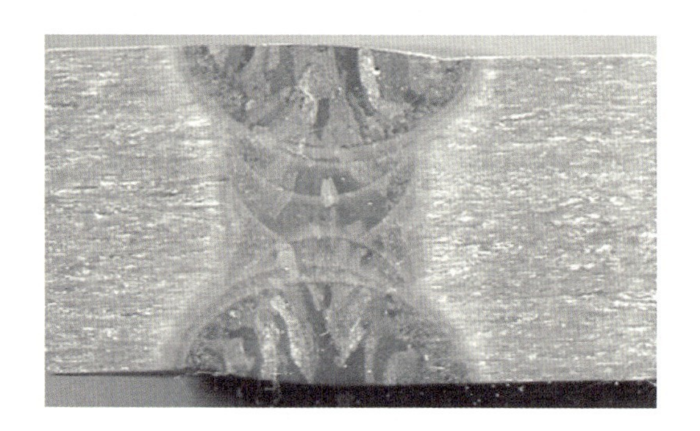

图 7－7　TC4 钛合金熔化焊焊接接头低倍形貌（3×）

3. 适用条件

酸蚀试验不但适用于检测各类基材类金属材料（如结构钢、钛、铜、铝、镁、高温合金等）的低倍组织和缺陷，还适用于检测金属材料焊接态（金属熔化焊和压力焊）的低倍组织和缺欠。

结构钢的酸蚀试验根据操作方法不同分为热酸蚀法、冷酸蚀法以及电解腐蚀法，每种方法都具有各自的适用性。

（1）热酸蚀需要加热设备和耐热的盛酸容器，适用于小批量试验，试样大小均可，主要用于可破坏的和非现场的试验。热酸蚀对低倍组织和缺陷显示较为可靠，仲裁试验采用热酸蚀法。

（2）冷酸蚀不需要加热设备和耐热的盛酸容器，比热酸蚀有更大的灵活性和适应性，适用于不能破坏的大型机件和现场试验。冷酸蚀对表面粗糙度要求要高一些。冷酸蚀在显示钢的偏析缺陷时，其反差对比要较热酸蚀效果差一些，评定结果要较热酸蚀低 1 级左右。

（3）电解腐蚀试验需要电解腐蚀设备，电解腐蚀法省时、酸的挥发性小、酸的重复使用频率高,适用于大型钢材及大批量试验。电解腐蚀法所得到的宏观组织反差程度较低,一般较热酸蚀低1级左右。

除结构钢外的其他金属材料和焊接接头一般采用冷酸蚀法。

4. 特点和注意事项

1)特点

(1)酸蚀试验试样面积大、视域宽、范围广,能够全面表征整个试样的低倍组织,反映整个试样的缺陷分布情况。

(2)酸蚀试验操作简便,不需要专门的设备,用肉眼或放大镜即可实现观察。

(3)酸蚀试验与微观金相分析相结合能够发挥最佳作用。如果忽略酸蚀低倍分析,会产生只见树木不见森林的局限性,甚至发生全局判断的失误。而在酸蚀试验结果的判定过程中,当对缺陷判定存在疑问时,则必须依靠微观金相分析结果来最终定论[2]。

2)注意事项

本节主要列出结构钢酸蚀试验的注意事项,其他金属材料和焊接接头的注意事项可适当参考结构钢的或者查阅相关低倍检测标准的具体要求。

(1)试验前的要求。

①对于硬化状态的结构钢试样,在热酸蚀前应预先退火。因为在热酸蚀过程试样会自行开裂,这样就和试样本来就存在的裂纹缺陷无法区分。而冷酸蚀和电解腐蚀试验无须预先退火。

②检测结构钢中的白点缺陷时,在检测前需要放置规定的时间,以保证白点能充分孕育。

(2)取样位置要求。根据检验目的的不同,一般按照下列原则选取。

①检验钢材表面缺陷(如淬火裂纹、磨削裂纹、淬火软点等)时选取外表面进行酸蚀试验。

②检验钢材质量时,酸蚀试样必须取自最易发生缺陷或缺陷最严重的部位,比如应在钢材的两端或者帽口处取样。

③对于新工艺或新钢种,最好全面解剖进行酸蚀试验,充分了解各种缺陷的分布情况。解剖钢材时,应选取一个纵截面和两个或三个(钢材两端头或上中下)横截面试样。纵截面可以显示锻造流线和应变线等,横截面可以全面反映各种缺陷的分布情况[1]。

④常规性酸蚀试验一般检验横截面。

(3)试样尺寸要求。

①横截面低倍试样截取整个横截面,方向垂直于钢材(坯)的延伸方向,厚度一般为20mm左右。

②纵截面低倍试样的试样面通过钢材(坯)的纵轴,长度一般为边长或直径的1.5倍。

③钢板表面低倍试样一般长为250mm,宽为板厚。

④低倍检测不能采用不具有代表性的小试样。如果试样尺寸较大,可将试样分割检测后再拼接评定。横截面试样还可以截取包含圆心或厚度中心的超过一半面积的试样来进行代表性分析。

(4)试样加工要求。

①表面低倍试样无须进行任何机械加工,保持钢材的毛面即可。

②纵截面低倍试样最后一次加工方向应垂直于钢材(坯)的延伸方向,这样才能将试样加工痕迹与低倍组织的流线特征区分开。

③热酸蚀法磨光后表面粗糙度要求 $Ra \leq 1.6\mu m$;冷酸蚀法磨光后表面粗糙度要求 $Ra \leq 0.8\mu m$;电解腐蚀法磨光后表面粗糙度要求 $Ra \leq 1.6\mu m$;用于枝晶组织的低倍检验,磨光后需要抛光,表面粗糙度要求 $Ra \leq 0.025\mu m$。一般表面粗糙度越低,浸蚀效果越好;表面粗糙度越高,钢中微小缺陷越不易显示,容易造成漏检。

7.1.2 夹杂物分析

夹杂物分析限用于钢铁材料,一般不用于有色金属、粉末冶金类材料。因为这些材料的冶炼和制备方法不同于钢铁,不会形成钢铁中存在的夹杂物。另外,有些有色金属本身存在较多的化合物相,且这些相是不可避免的,说明有色金属基体对这些化合物相具有较大包容性;一般化合物相的尺寸比钢中夹杂物的尺寸大,即使有色金属中存在夹杂物,基体对夹杂物的包容性也会较大。因此下面的夹杂物分析仅介绍钢中的夹杂物。

钢中的非金属夹杂物(简称夹杂物)是指在炼钢或钢液凝固过程中产生或混入钢中的、存在状态不受一般的热加工处理显著影响的各种非金属物质颗粒。夹杂物以机械混合物的形式分布于钢材中,虽然数量较少,但是对钢材的性能会产生不同程度的影响,所以钢铁的常规检测中一般需要进行夹杂物分析。一般来讲,夹杂物对材料的性能是有害的,夹杂物不仅会降低钢材的使用性能(如疲劳寿命、塑韧性、腐蚀性能),而且会影响钢材的工艺性能(如锻造、轧制、热处理性能)。夹杂物对性能的影响程度与夹杂物的类型、大小、数量、形态和分布有关。比如长条状的夹杂物割裂基体的连续性;脆性夹杂物容易引起应力集中,导致疲劳裂纹的萌生;脆性链状夹杂物降低断面收缩率;粗大球状不变形夹杂物降低接触疲劳强度;而少量且分散分布的颗粒状夹杂物危害性则较小,夹杂物也有它有益的一面。例如,易切削钢中的硫化物可起到润滑和利于断屑的作用;细小、弥散分布的 Al_2O_3、TiN 夹杂物可细化晶粒。

钢材中非金属夹杂物分为内生夹杂物和外来夹杂物,内生夹杂物是钢中夹杂物的主要来源。内生夹杂物一般有两种:一是金属在熔炼过程中因铁的氧化以及脱氧反应而生成的各种夹杂物;二是溶解在钢液中的O、S、N等元素在降温和凝固时,由于溶解度的降低以化合物形式从液态或固溶体中析出形成的各种夹杂物。内生夹杂物主要与原材料和脱氧制度有关,一般较细小,工艺得当可减少但不可避免。外来夹杂物是金属在熔炼过程中钢液与耐火材料之间发生冲刷和化学反应而生成的夹杂物。外来夹杂物主要与耐火材料有关,一般较粗大,工艺得当可减少甚至可避免[5]。

夹杂物分析分为定性鉴定和定量评级两种。本节将分别介绍夹杂物的这两种分析方法。

1. 夹杂物定性鉴定

夹杂物定性鉴定即确定夹杂物的化学组成以及夹杂物的一些基本性质(如晶体结构、物理光学特性以及形貌特征等)。夹杂物定性鉴定一般不作为日常金相检测项目,在有特殊需求如追溯夹杂物的来源时才会采用。

1)基本原理

夹杂物的定性鉴定一般需要结合多种检测方法综合分析,这些方法包括化学法、岩相法、电子探针法、XRD法及金相法等。化学法是采用化学分析方法检测夹杂物的组分和含量。岩相法是将夹杂物放置于岩相显微镜下分析夹杂物的物理光学性能。电子探针法采用电子探针定点分析夹杂物的成分。XRD法采用XRD仪检测夹杂物的晶体结构。金相法采用金相显微镜观察夹杂物的形貌和光学性质。

2)表征参数和物理意义

夹杂物定性鉴定的表征参数主要是夹杂物的化学组成,在此基础上还有其他一些表征参数,如晶体结构、折射率、各向同异性、颜色、塑性和硬度等。

3)适用条件

夹杂物定性鉴定可追溯夹杂物的来源。通过夹杂物的组成和结构,再结合冶金过程中的脱氧剂、添加的合金料、耐火材料成分以及各个过程中的化学反应,就可以分析夹杂物存在的原因,改进冶炼方法,以便控制它的形成[6]。因此,夹杂物定性鉴定适用于对冶金过程的研究以及有针对性地消除或减少夹杂物含量,从而达到提高钢材质量的目的。

夹杂物定性鉴定常用检测方法的适用条件如下。

(1)化学法适用于检测夹杂物的化学成分,数值准确。

(2)岩相法适用于对夹杂物进行岩相鉴定,可得到其他方法所不能得到的数据,如折射率,折射率是物质最重要的具有判断性的参数之一。

(3)电子探针法适用于直接测定固体表面夹杂物的元素分布及结构组成,准确度可达±(2%~5%)[7]。

(4)XRD法适用于检测夹杂物的晶体结构,分析精度较高。

(5)金相法包括明场观察、暗场观察、偏光观察以及夹杂物腐蚀态下的特征观察,通过这些观察结果进行综合判定。明场可以观察夹杂物在钢中的颜色、分布、形态、数量、大小、塑性以及反射本领。暗场可以观察夹杂物的体色和透明性。偏光可以观察夹杂物的各向异性特征。夹杂物腐蚀态下的特征观察是根据各类夹杂物在不同腐蚀剂下的化学性质(如颜色变化或者受腐蚀程度的不同)进一步判定夹杂物类型。金相法制样方法简单,金相显微镜也是常规设备,因此金相法是夹杂物定性鉴定中使用最广泛的方法。

4)特点和注意事项

(1)特点。

①夹杂物定性鉴定的优点是可以确定夹杂物的化学组成,可以追溯夹杂物的来源。

②夹杂物定性鉴定的缺点是对夹杂物的分布、含量、级别等与钢材质量直接相关的参数不具体分析,而且其检测过程相对繁杂,有时候需要采用多种测试手段才能实现夹杂物的定性分析。

(2)注意事项。

①化学法、岩相法、XRD法都需要分离出夹杂物[7],这个工序繁杂且困难耗时,另外分离后的夹杂物可能已经部分溶解,夹杂物在钢中的形态也已经被破坏。

②金相法对已知特性的夹杂物可以鉴别,对未知夹杂物必须结合其他方法才能鉴定。

2. 夹杂物定量评级

夹杂物定量评级可以评定钢材的纯净度。夹杂物定量评级是将试样抛光后放置于金相显微镜的100×明场下观察夹杂物的类型、大小、形态和分布,根据这些特征与夹杂物标准图谱进行比对,评定夹杂物的级别。夹杂物定量评级是金相检测中使用最广泛的方法。对于金相分析工作,夹杂物定量评级往往比夹杂物定性鉴定更为重要,因为它们对材料性能的影响更为直接。

1)基本原理

钢中的非金属夹杂物与钢材基体的性状存在较大差异,非金属夹杂物在金相显微镜下由于反光能力较差或者呈现特殊的颜色而与钢材基体相区分。将金相显微镜下观察到的夹杂物形态与夹杂物标准图谱相比对,实现夹杂物级别的定量评定。

2)表征参数和物理意义

夹杂物定量评级常用标准为《钢中非金属夹杂物含量的测定标准评级图显微检验法》(GB/T 10561—2005),该标准将夹杂物分为A、B、C、D和DS五类,下面分别介绍各类夹杂物的意义。

(1)A类夹杂物为硫化物类。该类夹杂物沿变形方向拉长,拉长的夹杂物两端圆钝,颜色呈灰色,塑性好。A类夹杂物一般以MnS为主,MnS塑性较好,变形后呈长条状分布。图7-8中灰色细长条夹杂物为A类夹杂物。

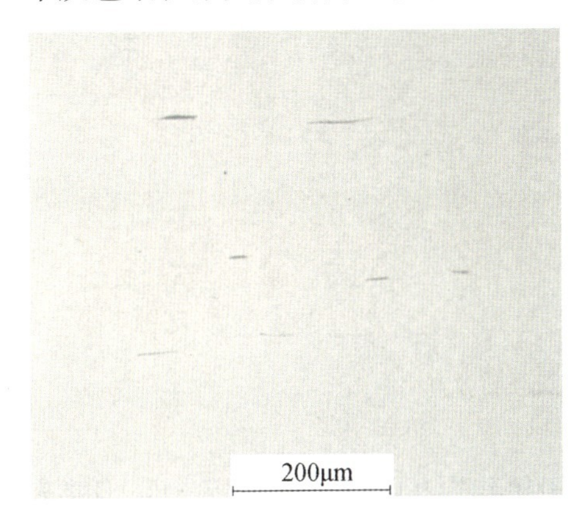

图7-8 A类夹杂物形貌(100×)

(2)B类夹杂物为氧化铝类。该类夹杂物形状呈颗粒状或带角,夹杂物不变形,易聚集,加工后沿轧制方向排成一行,颜色为黑色或带有蓝色,无塑性。B类夹杂物一般以Al_2O_3和Cr_2O_3为主,这些夹杂物呈脆性,它们常聚集分布,加工后沿变形方向排列,当其长度较长时对材料的危害性较大。图7-9中黑色点链状夹杂物为B类夹杂物。

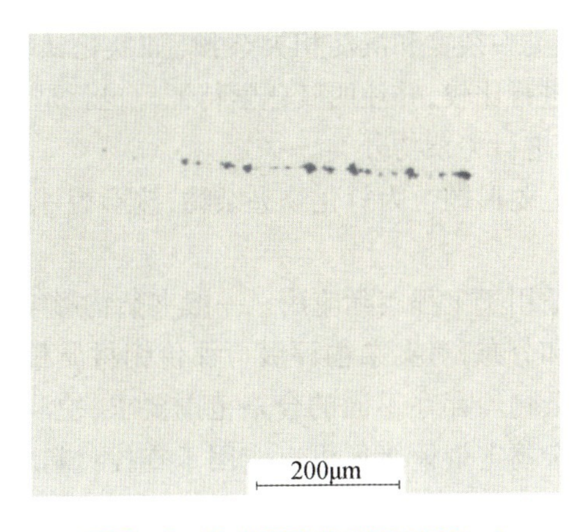

图7-9 B类夹杂物形貌(100×)

(3)C 类夹杂物为硅酸盐类。该类夹杂物沿变形方向拉长,拉长的夹杂物两端较锐利,颜色呈深黑色,塑性较好。C 类夹杂物一般以 SiO_2 含量较低的锰硅酸盐和铁锰硅酸盐等塑性夹杂物为主[5],它们属于复杂的氧化物。图 7－10 中黑色断续条状为 C 类夹杂物。

(4)D 类夹杂物为球状氧化物类。该类夹杂物形状呈圆形的颗粒或带角,颜色呈黑色或带有蓝色,塑性较差。图 7－11中黑色点状夹杂物为 D 类夹杂物。

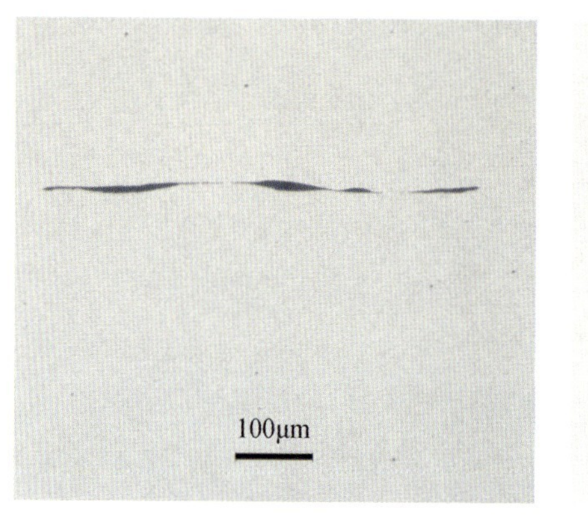

图 7－10　C 类夹杂物形貌(100×)

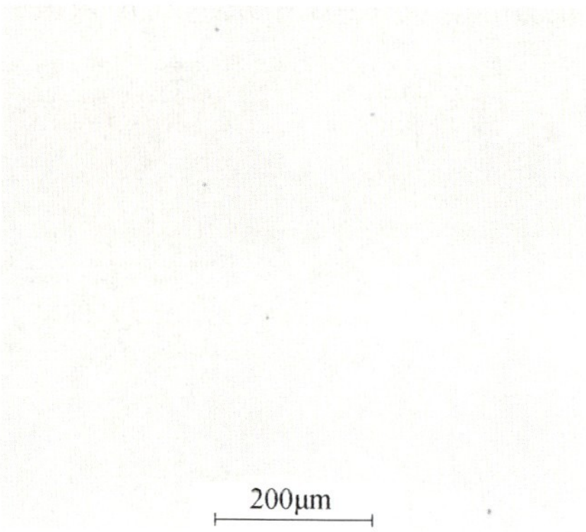

200μm

图 7－11　D 类夹杂物形貌(100×)

(5)DS 类夹杂物为单颗粒球状类。该类夹杂物形状呈圆形或近似圆形,直径不小于 13μm,呈单颗粒分布,塑性较差。图 7－12 中黑色大颗粒夹杂物为 DS 类夹杂物。

D 类和 DS 类夹杂物大致可分 4 类:①简单氧化物 FeO、MnO 等;②由上述简单氧化物形成的复合氧化物;③SiO_2(SiO_2 为球状不变形夹杂物);④脆性硅酸盐夹杂物(脆性硅酸盐夹杂物中 SiO_2 含量较高)[5]。

另外,对于非传统类夹杂物和沉淀相夹杂物(如氮化钛、碳化物等),可根据形态与上述五种夹杂物进行比较,并注明其化学特征。也就是说,不管夹杂物化学成分如何,只根据其形貌进行夹杂物分类。

图 7－13 中金黄色菱形颗粒为氮化物夹杂物,按形貌评定为 D 类夹杂物。

3)适用条件

夹杂物定量评级适用于工程实际应用。一般夹杂物影响钢材性能的主要因素是其大小、形态、数量和分布,对夹杂物评级可评价钢材质量并判定合格性。各种用途的钢材对各类夹杂物均存在不同的合格范围要求,检测时可以根据要求对钢材质量进行验收。夹杂物定量评级还可以应用于查找材料失效原因,有些材料的破坏就是直接由夹杂物含量超标引起的。

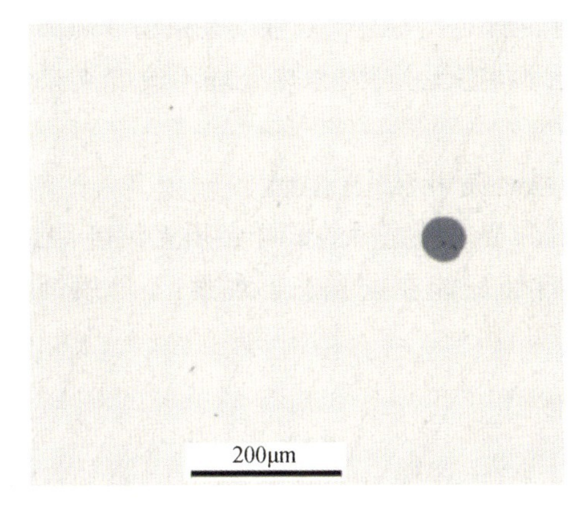

图7-12　DS类夹杂物形貌(100×)

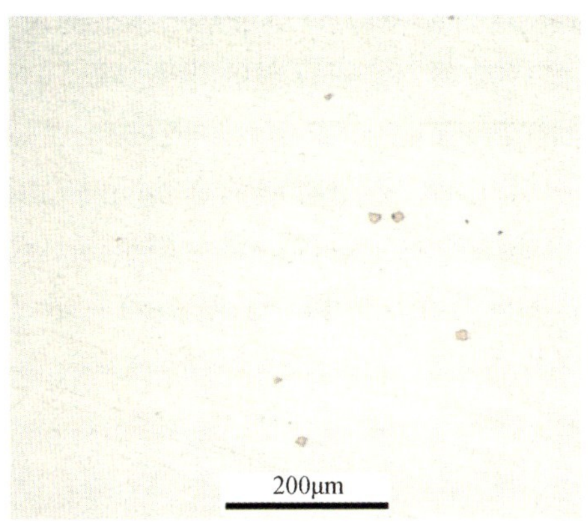

图7-13　氮化物夹杂物形貌(100×)

夹杂物评级只适用于压缩比不小于3的轧制或锻制钢材中夹杂物的级别评定,不适用于铸态夹杂物的评定。铸态夹杂物呈未变形特征,主要开展对铸态夹杂物的形貌分析。焊缝也属于铸态,焊缝中的夹杂物也只开展形貌分析,不作级别评定。

GB/T 10561—2005中夹杂物定量评级的检测方法分为A法和B法两种,具体采用哪种方法,可根据合同要求或实际情况进行选择。如果没有特殊要求,建议采用A法检测。下面介绍A法和B法的特点和适用范围。

A法是标定出整个检测面中各类夹杂物的最严重级别,目的是用每类夹杂物的最严重级别代表整个试样的夹杂物级别,所以A法操作简便、效率高,但需要注意的是无法反映每类夹杂物的总体分布情况。

B法是对整个试样面或者指定视场数(不少于100个视场),分别进行每类夹杂物的级别评定,对得到的所有数据,再按照专门的公式对各类夹杂物进行总级别或平均级别的计算。B法能够反映每类夹杂物的分布情况,具有统计学意义,更适合科学研究,但是B法数据多、工作量大。

4)特点和注意事项

(1)特点。

①夹杂物定量评级的优点是采用金相显微镜的明场即可完成,易于操作,简单直观,且与钢材质量紧密联系。

②夹杂物定量评级的缺点是不能准确确定夹杂物的化学组成和晶体结构。

(2)注意事项。

①夹杂物定量评级的取样位置:一般要求纵向,平行于钢材纵轴,位于钢材外表面到中心的中间位置;板材的检验面应近似位于其宽度的1/4处。

②夹杂物定量评级的试样尺寸:需要保证一定的抛光面积,一般要求抛光面积不

小于 $200mm^2$,因为只有观察足够大的视场才能评定出具有代表性的夹杂物级别。

③夹杂物定量评级的结果与试样热处理状态无关,因为热处理不改变夹杂物的形貌和含量。

④夹杂物定量评级前必须明确采用 A 法还是 B 法进行测定。

⑤夹杂物定量评级对金相制样要求较高,要求抛光后的试样必须无污迹、无划痕、无曳尾等各种制样缺陷。夹杂物定量评级只能在抛光态下观察,不能腐蚀后观察。

7.1.3 金相组织分析

金属和合金的化学成分和工艺过程共同决定了材料的金相组织和结构,金相组织和结构则决定了材料的各种性能。金相组织分析是材料研究、材质评定、产品质量控制及失效分析的重要手段之一。因此,金相组织分析在材料检测中具有举足轻重的作用。金相组织分析就是将金相试样抛光腐蚀后放置于金相显微镜下,分析材料内部组织的种类、大小、分布以及数量等特征。

1. 基本原理

金属和合金中的相或组织具有不同的性质,经过腐蚀剂的浸蚀后,相或组织的界面被蚀刻成沟槽,在光学金相显微镜下便可观察到这些相或组织的颜色和形态,通过颜色和形态鉴别组织,从而达到金相组织表征的目的。

2. 表征参数和物理意义

金相组织的表征参数从大类上分,主要是相和组织,它们之间存在联系又有区别,比较容易混淆,需要作专门的介绍。在实际表征过程中,金相组织的表征参数要具体到哪种相或组织,这就需要针对材料分门别类地加以介绍。

1)相和组织

(1)相。合金中具有同一聚集状态、同一晶体结构和性质并以界面相互隔开的均匀组成部分。相可以分为固溶体和金属化合物两类。

①固溶体。合金组元通过溶解形成一种成分和性能均匀的且晶体结构与组元之一相同的固相。

②金属化合物。合金组元相互作用形成的晶格类型和特性完全不同于任意组元的新相。金属化合物一般熔点高、硬度高、脆性大。

(2)组织。合金中若干相以一定的数量、形状、尺寸组合而成,并且具有独特形态的部分。

2)钢中常见组织

(1)奥氏体。碳(和合金元素)溶解在 $\gamma-Fe$ 中的间隙固溶体,奥氏体呈面心立方晶格。

A940钢金相组织见图7－14，金相组织为等轴孪晶状奥氏体。

(2)铁素体。碳(和合金元素)溶解在α－Fe中的间隙固溶体，铁素体呈体心立方晶格。

(3)渗碳体。铁(和合金元素)与碳形成的金属化合物，化学式为Fe_3C或$(Fe,M)_3C$，渗碳体呈复杂的正交晶格，其硬度很高，塑韧性几乎为零，脆性很大。渗碳体可分为一次渗碳体(从液体相中析出)、二次渗碳体(从奥氏体中析出)和三次渗碳体(从铁素体中析出)这三种类型[8]。

(4)珠光体。奥氏体发生共析转变所形成的铁素体与渗碳体的共析体，形貌为片层相间的铁素体和渗碳体。

铸钢20Mn金相组织见图7－15，金相组织为铁素体＋珠光体，铁素体呈白色，珠光体呈黑色，珠光体中的铁素体与渗碳体层片间距较小，在金相显微镜下不易分辨。

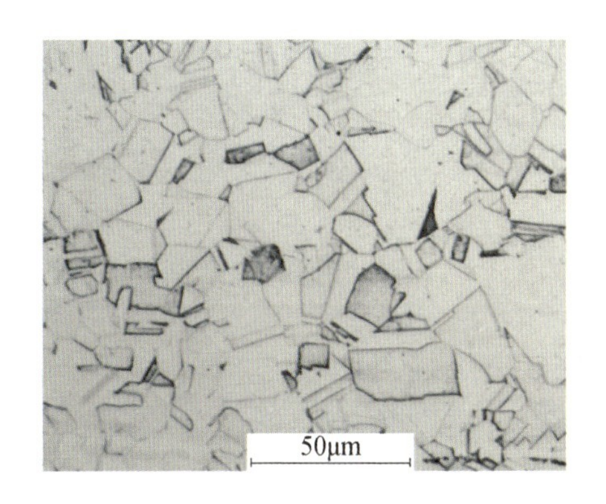

图7－14　A940钢金相组织(500×)

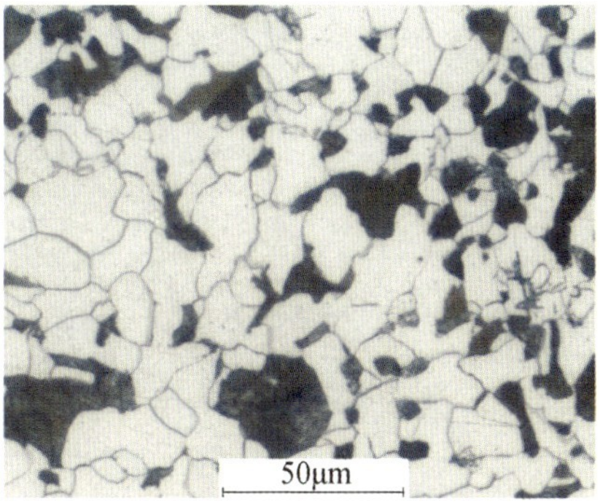

图7－15　铸钢20Mn金相组织(500×)

(5)贝氏体。钢的奥氏体在珠光体转变区以下、马氏体开始转变温度以上的中温区转变的产物，由过饱和铁素体及铁素体内部弥散分布的碳化物构成。40Cr钢金相组织见图7－16，金相组织为针状为主的贝氏体。

(6)马氏体。碳(和合金元素)在α－Fe中的过饱和固溶体，马氏体呈体心四方结构，是钢淬火形成的组织。强度和硬度较高、脆性较大[9]。马氏体的常见形态为板条状和针状。QD785锻钢金相组织见图7－17，金相组织为板条状马氏体。40CrNiMoA钢金相组织见图7－18，金相组织为针状马氏体＋残余奥氏体，残余奥氏体为马氏体针叶间的白色区域。

(7)回火马氏体。马氏体经低温回火(150～250℃)形成的组织，仍保留原来马氏体的片状或板条状形态，在过饱和的铁素体(未再结晶)上分布着大量高度弥

散的细小 ε 碳化物,易被腐蚀呈黑色。

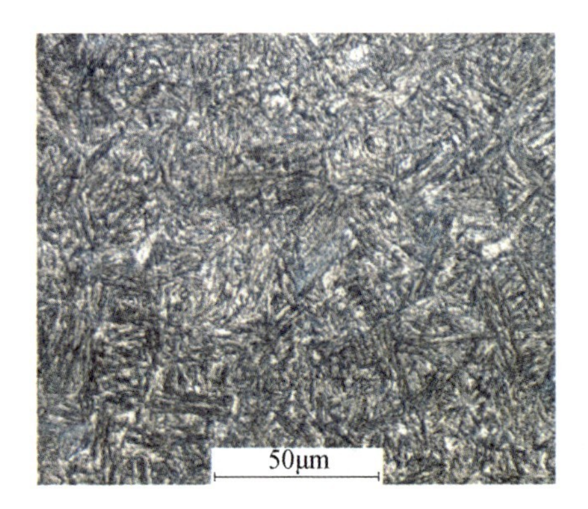

图 7-16 40Cr 钢金相组织(500×)

图 7-17 QD785 锻钢金相组织(500×)

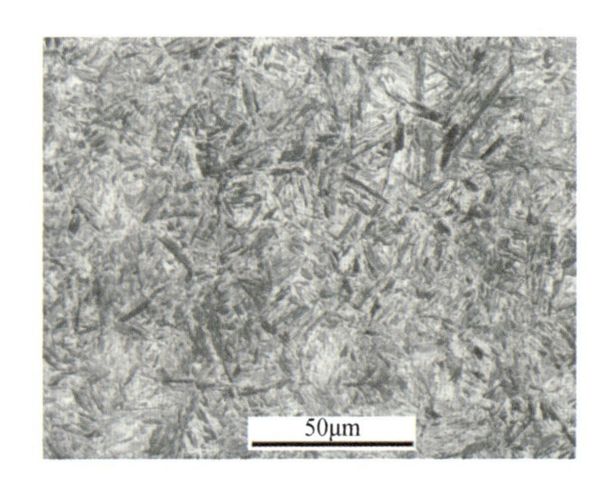

图 7-18 40CrNiMoA 钢金相组织(500×)

(8)回火屈氏体。马氏体经中温回火(350~450℃)形成的组织,由铁素体和弥散分布的细小渗碳体颗粒(光镜下难以分辨)组成。某些合金钢(特别是含铬钢)中的铁素体尚未再结晶,故仍保留原来马氏体的片状或板条状形态,其他合金钢中马氏体针状形态处于逐步消失状态。

(9)回火索氏体。马氏体经高温回火(500~650℃)形成的组织,由已再结晶的铁素体和均匀分布的细粒状渗碳体颗粒(光镜下可分辨)组成。由于铁素体已再结晶,原来马氏体的片状或板条状形态消失。渗碳体发生聚集长大,其颗粒较回火屈氏体大。38CrNi3MoV 钢金相组织见图 7-19,金相组织为回火索氏体,碳化物呈弥散细颗粒状析出,马氏体位向特征隐约可见。

3)钛中常见组织

(1)α 相。钛的一种同素异晶体,具有密排六方晶体结构,出现在 β 转变点以下。

(2)β 相。钛的一种同素异晶体,具有体心六方晶体结构,出现在 α 转变点以上。

(3)转变 β。局部或连续的组织,从 β 转变点以上或 α + β 相区较高温度冷却过程中由马氏体或经形核和长大过程分解形成的产物。通常由片状的 α - β 组成。片状 α 可能被 β 相隔离,可能并存初生 α 相。在《钛合金固态相变的归纳与讨论(Ⅵ)——阿尔法》[10]一文中详细解释了转变 β 是由次生 α 相 + 时效 α 相 + 时效 β 相组成的混合组织。Ti100 钛合金金相组织见图 7 - 20,金相组织为初生等轴 α + 含次生 α 的转变 β。转变 β 中白色短片状是次生 α 组织;转变 β 中黄黑色由时效 α 相 + 时效 β 相组成的混合组织,金相显微镜下不易分辨。

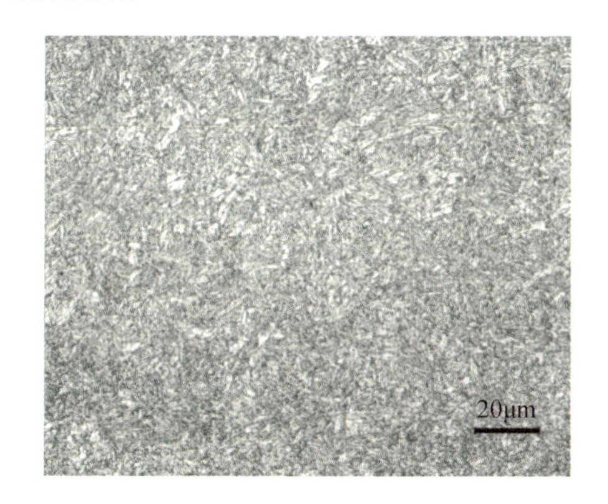

图 7 - 19 38CrNi3MoV 钢金相组织(500 ×)

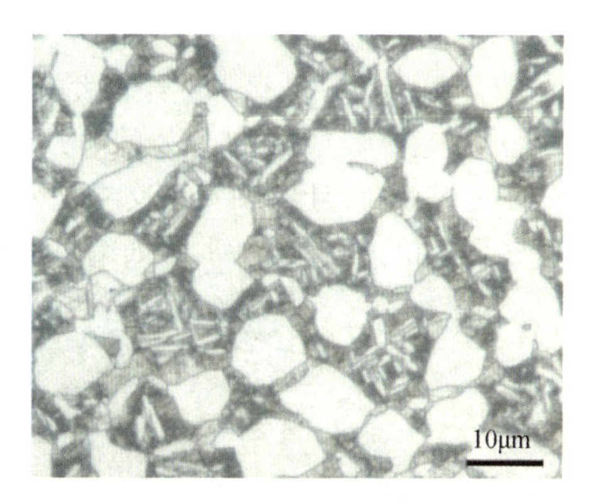

图 7 - 20 Ti100 钛合金金相组织(500 ×)

(4)马氏体。从 β 相以很快的速度冷却,以非扩散转变形成的 α 产物,含有过饱和的 β 稳定元素,亦称马氏体 α。TC4 钛合金金相组织见图 7 - 21,金相组织为马氏体,马氏体呈针状特征。

(5)等轴组织。两相钛合金中金相组织类型一般有等轴组织、双态组织、网篮组织、魏氏组织四种。等轴组织是一种多角的或类似球形的显微组织,各个方向具有大致相等的尺寸。在 α + β 合金中主要是指横向组织中大部分 α 相呈球形。Ti80 钛合金等轴组织见图 7 - 22,组织以等轴状 α 相为主,少量 β 相分布于 α 晶界上。

(6)双态组织。一种既存在等轴初生 α,又存在片状 α 的显微组织。对于 α 或 α + β 合金,当在 α + β 区上部温度以一定速度冷却,或在两相区上部温度进行变形,可形成这种显微组织。Ti90 钛合金双态组织见图 7 - 23,组织中既存在等轴初生 α 又存在小片状次生 α。

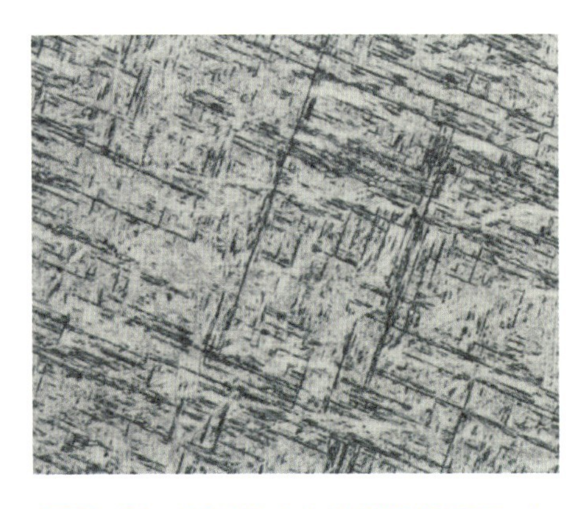

图 7-21　TC4 钛合金金相组织(500×)

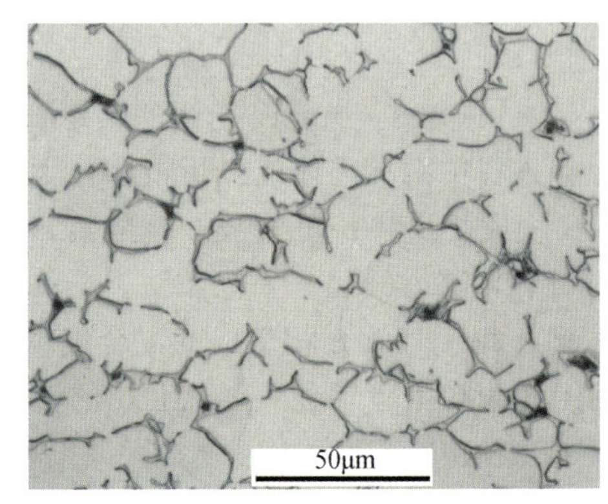

图 7-22　Ti80 钛合金等轴组织(500×)

(7)网篮组织。β 区加热经较大的 β 区变形、在 α+β 区终止变形后得到的组织,变形量达 50% 或更大,原始的晶界基本破碎,α 片或 α+β 小片短而歪扭,并具有较小的纵横比,且各 α 集束交错排列。TC4 钛合金网篮组织见图 7-24,α+β 集束短而歪扭,呈交错排列,形如编织筐篮。

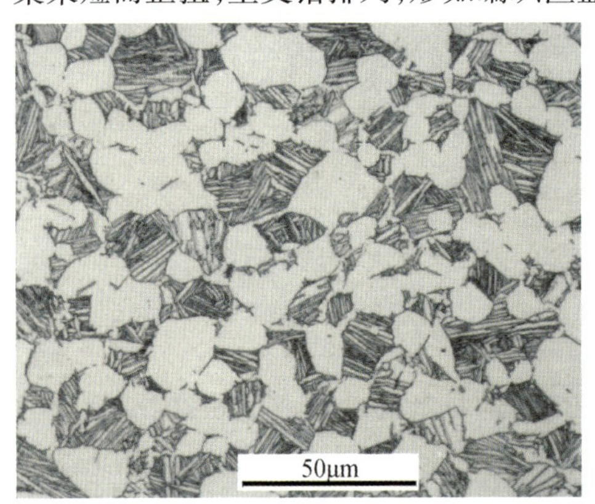

图 7-23　Ti90 钛合金双态组织(500×)

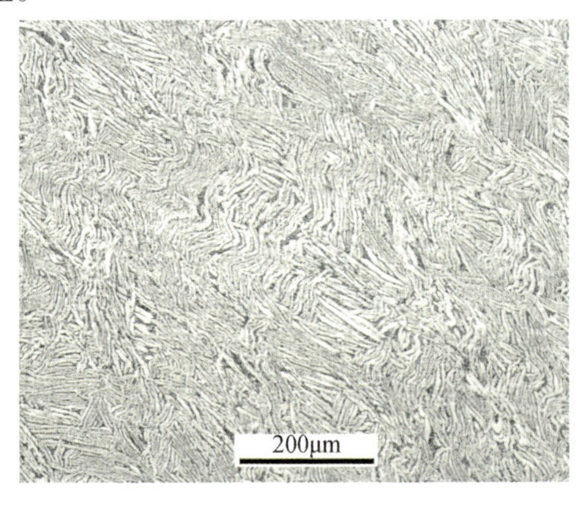

图 7-24　TC4 钛合金网篮组织(100×)

(8)魏氏组织。从 β 转变点以上以不太快的冷却速度冷却形成的一种原始 β 晶界完整、β 晶粒内为 α 小片或 α+β 小片组成的组织。一般都存在粗大集束,长而平直,并具有较大的纵横比[11]。TC4 钛合金魏氏组织见图 7-25,原始 β 晶界完整,晶内为 α+β 组成的粗大集束。

4)铜中常见组织

(1)紫铜为 α 单相。铜无同素异构转变,在高温和低温下均为 α 单相。α 相为杂质元素在铜中的固溶体,面心立方结构。

(2)黄铜中常见组织为 α 相和 β 相。一般含锌 36% 以下的黄铜组织为单相

α,α 相为锌在铜中的固溶体。含锌量为 36% ~45% 的黄铜组织为 α + β,其中 β 相是以电子化合物 CuZn 为基体的固溶体。

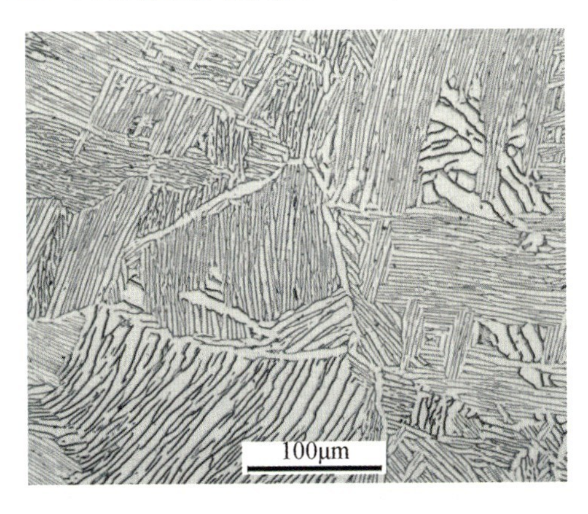

图 7 -25　TC4 钛合金魏氏组织(200 ×)

(3)青铜中主要介绍锡青铜和铝青铜的常见组织。锡青铜中含锡量小于 5% ~6% 时,组织为 α 单相,α 相为锡在铜中的固溶体。含锡量大于 5% ~6% 时,组织为 α + (α + δ)共析体,α + δ 共析体由高温 β 相共析分解而得,β 相是以 Cu_5Sn为基体的固溶体,只有在高温下稳定,温度下降则分解为 α + δ 共析体。α + δ 共析体中的 δ 相是以 $Cu_{31}Sn_8$为基体的固溶体,质硬脆。

铝青铜的含铝量小于 7.4% 时,组织为 α 单相,α 相为铝在铜中的固溶体。含铝量为 7.4% ~9.4% 时,高温下为 α + β,β 相是以电子化合物 Cu_3Al 为基体的固溶体。565℃以下应为 α 组织,但实际上 β 转变为 α 往往不能全部完成,而保留少量 β,β 相随后分解为 $\alpha + \gamma_2$ 共析体。$\alpha + \gamma_2$ 中的 γ_2 相是以电子化合物 $Cu_{32}Al_{19}$为基体的固溶体,性极硬脆[12-13]。当铝含量大于 9.4% 后,相变过程则非常复杂,这里不再介绍。QAl9 -4 铝青铜金相组织见图 7 -26,金相组织为 α 基体(α 基体上弥散分布着质点状富铁相) + ($\alpha + \gamma_2$)共析体 + 颗粒状和星花状的蓝色富铁相。

(4)白铜常见组织为 α 单相,α 相是镍在铜中的无限固溶体,白铜中镍和铜可以无限互溶。BFe30 -1 -1 白铜金相组织见图 7 -27,金相组织为等轴孪晶状的单相 α。

5)铝中常见组织

铝及铝合金的金相组织为 α 相 + 各种化合物相。

(1)α 相为以铝为基体的固溶体,面心立方结构,铝无同素异构转变。

(2)各种化合物相:合金(杂质)元素加入到铝基体中,形成了各种化合物相,包括以化合物为基体的固溶体和金属化合物。这些化合物相按照生成温度可分为三类。

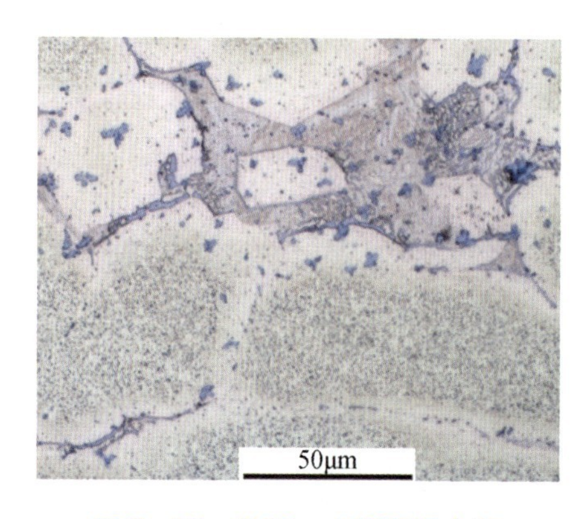

图 7－26　QAl9－4 铝青铜金相组织（500×）

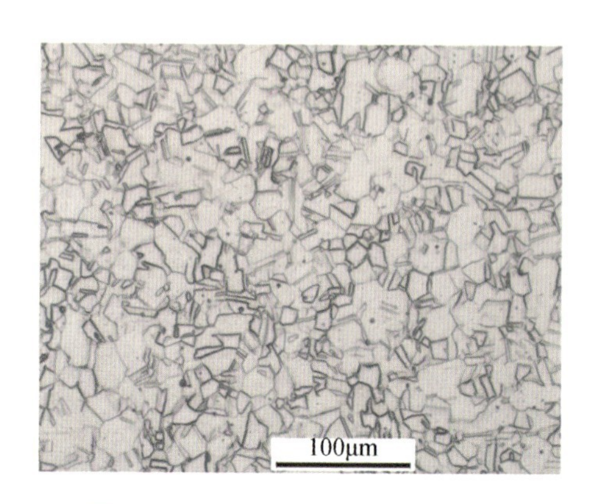

图 7－27　BFe30－1－1 白铜金相组织（200×）

①结晶相：从液态冷凝到固态的温度范围内形成的化合物相，尺寸粗大。按结晶时的反应类型，结晶相可以分为初晶相、共晶相、包共晶生成物和包晶生成物。

②沉淀相：从结晶终了温度到高于时效温度范围内形成的化合物相，尺寸中等。沉淀相和结晶相在加工制品中不易区分，因为化合物相经过破碎变形后，形貌和尺寸均发生变化，常规金相检测中可不用细分。

③时效相：淬火后在时效温度范围内沉淀析出的质点相，尺寸微小。

5083 铝合金金相组织见图 7－28，金相组织为 α 基体＋块状化合物相＋弥散质点相。

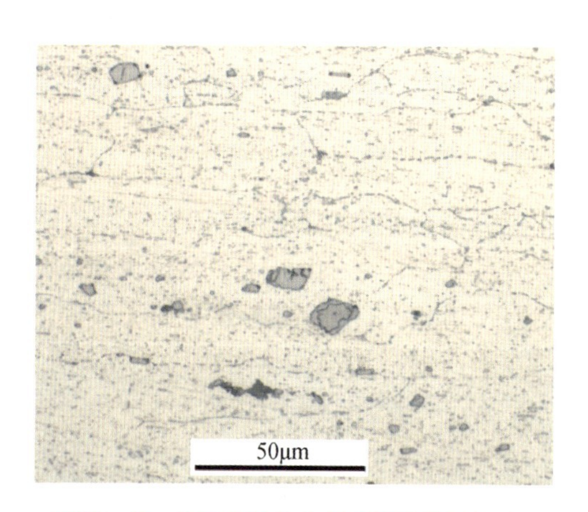

图 7－28　5083 铝合金金相组织（500×）

3. 适用条件

金相组织分析适用于相或组织的定性鉴定、金相组织级别评级、金相定量测定（相含量或层深测量）以及金相组织缺陷分析。

1)金相组织定性鉴定

各种材料(铸铁、合金钢、不锈钢、钛、铜、铝等)在各种工艺状态下(铸态、冷热加工态、热处理态、各种表面处理态、焊接态等)的组织都可以通过金相分析来表征。

(1)分析金属或合金组织的种类、分布、数量、大小等特征。

(2)分析金属或合金的形变特征,如塑性变形过程形成的滑移带特征,冷加工形成的纤维组织,热加工形成的带状组织等。

(3)分析金属或合金在冷变形退火后的再结晶程度。

(4)分析各种复合界面结合质量和组织特征。比如渗镀层的组织(包括化学热处理层、气相沉积层、激光和电子束表面合金化层、热喷涂和喷焊层以及电镀层[14])和爆炸复合的界面组织(包括波形、漩涡、波峰、波谷、绝热剪切线等[15])。其中爆炸复合界面的金相组织举例如下:T2 紫铜 + Q345R 钢爆炸复合界面波形见图 7 - 29,界面呈正弦波形,结合强度较好;TA1 纯钛 + Q345R 钢爆炸复合界面形貌见图 7 - 30,界面上可观察到漩涡特征;T2 紫铜 + 耐磨钢爆炸复合形貌见图 7 - 31,在耐磨钢一侧观察到绝热剪切线;T2 紫铜 + T2 紫铜爆炸复合界面形貌见图 7 - 32,界面漩涡内观察到铸造叶片组织。爆炸焊接时产生瞬间热量和巨大冲击波,将界面的局部紫铜熔化,并形成漩涡状射流,漩涡内射流液滴凝固后形成铸造叶片状形貌,宛如蒲扇。

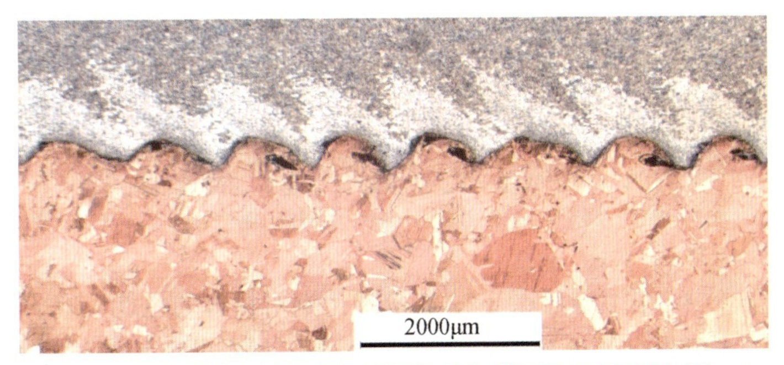

图 7 - 29　T2 紫铜 + Q345R 钢爆炸复合界面呈正弦波形(20 ×)

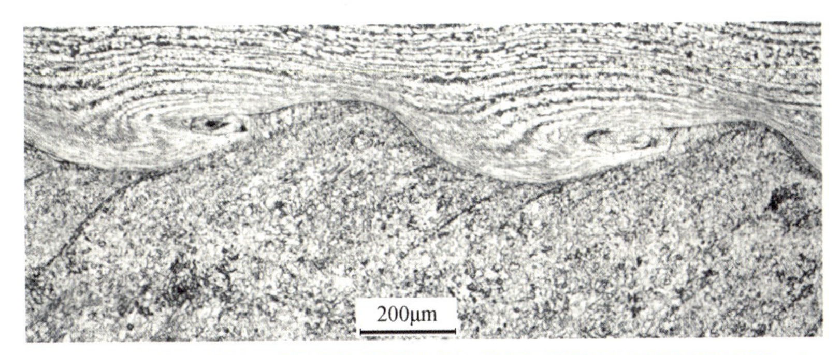

图 7 - 30　TA1 纯钛 + Q345R 钢爆炸复合界面漩涡和绝热剪切线(100 ×)

图 7－31　T2 紫铜＋耐磨钢爆炸复合界面绝热剪切线（500×）

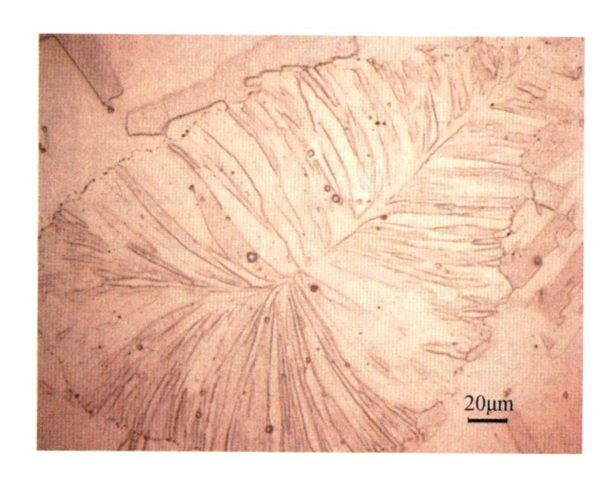

图 7－32　T2 紫铜＋T2 紫铜爆炸复合界面漩涡（500×）

2）金相组织级别评定

金属和合金中各相的大小、形态、组成和比例对材料的性能具有直接影响。为了以级别的方式更为有效地评定组织特征，颁布了相应的金相评级标准，这些标准将组织进行级别划分并配有相应的图谱，根据相应标准便可以实现组织级别的评定。例如，球墨铸铁或灰铸铁中石墨和组织、钢中带状组织和魏氏组织、钢中球化退火组织、钢质模锻件中调质组织、淬火马氏体或回火马氏体、工具钢和轴承钢中各种碳化物、铸铝中变质情况、钛合金中金相组织的级别评定等。

3）金相定量测定

金相定量测定包括两方面内容：一是相含量的定量测定；二是各种层深的测量。

（1）相含量的定量测定。某些金属和合金中的相比例对材料性能有重要影响，这时就需要采用金相方法对各相比例进行定量测定。目前，最常用的定量分析方法是自动化程度较高的图像分析仪测定法。但是,这种方法要求浸蚀后的各相颜色衬度明显。如双相不锈钢中铁素体和奥氏体两相经过彩色金相染色后两相衬度分明[16],就可采用软件准确、快速地测量相含量。

(2)各种层深测量。钢铁表面的脱碳层、表面淬火层、渗碳、渗氮、碳氮共渗层以及钛合金表面的污染层等这些层深需要进行深度测量,每种层深都有相应标准规定了测量方法,采用标准中规定的方法可实现各种层深的标准化测量。

图7-33所示为38CrNi3MoV钢表面脱碳层,图中上方白色层为脱碳层。

图7-34所示为TC4钛合金表面污染层,图中上方白色层为污染层。

图7-33　38CrNi3MoV钢表面脱碳层(500×)

图7-34　TC4钛合金表面污染层(500×)

4)金相组织缺陷分析

在生产和使用过程中,材料不可避免地会产生各种组织缺陷,这些缺陷组织可采用金相方法进行表征。比如机加工过程中由于工艺控制不当,引起材料表面烧伤或产生磨削裂纹;铝合金热处理过程中由于跑温而发生过烧;钢在热处理过程中由于工艺控制不当而产生各类缺陷,如氧化、脱碳、过热、过烧、硬度不足、变形和开裂等。

4. 特点和注意事项

(1)特点。

①金相组织比宏观组织的放大倍率高,能够对宏观观察检测出的缺陷或感兴趣区域进行更深入的分析。

②金相组织比扫描电镜或透射电镜得到的微观组织放大倍率低。一般先进行金相组织分析,当有金相组织分析解决不了的问题时再采用电镜微观组织分析,金相组织分析能够为微观组织分析提供需要重点分析的内容。

③金相组织制样方便、设备简单。金相组织观察直观、形象、颜色丰富。

(2)注意事项。

①金相试样的切取不能产生塑性变形,不能因过热而改变组织。

②金相试样的尺寸一般为 ϕ15 × 15mm 的圆柱或者 15mm × 15mm × 15mm 的立方体,试样大小可在此范围内适当增减。金相试样的切取方向可根据相关标准或检测目的而定,一般需要观察表面特征或表面至中心组织变化特征的取横向,需要观察组织或晶粒变形特征的取纵向。

③研究金相组织形貌特征时首先需要明确使用的是哪种腐蚀剂。因为不同的腐蚀剂浸蚀出来的金相组织的颜色和形貌可能存在不同。

④金相组织分析需要了解材料的成分和工艺条件。因为组织是随着成分、工艺条件而变化的,当采用的工艺不是常规工艺时,其金相组织也会呈现非常规形貌,结合成分和工艺条件有利于快速、准确判断。

⑤对于光学金相不能确定的合金相需要采用 X 射线衍射、电子探针、扫描电镜、透射电镜等分析方法来确定。

7.1.4 晶粒度分析

金属结晶后由晶粒组成,用来表征晶粒大小的参数就是晶粒度。晶粒度是金相表征中的一个重要参数指标,它会对金属材料的力学性能和工艺性能产生影响。比如细晶材料在常温下具有更高的强度、硬度和塑、韧性,且细晶材料加工性能更好,可以获得表面光滑的冲压件。粗晶材料在常温下具有较低的强度和韧性,加工性能也不佳,冲压成形后表面易粗糙,淬火热处理时易变形开裂。对于高温下工作的金属及耐热合金则要求能有较小的晶粒长大倾向,也就是具有较细的奥氏体本质晶粒度。所有这些晶粒度的指标都要借助于晶粒度的检测,因此一般金属材料都要求进行晶粒度检测。

钢铁材料有三种类型的晶粒度,分别为钢的实际晶粒度、钢的奥氏体本质晶粒度以及钢的起始晶粒度。其他非铁金属只有一种晶粒度,类似于钢的实际晶粒度。

钢的奥氏体本质晶粒度是指当钢材加热到超过临界点以上某一规定温度范围(一般为(930 ± 10)℃),并保温 3 ~ 8h 后所具有的奥氏体晶粒的大小。它表示钢的奥氏体晶粒在规定温度下的长大倾向,它可以为后续热处理温度的制定提供参考,对于热处理制度的制定具有重要意义。如本质粗晶粒钢(钢的奥氏体本质晶粒度为 1 ~ 4 级)的奥氏体晶粒长大倾向大,热处理加热时必须严格控制加热温度,以防过热。而本质细晶粒钢(钢的奥氏体本质晶粒度为 5 ~ 8 级)的奥氏体晶粒长大倾向小,热处理加热温度范围宽,加热时就易于控制。

起始晶粒度是指钢加热到临界温度以上,奥氏体形成刚完成时的晶粒大小。一般不检测。

钢的实际晶粒度是指钢材经过不同的热处理操作后,冷却到室温时所得到的晶粒的大小。一般常说的晶粒度指的就是钢的实际晶粒度,通常测试的也是钢的实际晶粒度。钢的实际晶粒度不需要预先经过任何的热处理,直接由被测试样制成磨面进行观察。钢的实际晶粒度与钢的力学性能直接相关,它为金属材料的力学性能优劣提供参考依据。

下面重点介绍钢的实际晶粒度,其他非铁金属的晶粒度参考钢的实际晶粒度进行评定。

1. 基本原理

晶粒度最初是通过初测量值单位面积内晶粒数 N_A,每毫米上晶粒截线数 N_L或者每毫米上晶界截点数 P_L来表示的,因为这些数值使用不方便,所以又利用这些数值通过以下公式计算出显微晶粒度级别数 G,即

$$G = 3.321928\lg N_A - 2.954 \tag{7-1}$$

$$G = 6.643856\lg N_L - 3.288 \tag{7-2}$$

$$G = 6.643856\lg P_L - 3.288 \tag{7-3}$$

式中:G 为显微晶粒度级别数;N_A为1倍下每平方毫米面积内晶粒数;N_L为1倍下每毫米上晶粒截线数;P_L为1倍下每毫米上晶界截点数。

2. 表征参数和物理意义

晶粒度的常用表征参数有 N_A、N_L、P_L、G 以及平均直径 $\bar{d}$ 等。这些晶粒度参数之间存在对应关系,《金属平均晶粒度测定方法》(GB/T 6394—2017)中规定了各参数间的转换关系。

3. 适用条件

钢的实际晶粒度检测包括晶粒度显示和晶粒度评定两部分。

(1)钢的实际晶粒度显示分为三类,每一类都适用于特定的材质和热处理状态。

①铁素体钢的铁素体晶粒度:适用于正火、退火后的结构钢。结构钢正火、退火后的金相组织为铁素体+珠光体。采用常规金相组织腐蚀方法便可观察到铁素体的晶界。

②铁素体钢的原奥氏体晶粒度:适用于淬火或调质后的结构钢。结构钢淬火或调质后金相组织为马氏体类组织或其回火组织。常规的金相组织腐蚀剂(如4%硝酸酒精溶液)不能显示最后一次奥氏体溶化后形成的奥氏体晶界,只有采用特殊的金相腐蚀剂(如苦味酸洗涤剂水溶液)才能够较清晰显示原奥氏体晶界。

③奥氏体钢的晶粒度:适用于奥氏体钢。奥氏体钢的金相组织为奥氏体,采用常规金相组织腐蚀方法便可观察到奥氏体晶界。

(2)晶粒度评定分为两种。对于晶粒尺寸符合单一对数正态分布的(呈单峰分布)按照 GB/T 6394—2017 测定平均晶粒度。对于晶粒尺寸呈其他形态分布的(具有双峰或更复杂的)按照《双重晶粒度表征与测定方法》(GB/T 24177—2009)来表征晶粒度。

UNS N08825 耐蚀合金充分变形，退火后发生了完全再结晶，晶粒形貌见图 7－35，晶粒呈单峰分布，按照平均晶粒度进行评级，晶粒度级别为 7.5 级。UNS N08825 耐蚀合金变形不充分，退火后只在少量区域发生再结晶，晶粒形貌见图 7－36，晶粒呈双峰分布，按照双重晶粒度进行评级，晶粒度级别表征为 89%4.0 级、11%10.0 级。

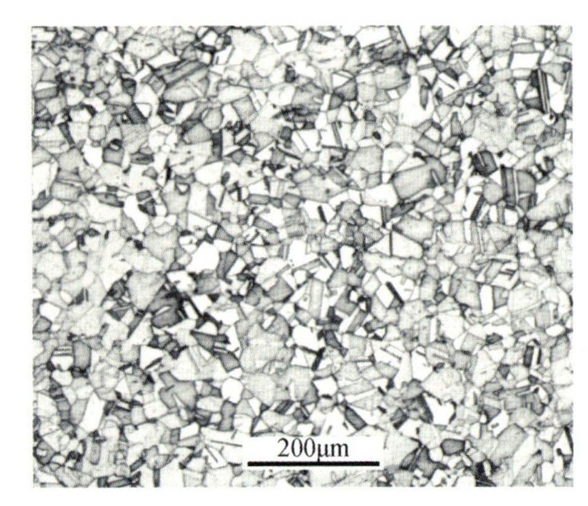

图 7－35　单峰分布晶粒形貌（100×）

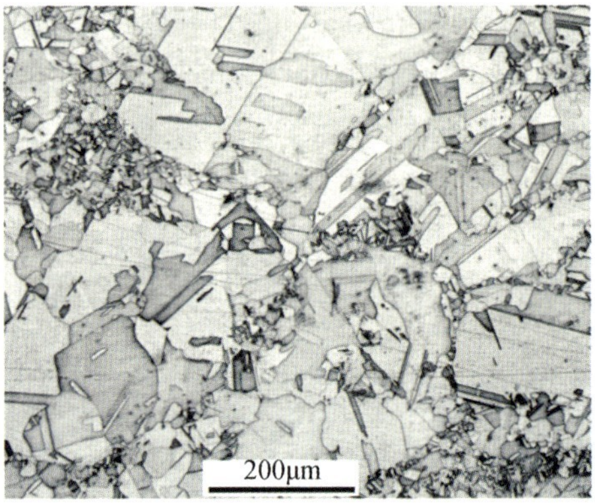

图 7－36　双峰分布晶粒形貌（100×）

平均晶粒度的测定方法分为三种。

①比较法：将显示出的晶粒图像与晶粒度标准系列图进行比较得出晶粒度级别数。比较法仅适用于评定均匀分布的等轴晶，不适用于评定非均匀分布的等轴晶和非等轴晶（即拉长晶粒）。

②面积法：计数已知面积内晶粒个数，再通过计算得出晶粒度级别数。面积法适用于评定均匀分布的等轴晶、非均匀分布的等轴晶以及非等轴晶。

③截点法：计数已知长度的试验线段（或网格）与晶粒截线或者与晶界截点的个数，再通过计算得出晶粒度级别数。截点法适用于评定均匀分布的等轴晶、非均匀分布的等轴晶以及非等轴晶。

双重晶粒度表征晶粒分布特征，分为两大类，即随机双重晶粒度和拓扑双重晶粒度。其中随机双重晶粒度分为 ALA 状态、宽极差状态、双峰状态。拓扑双重晶粒度分为截面状态、项链状态、条带状态。

4. 特点和注意事项

（1）特点。

①平均晶粒度测定方法中，比较法偏差为 ±0.5 级，重现性与再现性为 ±1 级。面积法偏差为 0，精确度为 ±0.25 级，重现性与再现性小于 ±0.5 级。截点法偏差为 0，精确度为 ±0.25 级，重现性与再现性小于 ±0.5 级。

②比较法简单方便、效率高，适合批量检验，在满足测量条件的前提下是生产

中最常用的方法。

③截点法和面积法相对复杂、耗时长，但两者相比，截点法测量速率快且为仲裁方法，建议同等情况下选择截点法。

④双重晶粒度的六种类型非常直观、形象，可以准确表征试样中不同晶粒度的级别、含量和分布情况。

（2）注意事项。

①晶粒度检测试样在交货状态材料上取样，试样应避免加工热影响。无规定时，在钢材半径或边长 1/2 处截取，推荐尺寸 10mm × 10mm。

②有加工变形晶粒的试样，检验面平行于加工方向的纵截面，必要时补充检测横截面。等轴晶的试样，可随机选取检验面。

③晶粒度试样不允许重复热处理，因为热处理会改变实际晶粒度的大小。

④GB/T 6394—2017 规定铜合金的晶粒度评定结果以毫米为单位的平均直径报出。除了铜合金外，其他材料的晶粒度评定结果以晶粒度级别数或平均直径报出。

7.1.5 彩色金相技术

彩色金相技术主要是用化学或物理的方法，在金属表面造成一层很薄的膜，利用光的薄膜干涉效应，使金属的微观组织显示出不同的颜色，通过彩色衬度鉴别组织或相。

彩色金相是相对于传统的黑白金相而言的，彩色金相是光学金相在显示方法上的创新。传统的黑白金相是通过化学试剂的蚀刻作用，使试样表面产生凹凸不平，利用反射光的反光能力的强弱不同，引起黑白衬度来鉴别组织或相。传统黑白金相依靠的黑白衬度，只表明不同物体反光能力的差别，即灰度差，是单变量的衬度；彩色金相依靠的颜色衬度，除了亮度差之外，还包含着色调和颜色饱和度的差别，所以是三变量的衬度。显然，通过颜色衬度，对不同的物体具有更高的鉴别率。彩色金相正是充分挖掘了人的颜色视觉的潜在功能，提高光学金相的鉴别能力，能够观察到一般显示方法无法分辨的组织和无法看到的组织细节，把传统的光学金相推向了一个新的高度[17]。

虽然彩色金相非常优越，但还存在着一些问题需要继续研究。而传统的黑白金相显示方法应用的时间很长，有很多成熟的试剂，显示组织也足够清晰。在这种情况下，彩色金相的作用主要是弥补传统黑白显示方法的不足，即在某些情况下，当传统的显示方法对某些组织的区分无能为力时，彩色金相将发挥作用。因此，彩色金相与传统的黑白金相是一个相辅相成的关系。

1. 基本原理

在金属表面覆盖一层具有一定性质的透明薄膜之后,反射光被分成两个部分:一部分是从空气与薄膜的界面上直接反射回来的,另一部分则是透入薄膜然后从薄膜与金属的界面上反射回来的。这两束光在薄膜表面相遇时,其传播方向相同、波长相同,但位向由于走过了不同的路程而产生变化,因此这两束光将发生干涉而形成干涉色[18-19]。彩色金相的原理图见图7-37。

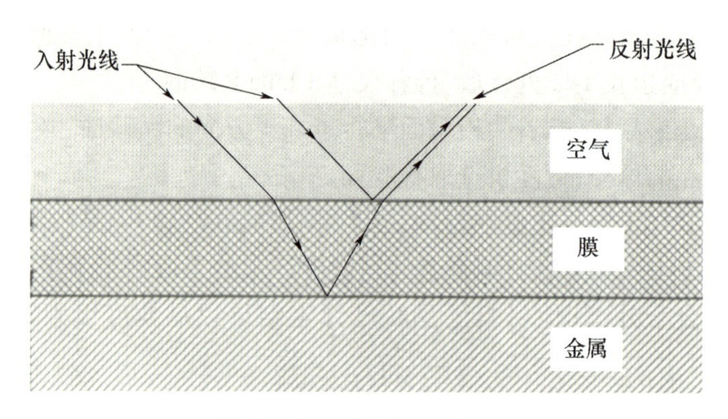

图7-37　彩色金相原理图

金属中存在着不同的相,只要不同的相存在不同的光学性质,或者在不同相上形成了不同厚度或不同性质的薄膜,当采用白色光照明时,不同的相可显示成不同的干涉色,这就可以通过不同的颜色来识别不同的相。

2. 适用条件

彩色金相技术的适用条件分为两部分内容:一是彩色金相的显示方法和各方法的适用条件;二是彩色金相的应用范围。

(1)彩色金相的显示方法。经常使用的彩色金相方法包括化学形膜法中的电化学蚀刻沉积法、恒电位蚀刻沉积法、热染法,物理形膜法中的真空镀膜法、离子溅射形膜法[18]。

①电化学蚀刻沉积法是将金属试样浸入到特定的试剂中,试样表面的各区域按它们各自的稳定电位与试样综合稳定电位之差值,分为不同的阴极区域和阳极区域,从而使不同区域上沉积不同厚度的干涉膜。化学蚀刻沉积法不需要特定的设备,颜色衬度也好,因此应用广泛,但不易控制。

②恒电位蚀刻沉积法是在恒电位蚀刻沉积装置中完成,蚀刻电解时,电解液中的金属离子发生氧化,沉积到样品表面的各种相上形成非均厚干涉膜。恒电位蚀刻沉积法能够做到精确控制,重复性好,相的区分比较可靠,但试验方法较复杂。

③热染法是将金属试样放置于铅浴炉或低熔合金浴炉中,在空气中加热到适

当的温度,经一定时间后得到一层适于相鉴别的非均厚氧化物干涉膜。热染法简便易行,颜色饱和度高,但对于组织不稳定的材料不适用。

④真空镀膜法是在真空条件下,通过蒸镀设备(如光学玻璃真空镀膜机或电镜复型镀膜机)的电阻热,使蒸镀剂蒸镀到试样表面形成均厚干涉膜。

⑤离子溅射形膜法在溅射成膜设备上进行,因电离而产生的带正电的气体离子,在阳极(样品)与阴极(靶子)间电位差的作用下,以极快的速度冲向阴极,阴极表面上被撞出的原子飞向各个方向。这些原子碰到样品表面,即形成所需的均厚干涉膜。真空镀膜法与离子溅射形膜法形成的干涉膜无须蚀刻,而是利用各相的固有物理性质而产生膜层,因而不易产生假象,但需较昂贵的设备。

(2)彩色金相的应用范围。

①复杂合金相的区分和识别。合金钢在连续冷却转变过程中,一般都会同时出现两种或以上的复相或多相组织,这些组织采用常规的黑白金相方法区别较小。但是,彩色金相能够较好地区分这些混合组织,经彩色显示后,各类不同的组织呈现不同的颜色,形态也更为清晰,通过颜色和形态的差别,能够很好地区分开各相。例如,《合金钢中复相组织的彩色金相浸蚀方法》[20]中介绍了一种彩色金相方法,该方法能够使得合金钢中的粒状贝氏体、贝氏体、马氏体等组织的颜色和形态更直观更易分辨,从而实现了各相的区分。

②各种形式的微区成分偏析的显示。对于一些较严重的偏析,黑白金相可以清晰显示,但是如果偏析较轻,则不能显示而被组织所掩盖。彩色金相对基体组织的成分偏析最为敏感,无论是枝晶偏析、带状偏析,都可产生鲜明的颜色衬度。即使是微小的晶内偏析,或者扩散性相变中相界附近的成分不均匀性,也可能显示出颜色的差别。而且各种偏析的显示,不会被基体组织所掩盖,组织和成分偏析能同时显示清楚[18]。

③多晶体位向的显示。在单相合金中彩色金相可以使不同位向的晶粒显示不同的颜色。不同位向的晶面具有不同的光学性质和不同的能量,当对试样表面进行蚀刻沉积时,不同位向晶粒表面的沉积膜厚度也不同,在白色光照明下不同晶面将呈现不同的干涉色。T2 紫铜金相组织见图 7 - 38,金相组织为呈孪晶状的等轴α,晶粒因位向不同而被染成不同的颜色。

④定量金相分析。定量金相的测量精度除取决于测量方法和仪器的精度以外,最重要的取决于显微组织的显示精度。黑白金相的蚀刻容易使相界粗化,组织粗糙,最重要的是由于相与相间的灰度区别小而无法实现定量分析。彩色金相是在金属表面覆盖干涉膜,不蚀刻或仅轻微蚀刻金属表面,不会引起组织的失真,还可以通过颜色衬度来区别开各相和组织,能较好地实现定量金相分析。例如在《铁

素体奥氏体型双相不锈钢的侵蚀方法》[16]中介绍了一种彩色金相方法，该方法能够使得双相不锈钢中的铁素体和奥氏体两相呈现不同的颜色，从而实现了铁素体相的准确定量分析。2205 双相不锈钢金相组织见图 7 - 39，金相组织为各种深颜色的铁素体 + 浅黄色的奥氏体，两相衬度分明，可采用图像分析仪自动测量铁素体相含量。

图 7 - 38　T2 紫铜金相组织（100 ×）

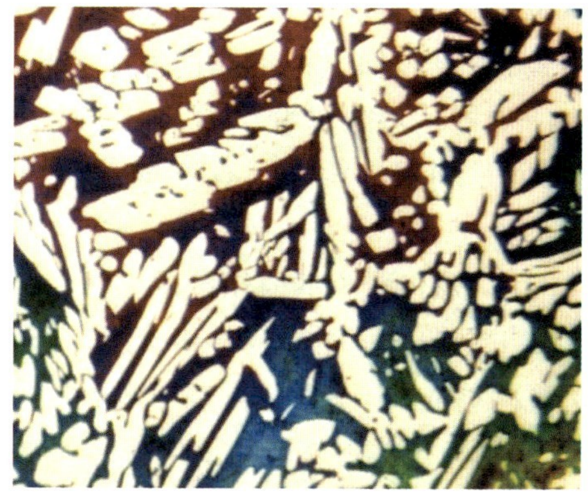

图 7 - 39　2205 双相不锈钢金相组织（100 ×）

⑤不同材料组织的同时显示。研究双金属的界面结合情况时，由于双金属之间化学性质相差悬殊，因此采用黑白金相有时难以使两种金属同时显示出来，而且往往会使双金属界面遭受严重侵蚀，形成沟槽，给研究带来困难。采用彩色金相方法后，较好地克服了这些困难。

3. 特点和注意事项

（1）特点。

①彩色金相颜色丰富，可以实现合金相的区别、定量金相测量、微区成分偏析的显示以及复合材料的组织显示等，在一定程度上能够弥补黑白金相的不足。

②彩色金相的取样、制样与黑白金相相同，但是两者的腐蚀方法不同，彩色金相腐蚀的成功率远远低于黑白金相，彩色金相的腐蚀方法需要多次试验才能摸索出最佳参数，日常金相检测还是以黑白金相为主。

（2）注意事项。彩色金相得到的显微组织图像需要进行科学的分析，处理得好，则能够充分发挥彩色金相的优越性，处理得不好，则起相反的作用，甚至得出错误的结论。

彩色图像分析中的注意事项如下。

①彩色金相的研究需要掌握材料成分、工艺和组织之间关系的知识，运用这些知识，才能够准确分析彩色金相组织。

②彩色金相的研究需要掌握黑白金相组织的各种特征，这样才有利于更好地

分析彩色金相组织。

③当黑白金相能够实现组织分析目的时,一般不推荐彩色金相,因为黑白金相的成熟度高,准确性高。彩色金相尚需要更多的摸索和验证,只有充分验证后才能让彩色金相反映的信息具有说服力。

7.2 微观组织表征

材料组织决定材料的性能,金相表征是采用光学显微镜在微米尺度上对材料的组织形貌进行分析和评价的方法,但是在对亚微米和纳米尺度微观组织的分析与评价方面存在明显的分辨率不足问题。随着材料现代分析测试技术的发展,新型的激光扫描共聚焦显微镜、扫描电子显微镜和透射电子显微镜因为其具有高的分辨率而在材料微观组织表征方面应用越来越广泛。

下面将对扫描电子显微镜法、透射电子显微镜法和激光扫描共聚焦显微镜法在微观组织表征方面的应用进行逐个介绍。

7.2.1 扫描电子显微镜法

扫描电子显微镜(scanning electron microscope,SEM)法是最常用的微观组织观察方法,将样品放入真空环境腔体中,利用聚焦电子束与样品表面的相互作用,从而产生一系列的物理信息,收集其中的二次电子、背散射电子等信息,经处理后获得样品表面形貌的放大图像,也即是得到样品的微观组织形貌。SEM分析技术因为其高的放大倍数,可以对亚微米和纳米尺度的微观组织进行直接的观察与分析。

1. 基本原理

SEM分析技术的高分辨成像技术主要依靠的是像衬原理,像的衬度是像的各部分(各像元)强度相对于其平均强度的变化。扫描电子显微镜分析主要用二次电子成像衬度和背散射电子成像衬度。图7-40给出了SEM分析基本原理图。

二次电子是在入射电子作用下被轰击出来并离开样品表面的核外电子。二次电子成像衬度的主要应用是形貌衬度。由于二次电子信号主要来自样品表层5~10nm深度范围,能量较低(<50eV),二次电子的产额与样品的原子序数没有明显关系,但对样品的表面形貌非常敏感[21]。因此,二次电子衬度像因其景深大、成像清晰、立体感强、并可直接观察、无须重新制样等特点,已经成为微观组织形貌分析最有效的手段之一。

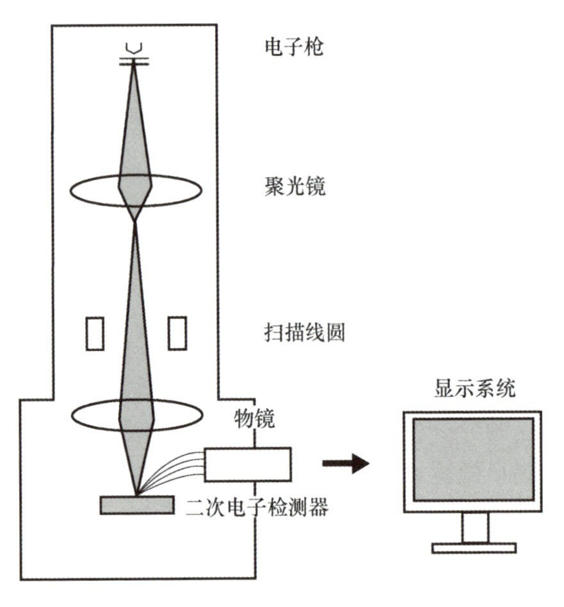

图 7-40 SEM 分析基本原理图

背散射电子是指被固体样品中的原子核或核外电子反弹回来的一部分入射电子。背散射电子的产额与样品的原子序数和表面形貌有关。因此,背散射电子成像衬度不仅可以用来进行表面微观组织形貌观察(但分辨率较低),也可以对微观组织中的不同成分相进行元素定性与半定量分析。

2. 适用条件和应用范围

SEM 分析技术由于使用方便,可以实现对样品表面无破坏的分析,因此往往是微观分析的首选。主要适应于导电材料的微观组织、微区形貌、微区界面等方面的分析与观察。图 7-41 给出了 SEM 分析技术在金属材料微观组织方面的应用实例。

SEM 分析技术在显微组织分析方面的应用主要表现在以下几个方面。

1)显微组织的分析

在钢铁材料中诸如回火托氏体、下贝氏体、珠光体等显微组织非常细密,由于光学显微镜的分辨率较低,无法显示其组织细节和特征。SEM 分析技术具有较高的分辨率(可达 1nm)及较宽物理放大倍数范围[22],一般可以实现(6~100)万倍,且一次聚焦好后即可从高倍到低倍或从低倍到高倍连续观察,无须重新聚焦,可以清楚地观察到微观组织中感兴趣区域的细节特征。

2)微纳尺寸相的分析

由于 SEM 分析技术的高分辨率和宽放大范围,可以对试样表面的微纳级析出相、弥散分布的小颗粒相等进行微观组织的观察,探究微纳级析出相在试样中的分布情况、形态特征等信息。

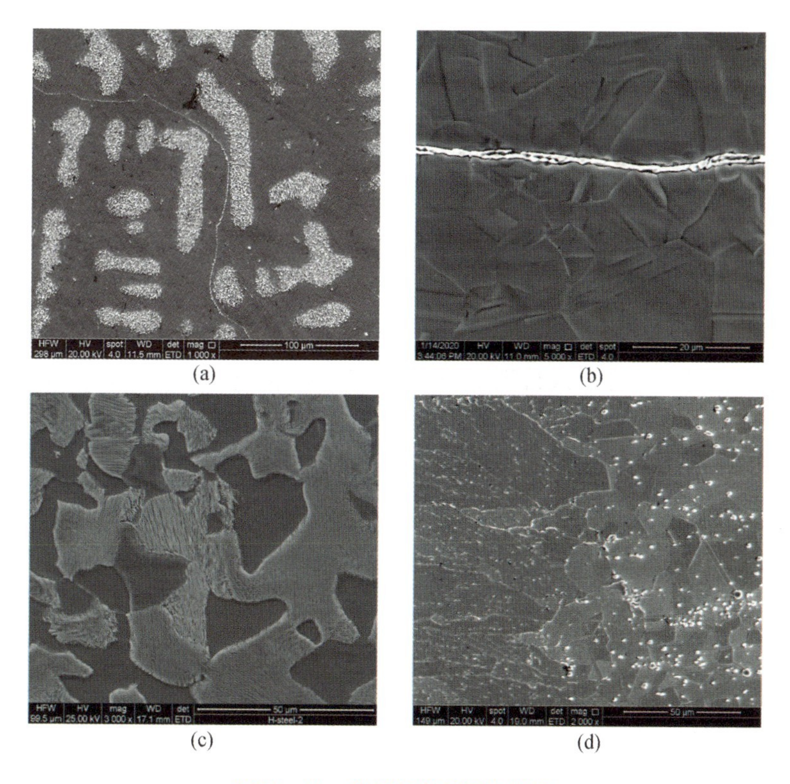

图7-41　微观组织SEM分析

(a)铜合金铸锭微观组织形貌(1000×);(b)钢中析出相微观形貌(5000×);
(c)珠光体组织微观形貌(3000×);(d)焊缝微观组织形貌(2000×)。

3)镀层表面分析

构件表面镀膜的形貌、深度及结合性对其服役性能具有重要影响。但是,由于光学显微镜放大倍数和分辨率的局限性,使用金相方法检测镀膜的深度和镀层与基体的结合情况较困难,而SEM分析技术却可以较容易地实现镀层的观察和分析,而且样品不需要复杂的制备过程,放入样品室内即可放大观察。

4)材料界面微观分析

SEM分析技术可以对复合材料的界面进行微观组织分析、相分析以及材料界面处的结合性分析。通过SEM的背散射成像技术也可以对界面处的合金元素的扩散情况和分布情况进行直观的面分析。

5)微观组织成分分析

SEM如果配有X射线能谱(EDS)和X射线波谱(WDS)等附件,还可实现对微观组织中的相成分、细小析出物、弥散分布小颗粒、界面元素、镀层元素及微小缺陷成分等信息进行直观的实时分析。

3. 特点和注意事项

1)特点

(1)分辨本领强。SEM 分析技术的分辨率较高[23],可达 1nm 以下,介于光学显微镜的极限分辨率(200nm)和透射电镜的分辨率(0.1nm)之间。

(2)有效放大倍率高。光学显微镜的最大有效放大倍率为 1000 倍左右,透射电镜为 200 倍到 80 万倍,而 SEM 可从 20 倍到 20 万倍,聚焦后可在不同倍数下直接观察。

(3)多角度样品观测。样品可以在样品室中作三维空间的平移和旋转[24],因此可以从各种角度对样品进行观察。

(4)景深大。图像富有立体感,可直接观察各种试样凹凸不平的表面的细微结构。SEM 的景深较光学显微镜大几百倍,比透射电镜大几十倍。由于图像景深大,故所得扫描电子像富有立体感,具有三维形态[25],能够提供比其他显微镜更全面的断面信息。

(5)电子损伤小。电子束直径一般为 3 ~ 50nm,强度约为 10^{-11} ~ 10^{-9}mA,远小于透射电镜的电子束能量,加速电压可以小到 0.5kV,且电子束在试样上是动态扫描,并不固定,因此电子损伤小,污染轻,特别适合表面钝化膜的研究。

(6)实现综合分析。SEM 中可以同时组装其他观察仪器,如波谱仪、能谱仪等,实现对试样的表面形貌、微区成分等方面的同步分析。

2)注意事项

(1)有磁性样品无法直接观测。

(2)样品尺寸不大于 100mm × 100mm × 60mm,最大样品质量不能超过 5kg。

(3)金相试样观察表面形貌时应保证其表面的抛光质量。如需镶嵌要采用导电镶嵌粉进行制样。

(4)非导电试样观察时,要预先进行喷金处理或者贴导电胶处理。

(5)松动的粉末或者碎屑样品应首先进行压实或固定牢,才能进行分析。

7.2.2 透射电子显微镜法

透射电子显微镜(transmission electron microscope,TEM)是以波长很短的电子束作照明源,用电磁透镜聚焦成像的一种具有高分辨本领、高放大倍数的电子光学仪器。TEM 的试样制备虽然比较复杂,但在研究金属材料的微观组织、缺陷及其相互作用、微小第二相质点的形貌与分布、原子级别晶体共格方面都是十分有用的。现代 TEM 的分辨率可以达到 0.1nm 甚至更高,完全可以在有利的取向下将晶体的投影原子柱之间的距离清楚分开,TEM 提供晶体原子排列直观像的能力正得到越来越广泛的应用。

1. 基本原理

TEM分析通常采用热阴极电子枪来获得电子束作为照明源。热阴极发射的电子,在阳极加速电压的作用下,高速穿过阳极孔,然后被聚光镜会聚成具有一定直径的束斑照到样品上。具有一定能量的电子束与样品发生作用,由于试样很薄,绝大部分电子穿透试样,其强度分布与所观察区域的形貌、组织和结构一一对应。在观察图形的荧光屏上,透射出试样的放大投影像,荧光屏把电子强度分布转变为人眼可见的光强分布[26],于是在荧光屏上显出与试样形貌、组织和结构相对应的图像。图7-42所示为TEM的基本原理图。

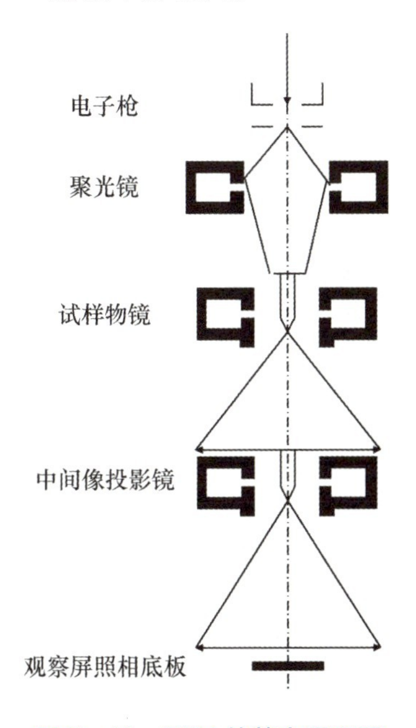

图7-42 TEM的基本原理图

TEM分析的图像实际上就是透射电子束强度分布的记录,由于电子与物质相互作用,透射强度会不均匀分布,这种现象称为衬度,所得的像称为衬度像。TEM衬度来源于样品对入射电子束的散射,可以分为质厚衬度、衍射衬度和相位衬度。

质厚衬度是由于试样的质量和厚度不同,在与入射电子发生相互作用时,会产生不同的吸收与散射,从而使得透射电子束的强度形成较大反差。质厚衬度是非晶样品衬度的主要来源,反映了物体表面特性和形貌特征,是样品不同微区存在原子序数和厚度的差异形成的[27]。

衍射衬度主要是由于晶体试样满足布拉格衍射条件的程度差异以及结构振幅不同而形成电子图像反差,是晶体特有的,非晶体试样不存在。衍射衬度是晶体样品衬度的主要来源,利用电子衍射效应来产生晶体样品的像衬度。衍射衬度是金属材料常用的像衬度,分为明场像、暗场像和中心暗场像。

相位衬度是由于穿透样品的电子波相位不同而产生的电子显微像,它可以揭示不大于1nm的样品细节,故又称为高分辨像。相位衬度样品要足够薄,使得其吸收作用可以忽略,则透射波与衍射波成为相干波,一定条件下发生干涉作用,某些地方始终加强,另一些地方始终减弱或完全消失,由此产生衬度。

2. 适用条件和应用范围

TEM分析技术主要是对样品进行微观形貌观察、微观组织分析、细小颗粒相分析,主要适用于各种金属的观察与分析,图7-43给出了TEM分析技术在金属材料金相组织分析方面的应用实例。但是,该分析技术对于有磁性样品、具有离子轰击分解特征的样品无法适用。

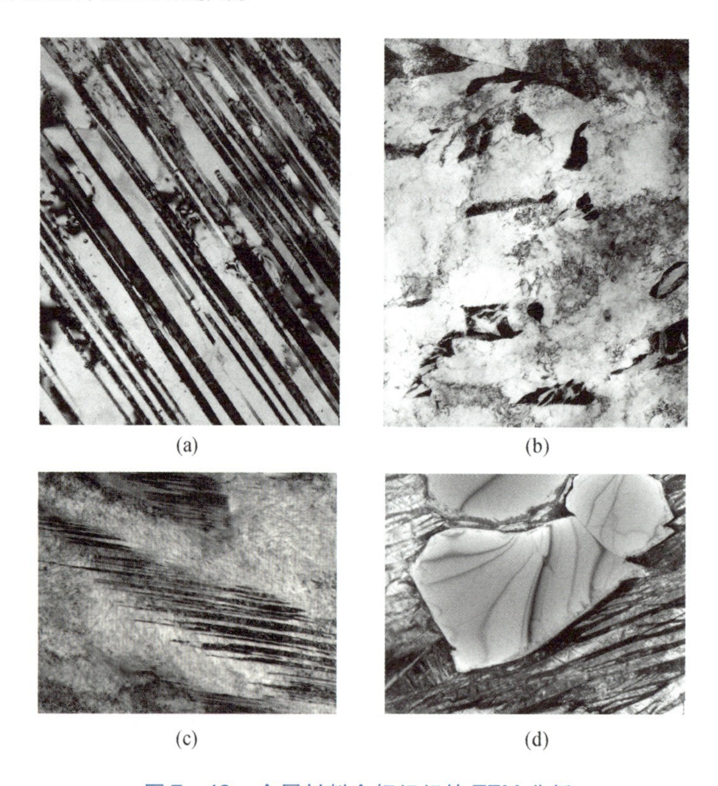

图7-43 金属材料金相组织的TEM分析

(a)钛铝合金$AlTi_3$片层+AlTi片层组织形貌(20000×);(b)钢状贝氏体内的M-A岛形貌(11500×);(c)钢中孪晶马氏体微观形貌(25000×);(d)钛合金$\alpha+\beta$组织形貌(4000×)。

TEM分析技术在显微组织分析方面的应用主要表现在以下几个方面。

1)典型微观组织的观察、甄别与分析

TEM分析技术因为其高的分辨率和放大倍数可以从更微观的尺度对钢中的

组织进行分析。例如,对珠光体、索氏体和屈氏体进行甄别和分析,从根本上认识组织的差异,便于更好地进行材料研究。对贝氏体组织进行微纳尺度的分析,证明下贝氏体在铁素体片内沉淀的细小碳化物有一定的取向,与铁素体片长轴成55°~60°角,而上贝氏体主要是由大体平行的铁素体条和分布于其间的断续杆状渗碳体所组成的。

2)化学热处理渗层组织观察

在TEM下观察化学热处理零件的渗层组织、测量层深是十分有效的。为了得到较为完整的渗层复型,在制备金相试样时将表层紧紧包裹铜片、镍片或环氧树脂,然后磨、抛光、腐蚀并将其制成复型样品。在观察时只要找到铜或镍的复型就可找到渗层的最表层,因而能够观察从表面到心部组织变化和测量其层深。

3)微小颗粒、相的分析

应用萃取复型技术制备透射试样,可以对试样的夹杂物或第二相粒子的大小、形态、分布特征等信息进行研究。同时,通过TEM中的电子衍射技术和能谱分析附件也可以对微观组织中的第二相粒子、夹杂物、析出相的物相进行鉴定及定量分析。

4)微观缺陷的观察与分析

TEM可以对材料中的位错运动、晶界、亚晶界、孪晶等微观形态进行观察和分析。同时,也可以对材料中的晶格缺陷进行分析。

3. 特点和注意事项

1)特点

(1)TEM分析技术具有更好的分辨率和放大倍数,可以在微纳米尺度上对材料的组织进行鉴定和分析。

(2)TEM分析技术中图像的分辨能力不仅取决于TEM本身的分辨率,而且取决于样品结构的反差。

(3)TEM所用的光源是电子波,波长在非可见光范围内无颜色反应,所形成的图像是黑白图像,要求图像必须具有一定的反差。

(4)对于C/H/O/N等轻元素组成的样品,它们的原子序数较低,电子散射能力弱,相互之间的差别又很小,TEM下的图像反差一般较低。

(5)TEM观察时,由于电子束的强烈照射,样品容易损伤,发生变形、升华等,甚至被击穿破裂,这些都会导致观察微观组织时产生假象。

2)注意事项

(1)TEM样品尺寸应不大于20mm×10mm×3mm,且应保证样品无磁性。

(2)由于电子束的穿透能力较弱,样品必须制成超薄切片。因此,所观察试样要保证有足够的薄区。

(3)TEM 样品台载网直径仅为 3mm,观察区域面积小,范围仅有 ϕ0.3mm ~ ϕ0.8mm。

(4)观察时,TEM 镜筒必须保持真空状态。因此,所观测试样必须是干燥的样品。

7.2.3 激光扫描共聚焦显微镜法

激光扫描共聚焦显微镜(laser scanning confocal microscopy,LSCM)法分析是 20 世纪 80 年代逐渐发展起来的一种介于传统光学显微和电子显微之间的显微观察技术,是将激光作为光源,逐点、逐行、逐面快速扫描成像,扫描的激光与荧光收集共用一个物镜,物镜的焦点即扫描激光的聚焦点,也是瞬时成像的物点。由于激光束的波长较短,光束很细,所以 LSCM 具有很高的分辨率,大约是普通光学显微镜的 3 倍[28]。在材料领域,LSCM 主要用来进行材料微观组织形貌的观察与分析。

1. 基本原理

LSCM 是将发散的光源通过一个小孔或者用激光以形成点光源,通过透镜后聚焦到物体的某一个点上,即焦点。移动焦点在 $x-y$ 轴的平面内进行扫描可得到焦平面的图像。若再进行 z 轴扫描,则可以构建三维立体的清晰图像[29]。其中,最基本的原理为共聚焦。

图 7-44 所示为 LSCM 基本原理图,即在样品焦平面反射入显微镜的光线需经过微小的针孔才能成像的光学系统,通过阻断干涉和杂散光来提高图像清晰度。一般显微镜采用的是场光源,光线属于散射型,故而信噪比较低。共聚焦方式采用的是点照明方式,入射线和发射线对于物镜焦平面是共轭的,这样来自焦平面上下的光线均被针孔阻挡,当针孔大小合适时,便可获得高清晰、高分辨的图像。

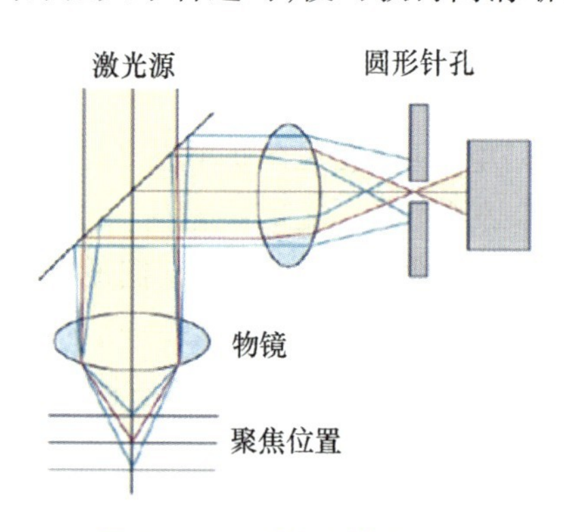

图 7-44　LSCM 基本原理

2. 适用条件和应用范围

LSCM 分析技术同常规的金相分析技术相似,适用于各类金属材料的组织形貌观察和分析。其在显微组织方面的应用表现在以下几个方面。

1)微观组织的观察与分析

LSCM 分析技术的分辨率大约是普通光学显微镜的3倍。因此,可以对微观组织进行更加深入的观察、甄别和分析研究。

2)微观颗粒、相观察与分析

LSCM 分析技术突破了光学显微镜的分辨极限,可以达到0.12μm。因此,可以对亚微米级的颗粒、相等进行形态特征和分布特征的观察和分析。

3)腐蚀后的样品表面直接观察和测量

LSCM 可以对腐蚀后的样品表面进行观察,直接获得三维的腐蚀形貌图,清晰显示腐蚀坑轮廓,并可进行三维测量。

3. 特点和注意事项

1)特点

(1)LSCM 可以对样品进行断层扫描观察和成像,是一种无损观察,同时还能进行三维形貌分析。

(2)LSCM 可用来观察样品表面亚微米尺度的组织形态和组织形貌,也可以进行多种微小尺寸的测量,诸如体积、面积、晶粒、膜厚、深度、长宽、线粗糙度、面粗糙度等。

(3)LSCM 清晰度好,分辨率高。激光作为光源,它的单色性非常好,光束的波长相同,从根本上消除了色差。共聚焦显微镜中在物镜的焦平面上放置了一个带有针孔的挡板,将焦平面以外的杂散光挡住,从而消除了球差。

(4)LSCM 样品无须做导电处理,较大尺寸的样品也可直接观察,且完全不破坏样品。

(5)LSCM 分析效率高。一般来说,1min 左右即可完成全部的扫描、成像、测量采集工作。

2)注意事项

试样表面观测区域要平整光滑。

7.3 结构表征

材料科学与工程是研究有关材料组织、结构、制备工艺流程与材料性能和用途关系的学科。材料成分与结构、合成与生产过程、性质及使用效能称为材料科学与工程的四个基本要素。成分与结构从根本上决定了材料的性能。总体来说,一种材料或一种物质其性能取决于它本身的两个基本属性,一个是化学成分,另一个是内部组织和晶体结构。

晶体材料的结构即晶体的微观结构，是指晶体中实际质点（如原子、离子或分子）的具体排列情况以及晶体学参数。自然界存在的固态物质可分为晶体和非晶体两大类，固态的金属与合金大都是晶体。晶体与非晶体的最本质差别在于组成晶体的原子、离子、分子等质点是规则排列的（长程有序），具有周期性和对称性。晶体结构是决定固态金属的物理、化学和力学性能的基本因素之一。晶体结构可以用空间点阵来表示。空间点阵是一种表示晶体内部质点排列规律的几何图形，是一种数学抽象。空间点阵为组成晶体的粒子（原子、离子或分子）在三维空间中形成的有规律的某种对称排列。如果用点来代表组成晶体的粒子，这些点的总体就称为空间点阵。根据法国物理学家布拉菲（Bravais）的研究，晶体的构造可分为立方、四方、三方、六方、正交、单斜、三斜七大晶系，共有 14 种不同的晶格点阵。

晶体结构分析是晶体学中一个重要的领域，它研究晶态物质内部在原子尺度下的微观结构。它在固体物理学、材料科学、结构化学、分子生物学、矿物学、医药学等许多学科的基础应用研究中广泛应用，使人们有可能从分子、原子以及电子分布的水平上去理解有关物质的行为规律。

化学成分相同，但是晶体结构不同，或相组成不同时，材料的性能也往往不同。而晶体结构相同的材料，由于局部点阵常数的改变，其材料特性也会发生变化。晶体中的缺陷、各种类型的固溶体、烧结体及合金晶界附近原子排列的无序等都会导致局部晶格畸变。测定点阵常数，可以帮助我们了解晶体内部微小的变化以及它们对材料特性产生的影响。现代测试分析技术主要通过 X 射线衍射、透射电镜选区电子衍射以及电子背散射衍射等表征技术来实现对微观结构的观察与分析，主要包括物相分析，晶体结构（类型、点阵常数）的测定，晶粒形态、大小、取向及其分布特征分析，晶粒中的晶格畸变和缺陷情况分析，晶体结构和畴结构及其分布特征分析等。

以下将对微观结构的常用分析方法，即 X 射线衍射法、透射电镜选区电子衍射法和电子背散射衍射法，进行一一介绍。

7.3.1 X 射线衍射法(物相分析)

X 射线衍射（XRD）法是通过对材料进行 X 射线衍射，分析其衍射图谱，获得材料的成分、内部结构等信息的测试方法。

XRD 是晶体结构分析的重要手段之一，在材料、冶金、机械、地质、矿物、化工等行业得到了广泛的应用，它可以给出材料的物质结构和分子式。而通常的化学分析或能谱分析，给出的是样品中的元素及含量，不能确定它们是晶体或非晶体，单相或多相，原子之间如何结合，分子式是什么，有无同素异构存在等。XRD 物相分析恰恰适合解决这些问题，它与化学分析等方法联合应用，能够比较圆满地解决结构分析和物相鉴定的问题。

1. 基本原理

X射线具有波动性，XRD法常用的电磁波波长范围为0.02～0.25nm的，其波长极短，与原子间距离具有相同的数量级，并具有衍射的能力。当一束固定波长的单色X射线入射到晶体时，由于晶体是由原子规则排列成的晶胞组成，这些原子间距离与入射X射线波长相接近，由不同原子散射的X射线会相互干涉，在某些特殊方向上会产生强的衍射线。衍射线在空间分布的方位和强度，与晶体结构密切相关，每种晶体所产生的衍射花样都反映出该晶体内部的原子排列规律。在多晶样品无数不规则排列的小晶体中，将有若干数量晶粒的{hkl}晶面族能够满足布拉格公式而产生反射，布拉格方程是XRD衍射分析的根本依据，这些反射将呈现出自己特征的衍射花样（包括衍射线的位置和强度），衍射花样是多晶体物质物相分析的重要特征。

目前，XRD图谱主要是通过多晶粉末X射线衍射仪来获得。仪器主要由X射线发生器、测角仪、计数器、控制及数据处理系统组成。衍射仪可以记录多晶体样品衍射线条的位置、强度和峰形。由峰位可以进行点阵常数、宏观残余应力测定，由峰位置、强度可以进行物相定性、定量分析和织构测定，由峰形可以进行微观应力和晶粒尺寸测定。XRD仪工作原理见图7-45：在样品台C处装好样品，入射线从X射线管焦点S发出，经入射光阑系统投射到样品表面产生衍射，衍射线经接收光阑系统进入计数器D。S、D在同一圆周上（测角仪圆）。样品台和计数器分别固定在两个同轴的圆周上，计数器沿测角仪圆运动，接收各衍射角2θ所对应的衍射强度，得到衍射图谱。物相的XRD图谱中，各衍射线条的2θ角位置及衍射强度会随所使用的辐射靶材波长不同而改变，因使用不方便，一般总是将2θ角按布拉格公式转换成晶面间距d值后使用。

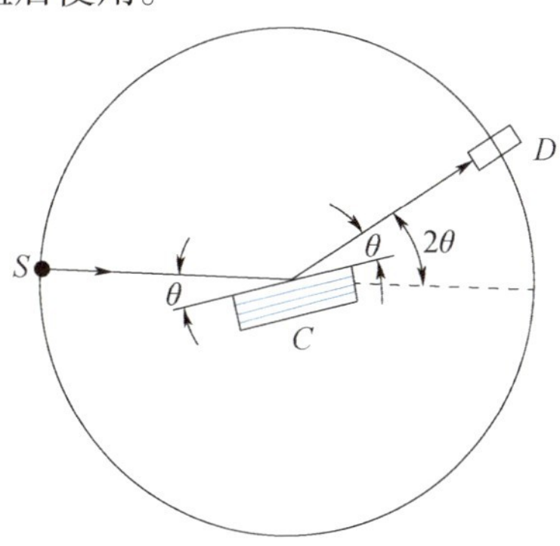

图7-45 XRD仪工作原理示意图

衍射物相分析中用到的粉末衍射数据索引和粉末衍射卡片是 XRD 物相分析实验室必备的工具，粉末衍射数据文件(powder diffraction file，PDF)卡片目前已经收集了几十万张。由于钢和合金中的析出相随其中元素的种类和数量不同，点阵常数和晶面间距也随之变化，常常出现相关衍射数据晶面间距与卡片中给出的数据不一致，使用标准数据卡片难以顺利完成物相分析工作，文献[30]对钢和合金中析出相的 XRD 物相分析方面做了许多工作，积累和收集了国内外大量的数据资料。

2. 适用条件和应用范围

XRD 法可以分析粉末及多晶块状样品的晶体结构和物相，适合样品主要相及少量相的分析，也可以进行样品同素异构的分析。通常 XRD 分析可以结合化学分析的结果，对焊条药皮、金属腐蚀产物、金属及合金中的析出相等进行分析测定。利用高温衍射，还可以对金属及合金进行相变分析。XRD 法通常测试区域较大，属于宏观范围。因此，不适用于非常微小区域的结构分析。

XRD 在结构分析和物相鉴定方面有着广泛的应用，主要表现在以下几个方面的应用。

1)物相定性分析

XRD 分析技术可以为未知样品进行结构分析，确定物相。任何一种晶体物质(包括单质元素、固溶体和化合物)都具有特定的晶体结构(包括结构类型，晶胞的形状和大小，晶胞中原子、离子或分子的品种、数目和位置)。在一定波长的 X 射线照射下，每种晶体物质都给出特有的衍射花样(衍射的位置和强度)。不可能有两种物质给出完全相同的衍射花样，这样就可以进行物相定性分析。定性分析可以通过自动检索或人工检索，综合判断以确定所测试样品中含有哪些物相。各种纯化合物的物相衍射图各不相同，正如人的指纹一样，每一种晶体都有自己一套特征的“$d-I$”数据(在衍射卡片中，d 是某个衍射晶面的晶面间距，I 是某个对应衍射晶面的衍射峰强度)。将得到的未知样品的衍射图谱与已知晶体结构标准物质的 PDF 卡片的标准数据进行比较，如果二者衍射图谱相同即可确定二者为同一物相[31]。混合物由混合的各个物相的粉末图叠加而成，含量最多的相出现粉末线的衍射强度大，含量少的强度弱。

定性分析中最常用的是对同素异构体的分析：在多晶体样品中，如果含有两种以上的相，这些相的化学元素组成相同，只是晶体结构不同，一般无法用化学分析方法测定样品中各个相的含量，如钢铁中的铁素体(体心立方)、渗碳体(正交点阵)、马氏体(体心四方)、奥氏体(面心立方)都是由铁和碳组成，但晶体结构和机械性能却不相同，可以用 XRD 进行区分。

2)物相定量分析

XRD 分析技术可以测量样品中各组成相的含量。物质的衍射强度与该物质参加衍射的体积成正比。对多相混合物质,参加衍射物质中的每个相对X射线的吸收各不相同,物质的衍射强度与试样的质量吸收系数成正比。每个相的含量发生变化时,都会改变总吸收系数值。因此在多相物质衍射花样中,某一组分相的衍射线强度与该相参加衍射的体积,由于吸收的影响,并不呈现线性关系。所以,在多相物质定量相分析方法中,要想从衍射强度求得各相的含量,必须处理吸收的影响。目前,XRD物相定量分析已被广泛地应用于材料科学与工程的研究中,其定量分析方法可以分为两大类:一是比较新的基于全谱结构拟合(Rietveld法衍射谱分析)的方法;二是传统的定量法(外标法、内标法、K值法、绝热法、增量法、无标样法、基体冲洗法等)。

在定量分析中,残余奥氏体的XRD定量测试是较成熟的一种方法。从高温奥氏体淬火成的马氏体样品中,会含有残余奥氏体,其含量对钢铁性能影响很大。XRD分析技术可以参考标准《钢中奥氏体定量测定 X射线衍射仪法》(YB/T 5338—2019),对中、低碳钢及中、低碳低合金钢中的残余奥氏体含量进行测量。同时,XRD方法也可以对钛合金中α相、β相含量进行测量与分析。

3)温度与相变相互关系的研究

可以对XRD设备配置高低温附件,从而实现对相变进行实时监测与分析。如高温XRD就具有直观连续监测相转变的功能,在测试过程中可以实时关注衍射峰的位移及峰形变化,以及新出现衍射峰的情况,观察升温过程中样品逐步发生相变的过程。

3. 特点和注意事项

1)特点

(1)XRD法理论成熟,已经使用许多年,应用非常普遍,而且仪器相对便宜。对多晶材料进行晶体结构测试、物相分析时具有无损、测试速度较快、分析区域大的优点。

(2)XRD制样简单。

(3)XRD方法能够准确测定晶胞参数,但得到的是宏观平均信息。

(4)XRD图谱中线条的相对强度对晶体结构分析有很大的价值,而电子衍射的相对强度参考意义比较小。因此,XRD适合进行物相定量分析,而其他微观结构分析方法很少进行定量分析。

(5)XRD用途广泛,配备附件后,可以进行应力、高温衍射、织构等测定。

(6)XRD不适用于微区、微量物相的鉴定。X射线不可以聚焦,只能够通过狭缝将光斑变小,这时照射样品时,衍射线会非常弱,得不到较好的衍射图谱。

(7)XRD衍射花样获取时间较长。电子束与晶体相互作用时,其原子散射因子比X射线的原子散射因子大10000倍,故在荧光屏上可以清晰地看到衍射花样,拍摄时曝光时间短，只需数秒即可，但 XRD 则需要约 1h。

2）注意事项

（1）为了保证被测试样品衍射图谱的效果，对于测试的粉末样品，要求能够被研磨成为细粉末（粒度约为 50μm），细粉末也容易被放入凹槽样品架中压片制样。

（2）委托样品时，最好能够提供样品的化学成分，以便于测试人员进行分析检索时参考使用。

（3）粉末样品一般要求 5g 以上。如果样品是很微量的粉末，也可以借助单晶硅片微量样品架进行制样，但是测试效果通常不如压片制样。对块状样品，要求样品表面光滑平整，面积最好不小于 10mm × 10mm。

（4）对于金属和合金中的析出相和夹杂物，由于含量较少，直接进行 XRD 测试，有时候效果不太好，这时可以通过电解萃取将这些少量相富集出来后，再通过 XRD 进行分析，得到较好的效果。

（5）如果进行 XRD 定量分析，对测试结果影响因素较多，样品制备也要求较高，包括粉末粒度、制样方法等。样品需要过约 325 目的筛子，粒度约 40μm；样品制备尽量避免产生择优取向，还需要选择合适的标准样品。详细问题可以与测试人员协商沟通，以便于根据样品情况，选择合适的定量分析方法，得到准确的结果。

（6）对于块状样品，XRD 法要求被测试样品制成抛光表面。如果要进行金属及合金样品的物相定量分析，样品通常需要满足一定的条件。如参照标准 YB/T 5338—2019 测定钢铁中的残余奥氏体时，除了样品尺寸、表面粗糙度等要求以外，还要求样品本身不能够有明显的择优取向，否则定量分析结果误差很大。

（7）委托样品时，应该就试验目的与测试人员交流，以方便选择合适的测试条件。测角仪扫描速度过大，将使峰高和分辨率下降，线性不对称加大；扫描速度减小，可以提高测试精度，但是费事、效率低，应该根据试验具体要求选择合适的扫描速度。如果进行定量分析，扫描速度要求小于 1(°)/min。

7.3.2 透射电镜选区电子衍射法

入射电子与材料相互作用后，发生弹性散射的电子因为其波动性会发生相互干涉作用，这些作用在某些方向上得到加强，而在另一些方向上则被削弱的现象称为电子衍射。而透射电镜的选区电子衍射（selected area electron diffraction，SAED）是通过移动安置在中间镜上的选区光阑（又称为中间镜光阑），使之套在样品中感兴趣的区域上，分别进行成像操作或衍射操作，以获得该微区电子衍射图，实现选区的形貌分析和结构分析的方法。

1. 基本原理

电子衍射是建立在德布罗意假设的基础上，即电子也能够像波一样，在遇到障碍物传播的过程中相互叠加，从而产生干涉现象，这种干涉现象在空间分布的不连续性即表现为电子衍射[32]。SAED就是借助于物镜像平面的选区光阑对产生衍射的样品区域进行选择实现形貌观察和电子衍射的微观对应。具体就是选区光阑用于挡住光阑孔以外的电子束，只允许光阑孔以内视场所对应的样品微区的成像电子束通过，使得在荧光屏上观察到的电子衍射花样仅来自选取范围内晶体的贡献。

SAED分析的产生首先应满足几何条件，也即是满足布拉格公式。而在SAED分析中一般习惯用爱瓦尔德球构图来表示衍射的几何条件，爱瓦尔德球构图是衍射几何条件在倒易空间中的描述，是布拉格公式的图解，具有直观明了的特点，只需从倒易点阵是否落在爱瓦尔德球球面上，就能判断是否能发生衍射，并能直接显示出衍射方向，图7-46所示为爱瓦尔德球构图。当晶体的某个晶面满足衍射的几何条件后，并不一定能产生衍射。由X射线衍射理论可知，还必须满足结构振幅不能等于零，也就是说一个晶包内所有原子的散射波在衍射方向上的合成振幅不能等于零，否则也不能产生衍射。在倒易空间中的所获得的衍射花样，对多晶体则为一系列半径不同的同心衍射环，对单晶体是一系列规则排列的衍射斑点。

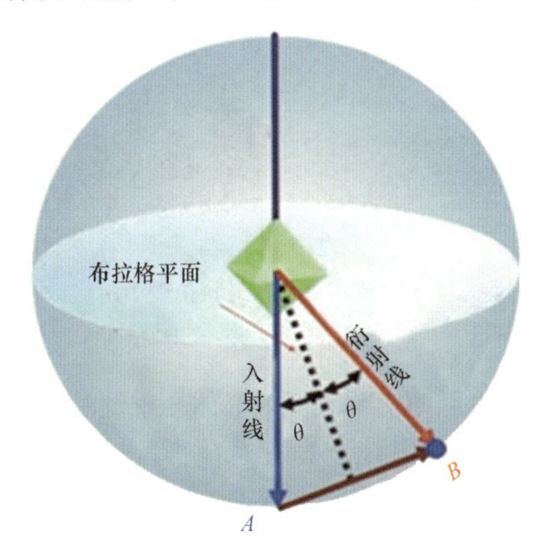

图7-46　透射电镜选区电子衍射爱瓦尔德球构图

2. 适用条件和应用范围

SAED分析适用于各种金属或非金属材料的薄切片试样，也可以采用细微的粉末或萃取复型得到的微小试样。最小选区直径约为0.5μm。当被分析试样区的直径小于0.5μm时由于球差的影响，衍射谱上的部分信息有可能来源于由选区光阑限定的区域之外。在这种情况下，如条件允许，最好采用微(纳)衍射或者会聚束电子衍射方法。SAED分析方法的成功应用取决于对所获得的衍射谱指数标定正确，而不论试样的哪个晶带轴平行于入射电子束。因此，这样的分析往往需要借助试样的倾转和旋转装置。图 7-47 所示为采用 SAED 分析技术对金属材料中微小析出相的物相表征。

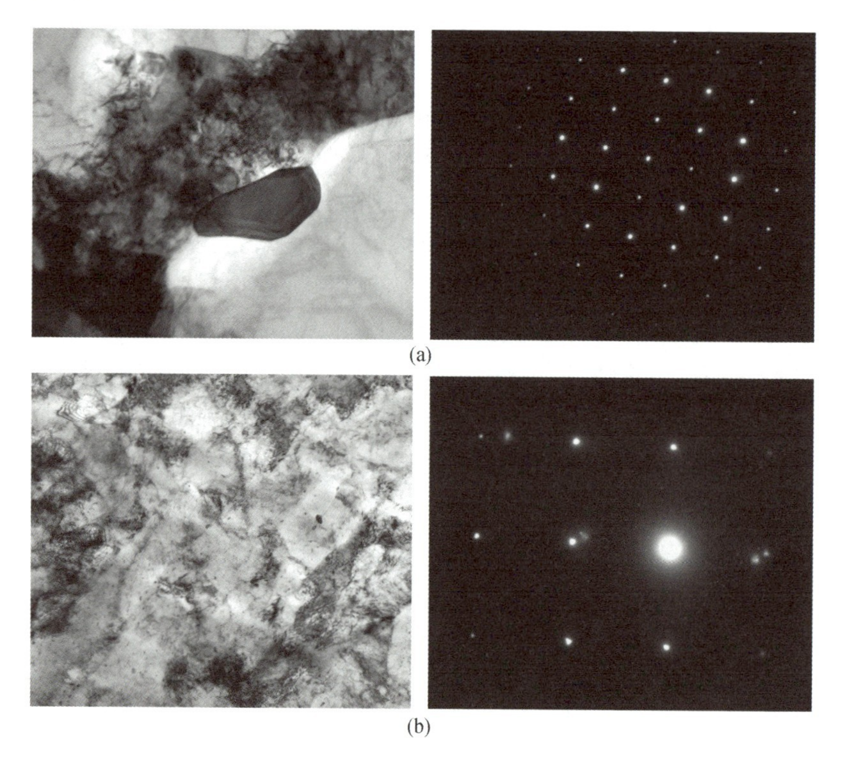

图 7-47　SAED 分析技术对金属材料中微小析出相的物相表征

(a)渗碳体形貌和电子衍射(20000×);(b)Cu 相的形貌和电子衍射(10000×)。

单晶电子衍射花样[33]可以直观地反映晶体二维倒易平面上阵点的排列,而且电子衍射花样和形貌观察在微区上具有对应性。以下介绍 SAED 的几个方面应用。

1)物相鉴定

SAED 的物相分析技术具有非常高的灵敏度,即便对纳米级别的微晶也可以给出清晰的电子衍射,特别适用于待定物相在试样中含量较低的样品,如晶界的微量沉淀相、晶内析出的第二相等。另外,SAED 也适用于物相颗粒非常小的样品,如结晶或相变形成初期的微小产物等。根据电子衍射花样斑点分布的几何特征,可以确定衍射物质的晶体结构;再利用布拉格衍射基本公式计算出晶面间距 d 值,通过与标准中 d 值进行对比,即可进行物相的鉴定。多晶电子衍射与单晶电子衍射基本原理相同,也是利用晶面间距 d 值和衍射强度两方面信息进行物相鉴定的。对一个物相的确定必须满足三个条件:①由衍射花样确定的点阵类型必须与 PDF

卡片中物相符合；②衍射斑点指数必须自洽；③主要低指数晶面间距与卡片中给出的标准 d 值相符，允许的误差为 3% 左右[34-36]。同时，SAED 物相分析可以与形貌观察同时进行，在得到物相的同时也可以得到物相大小、形态、分布等重要信息，这些是 XRD 物相分析不能实现的。

2）晶体取向分析及取向关系验证

通过单晶电子衍射花样可以得到有关晶体取向方面的信息，如晶体生长中的择优取向、析出相与基体的取向关系、基体中析出的惯习面、位错的柏氏矢量等。而晶体取向关系的验证一般分为两种情况：一种是已知两相之间可能存在的取向关系，利用电子衍射花样进行验证和分析；另一种是对两种晶体取向关系的预测。

3）晶界角度的测量

SAED 分析的另一个主要应用是在晶界角度测量上，主要应用的是电子衍射的菊池线信息。所谓的菊池线，就是衍射圆锥与爱瓦尔德球相截，其交线经放大后在底片上的投影，是晶体结构的一种重要衍射信息，在结构分析特别是衍射工作中，有着广泛的应用[37]。杨晓等[38]通过对透射电镜菊池线的研究，确定了菊池线在晶界角度测量方面的应用，从而开拓了透射电镜应用的新方向。

3. 特点和注意事项

1）特点

（1）SAED 分析可以在更高的放大倍数上对同一试样上将形貌观察与结构分析结合起来，从而得出有用的晶体学数据，如微小沉淀相的结构、取向及惯习面、各种晶体缺陷的几何学特征等[39]，可以实现原位的观察。

（2）电子波长短，单晶的电子衍射花样就如同晶体倒易点阵的一个二维截面在底片上的放大投影，从底片上的电子衍射花样可以直观地辨认出一些晶体的结构和对称性等特点，使晶体结构的研究比通过 X 射线的研究简单。

（3）物质与电子散射主要是核散射，因此散射强，约为 X 射线的 10000 倍，另外曝光时间短。特别适用于微晶、表面和薄膜的晶体结构的研究。

（4）由于用于衍射的电子波长比 X 射线波长短得多，导致电子衍射角很小，在测量精度方面远远低于 X 射线。

（5）电子衍射强度有时几乎与透射束相当，以致两者产生交互作用，使电子衍射花样，特别是强度分析变得较复杂。

2）注意事项

（1）由于散射强度高导致电子透射能力有限，要求试样较薄。

（2）一般 SAED 进行物相分析时，要保证试样是无磁性。

（3）SAED 分析是微区分析的方法，因此，对试样表面要求较高。对于暂时不能测试的试样要避免污染,尽量置于干燥的真空环境下保存。

7.3.3 电子背散射衍射法

电子背散射衍射(electron backs scatter diffraction,EBSD)法是基于扫描电镜中电子束在倾斜样品表面激发出并形成的衍射菊池带的分析从而确定晶体结构、取向以及相关信息的方法。当电子束在多晶试样上做格栅式扫描时,各个点的晶体取向将被逐点一一测定,从而形成一个分布图,这样的取向图能显示出有关晶粒的形状、取向和晶界,因而可以显示出试样的择优取向,即织构,这在材料研究中的应用十分广泛。EBSD 分析技术的发展有效地解决了宏观统计性分析与微观局域性分析之间的矛盾。

1. 基本原理

EBSD 分析的基本原理见图 7 - 48,当入射电子束进入样品后,电子撞击样品中原子后,会受到样品内原子的散射,其中有相当一部分的电子因散射角大逃出样品表面,这部分电子称为背散射电子。背散射电子在离开样品的过程中与样品中满足布拉格衍射条件的那部分电子会发生衍射,在空间形成衍射圆锥。几乎所有的晶面都会形成各自的衍射圆锥,并向空间无限发散。用接收屏截取衍射圆锥后会形成一系列的亮带,即菊池带。每条菊池带的中心线相当于发生布拉格衍射的晶面从样品上电子的散射点扩展后与接收屏的交截线。菊池带宽度对应正比于衍射晶面间距,不同菊池带夹角代表晶面夹角。所以,可以由此确定晶体结构及空间位置。

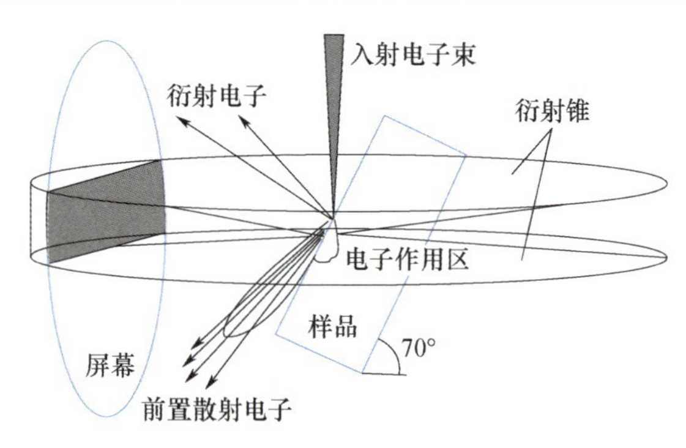

图 7 - 48　EDSD 分析的基本原理图

EDSD 花样包含四个与样品有关的信息:晶体对称性信息、晶体取向信息、晶体完整性信息和晶格常数信息。

2. 适用条件和应用范围

EBSD 分析是背散射电子在晶体试样一定厚度的表面层内发生布拉格衍射后又从试样入射表面射出的信息,因此该方法适用于对固态试样表面一定厚度层的研究。对于含不同原子序数的材料和不同能量的入射电子,可接收到 EBSD 花样的试样层厚度不同,通常是在试样表面几十纳米厚度范围内。图 7-49 所示为 EBSD 分析在金属材料方面的应用实例。

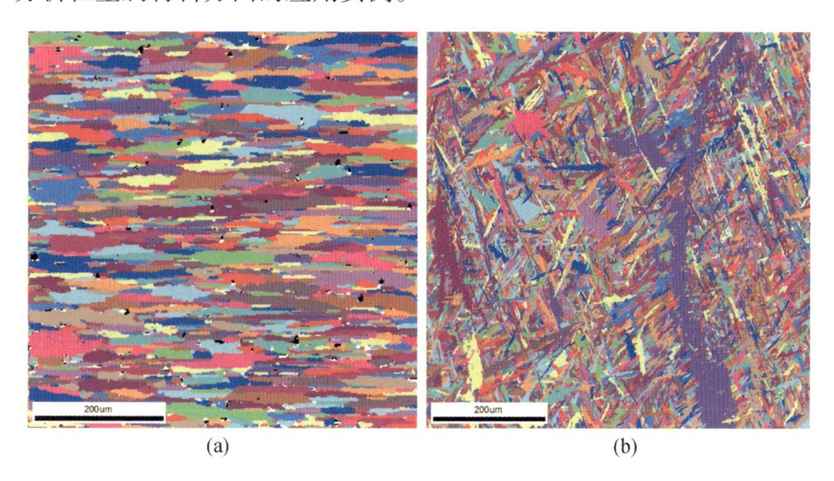

图 7-49 EBSD 分析在金属材料方面的应用实例

(a)铝合金晶粒形貌;(b)钛合金晶粒形貌。

通过对 EBSD 花样进行分析可以实现以下五个方面的应用。

1)取向测量及取向关系分析

由于 EBSD 分析技术的选区尺寸可以小到 0.5μm,因此,它特别适用于进行微区的结晶取向分析。目前,EBSD 分析技术最直接的应用就是通过测量晶粒取向,获得不同晶粒或不同相间的取向差,测量各种取向晶粒在样品中所占比例,分析单晶的位向和完整性,孪晶和再结晶,第二相和金属基体间位向关系,断裂面的结晶学分析,蠕变,偏聚和沉淀,以及扩散和界面迁移等。

2)微织构分析

基于 EBSD 自动快速的取向测量,EBSD 可进行微织构分析,从而了解这些取向在显微组织中的分布情况。

3)相鉴定

目前,EBSD 可以对七大晶系任意对称性的样品进行自动取向测量和标定。结合 EDS 的成分分析可以进行未知相的鉴定。

4)晶粒尺寸的测量

传统的晶粒尺寸测量依赖于显微组织图像中晶界的观察。但并非所有晶界都能用常规浸蚀的方法显现出来,特别是一些孪晶和小角晶界。因此,严重孪晶显微组织的晶粒尺寸测量就变得十分困难。EBSD 法是测量晶粒尺寸的理想工具,最简单的方法是进行横穿样品的线扫描,同时观察花样的变化。

5)应变测量

材料微观区域的残余应力会使局部的晶面变得歪扭、弯曲,从而使 EBSD 的菊池线模糊,因此通过观察菊池图像质量可定性评估应变大小。

3. 特点和注意事项

1)特点

(1)EBSD 分析技术可以同时进行晶体材料微观形貌、结构及取向分布的分析。

(2)EBSD 分析具有高的分辨率(纳米级),特别是与场发射扫描电子显微镜配合使用时。

(3)与 TEM 相比,EBSD 分析的样品制备简单,可直接分析大块样品。

(4)现代 EBSD 分析技术采用高性能的数据处理系统,数据运算速度快,可以弥补统计性差的不足,现在最低可达到每秒 150 个取向的测定速度。

(5)对于部分薄膜试样可以直接分析,无须制备。

2)注意事项

(1)样品表面干净、平整,无抛光引入的变形,无氧化膜,无腐蚀坑,无残余应力等。

(2)抛光后的试样要注意排除化学反应产物或表面氧化层,可采用超声清洗,也可以用离子束以小角度对试样表面稍加溅射从而达到清洁表面的目的。

(3)样品需导电性良好,对于导电性差的材料要预先进行喷金或喷碳处理。

(4)样品长时间未测试的,测试前要检查表面是否有积聚灰尘或者其他颗粒,是否有受潮的特征,并及时进行处理。未能测试的样品,应选择在较低的温度下保存。

(5)样品观测面与其相对面要保持平行,试样大小控制在 50mm × 50mm × 50mm 以内。

参考文献

[1] 机械工业理化检验人员技术培训和资格鉴定委员会. 金相检验[M]. 上海:上海科学普及出版社,2003.

[2] 高尚,杨振英,马清,等. 扫描电镜与显微分析的原理、技术及进展[M]. 广州:华南理工大学出版社,2021.

[3] 任颂赞,张静江,陈质如,等. 钢铁金相图谱[M]. 上海:上海科学技术文献出版社,2003.

[4] 上海交通大学《金相分析》编写组. 金相分析[M]. 北京:国防工业出版社,1982.

[5] 任怀亮. 金相实验技术[M]. 北京:冶金工业出版社,1986.

[6] 姚鸿年. 金相研究方法[M]. 北京:中国工业出版社,1963.

[7] 上海市机械制造工艺研究所．金相分析技术[M]．上海:上海科学技术文献出版社,1987.
[8] 国家机械工业委员会．金相组织基础知识[M]．北京:机械工业出版社,1988.
[9] 胡光立,谢希文．钢的热处理(原理和工艺)[M]．西安:西北工业大学出版社,2012.
[10] 辛社伟,赵永庆．钛合金固态相变的归纳与讨论(Ⅵ)——阿尔法[J]．钛工业进展,2013,30(4):1-8.
[11] 赵永庆,洪权,葛鹏．钛及钛合金金相图谱[M]．长沙:中南大学出版社,2011.
[12] 洛阳铜加工厂中心实验室金相组．铜及铜合金金相图谱[M]．北京:冶金工业出版社,1983.
[13] 李炯辉．金属材料金相图谱[M]．北京:机械工业出版社,2006.
[14] 林丽华,章国英,滕清泉．金属表面渗层与覆盖层金相组织图谱[M]．北京:机械工业出版社,1998.
[15] 韩顺昌．爆炸焊接界面相变与端口组织[M]．北京:国防工业出版社,2011.
[16] 郭海霞,韩顺昌,李雪峰,等．铁素体奥氏体型双相不锈钢的侵蚀方法[J]．理化检验:物理分册,2009,45(11):684-685.
[17]《彩色金相技术》编写组．彩色金相技术——应用图册[M]．北京:国防工业出版社,1991.
[18]《彩色金相技术》编写组．彩色金相技术——原理及方法[M]．北京:国防工业出版社,1987.
[19] BERAHA E,SHPIGLER B. 彩色金相[M]．林慧国,译．北京:冶金工业出版社,1984.
[20] 郭海霞,黄安琪．合金钢中复相组织的彩色金相浸蚀方法[J]．理化检验:物理分册,2019,55(8):547-549.
[21] 王富耻．材料现代分析测试方法[M]．北京:北京理工大学出版社,2006.
[22] 常铁军,刘喜军．材料近代分析测试方法[M]．哈尔滨:哈尔滨工业大学出版社,2005.
[23] 朱和国,尤泽升,刘吉梓．材料科学研究与测试方法[M]．南京:东南大学出版社,2019.
[24] 戎咏华．分析电子显微学导论[M]．北京:高等教育出版社,2006.
[25] 柳得橹,权茂华,吴杏芳．电子显微分析实用方法[M]．北京:中国质检出版社,2018.
[26] 余昆．材料结构分析基础[M]．北京:科学出版社,2010.
[27] 常铁军,高灵清,张海峰．材料现代研究方法[M]．哈尔滨:哈尔滨工程大学出版社,2005.
[28] 傅炀,吴序嘉,祁少海．普通扫描电子显微镜、环境扫描电子显微镜和激光共聚焦扫描电子显微镜在组织工程学中的应用[J]．中华损伤与修复杂志,2016,11(4):305.
[29] 胡加佳,田志强,孙晓冉．激光扫描共聚焦显微镜在冶金行业中的应用[J]．物理测试,2017,35(3):25.
[30] 陆金生,王彪,姚影澄,等．钢和合金中常见物 X 射线鉴定手册[M]．北京:北京钢铁研究总院,1990.
[31] 赵伯麟,等．金属物理研究方法(第一分册):X 射线衍射方法[M]．北京:冶金工业出版社,1981.
[32] 欧阳健明,夏志月,鲁鹏．透射电子显微镜与选区电子衍射对纳米材料的联合分析[J]．暨南大学学报,2012:33(1),87-94.
[33] 戎咏华. 分析电子显微学导论[M]. 北京:高等教育出版社,2006.

[34] 边为民,邓江宁. 电子衍射花样综合分析应用程序[J]. 电子显微学报,2004,23(4):426-426.
[35] 漆瑞,戎咏华. X射线衍射与电子显微分析[M]. 上海:上海交通大学出版社,1992.
[36] 宋宝来. 复杂电子衍射花样标定的方法——Carine 法[J]. 中国铸造装备与技术,2008,43(4):44-46.
[37] 黄孝瑛. 材料微观结构的电子显微学分析[M]. 北京:冶金工业出版社,2008.
[38] 杨晓,张金民,陈洁明,等. 透射电镜在晶界角度测量上的应用[J]. 理化检验:物理分册,2020,52(6):24-26.
[39] 郭可信,叶恒强,吴玉琨. 电子衍射图在晶体学中的应用[M]. 北京:科学出版社,1983.

第8章 化学成分分析

金属材料的化学成分及其含量是材料工作者尤为关注的问题,金属材料的性能优劣由其组织结构决定,组织结构会随金属材料的化学成分及其含量的不同而不同,为确保材料的性能,材料的化学成分都有一定的范围要求。准确分析材料的化学成分对于生产质量控制和新材料的研发及合理利用有着至关重要的作用。例如,钛合金中的铝为α稳定元素,其主要作用是固溶强化α钛,铝的加入可增加合金的比强度,显著提高再结晶温度以及合金的热强度。但是,铝增加过多,会使合金变脆,加工性能下降,而且,铝对合金的抗蚀性也无益处。碳含量高低的不同会直接影响到钢铁组织的变化,从而影响到钢材的力学性能。又如硅作为脱氧剂,炼钢过程是必不可少的[1]。增加钢中硅的含量会提高钢的屈服强度和抗拉强度,降低钢材的伸长率和收缩率等。要控制金属材料的性能、研发性能更加优异的材料,都须准确分析其化学成分。为保证先进材料在某一部件上使用时具有优越的性能,必须严格控制材料的化学成分。设计或生产具有不同化学成分的各种规格、牌号和等级的材料使其具有不同的性能,以满足不同地方的需要。通过化学成分(包括材料中杂质元素)的分析,除了确定和判断材料牌号外,也可判断材料中某些严重影响材料使用性能的有害杂质是否在限定值以下,是不是满足材料性能的要求。不同牌号材料的化学成分都有一定的范围要求,须准确测定。

材料化学成分的分析根据分析任务的不同可分为定性分析和定量分析,定性分析是解决“有无”的问题,确定材料由哪些元素、离子或化合物组成,定量分析是解决“多少”的问题,确定材料中各组分的具体含量;根据测定原理和使用仪器的不同化学成分分析方法可分为图8-1所示的类别。这些分析方法满足了金属材料中常量、微量、痕量组分的准确分析的需求,满足了材料牌号确定和判断、原料监控、质量评价、失效分析、新产品新材料研发等的需要。

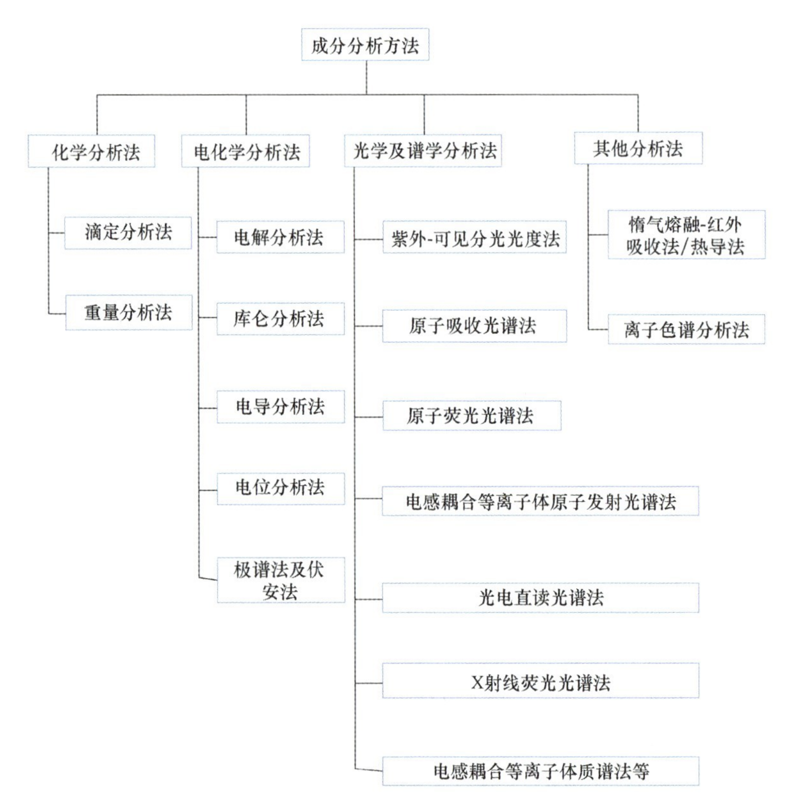

图 8－1　材料化学成分分析方法分类（Ⅰ）

作为金属材料工作者，要进行材料成分分析时，首先要根据待分析的材料的性状、成分类别及其大致范围、分析目的、对测试灵敏度、准确度、分析速度的要求等，选择适宜的方法，然后针对要选择的方法确定试验样品尺寸，并做相应的准备。本书按照测试样品的性状来分类，系统介绍常用化学分析方法和新方法，见图 8－2。以固体试样直接测试的方法称为干法分析（或称固体分析），将试样制备成溶液后再进行成分测试的方法称为湿法分析。一般来讲，干法分析（如果无须重新熔制样片）减去了溶样的步骤，分析时间相应较短。湿法分析中的仪器分析方法（光学及谱学分析法和电化学分析法）是将试样处理成溶液后上机测定，与将固体试样直接上机测试的干法分析相比，多了溶样的步骤，相对较慢，但相对于化学分析法快。

本章首先介绍干法分析；然后介绍湿法分析。最近出现并逐渐被大家广为接受的辉光放电质谱法和激光诱导等离子体光谱法以及分析方法联用技术作为新方法分别予以介绍。

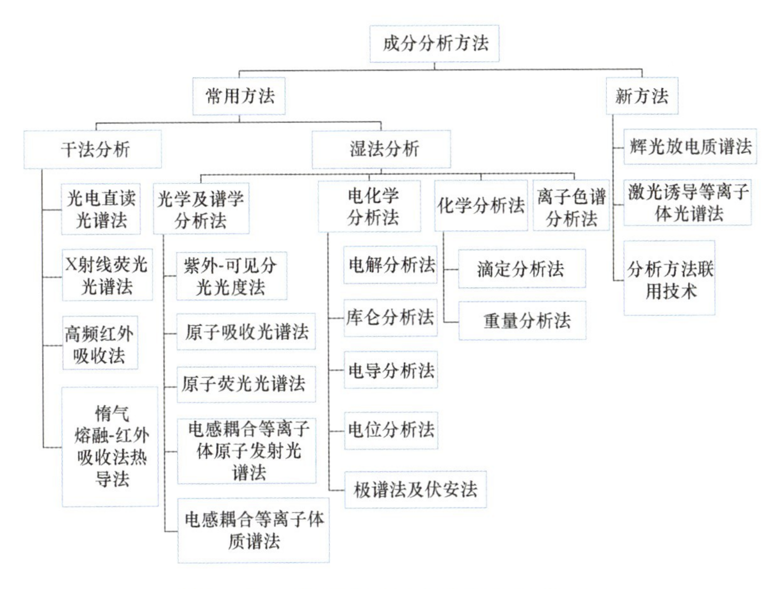

图 8－2　材料化学成分分析方法分类(Ⅱ)

8.1　干法分析

干法分析是以固体形态的试样在仪器上进行测试的一类方法。本节将目前应用较为广泛的光电直读光谱法、X 射线荧光光谱法、高频红外吸收法、惰气熔融－红外吸收法/热导法逐一介绍。

8.1.1　光电直读光谱法

光电直读光谱法属于原子发射光谱(atomic/optical emission spectrometry,AES/OES)法,AES 法。AES 法根据发射光谱的激发光源和各种等离子体光源等的不同而分为不同的方法;光电直读光谱法(spark source atomic emission spectrometry,SPK－AES)是以电火花为光源的原子发射光谱法,本节介绍光电直读光谱法。

1. 基本原理

通常原子的电子都处于稳定的基态,在电弧、火花等激发光源的作用下,试样转变为气态原子,原子的外层电子就会跃迁到较高的能级上,处于激发态的电子不稳定,它又会从较高的能级跃迁到基态或其他较低的能级,在跃迁的过程中会以辐射的形式释放出多余的能量,发射出光谱。光电直读光谱法是根据原子发射的特征谱线来测定物质的化学组成的方法,是在一定的条件下,根据元素的原子或离子受到激发后各自发射的特征光谱的波长和强度,对元素进行定性和定量分析的方法。

光电直读光谱法的分析过程分为激发过程、分光过程和检测过程。激发过程是利用激发光源使试样蒸发气化,解离分解为原子或离子状态,原子及离子在光源中受到激发而发光。分光过程是利用光谱仪把光源发射的光分解为按波长排列的光谱。检测过程是指利用光电器件对光谱进行检测。每种元素都发射出它自己的特征光谱,根据所测得的各元素的特征光谱的波长信息进行定性分析;根据各个元素特征谱线强度的高低与标准物质的谱线强度比对,或者依据标准物质的谱线强度与其浓度之间建立的工作曲线可以进行定量分析。

光电直读光谱分析所用的仪器为光电直读光谱仪。《分析化学术语》(GB/T 14666—2003)中将火花源原子发射光谱法称为"光电直读光谱法",其对应的火花源原子发射光谱仪称为光电直读光谱仪。光电直读光谱仪是利用光电检测器直接测量材料中各元素的光谱强度的仪器。

光电直读光谱仪的工作原理是用电火花激发金属固体材料的表面,金属固体材料表面的原子受到激发后发生电子跃迁,从而发射出金属固体材料内部所含元素的特征谱线,这些谱线经过光谱仪的分光室的光栅分光之后,成为按照波长依次排列的"光谱"。这些元素的光谱通过出射狭缝后射入检测系统,由检测系统的检测元件(光电倍增管或固体检测器)将各自的光信号转变成电信号,光电直读光谱仪的控制测量系统将电信号进行积分,并进行数模转换,经检测元件的测量得到元素谱线的强度值,该强度值与试样中元素含量成正比。计算机系统通过内部预制或者自制校正曲线得到该元素的含量,以质量分数显示。光电直读光谱仪基本结构见图 8-3。

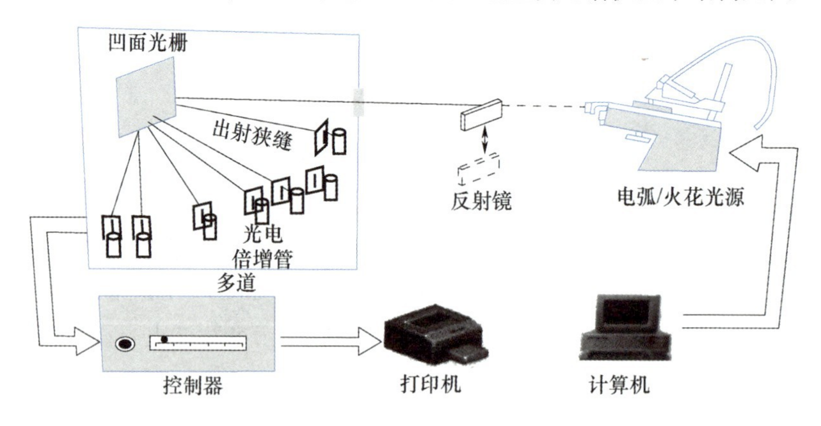

图 8-3 光电直读光谱仪基本结构图[2]

2. 适用范围

具有良好导电性的纯金属、合金、金属材料间化合物、特种金属材料等金属材料的成分分析均可采用光电直读光谱法。光电直读光谱法因其具有可以采用固体试样直接测试无须配制成溶液、可进行高低含量多元素同时分析、操作简单、分析快速等优点而得到广泛的应用，目前主要用于钢铁及合金、铝及铝合金、钛及钛合金、铜及铜合金、镍及镍合金、锌及锌合金、镁及镁合金等金属材料化学成分的分析，许多材料成分分析的光电直读光谱法已制定为标准，见表8-1。光电直读光谱法常用于炉前检验与常规分析。

表8-1　一些金属材料成分分析的光电直读光谱法标准

标准号	标准名称
GB/T 4336—2016	碳素钢和中低合金钢　多元素含量的测定　火花放电原子发射光谱法(常规法)
GB/T 7999—2015	铝及铝合金光电直读发射光谱分析方法
GB/T 10574.14—2017	锡铅焊料化学分析方法　第14部分：锡、铅、锑、铋、银、铜、锌、镉和砷量的测定　光电发射光谱法
GB/T 11170—2008	不锈钢　多元素含量的测定　火花放电原子发射光谱法(常规法)
GB/T 26042—2010	锌及锌合金化学分析方法　光电发射光谱法
GB/T 13748.21—2009	镁及镁合金化学分析方法　第21部分：光电直读原子发射光谱分析方法测定元素含量
GB/T 24234—2009	铸铁　多元素含量的测定　火花放电原子发射光谱法(常规法)
YS/T 482—2005	铜及铜合金分析方法　光电发射光谱法
SN/T 2083—2008	黄铜分析方法　火花原子发射光谱法

3. 特点和注意事项

1)特点

光电直读光谱法的优点：

(1)可以对块状固体试样直接测试，无须配制成溶液，操作简单，测试快速，几分钟内可以准确分析几十种元素，灵敏度高。

(2)适用的成分含量范围广(可同时进行高低含量元素的分析)。

(3)测试的元素范围广，该方法可以测定的氮、碳等元素是目前应用广泛的电感耦合等离子体光谱法所不能够检测的。

光电直读光谱法的缺点：

(1)不能分析尺寸小和不能加工出一个面的不规则样品。

(2)光电直读光谱法因采用固体试样而对试样尺寸等的要求高，以及标样因制备困难而缺乏等的缺点而阻碍了它的广泛应用。样品制备也是影响光电直读光谱法准确度的因素之一。

2)注意事项

(1)样品要求。光电直读光谱法是以固体样品直接上机测定的分析方法，固体样品分析面质量直接影响到试验结果的准确性，样品要求具体如下。

①样品必须具有导电性。光电直读光谱法是通过激发固体样品产生发射光谱进行定量分析的,导电性是其样品被激发的必要条件。金属材料都具有良好的导电性,都可采用光电直读光谱法。

②样品必须是固体样品。块状固态试料可采取切割、磨铣等方式制备成固体样品上机测定,金属液态试料或非块状试料可采用熔融浇铸或重熔成型制备成块状样品上机测定。

③样品要有代表性。要确保分析试样能代表熔体或抽样产品的化学成分平均值。试样是否具有代表性是决定分析结果能否正确判定产品质量或指导生产的前提和基础。

④样品外观的要求。

a. 样品必须有一个足够大并且平整光滑的分析面,这样才能保证在整个分析过程中完全覆盖激发孔,不漏气,能使测试工作一直在氩气氛围内进行。样品的分析面必须大于激发孔。

b. 样品的分析面应无缺陷(如气孔、夹杂、裂纹、疏松、毛刺、折叠或其他表面缺陷),应去除表面涂层、氧化物、油污、灰尘等。

c. 为保证在分析过程中不被击穿,样品必须有一定的厚度。如果太薄,样品可能会被击穿出现漏气现象,从而导致分析中断。

d. 样品的形状无其他的特殊要求,圆柱状、板状、蘑菇形(或图章形)、长方体状等都可。

⑤试验样品的一般尺寸要求。样品采用浇铸技术制成样块后,铸造样品外径不小于30mm,厚度不小于10mm。其他样品采用切割技术制成样块后,棒状样品直径不小于10mm,长度约40mm;板状样品厚度不小于0.5mm,宽度不小于30mm,面积不小于900mm^2[2]。如果样品没有合适的分析面,可采用切割和磨制的方式将它加工出一个平面。

⑥样品内部的要求。

a. 材料化学成分要具有良好的均匀性,无偏析,或者成分偏析在一定的范围内。如果样品材料化学成分均匀性差,说明化学成分偏析现象较严重,无法对样品进行准确检测。

b. 如果预测到样品不均匀或存在可能的污染,应采取应对措施。熔融态金属和铸铁样品的化学成分通常存在严重的偏析现象。

⑦样品制备可参考采用的标准方法。样品制备包括取样和制样两个过程,为保证试验数据的准确度,制备的样品应合乎要求,样品制备应按照取制样标准方法进行规范的操作。金属材料样品取样与制样方法的相关国家或行业标准主要有《铸造合金光谱分析取样方法》(GB/T 5678—2013)等,见表8-2。

表 8-2 金属材料样品取样与制样方法的相关国家或行业标准

标准号	标准名称
GB/T 5678—2013	铸造合金光谱分析取样方法
GB/T 17432—2012	变形铝及铝合金化学成分分析取样方法
GB/T 20066—2006	钢和铁 化学成分测定用试样的取样和制样方法
GB/T 31981—2015	钛及钛合金化学成分分析取制样方法
SN/T 2412.3—2010	进出口钢材通用检验规程 第 3 部分:取样部位和尺寸
YS/T 668—2008	铜及铜合金理化检测取样方法

(2)材料工作者应提供待测样品的材质、牌号等相关信息,以便检测人员在测试时能够选择合适的标准样品、方法参数等,以保证检测数据的准确可靠。

(3)光电直读光谱仪根据光栅所处的不同环境,可分为真空型光电直读光谱仪和非真空型光电直读光谱仪,非真空型光电直读光谱仪有空气型光电直读光谱仪和充惰性气体型光电直读光谱仪。空气型光电直读光谱仪的工作波长范围是在近紫外区和可见光区,因此,空气型光电直读光谱仪无法测定在真空紫外波段的碳、磷、硫、砷等元素的含量。真空型光电直读光谱仪和充惰性气体型光电直读光谱仪的工作波长扩展至远真空紫外 120.0nm[2],可利用这个波段检测氮、磷、碳、硫等元素。

光电直读光谱法与 X 荧光法相比,各自有如下特点。由于直读光谱法要求试样具有导电性,且只能是固体样品,因此只能分析金属类固体样品中的元素;而 X 荧光光谱仪对样品是否具有导电性没有要求,可以分析粉末样品、固体样品、熔融样品、液体样品,也可以分析金属及非金属样品。虽然从分析对象上来说 X 荧光法适用范围更广,但光电直读光谱法可分析含量较低的硼、碳、氮等轻元素,而 X 荧光光谱法无法分析这些轻元素,且 X 荧光光谱仪价格更贵,因此在金属材料固体样品的测试方面,光电直读光谱法的应用更为广泛,该法常用于炉前检验以及常规的金属及其合金的成分分析。

8.1.2 X 射线荧光光谱法

X 射线荧光光谱(XRF)法是利用 X 射线荧光技术对待测样品的元素组成及其含量进行识别和测定的方法,是一种重要的化学成分分析手段,可用于材料中常量、微量和痕量组分的测定,可以对元素进行定性、半定量和定量分析。该方法因具有可分析元素范围广、可分析的浓度范围宽、分析精度高、可进行非破坏分析等特点而得到了广泛的应用。可以分析固体、粉末、液体样品等,用于固体样品测试的 X 射线荧光光谱仪更为广泛。

1. 基本原理

用具有一定能量的X射线照射被分析试样,试样中的元素将初级X射线束吸收而激发,并发射出它们自己的特征X射线荧光。这一分析方法称为X射线荧光法或X射线荧光光谱法。

据Moseley定律,发射出的荧光的波长与元素的原子序数有关。随着元素的原子序数的增加,X射线荧光的波长变短。只要测出元素特征谱线的波长,就可知道元素的种类进行定性分析。从谱线的强度便可了解该元素的含量进行定量分析。X射线荧光的波长和强度是确定元素存在和测定其含量的依据,是X射线荧光光谱法的基础。荧光强度与试样中待测元素浓度成正比,通过测定荧光强度即可确定试样中元素含量。

用于测定X射线荧光的波长和强度进行X射线荧光分析的仪器称为X射线荧光光谱仪。X射线荧光光谱仪一般由X射线光源、试样室、分光系统、检测系统组成。

根据不同的能量分辨原理可将X射线荧光光谱仪分为波长色散型和能量色散型以及非色散谱仪。波长色散型是利用分光晶体将不同波长的X射线荧光分开并检测,得到X射线荧光光谱;能量色散型是利用X射线荧光具有不同能量的特点,将其分开并检测,不使用分光晶体,而利用半导体探测器来完成;非色散谱仪是采用合适的放射源激发试样,发出的X射线荧光经过两个相邻的过滤片进入一对正比计数器。过滤片的吸收边界一个在被测线的短波方向,另一个在长波方向,两信号强度之差与被测元素含量成正比。波长色散型X射线荧光光谱仪有顺序式(也称单道式或扫描式)、同时式(也称多道式)、顺序式与同时式相结合的谱仪三种类型。波长色散型和能量色散型X射线荧光光谱仪示意图分别见图8-4和图8-5。

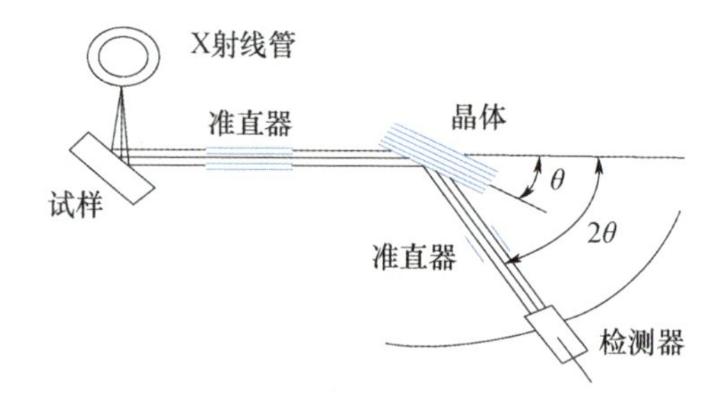

图8-4 波长色散型X射线荧光光谱仪示意图

1)定性分析

一般的X射线荧光光谱仪的分析软件,都能自动进行定性分析。在波长色散型X射线荧光光谱仪中,通过晶体分光,不同波长的特征谱线依据布拉格定律便可分开,常用晶体分光的X射线特征谱线的波长和与其对应的2θ角通常会列于表中,在 2θ 角表中逐一检索扫描谱图中的谱峰,可以判断样品中存在的元素,从而进行定性分析。

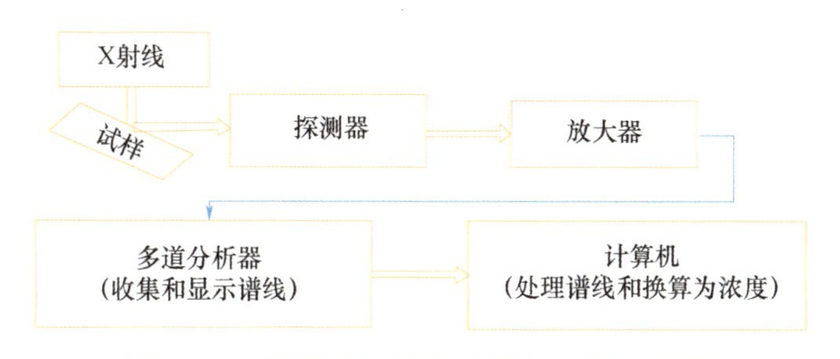

图 8－5　能量色散型 X 射线荧光光谱仪示意图

2)半定量分析

样品经过简单的处理或者完全不做处理,上机测定后,根据 X 射线荧光光谱仪的预置标样的测试数据的工作曲线,便可计算得到样品的化学成分含量。由于预置数据的标样和待测样品的基体、成分、测试状态等不一定一致,所以依据预置的半定量的分析软件得到的数据只能是半定量结果。

3)定量分析

采用一定含量范围的一系列标准样品在 X 射线荧光光谱仪上测定,将标样成分含量对测量的谱线强度做工作曲线,再测量试样的谱线强度,根据该工作曲线便可求出试样的成分含量。

2. 适用范围

XRF 法可用于各类材料中主量、微量及痕量元素成分的定性、半定量和定量分析,在合金、矿石、玻璃、陶瓷、塑料、石油等的元素分析中都有应用。例如,铁及铁合金、钛及钛合金、铝及铝合金、铜及铜合金、锌及锌合金等各种金属及合金类样品化学成分的测定,白云石、石灰石、砂岩、长石等各种矿石类样品成分的测定,玻璃、氢氧化铝、水泥熟料、钢铁生产中的炉渣等无机物成分的分析。XRF 法可测定元素周期表中 ^{4}Be 到 ^{92}U 中所有的元素,可测试 $10^{-4}\%\sim100\%$ 的浓度含量范围;可以测试固体样品(粉末、粉末压片、玻璃熔片、块状试样等),也可测试液体样品(溶液、悬浮液),而且分析精度高,可以进行非破坏性分析,应用领域非常广。一些方法已制定为标准,如《钢铁　多元素含量的测定　X 射线荧光光谱法(常规法)》(GB/T 223.79—2007);《镍铁　镍、硅、磷、锰、钴、铬和铜含量的测定　波长色散 X 射线荧光光谱法(常规法)》(GB/T 24198—2009)。虽然 XRE 法用途很广,但无法测定一些轻元素,如碳、氮等,而且 X 荧光光谱仪价格较光电直读光谱仪的贵,因此,在金属材料的成分测试应用方面,XRF 的使用不及光电直读光谱法广泛。

另外,手持式(或称便携式)X 射线荧光光谱仪因其具有便于携带、分析快速、能够无损检测等优点,已广泛应用于航空航天、机电设备等各个领域的金属材料化学成分的分析工作,是现场测试的优选设备之一,可用于现场直接分析测定,用于废料分拣、混料排查、半成品材料检验、成品材料复验、金属材料牌号鉴别、材料确认等,可用于定性、半定量和定量分析。便携式 X 射线荧光光谱仪无须样品前处理、可进行非破坏性分析;它满足了多种检测需求,如应急事故调查、材料的种类及元素的快速鉴别、金属、非金属样品检测、耗材混料、产品质量把控(如焊缝碎屑检测、汽车零配件检测、矿石含氧化物检测、含硫化物检测、土壤检测、镀层测试)等的快速、无损、有效检测。可检测镁、铝、磷,硫、硅、氯、钾、钙、砷、金、钡、铋、溴、镉、铈、钴、铬、铜、铁、镓、锗、铪、汞、铟、钾、锰、钕、镍、铅、钯、锌、锆、硒、锑、钛、铊、钒、铱、钨等几十种元素。

3. 特点和注意事项

1)特点

(1)该法分析范围广,可分析元素周期表^{4}Be 到^{92}U 中的绝大多数元素[3]。

(2)分析的成分含量范围($10^{-4}\%\sim100\%$)宽,从常量组分到微痕量杂质都能测定。

(3)具有重现性好、测量速度快、灵敏度高、可进行非破坏性分析、操作简单、结果准确等优点。例如,全反射 X 射线荧光光谱仪,其灵敏度非常高,检出限低至 $10^{-12}\sim10^{-9}$g[3]。

(4)对测试样品的形状无特殊要求,固体试样只要能制成片即可。XRF 法测试的试样通常是固体试样,但有的 X 射线荧光光谱仪也可测试液体试样。对于固体试样,块状固体、粉末试样等都可测试,固体试样只要能制成片即可进行测试,粉末试样压制或熔制成片即可进行测试。对于液体试样,以全反射 X 射线荧光光谱仪为例,其液体试样的制备方法比较简单,无论溶液中是否含有悬浮物或微细颗粒,都无须完全消化,在试样载体上滴入用微量移液管定量吸取的微升级溶液试样便可测试。如果使用内标法,只需要加入内标元素与其混匀即可。XRF 法也因对测试样品的形状无特殊要求已得到了广泛的应用,许多材料的标准分析方法采用的都是 XRF 法。

(5)对于全反射 X 射线荧光光谱仪,其样品用量少,如果检测 10^{-6}g 含量水平的元素,微升级或微克级取样量即可;基体效应一般可以忽略不计,定量分析比较简单[3]。可以对光滑的硅片进行直接测定,全反射 X 射线荧光光谱分析技术已经是半导体工业中不可缺少的分析测试手段。

(6)对于波长色散型 X 射线荧光光谱仪,单道型波长色散型 X 射线荧光光谱仪的手动型用于仅含几个元素的试样定量分析,自动型更适合需要扫描整个光谱的定性分析,多道型波长色散型 X 射线荧光光谱仪可以同时检查和测定多至几十种元素，可以在几秒至几分钟内完成。多道型仪器广泛用于钢铁、合金、水泥、矿石和石油产品等工业试样中的成分分析。单道和多道仪器均可分析金属、粉末固体、蒸发镀膜、纯液体或溶液等试样。

(7)对于能量色散型X射线荧光光谱仪，它与波长色散型X射线荧光光谱仪相比具有如下特点。

①因为不需要晶体及测角仪系统，能量色散型X射线荧光光谱仪的探测器可紧接样品位置，增大了接受辐射的立体角，几何效率可提高2~3个数量级。

②由于能量色散型X射线荧光光谱仪的结构紧凑，安装、使用和维修都非常方便，尤其是用封闭式正比计数管作为探测器的光谱仪的价格便宜、重量轻且数据可靠，并且能够在恶劣环境下工作，因此常被用作现场或者在线式光谱仪。

③能量色散型X射线荧光光谱仪分辨率较低，一般为了获得测量谱的峰位和静强度用于定性和定量分析，通常需要对谱进行处理分析。

正是由于能量色散型X射线荧光光谱仪的这些特点，便携式(手持式)X射线荧光光谱仪基本上都是能量色散型X射线荧光光谱仪。

(8)手持式X射线荧光光谱仪特点及应用。手持式X射线荧光光谱仪因具有体积小、重量轻、稳定性高、分辨率高(较手持式看谱镜)、分析速度快、能够无损检测、便于携带、移动方便等优点，得到了广泛关注和应用[4-8]，是快速鉴别金属材料的牌号、快速鉴别并区分混合在一起的各种合金钢及其他金属材料的有力武器，在实验室或工作现场能够对金属材料快速定性和半定量分析、确定其化学成分。手持式X射线荧光光谱仪可针对不同元素进行精准的识别检测，能快速进行牌号区分和质量鉴别，会对金属或合金的有害金属元素进行显示，它能快速地帮助检测者及用户了解被测样品的性质，快速判断样品是否合格等，可以满足材料成分的检测需求。特别是近几十年来，随着新型探测器的出现、微电子技术的发展、能谱分析方法的持续完善，使得能量色散X射线荧光光谱仪正向着轻便化、对环境友好的方向发展，它在分析领域也会变得更加可靠和方便。

(9)便携式(手持式)X射线荧光光谱仪与手持式看谱镜相比，手持式看谱镜虽然也是便携式元素分析的设备，但它只能对材料中是否含有的某一两种特定的元素进行鉴定[9]，不能分析检测材料中的所有元素，在材料不均匀时更无法鉴定；另外，仪器自身的调整、检测环境条件的变化、操作人员的技术熟练程度及操作人员眼睛对光的敏感程度等因素都会对分析结果造成极大影响；手持式看谱镜对操作人员的要求很高，因此手持式X射线荧光光谱仪性能优于手持式看谱镜。

(10)能量色散型仪器与晶体光谱仪相比，能量色散型仪器的缺点在于能量分辨率差，能量色散系统在0.1nm以上的波长区分辨率低，但在短波长范围能量色散系统分辨率较高；探测器必须在低温下保存；对轻元素检测较为困难。

(11)非色散谱仪是通过选择激发、选择滤波和选择探测等方法测量分析线,从而排除其他能量谱线的干扰,它不是采用将不同能量的谱线分辨开的办法,非色散谱仪一般只适用于一些简单以及组成基本固定的试样成分含量的测定。非色散谱仪需要较长的计数时间,分析的相对标准差约为1%。

2)注意事项

(1)样品要求。

XRF法方法成熟,其分析误差主要来源之一是样品制备过程,因此特别提出对试验样品的详细要求。

①由于XRF法受基体效应的影响较大,所以,为使测试数据准确,就要确保试验样品的基体与标准样品的基体一致。在制备样品时,除了两者的基体成分一致外,还要注意标样和未知样的制备条件要尽可能一样,也就是标准样品和未知样品应尽可能在相同的条件下处理,使它们的表面粗糙度、颗粒度、元素存在的化学形态尽可能一致。

②制备的上机测定样品要尽可能地降低或消除不均匀性、矿物效应、颗粒度效应、表面粗糙度等因素对分析结果的影响,同时要求重复性良好。

③样品制备过程中引入的杂质元素和遗失的组分应不能影响测试结果。应针对不同样品、要测试的不同元素选择合适的粉碎、研磨、制备样片等的用具、方法,要注意在粉碎、研磨、加入添加剂时可能引入的杂质以及高温熔融制备样片时可能引起的易挥发组分的挥发遗失。

④材料工作者应与检测人员沟通交流试样的基本情况,如试样牌号信息、成分的大致含量、对检测下限的要求等,以备检测人员针对不同基体的样品和对检测的要求制定合适的制样方法和选择合适的测试方法。

⑤对于不同形态试样的制备的具体要求。

a. 对于化学组成均匀致密的固体块样,如各种金属及其合金,一般将其加工成适合上机测定的形状和大小即可,分析面不合要求时对其处理抛光即可。对于化学组成不均匀的固体块样,如砂岩、长石,应将其粉碎混匀后压片或熔制成样片后上机测定。如果是化学组成不均匀的金属及其合金材料,可以进行重新熔炼。

b. 对于粉末样品利用压片或熔片的方法制备成样片后再上机测定。粉末压片时,需注意试样的粒度和施加的压力的不同对谱线强度的影响。因此,要注意矿物效应、粒度效应、添加的黏结剂及压力等因素对检测结果的影响。将粉末熔融制片时,虽然具有消除了矿物效应和粒度效应、测试结果的重复性好以及熔制的玻璃片可以长期保存等优点,但也要注意熔融制片的缺点:加入的溶剂降低了分析谱线的强度,增加了散射背景的强度和引入杂质的机会,可能会造成一些易挥发元素成分的损失,增加了熔制的时间(熔制时间较长),增加了分析成本(需要熔融设备、试剂和坩埚等易耗品)等。但是,尽管熔融法制样有很多缺点,可它仍然是粉末样品常用的主流的制样方法,在XRF分析使用该制样方法时要注意这些影响测试结果准确度的因素即可。

(2)根据标样浓度对测量的谱线强度做工作曲线时一般应该是正比关系的线性关系,然而因为基体效应等的存在,使得谱线强度同相应的元素浓度常常不成正比。至于元素间的吸收-增强效应的校正可采取基体匹配法、薄试样法、适当的稀释、内标法、标准加入法、散射比法、经验影响系数法、基本参数法等措施。需要注意的是,标准加入法常用于复杂试样中单个元素的测定,标准加入法一般测定浓度不大于1%的成分,较适用于测定液体试样和熔融试样的成分分析。

8.1.3 高频红外吸收法

高频红外吸收法是高频感应燃烧-红外吸收光谱法的简称,是材料中碳硫分析的常用方法。碳元素对金属材料的力学性能、工艺性能及抗疲劳性能、耐腐蚀性能和工程应用有着重要影响。硫通常是有害杂质元素,以硫化物的形态夹杂在金属材料中,破坏金属组织结构的连续性,易降低材料的热处理性能、焊接性能、力学性能和耐腐蚀性能等[10]。准确测定和控制金属材料中的碳、硫含量对产品的质量监控和工程应用有着重要的指导意义。测定碳、硫含量的传统的方法有燃烧-重量法、气体容量法、中和滴定法、碘量法等。上述传统的方法虽然能够满足分析要求,但操作烦琐,分析周期长、速度慢,分析效率不能令人满意,满足不了大批量样品分析测试的需求。高频红外吸收法因具有简单、快速、准确等优点,已成为金属材料中碳、硫含量测定的主流方法。

1. 基本原理

试样在高频感应磁场中,在富氧的条件下燃烧,释放出的碳、硫元素被氧化生成二氧化碳、二氧化硫等气体,经除尘随载气进入碳、硫红外检测池,这些气体能够吸收特定波长的红外光,然后输出电信号,根据信号强弱,经标准化校准后,直接获得试样中碳、硫的含量。图8-6所示为高频红外吸收法的原理图。

2. 适用范围

高频红外吸收法除了应用于常规钢铁材料中的碳、硫含量的分析,为钢铁材料的生产和应用提供有力的保障外,还可应用于钢铁复合材料、熔敷金属、铁合金、有色金属及合金、硬质合金、稀土金属及放射性金属等金属材料以及无机固体化学品、岩石矿物和硅酸盐材料等无机非金属样品中碳、硫含量的分析,并且很多材料的高频红外吸收法已被制定为国家或行业标准方法。

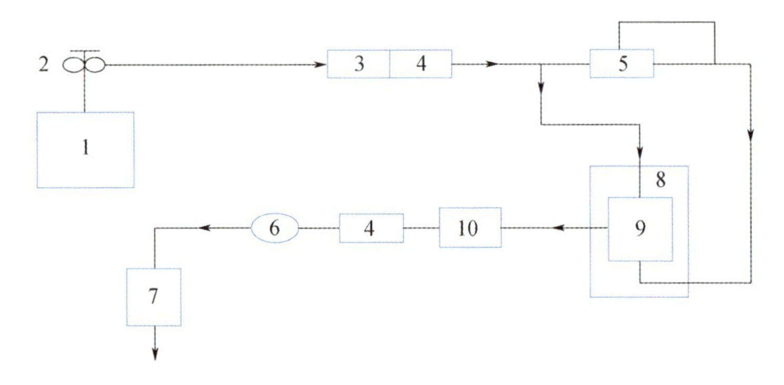

图8－6　高频红外吸收法的原理图

1—氧气瓶;2—总压阀和分压阀;3—氢氧化钠饱和黏土;4—过氯酸镁;5—调节器;
6—气体流量计;7—红外池/读出;8—感应炉;9—燃烧区;10—灰尘捕集区。

高频红外吸收法除了可以检测总碳外,还可以检测化合碳、游离碳。目前,该方法在各类材料的应用中的检测下限及上限不断被刷新,测定的含量范围有高含量、常规含量及微量测定。用该方法测定材料中碳、硫的测量范围通常分别为:碳 1μg/g～12%;硫 1μg/g～6%。一些现有标准资料中的测定范围:钢铁类为:碳 0.003%～4.5%,硫 0.002%～0.100%。钛及钛合金为:碳 0.004%～0.100%;七二五所主持编制的《螺旋桨用高锰铝青铜化学分析方法　第 7 部分:碳量的测定》(CB/T 4390.7—2013)中规定碳的分析范围为 0.0010%～0.300%。高频红外吸收法测定金属材料中碳硫含量的一些标准及分析范围见表 8－3。

表8－3　高频红外吸收法测定部分材料中碳硫的标准及分析范围

分析的材料	标准及分析范围	
	标准名称及标准号	分析范围
钢铁	《钢铁及合金　高硫含量的测定　感应炉燃烧后红外吸收法》(GB/T 223.83—2009)	硫:0.10%～0.35%
	《钢铁及合金　硫含量的测定　感应炉燃烧后红外吸收法》(GB/T 223.85—2009)	硫:0.002%～0.100%
	《钢铁及合金　总碳含量的测定　感应炉燃烧后红外吸收法》(GB/T 223.86—2009)	碳:0.003%～4.5%
耐火材料和活性金属及其合金	《难熔和活性金属及其合金中碳含量测定的标准试验方法》(ASTM E1941—16)	碳:0.004%～0.100%
铜及铜合金	《铜及铜合金化学分析方法　第 4 部分:碳、硫含量的测定》(GB/T 5121.4—2008)	碳:0.0010%～0.20%; 硫:0.0010%～0.030%

续表

分析的材料	标准及分析范围	
	标准名称及标准号	分析范围
钛及钛合金	《海绵钛、钛及钛合金化学分析方法　碳量的测定》(GB/T 4698.14—2011)	碳:0.004%～0.100%
铝及铝合金	《铝及铝合金化学分析方法　第26部分:碳含量的测定 红外吸收法》(GB/T 20975.26—2013)	碳:0.010%～1.00%
锆及锆合金	《锆及锆合金化学分析方法　第24部分:碳量的测定高频燃烧红外吸收法》(GB/T 13747.24—2017)	碳:0.0020%～0.30%
螺旋桨用高锰铝青铜	《螺旋桨用高锰铝青铜化学分析方法　第7部分:碳量的测定》(CB/T 4390.7—2013)	碳 0.0010%～0.30%

3. 特点和注意事项

1)特点

(1)优点。高频红外吸收法具有检测范围宽、操作简单、分析快速、测试结果准确、稳定可靠、应用领域广等优点,目前已成为金属材料中碳、硫分析的主要方法,大部分已制定为标准,见表8-3。高频红外吸收法已经替代了过去一些曾作为标准方法的库仑滴定法,如《钨化学分析方法　第27部分:高频燃烧红外吸收法》(GB/T 4324.27—2012)已替代《钨化学分析方法　燃烧-库仑滴定法测定碳量》(GB/T 4324.27—1984),《钼化学分析方法　第21部分:碳量和硫量的测定　高频燃烧红外吸收法》(GB/T 4325.21—2013)已替代《钼化学分析方法　燃烧-库仑滴定法测定碳量》(GB/T 4325.27—1984)。

(2)缺点。由于标准样品的局限性,部分单位测定铁合金或有色金属合金材料中的碳、硫的研究成果采用钢铁标准样品校正仪器,存在基体不匹配的问题。

2)注意事项

金属材料中碳、硫含量的高频红外吸收法分析所使用的样品是固体碎屑,试样加工取、制样方法可以参考表8-2中的有关样品制备的相关标准方法,碳、硫含量测试的高频红外吸收法所采用的取样方法原则如下。

(1)应保证试验样品能够代表抽样产品的化学成分平均值。

(2)试验样品在化学成分方面应具有良好的均匀性,其不均匀性应不对分析产生显著偏差。

(3)分析试样应去除表面涂层、水分、灰尘以及其他形式的污染物。

(4)分析试样应尽可能避开有缺陷的部位,除非是在关注缺陷部位的碳、硫含量数值,带有缺陷的试样不具有试样代表性。

(5)分析试样的制备量应足够进行分析复验或必要时使用其他的分析方法进

行分析。

(6)由于试样自身的物化性质(如熔点、导电性、磁性)和碳、硫含量及存在形态会影响到试验检测人员对称样量、助熔剂的种类、用量、加入顺序、标准样品等的选择,所以,材料工作者应向检测人员提供材质牌号、基体组成等相关信息,以保证高频红外法测定碳、硫含量的准确性。

具体的取样要求如下。

(1)对于金属合金类试样制备成不少于 10g 的碎屑、颗粒、粉末,严禁油污;允许加工方式有车、铣、刨、钻、剪切、破碎。

(2)对于无机矿物类试样制备成不少于 10g 的粉末;如需粉碎,送检量应不少于 50g。

8.1.4 惰气熔融 – 红外吸收法/热导法

惰气熔融 – 红外吸收法/热导法目前是金属材料中的氧、氮、氢气体分析的现行主流方法。金属材料中的氧、氮、氢元素含量对材料的组织、结构、性能等有很大影响,船舶及海洋工程、航空航天、石油化工、核电等领域都需要进行气体分析。通常,氧以氧化物夹杂形式存在于钢铁材料中,破坏金属结构的连续性,降低材料的力学、抗疲劳性能,但在钛合金中适量的氧可提高材料的硬度和强度;氮在金属中形成弥散稳定的氮化物,可提高材料的硬度、强度和耐腐蚀性,但若含量过高,则会降低金属塑性,产生“蓝脆”现象;氢含量属于有害元素,易在缺陷处富集,产生“白点”,引起金属脆性开裂(氢脆)。例如,在焊接过程中,熔融金属与保护气或渣发生反应,从而导致部分金属氧化,使焊缝中的氧含量增加。所以在焊接过程中,应尽可能地减低氧的来源。焊缝中的氮主要来自焊接过程中电弧周围的空气,氮也会严重影响焊缝质量。随着焊缝中氮含量的增加,焊缝强度会增加,但焊缝的塑性和韧性会显著下降。另外,进入焊缝金属熔池中的氮,在高温作用下,能和锰、硅、铝、钛、铁等元素化合成氮化物,随着时间的延长,能在晶界处形成稳定的针状 Fe_4N,从而导致金属塑性和韧性持续下降,即时效脆性[11]。金属材料中氢的含量一般要求都很低,钢铁及合金中氢的含量一般小于 0.0010%,当氢的含量超过 0.003% 时[12],会出现“白点”或“氢脆”。因此,通过准确测定、严格控制金属材料中氧、氮、氢元素的含量并对产品评价、质量监控具有重要意义。惰气熔融 – 红外吸收法/热导法是目前金属材料中的氧、氮、氢成分分析应用最为广泛的方法,是各科研院校、工矿企业广泛应用的常规分析方法,下面主要介绍该方法。

1. 基本原理

惰气熔融 – 红外吸收/热导法是无机固态材料气体分析的主要方法,其原理是将称量好的试样在惰性气氛(如氦气、氩气等)中投入石墨坩埚,经脉冲加热熔融,试样中的氧被石墨坩埚中的碳还原为CO，氮、氢元素分别以氮、氢的分子态逸出，CO被催化氧化为CO_2。逸出的气体随载气进入后续检测器（红外池或热导池检测器），检测器输出信号，并与已知氧、氮、氢含量的标准物质的输出信号比较后，系统根据试样质量计算出金属材料中氧、氮、氢含量，结果以质量分数显示。惰气熔融－红外吸收法/热导法测定装置原理示意图见图8－7。不同试验项目采用的载气、检测器及其具体原理如下。

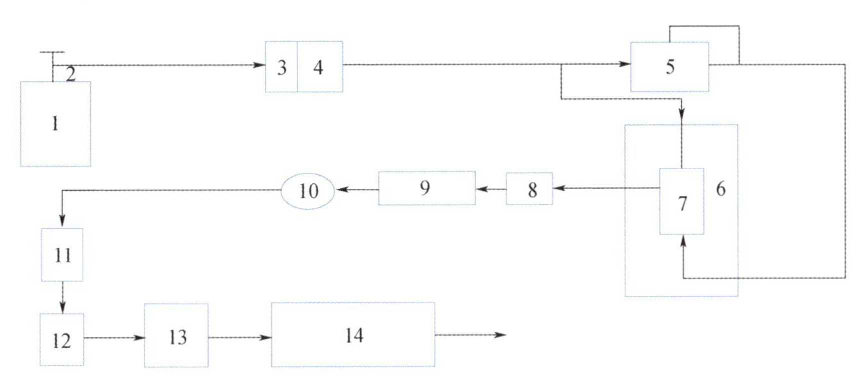

图8－7 惰气熔融－红外吸收法/热导法测定装置原理示意图

1—载气瓶；2—两级压力调节器；3—洗气瓶；4，9—干燥管；5—压力调节器；6—电极炉；7—石墨坩埚；8—除尘器；10—流量控制器；11——氧化碳转化器；12—CO_2 红外检测器；13—CO_2、水分吸收器；14—热导池检测器。

（1）氧试验项目。使用高纯氦气或氩气作载气。CO被氧化成CO_2，CO_2随气流载入红外检测器，利用CO_2的红外吸收特征和朗伯－比尔定律进行检测。

（2）氮试验项目。使用高纯氦气作载气。CO和H_2分别被部分氧化成CO_2和H_2O，并被氢氧化钠碱性黏土和无水高氯酸镁吸收，剩余氮随氦气气流载入热导检测器，利用氮和氦的热导率差异性进行检测。

（3）氢试验项目。使用高纯氮气做载气。氢随气流载入热导检测器，利用氢和氮的热导率差异性进行检测。或在氦气或氩气氛围中被氧化为水，基于H_2O的红外特征吸收峰利用红外法测氢。

（4）氧氮氢联测项目。氧是以CO和CO_2的形式，氢是以H_2O的形式在红外池中利用红外法进行检测，氮则是在热导池中利用热导法进行检测。

2. 适用范围

惰气熔融－红外吸收法/热导法适用于金属及合金等无机固体材料中的氧、氮、氢气体含量的分析，如钢铁及其合金、钛及钛合金、铜及铜合金等金属中以及焊缝、焊条、焊丝、复合材料等特种材料的氧、氮、氢气体含量的分析。

关于钢铁、钛及钛合金、铜及铜合金等部分金属材料中气体测定的惰气熔融－

红外吸收法/热导法标准及分析范围，见表8－4。在实际工作中，根据试样中氧、氮、氢的实际含量情况，通过称取试样的不同重量，可适当扩大金属材料的分析范围，通常可分析金属材料中氧、氮、氢气体含量的分析范围为：氧含量0.05μg/g～5%，氮含量0.05μg/g～3%，氢含量0.1μg/g～0.25%。

表8－4 部分金属材料中氧、氮、氢气体的惰气熔融－红外吸收法/热导法标准及分析范围

材料名称	标准及分析范围	
	标准名称及标准号	分析范围
钢铁	《钢铁 氧含量的测定 脉冲加热惰气熔融－红外线吸收法》(GB/T 11261—2006)	氧：0.0005%～0.02%
	《钢铁 氮含量的测定 惰性气体熔融热导法(常规方法)》(GB/T 20124—2006)	氮：0.002%～0.6%
	《钢铁 氢含量的测定 惰气脉冲熔融－热导法或红外线法》(GB/T 223.82—2018)	氢：0.60～30.0μg/g
钢、铁、镍及钴合金	《用燃烧和熔融法测定钢、铁、镍及钴合金中碳、硫、氮和氧含量的标准试验方法》(ASTM E1019—18)	氧：0.0005%～0.03%； 氮：0.0005%～0.50%
钛及钛合金	《钛和钛合金 氧的测定 惰性气体熔融红外法》(ISO 22963—2008)	氧：0.02%～0.4%
	《惰性气体熔融技术测定钛及钛合金中氧含量的标准试验方法》(ASTM E1409—13)	氧：0.01%～0.5%； 氮：0.003%～0.11%
	《惰气熔融热导/红外法测定钛和钛合金中氢的标准试验方法》(ASTM E1447—16)	氢：0.0006%～0.0260%
海绵钛、钛及钛合金	《海绵钛、钛及钛合金化学分析方法 氧量、氮量的测定》(GB/T 4698.7—2011)	方法一 氧：0.02%～0.40% 方法二 氧：0.01%～0.5% 氮：0.003%～0.11%
铜及铜合金	《铜及铜合金化学分析方法 第8部分：氧含量的测定》(GB/T 5121.8—2008)	氧：0.00030%～0.11%
锆及锆合金	《锆及锆合金化学分析方法 第21部分：氢量的测定 惰气熔融红外吸收法/热导法》(GB/T 13747.21—2017)	氢：0.0005%～0.01%
	《锆及锆合金化学分析方法 第22部分：氧含量和氮含量的测定 惰气熔融红外吸收法/热导法》(GB/T 13747.22—2017)	氧：0.01%～0.5% 氮：0.002%～0.020%
钼	《钼化学分析方法 第23部分：氧含量和氮含量的测定 惰气熔融红外吸收法－热导法》(GB/T 4325.23—2013)	氧：0.0005%～1.00% 氮：0.0005%～0.0020%
	《钼化学分析方法 第25部分：氢含量的测定 惰气熔融红外吸收法/热导法》(GB/T 4325.25—2013)	氢：0.0010%～0.0250%

3. 特点和注意事项

1)特点

从研究者对于金属材料中氧、氮、氢气体分析的重要性的认识及其分析方法研究的过程中可以窥见惰气熔融－红外吸收法/热导法的一些特点,方法研究过程如下。

大量文献资料显示,研究者对于金属材料中气体成分的重要性的认识及其分析方法研究大概始于 20 世纪 30 年代。对于金属材料中气体的分析,最初用氢还原法测定钢铁中的氧,真空加热法测定钢中氢。20 世纪 40 年代以后随着真空技术的发展,用真空熔融法测定氧的准确度大为提高,是气体分析的标准方法,但由于设备和操作繁杂、分析时间长、真空检漏费事等原因[13],已经被惰气熔融－红外吸收法/热导法所代替。例如,过去曾经以库仑滴定法作为标准方法的一些标准已修订为以惰气熔融－红外吸收法/热导法测试氧、氮、氢作为标准方法,如《钼化学分析方法　惰气熔融库仑滴定法测定氧量》(GB/T 4325.25—1984)被《钼化学分析方法　第 23 部分:氧量和氮量的测定　惰气熔融红外吸收法－热导法》(GB/T 4325.23—2013)替代。

惰气熔融－红外吸收法/热导法设备简单,操作方便,应用最广。可单独或同时测定氧、氮和氢。该法与目前见诸报道的其他的分析氧、氮、氢成分含量的分析方法(包括火花源光谱法和质谱法)相比,其优点如下。

(1)该法的检出限一般可达到 μg/g 级或 0.1μg/g 级。较现有的光谱法的检出下限低。例如,光谱法测定氧和氮检出限为 0.0003%。

(2)该法可以测氢,光谱法中未见有测氢的报道。

(3)该法可以同时测定氧、氮、氢,而用质谱法同时测定氧、氮、氢虽然已经有成功的尝试,但是测定对象不是固体材料而是高温熔融金属。

惰气熔融－红外吸收法/热导法的特点如下。

(1)惰气熔融－红外吸收法/热导法是目前金属材料中的氧、氮、氢气体元素分析的通用方法,该法较其他方法准确、快速、操作简单。

(2)测试范围。(基于 1g 样品)氧 0.05μg/g ~ 5%,氮 0.05μg/g ~ 3%,氢 0.1μg/g ~ 0.25%。在实际应用中,惰气熔融－红外吸收法/热导法的检测下限越来越低、检测上限越来越高的报道越来越多,极大地满足了新材料对气体含量越来越严格的要求,如在核电用钢中要求氢在 0.0000X% 数量级;冶金原材料和含金属陶瓷材料分析中,高氮高氧样品从以往的化学法转为气体分析仪器分析,使检测上限记录不断地被刷新。

(3)精密度(RSD)。目前可达到:氧含量≤0.025μg/g 或 RSD≤0.3%;氮含量≤0.025μg/g 或 RSD≤0.3%;氢含量≤0.05μg/g 或 RSD≤2.0%。

(4)灵敏度。可达到:氧 0.001μg/g;氮 0.0011μg/g;氢 0.001μg/g。

(5)氢、氮、氧三种元素的同时测定。也有部分设备无法实现氢、氮、氧三种元素同时测定。之前对金属及合金材料中气体元素分析方法的研究，普遍采用脉冲电极熔融法。在石墨坩埚里处理试样，将碳氧化为 CO 进而转化成 CO_2，氮和氢释放为 N_2 和 H_2。混合气由载气氦载出，通过红外吸收法测定 CO_2 进而换算出氧的含量，用热导检测法测定氮的含量，用氩气做载气，热导法测定氢含量。但当使用氦气作载气时，由于氢气的热导率与氦气的热导率比较接近，此时不能用热导法测定氢的含量；当使用氩气作载气时，由于氮气的热导率与氩气的热导率也比较接近，此时不能用热导法测定氮的含量。因而在单次测量中仅能实现氧、氮或氧、氢联测[13]。但是，目前较先进的设备可以实现氢、氮、氧三种元素的同时测定，采用红外法测氢。分析精度：氢 1% RSD、氧/氮 0.5% RSD。检测下限：氢 0.00001%；氧/氮 0.000005%。

2）注意事项

金属材料中氧、氮、氢含量检测的惰气熔融-红外吸收法/热导法分析所使用的样品是固体棒样或具有一定大小的碎屑，试样加工取制样方法可以参考表 8-2 中的有关样品制备的相关标准方法。氧氮氢含量检测的惰气熔融-红外吸收法/热导法所采用的取样方法原则是：试验样品的表面应光洁、干净、干燥，形状可以是棒状或条状，样品不能有氧化、污染及表面元素损耗等。制备好的试样尺寸必须能够放进石墨坩埚里。制取试样时，无论采用哪种方法，加工过程中都不得使试样过热，因为这会对分析结果产生不利影响。样品在加工过程中过热的迹象可能包括金属变色或样品太热以至于烫手。

试样应按各种材料的取制样方法标准规范制样。

（1）对于金属及其合金等块状或棒状或条状样品，试样应按各种材料的取制样方法标准加工成棒状，一般钢铁 ϕ4mm×50mm，钛合金 ϕ3mm×50mm，铜合金（ϕ4～ϕ6）mm×50mm，或相当截面、长度的条状、多根试棒。

（2）对于粉末样品：试样应不少于 10g，密封存放。

（3）特殊情况：

①仅有氮试验项目时，可制取屑状试料。一般情况下，测试氧、氮、氢的样品都应取成棒状或条状样品。粉状样品中氧、氮、氢的分析技术难度较大，需要对样品制备、分析参数、助熔剂（浴池）与量值溯源（仪器校准）技术进行系统性研究与优化，如刘攀等[14]发表的《惰气熔融-红外吸收法测定铬铝、钼铝中间合金粉中氧》给粉末样品中气体元素分析的研发提供了参考示例。

②铝中氢检测：试样应依据仪器操作要求制取，可参考《铝及铝合金化学分析方法　第 30 部分：氢含量的测定　加热提取热导法》（GB/T 20975.30—2019）。一般采用车制，ϕ7.5mm×100mm，粗糙度 $Ra \leq 1.6\mu m$，现取现测。

试样在上机测试之前，圆棒试样的外表面所有氧化部分需锉掉或剪切除掉，要保留新鲜表面。试样如有污染，在测试前试样要浸入清洗剂中清洗、风干，所以材料工作者应尽量提供干净的试样以减少检测人员的劳动。

在金属材料中氧、氮、氢含量的惰气熔融－红外吸收法/热导法测试中，由于试样自身的物化性质（如熔点、导电性、磁性）会影响到试验检测人员对称样量、助熔剂的种类、用量、加入顺序、标准样品等的选择。所以，材料工作者应提供试样的相关信息，以保证惰气熔融－红外吸收法/热导法测定氧、氮、氢含量的准确性。

现代化的专用仪器虽然基本可以满足此微痕量分析的要求，但随着新材料对微量氢、痕量氧、低氮分析需求的日益增长，仍需检测者对分析方法进行不断的研究和创新以适应新材料及微痕量分析的生产及科研的需求。

8.2 湿法分析

湿法分析是将试样处理成溶液后再进行成分测定的一类分析方法。本节先介绍材料中元素成分及部分离子测定的分析速度较快的光学及谱学分析法和电化学分析法等仪器分析方法以及速度相应较慢的经典的化学分析法，然后介绍材料中阴离子和阳离子成分测定的离子色谱分析法。

光学及谱学分析法是建立在研究物质光学光谱性质上的一系列分析方法。物质发射出电磁辐射或电磁辐射与物质相互作用，根据物质与电磁辐射作用的性质的不同来探测物质的结构和含量的分析方法称为光学分析法。当物质与辐射能作用时，内部发生量子化的能级之间的跃迁，测量此时产生的吸收、发射或散射的波长和强度的分析方法称为光谱分析法，按照物质与电磁辐射作用的性质的不同，光谱分析法可分为吸收光谱法和发射光谱法等。将电磁辐射按波长或频率的大小顺序排列起来即得电磁波谱。利用物质的电磁波谱或其他波谱（如质谱、电子能谱等）来表征物质的方法又称为谱学分析法。本章光学及谱学分析法主要介绍紫外－可见分光光度法、原子吸收光谱法、原子荧光光谱法、电感耦合等离子体原子发射光谱法、电感耦合等离子体质谱法。

电化学分析法是应用电化学原理和试验技术建立起来的一类分析方法，又称为电分析化学法。通常，是将试样溶液和两支电极构成电化学电池，而试样溶液的化学组成和浓度随电学参数的改变而变化，通过测量电池两个电极间的电位差、电流、阻抗（或电导）和电量等电学参数或这些参数的变化而确定试样的化学组成和浓度。本书电化学分析法中主要介绍电解分析法、库仑分析法、电导分析法、电位分析法、极谱法及伏安法。

化学分析法是以物质的化学反应为基础的分析方法，主要包括滴定分析法、重量分析法，化学分析法准确度较高（相对误差一般为 0.1% ~0.2%）[3]，所用天平、滴定管等仪器设备简单，是解决常量分析问题的有效手段。化学分析法作为常规的分析方法，在科研生产中发挥着重要作用，其中的滴定分析法操作相对简便，实用价值大。

本节按照紫外－可见分光光度法、原子吸收光谱法、原子荧光光谱法、电感耦合等离子体原子发射光谱法、电感耦合等离子体质谱法、电解分析法、库仑分析法、电导分析法、电位分析法、极谱法及伏安法、滴定分析法、重量分析法、离子色谱分析法依次进行介绍。

8.2.1 紫外－可见分光光度法

分光光度法是基于物质对不同波长的单色光的选择性吸收而建立起来的分析方法。分光光度法的理论基础是朗伯－比尔定律，是在入射光强度一定的情况下，溶液的吸光度与溶液的浓度成正比，通过吸光度的变化便可以计算出待测元素的浓度。具体是首先建立标准溶液的吸收光谱曲线，然后测试试样溶液的吸光度，根据标准曲线定量分析试样中待测元素的浓度含量。分光光度法的优点是仅需一台不太昂贵的分光光度计便可完成测试，并且该方法灵敏度高，操作简单迅速。分光光度法包括紫外－可见分光光度法、红外光谱法和原子吸收分光光度法等，紫外－可见分光光度法所用的光谱区域为200～780nm。紫外－可见分光光度法是最经典的化学成分分析方法之一，应用较为广泛。

1. 基本原理

光的吸收定律是描述物质对单色光吸收的强弱与吸光物质的浓度 c 和液层厚度 b 间关系的定律，是紫外－可见分光光度法定量的基础。当一束平行的单色光通过含有均匀的吸光物质的吸收池时，光的一部分被溶液吸收，一部分透过溶液，一部分被吸收池表面反射，入射光的强度与透射光的强度之比的对数，与液层厚度成正比，光的吸收定律数学表示式为

$$A = \lg\frac{I_0}{I_t} = \lg\frac{1}{T} = \varepsilon bc \tag{8-1}$$

式中：A 为吸光度；I_0 为入射辐射强度；I_t 为透过辐射强度；T 为透光度；ε 为摩尔吸光系数（L/(mol·cm)）；b 为液层厚度（cm）；c 为吸光物质的浓度（mol/L）。

紫外－可见分光光度法是基于物质对紫外和可见光区域的电磁辐射有着选择性的吸收而建立起来的分析方法。具体原理是：单色器将光源发射的复合光分解为单色光，通过测量吸光物质对单色光的吸收，根据光的吸收定律（朗伯－比尔定律）来确定物质含量的方法。分光光度法的分析，是利用物质本身对紫外及可见光的吸收进行测定，但当物质本身对紫外及可见光的吸收的强度较弱时，无法直接用于定量分析，大多都是采用加入显色剂，使待测物质转化为在近紫外和可见光区域有吸收的化合物，即"显色"以后进行光度法测定。将试样中被测组分转化成有色化合物的反应称为显色反应。显色反应一般有络合反应和氧化还原反应。

紫外－可见分光光度计是用于测定紫外－可见吸收光谱图和进行紫外－可见光度定量分析的吸收光谱仪，主要由光源、单色器、吸收池、检测器及测量系统五部分组成，紫外－可见分光光度计结构示意图见图 8－8。

图 8－8　紫外－可见分光光度计结构示意图

紫外－可见分光光度计根据不同的分类可分为：单光束分光光度计和双光束分光光度计；单波长分光光度计和双波长分光光度计等。紫外－可见分光光度法有标准比较法、标准加入法、示差吸光光度法、双波长分光光度法、导数分光光度法、动力学吸光光度法等。

2. 适用范围

紫外－可见分光光度法适用于低含量组分和微量组分的测定，不太适用于高含量组分的测定，其相对误差在百分之几，但要求准确度在千分之几的高含量组分的测定不适宜，对于准确度要求高的可使用示差吸光光度法。可用高吸光度示差光度法测定的金属元素有铝、锰、铬、镍、钼、铌、钒、铍、钛、铀、锆、铂、钐、钕、镨、钚、钽、铒等，非金属有 CN^-、F^-、PO_4^{3-} 等。

紫外－可见分光光度法应用范围广，理论上，元素周期表中的所有金属元素都可测定，也可测定硅、硫、氮、硼、砷、硒和卤素等非金属元素。

例如，钢铁及合金中铁、硼、钴、镍、锰、钼、铅等的测定，钛及钛合金中硅、铌、锰、钼等的测定，锆及锆合金中铝、硼、铁、钴、铜、镍等的测定，铝及铝合金中钒、钼、磷、铁、硅等的测定，锌及锌合金中铝、锡、铁、硅等的测定，镁及镁合金中硅、铍的测定，锡铅焊料中磷、锑等的测定方法标准采用的都是紫外－可见分光光度法。《钢铁及合金　磷含量的测定　铋磷钼蓝分光光度法和锑磷钼蓝分光光度法》(GB/T 223.59—2008)的两个测定磷的方法测定范围分别为 0.005%～0.300%、0.01%～0.06%。《钢铁及合金　铁含量的测定　邻二氮杂菲分光光度法》(GB/T 223.70—2008)测铁的分析范围为 0.100%～1.00%。杜米芳等编制的《铝－锌－铟系合金牺牲阳极化学分析方法》(GB/T 4949—2018)中光度法测铜的分析范围为 0.0010%～0.020%；测钛的分析范围为 0.0050%～0.100%。

由于紫外－可见分光光度法是一个元素一个方法，不能元素同时测定，因此，它已逐渐被电感耦合等离子体原子发射光谱法替代。

3. 特点和注意事项

1）特点

紫外－可见分光光度法是仪器分析中应用最为广泛的分析方法之一，它具有如下特点。

(1)灵敏度高。通常,紫外－可见分光光度法用于测定试样中0.001%～1%的微量成分,甚至可测量10^{-7}～10^{-6}的痕量成分[15]。

(2)准确度较高。测定的相对误差为2%～5%,如果使用精密的分光光度计测量,相对误差可减少至1%～2%。紫外－可见分光光度法一般适用于低含量组分和微量组分的测定,不太适用于高含量组分的测定,测量高含量组分时,要经稀释后测试。用于测试常量组分时,该方法准确度不及滴定分析法和重量分析法。

(3)适用范围广。几乎所有的无机离子和有机化合物都可直接或间接用紫外－可见分光光度法测试。

(4)操作简单,分析快速,仪器价格便宜,应用较为广泛。

(5)紫外－可见分光光度法具有快速、简便、灵敏度高、重现性好等优点。其中的紫外吸收光谱法进行定量分析一般不需显色剂,紫外吸收光谱法不受显色剂浓度、显色时间等因素的影响,因此更为快捷。

尽管分光光度法有许多优点,但也有一定的局限性,局限性如下。

(1)目前对于高含量组分的测定,应用不多。

(2)对于超纯物质的分析,分光光度法也存在灵敏度不够的问题。

(3)碱金属和非金属元素等某些元素还没有合适的显色剂,有些显色剂的选择性还较差等。

(4)光度分析通常需要各自制样,单元素测定。

(5)该法只可进行单元素分析,其分析结果的准确性需要依赖灵敏的显色剂(紫外吸收光谱法除外)。

2)注意事项

(1)关于光吸收定律的注意事项。

①入射辐射必须是单色光;光辐射与物质的作用仅限于吸收,如果同时有散射、荧光和光化学反应发生时,那将引起较大误差。

②吸收时,吸收体系中各物质间无相互作用,在这个前提下,各吸光物质的吸光度具有加和性。

③光吸收定律的线性关系只有在吸光物质低含量或稀溶液时才能成立,一般只适用于浓度小于0.01mol/L的稀溶液。

(2)分光光度法的灵敏度通常用摩尔吸光系数ε表示,一般$\varepsilon > 10^4$属于灵敏的方法,$\varepsilon < 10^3$属于不灵敏的方法。可以通过预先富集、增强吸光分子的吸光能力、利用化学反应、改进测量技术等方法来提高灵敏度。

(3)除可以通过分离的方法消除干扰以外,还可以通过寻找使用高选择性的显色剂、利用化学反应(隐蔽、萃取、改变干扰元素价态等)消除干扰的方法以及采用分光光度测量的新技术(如导数分光光度法、双波长分光光度法)等方法来提高光度分析的选择性从而有效地消除干扰。

显色反应应选择性好、灵敏度高、有色络合物的离解常数要小、有色络合物的组成要恒定、化学性质要稳定。显色反应的条件要易于控制。

(4)样品要求。

①金属合金类样品,表面应无油污,可通过车、铣、刨、钻、剪切或破碎的加工方法,制成厚度不大于 1mm 的碎屑、颗粒或粉末,试样量不少于 10g。

②无机矿物类样品,要制成粒径不大于 100 目的粉末,试样量不少于 10g。

③为便于试样加工和选择测试方法,材料工作者应向检测人员提供欲测试样的材质牌号、基体组成等信息。

8.2.2　原子吸收光谱法

原子吸收光谱(atomic absorption spectroscopy,AAS)法,又称原子分光光度法,简称原子吸收法,是基于待测元素的基态原子蒸气对其特征谱线的吸收,由特征谱线的特征性和谱线被减弱的程度对待测元素进行定性定量分析的一种仪器分析的方法。主要用来分析材料中的金属元素和部分非金属元素。

1. 基本原理

原子吸收法是利用被测元素基态原子蒸气对其共振辐射线的吸收特性进行元素定量分析的方法。

原子吸收法定量分析的基础是:处于基态的原子,吸收由空心阴极灯发射出的该原子的共振辐射,吸收的大小与其处于基态的原子数成正比。

根据热力学原理,原子蒸气在一定温度下达到热平衡时,基态原子数和激发态原子数遵循玻耳兹曼(Boltzmann)公式:

$$\frac{N_i}{N_0} = \frac{g_i}{g_0} \times e^{-\frac{E_i - E_0}{kT}} \tag{8-2}$$

式中:N_i 为激发态原子数;N_0 为基态原子数;g_i 为激发态的统计权重;g_0 为基态的统计权重;E_i、E_0 为激发态和基态具有的能量;k 为玻耳兹曼常数;T 为热力学温度。

计算表明,在一般的火焰温度 2000 ~ 3000K 下,原子蒸气中激发态原子数和基态原子数的比值 N_i/N_0 为 $10^{-15} \sim 10^{-3}$,远小于 1%,即使在其他温度较高的激发光源中,激发态原子占原子总数的比例也很小。因此,在通常的原子吸收光谱分析的测定条件下,原子蒸气中参与产生吸收光谱的基态原子数可近似地看作等于原子总数。

当试验条件固定时,即温度、吸收光程、进样方式等一定时,有

$$A = kc \tag{8-3}$$

式中:A 为原子吸收的吸光度值;k 为常数;c 为试样中待测组分的浓度。

式(8－3)是原子吸收定量分析的依据。原子吸收法通过测定标准系列溶液的吸光度,绘制标准曲线,测定样品溶液的吸光度,根据标准曲线便可查得或计算得到试样溶液中待测元素的浓度。

原子吸收分光光度计一般由光源、原子化系统、单色器、检测器、记录显示系统五部分组成。原子化系统为原子吸收光谱仪的核心部件,原子化系统的功能是提供能量使试样完成原子化。原子化系统直接影响到原子吸收法的灵敏度、准确度。原子化系统要有尽可能高的原子化效率。目前的原子化系统主要有火焰原子化器、无火焰原子化装置(又称电热原子化装置)和化学原子化。目前广泛使用的无火焰原子化装置有石墨炉原子化器,化学原子化常用的有氢化物发生原子化法及冷蒸气发生原子化法(汞低温原子化法)等。氢化物发生原子化法适用于砷、铋、锑、硒、碲、锗、铅和锡等元素的检测。目前,比较常用的原子化系统是火焰原子化器和石墨炉原子化器。火焰原子吸收分光光度计的结构示意图见图8－9。

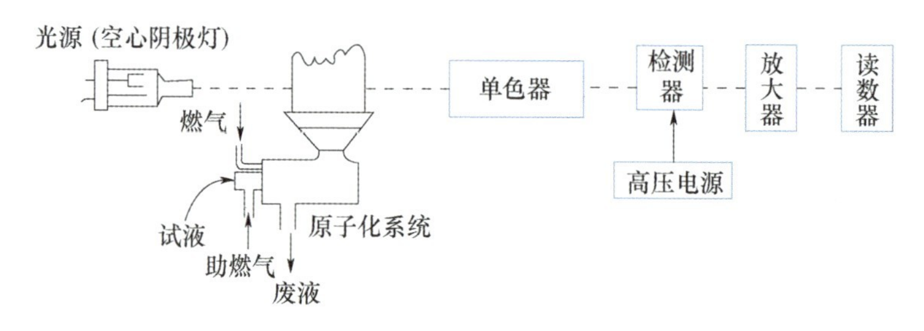

图8－9　火焰原子吸收分光光度计的结构示意图

火焰原子吸收法是利用火焰的高温燃烧使试样原子化进行元素含量分析的一种方法。石墨炉原子吸收法是利用电流加热石墨炉产生阻热高温使试样原子化,并进行辐射光谱吸收分析的方法。相比于火焰原子吸收法,分析试样几乎全部参加原子化,且有效避免了火焰气体对原子浓度的稀释,此外激发态原子在吸收区停留时间长,分析灵敏度和检出限得到了显著的改善。李治亚等发明了石墨炉原子吸收分光光度法测定船体钢中微痕量铅的分析方法。

2. 适用范围

原子吸收法可分析70多种元素,可分析无机和有机样品中的金属元素和部分非金属元素或阴离子的含量,特别适合微量分析和痕量分析。常量成分在进行适当的稀释后也可采用原子吸收法进行分析。原子吸收法已成为实验室的常规方法,也已被制定为国际、国家级或行业级标准方法,广泛应用于石油化工、环境卫生、冶金矿山、材料、地质、食品、农业、环境监测、生化和制药等各个领域中。表8－5是原子吸收法的一些标准及分析范围。钢铁、合金和高纯金属等各种金属材料中微量和痕量元素及部分常量组分的分析等多采用原子吸收法。原子吸收法除可以测定金属元素外，金属材料中的一些非金属元素和阴离子，如砷、硼、氯、氟、碘、磷、硫、硒、硅、高氯酸根、亚硝酸根、氰根、氨、过氧化氢、氮等也可采用原子吸收光谱法的间接测定法进行测定。

表 8－5　金属材料原子吸收法的一些标准及分析范围

材料类别	标准号	标准名称	分析范围/%
钛基	ISO 22961:2008	钛和钛合金　铁的测定　原子吸收光谱法	0.005～2.0
镍合金	ISO 7530－1:2015	镍合金　火焰原子吸收光谱法　第 1 部分：钴、铬、铜、铁和锰含量的测定	0.01～4.0
铜基	ISO 4740:1985	铜和铜合金　锌含量的测定　火焰原子吸收光谱法	0.001～6.0
	ISO 4749:1984	铜合金　铅含量的测定　火焰原子吸收光谱法	0.01～5.0
钢铁及合金	GB/T 20127.4—2006	钢铁及合金　痕量素的测定　第 4 部分：石墨炉原子吸收光谱法测定铜含量	0.0001～0.0060
	GB/T 223.53—1987	钢铁及合金化学分析方法　火焰原子吸收分光光度法测定铜量	0.005～0.50
	GB/T 223.64—2008	钢铁及合金 锰含量的测定　火焰原子吸收光谱法	0.002～2.0
	GB/T 223.54—1987	钢铁及合金化学分析方法　火焰原子吸收分光光度法测定镍量	0.005～0.50
铝及铝合金	GB/T 20975.1—2018	铝及铝合金化学分析方法　第 1 部分：汞含量的测定	方法一：0.000001～0.01 方法二：0.000001～0.0001
	GB/T 20975.9—2020	铝及铝合金化学分析方法　第 9 部分：锂含量的测定　火焰原子吸收光谱法	0.002～12.00
	GB/T 20975.11—2018	铝及铝合金化学分析方法　第 11 部分：铅含量的测定	0.005～1.50
	GB/T 20975.17—2008	铝及铝合金化学分析方法　第 17 部分：锶含量的测定　火焰原子吸收光谱法	0.2～12.00
	GB/T 20975.21—2008	铝及铝合金化学分析方法　第 21 部分：钙含量的测定	0.01～0.30
镁及镁合金	GB/T 13748.3—2005	镁及镁合金化学分析方法　锂含量的测定　火焰原子吸收光谱法	0.0020～0.250
金属铬	GB/T 4702.4—2008	金属铬 铁含量的测定　乙二胺四乙酸二钠滴定法和火焰原子吸收光谱法	0.10～1.00
	GB/T 4702.5—2008	金属铬　铝含量的测定　乙二胺四乙酸二钠滴定法和火焰原子吸收光谱法	0.10～1.00

火焰原子吸收的不同火焰、不同燃助比有其不同的性能，有其适合的检测范围。原子吸收光谱法中的化学计量焰温度高、噪声小、稳定，适合多种元素的测定。如乙炔－空气火焰燃助比在1：4的中性火焰时，可用于测定30多种元素。富燃焰因助燃气不足，燃烧不完全，火焰具有还原性，火焰噪声大，干扰多，如乙炔－空气火焰燃助比大于1：3的富燃焰时，它适于测量较易形成难熔氧化物的元素钼、铬、稀土等。贫燃焰适于测定不易氧化的元素，如银、铜、镍、钴、钯等。在原子吸收法分析方法中设定不同的条件可满足要测定的不同材料中的不同元素的需要。虽然原子吸收法曾经是金属材料成分分析的主要方法，但由于它同紫外－可见分光光度法一样，也存在着一个元素一种方法、不能同时测定多元素的弱点，现在逐渐被电感耦合等离子体原子发射光谱法与质谱法替代。

3. 特点和注意事项

1）特点

原子吸收法具有检出限低、选择性好、分析速度快、仪器组成简单、操作方便、应用范围广等优点。

（1）原子吸收光谱法优点。

①原子吸收光谱法灵敏度高、检出限低。火焰原子吸收法的灵敏度对多数元素在μg/mL级，对少数元素可达到μg/L级。石墨炉原子吸收法的绝对灵敏度可达到$10^{-14}\sim10^{-12}$g，无火焰原子吸收法比火焰原子吸收法的灵敏度高几十倍到几百倍。火焰原子吸收法的检出限一般为0.xμg/mL，冷原子吸收检出限可达0.2ng/mL，氢化物发生－原子吸收法检出限比火焰法低1～3个数量级。

②原子吸收光谱法准确度高。火焰原子吸收法的准确度接近于化学分析法，相对误差小于1%。石墨炉原子吸收法的相对误差约为3%～5%。

③精密度高。火焰原子吸收法的精密度较好。在日常的一般低含量测定中，精密度为1%～3%。采用高精度测量方法，精密度小于1%。无火焰原子吸收法较火焰法的精密度低，一般可控制在15%之内。若采用自动进样技术，则可改善测定的精密度。火焰法：RSD＜1%，石墨炉3%～5%。

④试样用量少。采用石墨炉无火焰原子吸收法，每次测量仅需5～20μL试液或0.05～10mg的固体试样。

⑤选择性好，干扰少。原子吸收光谱为分立的锐线光谱，且谱线重叠性小，干扰性小，一般共存元素对被测元素干扰少，通常不需分离共存元素即可测定，液体试样常可直接进样，一般样品无须进行预分离处理。

⑥分析速度快。仪器操作简单，分析一个样品（包括测试标准样品进行校准曲线建立的时间）0.5～1h内完成，且重现性良好。

⑦应用范围广。可测定周期表中70多种元素，除金属元素外，还可测定非金

属元素和一些离子。

⑧火焰原子吸收光谱分析优点：火焰稳定、基体效应小和噪声小。

（2）原子吸收光谱法应用的局限性。

①只能进行无机材料中元素的含量分析，不能直接用于有机化合物的含量分析和结构分析。

②常规原子吸收分光光度法每测定一种元素，必须使用该元素的空心阴极灯光源，不能同时进行多元素分析。测定的元素不同，所用的空心阴极灯光源不同。一种元素测定完成后要进行另一个元素测定时，必须要更换空心阴极灯光源后才能进行另一个元素的测定。

③标准工作曲线的线性范围窄（一般在一个数量级范围）。

④需要将样品处理成溶液。

⑤火焰原子吸收光谱法由于原子化温度比较低，对于一些易于形成稳定化合物的元素，原子化效率低，检出能力差，受化学干扰严重，造成精度和灵敏度差，结果不能令人满意。

⑥非火焰的石墨炉原子化器虽然原子化效率高、检出率低，但是重现性和准确度较差。

⑦火焰原子吸收光谱分析虽然制样有一定的通用性，但各元素测定有不同的燃助比、不同的观测高度、不同的光谱带宽，这种单元素测定技术难以采用折中条件，如果一个样品中要测定多种元素，其分析速度比顺序测定型ICP光谱分析更慢。

2）注意事项

（1）原子吸收法和紫外－可见分光光度法都属于吸收光谱分析，但它们所测定的吸光物质所处的状态不同。在紫外－可见分光光度法中，吸光物质是无机化合物的分子或离子，而原子吸收光谱法中的吸光物质是处于基态的原子蒸气。另外，紫外－可见分光光度法中观察到的是分子中价电子由基态向激发态跃迁产生的电子带状光谱；原子吸收光谱法中观察到的是原子由基态向激发态跃迁产生的原子线状光谱。

（2）石墨管炉原子吸收比火焰法消耗样品少，适用于分析量少的试样，对悬浮液、乳浊液、有机物、生物材料等样品可直接进样测试，石墨管炉原子吸收的缺点是分析结果精密度比火焰原子吸收法差，基体效应、化学干扰多，记忆效应较严重。

（3）灯电流不易过大。对于易挥发元素，易造成热蒸发作用的增强，导致原子浓度的增加，易产生自吸；对于不挥发元素，易增强溅射作用，使阴极温度升高，原子碰撞增加，增强多普勒效应。

（4）火焰原子吸收光谱分析中，火焰的温度是影响原子化效率的基本因素。它与火焰的类型和组成有关，在同一火焰中，它也与火焰的高度、位置有关。火焰的氧化还原气氛影响化合物的分解及难离解化合物的形成，可通过调节燃助比来控制氧化还原的气氛。

(5)火焰原子化器的缺点是原子化效率低，火焰中的自由原子浓度很低。应用非火焰原子化器可提高原子化效率，提高测量的灵敏度。

(6)原子吸收光谱法分析时，在用校准曲线法测试时，为减小测量误差，系列标准溶液的吸光度应使其落在0.05~0.70之间。

(7)为减小物理干扰可采用标准加入法进行测量。

(8)对试样的要求参照紫外－可见分光光度法注意事项中的“样品要求”。

8.2.3 原子荧光光谱法

原子荧光是一种光致发光现象，是气态自由原子经激发光照射后被激发，属于光激发。它与原子发射光谱的原子激发(属热激发)不同。原子荧光光谱法是通过测量待测元素的原子蒸气在特定频率辐射能激发下所发生的荧光发射强度，来测定待测元素含量的方法。原子荧光光谱法具有发射谱线简单、灵敏度高于原子吸收光谱法、线性范围较宽、干扰少的特点，能够进行多元素同时测定。

1. 基本原理

原子荧光光谱法是以测量原子在紫外－可见区辐射激发下所发射出的荧光强度进行定量分析的方法。是依据各种原子的荧光强度与其原子浓度成正比的关系进行定量分析的方法。

当原子浓度很低时，原子荧光的强度与原子浓度之间的关系为

$$I_f = \phi \varepsilon I_0 A L N \tag{8-4}$$

式中：I_f为荧光强度；ϕ为荧光的量子产率；ε为荧光峰值摩尔吸收系数；I_0为激发光强度；A为荧光照射在检测器中观察到的有效面积；L为吸收光程长度；N为原子化器中单位体积中该元素的基态原子数。

实际应用中，激发光强度和原子化器的条件保持恒定，原子荧光的强度与原子浓度成正比，即

$$I_f = Kc \tag{8-5}$$

式中：I_f为荧光强度；K为常数；c为原子浓度。

按原子荧光产生的机理，原子荧光通常可分为共振荧光、非共振荧光和敏化荧光。

原子荧光光谱仪一般由光源、原子化器、单色器、检测器、记录显示系统五部分组成。原子荧光光谱仪的结构示意图见图8－10。

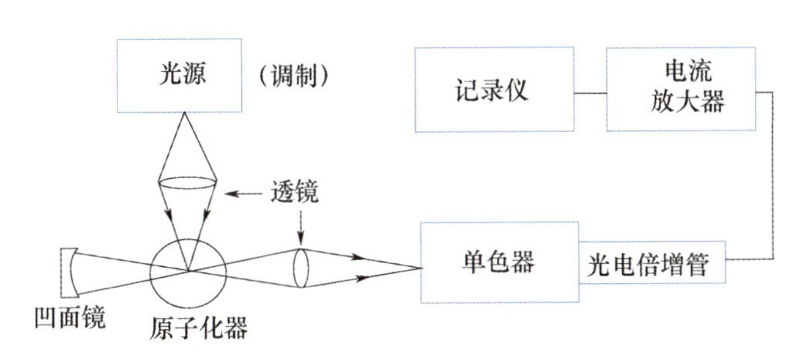

图8-10 原子荧光光谱仪的结构示意图[3]

2. 适用范围

适于微痕量元素分析,可分析砷、铈、锑、锡、镉、汞、碲、硒、锌、铅等元素,可进行多元素同时测定。钢铁及合金中砷、锑、铋、锡、硒、碲等的分析,镍基合金中锡、铋等的分析,锌及锌合金中砷、锑等的分析,土壤中砷、汞等的分析,地质样品中铋、砷、铅、锗等的分析,矿石中砷、锑、铋等的分析等都有期刊报道或方法标准。原子荧光光谱法可分析超低浓度的钠、铀等元素。部分材料中部分原子荧光光谱法的标准及分析范围见表8-6。

表8-6 部分材料中部分原子荧光光谱法的标准及分析范围

类别	标准号	标准名称	分析范围/%
金	GB/T 11066.9—2009	金化学分析方法 砷和锡量的测定 氢化物发生-原子荧光光谱法	砷:0.0002~0.0050 锡:0.0002~0.0050
锌及锌合金	GB/T 12689.2—2004	锌及锌合金化学分析方法 砷量的测定 原子荧光光谱法	砷:0.0010~0.050
	GB/T 12689.9—2004	锌及锌合金化学分析方法 锑量的测定 原子荧光光谱法和火焰原子吸收光谱法	锑:0.0010~0.050
钢铁及合金	GB/T 20127.2—2006	钢铁及合金 痕量素的测定 第2部分:氢化物发生-原子荧光光谱法测定砷含量	砷:0.00005~0.010
	GB/T 20127.8—2006	钢铁及合金 痕量素的测定 第8部分:氢化物发生-原子荧光光谱法测定锑含量	锑:0.00005~0.010
	GB/T 20127.10—2006	钢铁及合金 痕量素的测定 第10部分:氢化物发生-原子荧光光谱法测定硒含量	硒:0.00005~0.010
	GB/T 223.80—2007	钢铁及合金 铋和砷含量的测定 氢化物发生-原子荧光光谱法	铋:0.00005~0.010 砷:0.00005~0.010
	GB/T 223.89—2019	钢铁及合金 碲含量的测定 氢化物发生-原子荧光光谱法	碲:0.0001~0.005

续表

类别	标准号	标准名称	分析范围/%
钼	GB/T 4325.3—2013	钼化学分析方法 第3部分:铋量的测定 原子荧光光谱法	铋:0.0001~0.005
	GB/T 4325.4—2013	钼化学分析方法 第4部分:锡量的测定 原子荧光光谱法	锡:0.0003~0.005
	GB/T 4325.5—2013	钼化学分析方法 第5部分:锑量的测定 原子荧光光谱法	锑:0.0001~0.005
	GB/T 4325.6—2013	钼化学分析方法 第6部分:砷量的测定 原子荧光光谱法	砷:0.0002~0.005

原子荧光光谱法较难测定复杂基体样品,逐渐被电感耦合等离子体原子发射光谱法或电感耦合等离子体质谱法替代。

3. 特点和注意事项

1)特点

(1)原子荧光光谱法的优点。

①原子荧光光谱法的优点是灵敏度高,检出限低,对镉、锌等元素的检出限都小于 10^{-4} μg/L;激光原子荧光光谱法检出限达到每毫升 10^2 ~ 10^3 个原子的水平,实现了某些元素超低浓度的分析,应用前景广阔。

②线性范围宽,在低浓度范围内可达到3~5个数量级。

③多道原子荧光光谱仪可多元素同时测定。

(2)原子荧光光谱法的缺点。

①原子荧光光谱法较难测定复杂基体样品,没有原子吸收法和原子发射光谱法用得多。

②当原子浓度很低、激发光强度和原子化器的条件保持恒定时,原子荧光的强度与原子浓度成正比。

2)注意事项

(1)要注意原子蒸气中能引起荧光猝灭的气体种类和浓度问题。常用氩稀释火焰以减少猝灭现象。

(2)为降低散射光产生的干扰,可以通过预混火焰增加火焰观测高度和温度,或者采用挥发溶剂的方法,减少散射微粒,也可以使用扣除背景的方法。

(3)对试样的要求参照紫外-可见分光光度法注意事项中的“样品要求”。

8.2.4 电感耦合等离子体原子发射光谱法

电感耦合等离子体原子发射光谱法,简称ICP-AES法或ICP-OES法,属于原子发射光谱法。是一种可以进行金属材料中多元素同时测定也可以进行单元素独立分析的方法,是目前化学成分分析中应用最广泛的快速分析方法之一。

1. 基本原理

ICP－AES 法是以电感耦合等离子体为激发光源的原子发射光谱分析方法。其原理为:试样溶液以气溶胶的形式导入等离子体炬焰中,样品被蒸发和激发,发射出所含元素的特征波长的光。经分光系统分光后,其谱线强度由光电元件接收并转变为电信号而被记录。根据元素浓度与谱线强度的关系,测定样品中各相应元素的含量。目前,应用较多的是标准曲线法,一般配制 5～7 个浓度的系列标准溶液,在合适的工作条件下,测定其发射光谱强度,绘制谱线强度和标准溶液浓度之间的标准曲线,一般情况下应得到通过坐标原点的良好线性的标准曲线,再测定待测样品的谱线强度,由标准曲线求出试样中元素的浓度含量。目前几乎所有的光谱仪器均为光电测量并由计算机处理数据,可直接由计算机输出测定结果并打印报告。图 8－11 所示为 ICP－AES 法分析船体钢中铬含量所用的标准曲线。

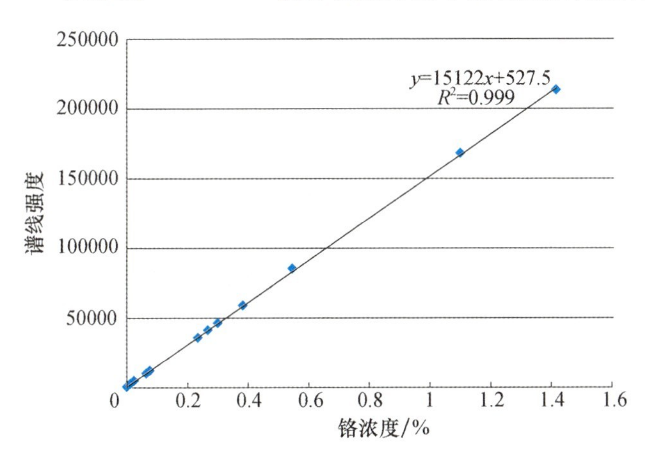

图 8－11　ICP－AES 法分析船体钢中铬含量所用的标准曲线

ICP－AES 法所用的仪器为电感耦合等离子体原子发射光谱仪,简称 ICP。电感耦合等离子体原子发射光谱仪主要由进样系统、高频发生器、等离子炬、恒温光室、光学系统、检测器、分析软件和计算机系统组成。电感耦合等离子体原子发射光谱仪有顺序扫描式和多通道式,图 8－12 所示为电感耦合等离子体原子发射光谱仪的基本结构图。目前,大多数电感耦合等离子体原子发射光谱仪都有恒温光室,因此测定的数据在一定的温度范围内,几乎不受环境温度的影响,测试的数据更为准确可靠。也正因为如此,ICP－AES 法越来越受到广大科研工作者的喜爱,用途越来越广,ICP－AES 法的应用涉及各个行业各个方面,研究论文众多[16－24]。杜米芳等解决了干扰严重、微痕量元素难以测定等技术难题,研究并建立了典型海洋工程材料中镍基、钛基、铁基、锡基、锆基、铝基等各种基体材料的电感耦合等离子体原子发射光谱分析方法[16-22],一些方法已获得授权发明专利证书。

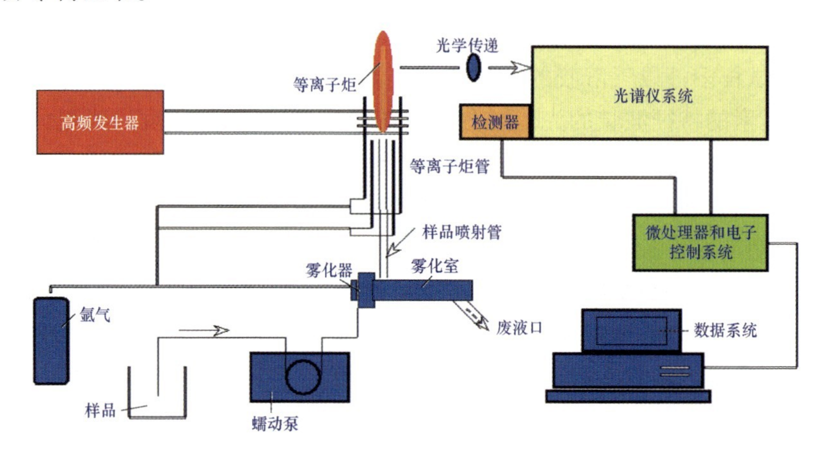

图 8-12　电感耦合等离子体原子发射光谱仪的基本结构图

目前,电感耦合等离子体原子发射光谱仪可以检测的波长覆盖范围为 160 ~ 847nm,无任何波长断点,除了可以检测元素周期表中几乎所有的金属元素外,还可测磷、硒、硼等部分非金属元素;仪器的分辨率可以达到不大于 0.006nm,仪器分辨率高。由于电感耦合等离子体原子发射光谱仪光源激发温度高,有利于激发电位高的元素测量,并且用 ICP-AES 法测试时它的化学干扰少,存在的干扰主要是光谱干扰和物理干扰。

2. 适用范围

ICP-AES 法能够分析 70 多种元素,可用于高纯金属、合金、冶矿样品等各类材料中金属元素及磷、硒、硼、硅、砷等部分非金属元素的常量、微量及痕量成分等的定性、半定量和定量的快速分析,适用于材料的单个元素独立测定或多元素同时测定,已在许多领域的各个方面都进行了广泛应用,在冶金原料及产品、地质矿石类样品、环境、监测、化学化工类原料及产品等都有应用。

钢铁及其合金、钛及钛合金、铝及铝合金、铜及铜合金、镍及镍合金、锌及锌合金、钴及钴合金、锆及锆合金、镁及镁合金、铝钒合金、铝钼合金、铝铌合金、硅铬合金、铝铬合金、铝锡合金、锰硅合金等各种冶金类样品化学成分的分析。

铁矿石、稀土原料及矿石、稀土氧化物、炉渣、耐火材料、钼酸、氧化钼、萤石、钼矿石、硅砂、长石、白云石、石灰石等各种矿石材料、氧化物等化学成分的分析;催化剂、钕铁硼磁性材料、焊剂焊材、含氧化锡纳米粉等功能材料的成分分析。

电镀液、电解液、污水、废水、地下水、地面水、海水等各种液态样品的化学成分分析。

由于ICP－AES法可以完成多元素同时分析，具有分析速度快、可分析的元素多、线性范围宽、检出限低和稳定性高等特点，ICP－AES法目前已作为化学分析成分检测领域的主要方法并被制定为国际、国家或行业标准。例如，杜米芳等将研究建立的铝－锌－铟系合金牺牲阳极及螺旋桨用高锰铝青铜的ICP－AES法分别编入GB/T 4949—2018及《螺旋桨用高锰铝青铜化学分析方法　第9部分：电感耦合等离子体原子发射光谱法》（CB/T 4390.9—2013），标准的实施应用提高了化学成分分析效率。表8－7罗列了一些常用的ICP－AEC法试验标准。

表8－7　一些常用的ICP－AEC法试验标准

类别	标准号	标准名称
铁基	ISO 13899－2:2005	钢　合金钢中钼、铌和钨含量的测定　感应耦合等离子体原子发射光谱法　第2部分：铌含量测定
	GB/T 223.88—2019	钢铁及合金　钙和镁含量的测定　电感耦合等离子体原子发射光谱法
	GB/T 34208—2017	钢铁　锑、锡含量的测定　电感耦合等离子体原子发射光谱法
	ISO 16918－1:2009	铁和钢　用感应耦合等离子质量光谱测定法测定9类元素　第1部分：锡、锑、铈、铅和铋的测定
	GB/T 38441—2019	生铁及铸铁　铬、铜、镁、锰、钼、镍、磷、锡、钛、钒和硅的测定　电感耦合等离子体原子发射光谱法
钛基	ISO 22962:2008	钛和钛合金　铁的测定　感应耦合等离子体原子发射光谱法
	ASTM E2371—13	用原子发射等离子体光谱法分析钛和钛合金的标准试验方法
	GB/T 4698.4—2017	海绵钛、钛及钛合金化学分析方法　第4部分：锰量的测定　高碘酸盐分光光度法和电感耦合等离子体原子发射光谱法
镍基	ISO 22725:2007	镍合金　钽测定　感应耦合等离子体原子发射光谱法
	ASTM E2594—14	镍及镍合金的电感耦合等离子体原子发射光谱标准测试方法
铁矿石	ISO 11535:2006	铁矿石　各种元素的测定　感应耦合等离子体原子发射光谱测定法
铝基	ASTM E3061—17	铝及铝合金分析的标准试验方法　电感耦合等离子体发射光谱法（基于性能的方法）
	GB/T 20975.25—2020	铝及铝合金化学分析方法　第25部分：电感耦合等离子体原子发射光谱法
	GB/T 4949—2018	铝－锌－铟系合金牺牲阳极化学分析方法
金属铬	GB/T 4702.6—2016	金属铬　铁、铝、硅和铜含量的测定　电感耦合等离子体原子发射光谱法

续表

类别	标准号	标准名称
铜基	GB/T 5121.27—2008	铜及铜合金化学分析方法　第27部分:电感耦合等离子体原子发射光谱法
	GB/T 23607—2009	铜阳极泥化学分析方法　砷、铋、铁、镍、铅、锑、硒、碲量的测定　电感耦合等离子体原子发射光谱法
	CB/T 4390.9—2013	螺旋桨用高锰铝青铜化学分析方法　第9部分:电感耦合等离子体原子发射光谱法
锌基	GB/T 12689.12—2004	锌及锌合金化学分析方法　铅、镉、铁、铜、锡、铝、砷、锑、镁、镧、铈量的测定　电感耦合等离子体-发射光谱
锆基	GB/T 13747.3—2020	锆及锆合金化学分析方法　第3部分:镍量的测定　丁二酮肟分光光度法和电感耦合等离子体原子发射光谱法
镁基	GB/T 13748.5—2005	镁及镁合金化学分析方法钇含量的测定　电感耦合等离子体原子发射光谱法

3. 特点和注意事项

1)特点

(1)ICP-AES法优点。ICP-AES法具有检出限低,分析元素的种类多,分析范围宽,能够多元素同时测定,分析速度快,稳定性好,精密度高,对试验样品的状态、形状、大小都无要求等优点。

①检出限低,可以检测μg/mL级、部分元素ng/mL级的成分含量,一般为0.1~100ng/mL,取决于所分析元素和试样;测定灵敏度较高,包括易形成难熔氧化物的元素在内。

②分析元素的种类多,可以检测70多种元素。

③分析范围宽,标准曲线具有较宽的线性动态范围,可以分析0.000x%至百分之几十的成分含量;分析浓度范围宽,可有效地用于同时测定高、中、低含量(或称为主量、少量及微痕量)的元素。

④干扰少,自吸效应也小,基体效应小,较易建立分析方法。

⑤可以快速地进行多元素同时分析。

⑥测试数据稳定性好,具有良好的精密度和重复性。

⑦对试样形态无要求。液态试样可以直接上机测试。固态试样,无论是圆形、方形、条状、丝状或是不规则形状,无论是大块试样还是碎屑还是粉末等样品,只要将其制备成溶液后便可以进行上机测试。目前也有ICP设备能够对乳浊液进行直接分析。

(2)ICP - AES 法的缺点。ICP - AES 法虽然简单、快速、准确,但是也有其一定的局限性。

①存在光谱干扰,不过可以通过优化工作参数、选择干扰少的谱线等来避免或消除干扰。

②试样要处理成溶液。但是,电感耦合等离子体原子发射光谱仪和其他仪器联用时,如与激光烧蚀设备联用,也无须把试样制备成溶液便可测试。

③ICP 仪器价格较高。

④与直读光谱法相比,ICP - AES 法的检出限低,灵敏度高。但不足之处是对进样系统要求非常严格,无法分析部分难溶的和部分非金属元素。且试样要处理成溶液,整个测试周期较直读光谱分析长,溶液进样系统需要将试样制备成溶液,制备过程要用到酸碱试剂,会对操作人员的健康有一定危害,制备成溶液的过程用时较长。

2)注意事项

(1)为了使检测技术人员能够及时快速地为材料工作者提供准确的数据,应注意:ICP - AES 法虽然基体效应较小,但基体匹配会使测试结果更为准确,材料工作者应将待测试样的材质、牌号及可能有的元素成分等基本信息告知检测人员,以备检测人员选择或配制标准溶液、选择或建立方法时使用。

(2)对试样的要求。固体试样参照紫外 - 可见分光光度法注意事项中的"样品要求"。液体样品的提供量应不少于 10mL。

8.2.5 电感耦合等离子体质谱法

电感耦合等离子体质谱法(ICP - MS)是在 ICP - AES 法的基础上发展起来的一种较灵敏的元素分析方法。相比于电感耦合等离子体原子发射光谱仪,ICP - MS 增加了一个质谱仪,质谱仪用于分离不同质荷比的激发离子,最后通过测量各种离子谱峰强度进而测得元素成分。

1. 基本原理

ICP - MS 法是以电感耦合等离子体为离子源的质谱分析方法。电感耦合等离子体质谱仪主要由进样系统、离子源、质量分析器和检测器四部分组成,ICP - MS 法的原理是试样溶液由进样系统的蠕动泵引入到 ICP 离子源中,离子源产生离子,质量分析器对所产生的离子按照质量或者质荷比的不同进行分离,已分离的离子再由检测器进行检测,根据标准曲线或校准曲线及检测的各种离子谱峰强度计算出材料的化学成分。ICP - MS 系统示意图见图 8 - 13。

下面仅就离子源、进样系统作简单介绍。

ICP - MS 的电感耦合等离子体的离子源主要由高频发生器、等离子炬管、雾化

图 8 – 13　ICP – MS 系统示意图

器三部分组成。电感耦合等离子体作为离子源的优点如下。

(1)电感耦合等离子体是在常压下工作,操作比较简单,进样也比较方便。

(2)在所使用的气体温度下,样品解离完全,氧化物及分子离子少。

(3)在整个元素周期表中,元素的电离度相对均一,单电荷离子产率高,双电荷离子产率低。

(4)由于电离度高,所以方法潜在的灵敏度也高。

ICP – MS 中的进样系统如果能够高效、无干扰、重现性好、对任何种类的样品都适用且无记忆效应,那便是最好的仪器,但目前未见有任何符合上述所有特点的进样系统。目前的进样系统有:气动雾化器、超声波雾化器、电热蒸发进样器、微浓度雾化器、激光熔融(LA)、流动注射技术(FLA)等,这些进样系统各有千秋。

(1)气动雾化器简单、方便、实用,目前是 ICP – MS 仪的进样系统的标配,但它的雾化效率较低,通常不大于 2%。现在它的替代品有很多。

(2)超声波雾化器雾化细且均匀,雾化效率比气动雾化器提高 10 倍,提高了灵敏度,降低了检出限,但它在去除溶剂的过程中也会使部分溶质损失、记忆效应严重。

(3)电热蒸发进样器具有雾化效率高、灵敏度高、基体干扰小、检测限低、可直接测定固体样品节省样品处理时间的优点,特别适用于难溶解的样品。

(4)微浓度雾化器适用于微量样品的进样,它有很高的雾化效率、高的灵敏度,耐氢氟酸,但它的毛细管易堵塞。

(5)激光熔融(LA)是一种固体进样技术,它将一束高能量的激光聚焦在固体表面上,当光能转化成热能时,少量物质就会从固体表面蒸发、离开,随同载气进入原子化器。激光自身的特性和样品自身的性质(如样品的密度、反射率、热导率、熔点及比热容等)决定了从固体表面蒸发的物质的量。采用激光熔融技术可以很好地进行半定量分析,但因为激光熔融会使试样表面的元素产生选择性的挥发,蒸气中的元素种类及其浓度并不能完全准确地代表试样中各元素的种类和浓度,所以,如果用于定量分析,必须采用基体匹配的固体标准物质进行校准。

(6)流动注射技术(FLA),它是一种自动的、连续的分析方法,具体方法是将一小份试样注入连续的流动载流中,载流中含有的一些相关的化学试剂与试样发生化学反应,被分析物或者反应产物在流经检测器的时候,会产生一个能够被检测到的脉冲信号,流动注射技术的作用是在线自动样品稀释,自动汞冷蒸气/氢化物发生,在线基体匹配和在线样品预富集、萃取等。流动注射技术可处理富含固体溶解物的样品,并且,允许使用有机溶剂[3]。

2. 适用范围

ICP - MS 可用于物质试样中一个或多个元素的定性、半定量和定量分析。ICP - MS 可以测定质量范围在 3 ~300u 的元素,分辨率小于 1u,能测定周期表中 90% 的元素。大多数检出限在 0.1 ~10ng/mL 范围且有效测量范围达 6 个数量级,相对标准偏差为 2% ~4% 。每个元素测定时间为 10s,非常适于多元素的同时测定[25]。

ICP - MS 广泛应用于各种样品的元素分析、同位素分析和元素形态分析。它作为一种强有力的元素定性、半定量和定量分析技术,在金属及其合金、无机功能材料、无机化工产品、电子化学品、无机液体、岩石矿物及环境、农产、食品、医药等各类样品中金属元素及部分非金属元素的常量组分及微痕量成分分析方面得到了广泛的应用,满足金属、环保、食品、农产、地质、生物、化工、医药等各类样品的分析需求。一些金属材料的 ICP - MS 法的标准见表 8 - 8。

表 8 - 8 一些金属材料的 ICP - MS 法的标准

类别	标准号	标准名称
钢铁及合金	GB/T 223.81—2007	钢铁及合金 总铝和总硼含量的测定 微波消解 - 电感耦合等离子体质谱法
	GB/T 223.87—2018	钢铁及合金 钙和镁含量的测定 电感耦合等离子体质谱法
	GB/T 20127.11—2006	钢铁及合金 痕量元素的测定 第 11 部分:电感耦合等离子体质谱法测定铟和铊含量
	GB/T 32548—2016	钢铁 锡、锑、铈、铅和铋的测定 电感耦合等离子体质谱法
锆及锆合金	GB/T 13747.27—2020	锆及锆合金化学分析方法 第 27 部分:痕量杂质元素的测定 电感耦合等离子体质谱法
金属	GB/T 4325.26—2013	钼化学分析方法 第 26 部分:铝、镁、钙、钒、铬、锰、铁、钴、镍、铜、锌、砷、镉、锡、锑、钨、铅和铋量的测定 电感耦合等离子体质谱法
	GB/T 8647.11—2019	镍化学分析方法 第 11 部分:镁、铝、锰、钴、铜、锌、镉、锡、锑、铅、铋含量的测定 电感耦合等离子体质谱法
	GB/T 37211.2—2018	金属锗化学分析方法 第 2 部分:铝、铁、铜、镍、铅、钙、镁、钴、铟、锌含量的测定 电感耦合等离子体质谱法
铜及铜合金	GB/T 5121.28—2010	铜及铜合金化学分析方法 第 28 部分:铬、铁、锰、钴、镍、锌、砷、硒、银、镉、锡、锑、碲、铅、铋量的测定 电感耦合等离子体质谱法

续表

类别	标准号	标准名称
镀层	GB/T 31927—2015	钢板及钢带　锌基和铝基镀层中铅和镉含量的测定　电感耦合等离子体质谱法
矿样	GB/T 3884.19—2017	铜精矿化学分析方法　第19部分:铊量的测定　电感耦合等离子体质谱法
	GB/T 6730.72—2016	铁矿石　砷、铬、镉、铅和汞含量的测定　电感耦合等离子体质谱法(ICP-MS)
	GB/T 8152.13—2017	铅精矿化学分析方法　第13部分:铊量的测定　电感耦合等离子体质谱法和电感耦合等离子体-原子发射光谱法
	GB/T 14353.20—2019	铜矿石、铅矿石和锌矿石化学分析方法　第20部分:铼量测定　电感耦合等离子体质谱法
	GB/T 20899.14—2017	金矿石化学分析方法　第14部分:铊量的测定　电感耦合等离子体原子发射光谱法和电感耦合等离子体质谱法

3. 特点和注意事项

1)特点

ICP-MS具有准确度高、检出限低、精密度高、灵敏度高、分析速度快、可同时进行多元素分析及同位素分析等优点。

(1)检出限低。ICP-MS对一般元素的检出限都可达到几纳克每升,或者几十纳克每升,如某电感耦合等离子体-质谱仪的检出限:$^{9}Be \leqslant 25ng/L$;$^{115}In \leqslant 8ng/L$。$^{209}Bi \leqslant 8ng/L$。检出限已远远低于电感耦合等离子体原子发射光谱法的检出限,一般比ICP-AES法低2~3个数量级,同石墨炉原子吸收光谱法相近或更优,但后者不能进行多元素同时测定。

(2)线性动态范围宽。ICP-MS的线性动态范围为10^{8},可同时进行高含量、中常含量以及微痕量元素的分析。因此,ICP-MS已成为当今无机元素分析极为有力的工具,已有大量的应用。

(3)ICP-MS的谱图与常规的ICP光学光谱相比简单许多,仅由元素的同位素峰组成,可用于试样中存在元素的定性和定量法分析。

ICP-MS的缺点如下。

(1)ICP-MS实际检测成本较高,从而也限制了它的广泛使用。

(2)ICP-MS分析中存在着质谱干扰和非质谱干扰,质谱干扰包括同量异位素干扰与多原子离子干扰,非质谱干扰主要是基体效应。ICP-MS的干扰比ICP-AES严重。不过,对这些干扰也有降低或消除的办法,具体如下。

对于 ICP－MS 分析中质谱干扰的消除。

①对于质谱干扰中的同量异位素的干扰的消除，可以选择采用待测元素的另一个不受干扰的同位素进行检测，因为周期表中几乎所有的元素都有至少一个同位素不受同量异位素的干扰。如果想对一个受干扰的同位素进行检测，那么也可使用公式对它进行校正。常规的 ICP－MS 仪都有校正软件可以使用。

②对于质谱干扰中的多原子离子的干扰一方面可以选择适当的溶样用试剂进行消除，由于 N 原子的电离能较高(14.53eV)，N^+ 的产率低，而磷、硫和氯的电离能较低(分别为 10.49eV、10.39eV 和 12.97eV)，溶解试样用磷酸、硫酸、盐酸时，背景干扰会比较严重，所以溶解试样时尽量选择硝酸，尽量用硝酸做基体，样品溶解在硝酸溶液中背景最低，如在硫酸基体中，硫酸会干扰钛等。另一方面，也可以用公式、软件及改变工作条件等进行校正。

对于非质谱干扰的消除，也即为消除基体效应。

①一般可通过优化仪器条件来减轻干扰，尤其是调节雾化气流速和调节离子透镜的电压。对于基体效应严重的样品，可以通过稀释的办法来降低基体效应的影响。通常把基体浓度降低到 1mg/mL 以下，基体干扰就不是很严重了。

②可采取标样和待测样品采用相同的处理方法，采用基体匹配的方法进行消除。

③另外，也可采用内标法、标准加入法等进行消除。

④如果采用以上方法干扰还是很严重，那么也可采用离子交换分离或共沉淀分离等分离技术将基体与待测元素分离之后再进行检测。

2)注意事项

尽管 ICP－MS 法具有很多的优点，但是，为了能使检测技术人员能够及时快速地为材料工作者提供准确的数据，材料工作者应将待测试样的材质、牌号及可能有的元素成分等基本信息告知检测人员，以备检测人员选择或配制标准溶液、选择或建立方法时使用。

对试样的要求参照紫外－可见分光光度法注意事项中的“样品要求”。

8.2.6 电解分析法

电解分析法属于电化学分析法。电解分析法是应用外加电源电解试液，电解后直接测量被测物质通过电解沉积于电极表面的沉积物重量，求出试样中金属含量的分析方法，又称为电重量法。

1. 基本原理

电解分析法是将直流电压施加在电解池的两个电极上，电解池是由被测物质的溶液和一对电极组成,被测物质的离子在电极上(阴极或阳极)以固体(金属单质或金属氧化物)的形式析出,根据电极增加的质量计算被测物质的含量。

电解是在外电源的作用下,使电化学反应向着非自发方向进行的电化学过程。

进行电解分析时,控制一个因素恒定,另一因素会随时间发生而变化。电解分析法分为控制电流电解分析法和控制电位电解分析法。

控制电流电解分析法又称为恒电流电解法,是电解分析的经典方法。典型的电解装置见图8-14。在电解过程中,保持电解电流不变,调节外加电源,待测金属离子浓度逐渐降低,阴极电位越来越负,直至发生另外一种反应维持电流不变,如析出氢气或析出其他第二种金属,这种方法称为控制电流电解分析法。

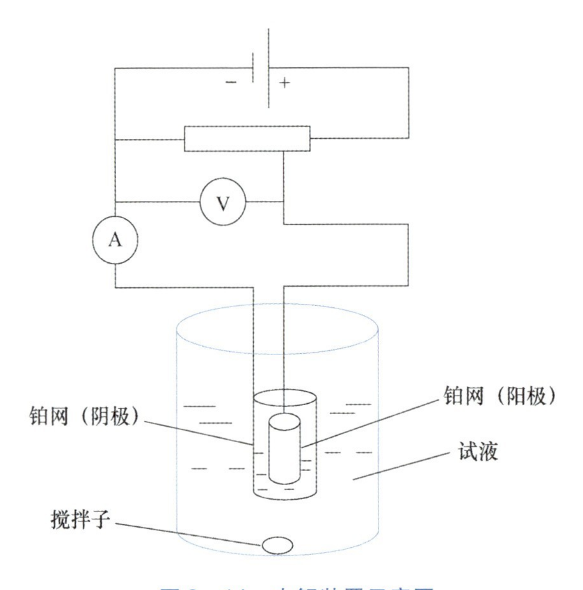

图8-14　电解装置示意图

控制电位电解分析法:当试样溶液中含有两种以上的金属离子、一种金属离子与其他金属离子间的还原电位差也足够大时,可把工作电极的电位设置在一个数值或一个小范围内,使被测金属析出,而其他的金属离子仍然留在溶液中,从而达到分离出该被测金属的目的。通过称量电极上沉积物的重量,可以计算得到试样中待测金属物质的含量,这种方法被称为控制电位电解分析法。要实现对电极电位的控制,需在电解池中引入参比电极,如甘汞电极,可通过机械式的自动阴极电位电解装置或电子控制的电位电解仪,控制阴极电位在设定的数值。随着电解的进行,外加电压会不断降低,电解电流也随着降低。当电流接近零时,表明电解已完全[3]。

2. 适用范围

电解分析法适于测定高含量的物质,可以测定镉、钴、铜、铁、镍等金属元素。目前,铜及铜合金中铜的测定、锡基轴承合金中铜的测定、铜精矿中铜的测定等一些电解分析法均已制定为标准,部分标准及分析范围见表 8-9。

表 8-9 金属材料化学成分的一些电解分析法标准及分析范围

标准号	标准名称	铜的分析范围/%
ISO 796:1973(R2017)	铝合金 铜含量的测定 电解法	≥0.50
ISO 1976:1975	锌合金 铜含量的测定 电解法	0.50~3.50
ISO 1553:1976	纯铜(铜≥99.90%) 铜含量的测定 电解法	≥99.90
GB/T 3884.13—2012	铜精矿化学分析方法 第 13 部分:铜量测定 电解法	15.55~50.00
CB/T 3905.4—2018	锡基轴承合金化学分析方法 第 4 部分:电解法测定铜量	1.00~9.00
GB/T 5121.1—2008	铜及铜合金化学分析方法 第 1 部分:铜含量的测定	50.00~99.98
GB/T 12689.4—2004	锌及锌合金化学分析方法 铜量的测定 二乙基二硫代氨基甲酸铅分光光度法、火焰原子吸收光谱法和电解法	1.00~6.00
YS/T 1230.1—2018	阳极铜化学分析方法 第 1 部分:铜量的测定 碘量法和电解法	98.40~99.80

控制电流电解分析法一般适用于溶液中只含一种能在电极上沉积的金属离子的情况,或使电位表上电动序在氢以上的金属与氢以下的金属的分离测定。但不能用于还原电位相差不大的两种金属的分离。

控制电位电解分析法可用于某些金属共存时的分离,也可用于高纯物质测定时的分离。电解分析法与 ICP-AEC 法、ICP-MS 法主要用途的差别在于:ICP-AEC 法测试的是主量、微量和痕量成分;ICP-MS 法测试的是微量与微痕量成分;电解分析法测试的是高含量成分。如电解分析法可以用于测试纯度达到 99.80% 的铜合金的铜含量。

3. 特点和注意事项

1)特点

(1)电解分析法适于高含量物质的测定,其特点是不需要基准物质和标准溶液。电解之后电解液中残留的量采用基准物质配制的溶液或购买的标准溶液做标样,用原子吸收法或分光光度法或 ICP-AES 法等进行测定,电解分析法不需要基准物质和标准溶液。

(2)控制电流电解分析法装置简单,选择性差。控制电位电解分析法具有选择性高、电解时间短等特点。

2）注意事项

为保证数据准确，材料工作者应向检测人员提供试样的材质、牌号等相关信息，以便检测人员在进行分析时优选试样处理方法、仪器工作参数等。

对试样的要求参照紫外－可见分光光度法注意事项中的“样品要求”。

8.2.7 库仑分析法

库仑分析法是在电解分析法的基础上发展起来的一种电化学分析方法。电解分析法是将直流电压施加在电解池的两个电极上，电解池是由被测物质的溶液和一对电极组成，被测物质的离子在电极上（阴极或阳极）以固体（金属单质或金属氧化物）的形式析出，根据电极增加的质量计算被测物质的含量。而库仑分析法与电解分析法的不同之处在于，它不是称量电极沉积物的质量，而是准确测量电解过程中所消耗的电量（库仑数）来计算被测物质的含量。

1. 基本原理

库仑分析法是根据电解过程中消耗的电量进行定量分析的方法。法拉第电解定律是它的理论基础，法拉第电解定律包含两个内容：第一，电解时，电极上发生化学变化的物质的量 m 与通过电解池的电量 Q 成正比；第二，相同的电量通过不同的电解质溶液的时候，在电极上析出的各种物质的质量与该物质的相对原子质量成正比，与每个原子中参加反应的电子数 n 成反比，其数学表达式为

$$m = \frac{M}{nF}Q = \frac{M}{nF}it \tag{8-6}$$

式中：m 为析出物质的质量（g）；M 为析出物质的摩尔质量（g/mol）；Q 为通过电解池的电量（C）；n 为电极反应时每个原子得失的电子数；F 为法拉第常数，$F=96.487$C/mol；i 为电解电流（A）；t 为电解时间（s）。

按照控制电解的方式不同，库仑分析法分为恒电位库仑分析法和恒电流库仑分析法。恒电流库仑分析法又称库仑滴定法。

恒电流库仑分析法，用一恒定强度的电流通过电解池，在电极附近因电极反应产生的滴定剂与被测物质反应，用指示剂或电位法或双指示电极电流法等适当的方法确定反应终点，根据通过电解池的恒电流 i 和电解开始至反应终止所消耗的时间 t 的乘积求得电量 Q。按照法拉第电解定律计算得到被测物质的含量[3]。

库仑滴定装置由电解系统和终点指示系统两部分组成。电解系统由恒电流源、电解池和计时器组成。库仑滴定装置图见图 8－15。

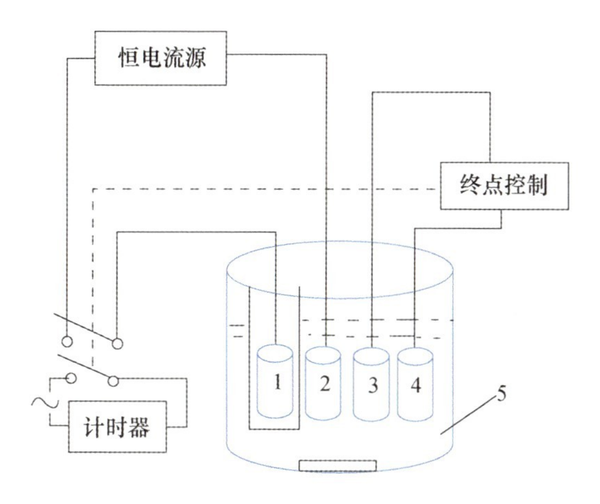

图8－15　库仑滴定装置图

1—辅助电极;2—工作电极;3,4—指示电极对;5—电解池。

恒电位库仑分析法在电解过程中控制工作电极电位相对于参比电极保持不变,只有被测物质在电极上发生反应。当电解电流趋于零的时候,表示该物质已被完全电解,通过测量在电解过程中消耗的电量,按照法拉第电解定律计算出待测物质的含量。恒电位库仑分析法没有恒电流库仑分析法应用广泛。

2. 适用范围

库仑分析法可分析常量、微量组分,且具有灵敏、快速、准确的特点,但库仑分析法目前在实际的金属材料分析中应用较少,材料成分分析法仍以ICP－MS法和ICP－AES法为主。

恒电位库仑分析法适用于混合物质的分析测定以及无机物中的元素分析,包括氢、氧、卤素等非金属元素,锂、钠、铜、金、银等金属元素,镅、锫等稀土元素,铀、钚等放射性元素。

库仑分析法应用广泛,凡是能以100%的电流效率电解生成试剂,并且能够迅速而定量的反应的任何物质都可用该方法分析。现行的库仑分析法的标准有《铝土矿石化学分析方法　第25部分:硫含量的测定　库仑滴定法》(YS/T 575.25—2014)等。

3. 特点和注意事项

1)特点

(1)库仑分析法是建立在法拉第电解定律基础上的,它不需要基准物质,不需要配制标准溶液,滴定剂是由电解反应产生,不稳定滴定试剂可电解产生,而不是由滴定管等加入,所需要的试样量较少。

(2)库仑分析法不但能分析常量成分,而且还能分析微量物质,并且准确度好，灵敏度高，分析快速。

(3)恒电位库仑分析法是在控制工作电极电位情况下进行测定的，它具有很好的选择性。

(4)虽然库仑分析法测定的量比经典的滴定分析法低1~2个数量级，但它仍然可以达到经典滴定分析法同样的准确度；这些优点使该方法曾经得到了广泛的应用。

(5)库仑滴定过程中，电解电流的变化、电流效率的降低、判断滴定终点的偏离及电流和时间的测试误差等因素都会引起滴定误差。但现代的技术条件可以保证电流和时间得到准确的测量，恒电流也可达到0.01%。库仑分析法要求用于测定的电极反应的电流效率为100%，即电量全部消耗在待测物质上。实际应用中很难实现100%的电流效率，但小于0.1%的电流效率损失是允许的，通过选择适当的电解电压、控制溶液的pH值、通氮气除氧、空白校正或通过预电解除去杂质的干扰等手段可以提高电极反应的电流效率满足检测的需求。

2)注意事项

(1)库仑分析法虽然可以分析钢铁、钨、钼等中的碳、氧等元素含量，但因其方法要求的条件较为严苛，目前该方法的一些标准已被高频红外吸收法、惰气熔融-红外吸收法/热导法所替代。

(2)注意恒电流下具有100%的电流效率保证和滴定终点的正确指示是库仑分析法分析的两个关键的难点。

(3)注意了解待测样品的化学组成，避免共存杂质参加反应消耗电量，从而对测定结果造成影响。

(4)对试样的要求参照紫外-可见分光光度法注意事项中的“样品要求”。

8.2.8 电导分析法

在外加电场作用下，电解质溶液中的阴、阳离子以相反的方向定向移动，这种现象叫电导现象。以测量溶液电导为基础的确定物质含量的分析方法称为电导分析法。

1. 基本原理

电导分析法是通过测量溶液的电导或根据滴定过程中溶液电导的变化来确定滴定终点从而确定物质含量的分析方法。直接根据溶液电导大小来确定待测物质的含量的方法叫直接电导法。根据滴定过程中溶液电导的变化来确定滴定终点的方法叫作电导滴定法。滴定时，滴定剂与溶液中被测离子生成水、沉淀或其他难解离的化合物，从而使溶液的电导发生变化，利用化学计量点出现时的转折指示滴定终点。

电解质溶液和金属导体一样能够导电,电解质溶液中的导电是由离子输送的。电流、电压和电阻之间的关系都遵守欧姆定律。在一定温度下,一定浓度的电解质溶液的电阻为

$$R=\rho\frac{l}{A} \tag{8-7}$$

式中:R 为电阻(Ω);ρ 为电阻率($\Omega\cdot cm$),即长为1cm、截面积为$1cm^2$的电解质溶液的电阻;l 为两个电极间的距离(cm);A 为电极的面积(cm^2)。

电导是电阻的倒数,因此有

$$L=\frac{1}{R}=\frac{1}{\rho}\frac{A}{l}=K\frac{A}{l}=\frac{K}{Q} \tag{8-8}$$

式中:L 为电导(S);K 为电导率(S/cm);Q 为电导池常数。

每一个给定的电导池都有它自己特定的电导池常数。电解质溶液的电导还与溶液中存在的离子的多少及性质有关。将两个平行的、相距1cm的大面积电极放入含有1mol溶质的溶液的电导为摩尔电导,用摩尔电导能比较出不同电解质溶液的电导能力。电解质的电导是由溶液内的正、负离子共同承担的,强电解质的摩尔电导率是摩尔离子电导率的总和。由于离子之间的相互作用,溶液的摩尔电导率随电解质浓度而改变。当溶液无限稀释时,正、负离子的摩尔电导率趋于极大值,称为正、负离子的极限摩尔电导率。离子的极限摩尔电导率的数据可用来计算电解质的极限摩尔电导率,以此比较各种溶质的相对电导率,推断电导变化的趋势[3]。

离子的摩尔电导率与浓度、温度、离子淌度(单位电场梯度下离子的运动速度)和离子迁移数(离子所输运的电荷量占总电荷量的分数)有关。对于某一指定电解质,其摩尔电导率与浓度、温度有关[3]。

由于溶液的电导不是某一离子的特征参数,而是溶液中所有离子的共同贡献,因此,电导分析法选择性很差,使得应用范围受到很大限制。电导分析法常用作电导检测器,如作为离子色谱检测器来进行阴离子的分析。

2. 适用范围

1)直接电导法

直接电导法主要用于水质纯度的鉴定、生产中某些中间流程的控制和自动分析等。

(1)用于检验水质。用于工业废水、天然水、锅炉用水、实验室制备去离子水及蒸馏水等的质量检测。但水中的非导电性物质及非离子状态的杂质不能检测,如藻类、细菌、悬浮物等。电导率越低,表明水的纯度越高。

(2)用于测量盐度。用于海水、天然水、废水及土壤中的可溶性矿物质的测定。测量电导具有加和性,含有几种电介质溶液的电导反映的是其总盐量。

(3)用于测量气体。将气体(如二氧化硫、三氧化硫、硫化氢、一氧化碳、二氧化碳、氨气、氯化氢等)用相应的吸收溶液吸收后再进行测量。为避免混合气体的相互干扰,需要先行分离。如测定一氧化碳、甲烷,先将其氧化成二氧化碳后,再用水吸收后进行测量。

(4)用于测定金属材料中总碳量及总硫量。加有助熔剂的试样在纯氧气流中通过高频感应炉,高温条件下燃烧,将碳、硫分别转化为二氧化碳、二氧化硫,先导入硫电导池,消除二氧化硫干扰后,再通入装有氢氧化钠的电导池,根据电导率的减小程度计算碳含量。

2)电导滴定法

电导滴定法可用于中和反应、络合反应、氧化还原反应和沉淀反应。可以用电导滴定法滴定的物质有 Al^{3+}、Be^{2+}、CO_3^{2-}、Ag^{+}、Ba^{2+}、Bi^{3+}、Br^{-}、Co^{2+}、Cr^{6+}、Cu^{2+}、F^{-}、Cl^{-}、Hg^{2+}、K^{+}、Mg^{2+}、Zn^{2+}、I^{-}、Pb^{2+}、Fe^{2+}、V^{3+}、Ni^{2+}、CN^{-}等。

3. 特点和注意事项

1)特点

电导分析法灵敏度高,准确度高,测量范围宽,操作简便,使用的仪器简单,价格低廉。因此,电导分析法有着广泛的应用,特别是对水质的检验,它是非常理想的方法。

2)注意事项

(1)由于溶液的电导不是某一离子的特性,而是其中各个离子电导之和,因此,直接电导法测量的只是电解质离子的总量,而不能区分和测量单个离子的种类和数量。

(2)在用直接电导法表征水的质量时,材料工作者也应注意到直接电导法的测试结果不包含非导电性物质的含量,如水中的细菌、藻类、悬浮物等,因为电导率测定不出非离子状态的杂质对水质纯度的影响。

(3)材料工作者要事先提供欲分析材料的材质牌号等相关信息。

①不同材质宜选用不同的试样处理方法。

②直接电导法检测时要针对不同情况选用合适的电导电极。为避免溶入二氧化碳,检测过程要求迅速,所以检测人员要提前了解相关信息。

③因电导有加和性,为准确测定主反应离子的电导变化,必须首先消除干扰离子的影响,所以检测人员在用电导滴定法检测时必须保证反应物和生成物之间有较大的淌度差别。

(4)材料工作者宜大概了解电导测量的一些影响因素。

①溶剂的纯度影响电导测量。通常用水做溶剂来测量电导,普通蒸馏水中一般都含有二氧化碳、氨以及微量的钠离子等杂质,这都影响电导的测量。使用非水

溶剂也应蒸馏钝化,以防水或杂质的影响。为提高测量精度,有时也可要求检测人员采用扣除空白(本底)的方法来提高测量精度。

②温度影响电导测量。精密测量应在恒温中进行。温度每增加一度,大多数离子的电导值约增加 2% 。测试的电导率为特定温度下的数值。

③电极极化影响电导测量。在直流电导法测量中,可以用四电极法来减小电极极化的影响。在交流电导法测量中,一般可以忽略电极极化的影响。

④电容效应影响电导的测量。两个电极间存在着寄生电容,在交流电导法中不可忽略。

(5)对试样的要求参照紫外 - 可见分光光度法注意事项中的“样品要求”。

8.2.9 电位分析法

电位分析法(potentiometric analysis)是电化学分析法的一个重要组成部分,既可以测定 pH 值,也可以用于浓度测定。

1. 基本原理

电位分析法是通过测量含有待测溶液的化学电池的电动势,进而求得溶液中待测组分含量的方法,是利用电极电位与试样溶液中待测组分活度之间存在着的能斯特(Nernst)关系式来进行定量分析的方法。

根据原理的不同,电位分析法可分为直接电位法和电位滴定法。根据电极电位与被测物质浓度之间的能斯特方程式计算得到待测离子的浓度的方法为直接电位法;根据滴定过程中电极电位变化来确定终点,根据所消耗的滴定剂体积及其浓度来计算待测物质浓度的方法为电位滴定法。

电极电位:电极与待测溶液接触,在平衡条件下界面所产生的相间电位差称为电极电位。无法测得单个电极电位的绝对值,电极电位是个相对值。一般需将待测电极与参比电极组成原电池,测量该电池在某一温度下的电动势,即为该电极在该温度下的电极电位。所以,电极电位测定值后面应注明相对的参比电极,如相对饱和甘汞电极、相对标准氢电极等[3]。

依据国际电化学与应用化学联合会(IUPAC)的规定,电极电位的标准值统一以标准氢电极(NHE)为标准,在任何温度下它的电极电位值为零。当以氢电极为负极、待测电极为正极的电池进行测量时,若待测电极上实际进行的反应是氧化反应,那么电极电位值的符号为负值,若待测电极实际进行的反应是还原反应,那么电极电位值的符号为正值。

电位分析法的测量装置示意图见图 8 - 16,用指示电极、参比电极与被测试溶液组成原电池。因参比电极在测量过程中电极电位是不变的,所以测得的电动势反映了指示电极电位。

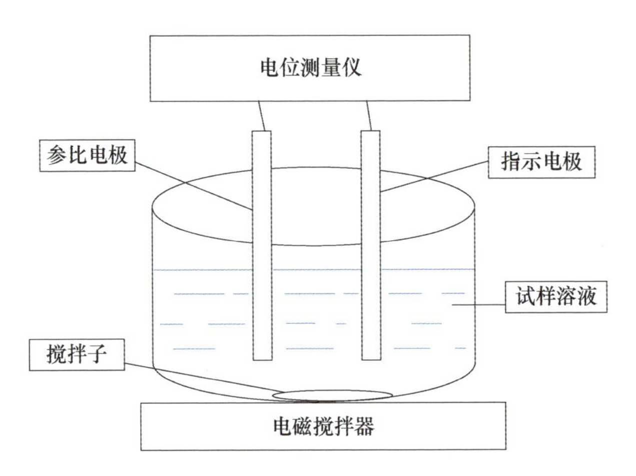

图 8－16　电位分析法的测量装置示意图

参比电极是指在电化学测量经常使用的条件下，它的电位实际上保持不变，用于观察、测量或控制测量电极电位的这一类电极。

离子选择性电极是具有普遍使用价值的测量活度的指示电极，它的主要形式是膜电极。

（1）电位滴定法的操作。在被滴定的溶液中插入指示电极和参比电极，组成电化学池，测量滴定过程电动势的变化，以电动势的突跃来确定滴定终点。在滴定过程中，因被测离子与滴定剂发生化学反应，使对指示电极有响应的离子活度发生变化，引起了电极电位的变化。在达到滴定终点前后，溶液中响应离子活度的连续变化，可达到几个数量级，电极电位将发生突跃。

（2）pH 值测定。用 pH 计测定溶液的 pH 值的测量电池组成是用 pH 玻璃膜电极作为指示电极，饱和甘汞电极作为参比电极。由 pH 理论定义和能斯特方程式得到水溶液 pH 值的实用定义式，计算得到溶液的 pH 值。

2. 适用范围

电位分析法既可用于 pH 值测定；也可用于浓度的测定。可用于混浊或有色溶液的滴定；用于非水溶液的滴定；用于找不到合适的指示剂的滴定分析中。可用于微量分析。

电位滴定法的应用有氧化还原滴定、酸碱滴定、络合滴定和沉淀滴定。如金基、银基合金及铝合金中银离子的测定，铜矿、金属表面处理剂、土壤等中的铝离子测定，工业废水中钡离子测定，水中的氯离子、溴离子、碘离子测定，超导材料中氯离子、银离子测定，水质、镀铜液、铟中氯离子测定，钢铁中重铬酸根离子、铅离子的测定，表面处理剂中氟离子测定，硫酸铜电解液中氯离子的测定等。一些方法已制定为标准，如《硬质合金化学分析方法　第 3 部分：电位滴定法》（GB/T 5124. 3—

2017),其测定钴的范围在1%以上;《钢铁及合金化学分析方法 电位滴定法测定钴量》(GB/T 223.20—1994),其测定范围在3%以上;《钒铁 钒含量的测定 硫酸亚铁铵滴定法和电位滴定法》(GB/T 8704.5—2020)等。

3. 特点和注意事项

1)特点

(1)在普通的滴定分析中,滴定终点的判断是根据指示剂的变色来确定的。而电位滴定法是根据滴定过程中指示电极电位的变化来确定,也就是根据在理论终点附近被测物质浓度发生突变而引起电位的突跃判定滴定终点。因此,电位滴定与普通滴定分析的基本原理是一样的,其区别在于判断终点的方法不同。与普通的滴定分析相比,电位滴定法的操作比一般的滴定法麻烦,需要一定的仪器设备,但它有它的优点。

(2)可用于混浊或有色溶液的滴定。如,硫酸铜电解液中 Cl^- 的测定时,采用的硝酸银作为滴定剂,因 Cu^{2+} 呈蓝色,难以用指示剂判断终点,而可以用电位滴定法。

(3)用于非水溶液的滴定。用于找不到合适的指示剂的滴定分析中。一些有机物溶液的滴定需要在非水溶液中进行,通常缺乏适当的指示剂,可以用电位滴定法。电位滴定法克服了一般容量分析中因试液混浊或没有合适的指示剂而无法确定终点的弊端。

(4)可用于连续滴定和自动滴定。

(5)可用于微量分析。

2)注意事项

(1)参比电极与待测电极组成电池,通过测定电动势得到待测电极的电位,参比电极的稳定与否对测定结果影响很大。对参比电极的要求是电极电位稳定,重现性好,且容易制备和使用。

(2)pH值测定的准确度首先取决于标准缓冲溶液的pH值的准确度,其次是受到残余液接界电位的限制。在使用时,应使用和待测试液的组成尽可能接近的标准缓冲溶液,并使用盐桥,尽可能降低液接界电位,这样可以提高测量pH值的准确度。

(3)直接电位法在测量时,是用离子选择电极和参比电极浸入试液中构成测量电池,测得电动势。因存在液接电位、膜电极的不对称电位,难以计算活度系数,通常不能通过测得电池电动势直接利用能斯特公式计算得到试液中被测离子的浓度,而是使用间接法计算被测试样中待测组分的浓度含量。

(4)对试样的要求参照紫外-可见分光光度法注意事项中的“样品要求”。

8.2.10 极谱法及伏安法

极谱法及伏安法是一种特殊形式的电解法，是电分析化学的一种。

1. 基本原理

极谱法及伏安法是在小面积的工作电极上形成浓差极化，根据获得的电流-电压曲线进行分析的一种方法。极谱法是使用表面进行周期性或不断更新的液态电极（如滴汞电极等）作为工作电极的一类方法。伏安法是使用静止的或者固体的电极（如铂电极、悬汞电极、石墨电极等）作为工作电极的一类方法。

极谱法及伏安法按照施加电位的方式和电极反应机理的不同可分为许多不同的具体方法。应用较广的方法有线性电位扫描伏安法、脉冲极谱法、溶出伏安法和极谱催化法。

单扫描极谱法原理：经典直流极谱法电位扫描速率一般为200mV/min，若将扫描速率提高至250mV/s，电极表面的被测离子迅速被还原，瞬间产生很大的极谱电流峰，峰电流与溶液浓度成正比，这是单扫描极谱法的定量基础[3]。

脉冲极谱法是基于在给定的试验条件下，微分脉冲极谱的峰电流与浓度呈线性关系而进行定量分析的方法。

溶出伏安法是先将被测物质电解富集在工作电极上（电解富集），在富集结束后静止30～60s后，在工作电极上施加一个反向电压，使富集在工作电极上的被测物质在短时间内重新溶解下来回归溶液中（电解溶出）。记录溶出过程的电压-电流曲线（伏安曲线），曲线呈峰形，得到溶出峰。峰值电流与溶液中被测离子的浓度成正比，这个作为定量分析的基础。峰值电位作为定性分析的依据。溶出伏安法分为电位溶出伏安法和阳极溶出伏安法，二者的区别是前者在溶出时没有电流流过工作电极。因此，溶出伏安法包括电解富集和电解溶出两个过程。按电解溶出时电极上不同的加压方式，分为脉冲溶出伏安法和线性扫描溶出伏安法；按反应电极的不同，分为阳极溶出伏安法和阴极溶出伏安法。溶出伏安法试验装置示意图见图8-17。

极谱催化法又称极谱催化波法，极谱催化波是一种动力波，动力波是一类在电极反应过程中同时受到某些化学反应速度所控制的极谱波。在一定的条件下，催化电流与被测组分浓度成正比，可用于定量分析。

2. 适用范围

极谱法及伏安法可用于在电极上发生氧化或还原的溶液组分的测定，可用于纳克级甚至皮克级的无机及有机组分的常规分析。通过适当的化学处理可以使一些非电活性的基团也具有电化学活性，以扩大测量范围。

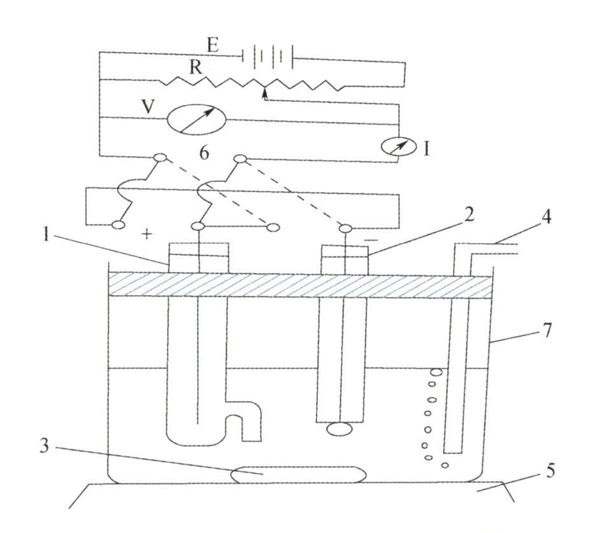

图8-17　溶出伏安法试验装置示意图[15]

E—电源;R—可变电阻;V—电压表;I—电流表。

1—饱和甘汞电极;2—悬汞电极;3—搅拌磁子;4—除去 O_2 时通 N_2 入口管;

5—电磁搅拌器;6—双向转换开关;7—电解电池。

凡是在普通极谱法中能得到极谱波的物质,都能用单扫描极谱法测定,用单扫描极谱法的应用较多,如水中砷、铝、镉、铜、锌、铅、铬、锰、钼等的测定,锌中铝、镉、锌、钴、镍、铜、铅等的测定,粗铜、氰电镀液中金的测定,纯铅中铋的测定,纯铁、镍盐中钴的测定,高温合金中镉、锡的测定,钨粉中钼的测定,铝合金中铟、锡、钨的测定,钢中镍、钛、钨、锆、锌等的测定,贵金属中铑的测定,铜合金、纯铜中锡的测定,锆合金中铀的测定等。

(1)脉冲极谱法的应用。如镉中砷、铋、铜、铅、锑、锡、铊等的测定,钴中铋的测定,碱金属中铜、铅、镉、锌的测定,水中铜、铅、镉、锌、铬的测定,贵金属中铱的测定,纯镍及其合金中硅的测定,高温合金中锡的测定,铟中铊的测定,发光材料中铕的测定等。

(2)溶出伏安法的应用。钢铁中铋、铜、铅、锑的测定,纯银中铋、镉、铜、铅的测定,铜合金中铅、锡、锑、铋的测定,铝及铝合金中镉、铜、铅、铊、锌、铁、镓的测定,高纯钛中铅、锌的测定,镍及镍合金中铋、镉、锌、铅、铊,锌及锌盐中铋、镉、铜、铅、锗的测定,铜矿中银的测定,镀金废水中金的测定,镀镉废水中镉的测定,高纯铟中镉、铜的测定,纯铅中铜、锌的测定,高纯钨粉中铅的测定,氧化铋中铅的测定,铂中钯的测定,镓中碲的测定等。

(3)极谱催化法的应用。钢铁中铝、铅、钼、钛、铌、钨、锌的测定,铜及铜合金中铝、铅、锡、锑、硒的测定,铝及铝合金中镉、铜、镓、钨的测定,金属镍中砷、锑、镉、铜的测定，锌、氧化锌中铬的测定，电镀废水中镉、铜的测定，纯铅中铜的测定，钨粉中钼的测定，锆合金中铀的测定，镁合金、氧化铜粉、冶金试样、活性炭中锌的测定等。

极谱法因使用滴汞电极，与联合国环境规划署通过的旨在全球范围内控制和减少汞排放的国际公约《关于汞的水俣公约》相背，该法即将被陆续淘汰，但它作为成分分析方法的一种，目前还有一些应用。一些极谱法及伏安法的标准及分析范围见表8－10。

表8－10　一些极谱法及伏安法的标准及分析范围

标准号	标准名称	分析范围/%
GB/T 4949—2018	铝－锌－铟系合金牺牲阳极化学分析方法	极谱法测锌:1.00～5.00 极谱法测铟:0.010～0.050 极谱法测镉:0.0050～0.030 极谱法测锡:0.010～0.050 极谱法测铅:0.0010～0.0100
GB/T 7731.14—2008	钨铁　铅含量的测定　极谱法和电感耦合等离子体原子发射光谱法	极谱法测铅:0.001～0.05
GB/T 8152.6—1987	铅精矿化学分析方法　极谱法测定铋量	铋:0.50～2.0
GB/T 12689.6—2004	锌及锌合金化学分析方法　铅量的测定　示波极谱法	铅:0.0005～3.00
GB/T 13747.13—2017	锆及锆合金化学分析方法　第13部分:铅量的测定　极谱法	铅:0.0005～0.030
GB/T 13747.14—2017	锆及锆合金化学分析方法　第14部分:铀量的测定　极谱法	铀:0.00010～0.00050
GB/T 13747.17—2017	锆及锆合金化学分析方法　第17部分:镉量的测定　极谱法	镉:0.00020～0.00050
GB/T 17414.2—2010	铍矿石化学分析方法　第2部分:铍量测定　催化极谱法	铍:0.00010～0.40

该法即将被陆续淘汰，例如《钢铁及合金　痕量素的测定　第6部分:没食子酸－示波极谱法测定锗含量》(GB/T 20127.6—2006)、《钢铁及合金　痕量素的测定　第7部分:示波极谱法测定铅含量》(GB/T 20127.7—2006)、《钢铁及合金　碲含量的测定　示波极谱法》(GB/T 223.55—2008)等标准目前已被废止。

3. 特点和注意事项

1)特点

(1)极谱法及伏安法的检出限低，灵敏度高，分析速度快，可分析纳克级、皮克级的无机及有机组分。

(2)溶出伏安法检出限可达到 $10^{-11} \sim 10^{-7}$ mol/L[3]，是一种非常灵敏的方法。阳极溶出伏安法是将恒电位电解富集与伏安法测定相结合的一种电化学分析法，一次可连续测定多种金属离子，且灵敏度很高，能测定 $10^{-9} \sim 10^{-7}$ mol/L 的金属离子。在适宜的条件下，灵敏度甚至可达到 $10^{-12} \sim 10^{-11}$ mol/L[15]。该法所用的仪器简单，操作方便，是一种很好的痕量分析方法。

(3)单扫描极谱法测量速度快，峰电流与线性加电压扫描速率的平方根成正比，扫描速率大有利于增大峰电流，检出限可达 10^{-7} mol/L。分辨率较普通极谱法高 1 倍，使用导数技术测定(导数示波极谱)还可进一步提高分辨率。另外，本法前放电物质干扰小，常常不需除氧[3]。

(4)脉冲极谱法对电极反应可逆的物质的检出限可达到 10^{-8} mol/L。前放电物质比被测物质浓度大 10000 倍，也不干扰测定。它对电极反应不可逆的物质也很灵敏，检出限也可达 $10^{-7} \sim 10^{-6}$ mol/L[3]。

(5)催化极谱法与其他方法结合使用，可获得更低的检出限。

(6)使用滴汞电极作为工作电极有重现性好、能降低金属分解电位等优点，但由于汞的毒性大，严重危害人体健康，在实际工作中已很少使用。

2)注意事项

(1)2013 年 1 月 19 日，联合国环境规划署通过了旨在全球范围内控制和减少汞排放的国际公约《关于汞的水俣公约》，2017 年 8 月 16 日公约在我国正式生效，该公约在我国的施行将会陆续淘汰使用滴汞电极作为工作电极的极谱法，虽然极谱法曾经在化学成分分析中起了一定的作用，但它必将被其他方法所替代。

(2)极谱法及伏安法对于试样的要求参照紫外－可见分光光度法注意事项中的“样品要求”。

8.2.11　滴定分析法

滴定分析法属于经典的化学分析法，是以物质的化学反应为基础的分析方法，方法准确度较高，所用天平、滴定管等仪器设备简单，是解决常量分析问题的有效手段，在科研生产中发挥着重要作用。

1. 基本原理

滴定分析法又称容量分析法，是将已知准确浓度的试剂溶液(也称为标准溶液)滴加到被测物质溶液(或称为试样溶液)中，与待测组分发生反应，直到化学反应完全时(就是滴定的化学计量点)为止，然后根据所用试剂溶液的浓度和体积计算得到被测组分的含量。滴定分析法据滴定方式的不同可分为：直接滴定法、返滴定法、置换滴定法、间接滴定法。据化学反应类型的不同又可分为:酸碱滴定法、络合滴定法、氧化还原滴定法和沉淀滴定法。据滴定终点的指示方法可分为指示剂法和仪器检测法等。试验所用的滴定管有酸式滴定管、碱式滴定管、微量滴定管、自动滴定管等,见图8-18。

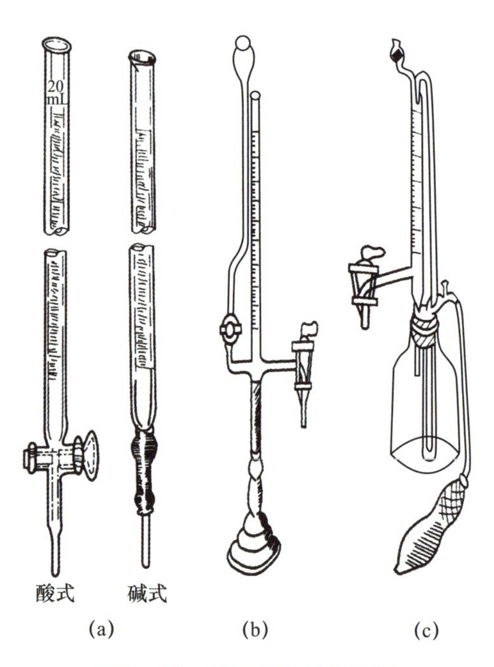

图8-18 试验所用的滴定管

(a)酸式和碱式滴定管;(b)微量滴定管;(c)自动滴定管。

2. 适用范围

滴定分析法是一种简便、快速和应用广泛的定量分析方法,在常量分析中有较高的准确度,通常用于材料中常量组分的测定。在钢铁及合金、铜及铜合金、钛及钛合金、锌及锌合金、铝及铝合金、各种中间合金等的成分分析中都有应用,并且,许多方法都已制定为标准,部分材料滴定分析法的标准名称及分析范围见表8-11。一些滴定分析法,如钢铁中铬、二价铁、三价铁等的测定,铅钙合金中钙的测定,铅基合金中锑的测定,硬质合金中钴的测定,钨铁中钨的测定,钼铁中钼的测定,钛铁中钛与锡等的测定,稀土合金中镧的测定,铅铋合金中铅、铋含量的连续测定等都有文献报道。但随着现代分析方法的发展,湿法分析中的ICP-AES法、ICP-MS法与离子色谱法等都可以代替滴定分析法进行元素及离子成分的分析,并相关内容已被制定为国家标准,见表8-11中的GB/T 4698.8—2017等。因此,关于滴定分析法的应用越来越少,逐渐被仪器分析方法替代。

表8-11 部分材料滴定分析法的标准及分析范围

材料	标准名称及标准号	分析范围/%
铁粉	《铁粉 铁含量的测定 重铬酸钾滴定法》(GB/T 223.7—2002)	铁:>96
钢铁及合金	《钢铁及合金 锰含量的测定 电位滴定或可视滴定法》(GB/T 223.4—2008)	锰:2~25
	《钢铁及合金化学分析方法 氟化钠分离-EDTA滴定法测定铝含量》(GB/T 223.8—2000)	铝:0.50~10.00
	《钢铁及合金 铬含量的测定 可视滴定或电位滴定法》(GB/T 223.11—2008)	可视滴定法,铬:0.1~35;电位滴定法,铬:0.25~35
	《钢铁及合金化学分析方法 硫酸亚铁铵滴定法测定钒含量》(GB/T 223.13—2000)	钒:0.100~3.500
铜及铜合金	《铜及铜合金化学分析方法 第10部分:锡含量的测定》(GB/T 5121.10—2008)	锡:0.50~10.00
	《铜及铜合金化学分析方法 第11部分:锌含量的测定》(GB/T 5121.11—2008)	锌:2.00~6.00
	《铜及铜合金化学分析方法 第13部分:铝含量的测定》(GB/T 5121.13—2008)	铝:0.50~12.00
海绵钛、钛及钛合金	《海绵钛、钛及钛合金化学分析方法 第8部分:铝量的测定 碱分离-EDTA络合滴定法和电感耦合等离子体原子发射光谱法》(GB/T 4698.8—2017)	铝:0.80~8.50
	《海绵钛、钛及钛合金化学分析方法 第9部分:锡量的测定 碘酸钾滴定法和电感耦合等离子体原子发射光谱法》(GB/T 4698.9—2017)	锡:1.00~12.00
	《海绵钛、钛及钛合金化学分析方法 第10部分:铬量的测定 硫酸亚铁铵滴定法和电感耦合等离子体原子发射光谱法(含钒)》(GB/T 4698.10—2020)	铬:0.30~12.00
	《海绵钛、钛及钛合金化学分析方法 硫酸亚铁铵滴定法测定铬量(不含钒)》(GB/T 4698.11—1996)	铬:0.30~12.00
	《海绵钛、钛及钛合金化学分析方法 第12部分:钒量的测定 硫酸亚铁铵滴定法和电感耦合等离子体原子发射光谱法》(GB/T 4698.12—2017)	钒:1.00~25.00
锌及锌合金	《锌及锌合金化学分析方法 第1部分:铝量的测定 铬天青S-聚乙二醇辛基苯基醚-溴化十六烷基吡啶分光光度法、CAS分光光度法和EDTA滴定法》(GB/T 12689.1—2010)	铝:>0.50~30.00
镁及镁合金	《镁及镁合金化学分析方法 第15部分:锌含量的测定》(GB/T 13748.15—2013)	锌:0.100~8.00

续表

材料	标准名称及标准号	分析范围/%
铝及铝合金	《铝及铝合金化学分析方法　第16部分:镁含量的测定》(GB/T 20975.16—2020)	镁:0.10~12.00

3. 特点和注意事项

1)特点

(1)滴定分析法快速、准确,所用天平、滴定管等仪器设备简单、操作简便,是解决常量分析问题的有效手段。滴定分析法作为常规的分析方法,在科研生产中发挥着重要作用,它的应用非常广泛,目前已制定有大量的分析标准。

(2)当加入滴定液中物质的量与被测物质的量按化学计量反应完成时,反应达到了等当点。在滴定过程中,指示剂发生颜色变化的转变点称为滴定终点。滴定终点与计量点不一定恰恰符合,由此所造成的分析的误差称为滴定误差。分析人员会尽可能地降低分析误差,但不可避免地还会有误差存在。

(3)滴定分析法是经典的化学成分分析方法,但它须用的试剂种类多、用量大,只能进行单元素分析,分析周期长,不适用于微痕量元素分析,且对操作人员的要求高。

2)注意事项

(1)对于滴定分析所依据的化学反应,必须具备以下五个条件。

①反应要按一定的化学反应式进行。反应应具有确定的化学计量关系,不发生副反应。

②反应必须定量完成。通常要求反应完全程度在99.9%以上。

③反应必须迅速完成。对于速度较慢的反应,可通过采取加热、增加反应物浓度、加入催化剂等措施来加快反应进程。

④主反应应不受共存物干扰,滴定体系中应该没有其他组分干扰测定,或者干扰可以消除。

⑤有合适的确定滴定终点的方法。如使用合适的指示剂或可用其他合适的仪器方法(光度滴定法、电位滴定法)确定滴定终点。

(2)酸碱滴定中通常用酸碱指示剂(或混合指示剂)在特定条件下的颜色变化来指示终点。酸碱指示剂(或混合指示剂)的变色范围应处于酸碱滴定的滴定突跃范围内。

(3)络合滴定中的金属指示剂、隐蔽剂要进行选择。

(4)如果采用滴定分析法,须对该方法进行研究以满足上述条件。另外,滴定时的终点应该尽可能与化学计量点接近。要做好指示剂、隐蔽剂的选择,避免带来干扰。

(5)滴定分析法对试样的要求参照紫外 - 可见分光光度法注意事项中的“样品要求”。

8.2.12　重量分析法

重量分析法是经典化学分析法中的一种,利用沉淀反应测定试样中某些组分。

1. 基本原理

重量分析法,是通过化学反应及一系列操作,将试样中的待测组分与其他组分分离,并转化为某种纯粹的组成固定的化合物等的称量形式,再进行称量,从而确定待测组分含量的一种定量分析方法。根据分离方法的不同,可分为沉淀法、电解法和气化法等。

沉淀法是指利用沉淀剂将被测组分转化为难溶化合物的形式沉淀出来,经过滤、洗涤、灼烧转化为称量形式,并称其重量,计算出被测组分的含量。它是重量分析的主要方法。

电解法(电重量法)是利用电解的作用,将被测组分转化为在电极上还原或氧化析出的金属或其他形式,根据电极增加的种类,计算被测组分的含量。

气化法(或叫挥发法)是利用物质的挥发性质,通过加热或其他方法使被测组分从试样中挥发逸出,根据试样减轻或吸收剂增加的重量,计算得出被测组分的含量。

2. 适用范围

重量分析法是化学分析法的经典方法,一般适用于含量大于 1% 的常量组分的测定。近年来,该方法逐渐被其他方法替代,但是,由于重量分析法的高度准确性,仍被作为标准方法在必要时使用,对于某些特殊组分,如硅、水分、不溶物、灼烧失量、残渣等的测定,重量分析法还是普遍使用的方法。矿石材料中水分、不溶物、灼烧失量、残渣等的测定均采用重量法,铜及铜合金中铜的测定采用的是电重量法(也称电解分析法)与原子吸收法、光度法的联用。表 8 - 12 是重量分析法的一些标准及分析范围。

表 8 - 12　重量分析法的一些标准及分析范围

测试项目	标准名称及标准号	分析范围/%
钼铁合金中钼的测定	《钼铁　钼含量的测定　钼酸铅重量法、偏钒酸铵滴定法和 8 - 羟基喹啉重量法》(GB/T 5059.1—2014)	50.00 ~ 75.00
钢铁及合金中镍的测定	《钢铁及合金化学分析方法　丁二酮肟重量法测定镍量》(GB/T 223.25—1994)	>2

续表

测试项目	标准名称及标准号	分析范围/%
钢铁及合金中硫的测定	《钢铁及合金　硫含量的测定　重量法》(GB/T 223.72—2008)	0.003～0.35、0.002～0.20
镁及镁合金中稀土的测定	《镁及镁合金化学分析方法　第8部分:稀土含量的测定 重量法》(GB/T 13748.8—2013)	0.20～20.00
铜及铜合金中铜的测定	《铜及铜合金化学分析方法　第1部分:铜含量的测定》(GB/T 5121.1—2008)	50.00～99.00、98.00～99.90、99.00～99.98

3. 特点和注意事项

1)特点

重量分析法方法经典,准确度高,但是操作麻烦、费时,对低含量组分的测定误差较大。

2)注意事项

(1)在重量分析中,为了保证测定的准确性及方便性,对沉淀形式和称量形式都有一定要求,对沉淀形式的要求为:沉淀的溶解度要小,以保证被测组分沉淀完全;沉淀颗粒应尽可能较大些,以便于过滤和洗涤;沉淀尽量纯净,尽量避免混进杂质或沉淀剂,避免玷污;沉淀要易于转化为合适的称量形式等。对称量形式的要求为:必须有确定的化学组成,且其组成必须与化学式完全符合,这也是重量分析法计算的依据;性质稳定,不受空气中组分如水分、二氧化碳和氧气等的影响;为减小称量时的相对误差,摩尔质量应比较大,被测组分在称量形式中的相对含量较小,即称量形式与被测组分的质量比值大。

(2)制备沉淀时相应采取各自适宜的沉淀条件。关于沉淀灼烧温度的确定,一般应参照由差热分析结果推出的热稳定范围,一般采用热稳定范围内较高一些的温度条件。

(3)重量分析法对于试样的要求参照紫外-可见分光光度法注意事项中的“样品要求”。

8.2.13　离子色谱分析法

离子色谱分析法是测定材料中阴离子和阳离子的一种方法,也称为离子色谱法。

1. 基本原理

离子色谱(ion chromatography,IC)是高效液相色谱的一种形式,是分析阴阳离子和小分子极性有机化合物的一种液相色谱方法。离子色谱提供的分离选择性是对广泛使用的液相色谱的有益补充。离子色谱法是色谱分析法中的一种。

离子色谱分析法是根据物质的物理和化学性质的不同而进行分离和检测的一类方法。它的分离原理就是利用物质在溶解、吸附、分配、离子交换、分子尺寸、亲和力等方面的性能差异,使需要分离的物质在互不相溶的固定相和流动相间做相对运动,使各组分连续多次地在两相间进行质量交换,从而使有差异的不同组分得到分离。

当试样组分随气体或液体流动相在柱管内移动时,就会在液液间不断地反复分配,由于各组分的性质不同,形成了移动上的差异,各组分依次流出,实现了各组分的分离,先后流出的各组分顺序流经检测器,把流动相中各组分含量的变化转化为能够检测的电信号,该电信号与时间作的曲线图称为色谱流出曲线,称为色谱图。色谱图是色谱分析法分析定量和定性的依据。

定性分析可采用以下两种方式。

(1)利用保留值进行定性分析。在一定的色谱条件下,因不同物质的热力学性质不同致使在色谱图上保留值的差异,以此来作为定性分析的依据。通常采用同标准物质的保留值进行对比分析,或者和文献保留值进行比对分析,或者根据相对保留值等进行分析定性。但是,因不同组分在相同的色谱条件下有时会有相近或者甚至是一样的保留值,所以这种定性方法也有它一定的局限性。

(2)色谱分离后与其他设备联用进行定性分析。将色谱仪分离出来的组分收集后再用其他仪器设备(如红外光谱仪、质谱仪、ICP等)进行分析鉴定。

定量分析:在一定的条件下测得的色谱峰高或峰面积与被测组分的浓度成正比,这是色谱定量分析的依据。与其他仪器分析方法一样,离子色谱法也可以采用外标法、内标法、标准加入法等进行测试。

离子色谱仪由流动相传送装置、分离柱、检测器及数据处理系统四部分组成。离子色谱仪方框图见图8-19。

金属材料中阴离子的离子色谱分析法之前鲜有报道,但随着阴离子的存在对金属材料性能的影响逐渐被大家知悉和关注,科研工作者开始研究离子色谱技术在金属材料阴离子测定方面的应用,下面介绍其适用范围、特点及注意事项。

2. 适用范围

离子色谱分析法可用于材料中阴离子与阳离子的定性和定量分析,是目前材料分析中阴、阳离子测定的主要方法。

离子色谱分析法的适用范围与所用的离子色谱仪配置有关,离子色谱仪的检测器主要有电化学检测器(包括电导检测器和安培检测器等)和光学检测器(包括可见紫外分光检测器和荧光检测器等)等,通常电导检测器用于在水溶液中化合物的酸式离解常数 pKa 或碱式离解常数 pKb 小于 7 的离子的检测。安培检测器用于能发生化学反应化合物的检测,也就是在某一特定的外加电压下,能够产生氧化或者还原反应的化合物的检测。可见紫外分光检测器通常用于柱后衍生反应使被测离子能够生成有较强的吸光度的化合物。如硅、磷、镧系元素、过渡金属等。

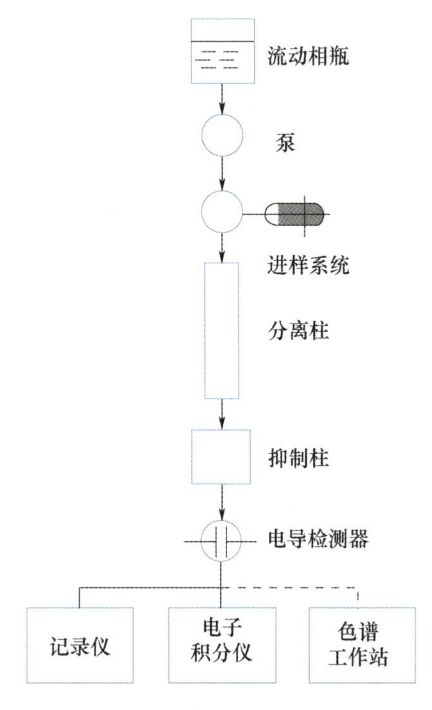

图 8-19　离子色谱仪方框图

离子色谱分析法主要用于在水溶液中能够以稳定的离子形态存在的化合物的检测。离子色谱法作为一种阴、阳离子分析测定的最有效的工具已经有几十年的历史,它能分析大多数的无机和有机阴离子以及 60 多种阳离子。

(1)用于阴离子分析。它是解决阴离子分析的最有力的手段。一次进样便可在 20min 内连续测定 F^-、Cl^-、NO_2^-、SO_4^{2-}、Br^-、NO_3^-、PO_4^{3-} 等多种离子;阴离子分离图见图 8-20。离子色谱分析法用来检测一些材料中离子浓度,相关内容已被制定为国家标准,如《钢渣　氟和氯含量的测定　离子色谱法》(GB/T 38216.2—2019);《铁矿石　氟和氯含量的测定　离子色谱法》(GB/T 6730.69—2010);《铜精矿化学分析方法　第 12 部分:氟和氯含量的测定　离子色谱法》(GB/T 3884.12—2010)等。

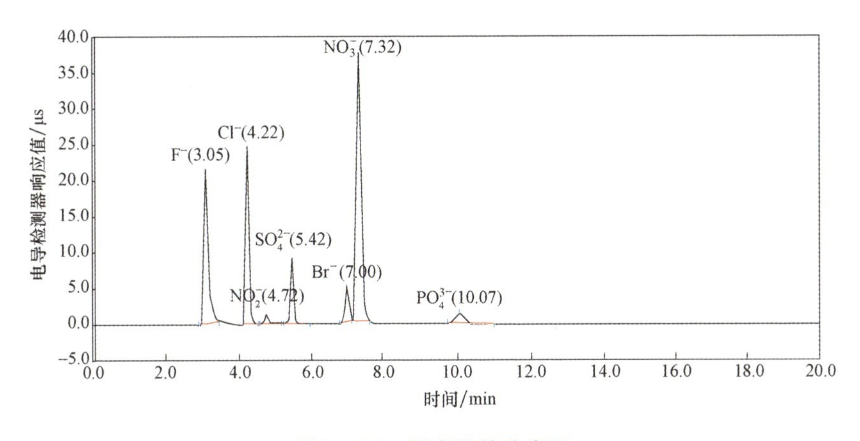

图8-20 阴离子的分离图

(2)用于无机阳离子检测。使用阳离子柱,一次进样便可完成一价碱金属、二价碱土金属、铵或者胺的分离与分析。阳离子的分离图见图8-21。

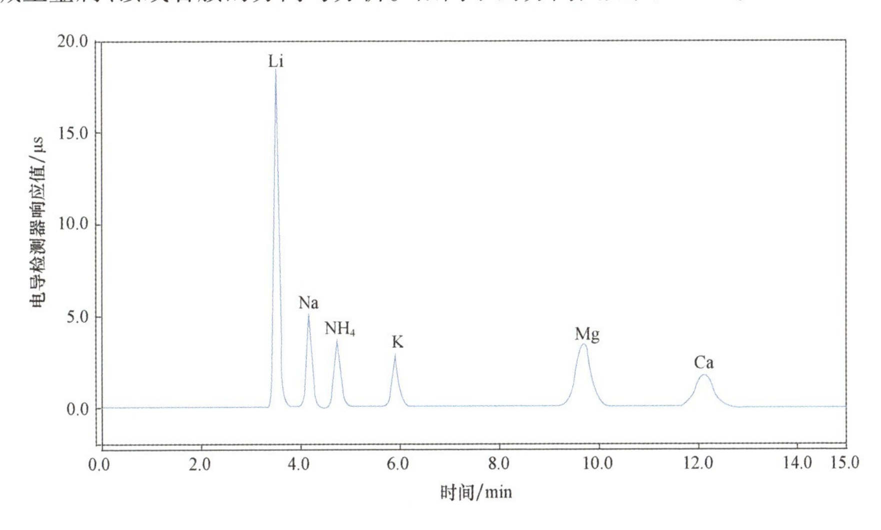

图8-21 阳离子的分离图

(3)用于过渡金属的分析,尤其是分析元素的不同价态和形态。

(4)用于在线浓缩富集及基体消除有机及生化分析等。

目前,离子色谱分析法已在环境监测、水电、食品饮料、半导体、地质化工、医疗卫生等行业有广泛的应用,在金属材料阴离子检测方面鲜有报道,杜米芳等研究建立了海绵钛中氯的测定,海绵锆中氯的测定,海水等水样中 F^-、Cl^-、NO_2^-、SO_4^{2-}、Br^-、NO_3^-、PO_4^{3-} 等多种阴离子的分析方法等,焊剂中氟的测定、铝及铝合金中氯和氟的测定方法还在进一步优化中。

3. 特点和注意事项

1)特点

(1)离子色谱分析法能进行多种离子同时测定。一次进样便可在20min内连续测定F^-、Cl^-、NO_2^-、SO_4^{2-}、Br^-、NO_3^-、PO_4^{3-}等多种阴离子或进行Li^+、Na^+、K^+、Ca^{2+}、Mg^{2+}等一价碱金属、二价碱土金属、铵等阳离子的分离与分析,目前为止未见有其他能够一次进样完成多种痕量离子成分快速分析的仪器设备,现有的仪器设备几乎都是对单种离子分别进行测定的。

(2)检出限低,灵敏度高。IC中阴离子分析通常采用碳酸盐($Na_2CO_3/NaHCO_3$)或氢氧根(NaOH或KOH)淋洗液。碳酸盐淋洗液性质稳定,易储存,配制方便,是早期离子色谱分析的常规淋洗液。但因其不适合用于梯度淋洗,近年来使用逐渐减少。目前,氢氧根淋洗液的应用越来越多。氢氧根淋洗液的抑制反应产物是水,背景电导很低(小于2μS),且氢氧根的浓度对背景电导影响很小,采用氢氧根梯度淋洗时产生的水负峰非常小,可大体积进样,有利于改善分离度和提高检测灵敏度。所以,目前的离子色谱分析法的检出限低,灵敏度高。

(3)应用越来越广。由于离子色谱分析法的灵敏度较高,选择性较好,随着离子色谱分析技术的不断发展,离子色谱分析法的应用越来越广。

2)注意事项

随着用离子色谱分析法测定的材料的品种的增多,因材料的种类繁多、组成复杂、浓度不一、物理形态多变,因此通常需要对样品进行溶样、过滤、萃取、稀释、浓缩甚至需经过超滤、渗析、吸附、解吸及其他化学转化等处理才能制备出可以上机直接测定的样品。样品处理过程中大量溶剂的消耗和废液的处理、被测组分的损失、污染及化学变化等不仅会造成人力物力的浪费、环境的污染,而且会造成分析结果的误差。有的金属材料中含有重金属,如果处理不当还会造成重金属污染,污染色谱柱,使色谱柱失效,色谱柱价格昂贵,更换色谱柱不仅浪费时间,而且还造成成本费用的提高。材料工作者应将欲检测材料的基本情况如材质、大致组成、材料服役的环境情况等告诉检测人员,以便检测人员在上机测试之前先把待测试样进行前期处理,包括除去重金属,使之在保证测试准确度的同时,还可避免试样溶液对仪器色谱柱等造成污染。对于检测人员,针对不同材质的样品,要研究并确定其不同的处理方法。离子色谱分析法分析样品的前处理方法应遵循的原则如下。

(1)样品经处理后待测组分的含量应不低于仪器的检出限。

(2)样品中各组分的分离必须达到色谱分析法的定量要求。

(3)样品中不能含有机械杂质和微小颗粒物,以免堵塞色谱柱和管线。

(4)应尽可能避免待测组分离子发生化学变化,以防止和减少待测组分的损失。

(5)在前处理中,待测组分所进行的化学反应的化学计量关系必须明确并且反应彻底。

(6)应尽量避免或减少无关离子和化合物的引入,以防待测组分被污染和增加分离难度。

(7)注意样品的 pH 值对检测结果的影响。

(8)处理后的样品溶液中应不含重金属。

离子色谱分析法对于试样的要求参照紫外 - 可见分光光度法注意事项中的“样品要求”。

8.3　新方法

随着社会的进步及科技工业的发展,研发新型和高性能金属材料的需求日益增长,书中介绍的这些有关金属材料化学成分的现行常用的分析方法或多或少都有一些不足和缺点。例如:电感耦合等离子体原子发射光谱法虽然分析快速,但其试样处理过程中所用的酸或碱不仅对人体健康有害而且还会污染环境;光电直读光谱法虽然操作简单,分析快速,但该方法对待测试样的尺寸、表面等都有一定的要求。另外,由于现代科技对金属材料的纯净度要求越来越高,因此对于各种痕量元素及常量组分的快速、准确、操作简单等检测需求就变得愈加迫切,现有的一些方法已经不能满足生产、科研的新需求。基于此,在广大测试技术人员及仪器制造商的共同努力下,近年来不断涌现了新的测试方法以及仪器联用方法技术,这些新方法的应用,或者使操作更简单,或者缩短了分析周期,或者提高了灵敏度、降低了检出限,或者避免了有毒试剂的使用、更加环保等,下面分别进行简单介绍。

8.3.1　辉光放电质谱法

辉光放电质谱(glow discharge mass spectrometry,GD - MS)法是唯一具有足够灵敏度和准确度,对固体超纯材料中的杂质元素直接分析的方法。在无机材料中痕量元素的分析方面,辉光放电质谱法具有独特的优势,使其成为材料研发和生产领域不可或缺的高端仪器设备分析法。

1. 基本原理

GD - MS 是以辉光放电(GD)作为离子源的质谱分析方法,是用质谱测试被辉光放电电离产生的试样的离子,完成对试样元素组成的定性和定量分析。

辉光放电离子源(图 8 - 22)是以导电的固体试样作为阴极,辉光放电电池内充有低压惰性气体,如氩气,施加电压于两平面电极上,电压足够高时,就会发生辉光放电。电极之间的氩气放电后生成 Ar^+,在电场的作用下,Ar^+ 会加速向阴极移动,轰击阴极,试样表面的原子、阳离子、电子会被溅射释放出来,在阴极周围电场的作用下,阳离子会重新回到阴极表面,电子加速进入辉光区与其中的原子发生碰撞从而促使其发生电离,这样又有助于继续维持辉光放电。从样品表面溅射出的原子进入辉光区时,又会同其中的电子、亚稳态氩原子发生碰撞而得到激发和电离。辉光放电区中有试样离子、试样基态原子及激发态原子。

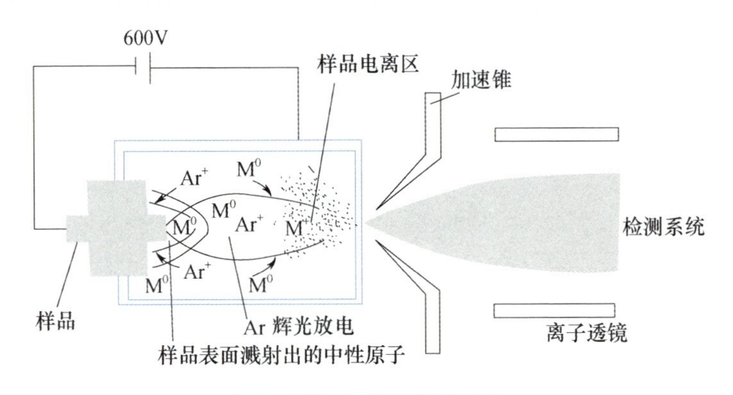

图 8 -22　辉光放电离子源

GD - MS 在离子源产生离子之后,由静电离子透镜提取离子进入质量分析器,将不同质荷比的离子分离并进行质量分析。带电离子的运动轨迹在电场和磁场的作用下都会发生偏转,这也是分离离子的基础。辉光放电质谱中所用的质量分析器包括四极杆质量分析器、飞行时间质量分析器、扇形质量分析器等。

GD - MS 的定性分析:根据需要测量的元素,选择它的天然丰度最大的同位素,在一定的质量范围内进行扫描,根据是否出现相应的离子峰来判别是否存在该元素。

GD - MS 的定量分析是基于被测元素同位素的离子强度和其含量的关系,为得到代表元素的离子强度,需在定量分析前对测量的离子强度进行同位素丰度的校正。用 X 代表被测元素,那么元素 X 的离子强度为

$$I_{\mathrm{X}} = \frac{I_{\mathrm{X}i}}{A_{\mathrm{X}i}} \tag{8-9}$$

式中:I_{X}为元素 X 的离子强度;$I_{\mathrm{X}i}$为被测元素 X 同位素的离子强度;$A_{\mathrm{X}i}$为被测元素 X 同位素的丰度。

若被测元素 X 没有其他同位素,那么,元素的离子强度就是测得的离子强度,也即 $A_{\mathrm{X}i}=1$。

对于单元素基体样品的定量分析:若忽略基体对不同元素的影响和不同元素灵敏度的差异,单元素基体试样中的非基体元素可被近似地认为被测元素与基体元素的离子强度比和其浓度比相等。若考虑基体对不同元素的影响和不同元素灵

敏度的差异,计算时须加上相对灵敏度因子。若将M作为基体元素,则

$$C_{X/M} = RSF_{X/M} \times \frac{I_X}{I_{MATRIX}} = RSF_{X/M} \times IBR_{X/M} \tag{8-10}$$

式中:$C_{X/M}$为基体元素M中元素X的质量分数;$RSF_{X/M}$为基体元素M中元素X的相对灵敏度因子RSF值;I_X为元素X的离子强度;I_{MATRIX}为基体元素的离子强度;$IBR_{X/M}$为基体元素M中元素X的离子束比。

对于多元素基体样品的定量分析:将非基体元素Fe的RSD值设为1,多元素基体样品中元素X的质量分数计算公式为

$$C_X = \frac{RSF_X \times IBR_X}{\sum_{i=1}^{n}(RSF_{Xi} \times IBR_{Xi})} \tag{8-11}$$

式中:C_X为元素X的质量分数;RSF_X为元素X的RSF值;IBR_X为元素X相对于Fe的离子束比;n为基体中元素的个数;RSF_{Xi}为第i个元素X的RSF值;IBR_{Xi}为第i个元素X相对于Fe的离子束比。

使用校正曲线的定量分析:如果有与待测样品基体匹配的标样,可以绘制待测元素的浓度和离子强度(离子强度比)间关系的标准曲线,测定得到待测元素的离子强度(离子强度比)后,根据标准曲线计算得到待测元素的浓度含量。

2. 适用范围

GD-MS除了可以用作金属和合金的常规元素分析,也可用作表面分析及逐层分析,被广泛应用于金属、合金或半导体的分析,如钢、铝、金、镍合金等金属及合金,InP、Si及GaAs等半导体材料的分析,已成功应用于材料科学、地球科学、环境科学等领域。深度剖析是指分析固体样品组成及杂质元素随深度变化的情况。深度剖析在研究涂层、薄膜材料方面有重要意义,是表征涂层、薄膜材料中各组成元素及杂质元素分布的一个有效方法。GD-MS也有用于导体材料、半导体材料、非导体材料、复合材料深度剖析等领域的应用实例,其分析深度范围下至几纳米上至数百微米。可在相当宽的动态范围内实现多元素的定性、定量分析。GD-MS是固体材料尤其是高纯无机材料纯度和痕量杂质检测的重要手段。《高纯银化学分析方法 痕量杂质元素的测定 辉光放电质谱法》(GB/T 36590—2018)测定高纯银中痕量杂质元素各元素的测定范围为0.001~5.0μg/g。《高纯铝化学分析方法 痕量杂质元素的测定 辉光放电质谱法》(YS/T 871—2013)测定高纯铝中痕量杂质元素各元素的测定范围为$5.0\times10^{-7}\%\sim1.0\times10^{-3}\%$(质量分数)。

3. 特点和注意事项

1)特点

(1)GD-MS可以对固体样品直接分析,既避免了将样品处理为溶液的麻烦,

又避免了试剂的使用、将溶液稀释的步骤，还不用考虑试剂纯度对测试结果的影响，也可避免样品前处理及溶液配制过程中引入的污染，尤其对于痕量分析来说意义重大。与测试结果精确的湿法分析相比，如石墨炉原子吸收方法，GD－MS 的准确度灵敏度相当或更高。

（2）GD－MS 灵敏度高，检测限低，多数元素的检测限可低至 ng/g～μg/g 级。

（3）GD－MS 的基体效应小。辉光放电质谱法的辉光放电原子化的过程与之后发生的离子化和激发的过程是分离的，GD－MS 受基体影响较小。所以，该方法可以使用外标法对与标样基体组成不同的试样进行分析，不必要求固体标样和样品具有相同或相似的化学组成。即使在缺乏标准样品的情况下，也能给出大部分元素的半定量结果。

（4）可以分析的元素多，几乎覆盖了元素周期表中的所有元素。

（5）可以多元素同时分析。

（6）线性动态范围宽，可测量的范围超过 10 个数量级。

（7）可以进行深度剖析。

GD－MS 法无须溶样便可以对固体直接进行分析，该方法一经问市便有了巨大的应用潜力。由于辉光放电质谱仪价格昂贵，测试试样成本极高，因此，应用还不是非常广泛，但其前景可期。

2）注意事项

（1）GD－MS 分析的样品一般应为导电的金属、合金或半导体。如果样品是绝缘体，须与铜或银混合压片制备成阴极进行测试。

（2）GD－MS 存在多原子干扰。

8.3.2 激光诱导等离子体光谱法

近几年，应用激光等离子体光谱分析技术在不同领域所取得的研究成果很多，包括利用激光诱导击穿光谱学（laser induced breakdown spectroscopy，LIBS）或激光诱导等离子体光谱学（laser induced plasma spectroscopy，LIPS）方法对固体、液体、气体中的物质成分及相关特性进行分析研究及其他方面的应用研究。

1. 基本原理

激光诱导等离子体光谱法是一种基于激光与材料相互作用而发展起来的分析元素成分或浓度的方法属于原子发射光谱法的一种。将高功率激光作用于物质表面，产生瞬态等离子体，辐射出元素的特征谱线，利用光谱仪对等离子体辐射光谱进行分析，就可以确定材料中待分析元素的含量。在激光诱导等离子体光谱技术中，高能激光束的前沿部分作用于样品表面时，样品表面蒸发、熔化、激发并溅射出少量的颗粒，形成原子、分子、离子等团簇，并沿着样品法线方向快速扩散，之后，光脉冲的后续部分对该蒸气进行强烈的加热与电离，最终形成等离子体。激光诱导等离子体光谱法所需设备比较简单，操作方便，可以同时进行多种元素含量测定，可有效提高分析效率，此外还可满足远程分析的需要。

激光诱导等离子体光谱仪一般由用于产生等离子体的激光器、聚焦光路、对等离子体光信号分光与检测系统、对等离子体光信号收集及传输的光学系统（如光纤、透镜及反射镜等）、计算机及电子控制系统、控制激光脉冲的触发、光信号采集延时发生器及谱图存储等几部分组成，样品室中通入氩气可以提高分析灵敏度[26]。激光诱导等离子体光谱仪连接图见图 8－23。

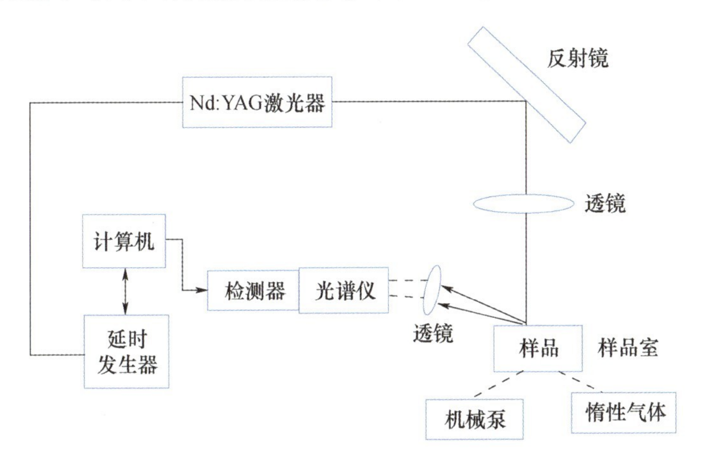

图 8－23　激光诱导等离子体光谱仪连接图

2. 适用范围

激光诱导等离子体光谱法可用于固体、液体和气体中元素定性和定量分析。可分析多种形态的样品。激光诱导等离子体光谱法可用于远距离、非接触式在线实时检测，适应现代化大型金属材料企业高速化、连续化、自动化生产的要求。该方法目前在工业生产领域、环境领域、生物医学领域、空间探索及核工业领域、文物鉴定等领域都有较为广泛的应用，主要应用于元素成分分析、元素分布分析、表面深度分析等。其特色是远距离遥测和文物鉴定领域的应用。

（1）元素成分分析。已应用于钢铁及合金、钢液、炉渣、铁基样品、铝合金、变形铝、铸铝、铜合金、锌合金、镍基样品、铝锂合金、陶瓷、石棉纤维、回收贵金属、矿物、煤灰、润滑油、熔态硅、高温锅炉、熔态炉渣、铅泥废渣、土壤、液铝、熔态玻璃、工业氧化物、水泥、腐蚀玻璃、回收电子产品、塑料等工业生产领域材料的元素成分分析，土壤、淤泥、气溶胶、滤膜、环境气体等环境领域的元素成分分析等。

（2）元素分布分析。样品在电机带动下进行线扫描或面扫描分析，所采集的谱线强度以线分布、面分布或体分布的形式直观地表现出元素的分布情况，可以以此来判定哪些元素在某一部位容易富集等，从而为改善材料加工工艺等提供了指导。如对钢铁样品进行线或面扫描分析，了解其中的重要组分碳、硫、磷、硅、锰等元素分布情况；如钢中夹杂物、涂层钢板、不锈钢、钢铁偏析及脱碳样品、铝合金及析出相、单晶硅、光伏电池、镁合金、非平面机械阀门、生物样品、矿物分析等中各元素的分布分析也都有文献报道[26]。

(3)表面深度分析。有镀锌板、高温镍基合金、生物药片、氧化铟薄膜、玻璃表面涂 Fe－Ni 薄膜、艺术品表面、硅基体上涂 Cu－Ag、光伏电池表面镀 TiO_2 等表面深度分析方面的应用报道。

(4)激光诱导等离子体光谱法由于可以远距离遥测，该方法在空间探索、核工业及熔态金属在线分析等危险环境中均有一定的应用。钢铁、核反应容器、铁基样品、铜基及铝基样品、碳酸盐矿物、岩石、含硫地质样品、土壤及沉积物、金属及合金、爆炸物、核电站高温蒸气管、U、H、Li 同位素分析等的远距离遥测均有报道。激光诱导等离子体光谱法的激光束斑点可聚焦至几微米，对样品损伤很小，也可认为近无损检测，因此，该法在文物鉴定领域有一定的应用。例如，通过对油画的颜料中所含元素的深度逐层分析来深入了解艺术品结构，通过对陶瓷及铜合金艺术品表层的半定量分析来判定艺术品年代及来源、壁画中铅白颜料的分析，判断褪色原因等。

3. 特点和注意事项

1)特点

激光诱导等离子体光谱法的优点如下。

(1)分析速度快，测定精密度较高。

(2)灵敏度高。

(3)可以现场分析，易于实现在线分析。如大气中微量成分的分析；流动液体中的成分分析，以及金属合金中的成分分析。

(4)不需或很少样品制备。样品处理很简单，大多无须处理，可直接分析绘画艺术品、多彩艺术品、陶器、雕塑、金属、玻璃及石头制品等。

(5)在工厂加工过程中能有很多用途，如完成中间产品的分析等。

(6)分析成本低。

(7)可以无接触分析及遥测。

(8)激光诱导等离子体光谱法与现有的光电直读光谱法、XRF、ICP－AES 和 FAAS 法等相比，具有以下优点。

①发射一个脉冲就得到一个测量结果，具有实时性、快速性。

②消耗样品少，消耗样品在纳克至毫克范围内，基本不破坏样品。

③可远距离、非接触式测试样品。因为脉冲激光器发射出的光经透镜可以在

远处聚焦产生等离子体，所以可以采用远距离、非接触式测试试样，这对于悬崖边的岩石样品、危险环境中的样品、有毒或具有核辐射性样品、需要远距离遥测分析的工业在线分析（熔态玻璃或液态金属在线分析）等有着极大的测试优势。

④样品基本不需要其他处理，或者可以直接用高功率激光对样品表面进行烧蚀处理即可。

⑤便携式激光诱导等离子体光谱仪与便携式 X 荧光分析仪相比，便携式 X 荧光分析仪目前已广泛应用于各个行业，理论上便携式 X 荧光分析仪能够检测的最小原子序数是 4（Be 元素），而实际应用中它可以检测到的最小原子序数是 12（Mg 元素），这主要是因为原子序数低于 12 的元素荧光产率太低及所产生的荧光被空气吸收。便携式激光诱导等离子体光谱仪不受原子序数所限，能够对元素周期表中的所有元素进行检测。另外，激光诱导产生的等离子体可产生很多特征谱线，当元素的特征谱线被干扰时，也可选择其他的特征谱线进行定性或定量分析。再者，通过光纤传导的激光脉冲或等离子体光信号可实现远距离遥测，而便携式 X 荧光分析仪不能实现。

激光诱导等离子体光谱法的不足：相对来说，元素检出限偏高；定量分析中的基体效应问题还待进一步解决。

2）注意事项

激光诱导等离子体光谱法依据谱线位置及谱线相对强度便可以进行定性分析。激光诱导等离子体光谱法存在一定的光谱干扰，为了做好光谱定性分析，材料工作者应告诉检测人员分析样品的来源或历史，这样有助于检测人员做出正确判断。

8.3.3 联用技术

在实际分析检测中我们所面对的实际样品大多比较复杂，单一技术通常因存在基质或共存元素的干扰问题而受到限制，将两个或多个分析测试方法技术联用将会极大地拓展原先技术的应用范围，并会改善测试准确度及灵敏度。测试方法联用是测试技术发展的一个重要趋势，方法联用技术很多，本节仅介绍如下几个应用较广的联用技术。

1. 原子吸收光谱与其他技术的联用

原子吸收光谱与流动注射的联用，实现了样品引入与分析测试的自动化，使方法的分析性能得到了全面的提高，分析灵敏度显著增加。

原子吸收光谱与氢化物发生的联用，使该方法成为测定砷、铋、锡、锑、铅、硒、碲等最灵敏和有效的方法之一，其优点是：使被测组分与基体进行了分离，且使被测组分得到了富集，提高了灵敏度，使背景吸收和检出限低、精密度和准确度高。

原子吸收光谱与色谱的联用，综合了色谱的高分辨效果和原子吸收光谱分析的选择性和高灵敏性等优点，已成为金属化学形态分析最有力的工具之一。

2. 氢化物发生与电感耦合等离子体原子发射光谱法的联用技术

氢化物发生与电感耦合等离子体原子发射光谱法的联用技术解决了电感耦合等离子体原子发射光谱法测定某些痕量元素检测下限高、部分元素不成线、无法测定的难题，拓展了电感耦合等离子体原子发射光谱法测定某些痕量元素的测定下限，如金属材料中的痕量的砷、锑、铋、汞、铅等的分析。提高了分析灵敏度，降低了基体干扰。

3. 质谱的联用技术

用于质谱分析的试样必须是纯的或比较纯的物质，例如简单的混合物，各个组分之间应该是具有基本不互相干扰的特征质谱峰。对于成分较为复杂的混合物，因其杂质峰、碎片峰等的重叠、干扰，很难进行多组分的分析和鉴定。目前，分离复杂混合物最有效的方法是色谱，但是色谱的定性可靠能力较差，色谱的分离与质谱定性、结构鉴定相结合，可以实现复杂混合物的分析、鉴定。目前质谱联用技术很多，应用最广泛的有气相色谱－质谱联用（GC－MS）、液相色谱－质谱联用（LC－MS）、质谱－质谱联用（MS－MS）等。GC－MS 灵敏度高，目前已成为有机化合物常规检测的必备工具。LC－MS 分析的化合物大多是极性强、挥发性差、易分解或不稳定的化合物，大多分析的是体系十分复杂的试样，如血液、尿液等，已在药物、化工、环保、临床医学、分子生物学等许多领域中获得了广泛的应用[26]。MS－MS 联用是将多个质谱串联在一起，最简单的是将两个质谱顺序连接获得的二级串联质谱。

MS－MS 具有的优点如下。

（1）有利于对物质进行定性，获得结构信息。

（2）适合复杂混合物的分析。

（3）使试样预处理大大简化。

（4）可同时定量分析多个化合物。

（5）MS－MS 的抗干扰、抗污染、检测灵敏度高。MS－MS 在环境监测、未知物分析、新药开发、农药残留等方面有广泛的应用。质谱联用技术无论在定性分析还是在定量分析方面有它无与伦比的优势。

离子色谱技术是高效液相色谱的一种，电感耦合等离子体质谱仪（ICP－MS）是质谱的一种，下面简单介绍离子色谱技术与电感耦合等离子体质谱仪（ICP－MS）的联用。

离子色谱技术与 ICP－MS 联用时，提供了远高于电导或紫外－可见光（UV－Vis）的灵敏度。在离子色谱柱与 ICP－MS 的雾化器间，利用离子色谱的抑制器实现在线除盐，减少盐在锥口的堆集，消除淋洗液中的盐对质谱离子喷雾源的影响和对质谱部件的损害。在淋洗液或洗脱液中添加有机溶剂，增加洗脱液的挥发性来提高检测灵敏度。离子色谱技术与 ICP - MS 联用可用于识别爆炸残留物的特征爆炸物，也可用于氯氧化合物与氯离子、金属离子的不同形态（如 Fe^{3+} 与 Fe^{2+}）、多种含氮化合物（硝酸、亚硝酸、硫氰酸盐与氰酸盐等）的组成分析。最近有多篇离子色谱与质谱联用的报道，如饮用水消毒副产物卤氧化物的分析、司法检验与环境评价中对爆炸残留物的分析、弱电离化合物的分析等。

4. 原子荧光光谱仪的联用技术

氢化物发生（HG）与 AFS 联用，可有效解决化合物的价态与形态分离问题，克服电导检测器对这些化合物检测灵敏度低的缺点。我国的 ICP - HG - AFS 联用仪器比较成熟，ICP - HG - AFS 联用已广泛用于砷、硒、汞与铬的价态与形态分析。如离子色谱与原子荧光光谱仪的联用也已有很好的应用。

参考文献

[1] 丁严广，白科财．金属材料化学分析方法现状及发展趋势[J]．现代制造技术与装备，2016，52(6)：31－32，51．

[2] 周西林，叶反修，王娇娜，等．光电直读光谱分析技术[M]．北京：冶金工业出版社，2019．

[3] 徐祖耀，黄本立，鄢国强．中国材料工程大典：第 26 卷 材料表征与检测技术[M]．北京：化学工业出版社，2006．

[4] 周志伟．手持式 X 射线荧光光谱仪用于现场合金牌号鉴别的误差控制探讨[J]．冶金分析，2019，39(10)：18－22．

[5] 王志高，林涛，伍科，等．手持式 X 射线荧光光谱仪在高压隔离开关触头镀银层腐蚀故障分析中的应用[J]．电镀与涂饰，2019，38(23)：1311－1314．

[6] 李稳，鄢祥，张殿云，等．手持式 X 射线荧光光谱仪在牙科非贵金属无损检测中的应用[J]．化学分析计量，2019，28(4)：13－17．

[7] 李传启，杨崇秀．手持式 X－射线荧光光谱仪在金属材料检测中的应用[J]．广州化学，2016，41(6)：29－33．

[8] 张教赟，张忠和．手持式 X 射线荧光金属分析仪在钢铁材料检测中的操作技巧[J]．理化检验：化学分册，2012，48(11)：1360－1362．

[9] 何翠强．手持式 X 射线荧光光谱仪在金属材料分析中的应用研究[J]．冶金与材料，2018，38(4)：134－135．

[10] 刘攀，唐伟，张斌彬，等．高频感应燃烧－红外吸收光谱法在分析金属材料中碳、硫的应用[J]．理化检验：化学分册，2016，52(1)：109－118．

[11] 王晓旋，卜兆杰，陈斌，等．氧氮氢分析仪在金属材料测定中的应用[C]//中国机械工程学会．2016 全国材料检测与质量控制学术会议论文集．厦门：中国机械工程学会，2016：104－110．

[12] 王贺龙．有害元素对焊缝金属影响的分析[J]．黑龙江科技信息，2012，16(31)：42．

[13] 胡少成,沈学静,王蓬. 固态金属及合金材料中氧、氮、氢联测技术进展[J]. 冶金分析,2009,29(11):34-40.

[14] 刘攀,张欣耀,张毅. 惰气熔融-红外吸收法测定铬铝、钼铝中间合金粉中氧[J]. 冶金分析,2020,40(6):13-20.

[15] 于世林,杜振霞. 化验员读本(下册):仪器分析[M]. 5版. 北京:化学工业出版社,2019.

[16] 杜米芳. 微波消解-电感耦合等离子体原子发射光谱法测定镍基合金中硅[J]. 冶金分析,2017,37(4):71-75.

[17] 杜米芳. 电感耦合等离子体原子发射光谱法测定钛合金中钼锆铌[J]. 冶金分析,2015,35(10):77-81.

[18] 杜米芳,聂富强,杜丽丽,等. 电感耦合等离子体原子发射光谱法测定船用钢中砷锡锑[J]. 冶金分析,2017,37(2):70-75.

[19] 杜米芳. 电感耦合等离子体原子发射光谱法测定锡基巴氏合金中锑和铜[J]. 冶金分析,2014,34(9):43-47.

[20] 杜米芳. 电感耦合等离子体原子发射光谱法测定锆铪合金中磷铁铪[J]. 冶金分析,2020,40(2):72-75.

[21] 杜米芳,杜丽丽,刘攀,等. 电感耦合等离子体原子发射光谱法测定铝-锌-铟系合金牺牲阳极中9种元素[J]. 冶金分析,2015,35(8):55-60.

[22] 杜米芳. 电感耦合等离子体发射光谱法快速测定钼铁合金中的钼[J]. 岩矿测试,2010,29(1):89-90.

[23] ZHAO HUANJUAN,LIU HOUYONG,YANG JUNHONG,et al. Determination of bismuth,titanium,zirconium,tungsten and bismuth in bismuth alloy by ICP-AES[J]. Chemical Analysis,2018,27(1):39-42.

[24] 杨丽荣,于媛君,亢德华,等. 电感耦合等离子体原子发射光谱法测定钢中铌钨锆[J]. 冶金分析,2014,34(11):51-55.

[25] 郑国经. 分析化学手册 原子光谱分析[M]. 北京:化学工业出版社,2016.

[26] 武汉大学. 分析化学(下册)[M]. 5版. 北京:高等教育出版社,2015.

第9章 微区成分分析

微区成分分析技术是对样品微纳米级别的区域进行成分分析的技术，其目的是对固体表面和内界面或微区的化学成分进行分析。微区成分分析不同于传统的化学分析，传统化学分析主要是利用化学反应，对金属材料进行定性或定量分析。而微区成分分析则是通过物理方法对材料的特定微区进行定性或定量分析。

随着材料表面技术的不断发展，对于材料表面层的成分分析测试需求也日益迫切。固体材料的表面成分分析对材料的性能有着极其重要的影响。材料表面的氧化和腐蚀、强韧性和断裂行为等都与表面层或者表面几个原子层以内原子尺度上的化学成分和结构有着密切的关系。因此，从微观的甚至是原子和分子的尺度去认识固体表面的微区成分是十分必要的。

金属材料中常常含有某些微量合金元素，但它们并不都是均匀地分布于材料中。这些合金元素的存在位置和状态一般都需要采用微区分析的方法来进行确定。例如，硼和稀土常偏聚在晶界，磷在晶界富集一般会导致零件出现回火脆性。通过对界面进行微区分析，能够了解沉淀相或偏析的溶质原子结构、化学特性、含量、化学组成及偏析分布等信息，有助于开展机理性研究或对失效机械产品和零部件进行事故原因分析。

微区成分分析方法较多，目前常用的有X射线能量色散谱法、X射线波长色散谱法、俄歇电子能谱法、X射线光电子能谱法、电子探针显微分析法及二次离子质谱法等。下面将对这些方法进行详细的介绍。

9.1 常用方法

9.1.1 X射线能量色散谱法

X射线色散谱法根据展谱方式的不同可以分为X射线能量色散谱法和X射

线波长色散谱法。X 射线能量色散谱(energy dispersive spectrometry,EDS)法,是用来测定 X 射线特征能量的方法。EDS 采用的是典型的先检测后分光的模式,即使用具有一定面积大小的固体探头采集不同波长的 X 射线信号,并在多道分析仪中加以区分。特征的 X 射线的能量,可以作为元素鉴定的依据(定性分析),其信号强度用于确定元素的含量(半定量分析)。

EDS 一般作为附件,与扫描电镜和透射电镜配合使用,它同主机共用一套光学系统,可以对材料中感兴趣部位的化学成分进行点分析、面分析和线分析。同时,EDS 也可以对试样进行定性和半定量分析。

1. 基本原理

图 9-1 所示为 EDS 的基本原理,被聚焦的入射电子束轰击样品时,样品的核外电子与入射电子相互碰撞发生非弹性散射,入射电子损失能量,大部分转变为热能。EDS 的作用过程为:高能电子束—原子内层(K 层)—原子电离(电子逸出,形成空穴)—外层向下跃迁—发射特征 X 射线。该特征 X 射线具有元素固有的能量和波长,将它们展开成谱线后,依据其能量或者波长就可以确定元素种类,根据谱线的强度就可以确定其含量。EDS 是利用 X 射线能量色散谱法对谱线进行展谱的。也即是说从试样中产生的 X 射线被 Si(Li)半导体检测,得到电荷脉冲信号经前置放大器和主放大器转换放大,得到 X 射线能量呈正比的电压脉冲信号后,送到脉冲处理器进一步放大再经模数转换器转换成数字信号输出[1-2]。

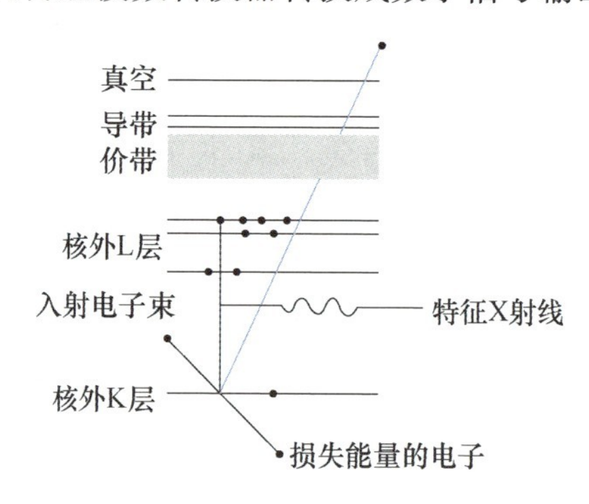

图 9-1　EDS 基本原理图

2. 应用范围

EDS 分析技术可以用于材料元素的定性和定量分析。

1)定性分析

EDS 的谱图中谱峰代表样品中存在的元素。定性分析是分析未知样品的第一步,即鉴别所含的元素。EDS 定性分析主要包括点分析、线分析和面分析三种方式[3]。

(1)点分析。可以将电子束固定在关注点上,直接采集分析点的 X 射线全谱,进行定性或者半定量的分析(对于元素含量差别明显的试样也可以进行完全的定量分析)。可以对材料的晶界、夹杂物、析出相、沉淀物、附着物等进行分析。点分析方法在定性分析中具有最高的分析灵敏度。图 9－2 所示为某金属断面细小颗粒物的 EDS 点分析。

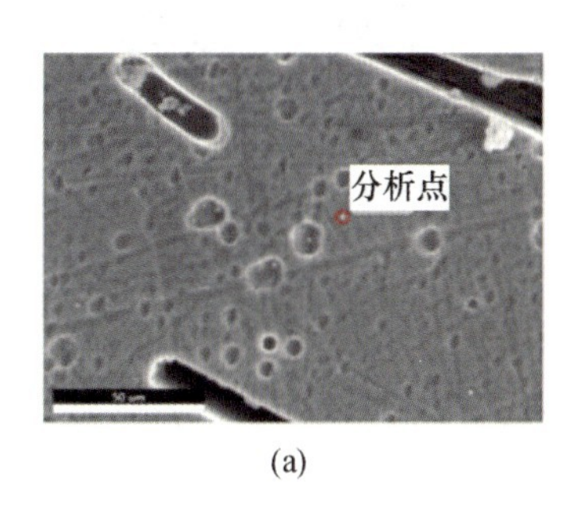

(a)

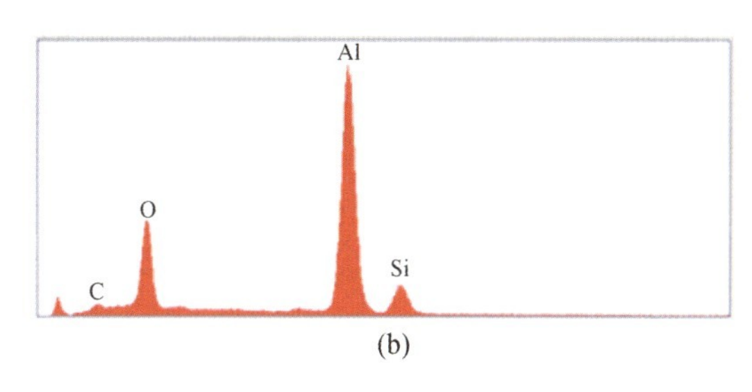

(b)

图 9－2　某金属断面细小颗粒物的 EDS 点分析

(a)分析区域形貌图;(b)能谱分析结果。

(2)线分析。电子束沿一条线扫描时,能获得各感兴趣元素含量变化的线分布情况。如果和试样形貌对照分析,可以直观地获得各感兴趣元素在线上不同区域的分布变化情况。线分析在三种定性分析方法中灵敏度居中。图 9－3 所示为 EDS 对碳钢和不锈钢复合界面的线扫描。

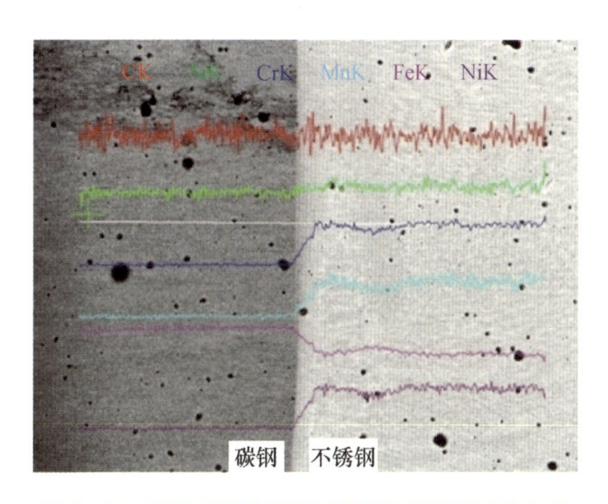

图 9－3　EDS 对碳钢和不锈钢复合界面的线扫描

(3)面分析。电子束对试样表面感兴趣区域进行扫描时,各感兴趣元素会以不同的颜色在形貌区域对应显示出来,亮度越高,说明试样中该元素的含量越高。面分析方法的灵敏度是定性分析中最低的,但是该方法对元素分布的显示最直观。图 9－4 所示为铌－铜界面处的 EDS 面扫描元素分布。

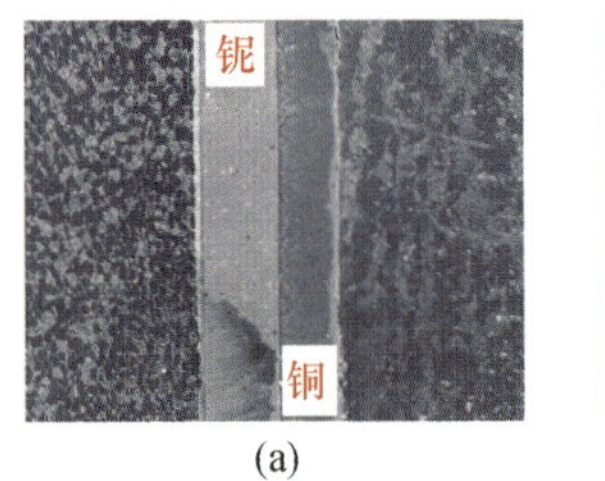

(a)

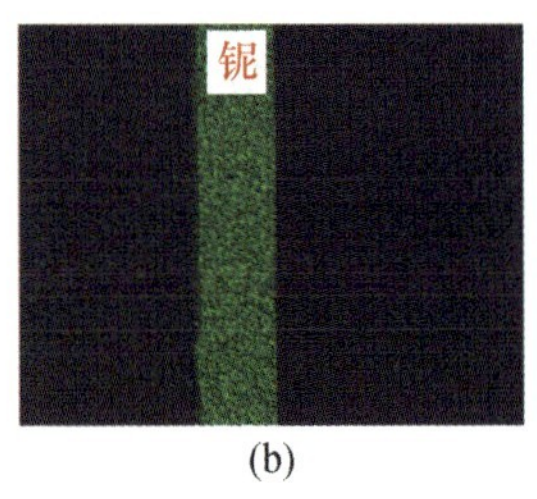

(b)

(c)

图 9-4　铌-铜界面处的 EDS 面扫描元素分布

(a)界面形貌;(b)铌元素分布;(c)铜元素分布。

2)定量分析

定量分析是通过 X 射线强度来获取组成样品材料各种元素浓度的方法。一般认为,EDS 的定量分析是属于半定量的范畴,常用的方法分为有标样定量分析和无标样定量分析。有标样定量分析是在相同条件下,同时测量标样和试样中各元素的 X 射线强度,通过强度对比,再经过修正后即可求得各元素的百分含量。无标样定量分析则是根据 X 射线强度进行理论计算或者数据库对比而得到各元素的百分含量。一般情况下,多采用无标样定量分析的方法。

3. 适用条件

EDS 可以对抛光试样、表面粗糙试样(断口、粉末等)、倾斜试样、颗粒状试样、层状试样等众多形态的样品进行无损的元素分析与鉴定。主要适用于真空和电子轰击下稳定(无损伤、无腐蚀、无挥发、无磁性、无爆炸)的固体试样。

4. 特点和注意事项

1)特点

(1)因为探头可以安放在比较接近样品的位置,因此 EDS 分析速度快,能同时对原子序数在 11 ~92 之间的所有元素(包括 C、N、O 等轻元素)进行快速定性、半定量分析。

(2)EDS 可以同一时间内对感兴趣区域所有元素的 X 射线光电子能量进行测定和计数,因此,分析效率高,并且可快速得到定性分析结果。但是 X 射线波长色散谱仪只能逐个测量每种元素的特征波长。

(3)EDS 结构比波谱仪简单,没有机械传动部分,因此具有稳定性好、重复性好的特点。

(4)EDS 不必聚焦,对样品表面没有特殊要求,可以对颗粒、断口及不能破坏的零件等粗糙试样进行能谱分析。

(5)EDS 可以对材料中的成分偏析进行测试与直观表征。

(6)EDS 的能量分辨率低,使得特征峰变宽,导致峰高降低和谱峰重叠较多,无法准确地进行重叠峰鉴别。EDS 能量分辨率约为 130eV。而 X 射线波长色散谱仪分辨率可达 5 ~ 10eV。

(7) EDS 元素分析条件较苛刻,必须保证探头处以低温状态,因此需要液氮降温或者机械制冷降温。即便是在非工作状态也不能中断,否则晶体内的 Li 浓度分布状态会因扩散而发生变化,导致探头功能下降,甚至被破坏。

2) 注意事项

(1) EDS 试验样品要导电。EDS 一般要和电子束产生设备联合使用,如果样品不导电会缺少对地的导电通路,从而导致样品表面的电荷积累,进而会引发电子束的不稳定造成观测区域图像质量差,兴趣点漂移,甚至试样放电或无法成像。因此,EDS 的试样要具有导电性。

(2) EDS 试验样品应具有较好的导热性能[4]。由于在对样品表面进行分析时,电子束轰击样品表面会产生一定的热量,造成观测点温度升高,这就会导致样品中低熔点组分的挥发,从而影响测试结果的准确性。因此,EDS 分析的试样要具有一定的导热性。

(3) EDS 试验试样要具有无磁性。EDS 分析是对电信号的捕捉,试样如果具有磁性,就会发生电磁作用,从而导致图像质量受到影响。

(4) EDS 分析时,试样表面要受到电子束的轰击,因此要求材料在电子束轰击下要稳定,不具有挥发性。

(5) 碳含量分析结果误差较大。试样在空气中存放会有一定的碳吸附在试样表面,在进行 EDS 碳含量测试时,会将吸附的碳成分一并测量。因此,分析得到的碳含量与材料本身含量相比,具有较大的误差。

(6) 由于粉末类样品存在分布不均匀或者受激损失等特点。因此,对于小的颗粒及粉末样品建议压实后进行平均成分的测量与分析。

(7) 微区分析时,颗粒的最小直径不小于 5μm。

9.1.2　X 射线波长色散谱法

X 射线波长色散谱(wavelength dispersive spectrometry, WDS)法是通过测定不同 X 射线特征波长,从而对试样进行成分分析的方法。WDS 采用的是典型的先分光后检测的模式,即使用具有一定面积大小的单晶体(分光晶体)对 X 射线信号进行扫描,并使用检测器对其进行记录。特征的 X 射线波长将作为元素鉴定的依据(定性分析),其信号强度将用于确定元素的含量(定量分析)。

当电子束轰击样品后,被轰击区域就是 X 射线源。要使 X 射线分光、聚焦,并被检测器接收。根据接收方式的不同,WDS 可以分为直进式波谱仪和回转式波谱仪。

直进式波谱仪的优点是X射线照射分光晶体的方向是固定的，即出射角保持不变，这样可以使X射线穿出样品表面过程中所走的路线相同，也就是吸收条件相同。分光晶体直线运动时，检测器能在几个位置上接收到衍射束，表面试样被激发的体积内就存在着相应的几种元素。衍射束的强度大小和元素含量成正比。

回转式波谱仪的聚焦圆的圆心不能移动，分光晶体和检测器在聚焦圆的圆周上以1∶2的角速度运动，以保证满足布拉格方程，它比直进式波谱仪结构简单。但是，由于出射方向改变很大，在表面不平度较大的情况下，由于X射线在样品内行进路线不同，往往会因吸收条件变化而造成分析上的误差。

WDS是与电子探针配备的一个重要的附件，它同主机共用一套光学系统，可以对材料中感兴趣部位的化学成分进行点分析、面分析和线分析。同时，WDS也可以对试样进行定性和半定量分析。

1. 基本原理

WDS的特征X射线产生原理与EDS的相同，只是WDS是利用X射线波长色散谱法对谱线进行展谱的。

当细聚焦电子束入射到样品表面，激发出样品的特征X射线，分析特征X射线的波长及对应强度，即可知道样品中所含元素的种类和含量。波谱仪在谱图产生过程中必须满足布拉格方程。根据布拉格方程，若晶体的衍射晶面间距d已知，只要通过连续保持θ角，就可以在与入射方向成各种2θ角的方向上测到各种单一波长的特征X射线信号，从而得到适当波长范围以内的全部X射线谱。布拉格公式中的$\sin\theta$的变化范围是0～1，所能检测的特征X射线波长不能大于$2d$。一般来说，一块晶体的晶面间距d值不能覆盖周期表中所有元素的波长，因此对于不同波长的X射线就需要选用与之相适应的分光晶体。

2. 应用范围

WDS的分析方法同EDS分析的应用范围较一致，主要都是对元素进行定性和定量分析两种方式。

1）定性分析

不同元素在同一类型跃迁中所发射的特征X射线波长与其原子序数Z是单值对应的，它与入射电子能量无关。所以，在一个成分未知的样品中，可以通过检测电子束激发产生的特征X射线波长确定样品中的元素种类。WDS的谱图中谱峰代表样品中存在的元素。在WDS定性分析方法中也主要分为点分析、线分析和面分析三种方式[5]。

（1）点分析。将电子束固定入射到选定的样品分析点上，连续改变分光晶体的位置，连续接收不同波长的X射线，可以获得分析点的X射线全谱。

（2）线分析。将WDS分光晶体移到要测量元素的特征X射线波长的位置上，使电子束沿指定路径做直线轨迹扫描,可以得到某个元素含量的变化曲线,通过改变 WDS 的位置,便可得到另一元素含量的变化曲线。

(3)面分析。将电子束在样品表面选定的区域内扫描,WDS 固定接收选定元素的特征 X 射线,可获得该元素在这一区域的浓度分布图像,主要研究显微组织中元素的浓度分布和物相的形貌分布。

2)定量分析

定量分析是通过 X 射线强度来获取组成样品材料的各种元素的浓度。WDS 的定量分析是依据样品中某元素相对含量与该元素产生的特征 X 射线强度成正比的原理。在同样的测量条件下,测量样品和已知成分的标样中元素的同一条特征 X 射线强度,经过修正计算,就可以得出样品中的元素百分含量。

3. 适用条件

WDS 的适用条件同 EDS 类似,也是对抛光试样、表面粗糙试样(断口、粉末等)、倾斜试样、颗粒状试样、层状试样等众多形态的样品进行无损的元素分析与鉴定。WDS 主要适用于真空和电子轰击下稳定(无损伤、无腐蚀、无挥发、无磁性、无爆炸)的固体试样。但是,WDS 对试样表面平整度的要求更高。

4. 特点和注意事项

1)特点

(1)WDS 具有分析元素范围广、探测极限小、波长分辨率高等突出特点[6],可以将波长十分接近的 VKβ(0.228434nm)、CrKα1(0.228962nm)和 CrKα2(0.229351nm)三根谱线清晰地分开。

(2)由于 WDS 分析是通过分光晶体衍射得到的,因此 WDS 对 X 射线信号的利用率极低,所以只能在大束流下使用,空间分辨率低。同时,大束流也会导致样品和镜筒易受污染。

(3)WDS 只能通过分光晶体对每种元素进行逐个测量,因此,WDS 的分析速度较慢,一般完成一个全谱定性分析需要 15min 以上。

(4)WDS 分析中的特征 X 射线经过晶体衍射后,强度损失很大,所以 WDS 难以在低束流和低激发强度下使用。

2)注意事项

(1)WDS 样品表面要求平整、光滑。

(2)对于块状试样或者粉末试样进行 WDS 分析时,要尽量保证试样均匀,这样成分分析才会更准确。

(3)WDS 分析时,试样要具有稳定的物理和化学性能,在真空中电子束轰击稳定,不分解,不挥发。

表 9-1 给出了相关 EDS 和 WDS 成分分析方法的特点对比。

表 9-1 EDS 和 WDS 成分分析方法的特点对比

内容	EDS	WDS
能量分辨率	130eV	5~10eV
空间分辨率	≥1μm	>1μm
分析精度	稍低	高
分析速度	快	慢
分析灵敏度	高	低
分析元素范围（原子序数）	≥6	≥4
分析极限	0.1%~0.5%	0.01%~0.05%
分析方式	用 Si(Li)同时进行多元素分析	用几块分光晶体顺序进行分析
操作	简单	较复杂
维护	需要液氮冷却	不需要维护
对试样要求	导电、干净、可有起伏、尺寸合适	表面平整光滑、导电、尺寸合适
应用	配在 SEM、TEM 对断口、金相、薄膜等试样进行成分分析	配在电子探针上对组织粗大试样进行分析

9.1.3 俄歇电子能谱法

俄歇电子能谱(auger electron spectroscopy,AES)法是用一定能量的电子束轰击样品,使样品内电子电离,产生俄歇电子,俄歇电子从样品表面逸出进入真空,被收集,然后进行分析的方法。由于俄歇电子具有特征能量,其特征能量主要由原子的种类确定。因此,测定俄歇电子的能量,就可以确定原子的种类,进行定性分析。AES 主要由电子枪、俄歇电子能力分析器、探测器、溅射装置、信号记录放大系统、真空系统和电源系统组成。

AES 在金属材料领域主要用于以下几个方面。

(1)材料成分偏析、表面杂质元素分布、晶界元素分析;金属、复合材料等界面研究。

(2)表面力学性质研究(如磨损、黏着、断裂、摩擦等)。

(3)表面化学过程研究,如腐蚀、氧化、氢脆、钝化、晶间腐蚀等。

(4)固体表面吸附、清洁度、附着物鉴定等方面。

1. 基本原理

用一定能量的电子碰撞原子,使原子内层电子电离,这样在原子内层轨道上出现一个空位,成为激发态正离子。在激发态离子的退激发过程中,外层轨道的电子可以向该空位跃迁并释放出能量,该能量又可以激发同一轨道层或更外层轨道的电子使之电离,这种电子就是俄歇电子[7]。图9－5清晰地表示出俄歇电子的产生和跃迁过程。

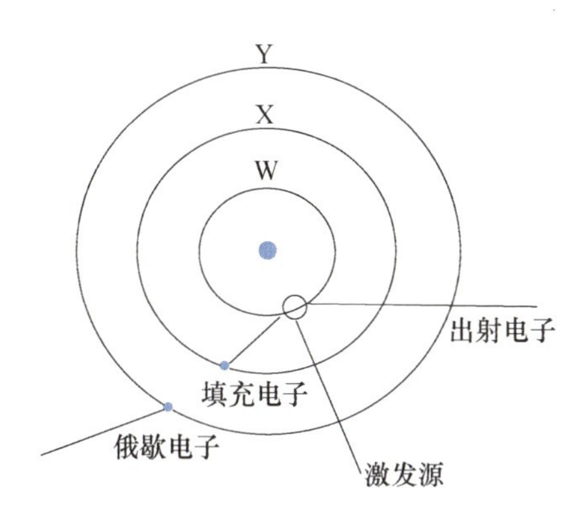

图9－5　俄歇电子的产生和跃迁过程

俄歇电子动能与激发源种类和能量大小无关,是元素的固有特征。根据形成初始空穴壳层、随后弛豫及出射俄歇电子壳层的不同,在元素周期表中从锂到铀元素形成了KLL、LMM、MNN三大主跃迁系列。依据每个元素主俄歇跃迁谱峰所对应的动能大小就可以标识出元素的种类,用于元素的定性分析;根据样品中所检测到的各元素谱峰的相对强度,再经过适当的校正便可获得样品中各元素的相对含量,进行定量分析。

2. 应用范围

AES分析技术作为一种常用的成分分析、物性鉴定测试与表征手段,主要有以下几个方面的应用。

1)定性分析

AES定性分析是根据测试获得的俄歇电子能谱中的位置和形状与手册中提供的纯元素的标准图谱进行对比来识别元素的种类,从而进行元素分析。AES的定性分析一般是由能谱仪中的计算机软件自动完成的,但对于某些重叠峰和微量元素弱峰则需要通过人工分析来进一步确定。AES定性分析的主要应用是对微区成分的分析,可以采用点扫描、线扫描和面扫描三种形式进行微区成分分析,该功能与EDS和WDS相近。

2)半定量分析

AES的半定量分析方法有两类,即标准样品法和相对灵敏度因子法。其中相对灵敏度因子法应用最多,其是通过将各元素产生的俄歇电子信号换算成Ag的当量来进行半定量计算的。

3)深度测量与分析

AES 在成分分析方面的特有应用是可以通过离子束溅射对样品表面膜进行逐层剥离和测试。通过基准物质的校准可以有效地计算离子束的溅射深度,从而对表面膜深度方向上元素的分布和含量进行测量与表征。目前,AES 分析技术在金属表面钝化膜的深度测量与成分鉴定方面发挥了重要的作用。

4)薄膜界面及界面附近元素扩散分析

在薄膜材料制备和使用过程中,不可避免会产生薄膜层间的界面扩散反应。通过 AES 的深度剖析,可以研究各元素沿深度方向的分布,可以研究薄膜的界面扩散动力学。同时,也可以通过对界面各元素的俄歇线进行研究,获得界面处化合物的化学信息,鉴定界面反应产物。

5)固态金属表面清洁

在研究工作中,经常需要获得清洁的表面。一般对于金属样品可以通过加热氧化的方法去除有机污染层,再通过真空退火除去氧化物而得到清洁表面,该方法使用复杂,周期较长。而 AES 可以通过离子枪溅射样品表面来去除有机污染物,并且表面的清洁度可以通过俄歇能谱来实时监测,使用方便,效率较高。

6)金属及合金脆化本质研究

晶间断裂是脆性断裂的一种特殊形式,一般可以用电子显微镜进行分析。但是有一些典型的晶间脆断在放大几十万倍的情况下在晶界处仍无法观察到明显的析出,研究者一致认为是一些有害元素在晶界富集而导致的,但一直无法直观地测试与表征。例如,钢在 550℃ 左右回火时的脆性断裂、难熔金属的晶界脆断、镍基合金的硫脆、不锈钢的脆化敏感性、金属材料的应力腐蚀和腐蚀疲劳等,都是杂质元素在晶界偏聚引起脆性断裂的典型实例[8]。引起脆性断裂的元素有 S、P、Sb、Sn、O、Si、Cl、I 等,它们的平均含量均非常低,但是在晶界附近的几个原子层内浓度偏聚竟可达到 $10 \sim 10^4$ 倍。因此,对金属材料晶界偏聚的测试与表征非常有用,而 AES 在界面成分分析的研究中具有其他分析设备不可替代的作用。

7)微合金元素的分布特征分析

研究证明微合金化对材料的组织和性能有很大影响,但是金相观察和化学分析均无法明确微合金化元素的形态和分布特征。而 AES 因其高的分辨率和精度可以对微合金化元素进行原位观察与分析,并为微合金化的作用机理研究提供有效的测试、表征手段。

8)复合材料界面成分的分析

复合材料中增强纤维与基体金属之间的结合力与界面上杂质元素的种类和含量有密切关系。因此,必须选择合适的阻挡层,而 AES 在阻挡层成分、种类的研究中有着不可替代的地位。

图9－6所示为某铜合金试样真空打断后的原位元素分析。

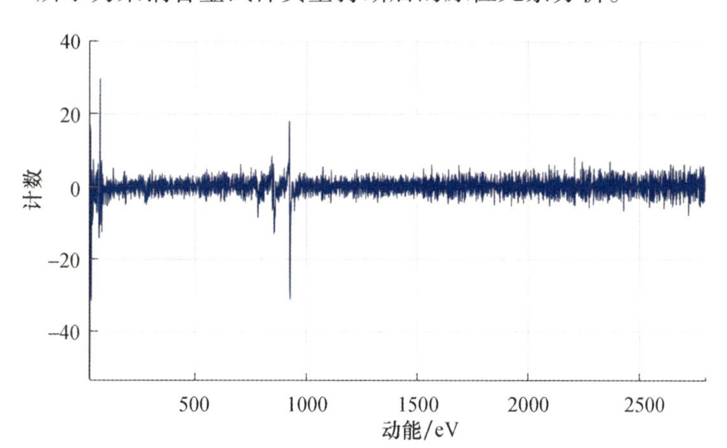

图9－6 AES打断后表面元素的原位分析

3. 适用条件

AES可以对样品表面进行无损的元素分析与鉴定，主要适用于以下几种类型的试样分析。

(1)适用于固体导电样品的分析与观察。对半导体材料也具有一定的测试与分析能力。

(2)适用于无磁性样品的分析与观察。由于俄歇电子带有负电荷，当样品具有磁性时，样品表面发射的俄歇电子会在磁场作用下偏离，不能准确地到达分析器中，从而导致AES谱发生偏离。同时，若样品的磁性很强，会导致分析器头及样品架的磁化。因此，禁止带有磁性的样品进入分析室。对于具有弱磁性的样品，一般要预先进行消磁处理。

(3)适用于无挥发性样品的分析与观察。AES分析是在高真空下进行的，具有挥发性的物质会引起真空系统不稳定，从而对测试结果造成影响。因此，样品必须是无挥发性的。

4. 特点和注意事项

1)特点

(1)AES分析层薄，能提供固体样品表面纳米级区域的成分信息。

(2)AES分析的元素范围广，可以分析除H和He以外的所有元素，对轻元素C、N、O、S、P等元素较敏感。

(3)AES分析区域小，可以对不大于50nm区域内进行成分分析。

(4)AES能对元素的化学态进行分析、金属材料界面分析、可实现定性分析和半定量分析[9-10]。

(5)AES 可以搭配打断台,对金属材料的晶界元素偏聚情况进行原位分析。

(6)AES 由于对多数元素的探测灵敏度较低(约 0.1% ~1.0%(摩尔分数)),因此,定量分析结果准确度低。常规情况下,相对精度仅为 30% 左右。

(7)电子束轰击损伤和电荷积累问题限制其在复合材料、陶瓷等材料中的应用。

2)注意事项

(1)样品尺寸要尽量小。在试验过程中,待测样品必须通过传递杆送到分析室,所以样品的尺寸必须符合一定要求,以利于真空系统的快速进样。一般来说,块状样品,长、宽不大于10mm,高不大于5mm。体积较大的样品,必须进行适当的加工处理,但在制备过程中要充分考虑对试样表面成分和化学状态可能造成的影响。

(2)粉末试样要充分固定。对于粉末试样可以直接用导电胶固定样品台上,也可以把粉末样品压成薄片,然后再固定在样品台上[11]。具体采用何种固定方式根据测试需求而定。一般来说,对于粉末微小颗粒个体的分析建议采用直接导电胶固定的方法制样;而对于考察粉末成分均匀性的样品,则建议采用粉末压片方法以尽量保证测试结果的均匀性。

(3)含有挥发性物质的样品测试需在进入真空前进行预处理,去除样品中的挥发性物质。一般可以对样品进行加热或用有机溶剂(酒精或丙酮)清洗。对于某些样品含有油性物质,则需要采用正己烷、丙酮和乙醇等溶剂依次超声清洗,然后红外烘干,才可以进入真空系统。

(4)表面有污染的样品要在进入真空系统前,必须用有机溶剂,如酒精、丙酮等清洗样品表面。为了保证样品表面不被氧化,一般采用自然干燥。有些样品可以进行表面打磨等处理。

(5)被测样品需为物理和化学性质稳定,在真空中电子束轰击稳定的材料。

(6)被测样品表面需保证平整、清洁、无污染。

9.1.4 X 射线光电子能谱法

X 射线光电子能谱(X - ray photoelectron spectroscopy, XPS)法是利用一定能量的 X 射线光子束照射样品,使样品发生电离产生光电子,这些光电子从产生位置开始向试样表面扩散,然后克服逸出功而进入真空系统被收集和分析,继而用能量分析器分析光电子的动能,得到的就是 XPS。XPS 由激发源、样品台、电子能量分析器、检测系统及超高真空系统组成。

XPS 通过全扫描和窄扫描的方式识别样品元素种类,进行化学态分析和深度分析。在一定的照射光子能量条件下测试光电子能量,可以进行定性分析,确定原子种类。根据光电子信号强度,可以进行元素的半定量分析;根据结合能的不同,可获得表面元素的化学态信息[12]。

1. 基本原理

基本原理:具有足够能量 hv 的 X 光束与样品相互作用,光子全部能量转移给原子或分子 M 中的束缚电子,使得不同能级的电子以特定概率电离,形成光电子。该光电子产生过程如下:

$$M + hv \longrightarrow M^{+*} + e \quad (9-1)$$

式中:M^{+*} 为电离后形成的激发态离子。

电子从产生位置运输至样品表面,克服表面逸出功离开表面,进入真空,被收集和分析,获得光电子强度与能量之间的关系谱线,即 X 射线光电子谱[13]。图 9-7 所示为 XPS 原理的基本过程。

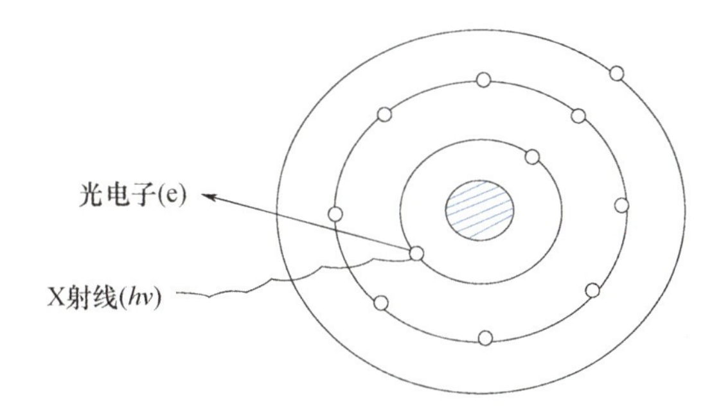

图 9-7 XPS 基本原理图

2. 应用范围

XPS 是使用 X 射线作为一次激发束的电子能谱技术,它可以同时给出样品的元素组成、化合物结构及氧化态等信息,主要有以下几个方面的应用。

1)定性分析

根据对样品进行全扫描获得的光电子谱图中峰的位置和形状,然后与手册提供的纯元素标准信息进行对比,可以分析样品中所包含的元素种类,及进行定性分析。与 AES 的定性分析过程基本相同,光电子谱的定性分析也可由能谱仪中的计算机软件自动完成,对于某些重叠峰和微量元素弱峰则需要通过人工分析来进一步确定。

2)定量分析

XPS 定量分析是根据光电子信号强度与样品表面单位体积的原子数成正比,通过测得的光电子信号强度来确定产生光电子的元素在样品表面的浓度。XPS 的定量分析与 AES 的定量分析较相似,主要也是采用相对灵敏度因子法。但是 X 射线光电子谱没有背散射增强因子这个复杂的因素,也没有微分谱造成的峰形误差问题,因此定量结果的准确性比俄歇谱好,一般认为,其误差不超过 20%。

3)化学态分析

化学态分析是 XPS 最具特色的功能之一。元素形成不同的化合物时,所处的化学环境将发生变化,会导致内层电子的结合能发生变化。结合能的变化在谱图中主要反映出来的就是峰的位移(化学位移)和某些峰形的变化,而峰的位移和峰形的变化均是由元素化学态确定的。XPS 即是基于此进行化学态分析,从而确定物相的。目前,对于化学态的分析还处于一种基于现有标准谱图和标样对比分析的状态,并且标准谱图的数据有限,精度不足。

3. 适用条件

XPS 是材料微区成分分析、化学态分析的主要设备,适用于固体样品,不易挥发、不含结晶水(或没有吸水性)、不含腐蚀性物质、无放射性、非易燃易爆品。

4. 特点和注意事项

1)特点

XPS 是一种对样品表面敏感,可获得样品表面元素种类、化学状态和成分的分析技术,具有以下特点。

(1)非破坏性分析技术。

(2)无须对样品进行化学预处理。

(3)分析灵敏度高,10^{-6}g 的物品即可达到分析效果。

(4)元素标识性强。

(5)具有表征测试深度与成分分布相互关系的能力。通过 XPS 试验,可以对样品表面进行不同深度的溅射,然后对不同深度的元素分布、化学态情况进行分析。

(6)由于 X 射线不易聚焦,照射面积大,因而 X 射线光电子能谱空间分辨率差,约为 10 ~ 100μm,不适于微区分析。

(7)XPS 分析层薄,分析信息来自固体样品表面 0.5 ~ 2.0nm 的区域薄层。

(8)XPS 元素分析范围广,除了氢和氦以外的元素均可分析。

(9)XPS 定量分析实际对象是表面或表面浅层,因此使用的一个重要前提是表面和整体的组成相一致,否则可能导致较大的误差。要对元素进行检测,一般要求其含量在 0.1% 以上,用于定量计算一般典型含量在 5% 左右。

2)注意事项

(1)XPS 分析固体样品表面,样品为块状固体或粉末状(或压成片)。

(2)样品不吸水,在超高真空及 X 射线照射下不释放气体、不分解退变。

(3)样品要便于安装固定在仪器中,样品最大为 75mm × 32mm、厚度不大于 13mm。

(4)所有样品都要充分干燥,不易挥发,不含结晶水(或没有吸水性),不含腐蚀性物质,无放射性,非易燃易爆。

(5)需要详细提供待测样品的基本组成、测试元素和元素轨道。

图9-8所示为某铜合金钝化膜溅射前后的XPS元素分析。结果显示,通过离子溅射可以有效地去处表面污染层,从而可以更好地进行元素种类的定性分析和定量分析。

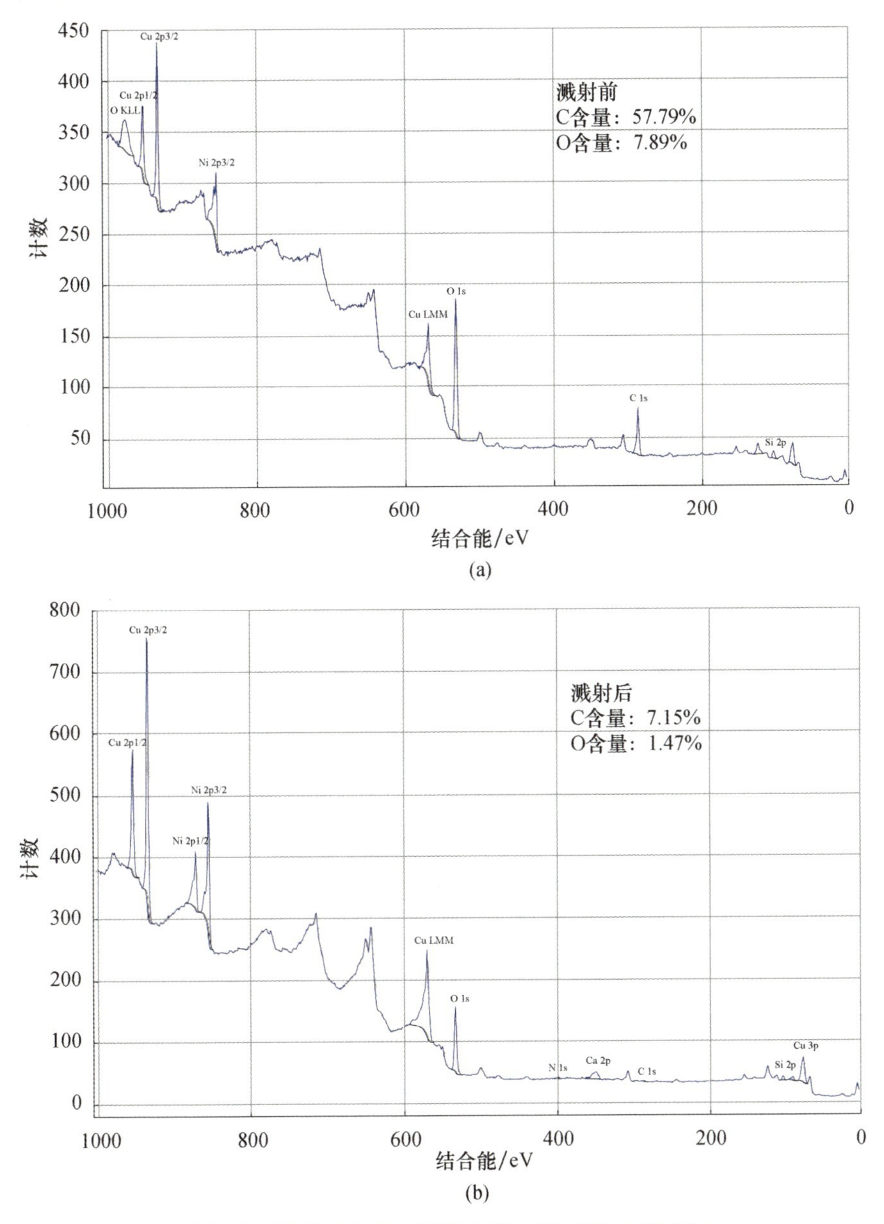

图9-8 某铜合金钝化膜溅射前后的XPS元素分析

(a)溅射前钝化膜元素分布;(b)溅射后钝化膜元素分布。

9.1.5 电子探针显微分析法

电子探针显微分析(electron probe micro - analysis,EPMA)法是使用单一能量的高能电子束作为激发源,将显微分析和成分分析相结合的微区分析方法。它特别适用于分析试样中微小区域的化学成分,因而是研究材料组织结构和元素分布状态的极为有用的分析方法[14-15]。其具体来说就是用一束聚焦很细(50nm ~ 1μm)的加速到 5 ~ 30kV 的电子束,轰击用光学显微镜选定的待分析试样上某个“点”(一般直径为 1 ~ 50μm),利用试样收到轰击时发生的 X 射线的波长及强度,来确定分析区域中的化学组成。由于电子探针的电子束很细,其作用范围很小,仅为 $10\mu m^3$ 左右。如果分析物质密度为 $10g/cm^3$,则分析区的质量仅为 $10^{-10}g$;若探测仪的灵敏度为万分之一,则分析绝对质量可达 $10^{-14}g$。因此,电子探针是一种微区分析仪器,可以对微小区域的表面成分进行定性、定量的研究。电子探针与扫描电镜较相似,但是电子探针配置有更高分辨率的波谱仪,主要侧重于物体表面元素的定性、定量分析,而扫描电镜主要侧重于物体表面形态的分析和研究。

EPMA 主要由电子束照射系统(电子光学系统)、样品台、X 射线分光器(色散器)、真空系统、计算机系统(仪器控制与数据处理)等组成。

1. 基本原理

当具有较高能量的电子束轰击样品表面时,如果入射电子具有足够的能量,射到原子内壳层(如 K 层),将有一个电子被打出,使得原子电离,留下一个空位,处于不稳定状态,此时外层具有较高能量的电子将发生跃迁,填补该空位,在跃迁过程中,两电子能级的能量差以辐射形式释放出来,形成特征 X 射线。该特征 X 射线与所激发原子的电子壳层相关,因此携带了原子的信息。通过该过程建立的分析技术即为电子探针分析,有时也称为电子探针 X 射线分析。

具体分析仪器是利用聚焦成小于 1μm 的高能电子束轰击样品表面,由 X 射线波谱仪检测从试样表面优先深度和侧向扩展的微区体积内产生的 X 射线的波长和强度,得到 $1\mu m^3$ 区域的所有元素的定性或定量化学成分。

2. 应用范围

配备多道 WDS 的 EPMA 可以对材料中的元素进行定性、定量分析,分析的基本原理和应用范围与 WDS 分析较相近。但 EPMA(电子探针显微分析仪)作为科研工作必不可少的分析仪器还有以下几个方面的主要应用。

1)组分不均匀合金试样的微区成分分析[16]

利用 EPMA 的背散射电子成像技术可以反映出原子序数衬度的不同,也即是可以反映出组分的不均匀性。利用 EPMA 配置的 WDS 可以对微区成分进行定量分析，在钢铁等复相的鉴定、夹杂物分析、铸造合金的成分偏析方面有着广泛的应用。

2）各类功能薄膜的机理分析

目前材料研究的一个热点就是各类功能薄膜的研究与使用。EPMA 不但可以提供薄膜材料内部的各种元素的成分信息，还可以提供其二维元素分布。

3）复合材料界面分析

典型的复合材料（包括金属合金与碳纤维复合、金属间复合）既可减轻材料的重量，又可以改善材料的脆性。复合材料的一个重要机理研究就是两种材料的结合状态。虽然利用扫描电子显微镜可以观察到界面的形貌，但是在界面上两种材料是互相扩散（或单向扩散）增强了结合，还是没有任何扩散而导致材料分离降低了结合；界面处的化学元素、化学态分布[17-18]和组合等情况的研究只能通过EPMA的沿界面剖面的元素成分分析才可能给出必要的理论解释。

4）金属间化合物和相变分析

在一般情况下，金属间化合物和相变仅仅通过金相观察是比较难以分析的，这些微观组织的细小变化可以通过 EPMA 比较清晰地观察到。在国际和国内的很多研究单位中，利用 EPMA 测定金属的相图已经是非常普遍的研究手段。

5）材料腐蚀与防护分析

材料的腐蚀失效是海洋环境下构件常见的失效形式，是由于防腐涂层或过渡层与基体之间的结合失效而导致的。利用 EPMA 可以精细地研究基体材料和过渡层、过渡层和防腐层之间的元素相互扩散及其导致的结合状态变化，从而对腐蚀失效进行深入的研究，找到最佳的解决方案。

6）催化剂研究与分析

由于所有的催化反应都是在催化剂表面几个原子层内进行的，而催化剂材料表面的形貌特征（包括晶体取向）都对催化效果有非常大的影响。利用 EPMA 可以研究催化剂表面的元素成分及其分布状态，从而对吸附和脱附的机理进行表征。

7）表面处理分析

EPMA 也可以有效地用于一些化学表面处理的研究与表征，例如表面的酸洗、钝化、电化学腐蚀与抛光和等离子处理等。通过表面最终产物的 EPMA 检测，可以获得处理制度与表面性能的关系，从而对表面处理工艺给出有意义的指导。

8）新能源领域的应用与分析

目前，新能源包括光伏产品和各种储能材料和装置（储氢材料、燃料电池、锂电池等），均涉及材料的纯度、成分配比、颗粒度、均匀性检验和失效分析等多方面表征，EPMA 在这些研究中具有不可替代的作用。

3. 适用条件

EPMA 分析要求是：固体样品，在电子束照射和低气压下（真空）稳定，导电性良好或被导电物质喷镀。

4. 特点和注意事项

1）特点

EPMA 作为一种微区分析设备，主要用于对表面微区成分进行定性和定量研究，具有以下特点。

（1）微区性：在立方微米范围内可以将微区化学成分与显微结构对应起来，实现精确的定位分析。可以实现一边观察一边分析，对于显微镜下观察的现象，均可进行分析。

（2）方便快捷，制样简单，分析速度快。

（3）分析方式多样化、自动化：可以自动进行多种方法分析，如进行样品 X 射线的点、线、面分析等，也可自动进行数据处理和数据分析。

（4）应用范围广：可用于各种固态物质、材料等。

（5）元素分析范围广：可以分析硼（B）～铀（U）的所有元素，特别是对轻元素 C、N、O 等也具有较高的灵敏度[19]。但对 H、He、Li 元素仍无法进行准确的分析。

（6）不损坏试样，样品分析后，可以完好保持或继续进行其他方面的分析测试，这对于文物、古陶瓷、古硬币及犯罪证据等稀有样品分析尤为重要。

（7）定量分析准确度高：EPMA 是目前微区元素定量分析最准确的仪器，检测极限一般为 0.01%～0.05%。有时候可以达到 10^{-6} 级别，主元素定量分析的相对误差 1%～3%，对于原子序数大于 11 的元素，含量在 1% 以上时，其相对误差通常小于 2%。

（8）能把成分分析和显微组织观察有机结合起来。

（9）真空腔体大，成分分析束流大，所以电子光路、光阑等易受污染，图像质量不如 SEM。分析区域小，仅为几立方微米，能够提供元素微观尺度的成分不均匀信息。

2）注意事项

（1）被测样品应具有能在真空和电子轰击下保持稳定的性能。

（2）样品表面尽量磨得很平、镜面，表面干净无污染物。

（3）试样应无磁性，具有良好的导热和导电性能。

（4）试样一般要求均质，厚度要求大于 5μm。

（5）粉末样品：直接撒在导电胶带上，用平的表面物体压紧，再用洗耳球吹去不牢固的颗粒。也可以采用环氧树脂等镶嵌材料进行镶嵌后粗磨、细磨及抛光。

（6）块状试样用环氧树脂镶嵌后，进行研磨和抛光，较大的块状试样可以直接进行研磨和抛光。

(7)对于不导电试样要进行预喷碳或预喷金,再分析。形貌观察时可以喷金。但是进行成分定性、定量分析时,必须蒸镀碳膜,并且厚度控制在20nm左右。标样和样品应该同时蒸镀。

(8)在进行定量分析时,应保证样品表面光滑平整,样品最大尺寸为100mm×100mm×50mm,样品最大质量为2kg;不要直接用手触摸样品表面,以避免污染。

9.2 新方法

一定质量的离子打到固体表面会引起表面原子、分子或原子团的二次发射,即粒子溅射。溅射的粒子一般以中性为主,其中有一部分带有正、负电荷,这就是二次离子。利用质量分析器接收分析二次离子得到的就是二次离子质谱。目前离子质量分析器主要有磁质谱计、四极质谱计和飞行时间质谱计。磁质谱计利用不同动量的离子在磁场中偏转半径不同,将不同质荷比的离子分离。该方法分辨率高,但因笨重、扫描速度慢阻碍了其进一步的应用。四极质谱计是通过高频与直流电磁使特定质荷比的离子以稳定轨迹穿过四极场,质量较大或较小的离子由于轨迹不稳定而打到四极杆上,从而达到质量分析的目的。该方法结构简单、操作方便、扫描快,但因质量范围小而阻碍其广泛应用。飞行时间质谱计是由于相同能量不同质荷比的离子飞行速度不同,用脉冲方式引出离子并经过一段飞行,它们会分别在不同时间到达收集极,从而得到质谱。该方法质量范围大,分辨率高,样品利用率高。

飞行时间-二次离子质谱(time of flight - secondary ion mass spectrometry,TOF-SIMS)是通过用一次离子激发样品表面,打出极其微量的二次离子,根据二次离子因不同的质量而飞行到探测器的时间不同来测定离子质量的极高分辨率的测量方法。由于TOF-SIMS中离子飞行时间只依赖于它们的质量,故其一次脉冲就可得到一个全谱,离子利用率很高,能实现对样品几乎无损的静态分析。

TOF-SIMS主要是对表面微区进行定性分析、定量分析、微痕量分析。通过该技术可以得到样品表层和界面的真实信息[20];能够分析表层中的全部元素,包括同位素;能够实现微区面的成分分析和深度剖析[21]。

1. 基本原理

SIMS的基本原理是利用聚焦的一次离子束在样品上进行稳定的轰击,一次离子进入被轰击的样品,把动能传递给固体原子,通过层叠碰撞,引起中性离子和带正、负电荷的二次离子发射溅射,根据溅射的二次离子信号可以对轰击样品表面和内部的元素分布特征进行分析。TOF质量分析器是根据二次离子因不同的质量而飞行到探测器的时间不同来测定离子质量,具有极高分辨率。其独特之处在于离子飞行时间(分辨)只依赖于它们的质量。由于其一次脉冲就可得到一个全谱,利用率最高,最大程度上实现了对样品的无损分析[22]。图 9-9 为 TOF-SIMS 的基本原理图。

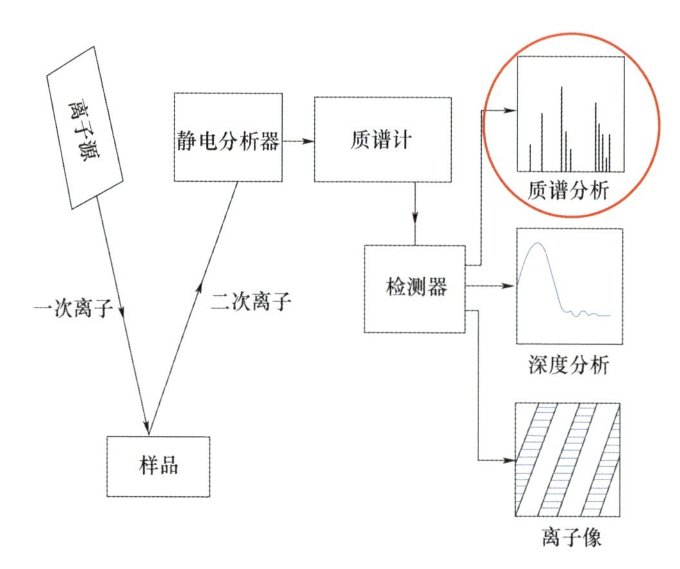

图 9-9　TOF-SIMS 的基本原理图

2. 应用范围

TOF-SIMS 是一种非常灵敏的表面元素分析技术,主要有以下几个方面的应用。

1)定性分析

TOF-SIMS 的定性分析是对所获取的二次离子质谱图进行分析,根据分析结果开展鉴定。该方法可以对样品表面的各种元素及其同位素、颗粒物的组成等进行元素分析。同时,因为 SIMS 高的分辨率,特别适用于微痕量元素的分析。

2)定量分析

TOF-SIMS 的定量分析具有较高的检测限,灵敏度可达 $10^{-6} \sim 10^{-5}$ 量级。定量分析的方法主要有标准样品校正法和离子注入制作标准样品法。

标准样品校正法是利用已知成分的标准样品,测出成分含量与二次离子流关系的校准曲线,对未知样品的成分进行标定的方法。离子注入制作标准样品法是利用离子注入的深度分布曲线及剂量,给出该元素的浓度与二次离子流的关系作为校准曲线,然后进行 SIMS 分析的方法。

3)深度剖析分析

利用离子束溅射对样品进行剥离,可以实现边剥离边分析,获得各种成分的深度分布信息,并且可以同时检测多种元素。实际测试的深度剖面分布与样品真实浓度分布的关系可用深度分辨率来描述。入射离子与溅射靶的相互作用是影响深度分辨率的重要原因。二次离子的平均逸出深度、入射离子的原子混合效应、入射离子类型、入射角、晶格效应等都对深度分辨率有一定的影响。

4）面分析

利用 TOF－SIMS 可以获取材料表面不同元素的面分布信息，随着科学技术的发展，SIMS 的空间分辨率可以达到亚微米级别。同时，SIMS 分析还可以和形貌分析联合使用，从微纳米级别直观地分析元素的偏聚对材料性能和失效的影响。图 9－10所示为 TOF－SIMS 测试的 H、Mg 元素面分布形貌图。

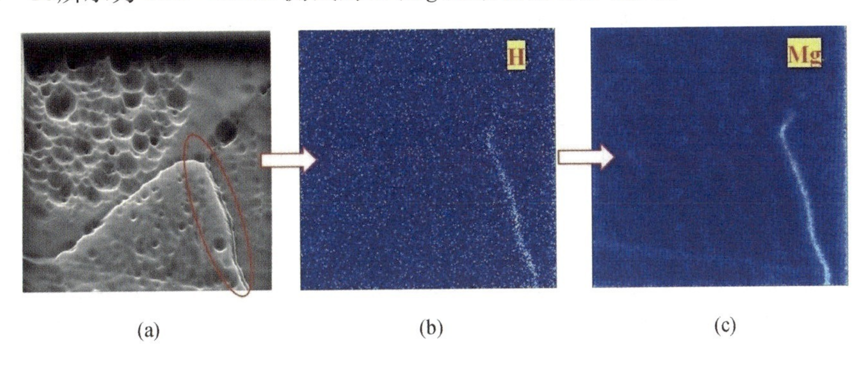

图 9－10　TOF－SIMS 测试的 H、Mg 元素面分布形貌图

（a）形貌图；（b）H 元素分布形貌图；（c）Mg 元素分布形貌图。

5）轻元素分析

TOF－SIMS 最大的优点是可以对轻元素进行准确的定性和定量分析。特别是对 H 元素的分析，解决了目前储氢材料、金属氢致开裂等科研方面 H 元素无法准确测试与表征的问题。

6）表面膜分析

由于 TOF－SIMS 高的分辨率，可以对材料表面超薄膜层进行定性和定量的分析。同时也可以对界面处进行微痕量元素的分析与鉴定，对界面处结合情况和元素扩散情况进行分析。

3. 适用条件

TOF－SIMS 测试方法适用于干燥固体、块状、片状、纤维状及粉末状样品。同时，样品要具有一定的化学、物理稳定性，在真空中及电子束轰击下不会挥发或变形；无磁性、放射性和腐蚀性。

4. 特点和注意事项

1）特点

TOF－SIMS 作为一种高分辨率的微区分析设备，具有以下特点。

(1)TOF－SIMS 元素分析具有很高的检测极限，一般检测极限可以达到 10^{-6} 级别，甚至可以是 10^{-9} 量级。

(2)TOF－SIMS 元素分析范围广，包括了 H～U 的所有元素，特别是实现了对轻元素 H、Li 等的定性和定量分析，也实现了包括 H 元素在内的所有元素同位素的分析。同时也包含有机无机材料的元素及分子态分析。

(3)TOF－SIMS 测试的样品不受导电性的限制，绝缘的样品也可以测试。

(4)TOF－SIMS 能够获取样品表层信息，能够对试样进行微区成分的成像及深度剖面分析，可以得到浓度与深度的相关变化信息。

(5)TOF－SIMS 定量结果误差较大。如果要实现准确的定量分析，必须具有和所测样品匹配的标样。

(6)对样品具有破坏性，选定的微区一般只能进行一次分析。

(7)只能对已知元素进行准确分析，对未知元素的识别能力较差，难以排除未知的污染物。

2)注意事项

(1)样品最大规格尺寸为 10mm×10mm×5mm，当样品尺寸过大时需切割取样。

(2)样品运输过程中应避免手和取样工具接触到需要测试的位置，取下样品后使用真空包装或其他能隔离外界环境的包装，避免外来污染影响分析结果。

(3)样品表面要平整、无氧化及无其他污染物。

表 9－2 列举了不同表面成分分析技术的对比。

表 9－2　不同表面成分分析技术的对比

项目	AES	XPS	EPMA	TOF－SIMS
激发源	电子束	X 射线	电子束	离子源
检测信号	俄歇电子	光电子	背散射 二次电子 X 射线	二次离子
元素范围	Li～U	Li～U	Be～U(WDS)	H～U 有机大分子
检测深度	纳米级 2～30nm	纳米级 5～30nm	微米级 1～5μm	纳米级 200nm
检测目的	面分布/ 深度分布	元素价态/元素 成分/深度分析	元素成分/面分布/ 截面线、面扫描	元素成分/面分布
携带信息	化学成分 化学结构	化学成分 化学结构	化学成分 物理形貌	化学成分 化学结构

续表

项目	AES	XPS	EPMA	TOF - SIMS
空间分辨率	约 10nm	约 10μm	约 1μm	约 100nm
定量精度	半定量	半定量	定量	半定量
检测极限（摩尔分数）	0.1%	0.1%	10^{-6}级	10^{-6}级
真空度	超高真空	超高真空	高真空	高真空

参考文献

[1] 施明哲. 扫描电镜和能谱仪的原理与实用分析技[M]. 北京:电子工业出版社,2015.

[2] 王富耻. 材料现代分析测试方法[M]. 北京:北京理工大学出版社,2006.

[3] 洪建明,赵晓宁. 能谱分析中应该注意的几个问题[J]. 电子显微学报,1994,13(6):507.

[4] PUCHOU J L. Standardless X - ray analysis of bulk specimens[J]. Microchimica Acta,1994,114(1):33 - 52.

[5] 丛者唐,余静,魏垂策,等. 扫描电镜/X 射线能谱仪/X 射线波谱仪组合检测射击残留物[J]. 分析仪器,2010(1):34 - 37.

[6] 李斌之. 微区分析技术电子探针的原理应用与溯源[J]. 计量与测试技术,2011,38(3):26 - 28.

[7] 周玉,武高辉. 材料分析测试技术[M]. 哈尔滨:哈尔滨工业大学出版社,2005.

[8] 盛国裕,杨其华,俞杭芳,等. 俄歇电子能谱仪在失效分析中的应用[J]. 机械工程师,2001,23(8):49 - 51.

[9] 赵晓红,孙浩,刘炳泗. 碳俄歇电子能谱数值分析在催化方面的应用[J]. 计算机与应用化学,2007,24(6):746 - 749.

[10] 苑进社,陈光德,齐鸣,等. 分子束外延 GaN 薄膜的 X 射线光电子能谱和俄歇电子能谱研究[J]. 物理学报,2001,50(12):2429 - 2433.

[11] 赵丽华,李锦标,周明辉,等. 采用俄歇电子能谱技术分析铂化硅的合金行为[J]. 半导体技术,2002,27(5):73 - 76.

[12] 特纳,季明荣. 表面分析:X 射线光电子能谱学和俄歇电子能谱学[J]. 光谱实验室,1990,7(4):147 - 167.

[13] 刘育红,陈阳. SEM/EDS 和 XPS 技术在航空维修失效模式分析中的应用[J]. 航空维修与工程,2018,63(10):83 - 85.

[14] 李炜,彭金方,朱旻旻. EPMA 在热镀锌钢板镀层组织分析中的应用[J]. 电子显微学报,2012,29(6):530 - 534.

[15] 贾彦彦,赵同新,李哲夫. 微束分析仪器在金属材料研究中的应用[J]. 电子显微学报,2017,36(3):293 - 299.

[16] 龚沿东．电子探针(EPMA)简介[J]．电子显微学报,2010,29(6):578 - 580.

[17] 王道岭,孙爱芹．用电子探针定量分析元素化学状态[J]．电子显微学报,2010,29(6):527 - 529.

[18] 陈丽卿,刘祖钦,张伟．元素价态的电子探针分析及其应用[J]．北京化工,1992,11(6):451 - 458.

[19] 徐乐英,尚玉华,郭延凤,等．用电子探针定量分析超轻元素中的几个问题[J]．分析测试学报,1994,13(5):37 - 41.

[20] 阿尔弗莱德·贝宁豪文,查良镇．飞行时间二次离子质谱 - 强有力的表面、界面和薄膜分析手段[J]．真空,2002,39(5):1 - 10.

[21] 孙利民．飞行时间二次离子质谱在生物材料和生命科学中的应用[J]．质谱学报,2012,33(1):55 - 64.

[22] 包泽民,刘光达,龙涛,等．铜合金表面元素的飞行时间二次离子质谱微区原位分析[J]．质谱学报,2016,37(3):229 - 235.